FRAUKE WETZEL

HEIMISCH WERDEN DURCH GESCHICHTE

Veröffentlichungen des Collegium Carolinum

Band 144

Herausgegeben vom
Vorstand des Collegium Carolinum
Forschungsinstitut für die Geschichte
Tschechiens und der Slowakei

Heimisch werden durch Geschichte

Ústí nad Labem
1945–2017

von
Frauke Wetzel

Vandenhoeck & Ruprecht

Das Bild zeigt Neubauten in der Fučíkova-Straße (heute Masarykova) in Ústí nad Labem nach der sogenannten *demolice* (Abriß). © Archiv města Ústí nad Labem.

Bibliografische Information der Deutschen Nationalbibliothek

Die Deutsche Nationalbibliothek verzeichnet diese Publikation in der Deutschen Nationalbibliografie; detaillierte bibliografische Daten sind im Internet über <http://dnb.ddb.de> abrufbar.

Bibliographic information published by the Deutsche Nationalbibliothek

The Deutsche Nationalbibliothek lists this publication in the Deutsche Nationalbibliografie; detailed bibliographic data available online: <http://dnb.ddb.de>.

ISBN 978-3-525-37093-3
ISSN 0530-9794

© 2021 Vandenhoeck & Ruprecht, Theaterstraße 13, D-37073 Göttingen,
ein Imprint der Brill-Gruppe
(Koninklijke Brill NV, Leiden, Niederlande; Brill USA Inc., Boston MA, USA; Brill Asia Pte Ltd, Singapore; Brill Deutschland GmbH, Paderborn, Deutschland; Brill Österreich GmbH, Wien, Österreich)
Koninklijke Brill NV umfasst die Imprints Brill, Brill Nijhoff, Brill Hotei, Brill Schöningh, Brill Fink, Brill mentis, Vandenhoeck & Ruprecht, Böhlau, Verlag Antike und V&R unipress

Verlag: Vandenhoeck & Ruprecht GmbH & Co. KG, Göttingen
(www.vandenhoeck-ruprecht-verlage.com)

Für Form und Inhalt trägt die Verfasserin die Verantwortung.

Redaktion: Collegium Carolinum München

Satz: Collegium Carolinum München

Layout des Einbands: SchwabScantechnik, Göttingen (www.schwabscantechnik.de)

Druck und Einband: Verlagsdruckerei Michael Laßleben, Kallmünz
(www.oberpfalzverlag-lassleben.de)

Gedruckt auf säurefreiem, alterungsbeständigem und chlorfrei gebleichtem Papier.

INHALTSVERZEICHNIS

EINFÜHRUNG

1. Fragestellung und Vorgehen

Die Verbesserungen des Richtigen, die Rekonstruktion des Neuen, der Aufbau von illegaler Architektur, das Auflösen des Funktionierenden, Sprengung des Historischen, der Verkauf des Traditionellen, nicht das Verschieben des Notwendigen. Und Ústí, das bist du Ústí nad Labem. [...].

Diese Zeilen schrieb der 24-jährige Student Petr Lüftner 2013 über seine Heimatstadt Ústí nad Labem.[1] Mit über 260.000 Klicks auf YouTube wurde der Protestsong schnell zur Hymne von Ústí.[2] Lüftner singt über die Sprengung historischer Gebäude, über die schlechte Luft und über die Korruption in Ústí nad Labem.

Doch trotz allen Protestes fand er auch positive Worte über seine Stadt: »und mir macht es nichts, dass sie dich vernichtet haben, weil ich dich trotz alledem liebe«. Damit sprach Lüftner vielen Einwohnern[3] von Ústí aus der Seele, deren Empfinden von Zerrissenheit geprägt ist: »Ich liebe Ústí, aber ich mag es nicht«, brachte es die Altsiedlerin[4] Antonia Hájková in einem Interview auf den Punkt.[5] Woher stammt dieses schwierige Verhältnis zu Ústí, das anscheinend junge und alte Bewohner, Aussiger und Nachkriegseinwohner teilen?[6] Ústí nad Labem gilt als Industriestadt und ist bekannt für seine schlechte

---

1   Die vorliegende Studie nutzt überwiegend den tschechischen Namen »Ústí nad Labem«; die deutsche Bezeichnung »Aussig an der Elbe« wird nur dann verwendet, wenn über die Stadt aus der Sicht der Aussiger, der zweiten hier behandelten Gruppe, den zwangsausgesiedelten Einwohnern der Stadt geschrieben wird. Alle anderen tschechischen Ortsbezeichnungen werden bei Erstnennung mit der deutschen Entsprechung genannt, danach in der tschechischen Bezeichnung verwendet. Die Kurzform Ústí bzw. Aussig steht immer für die Stadt an der Elbe, nicht für den Namensvetter am Fluss Orlice (Ústí nad Orlicí). Alle Übersetzungen aus dem Tschechischen stammen von der Autorin.
2   *Lüftner*, Petr: Ty jsi to Ústí [Das bist du Ústí] vom 17.8.2013. In: YouTube, URL: https://www.youtube.com/watch?v=MhDjNvmPIbE (am 24.1.2021).
3   Im Interesse der besseren Lesbarkeit verwendet dieser Text nur ein Geschlecht beziehungsweise neutrale Formulierungen, es sind jedoch alle Geschlechter gemeint.
4   Als Altsiedler (starousedlík) werden Menschen bezeichnet, die bereits vor 1938 in Ústí nad Labem lebten, siehe Kapitel II.3.
5   *Hájková*, Antonia, 28.6.2012 in Ústí nad Labem, Interview geführt von Frauke Wetzel.
6   Aussiger bezeichnet in dieser Arbeit diejenigen, die bis 1945/46 in der Stadt lebten und deutschsprachig waren. Dieser Begriff soll verdeutlichen, dass sie in einer Stadt lebten, die sie zumeist Aussig nannten. Die Unterscheidung zwischen Aussigern und Menschen aus Ústí nad Labem soll es dem Lesenden einfacher machen, die verschiedenen Perspektiven zu erfassen.

Luft. Auch die ›deutsche‹ Vergangenheit sowie das Aussiger Massaker, lasten schwer auf dem Selbstverständnis der Stadt.[7] Das Image als Universitätsstadt konnte sich nicht durchsetzen, obwohl die Hochschule größter Arbeitgeber der Stadt ist. Verstärkt wurde das negative Image durch die Stadtverwaltung selbst, die 1999 eine Mauer um ein Romaviertel bauen ließ und antiromaistische Demonstrationen nicht verhinderte.[8] Zuletzt geriet die Stadt wegen korrupter Politik in die überregionalen Schlagzeilen.

Abb. 1: Postkarte mit Ansicht der Matiční-Straße, 2003. © Fotograf: Daniel Fiker, Privatbesitz Frauke Wetzel.

Bei Besuchern oder Durchreisenden weckt Ústí wenig positive Assoziationen und auch die Einwohner selbst pflegten und pflegen immer noch das negative Image der Stadt. Empfinden die Bewohner der Grenzregion auch heute noch ein Gefühl der Fremdheit und Entwurzelung, obwohl längst eine neue Generation herangewachsen ist, deren Eltern – und zum Teil sogar Großeltern –

---

[7] Sinnbild des Aussiger Massakers, das die Stadtgeschichte entscheidend beeinflusst, ist bis heute die Beneš-Brücke (Kapitel I.2 und IV.7.1). Der Versuch, die moderne Marienbrücke als Ikone von Ústí zu etablieren, scheiterte.

[8] Die 62 Meter lange und 1,80 Meter hohe Mauer wurde in der Matiční-Straße errichtet und sollte die Anwohner, die Roma waren, von den anderen, wirtschaftlich besser gestellten Nachbarn trennen. Sechs Wochen später, nach internationalen Protesten, musste die Stadtverwaltung die Mauer wieder abreißen.

bereits in der Grenzregion geboren wurden?[9] Der Kulturort Hraničář, ein seit 2014 von vielen Ehrenamtlichen in Ústí betriebener Veranstaltungsort, der als Galerie, Kino, Konzert- und Theaterraum dient, zieht aus eben dieser fehlenden Identität seine Aufgabe:

> Die Region Nordböhmen ist seit langem bekannt als Region mit verlorener Tradition, mit dem Verlust von Identität und kollektivem Gedächtnis. Es ist der Wunsch von Hraničář, diese Wurzeln zu suchen, die vergessene Tradition zurückzugeben, intensiv die Gegenwart zu leben und eine mutige Vision zu suchen.[10]

Wie in vielen anderen ostmitteleuropäischen Städten veränderten sich nach 1945 auch in Ústí nad Labem die politischen Voraussetzungen. Dabei kam es zu einem fast vollständigen Bevölkerungsaustausch: Mehr als 50.900 der rund 63.000 Vorkriegsbewohner mussten die Stadt nach 1945 verlassen, rund 50.000 neue Einwohner zogen in den folgenden Jahren zu. Nach den traumatischen Zeiten des Krieges und der Zwangsaussiedlungen wagten die größtenteils neu angekommenen Bewohner von Ústí einen Neubeginn.

Das ehemals überwiegend von Deutschsprachigen[11] bewohnte *pohraničí* (Grenzgebiet)[12] – und damit auch Ústí nad Labem – sollte nach 1945 in der

---

9 Turek, Pavel: Místo naší touhy. Nová generace umělců a promotérů objevuje nový smysl českého pohraničí [Ort unserer Sehnsucht. Eine neue Generation von Künstlern und Promotern entdeckt den neuen Sinn für das tschechische Grenzgebiet]. In: Respekt 15 (2013); Houfek, Václav: Regionální dějiny a veřejnost na příkladu Ústí nad Labem [Regionalgeschichte und Öffentlichkeit am Beispiel von Ústí nad Labem]. In: Veselý, Martin (Hg.): Regionální dějiny v dějepisném vyučování na českých a slovenských školách [Regionalgeschichte im Geschichtsunterricht an tschechischen und slowakischen Schulen]. Ústí nad Labem 2006, 87–98, hier 89. Unmittelbar nach dem Ende des Zweiten Weltkrieges schrieben Publizisten über die Fremdheit des Grenzgebietes im Vergleich zum tschechischen Kernland (siehe hierzu auch Brenner, Christiane: »Zwischen Ost und West«. Tschechische politische Diskurse 1945–1948. München 2009, u. a. 244).
10 Příběh a vize [Geschichte und Vision]. In: Hraničář, 29.03.2001, URL: http://hranicar-usti.cz/pribeh-a-vize/ (am 22.11.2016, Link nicht mehr verfügbar).
11 Die vorliegende Arbeit vermeidet die Begriffe »Deutsche« und »Tschechen«, um sich von nationalen Zuschreibungen abzugrenzen, und verwendet stattdessen den Begriff »Deutschsprachige«, um die Einwohner des Grenzgebietes zu kennzeichnen, die bis 1938 tschechoslowakische Staatsbürger waren. Diese Begriffsverwendung erfolgt im Bewusstsein, dass die Bezeichnung nach Sprachen auch keine klare Grenze darstellt, da viele der tschechischsprachigen Einwohner der Tschechoslowakei ebenfalls Deutsch sprachen. Mehr zu den Identitätsfindungen der Einwohner der Grenzregion in Kapitel II – Formierung der neuen Gesellschaft.
12 Die Bezeichnung *české pohraničí* bezeichnete den Grenzbezirk, in dem die Mehrheitsbevölkerung in den Jahren 1945–1947 deutsch(sprachig) war. Dieser Begriff deckt sich meist mit der Bezeichnung »Sudety/Sudetenland« bzw. bezieht er sich mehr oder weniger auf dasselbe Territorium. *Pohraničí* war nie ein eigenständiges Gebiet und weder ethnisch, wirtschaftlich noch geografisch einheitlich. Der Begriff wurde erst 1936 in einer Verwaltungseinheit definiert (Vládní nařízení z 23.6.1936, č. 155/1936 Sb., § 1); zuvor war die Bezeichnung *sudety* üblich gewesen. Mit der zitierten Regierungsanordnung wurden 1936 55 Krei-

Vorstellung der tschechoslowakischen Staatsführung als ›ur-tschechisch‹ umdefiniert werden, um den neuen Bewohnern ein Heimat- und Gemeinschaftsgefühl zu vermitteln und die Zugehörigkeit zum erneuerten Staatsgebilde zu stärken. Dies traf zunächst auf breite Zustimmung der Bevölkerung in der Nachkriegs-Tschechoslowakei.[13] Bei näherer Betrachtung zeigt sich jedoch, dass die Vorgaben im lokalen Raum in vielerlei Hinsicht adaptiert wurden. Sie begegneten sowohl den vielfältigen Denkwelten der Neusiedler als auch den kulturellen Überresten der Deutschsprachigen, die das Stadtbild Aussigs bis 1945 geprägt hatten. Zugleich imaginierten diese ehemaligen Einwohner Ústí nad Labem aus der Ferne, viele reisten auch zurück und erlebten die neue Realität der Stadt, von der Karl Heinz Kralowetz in einem Interview treffend sagte: »Aber 1945 war es nicht mehr das Aussig.«[14] Wie begegneten die ehemaligen Einwohner dem neuen Ústí in der Realität? Wie gingen sie nach ihrer Zwangsaussiedlung mit den neuen Stadtbewohnern um? Welches Bild pflegten die Zwangsausgesiedelten aus der Ferne und wie verhielt sich dieses Bild zur Gegenwart von Ústí? In dieser Arbeit wird die Entwicklung dieser Fragen von 1945 bis 2017 verfolgt. Das Jahr 1989 soll dabei nicht ausschließlich als Bruch

---

se in Böhmen und 22 Kreise in Mähren und Schlesien als *pohraničí* definiert. Die so genannte *pohraniční zóna* (Grenzzone) umfasste einen 25 km breiten Streifen mit teilweise eigenständiger Verwaltung. Im böhmischen Teil dieses Gebiets lebten 1930 91,7 % Deutschsprachige. Unklar bleibt die Zahl der Tschechen im Grenzgebiet, tschechische Quellen gehen meist von 738.502 Tschechen aus, von denen 141.000 das Grenzgebiet 1938 verlassen mussten, ebenso die sudetendeutschen Antifaschisten und die jüdische Bevölkerung. Siehe *Čapka*, František/*Slezák*, Lubomír/*Vaculík*, Jaroslav: Nové osídlení pohraničí českých zemí po druhé světové válce [Die neue Besiedlung des Grenzlandes in den böhmischen Ländern nach dem Zweiten Weltkrieg]. Brno 2005, 9–11. Das Dekret Nr. 121 des Präsidenten der Republik vom 27. Oktober 1945 enthielt die erste offizielle Verwendung des Begriffs nach dem Krieg (*pohraniční území*, später allgemein *pohraničí*). Siehe Sb. zák. Nr. 52 v. 13.11.1945. Dieses Gebiet war um 499 km² größer als das vom Deutschen Reich okkupierte Gebiet von 1938. Siehe *Čapka/Slezák/Vaculík*: Nové osídlení pohraničí českých zemí po druhé světové válce, 22 f. Nach dem Krieg verbot das Innenministerium in einer Bekanntmachung vom 22. Mai 1945 den Gebrauch des Begriffs *sudety*, der fortan durch *pohraničí* zu ersetzen sei; auch alle Ableitungen von *sudety* durften nicht mehr verwendet werden. Siehe *Brandes*, Detlef/*Kaiserová*, Kristina/*Myeshkov*, Dmytro (Hg.): Lexikon der Vertreibungen. Deportation, Zwangsaussiedlung und ethnische Säuberung im Europa des 20. Jahrhunderts. Wien 2010, 503 f. Mirek Němec legte die erste tschechische Bedeutungsgeschichte vor und zeigte die Verbindung des Begriffs *sudety* im tschechischen kollektiven Gedächtnis mit dem Nationalsozialismus bis hin zum Versuch der Entpolitisierung des Begriffs nach 1990. Siehe *Němec*, Mirek: »Sudeten/Sudety« als deutsch-tschechisches Palimpsest. In: Bohemia 53 (2013), 94–111.

[13] Zur besseren Lesbarkeit wird im Folgenden stets der vereinfachte Begriff »Tschechoslowakei« verwendet. Die offizielle Staatsbezeichnung änderte sich in dem hier untersuchten Zeitraum von 1945 bis 2013 gleich mehrfach: Tschechoslowakische Republik (ČSR) ab 1945, Tschechoslowakische Sozialistische Republik (ČSSR) ab 1960, Tschechische und Slowakische Föderative Republik (ČSFR) ab 1990, Tschechische Republik (ČR) nach der Trennung von der Slowakischen Republik im Jahr 1993.

[14] *Kralowetz*, Karl Heinz, 7.8.2013 in München, Interview geführt von Frauke Wetzel.

verstanden werden, stattdessen steht die Kontinuität von Themen und Akteuren im Vordergrund.

Gerade der Umgang mit der schwierigen Vergangenheit beschert Ústí gegenwärtig viel Aufmerksamkeit in Tschechien und Deutschland: Zu nennen sind hier Projekte wie »Vergessene Helden«, das den deutschsprachigen Antifaschisten der Region eine späte Würdigung ihres Widerstandes brachte, das Collegium Bohemicum, das als Bildungs- und Kultureinrichtung die Geschichte der Deutschsprachigen in Böhmen und Mähren ins Museum bringen wird und das Aufstellen von Denkmälern, die an die deutsch-tschechische Vergangenheit erinnern.

Städte geteilter Erinnerung, die in den Jahren 1938–1945 einen drastischen Bevölkerungswandel erlebten, verfügten nach Kriegsende noch lange Jahre über eine nicht verwurzelte Bewohnerschaft. Am Beispiel der Grenzgebietsstadt Ústí nad Labem soll näher betrachtet werden, wie und wodurch sich die Bevölkerung mit der Stadt zu identifizieren lernte. Wie entsteht ein Stadtbild, mit dem sich die Bewohner identifizieren können und von wem wird es kreiert? Wie und wann entstand dieses Stadtbild in Ústí nad Labem und welchem Wandel war es unterzogen? Welcher Zusammenhang besteht zwischen Ústí als neuer Heimat der überwiegend tschechischen Neubürger nach 1945 und der Stadt als verlorener Heimat der ehemaligen Einwohner, der Zwangsausgesiedelten? Wie ist das Verhältnis der heutigen Einwohner zu ihrer Stadt, zu deren Vergangenheit und deren früheren Bewohnern?

2. Zentrale Frage: Konstruktion von Heimat bei ehemaligen und neuen Stadtbewohnern

Zentrales Thema dieser Arbeit ist die Konstruktion einer Identifikation mit einem konkreten geografischen Ort oder einer Vorstellung davon. Der konkrete geografische Ort Ústí nad Labem besitzt verschiedene konstruierte Stadtbilder, die für so unterschiedliche Gruppen wie Neusiedler und Zwangsausgesiedelte ein Identitätsreservoir bereitstellen. Diese Stadtbilder aufzuzeigen, ihre Gemeinsamkeiten und Gegensätze und ihren Einfluss auf die gegenwärtige Wahrnehmung der Stadt zu illustrieren, ist Anliegen der vorliegenden Arbeit. Diesen geografischen Ort, ob imaginiert oder real, bezeichnet vorliegende Studie je nach sprachlichem Kontext als »Heimat«, *domov* oder *vlast*. Die Heimat wurde zum Fixpunkt aus der Ferne – *vlast* und *domov* suchten diejenigen, die neu in die Stadt kamen. Für die neuen Bewohner von Ústí musste die Stadt erst zum Heim, zur Heimat (*domov*) oder zum Eigenen, der Heimat (*vlast*) werden. Der deutsche Begriff Heimat scheint kulturell unübersetzbar.[15] Im Tschechischen verwendet man *vlast* und *domov*. Der Begriff *domov* bezieht sich im

---

15 Siehe die häufige Verwendung im angelsächsischen und auch im tschechischen Sprachraum, unter anderem: *Applegate*, Celia: A Nation of Provincials. Berkeley 1990; *Glassheim*,

tschechischen lexikalischen Handbuch auf Familie, Haus und Grund.[16] Eine etwas andere Konnotation besitzt der Begriff *vlast*, der zur Kennzeichnung von Grund und Boden und häufiger im Zusammenhang mit einem staatlichen Territorium genutzt wird.[17] *Vlast* meint, etwas zu besitzen oder Anteil daran zu haben, es bezieht sich (auch) auf einen Staat und hat somit nationale Bedeutung.[18] Der in Ústí lehrende Historiker Václav Houžvička sieht *domov* als einen alltäglich gelebten Raum und Bezugspunkt. Die deutsche Heimat dagegen impliziere, so Houžvička, eine starke, ja fast naturgemäße und oft in die Metapher der Wurzel gefasste Bindung, die im Begriff *domov* nicht zu finden sei. Für ihn seien die Begriffe in ihrer Konnotation daher schwer vergleichbar, da Heimat den Ort der Herkunft meinte, an dem eine emotionale Bindung besteht, und den besonders die Sudetendeutschen politisch aufgeladen hätten.[19] In dieser Arbeit geht es nicht um möglichst genaue begriffliche Entsprechungen der Begriffe, die so Houžvička auch nicht funktionieren würden, sondern um ein Begriffsfeld, das unterschiedliche Arten von mehr oder weniger emotionalen Ortsbezügen umfasst. In der vorliegenden Studie werden die Begriffe gemäß ihrer Originalverwendung in der Quellensprache verwendet.

Die vorliegende Studie versteht Heimat nicht als ein vermeintlich politisches, rückwärtsgewandtes Thema, das nur für Deutschsprachige von Bedeutung ist[20] und den einzigen Bezugspunkt für die Zwangsausgesiedelten bildet

Eagle: »Heimat« a jeho dlouhý stín. Lidská a přírodní ekologie československého pohraničí [»Heimat« und ihr langer Schatten. Menschliche und natürliche Ökologie im tschechoslowakischen Grenzland]. In: Dějiny a součastnost 10 (2010), 16–19. Hier ist nicht die linguistische Übersetzung gemeint. Vielmehr bezieht sich diese Aussage auf den *translational turn*, zu dessen zentraler Begrifflichkeit »Identität«, »Migration«, »Exil« gehörten. Siehe *Bachmann-Medick*, Doris: Cultural Turns. Neuorientierungen in den Kulturwissenschaften. Hamburg 2006, 238–283.

16 *Hujer*, Oldřich/*Smetánka*, Emil/*Weingart*, Miloš/*Havránek*, Bohuslav/*Šmilauer*, Vladimír/*Získa*, Alois: Příruční slovník jazyka českého. 1935–1957 [Lexikalisches Wörterbuch der tschechischen Sprache. 1935–1957]. In: Ústav pro jazyk český, URL: http://bara.ujc. cas.cz/psjc/search.php?hledej=Hledej&heslo=domov&where=hesla&zobraz_ps=ps& zobraz_cards=cards&pocet_karet=3&ps_heslo=vlast&ps_startfrom=0&ps_numcards= 430&numcchange=no&not_initial=1 (am 16.8.2015).

17 *Ebenda*, URL: http://bara.ujc.cas.cz/psjc/search.php?hledej=Hledej&heslo=vlast&where =hesla&zobraz_ps=ps&zobraz_cards=cards&pocet_karet=3&numcchange=no&not_ initial=1 (am 20.11.2012).

18 Zur Etymologie des Begriffs *vlast* siehe *Holý*, Ladislav: The little Czech and the Great Czech Nation. National Identity and the Post-Communist Transformation of Society. Cambridge 1996, 65.

19 *Houžvička*, Václav: Böhmen. Heimat- und Regionalbewusstsein. In: *Weigl*, Michael/*Weidenfeld*, Werner/*Houžvička*, Václav/*Novotný*, Lukaš (Hg.): Tschechen und Deutsche als Nachbarn. Baden-Baden 2008, 207–212, hier 211.

20 Stark beispielsweise definiert »Heimat« als deutsches Thema: *Stark*, Joachim: Einige grundsätzliche Überlegungen zum Heimatbegriff. In: *Heumos*, Peter (Hg.): Heimat und Exil. Emigration und Rückwanderung, Vertreibung und Integration in der Geschichte der Tschechoslowakei. München 2001, 1–13, hier 3. Andrew Demshuk wiederum betont,

– so die Polemik von Eva und Henning Hahn in ihrem Beitrag in den »Deutschen Erinnerungsorten«.[21] *Vlast, domov* oder Heimat sind Bezugspunkte aller Menschen, dort suchen sie Schutz und Vertrautheit. Aber auch Gruppen beziehen sich auf eine gemeinsame Heimat. Der Heimatbegriff eint Menschen, grenzt aber zugleich Gruppen von anderen ab. So missbrauchten unter anderem die Nationalsozialisten den Begriff der Heimat zum Gebietsanspruch bis hin zum Vernichtungskrieg. Bis heute beziehen sich rechtsextreme Parteien auf die ›Verteidigung der Heimat‹, wenn sie gegen muslimische Geflüchtete vorgehen.[22] Zugleich hat die Frage nach Heimat angesichts der vielen neuen Zuwanderer nach Europa für Medien, Kulturschaffende und Gesellschaft allgemein an neuer Relevanz gewonnen.[23] Nach 1945 schrieb man in der Wiederbesiedlungsrhetorik der Tschechoslowakei häufig über die Rückeroberung von *vlast*. Die Sudetendeutsche Landsmannschaft ihrerseits forderte noch bis zum März 2015 das ›Recht auf Heimat‹, das einen juristischen Anspruch auf Gebiete jenseits der tschechisch-deutschen Grenze bedeutete. Zudem lädt sie jährlich unter der Losung »Zukunft braucht Heimat« zum Sudetendeutschen Tag. Die ehemalige Vorsitzende des Bundes der Vertriebenen, Erika Steinbach, bezeichnete Heimat als »Nukleus der Gefühlswelt« der Zwangsausgesiedelten.[24] Das Zentrum gegen Vertreibungen fasst seine ersten Wanderausstellungen 2013 unter dem Titel »HeimatWEH« zusammen und betonte, die »Macht der Erinnerung an den Heimatverlust«.[25] In den Ausstellungen zeigte sich eine rein

---

dass »Heimat« kein deutscher Begriff sei: *Demshuk*, Andrew: The Lost German East. New York 2012, 14.

21 Insbesondere im Abschnitt »Von der ›Heimatkultur‹ zur ›Heimatpolitik‹«, vgl. *Hahn*, Eva/*Hahn*, Hans Henning: Flucht und Vertreibung. In: *François*, Étienne/*Schulze*, Hagen (Hg.): Deutsche Erinnerungsorte. Eine Auswahl. Bonn 2005, 332–350, hier 337–343.

22 Darunter die extremistische Gruppierung Pro-Vlast auf tschechischer Seite sowie die militant rechtsradikalen Gruppen Thüringer Heimatschutz und Märkischer Heimatschutz auf deutscher Seite.

23 Der deutsche Pavillon auf der 15. Internationalen Architekturausstellung 2016 Architektur-Biennale stand unter dem Motto »Making Heimat. Germany, Arrival Country«. Siehe Deutsches Architekturmuseum, URL: http://www.makingheimat.de/ (am 19.11.2016). Die Tänzerin und Choreografin Johanna Roggan widmete sich in ihrer von der Kulturstiftung des Bundes geförderten Tanzproduktion »Das Fremde/Heimat« dem Thema der Fremde und des Eigenen. Siehe Das Eigene/Heimat. In: the guts company, URL: https://thegutscompany.net/de/projects/19 (am 22.10.2016). Die Wochenzeitung »Die Zeit« fragte auf ihrer Titelseite »Wozu ist Heimat gut?«. Siehe Die Zeit 41 (2016), 1. Michal Tomaszewski sprach bei seiner Keynote auf dem 2gather Kongress des journalistischen Vereins Straßengezwitscher über Heimat, die ihm Pegida in Dresden genommen habe, und appellierte an die Besucher: »Die Definition von Heimat, Volk oder Identität darf nicht verbohrten, rechtskonservativen Chauvinisten [überlassen werden] und die Diskussion über Einwanderung und Migration [darf nicht] zu einem Monolog über Probleme für die hiesige Mehrheitsgesellschaft verkommen.«

24 *Steinbach*, Erika: Die Macht der Erinnerung. München 2010, 14.

25 HeimatWEH, URL: http://www.heimatweh.de/ausstellungen.html (am 17.1.2021). Die Ausstellung »HeimatWEH« war vom 18.12.2013 bis 12.2.2014 in Frankfurt am Main zu

deutsche Sicht, bei der der historische Kontext des Zweiten Weltkrieges ausgeklammert blieb. Im tschechischen Präsidentschaftswahlkampf von Miloš
Zeman und Karel Schwarzenberg im Jahr 2013 bezogen sich die Kampagnen
wiederum auf *vlast* und *domov*. Vor allem die Kampagne des linkspopulisti-
schen Kandidaten Zeman versuchte Schwarzenberg als Deutschen und »untschechischen« Kandidaten zu diffamieren. Diese erste Direktwahl des Präsidenten fiel wieder zurück in Nationalismus und anti-deutschen Parolen, die
Zeman für sich erfolgreich nutzen konnte. Eine der neueren Neonazi-Gruppen
der Tschechischen Republik nennt sich »Pro-Vlast« (Für die Heimat) und zielt
auf den »Schutz der Nation«, vor allem vor Migranten.[26] Das Thema Heimat
beschäftigt aber auch die junge Generation von Deutschen und Tschechen, was
sich in einer Fülle an deutsch-tschechischen Projekten zeigt. Für die Jahre
2015–2017 wählten sich die 16- bis 26-jährigen Mitglieder des Deutsch-tschechischen Jugendforums das Oberthema »Wo bin ich zu Hause?« und gründeten unter anderem die Untergruppen »Der Heimat auf der Spur« und »Heimat
– Ort – Beziehung«.[27] Gleichzeitig diskutieren und verhandeln Städte mit geteilter Vergangenheit wie Ústí nad Labem bis heute den Begriff *domov* und
seine Nuancen der jeweils Sprechenden. So rief beispielsweise die Fakultät für
Kunst und Design der Universität Ústí nad Labem 2013 zur Diskussion über
domov auf.[28]

Heimat besitzt neben der benannten politischen Bedeutung auch eine persönliche, individuelle Bedeutung und gilt hier daher nicht als abstrakter Begriff, sondern als soziales Konzept. In dieser Arbeit werden Heimat, *vlast* und
domov als Prozesse verstanden, als Prozesse der Heimatfindung – tschechisch:
zdomácnět (heimisch werden) – und der Aneignung. Heimatfindung steht einerseits unter dem Einfluss von Verbänden und Politikern, kann andererseits
aber auch als eigensinnig und individuell gelebter Prozess stattfinden. Ziel dieser Arbeit ist es, die Verschränkung zwischen Heimat als Ideologie und Heimat

---

besichtigen. Zu den Inhalten der Ausstellung siehe auch: Info Heimatweh. In: Zentrum
gegen Vertreibungen, URL: https://www.z-g-v.de/fileadmin/bilder/pdf-dokumente/info_
heimatweh.pdf (am 17.1.2021).

26   *Dvořáková*, Petra: Kde ty holé hlavy jsou? Z normalizace nenávisti neonacisté zatím ne-
vytěžili nic [Wo sind die Glatzköpfe hin? Von der Normalisierung des Hasses haben die
Neonazis noch nicht profitiert]. In: Deník Referendum, 9.6.2019, URL: https://denikre-
ferendum.cz/clanek/29707-kde-ty-hole-hlavy-jsou-z-normalizace-nenavisti-neonaciste-
zatim-nevytezili-nic (am 29.12.2020). Die Bezugnahme von deutschen und tschechischen
rechtsradikalen Gruppierungen auf die Begriffe Heimat oder *vlast* wäre ausführlicher zu
behandeln und wären wichtig für weitere Untersuchungen.

27   »Wer sind wir und was machen wir«. In: Deutsch-tschechisches Jugendforum: Über uns,
URL: http://www.cnfm.cz/websitesde/uber-uns/wer-sind-wir/ (am 18.7.2016).

28   Sedmidenní mezinárodní workshop – panelová diskuze: Co je doma? [Siebentägiger internationaler Workshop – Podiumsdiskussion: Was ist Heimat?]. In: Facebook, Inkubátor Předlice, URL: <https://www.facebook.com/media/set/?set=a.647560595285546.
1073741830.439628046078803&type=1> (am 17.1.2014, Link nicht mehr aktiv).

versus Politik zu dekonstruieren.[29] Wo ist Heimat für die neuen und alten Bewohner ein entideologisierter Raum, wo und wie wird er konstruiert? Wie positionieren sich verschiedene Akteure zu einem Ort und warum? Die vorliegende Arbeit untersucht die Komplexität der Beziehungen zwischen Mensch und Ort sowie die verschiedenen nationalen, historischen und individuellen Vorstellungen von Zugehörigkeit in Beziehung zur politisch-historischen Situation. Heimat meint demnach auch ein Gefühl von Zugehörigkeit und Entwicklung desselben. Heimat definiert sich aus der spezifischen Beziehung eines Individuums oder einer Gruppe zu bestimmten geografischen oder imaginierten Räumen. Diese von verschiedenen Gruppen imaginierten Räume beziehen sich im Fall von Ústí nad Labem respektive Aussig an der Elbe zwar auf denselben Raum, unterscheiden sich aber stark voneinander. Ústí beziehungsweise Aussig war der Sehnsuchtsort der ehemaligen Bewohner und deren Nachfahren, die durch die transgenerationelle Weitergabe ebenfalls eine Beziehung zum Ort beziehungsweise eine Vorstellung davon pflegten.[30] Ihre nostalgische Erinnerung bezieht sich auf Aussig vor 1945 und auf die Stadt vor der Besetzung des Grenzgebietes 1938. Sie hängen demnach einer Vergangenheit nach, einer »Heimat of memory«, wie sie Andrew Demshuk für schlesische Zwangsausgesiedelte definierte.[31] Nostalgie wird häufig als verklärter Rückblick verstanden, als eine Anti-Moderne, die sich nach einer anderen Zeit, einem anderen Ort sehnt – »longing for a home that no longer exists or has never existed«.[32] Nostalgie kann aber auch eine Zukunftsversion eines Ort entwerfen, die so eventuell auch nie realisiert wird, aber Anregungen oder eine Utopie vor dem inneren Auge entstehen lässt.[33]

---

29 Die vorliegende Arbeit schließt sich somit den Initiativen zur Neujustierung des Begriffs an, wie sie Sarah Scholl-Schneider und Natalia Donig vertreten. Siehe *Donig*, Natalia u. a.: Heimat als Erfahrung und Entwurf. Berlin, Münster 2009, 18. Ähnliche Initiativen gingen vom Kulturforum östliches Europa aus, das 2010 eine Diskussion über den Begriff »Heimat« und dessen Relevanz und Übersetzung in die Gegenwart begann. Auch im deutsch-tschechischen Kontext wird über Heimat diskutiert, u. a. durch das Goethe-Institut Prag, das den EU-Kommissar Vladimír Špidla kurz nach dem polemisierenden Wahlkampf der Präsidentschaftswahlen einlud, über »Heimat« zu diskutieren (6.2.2013).

30 Siehe hierzu auch die Einleitung des Tagungsbandes *Hoenig*, Bianca/*Wadle*, Hannah (Hg.): Eden für Jeden? Touristische Sehnsuchtsorte in Mittel- und Osteuropa von 1945 bis zur Gegenwart. Göttingen 2019.

31 Demshuk erkennt unter den Zwangsausgesiedelten zwei Bilder von *Heimat*: »Heimat of memory« und »Heimat transformed«. »Heimat of memory« existiert nur in den Gedanken der Zwangsausgesiedelten; die »transformierte Heimat« meint das Gegenteil, den realen Ort, der nicht mehr die ursprüngliche Vertrautheit und Sicherheit hat. Siehe *Demshuk*: The Lost German East, 14.

32 *Boym*, Svetlana: Nostalgia and Its Discontents. 10 (2007). In: Institute for Advanced Studies in Culture, URL: http://www.iasc-culture.org/eNews/2007_10/9.2CBoym.pdf (am 22.9.2015, Link nicht mehr aktiv).

33 *Boym*, Svetlana: The Future of Nostalgia. New York 2001.

Es zeigt sich, dass Geschichte und Kontinuität wichtige Bezugspunkte der Stadtbewohner waren und sind. Innerhalb dieser Bezugspunkte verleihen die Menschen ihrem Dasein in der Stadt einen Sinn, kreieren zum Teil eine neue Heimat und nehmen dabei immer wieder Bezug auf die Geschichte, die ihnen als Legitimationsinstrument dient. Diese Arbeit untersucht nicht die staatlichen Strategien der ›Tschechisierung‹ der Stadt nach 1945, sondern konzentriert sich vielmehr auf die individuelle menschliche Sinngebung an einem erstmals fremden Ort. Wie verliefen diese Heimatfindung und Sinngebung vor allem durch Verortung in der Geschichte? Welchen Ort kreierten die neuen Einwohner in ihrer Vorstellung? Die ehemaligen Einwohner konstruierten ihre Heimat auf dem Fundament respektive im Kontext von Geschichte und Erinnerungen, der »Heimat of memory«.[34] Die neuen Einwohner bezogen sich auf einen realen Ort, brachten aber auch Vorstellungen, also ebenfalls eine Imagination, mit nach Ústí. Die ehemaligen Einwohner bezogen sich auf einen imaginierten Ort, aber begegneten dem realen Ústí, der »Heimat transformed«.[35] Nostalgie ist bei beiden Gruppen stets Teil der individuellen und auch der kollektiven Biografie, wie die kollektive Erinnerung, die sich öffentliche Ausdrucksformen sucht und ebenso Untersuchungsgegenstand dieser Arbeit ist.

3. Forschungsstand

Die zuvor beschriebene Fragestellung erfordert ein interdisziplinäres methodisches Vorgehen. Jeweils zu Beginn der einzelnen Hauptkapitel werden die verwendeten Methoden besprochen. Hier nur eine kurze methodische Rahmung: Diese Arbeit verordnet sich in der sozialkonstruktivistischen Nationalismusforschung, die Erinnerung als eine soziale gruppenbezogene Praxis begreift. Fragen nach symbolischer Aneignung von Orten und dem Prozess des ›Heimischwerdens‹ durch »invented traditions« werden hier zu ergründen versucht.[36] Erkenntnisleitend ist dabei die These, dass sich eine Gruppe, eine Stadtgesellschaft sich und ihre Identität über Rituale, Kultur, Sprache, Territorium, Erinnerung konstruiere. Spannend ist dieser Prozess in einer Stadt und Region, die nach 1945 neu erfunden werden musste, quasi auf dem ›neuen‹ Territorium der Grenzregion der Stadt Ústí nad Labem, die sich neu definieren musste.

Die vorliegende Arbeit knüpft zunächst an die umfangreiche Forschung zur symbolischen Aneignung in Städten mit multikultureller Vergangenheit und umfassendem Bevölkerungsaustausch an. Bisherige Publikationen beschäftigen sich überwiegend mit polnischen Städten, Regionen und Landschaften:

---

34 *Demshuk*: The Lost German East.
35 *Ebenda.*
36 *Hobsbawm*, Eric/*Ranger*, Terence (Hg.): The Invention of Tradition. Cambridge 1992.

Gregor Thum und Norman Davies zu Wrocław (Breslau),[37] Jan Musekamp zu
Szczecin (Stettin),[38] Peter Oliver Loew zu Gdánsk (Danzig),[39] Katarzyna Woniak zum schlesischen Łobez (Labes) und zu Złotów (Flatow),[40] Beata Halicka
zu den polnischen Westgebieten,[41] Kerstin Hinrichsen zur Ziemia Lubuska
(Lebuser Land),[42] Mateusz J. Hartwich zum schlesischen Riesengebirge.[43] Auch
russische respektive sowjetische Städte wie Kaliningrad stehen im Fokus.[44]
Eine Studie zu Bratislava beschäftigt sich mit der Konfliktgeschichte und der
›Slowakisierung‹ der Stadt.[45] Čeněk Pýcha untersuchte in seiner Bachelorarbeit
die regionalen Erinnerungsformen am Beispiel des Duchcov-Viadukts. Seine
mikroregionale Studie über den staatlichen Umgang mit der Vergangenheit
und ihrer Instrumentalisierung im Sozialismus konzentriert sich allerdings auf
die staatlichen Vorgaben und weniger auf die regionale, nordböhmische Spezifik im Gedenken.[46] Der französische Literaturwissenschaftler Xavier Galmiche
ist einer der wenigen, der sich mit der Erinnerungskultur einer Stadt in der
Tschechoslowakei beschäftigte. Sein Fokus liegt auf dem privaten Erinnern in
der westböhmischen Industriestadt Toužim (Theusing), wobei er die beiden

37　*Thum*, Gregor: Die fremde Stadt. München 2006; *Davies*, Norman/*Moorhouse*, Roger:
　　Die Blume Europas. München 2002.
38　*Musekamp*, Jan: Zwischen Stettin und Szczecin. Metamorphosen einer Stadt von 1945 bis
　　2005. Wiesbaden 2010.
39　*Loew*, Peter Oliver: Danzig und seine Vergangenheit 1793–1997. Die Geschichtskultur
　　einer Stadt zwischen Deutschland und Polen. Osnabrück 2003; *ders.*: Danzig im 19. und
　　20. Jahrhundert. In: *Krzoska*, Markus/*Röskau-Rydel*, Isabel (Hg.): Stadtleben und Natio-
　　nalität. Ausgewählte Beiträge zur Stadtgeschichtsforschung in Ostmitteleuropa im 19. und
　　20. Jahrhundert. München 2006, 47–66.
40　*Woniak*, Katarzyna: Von Verdrängen bis Wiederentdecken. Die Erinnerungskulturen in
　　den west- und nordpolnischen Kleinstädten Labes und Flatow seit 1945. Eine verglei-
　　chende Studie. Marburg 2016.
41　*Halicka*, Beata: Polens Wilder Westen. Erzwungene Migration und die kulturelle Aneig-
　　nung des Oderraums 1945–1948. Paderborn 2013.
42　*Hinrichsen*, Kerstin: Die Erfindung der Ziemia Lubuska. Konstruktion und Aneignung
　　einer polnischen Region 1945–1975. Göttingen 2017.
43　*Hartwich*, Mateusz J.: Das schlesische Riesengebirge. Die Polonisierung einer Landschaft
　　nach 1945. Neue Forschungen zur schlesischen Geschichte 23. Wien u. a. 2012.
44　*Sezneva*, Olga: Living in the Russion Present with a German Past. The Problem of Identity
　　in the City of Kaliningrad. In: *Crowley*, David/*Reid*, Susan Emily (Hg.): Socialist spaces.
　　Sites of everyday life in the Eastern Bloc. Oxford, New York 2002, 47–64.
45　*Engemann*, Iris: Die Slowakisierung Bratislavas. Universität, Theater und Kultusgemein-
　　den 1918–1948. Wiesbaden 2012.
46　*Pýcha*, Čeněk: Duchcovský viadukt. Socialistická politika paměti na regionální úrovni
　　[Das Duchcov-Viadukt. Sozialistische Politik auf regionaler Ebene]. In: *Šustrová*, Radka/
　　Hédlová, Lubomíra (Hg.): Česká paměť. Národ, dějiny a místa paměti [Tschechisches Ge-
　　dächtnis. Nation, Geschichte und Erinnerungsorte]. Praha 2014, 255–278.

Erinnerungsgruppen, Deutsche und Tschechen, nebeneinander darstellt.[47] Somit besitzt Galmiches Untersuchung eine nicht nur geografische, sondern
auch methodische Nähe zum Thema dieser Arbeit, da er die ehemaligen und
neuen Einwohner einer böhmischen Stadt vergleicht. Eagle Glassheim bietet
mit seiner 2016 veröffentlichten Studie über das tschechoslowakische *border-
land* eine regional nahe liegende Studie, die sowohl Zwangsaussiedlungen,
sozialistische Industrialisierung beziehungsweise Umweltfragen und *longing*,
Nostalgie, untersucht.[48] Für Glassheim ist das Grenzgebiet eine Kontaktzone
der ehemaligen und der neuen Bewohner.

Die hier vorliegende Studie schließt die Lücke in der Forschung zur symbolischen Aneignung im tschechoslowakischen Grenzgebiet, die bisher kaum
im Hinblick auf Aushandlungsprozesse untersucht wurde. Neben dem Topos
der symbolischen Aneignung sind die schon vielfach untersuchten Besied-
lungsprozesse nach 1945 im tschechoslowakischen Grenzgebiet, vor allem in
Nordböhmen, von besonderer Bedeutung.[49] Wiedemanns wegweisende Arbeit

---

[47] *Galmiche*, Xavier: Modelle und Modalitäten der Geschichte. Toužim: eine doppelte Stadt-
        geschichte in Böhmen. In: Osteuropa 58/6 (2008), 307–317.
[48] *Glassheim*, Eagle: Cleansing the Czechoslovak Borderlands. Migration, Environment,
        and Health in the Former Sudetenland. Pittsburgh 2016.
[49] *Arburg*, Adrian von: Zwangsumsiedlung und neue Gesellschaft in Ostmitteleuropa nach
        1945. München 2008; *ders./Staněk*, Tomáš (Hg.): Vysídlení Němců a proměny českého
        pohraničí 1945–1951. I. díl [Die Aussiedlung der Deutschen und die Veränderungen des
        tschechischen Grenzgebiets 1945–1951. I. Teil]. Středokluky 2010; *dies.* (Hg.): Vysídlení
        Němců a proměny českého pohraničí 1945–1951. 3. svazek II. dílu. [Die Aussiedlung der
        Deutschen und die Veränderungen des tschechischen Grenzgebiets 1945–1951. 3. Band
        des II. Teils]. Středokluky 2010; *Kastner*, Quido: Osídlování českého pohraničí od května
        1945 [Die Besiedlung des tschechischen Grenzgebietes seit Mai 1945]. Praha 1999; *Heral-
        dová*, Iva: Vytváření domova v novosídlenecké pohraniční vesnici [Die Schaffung eines
        neuen Heims im neubesiedelten Grenzgebietsdorf]. In: Český lid 42/1955; *Topinka*, Jiří:
        Zapomenutý kraj. České pohraničí 1948–1960 a takzvaná akce dosídlení [Der vergessene
        Kreis. Das tschechische Grenzland 1948–1960 und die sogenannte Wiederbesiedlungs-
        aktion]. In: Soudobé dějiny 3–4 (2005), 534–585; *Čapka/Slezák/Vaculík*: Nové osídlení
        pohraničí českých zemí po druhé světové válce. Zu Ústí nad Labem veröffentlichte Zde-
        něk Radvanovský folgende Studien: Ústí nad Labem na konci druhé světové války a vznik
        nových orgánů lidové moci [Ústí nad Labem am Ende des Zweiten Weltkriegs und die
        Entstehung neuer Organe der Volksmacht]. In: Sborník PF v Ústí nad Labem 1984, 73–
        96; Zur Vertreibung und Aussiedlung der Sudetendeutschen aus dem Grenzgebiet Nord-
        westböhmens in die Sowjetische Besatzungszone Deutschlands in den Jahren 1945–1946.
        Ústí nad Labem 1993; Konec česko-německého soužití v ústecké oblasti 1945–1948 [Das
        Ende des tschechisch-deutschen Zusammenlebens im Gebiet von Aussig 1945–1948].
        Ústí nad Labem 1997; Die Vertreibung der Deutschen 1945–1948. Praha 1997 sowie In-
        tegrationsprobleme bei der Wiederbesiedlung der deutschen Siedlungsgebiete in den
        böhmischen Ländern nach 1945. In: *Heumos* (Hg.): Heimat und Exil, 143–161. Zur Frage
        der Minderheiten, der Roma und der deutschsprachigen Bewohner veröffentlichte Matěj
        Spurný seine Dissertation: *Spurný*, Matěj: Nejsou jako my. Česká společnost a menšiny
        v pohraničí (1945–1960) [Sie sind nicht wie wir. Die tschechische Gesellschaft und ihre
        Minderheiten im Grenzgebiet (1945–1960)]. Praha 2012.

zur Wiederbesiedlung des Grenzgebietes umfasst zwar die gesamte Region, streift aber nur teilweise kulturelle Prozesse und endet mit dem Jahr 1948.[50]

Die Beschränkung auf einen lokalen Raum, wie diese Arbeit sie vornimmt, ermöglicht die Darstellung von Entwicklungen über einen langen Zeitraum. Hier spielen die Zwischentöne eine Rolle, die sonst neben der ›großen‹ Geschichte überhört werden. Einzelpersonen, Akteure stehen im Fokus dieser Arbeit, und statt dem üblichen Blick auf das Zentrum Prag wird die Peripherie in den Vordergrund gerückt.

In Ústí nad Labem wurde zentral verordnet, die deutsche Vergangenheit des Grenzlandes auszublenden. Damit einher gingen die Konstruktion und Durchsetzung neuer Gesellschaftsvorstellungen, aber auch die inoffizielle Integration dieses Andenkens in das städtische Gedächtnis. Vorliegende Arbeit schreibt nicht die Geschichte von Ústí, sondern die der in Ústí lebenden Menschen. Sie untersucht, welchen Sinn die Menschen in einer Grenzgebietsstadt ihrem Leben jeweils beimaßen und zu geben suchten. Dabei nimmt dieser Ansatz auch kollektive, gesellschaftliche Vorgaben mit in den Blick. Die Akteure der Stadt Ústí nad Labem handelten in einem politisch streng reglementierten Rahmen und doch agierten sie auch eigenständig, manche erst im Verborgenen, dann in der Öffentlichkeit. Hier ist darauf zu achten, die Eigenständigkeit des Handelns der Akteure nicht zu verklären, sondern die Bewegungsfreiheit im Einzelfall zu untersuchen.[51]

Der Fokus der Betrachtung liegt auf kulturellen Aneignungsprozessen, die in alltagsgeschichtlicher und akteursbezogener Prägung untersucht werden, das heißt, durch das Handeln von lokalen Akteuren. Einen ähnlichen Zugang wählte Andreas Wiedemann in seiner 2008 veröffentlichten Dissertation über den Wiederbesiedlungsprozess im tschechischen Grenzland nach 1945, in der er die demografischen, politischen, sozialen, ökonomischen und kulturellen

---

50 *Wiedemann*, Andreas: »Komm mit uns das Grenzland aufbauen!« Ansiedlung und neue Strukturen in den ehemaligen Sudetengebieten 1945–1952. Essen 2007. Zdeněk Hojda und Jiří Pokorný waren die ersten, die nach 1990 zur Erinnerungskultur in der Tschechoslowakei forschten (*Hojda*, Zdeněk/*Pokorný*, Jiří: Pomníky a zapomníky [Denkmäler und Vergessensmale]. Praha 1996). Hojda konzentrierte sich auch in seinen späteren Veröffentlichungen auf Beispiele aus Prag, darunter die Geschichte zweier sozialistischer Kriegs- und Befreiungsdenkmäler zwischen 1945 und 1989; siehe *Hojda*, Zdeněk: Der Wenzelsplatz in Prag. In: *Jaworski*, Rudolf/*Stachel*, Peter (Hg.): Die Besetzung des öffentlichen Raumes. Politische Plätze, Denkmäler und Straßennamen im europäischen Vergleich. Berlin 2007, 101–114; *ders.*: Denkmäler des Krieges als Orte der Erinnerung in Tschechien nach der Wende. Bühne moderner tschechischer Geschichte. Lieux de mémoire oder Kampfplätze der Erinnerungen? In: *Cornelißen*, Christoph/*Holec*, Roman/*Pešek*, Jiří (Hg.): Diktatur – Krieg – Vertreibung. Erinnerungskulturen in Tschechien, der Slowakei und Deutschland seit 1945. Essen 2005, 229–236.

51 *Boyer*, Christoph: Der Beitrag der Sozialgeschichte zur Erforschung kommunistischer Systeme. In: *Brenner*, Christiane (Hg.): Sozialgeschichtliche Kommunismusforschung. Tschechoslowakei, Polen, Ungarn und DDR, 1948–1968. München 2005, 13–34.

Auswirkungen der Zwangsmigration[52] und der sogenannten Wiederbesiedlung aufzeigte.[53] Neben Wiedemann war Michaela Marek bislang die einzige Autorin, die auf kulturelle Aspekte des Wiederbesiedlungsprozesses einging.[54] Für die Entwicklungen nach 1989 kann die vorliegende Arbeit auf mehrere soziologische Studien zurückgreifen, die die Identitätsprozesse im Grenzland und die Auswirkungen der Geschichtspolitik auf die heutigen Einstellungen der Bevölkerung erörtern.[55] Untersuchungen zur Vergangenheitspolitik in den Grenzgebieten beziehungsweise in Nordböhmen befassten sich bislang fast ausschließlich mit der deutsch-tschechischen Vergangenheit[56] oder behandelten ausschließlich zentrale Vorgaben und Herrschaftsgeschichte.[57] Diese Arbeit will diese Einengung überwinden und nicht ausschließlich deutsch-tschechische Themen behandeln.

[52] Durch die Verwendung des Begriffs »Zwangsmigration« versucht die Autorin der vorliegenden Studie, die semantische Präfigurierung gängiger Bezeichnungen wie »Flucht und Vertreibung« zu vermeiden; dazu siehe *Hahn*, Eva/*Hahn*, Hans Henning: Mythos »Vertreibung«. In: *Hein-Kircher*, Heidi/ders. (Hg.): Politische Mythen im 19. und 20. Jahrhundert in Mittel- und Osteuropa, Marburg 2006, 167–188, hier 173–176.

[53] Wiedemann verfasste in seiner Promotion ein Kapitel über die kulturellen Prozesse im Wiederbesiedlungsprozess des gesamten Grenzlandes. Er legte dabei den Schwerpunkt auf die Identitätsstiftung und den kulturellen Aufbau; siehe *Wiedemann*: »Komm mit uns das Grenzland aufbauen!«, Kapitel »Ansiedlung und neue Strukturen in den ehemaligen Sudetengebieten 1945–1952«, 337–386).

[54] *Marek*, Michaela: Baudenkmäler im Grenzland nach dem Zweiten Weltkrieg. Strategien der (Wieder-)Aneignung. In: *Höhne*, Steffen/*Udolph*, Ludger (Hg.): Deutsche – Tschechen – Böhmen. Kulturelle Integration und Desintegration im 20. Jahrhundert. Weimar 2010, 193–230.

[55] *Houžvička*, Václav: Návraty sudetské otázky [Wiederkehr der Sudetenfrage]. Praha 2005; ders./*Zich*, František/*Jeřábek*, Milan: Reflexe sudetoněmecké otázky a postoje obyvatelstva českého pohraničí k Německu [Die sudetendeutsche Frage in Ansichten und Haltungen der Bewohner des tschechischen Grenzgebietes]. Praha 1997; *Novotný*, Lukáš/*Weigl*, Michael: Historische Prägestempel als Strukturprinzipien gegenseitiger Wahrnehmung von Deutschen und Tschechen. In: *Timmermann*, Heiner (Hg.): Vergangenheitsbewältigung in Europa im 20. Jahrhundert. Münster 2010, 285–304; *Jeřábek*, Milan/*Dokupil*, Jaroslav/ *Havlíček*, Tomáš u. a.: České pohraničí [Tschechisches Grenzland]. Praha 2004.

[56] Obwohl der Titel anderes vermuten lässt, konzentriert sich der Artikel von Novotný und Weigl (*Novotný/Weigl*: Historische Prägestempel) auf zwei bedeutende Aspekte der Vergangenheitspolitik der Tschechischen Republik: die Bewältigung der Aussiedlung der Sudetendeutschen und die kommunistische Diktatur. Weitere Beispiele für die Beschränkung auf die Erinnerung an deutsch-tschechisches Zusammenleben bzw. Erinnerung an Zwangsaussiedlung: *Hahnová*, Eva/ *Hahn*, Hans Henning: Die Vertreibung im deutschen Erinnern. Paderborn 2010; Erinnerungsorte des deutsch-tschechischen Zusammenlebens/Místa paměti česko-německého soužití. Hg. v. *Antikomplex pro Collegium Bohemicum*. Praha 2011; *Kaiserová*, Kristina: Tschechische Erinnerungskultur in den ehemaligen deutsch-böhmischen Gebieten. In: *Schmitz*, Walter (Hg.): Ein anderes Europa. Innovation – Anstöße – Tradition in Mittel- und Osteuropa. Dresden 2007, 315–320.

[57] *Cornelißen*, Christoph/*Vašíček*, Zdeněk/*Mayer*, Françoise (Hg.): Minulost a současnost, paměť a dějiny [Die Vergangenheit und Gegenwart, Gedächtnis und Geschichte]. Brno

Damit leistet diese Arbeit auch einen Beitrag zur Erinnerungsforschung. In den letzten Jahren sind zahlreiche Studien zur Erinnerungskultur der ostmitteleuropäischen Zwangsausgesiedelten erschienen.[58] Anschlussfähig für die vorliegende Studie sind vor allem die Arbeiten von Eagle Glassheim, der sich unter anderem mit dem Heimatbegriff und der Landschaft im Gedächtnis der Zwangsausgesiedelten beschäftigt.[59] Ebenfalls zu erwähnen ist die Dissertation von Jutta Faehndrich, die sich der Konstruktion des kollektiven Gedächtnisses in Heimatbüchern widmet.[60]

Elisabeth Fendl forschte zur Ikonografie der Sehnsucht nach dem Verlorenen und zum Heimatbegriff unter den Zwangsausgesiedelten.[61] Stephan Scholz' Untersuchung der Vertriebenendenkmäler beleuchtet die Erinnerungskultur der Zwangsausgesiedelten von 1945 bis 1990.[62] Hier stehen erstmals die beiden Erinnerungsgruppen, die der Zwangsausgesiedelten und die der Tschechen, im Fokus. Thematisiert werden auch die von ehemaligen Bewohnern unternommenen Reisen, die in der Reiseforschung bislang wenig vorkamen und die Möglichkeit eröffnen, Begegnungen zu beschreiben.[63] Die Arbeit leistet zudem

---

2008; *Cwiek-Rogalska*, Karolina: Debts without Debtors: The Phantom Presence of German-Speaking Inhabitants of Czechoslovakia after 1945. In: Bohemia 55/1 (2015), 18–39.

[58] Stellvertretend sei hier auf die Sammelbände der Deutsch-Tschechischen Historikerkommission verwiesen. Zur mentalen Verarbeitung des Heimatverlusts bei den Zwangsausgesiedelten aus Schlesien siehe *Demshuk*: The Lost German East.

[59] *Glassheim*, Eagle: Ethnic Cleansing, Communism, and Environmental Devastation in Czechoslovakia's Borderlands, 1945–1989. Translation of Journal of Modern History article-appeared in June, 2006. In: Soudobé dějiny 3–4 (2005), 432–464.

[60] *Faehndrich*, Jutta: Eine endliche Geschichte. Die Heimatbücher der deutschen Vertriebenen. Köln 2010.

[61] *Fendl*, Elisabeth (Hg.): Zur Ikonographie des Heimwehs. Erinnerungskultur von Heimatvertriebenen. Freiburg 2002; *dies.*: Zwischen »daheim« und »zuhause«. Zum Heimatbegriff von Flüchtlingen und Vertriebenen. In: *Röder*, Annemarie (Hg.): Heimat – Annäherungsversuche. Stuttgart 2007, 21–30.

[62] *Scholz*, Stephan: Vertriebenendenkmäler. Topographie einer deutschen Erinnerungslandschaft. Paderborn 2015.

[63] Ausnahmen bilden die folgenden anthropologischen Untersuchungen: *Fendl*: Zwischen »daheim« und »zuhause«; *Stennert*, Doris: »Reisen zum Wiedersehen und Neuerleben«. Aspekte des »Heimwehtourismus« dargestellt am Beispiel der Grafschaft Glatz. In: *Dröge*, Kurt (Hg.): Alltagskulturen zwischen Erinnerung und Geschichte. München 1995, 83–93; *Usler*, Alexander: Das Geschichtsbild in sudetendeutschen Heimatbüchern nach 1948. In: *Heumos* (Hg.): Heimat und Exil, 23–34. Als eher populärwissenschaftlicher Beitrag: *Braun*, Karl: »Liberec ist noch immer auf der Suche nach seinem Gesicht und seiner Seele«. Ein kritischer Blick auf mehrsprachige Foto- und Heimatbücher der Stadt Liberec 2001–2007. In: *Fendl*, Elisabeth (Hg.): Zur Ästhetik des Verlusts. Bilder von Heimat, Flucht und Vertreibung. Münster 2010, 239–252; *Meindl*, Ralf: Heilsamer Schock? Die Konfrontation der »Heimwehtouristen« mit ihren Sehnsuchtsorten. In: *Hoenig*, Bianca/ *Wadle*, Hannah: Eden für jeden? Touristische Sehnsuchtsorte in Mittel- und Osteuropa nach dem Zweiten Weltkrieg bis zur Gegenwart. Göttingen 2019, 63–84. Auch Andrew Demshuk widmet den Reisen in die alte Heimat ein Kapitel seiner Dissertation. Unter dem Titel »Travel to the land of memory« beschreibt er, was die Schlesier suchen, wenn

einen Beitrag zur Erforschung von doppelten Erinnerungsorten in Städten, die besonders stark von Migrationsbewegungen geprägt wurden. In der bisherigen Literatur lag der Fokus auf jeweils einer der Erinnerungsgemeinschaften, ohne auf Gemeinsamkeiten, Überschneidungen oder Unterschiede hinzuweisen. Diese Arbeit hebt sich davon ab, indem sie erstmals verschiedene Erinnerungsgemeinschaften gemeinsam betrachtet.[64] Sie berücksichtigt sowohl die in der BRD lebenden Zwangsausgesiedelten als auch die in der DDR, und analysiert deren Verbindungen zu den neuen Einwohnern von Ústí nad Labem. Aufgrund der schwierigen Quellenlage liegt der Schwerpunkt jedoch auf den Aussigern in der BRD. Als methodisches Vorbild für die Beschreibung von Gruppen mit schwieriger gemeinsamer und verdrängter Geschichte dient Yfaat Weiss' Untersuchung der »diachronen Nachbarn« in Wadi Salib, einem Stadtteil von Haifa.[65] Sie zeigt die Geschichte Israels anhand eines Stadtviertels und verschränkt die Erinnerungen verschiedener Gruppen zu einem vielstimmigen Chor.

Betriebe und Arbeiter sind wichtige Untersuchungsobjekte der sozialgeschichtlichen Forschung zum Sozialismus. Eine Mikrostudie über die sogenannten Schicht-Werke in Ústí nad Labem untersucht in dieser Arbeit einen der großen Industriebetriebe der Stadt und dessen Geschichtsschreibung. Gerade in der Betrachtung der Sozialgeschichte des Sozialismus spielen die Betriebe und die Arbeiter eine herausragende Rolle.

Die tschechische regionale Historiografie stand bislang kaum im Interesse der Forschung.[66] Dagegen stellt die vorliegende Arbeit die regionale Historiografie und Historiker als Akteure und Produzenten von Geschichtsbildern in

---

sie in ihre Heimat reisen, wie die Reaktionen auf das Wiedersehen mit der »Heimat transformed« ablaufen und wie die Zwangsausgesiedelten schließlich durch die Begegnung mit der veränderten Heimat zum eigentlichen Abschied von der Heimat kommen (*Demshuk*: The Lost German East.).

[64] Eine der wenigen Studien, die neue und ehemalige Einwohner der tschechoslowakischen Grenzgebiete zusammen betrachtet, ist der deutsch-tschechische Band »Sudetengeschichten«, der lebensgeschichtliche Beispiele von neuen und alten Siedlern darstellt und sowohl Wissenschaft wie auch Betroffene überzeugte: Sudetské příběhy/Sudetengeschichten. Vyhnanci, starousedlíci, osídlenci/Vertriebene, Alteingesessene, Neusiedler. Hg. v. *Antikomplex/Lehrstuhl für Bayerische und Schwäbische Landesgeschichte*. Bearbeitet von Sarah Scholl-Schneider, Miroslav Schneider und Matěj Spurný. Praha 2010.

[65] *Weiss*, Yfaat: Verdrängte Nachbarn. Wadi Salib – Haifas enteignete Erinnerung. Hamburg 2012.

[66] Hans Lemberg analysierte die tschechische Historiografie nach 1945 und vor allem nach 1968, wobei der Aspekt der regionalen Geschichtsakteure jedoch nicht vorkommt. Vgl. *Lemberg*, Hans: Die Rolle von Geschichte und von Historikern im Zusammenhang mit der »Samtenen Revolution« in der Tschechoslowakei. In: *Altrichter*, Helmut (Hg.): GegenErinnerung. Geschichte als politisches Argument im Transformationsprozeß Ost-, Ostmittel- und Südosteuropas. München 2006, 151–171. Claudia Kraft untersuchte die Rolle von Historikern, auch außerhalb der politischen Zentren, im polnischen Kontext: *Kraft*, Claudia: Erinnerung im Zentrum und an der Peripherie. Zwangsmigrationen als

den Mittelpunkt und birgt die Chance, ein diverseres Bild aufzuzeigen als das der zentralen Geschichtsschreibung.[67] Auch in den bisherigen Veröffentlichungen über die tschechoslowakische Geschichtswissenschaft im Sozialismus wurde die Regionalgeschichte kaum thematisiert.[68] Dies ist umso verwunderlicher, da sie gerade nach dem massiven Einschnitt der Niederschlagung des Prager Frühlings eine große Rolle spielte und auch von staatlicher Seite gefördert wurde. Viele bedeutende Historiker arbeiteten in der Normalisierungszeit in den Regionen, publizierten in Lokalzeitungen oder hielten Vorträge, vor allem bei nichtöffentlichen Anlässen.[69] Die vorliegende Arbeit leistet somit einen wichtigen Beitrag zur lokalen Geschichtsschreibung, weil sie regionale Publikationen, Zeitzeugen und Akten der Regionalarchive untersucht.

Für die Periode von 1945 bis 1990 fehlt es bislang an deutschsprachigen Publikationen zu Ústí nad Labem. Die Geschichte der Stadt wurde oft und gern als Beispiel für das Zusammenleben von Deutschen und Tschechen herangezogen, zuletzt beim viel diskutierten Gegenentwurf zum Ausstellungskonzept der »Stiftung Flucht, Vertreibung, Versöhnung«, der im September 2010 veröffentlicht wurde.[70] Auch das sogenannte Aussiger Massaker wurde vielfach

Gegenstand von zentraler Geschichtspolitik und regionalen Initiativen in Polen. In: *Haslinger*, Peter/*Franzen*, K. Erik/*Schulze Wessel*, Martin (Hg.): Diskurse über Zwangsmigrationen in Zentraleuropa. Geschichtspolitik, Fachdebatten, literarisches und lokales Erinnern seit 1989. München 2008, 59–76. Siehe auch *Kolář*, Pavel: Die nationalgeschichtlichen »master narratives« in der tschechoslowakischen Geschichtsschreibung der zweiten Hälfte des 20. Jahrhunderts. Entstehungskontexte, Kontinuitäten und Wandel. In: *Brenner*, Christiane (Hg.): Geschichtsschreibung zu den böhmischen Ländern im 20. Jahrhundert. Wissenschaftstraditionen, Institutionen, Diskurse. München 2006, 209–241.

67 Dies geschah bislang nur in Ausnahmefällen, in Untersuchungen über Historiker als Dissidenten, beispielsweise Jan Tesař; vgl. *Vašíček*, Zdeněk/*Mayer*, Françoise: Minulost a současnost, paměť a dějiny. In: *Corneliβen/Vašíček/Mayer* (Hg.): Minulost a současnost, 35–64. Ähnlich zu Karel Kaplan: *Sommer*, Vítězslav: Kronikář komunistického Československa. Karel Kaplan a studium soudobých dějin [Der Chronist der kommunistischen Tschechoslowakei. Karel Kaplan und das Studium der Zeitgeschichte]. In: Soudobé dějiny 2 (2008), 341–356.

68 Einzig Doubravka Olšáková thematisiert auch die regionale Geschichtsschreibung im Kontext der staatlich verordneten Historiografie in der sozialistischen Tschechoslowakei, vgl. unter anderem *Olšáková*, Doubravka: From Legacy and Tradition to lieux de mémoire. In: Acta Poloniae Historica 106 (2012), 61–78. Zur staatlich verordneten Historiografie: *Pešek*, Jiří: Historiographie an den Universitäten in Ostmitteleuropa 1945–1970. In: *Brenner*: Geschichtsschreibung zu den böhmischen Ländern, 297–315; *Kolář*: Die nationalgeschichtlichen »master narratives« in der tschechoslowakischen Geschichtsschreibung; *Sommer*, Vítězslav: Angažované dějepisectví. Stranická historiografie mezi stalinismem a reformním komunismem, 1950–1970 [Engagierte Geschichtsschreibung. Parteihistoriografie zwischen Stalinismus und Reformkommunismus, 1950–1970]. Praha 2011.

69 Eine Ausnahme bildet Václav Houfeks Aufsatz über die regionale Geschichtsschreibung in Ústí nad Labem, die der Autor jedoch ab den 1980er Jahren selbst als Akteur mitbestimmte (*Houfek*: Regionální dějiny a veřejnost).

70 *Völkering*, Tim: Forum. Vertreibungen ausstellen. Aber wie? Debatte über die konzeptionellen Grundzüge der Ausstellungen der Stiftung Flucht, Vertreibung, Versöhnung. In:

stellvertretend für das gewaltsame tschechoslowakische Vorgehen gegenüber den Deutschsprachigen nach dem Krieg dargestellt.[71] Bislang existierte jedoch nur ein nach 1990 verfasster Sammelband über die Geschichte der Stadt, der auch die Nachkriegszeit berücksichtigt, eine Monografie fehlt bislang.[72] Offenbar wurde diese Periode der Stadtgeschichte eher diskursiv in Ausstellungen und in der populären Geschichtsschreibung behandelt.[73] Die vorliegende Studie liefert zwar keine Monografie über die Nachkriegsgeschichte der Stadt, zeigt aber wichtige Aspekte des sozialen Lebens in Ústí nad Labem auf.

4. Quellen

Im Mittelpunkt dieser Arbeit stehen regionale Quellen, die trotz der zentralen Steuerung das Selbstbild der Stadt und der Region zeigen.[74] Sie dokumentieren sowohl die Ereignisse des Kulturlebens als auch die Selbstdarstellung der Geschichte durch die Bewohner.

H-Soz-u-Kult, 9.9.2010, URL: http://hsozkult.geschichte.hu-berlin.de/index.asp?pn=texte &id=1350 (am 9.1.2014). Veröffentlicht unter: *Kováč*, Dušan/*Řezník*, Miloš/*Schulze Wessel*, Martin (Hg.): Erinnern – Ausstellen – Speichern. Deutsch-tschechische und deutsch-slowakische Beziehungsgeschichte im Museum. Essen 2017.

[71] Der erste Bericht über das Massaker erschien 1954: Dokumentation der Vertreibung der Deutschen aus Ost-Mitteleuropa. Eine Dokumentation. Bd. 2. Hg. v. *Bundesminister für Vertriebene, Flüchtlinge und Kriegsgeschädigte*. Erstausgabe 1954. Unveränderter Nachdruck Augsburg 1994, 282–286.

[72] Kristina und Vladimír Kaiser erzielten mit ihrer Publikation beim tschechischen Publikum großen Erfolg, die 2005 erschienene Ausgabe ist seit langem vergriffen, jedoch weiterhin online abrufbar: *Kaiserová*, Kristina/*Kaiser*, Vladimír (Hg.): Dějiny města Ústí nad Labem [Die Geschichte der Stadt Ústí nad Labem]. Ústí nad Labem 1995. URL: http://www.usti-nl.cz/dejiny/ (am 8.1.2015). Tomáš Okurka, Historiker beim Museum Ústí nad Labem, arbeitet an einer weiteren Veröffentlichung zur Stadtgeschichte, einschließlich der Zeit nach 1945.

[73] Ähnlich die Geschichte Danzigs, vgl. *Loew*, Peter Oliver: Danzig. Biografie einer Stadt. München 2011.

[74] Zur Problematik der Zensur und der Öffentlichkeit in Bezug auf Medien in der Tschechoslowakei von 1945 bis 1948 siehe *Brenner*: »Zwischen Ost und West«, 20–24. Zur juristischen Situation der Zensur zwischen 1945 und 1989 siehe *Malý*, Karel: Presserecht und Zensur in der Tschechoslowakei in den Jahren 1945–1990. In: *Anděl*, Michal u. a. (Hg.): Propaganda, (Selbst-)Zensur, Sensation. Grenzen von Presse- und Wissenschaftsfreiheit in Deutschland und Tschechien seit 1871. Essen 2005, 223–233. Zur Zensur im literarischen Bereich siehe *Šámal*, Petr: Část sedmá. 1949–1989. V zájmu pracujícího lidu. Literární cenzura v době centrálního plánování a paralelních oběhů [Abteilung Sieben. 1949–1989. Im Interesse der Arbeiter. Literaturzensur in der Zeit der Zentralplanung und in der Parallelwelt]. In: *Wögerbauer*, Michael u. a. (Hg.): V obecném zájmu. Cenzura a sociální regulace literatury v moderní české kultuře, 1749–2014 [Im allgemeinen Interesse. Zensur und soziale Regulierung der Literatur in der modernen tschechischen Kultur, 1749–2014]. Bd. 2. Praha 2015, 1097–1226.

Regionale Medien reflektieren regionale Ereignisse und Erinnerungsveranstaltungen, sie sind Quellen der populären Historiografie. Zudem beinhalten sie geschichtliche Rückblicke und Reihen von ›Selbstvergewisserungsartikeln‹, die für die Identitätsbildung wichtig waren.

Die Menschen agierten hier als Autoren ihrer eigenen Geschichte, unter den besonderen Bedingungen der Zensur. Doch nicht alle Gruppen hatten Zugang zu dieser Form der öffentlichen Äußerung. Das Gedächtnis der Roma und anderer Minderheitengruppen in Ústí nad Labem wurde nicht gepflegt. Die staatlichen Akten enthalten keine Selbstzeugnisse, es gibt kaum historische Untersuchungen und keine literarischen Verarbeitungen. Stattdessen sind die Zeugnisse über die Roma in Ústí von Behördensprache geprägt – nicht nur die Protokolle der Behörden des Inneren, sondern auch Dokumente von Kontrollinstanzen wie Schulen und Kommissionen sowie Zeitungsartikel. Kulturveranstaltungen, Aktivitäten und die Lebensgeschichten der Zugezogenen wurden jenseits der mündlichen Erzählungen der Roma nicht thematisiert. Der Anteil der Minderheiten an der Neubesiedlung von Ústí nad Labem muss noch aus ihrer Sicht geschrieben werden. Das kann diese Arbeit nur zu einem sehr geringen Teil leisten.

Zu den zentralen Quellen dieser Arbeit gehören weiterhin die Akten der regionalen und städtischen Verwaltungsausschüsse.[75] Daneben werden vor allem die Akten spezifischer Kommissionen herangezogen – der Besiedlungskommission, der Kommission für Minderheitenfragen und der verschiedenen Kommissionen für die Betrachtung der staatlichen Vorgaben und der Akteure. Des Weiteren analysiert die vorliegende Studie Akten zum Vereinswesen, über die Minderheiten (Deutsche, Roma und andere), zu gedenkpolitischen Angelegenheiten (Umbenennungen, Jubiläumsfeiern), zur Denkmalpflege, zum Friedhofswesen und zum Tourismus. Eine weitere Quelle bilden die städtischen Chroniken.

Regionale Sammelbände und Zeitschriften wie »Průboj« (Durchdringung), »Předvoj« (Die Vorhut), »Ústecké přehledy« (Aussiger Überblicke), »Sever« (Der Norden), »Ústecký věstník« (Aussiger Anzeiger) werden im Hinblick auf die dort veröffentlichte Historiografie untersucht.[76] Dabei entwickelte sich vor allem die regionale Veranstaltungszeitung »Ústecké přehledy«, zu einer Plattform für regionale Geschichtsschreibung. Die Zeitschrift der zwangsausgesiedelten Aussiger war der »Aussiger Bote«, der hier vor allem im Hinblick auf Reiseberichte und Erinnerungen an die Stadt herangezogen wird. Die Betrachtung des Betriebes Setuza stützt sich auf den noch unsortierten Bestand des

---

75 Von 1945 bis 1990 oblag die Verwaltung in der Tschechoslowakei dem Nationalausschuss – Národní výbor, die Verwaltung auf Bezirksebene den Bezirksnationalausschüssen – Okresní národní výbor (ONV). In Kreisstädten wie Ústí gab es zudem einen Städtischen Nationalausschuss – Městský národní výbor (MěNV).

76 Die Zeitungen werden bei ihrer jeweiligen Erstnennung im Hauptteil der Arbeit genauer vorgestellt.

Betriebsarchives und die von Setuza herausgegebenen Betriebszeitschriften »Budovatel« (Erbauer) beziehungsweise ab 1985 »Zpravodaj« (Bulletin).

Eine wichtige Quelle für die Zeit nach 1989 sind auch die von verschiedenen Akteuren geschaffenen Webseiten zur Lokalgeschichte. Die vorliegende Arbeit umfasst auch Beispiele der webbasierten Konstruktion von urbanen Räumen, die in jüngster Zeit eine zunehmende Rolle spielt, gerade in der Rekonstruktion von zerstörten Räumen.[77]

Autobiografische Quellen, Egodokumente wie autobiografische Zeugnisse, Briefe, lebensgeschichtliche Erinnerungen und Interviews sind eine weitere wichtige Quellenkategorie dieser Arbeit, deren akteursbezogener Ansatz durch zehn Zeitzeugeninterviews gestärkt wird. Dabei wurden ältere Einwohner von Ústí nad Labem und ehemalige Einwohner der Stadt in offenen, narrativen Interviews befragt, die es den Erzählenden möglich machten, eigene Schwerpunkte zu setzen und Themen zu gewichten. Neben den biografischen, familiengeschichtlichen Angaben thematisieren die Interviews vor allem Erinnerungsakte in der Stadt, Begegnungen, Minderheiten und immer wieder das eigene Erleben von staatlich geplanten Maßnahmen. Zeitzeugenberichte wie diese Interviews sind »notwendigerweise unvollständig«, sie »beinhalten also gleichzeitig das Vergessen und Verdrängen eigener Erfahrungen«.[78] Die ausgewählten Interviewpartner repräsentieren die unterschiedlichen Erfahrungen von Frauen und Männern, verschiedenen Generationen, deutsch- und tschechischsprachigen Personen.[79] Die Fragen wurden für jedes Interview individuell entwickelt, die Aufzeichnung erfolgte in Absprache mit den Befragten, anschließend wurden die Interviews transkribiert und gegebenenfalls übersetzt. Dabei bedurfte es einiger Geduld, den Befragten die Relevanz ihrer individuellen Erfahrung deutlich zu machen und sie vom Sinn und Zweck der Interviews zu überzeugen.[80] Ohne persönliche Vermittlung oder längere Vertrautheit hätten diese Interviews nicht stattfinden können. Hier zeigt sich ein charakteristischer Aspekt der Zeitgeschichte: Wenn man sich mit der unmittelbaren Vergangenheit beschäftigt, begegnen einem die Menschen, über die man liest und

---

77 Veel kreierte das Wort »CyberCitizen«. Sie untersuchte Net art, um die Konstruktion von Städten durch das Kommunikationsmedium Computer und Internet den urbanen Raum zu analysieren. Sie fand heraus, dass das Web eine neue Form der »imagining the city« darstellt. Siehe *Veel*, Kristin: CyberCitizen. Urban Identity in Net Art. In: *Emden*, Christian/*Keen*, Cathrine/*Midgley*, David (Hg.): Imagining the City. Bd. 1: The Art of Urban Living. Bern 2006, 229–248.

78 *Jarausch*, Konrad H: Zeitgeschichte und Erinnerung. Deutungskonkurrenz oder Interdependenz? In: *Jarausch /Sabrow* (Hg.): Die historische Meisterzählung, 9–38, hier 11.

79 Die Vorstellung der Interviewpartner erfolgt im Anhang dieser Arbeit.

80 Sarah Scholl-Schneider hat diesen Unterschied zwischen tschechischen und deutschen Interviewpartnern analysiert: *Scholl-Schneider*, Sarah: Mehr als Fragen und Antworten. Interkulturelle Oral History in Theorie und Praxis. In: *Krauss*, Marita/*Scholl-Schneider*, Sarah/*Fassl*, Peter (Hg.): Erinnerungskultur und Lebensläufe. Vertriebene zwischen Bayern und Böhmen im 20. Jahrhundert – grenzüberschreitende Perspektiven. München 2013, 59–81.

forscht. Sie agieren in die Gegenwart hinein und beobachten, was aus ihren Erzählungen und aus den von ihnen weitergegebenen Quellen wird. Sie lassen erst zu, dass man sie über kritische Themen befragt, wenn sie Vertrauen entwickeln. Dabei passiert es, dass Erzählende zu Freunden werden. Dies thematisiert auch Konrad Jarausch als inhärentes Problem der Zeitgeschichte, die einerseits Objektivität anstrebt, aber andererseits die Disziplin der »Epoche der Miterlebenden« (Hans Rothfels) ist.[81] Zeitgeschichte soll, so Jarausch, Zeitzeugen ernst nehmen und persönliche Erfahrungen einfließen lassen, aber gleichzeitig deren Historisierung vorantreiben. Dieser Ansatz wird auch in der vorliegenden Arbeit verfolgt.

Das Streben nach Objektivität im Angesicht subjektiver Begegnungen kennzeichnet auch die Rolle der Forschenden im Feld. Die genaue Kenntnis der Lage vor Ort und der Menschen war ein Gewinn für diese Arbeit, doch erfordert diese Nähe zum Untersuchungsgegenstand stets auch die Reflexion der eigenen Rolle. Die Autorin selbst stammt weder aus einer sogenannten Vertriebenenfamilie noch ist sie Teil einer tschechischen Grenzgebietsfamilie. Trotz eines langen Aufenthaltes in Ústí nad Labem und zahlreichen freundschaftlichen Beziehungen in der Stadt und ihrer Umgebung bemüht sich die Autorin, eine neutrale Position zu wahren.

Die Mehrheit der in dieser Arbeit verwendeten Quellen lagert im Archiv der Stadt Ústí nad Labem (Archiv města Ústí nad Labem) sowie in der Nordböhmischen wissenschaftlichen Bibliothek in Ústí. Die genutzten regionalen Medien liegen zum Teil ebenfalls im Stadtarchiv sowie in der Nordböhmischen wissenschaftlichen Bibliothek (Severočeská vědecká knihovna). Überregionale Zeitungsartikel, die sich mit Ústí beschäftigen, einschließlich Beiträge der sudetendeutschen und deutschen Presse, wurden im Presseausschnittsarchiv des Herder-Instituts in Marburg ausgewertet.[82] Die autobiografischen Quellen aus zum Teil privaten Archiven und Nachlässen wurden der Autorin im Zuge der Zeitzeugeninterviews überlassen (Fotos, Chroniken) oder befanden sich als zum Teil noch unsortierte Nachlässe im Stadtarchiv von Ústí. Der Bestand des Betriebsarchivs von Setuza wurde 2013 zur Vorsortierung an das Stadtarchiv gegeben, in dem die Autorin arbeiten konnte. Der Hauptteil des nun sortierten Bestandes liegt heute im Staatlichen Regionalarchiv in Most (Státní oblastní archiv Most).

---

81 *Jarausch/Saborow*: »Meisterzählung«, hier 20.
82 Hierzu zählen: Hlas demokracie (Stimme der Demokratie), Lidová demokracie (Volksdemokratie), Mladá fronta (Junge Front), Práce (Arbeit), Pravda (Wahrheit), Rudé právo (Rotes Recht), Svobodné slovo (Freies Wort), Svět práce (Welt der Arbeit), Tvorba (Schaffen) sowie die Artikel der überregionalen deutschsprachigen Zeitungen der Tschechoslowakei: Aufbau und Frieden, später Prager Volkszeitung. Aus der sudetendeutschen Presse: Die Brücke, Sudetendeutsche Zeitung. Für die Zeit nach 1989: Prager Zeitung, Lidové noviny (Volkszeitung), Prager Wochenblatt, Frankfurter Allgemeine Zeitung, Focus, Telegraf, Respekt, Frankfurter Rundschau, Sächsische Zeitung, Süddeutsche Zeitung.

In Bezug auf das Museum in Ústí nad Labem konnten neben den Museumsakten im Stadtarchiv auch die Fotodokumentation des Museums und unveröffentlichte Publikationen der Museumsmitarbeiter herangezogen werden. Publikationen, die von den Zwangsausgesiedelten verfasst wurden, wurden in der wissenschaftlichen Bibliothek des Collegium Carolinum in München und im Johannes-Künzig-Instituts für ostdeutsche Volkskunde in Freiburg gesichtet. Auch der »Aussiger Bote« befindet sich vollständig in der Bibliothek des Collegium Carolinum und liegt mittlerweile digital vor.[83] In geringem Umfang nutzte die Autorin auch die Akten der Auslandsvertretungen der DDR und der BRD in der Tschechoslowakei, die im Politischen Archiv des Auswärtigen Amtes in Berlin liegen. Hauptaugenmerk lag dabei auf Berichten und Einschätzungen zu Visa, Reisen und der deutschsprachigen Minderheit.

5. Untersuchungsgegenstand und -zeitraum

Die Sinngebung ist abzulesen am urbanen Raum. Dieser ist in Ústí nad Labem wie in anderen Städten sowohl Symbolträger für individuelle als auch kollektive Erinnerung.[84] Denkmäler, Straßennamen, Architektur und städtebauliche Veränderungen sind sichtbare Markierungen und Identifikationsangebote. Wer oder was wird betont, wer oder was wird ausgeschlossen aus der kollektiven Symbolsprache des urbanen Raumes?

Ústí nad Labem eignet sich besonders als Untersuchungsgegenstand, weil hier im Gegensatz zu vielen anderen tschechoslowakischen Städten nach 1945 viel Gestaltungsraum vorhanden war. Aussig/Ústí wurde am Ende des Zweiten Weltkrieges bombardiert und die Innenstadt stark zerstört. Der Austausch der Bevölkerung und die neuen städtebaulichen Vorstellungen der Nachkriegsjahre führten zur Entstehung eines neuen Stadtbildes. Dieser Prozess war recht typisch für polnische Städte, in der Tschechoslowakei jedoch ein eher seltener Umstand, da neben Ústí nur Chomutov (Komotau) und Prag bombardiert wurden. Auch deshalb ist Ústí nad Labem ein prominentes Beispiel für die bauliche Neugestaltung des Stadtraumes in der Tschechoslowakei.

Die vorliegende Arbeit umfasst einen Zeitraum von gut 70 Jahren, von 1945 bis 2017. Diese Zeitspanne ermöglicht den Blick auf Brüche und Kontinuitäten. Die Analyse der kulturellen Praktiken eines regional begrenzten Raumes kann zeigen, ob sich politische Zäsuren wie 1945, 1948, 1968 und 1989 auch in

---

83 Aussiger Bote. Das Archiv, URL: https://www.heimatpresse-moe.de/das-archiv/aussiger-bote/ (am 12.2.2021).

84 *Stachel*, Peter: Stadtpläne als politische Zeichensysteme. Symbolische Einschreibungen in den öffentlichen Raum. In: *Jaworski*, Rudolf/*Stachel*, Peter (Hg.): Die Besetzung des öffentlichen Raumes. Berlin 2007, 13–60.

der regionalen Erinnerungskultur widerspiegeln.[85] Die meisten Studien untersuchen die Zeit bis zum *Coup d'État* 1948 oder die Erinnerungskultur nach 1989.[86] Das lokale Beispiel Ústí nad Labem wird somit auch im Gesamtkontext der tschechoslowakischen Geschichte betrachtet. Die vorliegende Studie weist jedoch über die sozialistische Symbolkultur hinaus und erreicht durch die Fokussierung auf ein lokales Beispiel eine genaue Analyse der einzelnen Akteure und Alltagspraktiken. Die Betrachtung umfasst auch die Gedächtnispolitik, die in der sozialistischen Tschechoslowakei wie in anderen sozialistischen Ländern ein prägendes Machtinstrument war. Die Vision der kommunistischen Staatspartei legitimierte sich in Denkmälern, monumentalisierte sich in Aufmärschen. Bisherige Untersuchungen zur Gedächtnispolitik der Tschechoslowakei beziehen sich vor allem auf politische Entscheidungen Prags, bekannte Persönlichkeiten oder Großereignisse.[87] Die vorliegende Arbeit hingegen analysiert

---

[85] Claudia Kraft zeigte am Beispiel der polnischen Geschichtskultur, dass das Jahr 1989 nicht Beginn, sondern Ende eines Transformationsprozesses war, der vor allem in den 1980er-Jahren in Polen begann: *Kraft*, Claudia: Geschichte im langen Transformationsprozeß in Polen. In: *Altrichter*, Helmut (Hg.): GegenErinnerung. Geschichte als politisches Argument Ost-, Ostmittel- und Südosteuropas. München 2006, 129–151.

[86] Bislang erschienen kaum Untersuchungen über die sozialistische Tschechoslowakei nach 1968. Paulina Bren wählte das Fernsehen in ihrer alltagsgeschichtlichen Untersuchung als »prism through which to view the 1970s and 1980s«: *Bren*, Paulina: The Greengrocer and His TV. The Culture of Communism after the 1968 Prague Spring. New York 2010, 7. Michal Pullmann widmete sich in seiner 2011 veröffentlichten Studie dem Ende des Sozialismus ab Mitte der 1980er Jahre. Pullmann betont, dass außerhalb des unterdrückenden Machtapparats des totalitären Regimes ein alltägliches Leben möglich war, für das sich das Regime überhaupt nicht interessierte; siehe *Pullmann*, Michal: Konec experimentu. Přestavba a pád komunismu v Československu [Das Ende des Experiments. Perestroika und der Fall des Kommunismus in der Tschechoslowakei]. Praha 2011.

[87] *Abrams*, Bradley F.: The Struggle for the Soul of the Nation. Lanham 2004; *Brenner*: »Zwischen Ost und West«; *Corneliβen*, Christoph/*Holec*, Roman/*Pešek*, Jiří: Politisch-historische Erinnerungen in Mittel- und Ostmitteleuropa seit 1945. In: *Dies.* (Hg.): Diktatur – Krieg – Vertreibung, 9–24; *Hlavačka*, Milan u. a.: Paměť míst, událostí a osobností. Historie jako identita a manipulace [Das Gedächtnis von Orten, Ereignissen und Personen. Geschichte als Identität und Manipulation]. Praha 2011; *Hojda*/*Pokorný*: Pomníky a zapomníky. Etwas detaillierter der Aufsatz von Jirásek über die Museen in der Tschechoslowakei: *Jirásek*, Zdeněk: Museen und historische Erinnerungen in der Tschechischen Republik und ihren Regionen. In: *Kuropka*, Joachim (Hg.): Regionale Geschichtskultur. Phänomene – Projekte – Probleme aus Niedersachsen, Westfalen, Tschechien, Lettland, Ungarn, Rumänien und Polen. Münster 2010, 153–160; *Lemberg*: Die Rolle von Geschichte; *Nosková*, Jana/*Ferencová*, Michaela: Paměť města. Obraz města, veřejné komemorace a historické zlomy v 19.–21. století [Das Gedächtnis der Stadt die öffentliche Erinnerung und historische Brüche im 19.–21. Jahrhundert]. Brno 2009; *Novotný*, Lukáš: Die Vergangenheitspolitik in Tschechien 1945–2004. In: *Timmermann* (Hg.): Vergangenheitsbewältigung in Europa, 257–284; *Pešek*, Jiří: Die 30er und 40er Jahre in der tschechischen Erinnerung seit den 70er Jahren. In: *Faulenbach*, Bernd/*Jelich*, Franz-Josef (Hg.): »Transformationen« der Erinnerungskulturen in Europa nach 1989. Essen 2006, 125; *Seibt*, Ferdinand: Die Deutschen in der tschechischen Historiographie 1945–1990. In: *Lemberg*,

sowohl die staatlichen Vorgaben des diktatorischen Regimes wie auch deren lokale Umsetzung.[88]

Die bisherigen Untersuchungen zur Erinnerungskultur im Sozialismus beschränken sich vielfach auf kurz gegriffene Schlagworte.[89] Zudem konzentrieren sie sich häufig auf die Erinnerung an Flucht und Zwangsmigration.[90] In Studien über die Erinnerungskultur in sozialistischen Ländern beziehungsweise der Tschechoslowakei von 1945 bis 1989 heißt es häufig, über diese Themen sei vor 1989 ein »Schweigegebot« verhängt worden.[91] Dabei

Hans/*Křen*, Jan/*Kováč*, Dušan (Hg.): Im geteilten Europa. Tschechen, Slowaken und Deutsche und ihre Staaten 1948–1989. Essen 1998, 243–264.

[88] Michal Pullmann argumentiert für eine Überwindung des Trends in der tschechoslowakischen Geschichtswissenschaft nach 1990, gesellschaftliches Leben und institutionelle Machtausübung zu trennen; siehe *Pullmann*, Michal: Sociální dějiny a totalitněhistorické vyprávění [Social History and the Totalitarian-History Narrative]. In: Soudobé dějiny 3–4 (2008), 703–717.

[89] Schlagworte sind hier »genormte Erinnerung« (*Cornelißen*, Christoph: »Vergangenheitsbewältigung« – ein deutscher Sonderweg? In: *Hammerstein*, Katrin u. a. (Hg.): Aufarbeitung der Diktatur – Diktat der Aufarbeitung? Normierungsprozesse beim Umgang mit diktatorischer Vergangenheit. Göttingen 2009, 21–36, hier 28) sowie »Von oben vorgegeben« (*Jaworski*, Rudolf: Jubiläen und Gedenktage im östlichen Europa. In: *Jaworski*, Rudolf/*Kusber*, Jan (Hg.): Erinnern mit Hindernissen. Osteuropäische Gedenktage und Jubiläen im 20. und zu Beginn des 21. Jahrhunderts. Berlin, Münster 2011, 11–29, 15). Auch von Mythen ist oft die Rede und Propaganda; Jubiläen seien zur Disziplinierung der Bevölkerung als Akklamationsforum der jeweiligen Staatsmacht geworden (*ebenda*). Jaworski schrieb zudem von den »ideologisch planierten und einförmig vorgegebenen Erinnerungsinhalten während der Ära des realen Sozialismus« (*ebenda,* 26). Bauerkämper beurteilte die individuellen Erinnerungen in den kommunistischen Diktaturen als »verdrängt«, »unterdrückt«, da sie dem offiziellen Narrativ nicht entsprachen (*Bauerkämper*, Arnd: Das umstrittene Gedächtnis. Die Erinnerung an Nationalsozialismus, Faschismus und Krieg in Europa seit 1945. Paderborn 2012, 19). Von der »verdrängten Geschichtsschreibung« ist die Rede (*Braun*: »Liberec ist noch immer auf der Suche«, 243). In Diktaturen, so Adelheid von Saldern, sei »massiv versucht [worden], das ›kommunikative‹ Gedächtnis« durch »vorgegebene Deutungsmuster zu steuern«. Obwohl sie am Beispiel von Feiern in Städten der DDR in den 1960er Jahren eine staats- und lokalbezogenen Herrschaftsanalyse durchführte, urteilte sie ebenfalls pauschal, dass sich das kommunikative Gedächtnis in einer Diktatur nicht frei entwickeln könne. Während das kommunikative Gedächtnis sich auf gelebte oder durch Zeitzeugen kommunikativ vermittelte Erinnerung stützt, in Situationen des Alltagslebens verankert ist und in informeller Öffentlichkeit zirkuliert, speist sich das kulturelle Gedächtnis aus Festen, Feiern und anderen rituellen und zeremoniellen Handlungen (*Saldern*, Adelheid von: Inszenierte Einigkeit. Herrschaftsrepräsentationen in DDR-Städten. Stuttgart 2003, 46). Ausnahmen sind im englischsprachigen Raum und aus der Politikwissenschaft zu finden, siehe unter anderem: *Michal*, Bernhard/*Kubik*, Jan: Twenty Years After Communism. The Politics of Memory and Commemoration. New York 2014.

[90] *Černý*, Bohumil u. a. (Hg.): Češi – Němci – odsun. Diskuse nezávislých historiků [Tschechen – Deutsche – Abschiebung. Eine Diskussion unabhängiger Historiker]. Praha 1990.

[91] *Cornelißen/Holec/Pešek*: Diktatur – Krieg – Vertreibung, 15. Eine Ausnahme bildet das Kapitel »Soziokulturelle Erinnerungskonflikte« zur Tschechoslowakei/Tschechien und Slowakei in Arnd Bauerkämpers 2012 veröffentlichter Studie. Hier betont der Autor die

konzentrierten sich die Autoren auf eine Herrschaftsgeschichte von oben[92] und eine deutsche Sicht. Die bisherige Forschung über die Geschichtskultur ist damit zu undifferenziert. Das kollektive Gedächtnis setzt sich zwar aus konstruierten, gelenkten Symbolakten[93] zusammen, doch das Gedächtnis einer Stadt und die Identifizierungsangebote innerhalb eines Raumes werden von Individuen gelebt, angenommen oder anders gestaltet.[94] In dieser Arbeit spielen daher sowohl kollektive Erinnerungen – Gedenktage, Städtebau, historische Ausstellungen – als auch individuelle Erinnerungen und die Sozialgeschichte des Erinnerns[95] – regionale Vereine und Akteure, Zeitzeugen – eine Rolle.[96]

Diskrepanz zwischen der Gedächtnispolitik der Machthaber und dem kommunikativen und individuellen Gedächtnis. In der kurz gehaltenen Länderstudie belegt der Autor diese Aussage aber leider mit keinem Beispiel (*Bauerkämper*: Das umstrittene Gedächtnis).

92 Beispiele hierfür siehe *Cornelißen/Holec/Pešek*: Diktatur – Krieg – Vertreibung.

93 Hans-Günter Hockerts schlug den Begriff »institutionelle gestützte Erinnerung« vor (*Hockerts*, Hans Günter: Zugänge zur Zeitgeschichte. Primärerfahrung, Erinnerungskultur, Geschichtswissenschaft. In: *Jarausch*, Konrad H./*Sabrow*, Martin (Hg.): Verletztes Gedächtnis. Erinnerungskultur und Zeitgeschichte im Konflikt. Frankfurt am Main 2002, 39–73, hier 45). Siehe auch Bibliografie zu diesem Thema bei *Hallama*, Peter: Geschichtswissenschaften, Memory studies und der passive turn. Zur Frage der Opferperspektive in der erinnerungskulturellen Forschung. In: *Franzen*, K. Erik/*Schulze Wessel*, Martin (Hg.): Opfernarrative. Konkurrenzen und Deutungskämpfe in Deutschland und im östlichen Europa nach dem Zweiten Weltkrieg. München 2012, 9–27, hier 23.

94 Christoph Boyer lehnt eine künstliche Trennung von sozialer Praxis und Idealtypus »Staatssozialismus« ab. Die Sozialgeschichte sei besonders in Bezug auf sozialistische Systeme zu betrachten: hier herrsche eine Synthese von Produktion und Kultur, Herrschaft und Gesellschaft sind anders aufeinander bezogen als in bürgerlich-rechtsstaatlichen Demokratien, vgl. *Boyer*: Der Beitrag der Sozialgeschichte, 16. Peter Hallama kritisierte, dass der Begriff »kulturelles Gedächtnis« in vielen Fällen auf gesellschaftliche und politische Eliten angewendet werde, während der konfliktreiche und heterogene Prozess der Konstitution von Repräsentationen der Vergangenheit außen vor bliebe. Daher müsse die Ebene des politischen Gedächtnisses mit dem alltäglichen Leben und mit der Frage nach der Bedeutung der Vergangenheit für den Einzelnen bzw. für die Gruppe verbunden werden; siehe *Hallama*: Geschichtswissenschaften, Memory studies und der passive turn.

95 Sozialgeschichte des Erinnerns, nach *Burke*, Peter: Geschichte als soziales Gedächtnis. In: *Assmann*, Aleida/*Harth*, Dietrich (Hg.): Mnemosyne. Formen und Funktionen der kulturellen Erinnerung. Frankfurt am Main 1991, 289–304, hier 291; *Hallama*: Geschichtswissenschaften, Memory studies und der passive turn.

96 Geschichte des kollektiven Gedächtnisses, Meistererzählung oder Erinnerungskultur, setze sich immer aus Rezeption, Aneignung, Abwehr und Gegenentwürfen zusammen. Erinnerung ist vielgestaltig und setze sich immer aus dem Zusammenwirken von partikularem Gedächtnis für die »allgemeine« oder »nationale« Erinnerungskultur zusammen, vgl. *ebenda*, 23–25.

6. Aufbau der Arbeit

Der Hauptteil der Arbeit beginnt mit dem Kapitel »Mit- und Gegeneinander: die Geschichte der Stadt Ústí nad Labem«, das die Entwicklung vom Beginn der Industrialisierung im 19. Jahrhundert bis zur Gegenwart nachzeichnet. Hier werden die Konfliktlinien vorgestellt, die den Hintergrund für die definierten Untersuchungsfelder bilden. Die Stadtgeschichte von Ústí wird im Zusammenhang der tschechoslowakischen und der deutschen Geschichte herausgearbeitet.

Im Anschluss beschreibt das Kapitel »Formierung der neuen Gesellschaft«, wer nach 1945 in der Stadt lebte. Einige der alten Bewohner kehrten zurück, einige mussten bleiben, neue Einwohner kamen. Wie erging es den Verbliebenen und schließlich auch denjenigen, die Ústí 1945 verlassen mussten?

Der ersten Verwandlung der Stadt und der beginnenden Formierung einer neuen Gesellschaft zwischen 1945 und 1949 folgte die symbolische Umgestaltung des Raumes, die im Kapitel »Entdeutschung und Tschechisierung« behandelt wird. Hier liegt der Fokus auf Straßennamen und der Landschaft, zudem werden besonders wichtige Akteure dieses Prozesses exemplarisch vorgestellt.

Nach der Phase der klaren Abgrenzung gegen das Deutsche direkt nach dem Krieg folgte ein differenzierterer Umgang mit der doppelten Vergangenheit. Das Kapitel »Erinnern und Vergessen im Stadtbild« zeigt diese Prozesse anhand von Denkmalsetzungen und Städtebau. In der Region Ústí nad Labem befanden sich auch gesamtstaatlich wichtige Erinnerungsorte: das Denkmal der Hussitenschlacht Na Běhání, das Přemysliden-Denkmal in Stadice sowie die Denkmäler in Chlumec, die an die Schlacht der napoleonischen Kriege erinnerten. Die vorliegende Arbeit untersucht drei Konstruktionsweisen, wie reale oder fiktive Orte zu regionalen Erinnerungsorten im kulturellen Gedächtnis werden können: die ikonische Vermittlung (Denkmäler, Mahnmale), die rituelle Vermittlung (Gedenkveranstaltungen, Aufmärsche, Versammlungen) und die narrative Vermittlung (Historiografie, belletristische Literatur oder Ausstellungen).

Den Akteuren, die auf diese Weise in den Blick geraten, ist das darauffolgende Kapitel »Populäre Geschichtserzählungen und Historiografie: Museum, Ausstellungen, Zeitschriften, Vereine« gewidmet. Es beschreibt das Wirken von Einzelpersonen und Institutionen, vor allem das Stadtmuseum, und den Beginn einer lokalen Geschichtsschreibung.

Im Gegensatz zu den wissenschaftlichen Abhandlungen erreichten populärwissenschaftliche Publikationen wie Reiseführer einen großen Leserkreis. Häufig waren es die neuen und alten Einwohner von Ústí, die diese »Wegweiser in die Fremde«[97] schrieben, und nicht Autoren aus entfernteren Regionen. Das Bild der Heimat aus der Ferne, das heißt, das nostalgisch imaginierte Bild

---

[97] Wegweiser in die Fremde. Reiseführer, Reiseratgeber, Reisezeitschriften. Hg. v. *Thomas-Morus-Akademie Bensberg*. Bergisch Gladbach 1990.

in den Reiseführern beziehungsweise Reiseberichten der Aussiger wird im Kapitel »Wegweiser in die Heimat: Außendarstellung in Reiseführern« untersucht.

Die industrielle Entwicklung war ein prägender Faktor für die Geschichte der Stadt. Bis 1945 waren es vor allem deutschsprachige Industrielle, die das Stadtbild und die Kultur bestimmten. Woran erinnert sich ein Betrieb wie die Lebensmittel- und Kosmetikfabrik Setuza, woran erinnern sich die Mitarbeiter und was bedeutet dies für die Betriebsgeschichtsschreibung? Diese Fragen von Kontinuität und Neubeginn werden im Kapitel »Schichťáci« behandelt.

In allen Teilen der Arbeit, jeweils im Unterkapitel »Aussiger Ansichten«, werden die Erinnerungsgemeinschaften der neuen und alten Einwohner von Ústí beziehungsweise Aussig nebeneinander dargestellt. Diese Begegnungen verliefen nicht immer konfliktarm, aber bezogen sich vielfach aufeinander. Zum besseren Verständnis von aktuellen Debatten – beispielsweise um die Ausstellungen im Collegium Bohemicum und im Sudetendeutschen Museum oder um die deutsch-tschechischen Denkmäler – ist ein Blick in die gemeinsame Vergangenheit von Deutschen und Tschechen in Ústí nad Labem unabdingbar.

I. MIT- UND GEGENEINANDER: DIE GESCHICHTE DER STADT AUSSIG/ÚSTÍ NAD LABEM

1. Von den Anfängen der Stadt Aussig/Ústí nad Labem

Ústí nad Labem war jahrhundertelang eine Stadt mehrerer Sprachen und Religionen. Ab dem sechsten Jahrtausend vor Christi kann von einer gewissen Kontinuität der Besiedlung der Region gesprochen werden.[1] Im siebten und achten Jahrhundert begann die slawische Besiedlung der Region.[2] Im 13. Jahrhundert erhielt Ústí das Magdeburger Stadtrecht und den Rang einer königlichen Stadt. Auf Einladung des böhmischen Königs kamen von 1233 bis 1249 deutschsprachige Kolonisten beziehungsweise Siedler ins Land.[3]

Konfessionelle Kriege wie die Hussitenkriege im 15. und der Dreißigjährige Krieg im 17. Jahrhundert zerstörten nicht nur zahlreiche Gebäude, sondern auch das Zusammenleben der verschiedenen Religionen. Das Mit- und Nebeneinander der Sprachen wurde durch den erstarkenden Nationalismus des 19. Jahrhunderts erschwert, der zunehmend eine Zuordnung zu einer der beiden vermeintlichen ›Gruppen‹ verlangte.[4]

Im 19. Jahrhundert erlebte Ústí einen wirtschaftlichen Aufschwung und damit eine erste große städtebauliche Veränderung. Grundlage dieses Aufschwungs waren die Ausweitung des Braunkohlebergbaus auf das Becken von

---

1   *Bobková*, Lenka: Počátky města Ústí nad Labem. In: *Kaiserová/Kaiser* (Hg.): Dějiny města Ústí nad Labem, 16–17.

2   *Kaiserová*, Kristina: Aussig/Ústí nad Labem. In: Online-Lexikon zur Kultur und Geschichte der Deutschen im östlichen Europa, 2015, URL: http://ome-lexikon.uni-oldenburg.de/p32343 (am 27.7.2016).

3   Die Gruppe HistoArt um Eva Hahn erarbeitete eine Collage über die Darstellungen und Bezeichnungen dieser ersten Siedler aus den deutschen Ländern in Böhmen: Was in Deutschland als »Ostsiedlung« galt, wurde in Tschechien als »Kolonisierung« bezeichnet; siehe Ostkolonisation. Archäologische Sondierung einer deutschen »Kulturleistung«. Eine Text- und Bildcollage, gewidmet Hans Henning Hahn von der Oldenburger HistoArt Gruppe als HistoArt Beitrag zur Erforschung von Deutschlands östlichen Nachbarschaften. In: *Dmitrów*, Edmund/*Weger*, Tobias/*Hahn*, Hans Henning (Hg.): Deutschlands östliche Nachbarschaften. Eine Sammlung von historischen Essays für Hans Henning Hahn. Frankfurt am Main 2009, 325–362.

4   Zur Nationalisierung verschiedener gesellschaftlicher und religiöser Gruppen im Laufe des 19. Jahrhunderts bis zum Ende des Ersten Weltkrieges in der Region Ústí nad Labem siehe *Kaiserová*, Kristina/*Rak*, Jiří (Hg.): Nacionalizace společnosti v Čechách [Die Nationalisierung der Gesellschaft in Böhmen]. Ústí nad Labem 2008; *Baham*, K.: Beyond the Bourgeoisie. Rethinking Nation, Culture, and Modernity in Nineteenth-Century Central Europe. In: Austrian History Yearbook 29/1 (1998), 19–35.

Ústí und Teplice (Teplitz), die Aufnahme der Dampfschifffahrt auf der Elbe (1841) und der Bau der Eisenbahnlinie Prag–Dresden (1848–1851). Die gute Infrastruktur förderte die Ansiedlung von Textil-, Chemie- und Lebensmittelbetrieben, darunter auch der bald landesweit bekannten Schicht-Werke.[5]

Abb. 2: Setuza – Blick auf Střekov und die ehemaligen Schicht-Werke in der Mitte der 1960er Jahre (AMUL).

Durch die neuen Arbeitsmöglichkeiten wuchs die Bevölkerung von 2.500 Einwohnern im Jahr 1843 auf 39.380 im Jahr 1921. Die Kehrseite des industriellen Erfolges war die Vernichtung von barocken Häusern im Stadtzentrum (1840–

---

[5]   Näheres zu den Schicht-Werken in Kapitel VII.

1880). Zudem verbreitete sich bereits in dieser Zeit der Ruf Ústís als stinkende Industriestadt.

Durch den industriellen Aufschwung kamen zahlreiche tschechischsprachige Arbeiter aus dem Landesinneren in die Stadt, die damit ihren überwiegend deutschen Charakter verlor.[6] In den 1920er Jahren zählte man 32.945 Deutschsprachige und 6.885 Tschechischsprachige (also Stadtbewohner, die bei der Volkszählung 1921 ihre Zugehörigkeit zu der jeweiligen Volksgruppe/ Sprachgruppe erklärten). Für das Grenzgebiet der Tschechoslowakei war das eine vergleichsweise hohe Anzahl von Tschechischsprachigen.

In der Zeit der Ersten Tschechoslowakischen Republik blieben Nationalitätenkonflikte auch in diesem Gebiet nicht aus und verstärkten sich ab 1933, nach der Machtübertragung an Adolf Hitler im benachbarten Deutschland. Im selben Jahr gründete Konrad Henlein die Sudetendeutsche Heimatfront, die vor den Parlamentswahlen 1935 zur Sudetendeutsche Partei (SdP) umbenannt wurde und rund drei Viertel der Stimmen der Deutschsprachigen in der Tschechoslowakei erhielt. Diese Partei stand zunehmend unter dem Einfluss der Nationalsozialistischen Partei Deutschlands (NSDAP).[7]

Die Anhänger des Nationalsozialismus bildeten auch in Ústí bald die Mehrheit, aber dennoch blieb die Arbeiterstadt Ústí bis 1938 ein Zentrum der Sozialdemokratie und hatte sogar von 1931 bis 1938 einen sozialdemokratischen Bürgermeister, Leopold Pölzl.[8] Auch während des Kriegs blieb Ústí eines der Zentren des sozialdemokratischen Widerstandes. Hier lag der Hauptsitz von Vereinen wie dem Verein der touristischen Naturfreunde und der Republikanischen Wehr, die gegen den Nationalsozialismus kämpften und Exilanten aus Deutschland unterstützten.

1938 war für Ústí wie für die gesamte Tschechoslowakei ein sehr schwieriges Jahr mit traumatischen Folgen. Die Gegner und Anhänger der NSDAP beziehungsweise der Sudetendeutschen Partei lieferten sich zahlreiche Auseinandersetzungen. So fanden sich beispielsweise am 1. Mai 1938 20.000 Gegner des Nationalsozialismus, darunter auch deutschsprachige Sozialdemokraten und

---

6   *Kaiser*, Vladimír: Die industrielle Entwicklung der Stadt Aussig. In: Jahrbuch für sudetendeutsche Museen (1993–1994), 185–192, hier 192.

7   Siehe dazu Volker Zimmermanns Analyse des Reichsgaus Sudetenland unter dem Aspekt der Merkmale der NS-Politik und der Stimmung in der Bevölkerung, zum Stellenwert des Reichsgaus Sudetenland für das Reich und zum Zusammenleben von Deutschen und Tschechen in diesem Gebiet. Darin widerlegt er sowohl das Klischee der Sudetendeutschen als fanatischen Nationalsozialisten wie auch deren Darstellung als passive Opfer reichsdeutscher Kolonialherrschaft; siehe *Zimmermann*, Volker: Die Sudetendeutschen im NS-Staat. Politik und Stimmung der Bevölkerung im Reichsgau Sudetenland (1938–1945). Essen 1999. Weiteres auch bei: *Mohn*, Volker: NS-Kulturpolitik im Protektorat Böhmen und Mähren. Konzepte, Praktiken, Reaktionen. Essen 2014.

8   *Houfek*, Václav: Němečtí antifašisté na Ústecku [Deutsche Antifaschisten in Ústí]. In: ...i oni byli proti [...auch sie waren dagegen]. Hg. v. *Muzeum Ústí nad Labem*. Ústí nad Labem 2007, 321–327, hier 321.

Kommunisten, auf dem Friedensplatz ein, um für die Erhaltung und Verteidigung des Staates zu demonstrieren. Am Nachmittag desselben Tages verfolgten 70.000 Henlein-Anhänger ebendort die Rede des SdP-Vorsitzenden.[9]

Am 12. September 1938 hielt Adolf Hitler auf dem NSDAP-Parteitag in Nürnberg eine Rede, die für die Sudetendeutschen entscheidend werden sollte. Er sagte ihnen seinen Schutz zu, was eine Vormachtstellung gegenüber den Tschechen bedeuten sollte. In Ústí nad Labem lauschten dieser Rede 20.000 Anhänger.[10]

Ende September 1938 ordnete die Prager Regierung eine zweitägige Mobilisierung an, der sich viele deutschsprachige Bewohner von Ústí nad Labem durch eine Flucht aus der Stadt, zum Beispiel nach Sachsen, entzogen. Dieser kurze Moment der militärischen Vorbereitung wurde durch das Münchener Abkommen beendet. Am 29. September 1938 vereinbarten Adolf Hitler, Neville Chamberlain, Edouard Daladier und Benito Mussolini die Abtretung der sogenannten sudetendeutschen Gebiete[11] an das Deutsche Reich, ohne die tschechoslowakische Regierung an dieser Entscheidung zu beteiligen. Dieser Akt der Fremdbestimmung machte ›München‹ zu einem Trauma – vor allem für die Grenzgebietsbewohner, die in unmittelbare Nähe zu den feindlichen Truppen lebten und somit als erste gefährdet waren. Das ›Nach-München‹-Gefühl wurde später politisch weiter angeheizt und so bestimmte es auch die Einstellungen der neuen Bewohner, die das Grenzgebiet nach 1945 besiedelten.

Am 9. Oktober 1938 marschierte die deutsche Wehrmacht in Ústí nad Labem ein, während die tschechoslowakischen Truppen die Stadt verließen. Zu diesem Zeitpunkt lebten rund 70.000 Menschen in Ústí nad Labem, darunter circa 2.000 Tschechischsprachige.[12] Nach dem Münchener Abkommen floh

---

[9]   *Kaiserová/Kaiser*: Dějiny města Ústí nad Labem, 199.

[10] *Ebenda.*

[11] Der Begriff »Sudetenland« entwickelte sich in den 1920er Jahren zu einem politischen Begriff für die von Deutschen besiedelten Gebiete Mährens, Schlesiens und Böhmens. Umgangssprachlich wurde ab den 1930er Jahren auch von den »Sudetendeutschen« gesprochen. Die deutschsprachigen Abgeordneten im tschechoslowakischen Parlament nannten sich »Vertreter des deutschen Volkes im tschechischen Staat«, vorwiegend wurden die Deutschen aber als »Deutschböhmen« bezeichnet. Nach der Gründung der Sudetendeutschen Heimatfront bzw. der Sudetendeutschen Partei wurde der Begriff politisiert und instrumentalisiert. Siehe *Dehnert*, Walter: Volkskunde an der deutschen Universität Prag 1918–1945. In: *Dröge*, Kurt (Hg.): Alltagskulturen zwischen Erinnerung und Geschichte. Beiträge zur Volkskunde der Deutschen im und aus dem östlichen Europa. München 1995, 197–212, hier 202. Nach dem Zweiten Weltkrieg durften die Bezeichnung »Sudetenland« bzw. die tschechische Entsprechung *sudety* in der Tschechoslowakei nicht mehr verwendet werden. Siehe *Čapka/Slezák/Vaculík*: Nové osídlení pohraničí českých zemí po druhé světové válce, 22 f. und *Němec*, Mirek: »Sudeten/Sudety« als deutsch-tschechisches Palimpsest. In: Bohemia 53/1 (2013), 94–111.

[12] Von den circa 2.000 Tschechen in Ústí nad Labem wohnten lediglich 200 in der Innenstadt, die Mehrheit lebte in den äußeren Stadtteilen – so die Schätzung von Zeitzeugen (*Kaiserová/Kaiser*: Dějiny města Ústí nad Labem, 215). Die genaue Zahl der Einwohner

rund ein Drittel der tschechischsprachigen Bewohner aus dem sogenannten Sudetenland.[13] So verließen auch viele Tschechen und Gegner des NS-Regimes beziehungsweise rassistisch Verfolgte die Stadt Ústí.[14] Tschechische Unternehmen wurden umgehend verboten, am 11. Oktober wurden auch die tschechischen Schulen geschlossen. Am 4. November 1938 wurde der Reichsgau Sudetenland gebildet, Gauhauptstadt wurde Reichenberg (Liberec). Der Reichsgau gliederte sich in die Regierungsbezirke Eger (Cheb), Aussig und Troppau (Opava). Der Regierungsbezirk Aussig unterstand dem Regierungspräsidenten Hans Krebs, einem sudetendeutschen NS-Politiker.

Unter der deutschsprachigen Mehrheitsbevölkerung herrschte nach dem sogenannten Anschluss an das Deutsche Reich insgesamt Euphorie. Der tschechische Archivar Alfréd Piffl beschrieb 1953 die Stimmung wie folgt:

Am 9. Oktober 1938 marschierten deutsche Truppen nach Ústí n. L. ein. Eine Woche später, am 16. Oktober, wurde im Aussiger Stadion die Stadt der Befreiten, die glückliche Stadt verkündet, kam der lange ersehnte Tag, der Tag der *Befreiung aus tschechischer Knechtschaft* [deutsch im Original]. Der Tag, der verhieß, die verhassten *Gesichter der Tschechen* [deutsch im Original] würden nicht mehr den Aussiger Korso und die Aussiger Straßen beleidigen.[15]

Auf der von Piffl erwähnten Kundgebung im Aussiger Stadion feierten 100.000 Menschen den Besuch von Konrad Henlein und Karl Hermann Frank. Als Zentrum des gleichnamigen Regierungsbezirks hatte die Stadt Ústí eine besondere Bedeutung, von 1938 bis 1945 fanden hier zahlreiche Propagandaveranstaltungen statt. Zudem war Ústí eine von sechs sudetendeutschen Städten, in

während des Zweiten Weltkrieges und die Nationalitätenverteilung sind schwer zu beziffern. Ústí blieb auch während des Krieges ein industrielles Zentrum, hier lebten viele Zwangsarbeiter aus dem Protektorat und zur Zwangsarbeit herangezogene Kriegsgefangene (*Radvanovský*: Ústí nad Labem na konci druhé světové války, 74). Die Zahl der Tschechen in den 1938 an das Deutsche Reich gefallenen Gebieten ist nicht zuverlässig anzugeben. Volker Zimmermann nennt eine »Arbeitsgrundlage« von 291.198 Tschechen im Sudetenland, angelehnt an die Angaben der Volkszählung vom 17. Mai 1939. Zimmermann sieht den Grund für die unterschiedlichen Zahlen in der deutschen Volkszählung von 1939, in der zahlreiche Tschechen die deutsche Volkszugehörigkeit angaben. Im Regierungsbezirk Aussig lebten, so die Angabe des Statistischen Amtes des Reichsstatthalters im Reichsgau Sudetenland, rund 8,5 Prozent Tschechen; siehe *Zimmermann*: Die Sudetendeutschen im NS-Staat, 281.

13 *Radvanovský*, Zdeněk: K otázce uprchlíků z pohraničí českých zemí po Mnichovu 1938 [Zur Frage der Flüchtlinge aus dem tschechischen Grenzgebiet nach München 1938]. In: *Ders.* (Hg.): Historie okupovaného pohraničí 1938–1945 [Geschichte des Besetzten Grenzgebietes 1938–1945]. Ústí nad Labem 1998, 5–52, hier 52.

14 *Radvanovský*, Zdeněk/*Kural*, Václav (Hg.): »Sudety« pod hákovým křížem [»Das Sudetenland« unter dem Hakenkreuz]. Ústí nad Labem 2002.

15 *Piffl*, Alfréd: Kronika města Ústí nad Labem za válečná léta 1938–1945 [Die Chronik der Stadt Ústí nad Labem in den Kriegsjahren 1938–1945]. Ústí nad Labem 1953, 1.

denen anlässlich des so genannten Tages der Befreiung eine spezielle Brief-
marke kreiert wurde. »Aussig ist frei!« stand auch auf einem Poststempel, daneben waren eine untergehende Sonne und ein Schwert abgebildet.[16]

Die Euphorie, die in den ersten Tagen nach dem Einmarsch der deutschen
Truppen unter der Mehrheit der deutschsprachigen Bevölkerung Aussigs
herrschte, wirkte sich negativ auf das Zusammenleben mit den tschechischsprachigen Stadtbewohnern aus. In den ersten Tagen, so der Stadtchronist
Alfréd Piffl, wagten viele Tschechischsprachige nicht das Haus zu verlassen.
»Ältere Bekannte aus der tschechisch-deutschen Aussiger Gesellschaft begannen einander zu meiden. [...] Mit Deutschen aus gemischten Ehen beendeten
die Deutschen den Kontakt und schlussendlich ignorierten sie sie.«[17]

Unter den deutschsprachigen Gegnern des Nationalsozialismus stellte sich
nach dem Münchener Abkommen Entsetzen ein. Solche Gegenstimmen gab
es in Ústí jedoch nur wenige, nach 1945 erhielten rund 13 bis 14.000 Deutschsprachige im Bezirk Ústí nad Labem eine Bescheinigung über ihre »aktive Teilnahme am Kampf gegen den Faschismus«.[18] Das Vorhandensein einer – wenn
auch schwachen – Opposition zeigte sich auch im Ergebnis der Ergänzungs-
wahlen am 4. Dezember 1938. Bei diesen Wahlen gab es in Ústí nad Labem
19.894 Stimmen für die Sudetendeutsche Partei (SdP), 3.032 Stimmen für die
Deutsche sozialdemokratische Arbeiterpartei in der Tschechoslowakischen
Republik (DSAP), 1.338 Stimmen für die Kommunistische Partei (Komunistická strana Československa, KSČ) und 4.471 für die Partei der Tschechen.
Die Sozialdemokraten behielten also noch 13 Prozent, während die SdP ›nur‹
82 Prozent der Stimmen erhielt. Damit war Ústí nad Labem dennoch die einzige Stadt, in der die Henlein-Partei weniger Prozent erhielt als im Landesdurchschnitt.[19] Insgesamt erhielt die Sudetendeutsche Partei 91 Prozent der
deutschen Stimmen im sogenannten Sudetenland, in den meisten Städten gab
es entweder keine Gegenstimmen oder es trat – wie in 347 Städten – gar keine
andere Partei an.

Das tägliche Leben im besetzten Grenzgebiet wurde zunehmend von nationalsozialistischen Organisationen bestimmt, während tschechische und auch
traditionelle deutsche Vereine weitestgehend aufgelöst wurden. Bereits im De-

---

[16] *Piffl*: Kronika města Ústí nad Labem, 2.
[17] *Ebenda*, 4.
[18] *Kaplan*, Karel: Pravda o Československu [Die Wahrheit über die Tschechoslowakei]. Praha
      1990, 142. Siehe hierzu auch die Veröffentlichungen des Regierungsprojektes »...i oni byli
      proti« (»...auch sie waren dagegen«).
[19] *Moulis*, Miloslav: Henleinovci a obecní volby v roce 1938 [Die Henlein-Anhänger und
      die Gemeindewahlen im Jahr 1938]. In: *Radvanovský* (Hg.): Historie okupovaného po-
      hraničí. Bd. 7. Ústí nad Labem 2003, 153–172, hier 162–164.

zember 1939 meldete der Regierungspräsident Aussigs, dass keine tschechischen Vereine mehr existierten.[20] So wurde fortan das kulturelle, wirtschaftliche und gesellschaftliche Leben der Grenzregion durch nationalsozialistische Politik und Gesellschaftsvorstellungen geprägt.[21]

Am 4. Dezember 1938 fanden in den besetzten Gebieten die Reichstagsergänzungswahlen statt. Sie sollten nicht nur die Zugehörigkeit zum Deutschen Reich unterstreichen, sondern auch die positive Stimmung nach dem Anschluss des Sudetenlandes ausnutzen, um diesen nachträglich zu legitimieren. In Ústí nad Labem stimmten nach amtlichen Angaben 99,54 Prozent der Einwohner für den Anschluss, es gab lediglich 123 Gegenstimmen.[22]

Die Propagandaversprechen der deutschen Reichsregierung, wonach die Sudetengebiete einen wirtschaftlichen Aufschwung erleben würden, erfüllten sich nicht. Im Gegenteil, die besetzten Gebiete dienten dem Reich lediglich als neue Rüstungsproduktionsstätten. Zwar entstanden neue Arbeitsplätze, aber viele der zuvor vom tschechoslowakischen Staat geregelten Sozialleistungen wie die Rentenzahlung fielen monatelang aus. Das sorgte für Unbehagen und so schrieb der Aussiger Regierungspräsident am 31. Januar 1939:

Die politische Lage im Regierungsbezirk Aussig kann an sich als völlig ruhig bezeichnet werden. Es bedarf jedoch des Hinweises, daß die Zeit der ersten Begeisterung vorüber ist und daß eine Periode der kritischen Einstellung eingesetzt hat, die aufmerksame Beobachtung verdient.[23]

Am 16. März 1939 besetzte das Deutsche Reich die sogenannte Rest-Tschechei und schuf das Protektorat Böhmen und Mähren. Das Gebiet wurde zu einem Teil des Deutschen Reiches, die Bewohner wurden in sogenannte Volksdeutsche und Protektoratsangehörige eingeteilt.[24] Parallel zur Besetzung des Sudetenlandes und dann der gesamten Tschechoslowakei begannen rassistische

---

20 *Zimmermann:* Die Sudetendeutschen im NS-Staat, 297. Andreas Luh bezeichnet diesen Vorgang als freiwillige Gleichschaltung; siehe *Luh,* Andreas: Der Deutsche Turnverband in der Ersten Tschechoslowakischen Republik. Vom völkischen Vereinsbetrieb zur volkspolitischen Bewegung. München 1988, 289 f.

21 *Kocourek,* Ludomír: Nacistické organizace v Říšské župě Sudety [Die nazistischen Organisationen im Reichsgau Sudetenland]. In: *Radvanovský* (Hg.): Historie okupovaného pohraničí. Bd. 12. Ústí nad Labem 2006, 9–72.

22 *Kaiserová/Kaiser:* Dějiny města Ústí nad Labem, 203.

23 Lagebericht für den Regierungsbezirk Aussig vom 31.01.1939. Státní oblastní archiv v Litoměřicích (im Folgenden: SOAL), ÚVP Ústí, PS, Karton 30. Zitiert nach *Zimmermann:* Die Sudetendeutschen im NS-Staat, 220.

24 Zur Geschichte des Protektorats gilt die 1969 unter großen Einschränkungen der Akteneinsicht angefertigte Dissertation von Detlef Brandes in Deutschland und Tschechien weiterhin als Standardliteratur. Er untersuchte die Protektoratsregierung und das Vorgehen gegen die Bevölkerung. *Brandes,* Detlef: Die Tschechen unter deutschem Protektorat. Besatzungspolitik, Kollaboration und Widerstand im Protektorat Böhmen und Mähren bis Heydrichs Tod (1939–1942). München 1969 und *ders.:* Die Tschechen unter deutschem Protektorat. Besatzungspolitik, Kollaboration und Widerstand im Protektorat

Verfolgungen und Vernichtung. Hitlers Ziel war die Liquidierung des tsche-chischen Volkes als ethnische Einheit[25] sowie die vollständige ›Germanisie-rung‹ des böhmisch-mährischen Raumes.[26] Eine besonders gefährdete Gruppe war die jüdische Bevölkerung: In Ústí nad Labem lebten bis 1938 rund zwei Drittel der jüdischen Einwohner der Grenzgebiete, rund 1.000 Menschen, die sich zur deutschen Nationalität zählten und auch deutsch sprachen.[27] In der gesamten Tschechoslowakei bekannte sich ein Viertel der jüdischen Bevölke-rung zur deutschen Nationalität.

Die Lage der jüdischen Bevölkerung im tschechischen Grenzgebiet hatte sich bereits in den frühen 1930er Jahren zunehmend verschlechtert, als die antisemitische und anti-tschechische Propaganda unter der überwiegend deutschsprachigen Bevölkerung einsetzte. Die Politik der Sudetendeutschen Partei beförderte diese nationalistische Stimmung beziehungsweise wurde diese zusehends von Seiten des NS-Staates gefördert. Nach dem Münchener Abkommen im September 1938 und der Angliederung der Grenzgebiete an das Deutsche Reich begann die vermehrte Bedrohung und Verfolgung von Ju-den. Die nach den Nürnberger Rassengesetzen als Juden geltenden Bürger mussten ihr gesamtes Vermögen melden, verloren ihre Arbeitsplätze und mussten Schulen und Universitäten verlassen, um nur einige der antisemiti-schen Maßnahmen zu nennen. Angesichts dieser Umstände flohen etwa drei Viertel der Juden aus Ústí nad Labem, so dass im Jahr 1939 nur noch 275 der ursprünglich 1.096 Juden (1930) in der Stadt lebten.[28] In den Jahren 1941/1942

Böhmen und Mähren von Heydrichs Tod bis zum Prager Aufstand (1942–1945). Mün-chen 1975. Ebenfalls zum Protektorat: *Glettler*, Monika/*Lipták*, Lubomír/*Míšková*, Alena (Hg.): Geteilt, besetzt, beherrscht. Die Tschechoslowakei 1938–1945. Reichsgau Sudeten-land, Protektorat Böhmen und Mähren, Slowakei. Essen 2004.

25 Da Tschechen als Arbeitskräfte gebraucht wurden, wurde dieses Vernichtungsziel jedoch nicht bis zur letzten Konsequenz verfolgt (*Zimmermann*: Die Sudetendeutschen im NS-Staat, 320).

26 Weiteres hier: *Milotová*, Jaroslava: Die NS-Pläne zur Lösung der »tschechischen Frage«. In: *Brandes*, Detlef/*Ivaničková*, Edita/*Pešek*, Jiří (Hg.): Erzwungene Trennung. Vertrei-bungen und Aussiedlungen in und aus der Tschechoslowakei 1938–1947 im Vergleich mit Polen, Ungarn und Jugoslawien. Essen 1999, 23–35; *Brandes*, Detlef: »Umvolkung, Umsiedlung, rassische Bestandsaufnahme«. NS-»Volkstumspolitik« in den böhmischen Ländern. München 2012.

27 Die Gruppe der Juden in der Tschechoslowakei der Ersten Republik teilte sich in zwei Gruppen, in die deutschsprachige und in die tschechischsprachige. Jüdische Tschecho-slowaken, deren nationale Identität jeweils als deutsch (»deutsche Juden«), als tsche-chisch (»Tschecho-Juden«) oder jüdisch (»Zionisten«) definiert werden konnte, gerieten durch diese nationale Zuordnung nach dem Zweiten Weltkrieg häufig in neue Gefahren. In der Volkszählung von 1930 meldeten sich 36 % der Juden als Tschechen, 30 % als Deutsche und 31 % als »nationale Juden«. Siehe *Čapková*, Kateřina: Češi, Němci, Židé? Národní identita Židů v Čechách 1918–1938 [Tschechen, Deutsche, Juden? Nationale Identität der Juden in Böhmen 1918–1938]. Praha 2005, 268–270.

28 *Fedorovič*, Tomáš/*Kaiser*, Vladimír: Historie židovské komunity v Ústí nad Labem [Die Geschichte der jüdischen Gemeinde in Ústí nad Labem]. Ústí nad Labem 2005, 7.

wurden die verbliebenen Aussiger Juden in einem Lager in Krásný Les (Schönwald) interniert. Nach dessen Schließung im Jahr 1944 wurden sie an unbekannte Orte ins okkupierte Polen oder in die Sowjetunion deportiert, von wo kaum jemand von ihnen zurückkehrte.[29] Nur wenige Juden aus Ústí überlebten die Verfolgung. Nach Kriegsende konnte der Überlebende Leo Pick noch 195 Juden aus Ústí ausfindig machen, doch nur die wenigsten lebten noch in Europa beziehungsweise in der Tschechoslowakei.[30]

Andere dagegen profitierten von der rassistischen Bedrohung und Verfolgung der Juden unter dem NS-Regime: Bereits seit 1938 hatten reichsdeutsche Firmen ihre Hände nach den lukrativen Unternehmen im Sudetenland ausgestreckt.[31] Die IG Farben erwarb schließlich den Aussiger Chemischen Verein für ein Viertel des geschätzten Wertes, weshalb Osterloh die Übernahme als »Germanisierung« charakterisiert.[32]

Veränderungen gab es auch auf administrativer Ebene: Am 1. Mai 1939 schuf die nationalsozialistische Verwaltung das sogenannte Groß-Aussig. Mit der Eingemeindung der Stadtteile Bukov, Hostovice, Předlice (Prödlitz), Střekov (Schreckenstein), Stříbrníky (Ziebernik) und Trmice (Türmitz) erhöhte sich die Einwohnerzahl der Stadt auf 68.228.[33]

Widerstand gegen das NS-Regime war im Grenzgebiet, das heißt im überwiegend deutschsprachig besiedelten Gebiet der Tschechoslowakei, nur wenig zu vermelden beziehungsweise überhaupt nicht möglich.[34] Das Vorgehen der Nationalsozialisten in den besetzen Gebieten war äußerst brutal. Der Widerstand in Ústí nad Labem beschränkte sich, ebenso wie im gesamten besetzten sogenannten Protektorat Böhmen und Mähren, zum Großteil auf symbolische Akte.[35]

---

29 *Kaiserová/Kaiser*: Dějiny města Ústí nad Labem, 210.
30 *Fedorovič/Kaiser*: Historie židovské komunity v Ústí nad Labem.
31 Zur Rolle der deutschen Banken bei der ›Arisierung‹ im Protektorat siehe *Jančík*, Drahomír u. a. (Hg.): Arisierungsgewinnler. Die Rolle der deutschen Banken bei der »Arisierung« und Konfiskation jüdischer Vermögen im Protektorat Böhmen und Mähren. 1939–1945. Wiesbaden 2011.
32 Die Petscheks und Weinmanns, die reichsten jüdischen Industriellen Aussigs, konnten dem »geballten wirtschaftlichen Druck und dem skrupellosen Verhalten der deutschen Wirtschaftseliten« (Reichsministerien, Hermann-Göring-Werke und Dresdner Band) nicht standhalten, so dass ihr Besitz schließlich »arisiert« wurde (*Osterloh*, Jan: Nationalsozialistische Judenverfolgung im Reichsgau Sudetenland 1938–1945. München 2006, 344–351).
33 *Kaiserová/Kaiser*: Dějiny města Ústí nad Labem, 208.
34 Weiteres zum Widerstand in Böhmen und Mähren siehe *Brandes*: Die Tschechen unter deutschem Protektorat 1969 und 1975.
35 Brandes sah in Demonstrationen der nationalen Einigkeit und in der Ablehnung der deutschen Herrschaft die geeignetste Kampfform des tschechischen Widerstandes nach 1939. Hierzu gehörten Gedenkveranstaltungen wie die Versammlung am Masaryk-Denkmal an Hitlers Geburtstag oder die Überführung der Überreste des 1836 verstorbenen Dichters Karel Hynek Mácha am 6.5.1939 von Litoměřice nach Prag, zu der sich

Dennoch drang Hitler auf eine stärkere Bekämpfung des Widerstandes und entsandte einen berüchtigten Scharfmacher in das Protektorat: Der Chef des Reichssicherheitshauptamtes, SS-Obergruppenführer Reinhard Heydrich, wurde am 27. September 1941 zum stellvertretenden Reichsprotektor ernannt und begann noch am Tag seines Amtsantritts mit Terror gegen die Bevölkerung. Daraufhin intensivierte auch der Auslandswiderstand seine Maßnahmen, unter anderem planten die Widerstandsgruppen aus London ein Attentat auf Heydrich, das am 4. Juni 1942 ausgeführt wurde. Der Chronist Piffl schrieb dazu: »Die Ermordung Heydrichs war ein wichtiger Markstein in der politischen Beziehung zu den Grenzland-Deutschen.«[36]

Das NS-Regime beantwortete das Attentat mit der sogenannten Heydrichiade. Diese umfasste die landesweite Verhängung des Standrechts, die Ermordung von tausenden Unschuldigen und die willkürliche Vernichtung der Dörfer Lidice (Liditz) und Ležáky (Lezaky).

Angesichts der brutalen Vergeltung diskutierte man im Ausland nun zunehmend über eine mögliche Lösung des deutsch-tschechischen Konflikts durch die Aussiedlung der deutschsprachigen Bevölkerung der Grenzgebiete nach Kriegsende.[37]

Obgleich sich die Heydrichiade eher auf das Protektorat beschränkte, traf sie auch den Aussiger Widerstand: Die Mitglieder der Gruppen Král und Bachurov wurden in Prag verhaftet und 1945 in Theresienstadt ermordet.[38] Ota Král, ein Aussiger aus der Widerstandsgruppe Úvod-Krušnohoří, setzte sich für die Heydrich-Attentäter ein und wurde dafür am 8. September 1943 in Berlin-Plötzensee hingerichtet. Eine Gedenkplatte an seinem Geburtshaus in der Straße Králova výšina in Ústí nad Labem erinnert an ihn.[39] Eine Zusammenarbeit zwischen dem deutschen und dem tschechischen Widerstand fand nur vereinzelt statt. So arbeitete beispielsweise František Toman seit 1943 als einziger Tscheche auch in der deutschen Widerstandsgruppe um Leopold Pölzl mit.[40] Unter den Sozialdemokraten hingegen gab es eine engere Zusammenarbeit zwischen den deutsch- und tschechischsprachigen Bewohnern von Ústí

10.000 Tschechen versammelten. Mácha wurde als tschechischer Patriot verehrt. Auch kirchliche Wallfahrten und Prozessionen dienten zur Demonstration der nationalen Einheit; siehe *Brandes*: Die Tschechen unter deutschem Protektorat, 81 f.

36   *Piffl*: Kronika města Ústí nad Labem, 4.

37   Siehe hierzu auch *Brandes*, Detlef: Der Weg zur Vertreibung 1938–1945: Pläne und Entscheidungen zum »Transfer« der Deutschen aus der Tschechoslowakei und aus Polen. München 2005.

38   *Piffl*: Kronika města Ústí nad Labem.

39   Die Gruppe »Úvod-Krušnohoří« war auch mit der Dokumentation der kriegswichtigen Industrie in Ústí befasst, die an die Regierung in London gesandt wurde und sicher im Zusammenhang mit den Luftangriffen 1945 zu sehen ist. Siehe *Kaiserová/Kaiser*: Dějiny města Ústí nad Labem, 212.

40   *Toman*, František: Odbojová skupina Bohumila Bachury Úvod-Krušnohoří v Ústí nad Labem [Die Widerstandsgruppe von Bohumil Bachura Úvod-Krušnohoří in Ústí nad Labem]. In: Ústecký sborník historický 1983, 365–398.

nad Labem.[41] Im Bezirk Ústí und Teplice war zudem die Widerstandsgruppe »Lipoví bratři« (Lindenbrüder) aktiv, eine kommunistische Gruppe um Herta Lindnerová, die auch mit dem Dresdner Widerstand zusammenarbeitete. Im Herbst 1941 wurden die meisten Mitglieder verhaftet. Danach konnte der kommunistische Widerstand in Ústí keine Bedeutung mehr erlangen.[42]

Ein wichtiger Markstein der Landesgeschichte war die Gründung der tschechoslowakischen Auslandsregierung durch Präsident Edvard Beneš in London am 24. Juli 1940. In Reaktion darauf kam es auch in Ústí nad Labem zu Ausschreitungen gegen die tschechischsprachige Bevölkerung.[43]

Während des Zweiten Weltkrieges blieb die Stadt von den Kriegshandlungen relativ unberührt.[44] Nach der Bombardierung Dresdens am 13. Februar 1945 waren die Eisenbahnschienen und Straßen rund um Ústí nad Labem jedoch die einzigen Verkehrswege, die noch für die Wehrmacht nutzbar waren. Im Bestreben zur Zerstörung dieser Infrastruktur wurde auch Ústí Ziel der alliierten Angriffe. Am 17. und 19. April 1945 bombardierten amerikanische Flieger die Stadt.[45] Neben Industriebetrieben, Eisenbahnanlagen und öffentlichen Gebäuden wurden auch 572 Wohnobjekte getroffen, so dass rund 500 Menschen zu Tode kamen.[46] Diese Zerstörungen sollten das Bild der Stadt und deren Wohnverhältnisse noch für Jahrzehnte beeinflussen.[47]

Gegen Ende des Krieges führten mehrere Todesmärsche durch und nach Ústí nad Labem. Ein Todesmarsch aus dem Konzentrationslager Harzungen, einem Außenlager von Buchenwald beziehungsweise später Mittelbau-Dora, gelangte auf einem Weg von insgesamt 1.250 Kilometern direkt nach Ústí. Weitere Todesmärsche verliefen ins nahe gelegene Terezín (Theresienstadt).[48] Volker Zimmermann sah im direkten Erleben von Kriegshandlungen eine

41 *Piffl*: Kronika města Ústí nad Labem, 3.
42 *Kaiserová/Kaiser*: Dějiny města Ústí nad Labem, 212; *Pölzl*, Leopold: Žijí ve tmě [Die im Dunkeln leben]. Ústí nad Labem 2019.
43 *Piffl*: Kronika města Ústí nad Labem, 3.
44 *Veselý*, Martin: Letecká válka nad severozápadní částí odtrženého pohraničí. Květen 1944 – květen 1945 [Luftkrieg im nordwestlichen Teil des besetzten Grenzgebietes. Mai 1944 – Mai 1945. In: Sborník z 2. ročníku soutěže o Cenu ministra obrany za nejlepší studentskou práci s tematikou 2. světové války. Opava 2001, 52–103.
45 *Radvanovský*: Die Vertreibung der Deutschen, 49.
46 *Radvanovský*: Ústí nad Labem na konci druhé světové války, 75.
47 *Veselý*, Martin: Nálety na Ústí nad Labem: Seznam dosud známých obětí náletů na Ústí nad Labem/Air raids on Ústí nad Labem. List of casualties/Luftangriffe auf Ústí nad Labem/Aussig an der Elbe. Totenverzeichnis/Nalety na Ústí nad Labem. Spisok žertv. Ústí nad Labem 2005.
48 *Nedbálek*, František: Železniční transporty a pochody smrti vězňů koncentračních táborů a válečných zajatců přes české země zima a jaro 1945 [Eisenbahntransporte und Todesmärsche von Häftlingen der Konzentrationslager und Kriegsgefangenen über das tschechische Gebiet im Winter und Frühling 1945]. Ústí nad Labem 2005, 60.

Spezifik der Stadt im Vergleich zum Rest des Landes und zugleich einen der Gründe für die aufgeladene anti-deutsche Stimmung nach der Befreiung.[49]

Ende April 1945, als sich das nahende Ende des Zweiten Weltkrieges immer stärker abzeichnete, begannen sich verstärkt Widerstandsgruppen zu organisieren. In Ústí nad Labem entstand ein Treffpunkt im Haus der Brüder Hašek. Bei einem Treffen am 7. Mai 1945 wurden bereits die ersten Schritte besprochen, die nach der Übernahme der Stadt nötig sein würden. Das nächste Treffen sollte am 8. Mai 1945 stattfinden.[50] Der Einmarsch der sowjetischen und polnischen Armee in der Nacht vom 7. auf den 8. Mai kam dem Treffen zuvor.[51]

2. 1945–1948: »Deutsche raus« und der »kurze Marsch«[52] zum Kommunismus

In den ersten Tagen und Wochen nach der Befreiung der Tschechoslowakei herrschte »eine ungewöhnliche Welle des nationalen Radikalismus« und »die bisher überwiegend heimlich angestauten anti-deutschen Emotionen aus den Jahren der Okkupation kamen zum Ausbruch«.[53] Diese Stimmung sollte so bald nicht abklingen: Noch in den Kampagnen zu den ersten Parlamentswahlen im Mai 1946 versuchten alle antretenden Parteien, ihre Deutschfeindlichkeit unter Beweis zu stellen, da die Wähler mit diesen Parolen offenbar zu beeindrucken waren.

Besonders ausgeprägt war diese Stimmung in den Grenzgebieten, in denen die meisten Deutschsprachigen lebten. Hier fand ein fast vollständiger Bevölkerungsaustausch statt, der mit starken sozialen, kulturellen und politischen Veränderungen für die Rückkehrer, die Neusiedler, die Verbliebenen einherging.[54] Die Grenzregion lebte vor, was dem Rest des Landes später angetragen wurde; hier wurden die Grundlagen der neuen tschechoslowakischen Gesellschaft gelegt und zwar früher als in der Hauptstadt Prag. Der Leiter des Amtes für Besiedlungswesen, Miroslav Kreysa, schrieb in der Zeitung »Tvorba«: »Das Grenzgebiet ist eine große Reserve, eine formbare Masse, die zum Modellieren bereitsteht.«[55] Die neue tschechische Dominanz im Grenzgebiet brauchte eine neue Identifikation mit dem Ort, mit den Mitmenschen, eine Legitimation für

---

49 *Zimmermann*, Volker: »Die Wahlen müssen schon vorher entschieden werden!«. Das erste Nachkriegsjahr im Bezirk Ústí nad Labem und der Wahlsieg der Kommunistischen Partei der Tschechoslowakei (1945/46). In: Bohemia 43/1 (2002), 1–32, hier 2.

50 *Radvanovský*: Ústí nad Labem na konci druhé světové války, 77.

51 *Radvanovský*: Die Vertreibung der Deutschen, 52.

52 *Kaplan*, Karel: Der kurze Marsch. Kommunistische Machtübernahme in der Tschechoslowakei 1945–1948. München 1981.

53 *Radvanovský*: Ústí nad Labem na konci druhé světové války, 83.

54 Zur Wiederbesiedlung siehe auch Kapitel II.1.

55 *Kreysa*, Miroslav: Osídlení pohraničí. In: Tvorba, 3.10.1945, 1.

die neuen Bewohner, an diesem Ort zu sein. Dies geschah vielfach durch die Abgrenzung gegen alles Deutsche.

Auch in Ústí nad Labem war die unmittelbare Nachkriegszeit von einer national aufgeladenen Stimmung und anti-deutscher Rhetorik geprägt. Die Ausführung der gegen die Deutschsprachigen gerichteten Maßnahmen oblag in dieser Periode den Nationalausschüssen,[56] der tschechoslowakischen Armee, den Sicherheitsorganen sowie den verschiedenen bewaffneten Freiwilligenverbänden.[57] In Ústí waren die Armee-Einheiten »Železo« und »Toledo« aktiv, die am 13. Mai 1945 aus Prag eintrafen, um die Verkehrswege für die Kohlelieferungen an die Industrie zu sichern. Diese Einheiten erhielten Anweisungen für das Verhalten im Grenzgebiet, vor allem sollten die Deutschen weiterhin als Feinde betrachtet werden. »Železo« und »Toledo« waren bis Anfang Juli 1945 in Ústí nad Labem tätig.[58]

In den ersten zwölf Wochen nach der Befreiung, vom 9. Mai bis zum 31. Juli 1945, kamen insgesamt 267 Deutschsprachige in Ústí ums Leben, darunter 63 durch Selbstmord.[59]

Die übrigen waren Opfer des sogenannten Aussiger Massakers, das zum bekanntesten und bis heute meistgenannten unter den tschechienweiten Nachkriegsverbrechen wurde.[60] Nach der Explosion eines Munitionslagers im Stadtteil Krásné Březno (Schönpriesen), bei der 27 Menschen ums Leben kamen, begann um halb vier Uhr nachmittags ein Massaker an der deutschsprachigen Bevölkerung von Ústí. Schauplätze der Gewalt waren der Hauptbahnhof, der heutige Mírové náměstí, der Brückenplatz und die Edvard-Beneš-Brücke. Alle diese Orte waren durch den Marienberg von Krásné Březno getrennt. Die Explosion wirkte wie das Signal für ein geplantes und gesteuertes Vorgehen gegen die Deutschsprachigen in der Stadt, denn was im Westen der Stadt, hinter dem Marienberg, geschehen war, konnte zu diesem Zeitpunkt niemand im Stadtzentrum wissen. Hinzu kam, dass um halb fünf die Schicht der technisch-wirtschaftlichen Angestellten der Schicht-Werke endete, die nun über die Brücke

---

56 Die Nationalausschüsse wurden am 19. Mai 1945 durch Beschluss des Innenministeriums gegründet. Diese Maßnahme war jedoch – wie auch andere Teile der Dekrete des Präsidenten – bereits 1944 in Abstimmung mit der Moskauer Führung beschlossen worden. So wurde auch in Ústí nad Labem bereits am 9. Mai 1945 ein Nationalausschuss geschaffen, dem auch deutschsprachige Antifaschisten angehörten, da zu wenige Tschechischsprachige in der Stadt waren. Zu den Aufgaben der Nationalausschüsse gehörten unter anderem die Sicherheit und die Verteilung von Lebensmitteln. Gleich nach Ende des Krieges regelten sie auch die Verteilung von Arbeitskräften und die Aufteilung der Siedler, die entweder neu ins Grenzgebiet kamen und aus dem Exil zurückkehrten; siehe *Radvanovský*: Die Vertreibung der Deutschen, 51 f.

57 *Wiedemann*: »Komm mit uns das Grenzland aufbauen!«, 243.

58 *Radvanovský*: Die Vertreibung der Deutschen, 55.

59 *Kaiserová/Kaiser*: Dějiny města Ústí nad Labem, 230 und *Radvanovský*: Die Vertreibung der Deutschen, 57.

60 Zuletzt in Der Spiegel. Geschichte 1/2011. Der Autor gibt die immer wieder von sudetendeutscher Seite verwendeten falschen Zahlen über die Toten wieder.

strömten, um zum Bahnhof zu gelangen. So gewann das Pogrom Massencharakter.[61] Die Zahl der Opfer war schwer zu ermitteln und wurde sowohl von deutscher wie auch tschechoslowakischer Seite für Propagandazwecke missbraucht. Das Autorenteam um Vladimír Kaiser wagt nur eine sehr grobe Schätzung von 40 bis 220 Todesfällen.[62] Offiziell wurde niemals festgestellt, von wem die Gewalt ausgegangen war – vermutlich waren es Revolutionsgarden und Wacheinheiten des Internierungslagers.[63] Durch Akten belegt ist die

---

[61] »Den Höhepunkt erreichte der Irrsinn eines Volkes, als am 30. Juli 1945 [richtig: 31. Juli] in Aussig das Kabelwerk in Schönpriesen, in welchem die gesamte Beutemunition gestapelt lag, in die Luft ging«, erinnerte sich der Aussiger Josef Erbstein in einem 1948 verfassten Erlebnisbericht. »Die Explosion erfolgte um ½ 4 Uhr nachmittags, in welcher Zeit ich noch bei der Firma Schicht in Schreckenstein im Büro arbeitete. Trotz der Entfernung von 3 km wurden im Schichtwerk die Fensterscheiben eingedrückt. Aufgrund der Kriegseindrücke glaubte ich an einen Fliegerangriff. Als ich mich um 4 Uhr auf den Heimweg machte, raste bereits der Mob durch die Straßen und schrie auf die deutschen Menschen zeigend ›zabit'te je‹ [sic!] (erschlagt sie). Ich ging nach Aussig, wo ich wohnte, nach Hause. Als ich auf die neue Elbbrücke zukam, sah ich, daß sich die Menschen dort stauten. Da brach auf einmal ein mörderisches Geschieße los. Die tschechischen Soldaten, welche auf dem Marienberg geschossen hatten, veranstalteten von oben auf die Deutschen, welche mit weißen Binden gekennzeichnet waren, Scheibenschießen.« Siehe *Erbstein*, Josef: Ein Leidensweg. In: Bayerisches Hauptstaatsarchiv (im Folgenden BayHStA), SdA Erlebnis- und Vertreibungsberichte 601, 1956. Der Aussiger Karl Heinz Kralowetz, der als 15-Jähriger das Kriegsende in Ústí erlebte, erinnerte sich im Zeitzeugeninterview im August 2013 an den Tag: »Noch so ein besonderes Ereignis war der 31. Juli, an dem sie mich ausgepeitscht haben. Da bin ich nach meinem Feierabend bei Müller mit meinem Rad bergauf geschoben, in Höhe der Schwenken-Schule, steht da ein Mann mit einem silbernen Stern; später wurde mir gesagt, das war ein Leutnant. Er hält mich an und befahl mir mein Rad abzustellen. Dann forderte er mich auf, ins Haus zu gehen. Wir kamen in einen Raum mit zwei Tischen. Dort befahl er mir, meinen Oberkörper zu entkleiden. Da sah ich auf einem Tisch eine Lederpeitsche liegen. Mit der begann er auf mich einzuschlagen. Bei jedem Schlag musste ich sagen »Ich danke meinem Führer«. Danach durfte ich mich wieder anziehen. Draußen nahm ich mein Fahrrad und bin nach Hause. Dort wurde überall geschossen. Da wusste man noch nichts vom Attentat auf der Brücke. Zuhause war niemand, mein Vater, meine Mutter und meine Schwester waren nicht da. Später kam mein Vater blutüberströmt nach Hause. [...] Meine Mutter brachte ihn nach Hause; er sah noch schlimmer aus als ich. Am nächsten Tag bin ich zum Marktplatz gegangen, dort standen Häftlinge, wahrscheinlich stammten sie aus Theresienstadt, die mussten dann die Leichen aus den Löschteichen bergen.« Obwohl es in dem Interview um Kralowetz' Reisen nach Ústí nach 1945 ging, begann er von sich aus dieses für ihn einschneidende Ereignis zu erzählen. *Kralowetz*, Karl Heinz, 7.8.2013 in München, Interview geführt von Frauke Wetzel.

[62] *Havel*, Jan/*Kaiser*, Vladimír/*Pustojevský*, Otfried: Ein Nachkriegs-Verbrechen. Aussig 31. Juli 1945. Ústí nad Labem 2005, 45–50.

[63] Die vom tschechischen Archivar Vladimír Kaiser durchgeführte Auswertung der Archivquellen hat gezeigt, dass die örtliche tschechische Bevölkerung am Massaker kaum beteiligt war. Im Gegenteil, einige warnten sogar die von der Arbeit heimkommenden deutschsprachigen Arbeiter und versteckten sie. Kaiser betont, dass es Truppen waren, die aus Prag bzw. anderen Städten in die Stadt kamen (*Kaiser*: Das Ende des Krieges, 203).

Beteiligung von Soldaten des 28. Infanterieregiments der Tschechoslowakischen Armee, von Angehörigen des Korps der Nationalen Sicherheit und Soldaten der Roten Armee.[64] Einen Tag nach dem Massaker, am 1. August 1945,
fand eine Pressekonferenz in Ústí statt, an der unter anderem der Minister
des Inneren, Václav Nosek, teilnahm. Hier wurde die offizielle Auslegung der
Vorfälle vorgegeben.[65] Anschließend ließ die Regierung unter Nosek einen
»Bericht über die Katastrophe von Ústí« anfertigen, der am 3. August 1945 veröffentlicht wurde. Der Bericht erfüllte seinen Zweck und bestätigte, dass Wer-
wölfe für die Explosion verantwortlich gewesen seien. In Folge dessen sollten
die Deutschsprachigen aus der Stadt weggebracht werden.[66] Wenige Tage später, am 8. August 1945, gab es eine Trauerfeier auf dem Mírové náměstí für die
mindestens 27 Toten der Explosion im Munitionslager. In den Medien war
später die Rede von acht Opfern – das war die Zahl der tschechischsprachigen
Opfer.[67]

Das Aussiger Massaker war Teil der sogenannten Wilden Vertreibungen,
die zwischen Mai und September 1945 Bestandteil der offiziellen Staatspolitik
waren und durch ein Neben- und Miteinander von physischer Gewalt und administrativen Maßnahmen geprägt waren.[68] Die ersten deutschsprachigen Bewohner aus Ústí flohen bereits unmittelbar nach Kriegsende nach Sachsen.[69]
Diesen Weg gingen bis zur Grenzschließung Ende Mai circa 20.000 Menschen
aus Ústí und Umgebung. Ab Ende Mai begann die Zwangsaussiedlung mit den
sogenannten Wilden Vertreibungen, im Zuge derer knapp 30.000 deutschsprachige Aussiger die Stadt verlassen mussten.[70] Sie durften lediglich 30 Kilogramm Gepäck, Essen für drei bis sieben Tage, Verlobungs- und Eheringe und

---

64 *Havel/Kaiser/Pustojevský*: Ein Nachkriegs-Verbrechen, 33.
65 *Ebenda*, 52.
66 *Kaplan*: Pravda o Československu, 141.
67 *Týc*, Antonín: VI. Jak jsme tady začínali [Wie wir hier angefangen haben]. In: Sever,
    27.7.1982.
68 Der Historiker Adrian von Arburg und sein Kollege Tomáš Staněk wiesen nach, dass die
    Wilden Vertreibungen keine, wie bis dahin häufig behauptet, spontane Reaktion der ra-
    chehungrigen Bevölkerung, sondern eine von oben initiierte und organisierte Aktion wa-
    ren; siehe *Arburg*, Adrian von/*Staněk*, Tomáš: Organizované divoké odsuny? Úloha ú-
    středních orgánů provádění »evakuace« německého obyvatelstva. Květen až září 1945
    [Die organisierten Wilden Vertreibungen? Die Aufgabe der zentralen Organe der Durch-
    führung der »Evakuierung« der deutschen Bewohner. Mai bis September 1945]. In: Sou-
    dobé dějiny 3–4 (2005), 465–533. Gleiches ist für das »Aussiger Massaker« anzunehmen.
    Weiteres zu den Wilden Vertreibungen bei *Brandes*: Der Weg zur Vertreibung 1938–
    1945, 411–433.
69 Zum Thema Zwangsaussiedlung siehe Bibliografie *Rohlíková*, Slavěna: Vysídlení Němců
    z Československa. Výběrová bibliografie literatury z let 1945–2001 [Die Aussiedlung der
    Deutschen aus der Tschechoslowakei. Auswahlbibliografie von Literatur aus den Jahren
    1945–2001]. In: Soudobé dějiny 9 (2002).
70 Am 30.5.1945 werden 50 Deutsche aus Střekov nach Sachsen vertrieben, ihnen wird mit
    dem Tod gedroht, sollten sie zurückkehren. Es folgen zahlreiche Aussiedlungen von so
    genannten Reichsdeutschen. Am 11.6. werden die deutschen Einwohner von Bukov und

maximal 300 Mark pro Person mitnehmen.[71] Die meisten mussten ihre Wohnungen innerhalb von 30 Minuten verlassen und wurden unter brutalen Kontrollen zum Bahnhof, teilweise aber auch zu Fuß über die Grenze gebracht. Viele Familien wurden getrennt und vor allem die männlichen Familienmitglieder in Internierungslager gebracht. Die Verwaltungsorgane hatten die Lage vielfach nicht unter Kontrolle. Dabei waren es nicht nur aufgeheizte Emotionen, die Behörden und Privatpersonen zu den Wilden Vertreibungen anstifteten, sondern auch sehr pragmatische Gründe wie Wohnraummangel, besonders im zerbombten Ústí.[72]

Das Aussiger Massaker wurde auch auf der Potsdamer Konferenz thematisiert, die währenddessen – vom 17. Juli bis 2. August 1945 – über den ›geordneten Transfer‹ der deutschsprachigen Minderheiten aus dem Osten Europas debattierte.[73] Das Aussiger Massaker wurde politisch genutzt, um den Alliierten deutlich zu machen, dass ein weiteres Zusammenleben von Deutschen und Tschechen nicht möglich sei.[74] Im Ergebnis der Verhandlungen wurde beschlossen, die Deutschsprachigen, so der Wortlaut des Abkommens, in »ordnungsgemäßer und humaner« Art und Weise zu »überführen«. Ab April 1946

Skorotice ausgesiedelt. Am 14.6. werden 45 Deutsche aus Střekov nach Ulm ausgesiedelt. Am 20.6. geht der erste Abtransport mit dem Zug aus Ústí nad Labem in Richtung Cottbus, ungefähr 1.000 Personen. Am 26.6. erfolgt die Aussiedlung von circa 4.000 Personen aus Klíše, in Kohlewaggons Richtung Schwerin. Am 28.6. folgt Aussiedlung der Einwohner der Aussiger Dresdnerstraße, circa 1.500 Personen werden Richtung Ruppin, Wall und Pankow ausgesiedelt; aus Trmice geht ein Transport Richtung Küstrin. Am 4.7. kommt es zur Aussiedlung der Bewohner der inneren Stadtteile, circa 2.200 Personen gehen Richtung Perlberg und Westprignitz. Am 10.7. werden 6.000 Deutsche aus Alt-Střekov und Svadov nach Stettin/Scheunde und Brandenburg vertrieben. Am 7.8. werden 1.500 Deutsche aus Klíše nach Sachsen vertrieben. Am 8.8. werden 1.600 Deutsche aus dem Stadtzentrum über die Grenze getrieben. Am 26.8. werden Deutsche aus Stadice ins Landesinnere, nach Bohušovice gebracht. Angaben nach *Radvanovský*: Konec česko-německého soužití, 72 f.

71 Siehe Archiv města Ústí nad Labem (im Folgenden AMUL), ONV Ústí nad Labem 1945–1948, odsun Němců.

72 *Zimmermann*: »Die Wahlen müssen schon vorher entschieden werden!«, 15. Die Bombenschäden in der Ústí beliefen sich auf rund eine Milliarde Kronen, so dass die Stadt einen Kredit von 30 Millionen Kronen aufnehmen musste und mit Schulden in die Nachkriegszeit startete (*Markvart*, Jaroslav: Cestou bojů a vítěství. Květoslav Innemann 1910–1971 [Der Weg des Kampfes und des Sieges. Květoslav Innemann 1910–1971]. In: *Cvrková*, Marta (Hg.): Historické sborník II. Z minulosti Ústecká. Praha 1988, 109–119, hier 114).

73 *Brandes*, Detlef: Der Weg zur Vertreibung 1938–1945. Pläne und Entscheidungen zum »Transfer« der Deutschen aus der Tschechoslowakei und aus Polen. München 2005.

74 *Kaiser*: Das Ende des Krieges, 209–211. Der aus Olomouc stammende Historiker Otfried Pustejovsky sah die Rolle von Ústí während der Potsdamer Konferenz als »ein Angelpunkt weltpolitischer Grundsatzentscheidungen«. Siehe *Pustejovsky*, Otfrid: Die Konferenz von Potsdam und das Massaker von Aussig am 31. Juli 1945. Untersuchung und Dokumentation. München 2001, 20.

begann die Umsetzung der auf der Potsdamer Konferenz beschlossenen Zwangsaussiedlungen im Aussiger Bezirk. Die Transporte gingen bis Juli 1946 ausschließlich in die amerikanische Besatzungszone, danach auch in die sowjetische Zone, vor allem nach Sachsen. Dabei war die Mitnahme von 1.000 Mark und 70 Kilogramm Gepäck in die amerikanische Zone beziehungsweise 50 Kilogramm Gepäck in die sowjetische Zone erlaubt. Deutsche Antifaschisten wählten meist den Weg per Schiff elbabwärts. In dieser Phase der sogenannten organisierten Vertreibungen verließen zwischen Juli und November 1946 insgesamt 34 Transporte mit jeweils bis zu 1.200 Menschen die Stadt. So wurden insgesamt 42.618 Aussiger ausgesiedelt, davon 14.263 in die amerikanische und 28.355 in die sowjetische Besatzungszone.[75] Dies waren rund 12.000 Menschen weniger als ursprünglich in den Protokollen von Potsdam festgelegt, vermutlich um den Mangel an Fachkräften nicht weiter zu verschärfen. Nach dem letzten Transport am 27. November 1946 und dem offiziellen Ende der Zwangsaussiedlungen waren landesweit noch 10 Prozent der ursprünglich 3,3 Millionen deutschsprachigen Bewohner der Tschechoslowakei verblieben.[76] In Ústí nad Labem waren es 7.494 Deutschsprachige.[77]

Parallel zu den Zwangsaussiedlungen wurden weitere anti-deutsche Maßnahmen eingeführt. Ab dem 1. Juli 1945 mussten alle Deutschsprachigen im Alter von 15 bis 55 Jahren bei Aufräumarbeiten helfen. In Ústí betraf dies zwischen 800 und 3.000 Personen, die weiße Armbinden tragen mussten. Für die Deutschsprachigen galten eingeschränkte Einkaufszeiten, der Besuch öffentlicher Plätze wie Kinos, Theater und Kneipen war ihnen verboten. Zudem durften sie sich nicht weiter als vier Kilometer von der Stadt entfernen.

Das Lager Skřivánek (Lerchenfeld), das während des Krieges als Gefangenenlager für sowjetische Kriegsgefangene genutzt worden war, wurde umgewidmet: Hier richtete der Bezirksnationalausschuss (Okresní národní výbor, ONV) ein Internierungslager für Angehörige der SS, SA, NS-Frauenschaft, Hitlerjugend und des Werwolfs ein.[78] Die Gründe für eine Inhaftierung waren

---

75 *Radvanovský*: Konec česko-německého soužití, 138. Daneben gingen 3.102 deutsche Kommunisten und 3.646 Sozialdemokraten fort; siehe *ders.*: Die Vertreibung der Deutschen, 89.

76 Genaue Zahl: 3.318.445 im Jahr 1930. Siehe Sčítání lidu v Republice Československé ze dne 1. prosince 1930 [Volkszählung in der Tschechoslowakischen Republik vom 1. Dezember 1930], Tl. I. Prag 1934, 80.

77 *Radvanovský*: Konec česko-německého soužití, 138.
Allgemein kamen 840.800 Zwangsausgesiedelte aus der Tschechoslowakei in die SBZ, 84.200 in die britisch besetzte Zone, 1.465.700 in die amerikanisch besetzte Zone, 8.400 in die französisch besetzte Zone, 3.500 nach Groß-Berlin und 17.500 nach Österreich (*Bethke*, Susann: Der Weg der Deutschen aus der Tschechoslowakei in die Sowjetische Besatzungszone Deutschlands (1945/46). In: *Wille*, Manfred u. a. (Hg.): Die Sudetendeutschen in der Sowjetischen Besatzungszone Deutschlands. Dokumente. Magdeburg 1993, 6).

78 Das Lager wurde spätestens ab Anfang Juni genutzt, das genaue Einrichtungsdatum ist

vorwiegend Mitgliedschaft in einer nationalsozialistischen Organisation, aber auch sogenannte kriminelle, wirtschaftliche Delikte wie das Übergeben von Wasser und Obst an deutsche Gefangene in Transporten oder das Sprechen mit den Gefangenen.[79] Der Mangel an Essen und das gewalttätige Lagerpersonal setzten den Gefangenen sehr zu, vermutlich kam es auch zu Morden.[80] 5.532 Personen durchliefen die Lager, in denen die durchschnittliche Internierungszeit vier Monate betrug.[81] Bis Ende 1945 kamen 286 Internierte um, die meisten aufgrund einer Typhusepidemie.[82]

Die geflüchteten beziehungsweise zwangsausgesiedelten Aussiger verteilten sich in der ganzen Welt. Die Mehrheit ging nach Deutschland. In Bayern, wo 21,1 Prozent der Bevölkerung Zwangsausgesiedelte waren, stellten die Sudetendeutschen die größte Gruppe. München wurde schnell zum Zentrum der Aussiger, die in die West-Zone gelangten, hier fanden die wichtigsten Treffen statt, bei denen Erinnerungen gepflegt und politische Forderungen erhoben wurden. München war aber auch das Zentrum der sozialen Fürsorge und Sitz der Verbindung der Aussiger. Angesichts der hohen Zahl der Aussiger in München übernahm die Stadt München im Jahr 1952 offiziell die Patenschaft für diese Gruppe.

jedoch nicht bekannt. Die erste und bislang einzige wissenschaftliche Arbeit zu den Internierungslagern in Ústí nad Labem nach 1945 fertigte der Student Jiří Hrazdíra an der Universität Jan Evangelist Purkyn im Jahr 1994 an. Seine Forschung hat er in einem Aufsatz auf Deutsch und Tschechisch gemeinsam mit Vladimír Kaiser publiziert (*Hrazdíra, Jiří/Kaiser*, Vladimír: Internační tábory v Ústí nad Labem 1945-1947 [Internierungslager in Ústí nad Labem 1945-1947]. In: *Malířová*, Eva: Češi a Němci – ztracené dějiny?/Tschechen und Deutsche – verlorene Geschichte? Praha 1995, 223-236).

79   *Radvanovský*: Die Vertreibung der Deutschen, 84 f.
80   *Kaiser*: Das Ende des Krieges, 204 f.
81   Im Aussiger Archiv finden sich 5.458 Haftzettel von Internierten. Die Erfassung erfolgte jedoch erst ab Juni 1945, so dass es vermutliche weitere Inhaftierte gab.
82   Ein zweites Internierungslager in Ústí nad Labem befand sich im Stadtteil Všebořice [Schöbritz]. Všebořice war seit Januar 1946 ein Sammellager für die Aussiedlung, Lerchenfeld diente bis Ende 1947 als Internierungslager. Siehe hierzu *Kaiser*, Vladimír (Hg.): Intolerance, Češi, Němci a Židé na Ústecku 1938-1948 [Intoleranz, Tschechen, Deutsche und Juden im Aussiger Gebiet 1938-1948]. Edition der Dokumente aus den Beständen des Archivs der Stadt Aussig. Ústí nad Labem 1998, 99-106; *ders.*: Das Ende des Krieges und die Vertreibung der Deutschen aus dem Aussiger Gebiet. In: *Brandes/Ivaničková/Pešek* (Hg.): Erzwungene Trennung, 197-213; *Radvanovský*: Konec česko-německého soužití, 71 f. Weitere Internierungslager für Deutschsprachige im Bezirk Ústí lagen in Chomutov und Horní Litvínov bei Most und Rabštejn bei Česká Kamenice. Weiteres zu der Geschichte der Sammellager in der Tschechoslowakei bei *Staněk*, Tomáš: Tábory v českých zemích 1945-1948 [Lager in den böhmischen Ländern 1945-1948]. Prag 1996. Weiteres zu den Sammellagern in Nordböhmen auch in *Radvanovský*, Zdeněk: »Internierungslager im nordböhmischen Grenzgebiet 1945-1947«. Dresdner Hefte, Heft 48, 4/1996, 75-81; *ders.*: Konec česko-německého soužití, 60.

Einer der neuen Einwohner Bayerns war der 1930 geborene Aussiger Karl Heinz Kralowetz. Seine Ankunft in München im Jahr 1946 beschreibt er wie folgt:

Dann sind wir nach Bayern gekommen; dort war ich immer nur der »Flüchtling«. In München bin ich auf das Jugendarbeitsamt und wollte meine Lehre fortsetzen (Industriekaufmann bei Strecker begonnen). [...] In der ganzen Zeit blieb ich immer der »Flüchtling«. Chef und Chefin waren immer sehr korrekt. Doch bei den Kollegen blieb ich immer Außenseiter. Immer.[83]

Ähnlich schwierig verlief die Aufnahme in der Sowjetischen Besatzungszone (SBZ), wo die Neuankömmlinge in den unmittelbaren Nachkriegswirren mit Chaos und häufig auch Ablehnung zu kämpfen hatten. Sachsen war Durchgangsort für die meisten der geregelten Transporte aus der Tschechoslowakei. So gelangte auch ein Großteil der Aussiger in die SBZ.[84] Unter den Zwangsausgesiedelten in der SBZ waren auch 42.514 sogenannte Antifaschisten; 1945/46 trafen hier unter anderem 154 Transporte mit sudetendeutschen Antifaschisten ein.

Die Bodenreform und die Umstellung der Wirtschaft in der Sowjetischen Besatzungszone führten dazu, dass die Zwangsausgesiedelten resp. die »Umsiedler« wie sie hier offiziell hießen, relativ gleichgestellt waren beziehungsweise unter den gleichen Notbedingungen litten wie die übrige Bevölkerung. Die Führung der Sozialistischen Einheitspartei Deutschlands (SED) wollte die Integration der Zwangsausgesiedelten durch eine größtmögliche Abkoppelung von den Herkunftsländern und die Loslösung von ›Heimatgefühlen‹ vorantreiben. Die Überwindung der Erbschaft des NS-Regimes und die freundschaftliche Beziehung zu Polen und der Tschechoslowakei wurden betont. Gewünscht war die Anerkennung der ›Pflicht zur Wiedergutmachung‹.[85] In der DDR erhielten die Umsiedler Begünstigungen bei Ausbildungs- und Arbeitsmöglichkeiten, Bodenzuteilung und Wohnraumbeschaffung. Es stellte sich jedoch eher

---

83 *Kralowetz*, Karl Heinz, 7.8.2013 in München, Interview geführt von Frauke Wetzel. Zur Integration und Schwierigkeiten mit der Aufnahmegesellschaft siehe auch *Kossert*, Andreas: Kalte Heimat. Die Geschichte der deutschen Vertriebenen nach 1945. Berlin 2008.

84 Insgesamt gelangten bis 1948 4,2 Millionen Zwangsausgesiedelte in die SBZ. Die Neuankömmlinge stellten 24,2 Prozent der Gesamtbevölkerung. Weiteres zu den Zwangsausgesiedelten in der SBZ/DDR: *Bretschneider*, Uta: »Vom Ich zum Wir«? Flüchtlinge und Vertriebene als Neubauern in der LPG. Leipzig 2016, 99–124; *Friedrich*, Sönke: Die Grenzen der neuen Heimat. Deutsche Flüchtlinge und Vertriebene im Dreiländereck Deutschland – Polen – Tschechien 1945–52. In: *Bretschneider*, Uta/*Friedrich*, Sönke/ *Spieker*, Ira (Hg.): Verordnete Nachbarschaften. Transformationsprozesse im deutsch-polnisch-tschechischen Grenzraum seit dem Zweiten Weltkrieg. Leipzig 2016, 113–133.

85 Zum Umgang der Politik mit den ›Umsiedlern‹ siehe auch *Wille*: Die Sudetendeutschen in der Sowjetischen Besatzungszone; *Schwartz*, Michael/*Hoffmann*, Dierk: Geglückte Integration? Spezifika und Vergleichbarkeiten der Vertriebenen-Eingliederung in der SBZ/ DDR. Sondernummer Schriftenreihe der Vierteljahreshefte für Zeitgeschichte. München 1999.

ein Gefühl der Gleichstellung ein, als dass diese real war. So hatten die Zwangsausgesiedelten in der DDR im Vergleich zu den Einheimischen nur die Hälfte
der Wohnfläche zur Verfügung. Ab Mitte der 1950er Jahre verschwanden die
Bezeichnungen »Umsiedler« beziehungsweise »ehemalige Umsiedler« und mit
ihnen die Zwangsausgesiedelten selbst weitestgehend aus den Medien der
DDR. Parallel dazu gaben die meisten in der DDR lebenden Aussiger ihren
Wunsch nach Rückkehr auf. Auch die Aussiger in der BRD hatten bis in die
1950er Jahre an eine Rückkehr geglaubt beziehungsweise nicht mit dem dauerhaften Verbleib an den neuen Wohnorten gerechnet, bevor sich die Einstellungen zu ändern begannen.

In den tschechoslowakischen Grenzregionen kam es nach den Migrationsbewegungen der ersten beiden Nachkriegsjahre langsam zu einer Stabilisierung der Verhältnisse. Die Stadt Ústí nad Labem war im Jahr 1947 zu 74,9 Prozent wiederbesiedelt. Im Bezirk Ústí waren 48,77 Prozent der Bevölkerung in
der Industrie und im Handwerk tätig, so dass sich das Hauptaugenmerk der
Parteien auf diese Gruppe richtete.[86] Dabei konnte sich die Kommunistische
Partei im Grenzgebiet schneller gegen die anderen Parteien durchsetzen und
eine Hegemonialstellung erringen als im Rest des Landes.[87] Sehr deutlich wird
dies in den Ergebnissen der ersten Parlamentswahlen im Mai 1946, die zugleich die letzten freien Wahlen in der Nachkriegs-Tschechoslowakei bleiben
sollten. Die Kommunistische Partei der Tschechoslowakei gewann auf gesamtstaatlicher Ebene 38,4 Prozent der Wählerstimmen, im Bezirk Ústí dagegen
55,02 Prozent.[88] Dabei waren am 15. März 1946 lediglich 17,2 Prozent der insgesamt 339.779 Einwohner des Bezirks Mitglieder der Kommunistischen Partei; die Mitgliederzahlen stiegen jedoch schneller als bei anderen Parteien.[89]
Die Wahlen 1946 zogen eine Machtverschiebung in den regionalen und örtlichen Nationalausschüssen nach sich. In der Region Ústí nad Labem bestimmten die Kommunisten nun zusammen mit den Sozialdemokraten die politische, wirtschaftliche und administrative Entwicklung.[90] Mit dem Wahlsieg
1946 begann die kommunistische Machtübernahme, die 1948 mit dem *Coup
d'État* endete.

Eine wichtige politische Entscheidung betraf die Nachkriegsordnung der
Tschechoslowakei. Hierzu hatten mehrere politische Gruppen im In- und Ausland Entwürfe erarbeitet, unter denen sich letztlich das Kaschauer Programm

---

[86] *Zimmermann:* »Die Wahlen müssen schon vorher entschieden werden!«, 10.
[87] Zur kommunistischen Machtstellung im Grenzgebiet von 1945–1948 siehe auch *Mark-
     vart: Cestou bojů* und *Zimmermann:* »Die Wahlen müssen schon vorher entschieden
     werden!«, 9 sowie *Arburg*, Adrian von: Peripherie oder Pionierland? Konzeptionen zur
     neuen Funktion des tschechischen Grenzgebietes 1945–1951. In: *Lozoviuk*, Petr (Hg.):
     Grenzgebiet als Forschungsfeld. Aspekte der ethnologischen und kulturhistorischen Er-
     forschung des Grenzlandes. Leipzig 2009, 85–112.
[88] *Zimmermann:* »Die Wahlen müssen schon vorher entschieden werden!«, 2.
[89] *Markvart: Cestou bojů,* 114.
[90] *Zimmermann:* »Die Wahlen müssen schon vorher entschieden werden!«, 28.

durchsetzte. Es war in Zusammenarbeit der Moskauer Führung der Kommunistischen Partei mit Präsident Beneš entstanden und wurde im April 1945 gebilligt. Außenpolitisch verfügte es die Zusammenarbeit mit der Sowjetunion, innenpolitisch bedeutete es die Verschiebung der Macht von den sogenannten Okkupanten, Kollaborateuren und Verrätern in die Hände der werktätigen Schichten sowie die Kontrolle der Wirtschaft durch den Staat nach der Enteignung der »Deutschen, Kollaborateure und Verräter«.[91]

Diese Machtverschiebung war für das tschechische Grenzgebiet von besonderer Bedeutung. Die Grenzregion mit ihren zahlreichen deutschsprachigen Bewohnern war sowohl der Regierung, als auch den Neuankommenden suspekt, die Einwohner galten als im hohen Maße ›staatlich unzuverlässig‹. Dennoch mussten die ersten staatlichen Verwaltungsorgane auch auf die deutschsprachige Bevölkerung zurückgreifen, zum Beispiel auf die sogenannten Antifaschisten.[92] In Ústí nad Labem nahm am 16. Mai 1945 die städtische Verwaltung, der sogenannte Örtliche Nationalausschuss (Místní národní výbor, MNV), die Arbeit auf. Da Ústí auch Bezirksverwaltungsstadt war, tagte hier ab Ende September 1945 auch der ONV, der für die künftige Gestaltung des Bezirkes zuständig bleiben sollte.[93] Vorsitzende war die Kommunistin Marie Vobecká, Widerstandskämpferin aus Ústí nad Labem, die aus Prag entsandt wurde. Wie im gesamten Grenzgebiet wurden die Schlüsselpositionen schnell von Mitgliedern der Kommunistischen Partei besetzt. Ein Spezifikum der Grenzregion war die Einrichtung der Bezirksverwaltungskommissionen – Okresní správní komise (OSK).

Die Umgestaltung der Wirtschaft begann unmittelbar nach Kriegsende und vollzog sich im Grenzgebiet schneller als anderswo, da die sogenannte Nationalisierung den deutschen Besitz unter staatliche Aufsicht stellte. Im Bezirk Ústí wurden bis Ende August 1945 insgesamt 701 Industriebetriebe unter die Kontrolle der Nationalen Verwaltungskommission (Národní správa) gestellt.[94] In Ústí selbst wurden bereits im Juni und Juli 1945 59 Prozent der Betriebe der Verwaltungskommission unterstellt, bis zum Jahresende waren 80 Prozent der Betriebe und der Industrie in Händen der Nationalverwaltung.[95]

Die neuen Bewohner der Grenzregion nahmen die Kommunistische Partei als dominanten Akteur wahr. Das betraf sowohl das politische wie auch das gesellschaftliche und kulturelle Leben der Grenzregion, zum Beispiel durch die

---

91 *Kaplan:* Der kurze Marsch, 15 f.
92 In den ersten Tagen nach der Befreiung übernahm der Revolutionäre Nationalausschuss – Revoluční národní výbor (RNV) die Organisation der Stadt, insbesondere die ersten Hilfen für die Bürger und die Sicherung der öffentlichen Ordnung.
93 Der Bezirk (okres) Ústí nad Labem umfasste folgende Kreise (kraje): Děčín, Chomutov, Litoměřice, Bílina, Duchcov, die Stadt Ústí nad Labem, Teplice und Most. Siehe *Markvart:* Cestou bojů, 32.
94 *Radvanovský:* Die Vertreibung der Deutschen, 90.
95 *Ebenda,* 94.

Angebote der Gewerkschaften. Dasselbe galt in wirtschaftlichen Angelegenheiten – in der Wahrnehmung der Neusiedler waren es die Kommunisten, die den Boden beziehungsweise den Wohnraum in den Städten verteilten.

Allgemein herrschte unter der tschechischen Bevölkerung eine große Euphorie hinsichtlich eines Neuanfangs nach dem Ende des Zweiten Weltkrieges. Den Kommunisten wurde die Kraft zugebilligt, die wiedererrichtete Tschechoslowakei in eine friedliche Zukunft zu führen.[96]

3. 1948–1969: Aufbau des Kommunismus und Ankunft der Aussiger in DDR und BRD

Am 24. Februar 1948 kam es zu einem Generalstreik in Ústí nad Labem und der gesamten Tschechoslowakei. Damit wurde Präsident Beneš unter Druck gesetzt, die Regierung aufzulösen, ohne Neuwahlen anzusetzen. Am 25. Februar 1948 akzeptierte er die Rücktrittsgesuche der zwölf nicht-kommunistischen Minister und ermöglichte damit die Machtübertragung auf die Kommunisten. Der Februarumsturz ging friedlich und ohne große Gegendemonstrationen vonstatten.[97] Die ersten Parlamentswahlen am 30. Mai 1948 zeigten, dass die tschechoslowakischen Kommunisten keinen eigenen Weg des Sozialismus verfolgten, sondern ganz im Sinne und nach dem Vorbild der Sowjetunion vorgingen. Die Wahlen wurden mit Einheitslisten und unter erheblichem Druck durchgeführt.

In Ústí gewannen die Einheitskandidaten 95,72 Prozent der Stimmen. Hier blieb der sogenannte Siegreiche Februar, in Erinnerung an den Generalstreik 1948, bis zum Ende des Sozialistischen Regimes ein wichtiger Gedenktag. Im weiteren Verlauf des Jahres 1948 gab es in Ústí besonders viele Feierlichkeiten, die die Freundschaft mit der Sowjetunion und den Sieg der Kommunisten glorifizierten. Eine weitere Feier gab es anlässlich der Umbenennung des Stadttheaters nach dem amtierenden kommunistischen Kulturminister Zdeněk Nejedlý am 16. Juni 1948, zu der der studierte Historiker und Musikwissenschaftler selbst anreiste.

Nach dem Aufbau der kommunistischen Herrschaft nach sowjetischem Vorbild begann der verstärkte Umbau der Wirtschaft und des gesellschaftlichen Lebens, der besonders die Verbände und Kirchen betraf.[98] Das Vereinsgesetz von 1950 besiegelte einen Umwandlungsprozess, der von den 1947 existierenden 8.000 Verbänden in der Tschechoslowakei nur 300 übrigließ.[99] Nach

---

96 Siehe hierzu auch *Brenner*: »Zwischen Ost und West«.

97 *Ebenda*, 3.

98 Zur Geschichte der Kirchen in der sozialistischen Tschechoslowakei siehe auch *Cuhra*, Jaroslav: Staat und Kirchen in der Tschechoslowakei. In: *Schulze Wessel*, Martin/*Zückert*, Martin (Hg.): Handbuch der Religions- und Kirchengeschichte der böhmischen Länder und Tschechiens im 20. Jahrhundert. München 2009, 555–616.

99 *Kocian*, Jiří: Slovníková příručka k československým dějinám 1948–1989 [Lexikalisches Handbuch zur tschechoslowakischen Geschichte 1948–1989]. Praha 2006, 4.

der Liquidierung des Vereinswesen und de facto der Zivilgesellschaft wurde ein reguliertes, einheitliches und zentralistisches politisches System geschaffen.

Die Nationalisierung der Landwirtschaft begann im Frühjahr 1949, in der Grenzregion früher als im Binnenland. Dieser Prozess betraf eine halbe Million Grenzlandbewohner, ein Fünftel der dortigen Gesamtbevölkerung. In den Regionen Ústí nad Labem und Karlovy Vary (Karlsbad) war der Anteil der in die Genossenschaften einbezogenen Böden mit 78,9 beziehungsweise 71,8 Prozent am höchsten.[100]

Die seit Mitte des 19. Jahrhunderts florierende Industriestadt[101] Ústí nad Labem war auch von den wirtschaftlichen Veränderungen wie der Währungsreform stark betroffen. Zudem litt die gesamte Grenzregion unter dem Abtransport der Industrieanlagen in die Slowakei und in die Sowjetunion.

Die Wohnungssituation in Ústí war bereits vor dem Krieg kritisch gewesen, nun aber war sie katastrophal.[102] Rund elf Prozent der Wohnungen waren während des Krieges zerstört oder schwer beschädigt worden.[103] Die nach Kriegsende eintreffenden Neusiedler wurden teilweise bei deutschsprachigen Familien untergebracht.

Zwischen 1945 und 1958 wurden insgesamt 1.486 neue Wohnungen errichtet.[104] Das reichte jedoch nicht aus, da die vielen Industriearbeitsplätze einen starken Zuzug bewirkten. Daher wurde 1954 neben der Behebung der Bombenschäden mit dem Aufbau des neuen Stadtteils Skřivánek begonnen.

Abb. 3: Neubauviertel Skřivánek, Postkarte vom Verlag Orbis, fotografiert von Jaroslav Štráchal, 1969.

---

100 *Topinka*: Zapomenutý kraj, 545.
101 Im Bezirk Ústí nad Labem waren rund 12.000 Menschen in der chemischen Industrie beschäftigt. Die Stadt selbst galt als Zentrum der Chemieindustrie, sie produzierte rund ¼ der in der Tschechoslowakei erzeugten Schwefelsäure, außerdem Kunstdünger, Farben, Lacke und Soda. Zugleich war Ústí ein Schwerpunkt der Lebensmittelindustrie (frühere Schichtwerke) und Herkunftsort von rund 36 % der tschechoslowakischen Seife. Siehe *Urban*, Rudolf: Die sudetendeutschen Gebiete nach 1945. Frankfurt am Main 1964, 120 f.
102 *Radvanovský*: Die Vertreibung der Deutschen, 87.
103 *Markvart*: Cestou bojů, 31.
104 *Kaiserová/Kaiser*: Dějiny města Ústí nad Labem, 270.

Für die Entwicklung der Stadt Ústí spielte auch die Hochschule – eine von fünf Hochschulen in der Grenzregion – eine große Rolle. Sie entstand 1959 durch die Umwandlung der Höheren Pädagogischen Schule in eine Pädagogische Hochschule. Hier wurden angehende Lehrer in Sprachen, Geschichte und Naturwissenschaften ausgebildet, hier wurden wissenschaftliche Untersuchungen durchgeführt und Vorträge gehalten. Viele der späteren Proteste gegen das Regime gingen von Studierenden und Dozenten aus.

Im April 1960 wurde eine neue Verwaltungseinteilung der Tschechoslowakei eingeführt. Ústí wurde Kreishauptstadt des Nordböhmischen Kreises (Severočeský kraj). Die administrative Aufwertung zog neue Aufgaben nach sich, parallel entstanden zahlreiche neue Verwaltungsgebäude, aber auch Hotels und repräsentative Orte, die das Stadtbild nachhaltig veränderten.

In den Jahren 1963–1968 kam es in der Tschechoslowakei zu einer Öffnung vieler Bereiche des öffentlichen Lebens und der Politik. So entstand eine Atmosphäre der Euphorie, in der öffentliche Diskussionen möglich waren und die Einwohner Freiheit verspürten. Die Reformen des Jahres 1968, der sogenannte Prager Frühling, ließen auch in Ústí Neues entstehen – nicht zuletzt zwei Nichtregierungsorganisationen, die Klubs der engagierten Parteilosen (Klub angažovaných nestraníků), KAN und KAN 231.[105] Sie waren zwar offiziell nicht zugelassen, führten aber dennoch einen Dialog mit den Parteiorganen. Dieser thematisierte mögliche Änderungen innerhalb der Gesellschaft und der Kommunistischen Partei.[106]

Der Einmarsch der Warschauer-Pakt-Staaten unterbrach die Reformbewegung. In der Nacht zum 21. August 1968 rollten sowjetische Panzer über die Grenze – so auch über den deutsch-tschechischen Grenzübergang Petrovice (Petrowitz), von wo aus sie am frühen Morgen Ústí nad Labem erreichten. Auf den Einsatz von Truppen der Nationalen Volksarmee der DDR hatte man aus Rücksicht auf die Erinnerung an den Einmarsch der Wehrmacht im Jahr 1938 verzichtet. So waren es überwiegend sowjetische Soldaten, die nach Ústí einrückten. Die Protestnoten der führenden Politiker und der offene Protest der Bürger wühlten die gesamte Stadt auf, auch die öffentlichen Stellen in Ústí stellten sich hinter den Reformpolitiker Alexander Dubček und gegen die Okkupation.[107] Als Dubček jedoch in Moskau die Verträge über die Rechtmäßigkeit der Besetzung und die Abkehr von den Reformen unterzeichnen musste, war es mit der Reformbewegung vorbei.

---

[105] Zu den Vorstellungen und Aktionen der beiden Gruppierungen siehe auch: *Hoppe*, Jiří: Opozice '89. Sociální demokracie, KAN a K 231 v období Pražského jara [Opposition '89. Sozialdemokratie, KAN und K 231 in der Zeit des Prager Frühlings]. Praha 2009.

[106] *Kaiserová/Kaiser*: Dějiny města Ústí nad Labem, 250.

[107] Podpora příslušníků městské inspekce veřejného pořádku Alexandru Dubčekovi a nesouhlas s okupací [Unterstützung der Angehörigen der städtischen Inspektion für öffentliche Ordnung für Alexander Dubček und Ablehnung der Okkupation]. AMUL, MěNV ÚL, KT 228, Inv. Nr. 1057, 26.8.1968.

Der Protest in Ústí verstummte nur langsam. In den Reihen der Studierenden waren Protestzeitungen entstanden, so zum Beispiel »Posel z Budče« (Bote
aus dem Büdchen), in denen Studierende und Dozenten ihre Kritik an der Besatzung veröffentlichten. Nach dem Verbot der Zeitung Ende 1968 wurden die
studentischen Redakteure vom Studium ausgeschlossen. Dennoch kam es nach
der Niederschlagung des Prager Frühlings zu drei größeren Demonstrationen in
der Stadt: Am 25. Januar versammelten sich zahlreiche Menschen zum Gedenken an Jan Palach, der sich am 16. Januar 1969 aus Protest in Prag selbst verbrannt hatte, und marschierten von der Universität bis zum Friedensplatz. Bei
der zweiten Massendemonstration am 28. März 1969 versammelten sich fast
2.000 Menschen vor der sowjetischen Kommandantur im Stadtzentrum von
Ústí. Zunächst war es der Sieg der tschechoslowakischen Eishockeymannschaft
gegen die Sowjetunion, der die Menschen aus Wut gegen die Besatzung auf die
Straße brachte. Dann aber kam es durch das ungeschickte Hantieren des sowjetischen Leiters und einen unbeabsichtigt ausgelösten Schuss zum gewaltsamen
Protest vor dem Gebäude der Kommandantur, woraufhin selbige aus dem Stadtzentrum ziehen musste. Eine weitere größere Manifestation gab es am ersten
Jahrestag der Okkupation, am 21. August 1969, deren Teilnehmer später schweren Verfolgungen durch die Sicherheitsorgane ausgesetzt waren.[108]

4. 1969–1989: Normalisierung und Rückzug ins Private

Nach Niederschlagung des Prager Frühlings wurden in Ústí die Reformer in
den Ausschüssen und in den Verbänden ausgewechselt, eingesperrt oder ver-
setzt. Eine sehr hohe Zahl von Beamten musste den Staatsdienst verlassen, so
auch ein Drittel der Funktionäre des Kreisnationalausschusses, insgesamt 110
Personen. Zudem mussten praktisch alle Kultur- und Schulinspektoren gehen.[109] Ebenso gründlich verlief die Verfolgung und Säuberung im Kulturbe-
reich. Widerständige Kultureinrichtungen wie das Theater »Kladivadlo« oder
die regionale Zeitung »Dialog« mussten ihre Tätigkeit einstellen. Offizielle Gedenktage und Anlässe wie die Errichtung des Denkmals für Klement Gottwald
im Jahr 1971 wie auch die Feierlichkeiten zum Tag der Befreiung und der Ok-
toberrevolution wurden zur Machtdemonstration der sowjetischen Besatzer
und der neuen politischen Führung.

Charakteristisch für die sogenannte Normalisierung, das heißt die Restau-
ration des sozial-politischen Systems sowjetischen Typs, war das Leben im Privaten, auf der *chata*, der *chalupa*, der Datsche beziehungsweise im Wochenend-
haus. Dies bestätigt auch die Umfrage über die Kulturentwicklung, die im Auftrag des Städtischen Nationalausschusses im Jahr 1970 in Ústí durchgeführt

---

108 Kronika města Ústí nad Labem [Chronik der Stadt Ústí nad Labem]. AMUL. Ústí nad
 Labem 1968–1973.
109 *Kaiserová/Kaiser*: Dějiny města Ústí nad Labem, 255.

wurde.[110] Der allgemeine Rückzug auf die ländlichen Wochenendhäuser hatte in der Grenzregion auch eine positive Seite: Viele Häuser, darunter zahlreiche Gebäude in den schon fast verfallenen Dörfern, in denen die Deutschsprachigen gelebt hatten, wurden dadurch vor der endgültigen Zerstörung gerettet.[111]

In Ústí selbst stand in den 1960er und 1970er Jahren weiterhin der Umbau der Stadt im Vordergrund. Es entstanden neue Wohnungen, Plätze, Kaufhäuser und auch Kultureinrichtungen, um der immer weiterwachsenden Einwohnerzahl gerecht zu werden. Hatte Ústí im Jahr 1960 noch 63.614 Einwohner, so waren es 1970 bereits 73.337. Viele alte, das ursprüngliche Gesicht der Stadt prägende Häuser mussten dem Modernisierungs- und Zerstörungswahn weichen. Die sogenannte *demolice* (übersetzt etwa Abriss oder Demolierung) der alten Häuser in Ústí sollte den Wohnungsmangel beheben. Darauf verwies auch das Schild »Stadt im Aufbau«, das in den 1960er und 1970er Jahren die Besucher bei der Einfahrt nach Ústí empfing.

Im Jahr 1975 beschloss der Rat des Städtischen Nationalausschusses die Herausgabe einer regionalen Veranstaltungszeitung »Ústecké přehledy«, die erstmals am 1. März 1975 erschien. In den folgenden Jahren entwickelte sie sich auch zu einer Plattform für regionale Geschichtsschreibung, da die Autoren aus Ústí in ihren Artikeln zunehmend auch Persönlichkeiten aus der deutschsprachigen Gesellschaft der Stadt vorstellten.[112]

1980 hatte Ústí nad Labem bereits fast 90.000 Einwohner, die weiterhin über den Mangel an Wohnungen klagten, den auch der erneute Bauboom nicht beheben konnte. Mit den letzten großen Sprengungen der Jahre 1983–1985 schuf die Stadtführung zwar neuen Wohnraum, zerstörte aber zugleich eine der letzten historischen Straßen im Zentrum. Neben Wohnhäusern baute die Stadtführung in den 1980er Jahren vor allem neue Verwaltungsgebäude für den Kreisnationalausschuss und für die Bezirksverwaltung der Kommunistischen Partei. Die Kontakte zwischen Deutschen und Tschechen wurden zu dieser Zeit immer unproblematischer. Ehemalige Aussiger, die nun in der BRD lebten, kamen vermehrt in das Stadtarchiv, um Dokumente für ihre Forschungen einzusehen, und waren auch in der Stadt selbst ein zunehmend wahrnehmbarer Faktor.[113]

5. 1989–2020: Samtene Revolution in die Gegenwart

Die sogenannte Samtene Revolution bezeichnet den Systemwechsel in der Tschechoslowakei im Herbst 1989. Auslöser war das brutale Vorgehen der Prager Polizei gegen eine Demonstration der Studierenden am 17. November

---

[110] *Sladková*, Stáňa: Postoje severočeské veřejnosti ke kultuře. K některým kulturním hodnotám a kulturním institucím [Die Einstellung der nordböhmischen Öffentlichkeit zur Kultur. Zu einigen kulturellen Werten und Kulturinstitutionen]. Ústí nad Labem 1972, 40.

[111] *Kaiserová/Kaiser*: Dějiny města Ústí nad Labem, 253.

[112] Detailliert dazu in Kapitel V.

[113] Gespräch mit Vladimír Kaiser, geführt von Frauke Wetzel in Ústí nad Labem, 15.9.2010.

1989. Auch in Ústí reagierten die Menschen auf die Ereignisse in der Hauptstadt. Am 19. November 1989 gründete sich im Schauspielhaus (Činoherní studio) von Ústí nad Labem das Bürgerforum (Občanské fórum, OF). Die Mitglieder wollten ihren Ärger über das Vorgehen der Sicherheitskräfte am Prager Wenzelsplatz und ihre Solidarität mit den Forderungen der Demonstranten kundtun. Viele Studierende aus Ústí waren im nur 60 Kilometer entfernten Prag Augenzeugen des polizeilichen Vorgehens geworden und sorgten für die schnelle Verbreitung der Schilderungen ihrer Erlebnisse. Auch das in den Grenzregionen verbreitete Westfernsehen und Westradio versorgten die Bewohner mit Nachrichten. Am 20. November 1989 versammelten sich viele Einwohner von Ústí in der Innenstadt, um gegen das brutale Vorgehen der Milizen bei der Prager Studentendemonstration zu demonstrieren. Beim anschließenden Generalstreik am 27. November 1989 waren es nicht mehr nur Studierende und Künstler, die demonstrierten – unter den 20.000 Teilnehmenden der Kundgebung in Ústí waren auch viele Arbeiter. Zentrum der Aktivitäten blieb das Schauspielhaus.

Die Forderungen der Demonstrierenden wie auch des Bürgerforums in Ústí und in ganz Nordböhmen bezogen sich vor allem auf ökologische Probleme.[114] Der katastrophale Zustand der über lange Zeit durch die Industrie belasteten Umwelt war in der Region Nordböhmen bereits vor dem November 1989 ein wichtiger Faktor der regimekritischen Stimmung und wurde dann zu einem Motiv für den aktiven Widerstand gegen dasselbe – so beispielsweise vom 11. bis 14. November 1989 in Teplice, am 15. November in Litvínov (Leutensdorf) und am 16. November in Most (Brüx). Auch das Wahlprogramm des OF für die ersten freien Wahlen im März 1990 stellte ökologische Forderungen in den Mittelpunkt.[115]

In Ústí nad Labem wurde der Kandidat des OF, Jan Schmidt von der Sozialdemokratischen Partei, zum ersten demokratisch gewählten Bürgermeister. Der städtische Nationalausschuss wurde am 31. Dezember 1990 aufgelöst.

Politisch erfuhren die Tschechoslowakei beziehungsweise ab 1993 die Tschechische und die Slowakische Republik einen allumfassenden Wandel. Eine der vielen einschneidenden Maßnahmen war das sogenannte Lustrationsgesetz von 1991, das die Überprüfung von Staatsdienern und Personen des öffentlichen Lebens auf eine Zusammenarbeit mit dem Geheimdienst in den Jahren 1948–1989 regelte und viele ehemalige Mitglieder der KSČ von politischen Ämtern ausschloss. Bis 2014 untersuchte das tschechische Innenministerium knapp eine halbe Millionen Fälle, wobei das bis heute gültige Gesetz wiederholt zu Diskussionen führte.[116]

---

114 *Valeš*, Lukáš: Der Verlauf der Samtenen Revolution in den Regionen. In: *Perzi*, Niklas/ *Blehova*, Beata/*Bachmaier*, Peter (Hg.): Die Samtene Revolution. Frankfurt am Main 2009, 178–192, hier 185.
115 Osobní fond Josef Semanišin, unbearbeitet. AMUL.
116 Statistika provedených lustrací [Statistik der durchgeführten Lustrationen], vom 4.8.2014.

In Ústí nad Labem erlangte die Kommunistische Partei auch nach 1990 relativ hohe Prozentzahlen in den Parlamentswahlen, zuletzt (2014) nur noch rund 11 Prozent, womit sie aber drittstärkste Kraft wurde. In den Kreiswahlen 2016 erreichte die Kommunistische Partei im Kreis Ústí 15,82 Prozent und wurde damit zweitstärkste Kraft.

Ein weiteres wichtiges Thema der Politik nach 1989 war das deutsch-tschechische Verhältnis. Präsident Havel reiste bereits drei Tage nach seinem Amtsantritt, am 2. Januar 1990, zu einem Besuch in die Bundesrepublik. Die Zwangsaussiedlung der Deutschen gehörte zu den meist diskutierten vergangenheitsbezogenen Themen der Nachwendezeit, sowohl in der Historiografie, als auch auf politischer Ebene und in der breiten Öffentlichkeit.[117] Trotz heftiger Debatten gelang es 1992, den Deutsch-Tschechischen Nachbarschaftsvertrag auszuhandeln.[118] Dieser führte 1997 zur Deutsch-Tschechischen Erklärung über die gegenseitigen Beziehungen und deren künftige Entwicklung. Darin erklärten beide Staaten ihre gegenseitige Anerkennung von Schuld und Verantwortung. Darüber hinaus gründeten sie einen Fonds, der sowohl erinnerungspolitische Vorhaben wie auch Kultur-, Übersetzungs- und Begegnungsprojekte fördert, darunter auch mehrere deutsch-tschechische Projekte in Ústí nad Labem.[119] Hierzu zählen zum Beispiel die Tschechisch-Deutschen Kulturtage und die Ausstellung über die Deutschen in den Böhmischen Ländern, die das Collegium Bohemicum vorbereitet. Die Deutsch-Tschechische Erklärung förderte demnach durch die Schaffung einer Fördereinrichtung »dialogisches Erinnern« in praktischer Umsetzung.[120]

Im Rahmen des europäischen Interreg-Programms wurde 1992 die Euroregion Elbe/Labe gegründet, die die Zusammenarbeit von sächsischen und nordböhmischen Landkreisen fördert. Auch Ústí nad Labem erweiterte hierdurch seine grenzüberschreitenden Projekte. Seit 1990 spielten deutsch-tschechische Themen auch in Wahlkämpfen eine große Rolle und führten wiederholt zu verbalen Attacken, wie zuletzt 2013 im Präsidentschaftswahlkampf. Besondere Aufmerksamkeit erlangte die 2002 geführte Diskussion über die sogenannten

---

In: Ministerium des Inneren, URL: http://www.mvcr.cz/clanek/lustrace-29644.aspx?q= Y2hudW09MTI Prozent3d (am 21.7.2016).

[117] *Kunštát*, Miroslav/*Kopeček*, Michal: Die Zwangsumsiedlung der Sudetendeutschen als Thema der tschechischen akademischen Debatte. In: *Faulenbach/Jelich* (Hg.): »Transformationen« der Erinnerungskulturen, 139–164, hier 139.

[118] Vollständiger Wortlaut des Vertrages: Deutsche Botschaft Prag. Vertrag über gute Nachbarschaft, URL: http://www.prag.diplo.de/Vertretung/prag/de/03/Deutsch__tscheschiche__Beziehungen/seite__vetrag__gute__nachbarschaft.html (am 22.7.2016).

[119] Deutsch-Tschechischer Zukunftsfonds. Über uns, URL: http://www.fb.cz/de/uber-uns/uber-uns/ (am 27.2.2021).

[120] *Dorn*, Lena/*Nekula*, Marek/*Smyčka*, Václav: Zwischen nationalen und transnationalen Erinnerungsnarrativen in Zentraleuropa. In: *Dies.* (Hg.): Zwischen nationalen und transnationalen Erinnerungsnarrativen in Zentraleuropa. Berlin 2020, 1–16, 15. Zum dialogischen Erinnern siehe *Assmann*, Aleida: Auf dem Weg zu einer europäischen Gedächtniskultur? Wien 2012.

Beneš-Dekrete im Zusammenhang mit dem EU-Beitritt der Tschechischen Republik.

Der politische Umbruch der 1990er Jahre führte auch zu tiefgreifenden Veränderungen im wirtschaftlichen und sozialen Bereich. Die Industriestadt Ústí nad Labem erlebte einen starken wirtschaftlichen Abstieg, unter anderem durch die veraltete, nicht mehr wettbewerbsfähige Ausstattung der Betriebe und die weggefallenen Absatzmärkte im ehemaligen Sowjetblock. Die Schließung zahlreicher Fabriken beziehungsweise deren industrielle Aufrüstung bewirkte zwar eine Verbesserung der Umweltbedingungen, die Luft- und Wasserqualität stieg ebenso wie die Lebenserwartung. Die sozialen Gegensätze verschärften sich jedoch: Ústí hatte eine der höchsten Arbeitslosenzahlen der Republik.[121] Zudem war Ústí eine der tschechoslowakischen Städte mit der schnellsten Privatisierung von Wohnungen, was wiederum sozial schwache Einwohner benachteiligte.

Im Jahr 1999 gelangte Ústí nad Labem zu trauriger internationaler Berühmtheit. Anlass war die Errichtung einer Mauer in der Matiční-Straße, die die Anwohner – mehrheitlich Roma – von den anderen, wirtschaftlich besser gestellten Nachbarn trennen sollte. Sechs Wochen später, nach internationalen Protesten, musste die Stadtverwaltung die Mauer wieder abreißen. Dieses Ereignis erzeugte großes Aufsehen und zeigte die Schwierigkeiten im Umgang mit den tschechischen Roma, die landesweit zu den größten Verlierern der Öffnung des Arbeitsmarktes nach 1990 gehören. Ústí nad Labem zählt zu den Städten mit der größten Romabevölkerung in der Tschechischen Republik – rund zehn Prozent der Stadtbewohner sind Roma.[122] Sie leben überwiegend in sozial ausgegrenzten Vierteln, die sich in bestimmten Stadtteilen konzentrieren. In Ústí nad Labem gibt es seit 2008 sogenannte Aktionsgruppen, um gegen die soziale Ausgrenzung von Mitbürgern vorzugehen. Seit 2011 kam es in Nordböhmen jedoch wiederholt zu Ausschreitungen gegen Roma, die zu monatelangen Demonstrationen, auch in Ústí, führten.

Diesen Ausschreitungen vorausgegangen waren neonazistische Umtriebe seit Mitte der 2000er Jahre. Im Jahr 2009 organisierten rechte Gruppierungen aus Nordböhmen mit Unterstützung von Gruppierungen im benachbarten Sachsen eine Demonstration, die an die ›Opfer des Alliierten Bombenangriffs‹ vom April 1945 in Ústí nad Labem erinnern sollte. Federführend hierbei war

---

121 Český statistický úřad. Vývoj nezaměstnanosti v České republice od roku 1990 [Die Entwicklung der Arbeitslosigkeit in der Tschechischen Republik seit dem Jahr 1990], URL: https://www.czso.cz/documents/10180/20537254/42080402t.pdf/b71f3d6f-43c1-4079-adf4-2989293b24ba?version=1.0 (am 21.11.2020).

122 Roma werden in der Arbeitslosenstatistik nicht gesondert aufgeführt. Der Soziologe Ivan Gabal schätzt die Arbeitslosigkeit unter den Roma jedoch als besonders hoch. Siehe *Gabal*, Ivan: Ústí nad Labem. Dlouhodobý monitoring situace romských lokalit – české lokality [Langzeitmonitoring der Situation von Romalokalitäten – tschechischen Lokalitäten]. Praha 2009. Die allgemeine Arbeitslosenquote von Ústí liegt bei rund 13 %, wobei der Wert seit 1990 relativ konstant ist.

die nordböhmische Gruppe der Autonomen Nationalisten, Vorbild für die Aktion war das Modell der Erinnerung an das ›unschuldige Dresden‹ und die
Huldigung des Opfermythos. Diese Denkmuster wurden in Dresden seit Jahren bei Demonstrationen der rechten Szene gepflegt, an denen sich auch die
tschechische Neonazi-Szene beteiligte. 2014 führte dies in Dresden zum größten Neonaziaufmarsch Europas. Die Demonstrationen finden bis heute statt,
wenn auch mit sinkenden Teilnehmerzahlen. Die Übertragung des Dresdner
Modells scheiterte jedoch und so blieb die 2009 organisierte Demonstration in
Ústí ein einmaliges Ereignis. Die grenzüberschreitende Zusammenarbeit der
rechten Gruppierungen blieb jedoch bestehen.[123]

Auch andere problematische deutsch-tschechische Beziehungen veränderten sich stark. Die Beziehungen der Sudetendeutschen Landsmannschaft zu den
Tschechen kamen in Bewegung. Sie wandten sich ab von ihrer althergebrachten
Haltung gegenüber den Tschechen. Im Jahr 2015 verabschiedete sie mit 72 Prozent der Delegiertenstimmen eine Satzungsänderung, die die Abkehr von der
bisherigen Forderung nach »Wiedergewinnung der Heimat« vorsah. Die darauffolgende einjährige Diskussion darüber konnte der Bundesvorsitzende der
Sudetendeutschen Landsmannschaft, Bernd Posselt, nur eindämmen, indem er
bestätigte, dass das Recht auf Heimat und auf »Heimatliebe« weiterhin bestehe.
Die Satzungsänderung verstehe die Landsmannschaft als »Brückenschlag nach
Tschechien«.[124]

Allgemein werden die deutsch-tschechischen Beziehungen beidseits der
Grenze positiv beurteilt. 61 Prozent der deutschen und 82 Prozent der tschechischen Bevölkerung betrachten die deutsch-tschechischen Beziehungen als
gut oder sehr gut. Persönliche Kontakte und Besuche ins Nachbarland pflegen
31 Prozent der Deutschen und 58 Prozent der Tschechen – so die Ergebnisse
einer repräsentativen Umfrage im Jahr 2015.[125]

---

[123] *Carstens*, Frank: Wenn aus Feinden Freunde werden. Konfliktlinien bei den grenzüberschreitenden Kontakten deutscher und tschechischer Neonazis. In: Gefährliche Liebschaften. »Rechtsextremismus« im kleinen Grenzverkehr. Hg. v. *Kulturbüro Sachsen/
Heinrich-Böll-Stiftung*. Dresden 2011, 61–67. Aktuelle Entwicklungen der deutsch-tschechischen Zusammenarbeit der Neonaziszene werden nicht publiziert. Die tschechische
Szene wird von staatlicher Stelle dokumentiert: Ministerstvo vnitra Odbor bezpečnostní
politiky a prevence kriminality. Zpráva o extremismu na území České republiky v roce
2015 [Bericht über Extremismus auf dem Gebiet der Tschechischen Republik im Jahr
2015], URL: http://www.mvcr.cz/clanek/vyrocni-zprava-o-extremismu-na-uzemi-ceske-
republiky-v-roce-2015.aspx. Praha 2016 (am 24.7.2016).

[124] Sudetendeutscher Bundesvorstand. Neuer Bundesvorstand gewählt / Satzungsänderung
bestätigt, 27.2.2016. In: Sudetendeutsche Landsmannschaft Pressemitteilung, URL: http://
www.sudeten.de/sudpresse/up/Sprecherwahl_Zusfassung.pdf (am 21.7.2016).

[125] Institut für Demoskopie. Flucht, Vertreibung, Versöhnung. Zusammenfassung der wichtigsten Ergebnisse einer repräsentativen Bevölkerungsumfrage in Deutschland, Polen
und Tschechien. Juni 2015, URL: http://www.sfvv.de/sites/default/files/downloads/zu-
sammenfassung_allensbach_studie_sfvv.pdf (am 12.9.2016).

II. FORMIERUNG DER NEUEN GESELLSCHAFT

1. Zwangsaussiedlung und Neubesiedlung von Ústí nad Labem nach 1945

Nach dem Ende des Zweiten Weltkriegs begann ein umfassender Bevölkerungswandel im gesamten tschechischen Grenzgebiet, wobei die Prozesse von Aus- und Ansiedlung oftmals parallel verliefen. Im folgenden Kapitel sollen diese Prozesse am Beispiel von Ústí nad Labem betrachtet werden. Des Weiteren wird die Minderheitenpolitik, insbesondere die Umsetzung der zentralen politischen Vorgaben im lokalen Raum untersucht.

Nach dem Ende der deutschen Besatzung befand sich die Tschechoslowakei im Prozess einer Neu-Erfindung: Es galt, eine neu geschaffene Gesellschaft auf einem neuen Territorium wie der Grenzregion und der Stadt Ústí zu einer Gruppe zu formen. Dabei kamen sozial und national bedingte Inklusions- und Exklusionsprozesse zum Tragen. Das tschechische Grenzland war natürlich nicht neu in dem Sinne, wie es beispielsweise die polnischen Westgebiete nach 1945 waren. Vielmehr wurde es aufgrund des zur ›Tschechisierung‹ der Region beitragenden drastischen Bevölkerungsaustausches als ›neu‹ verstanden.

Staatlicherseits wurde das *nation building* sehr schnell und ohne Rücksicht auf die Minderheiten als homogenisierender Vorgang begriffen. Auf lokaler Ebene war jedoch zu beachten, dass einige der Einwohner bereits länger in der Stadt lebten oder sogar dort geboren waren. Wie konnten diese Menschen in den Prozess des *nation building* eingebunden werden? Wie konnte vermittels nationaler und sozialer Ein- und Ausschlüsse eine Gemeinschaft hergestellt werden? Die Minderheiten sollten hierbei nicht separiert betrachtet werden. In der Praxis wurden sie jedoch als ›anders‹ und ›fremd‹ behandelt, zugleich aber auch sozial homogenisiert und vor allem in den Arbeitsprozess integriert. Ústí nad Labem war seit Jahrhunderten eine multiethnische Stadt und entgegen der staatlichen Homogenisierungsbestrebungen steigerte sich die Kulturvielfalt der Gesellschaft nach 1945 noch weiter. Die Lösung des Minderheitenproblems durch Zwangsaussiedlung und Zwangsassimilierung galt gerade in der Grenzregion als eine der größten Aufgaben, der viel Zeit und Mühe gewidmet wurde, mit der Begründung, ein weiteres ›München‹ verhindern zu wollen.[1] Stattdessen lebten und agierten hier jedoch multilinguale Gruppen, transnational agierende Exilgruppen und Diasporagruppen mit multiplen Identitäten.

---

[1]   Siehe hierzu auch *Kaplan*: Pravda o Československu.

Eben diese kulturelle, konfessionelle, nationale und soziale Pluralität war prägend für die Grenzregion nach 1945.[2] Neben den alteingesessenen Minderheiten kamen viele neue Minderheitengruppen nach Ústí und in die Grenzregion allgemein. Sie alle waren sozialen und nationalen Homogenisierungsbestrebungen ausgesetzt, jedoch nicht im selben Maße: Zum Teil wurde versucht, sie zu homogenisieren, sie einzuordnen, zum Teil wurden ihnen Minderheitenrechte eingeräumt, zum Teil wurden sie als fremd eingestuft und staatlich und gesellschaftlich separiert. Im Folgenden werden die staatlichen Bestrebungen und deren lokale Umsetzung bei der Formierung einer neuen Gesellschaft in Ústí nad Labem nach 1945 dargestellt.

2. Schaffung einer homogenen Gesellschaft

Ziel des gesamten Wiederbesiedlungsprozesses war die Schaffung einer sozial und ethnisch homogenen Grenzlandbevölkerung. Bereits im Kaschauer Programm vom April 1945 wurde die Lösung des Minderheitenproblems der Tschechoslowakei durch Schaffung eines homogenen Nationalstaates thematisiert. Die Nationale Front stimmte dieser Minderheitenpolitik im April 1945 einstimmig zu.[3] Die ethnisch homogene Gesellschaft sollte zudem als Ausgangspunkt für die Schaffung einer ›klassenlosen Gesellschaft‹ dienen. Homogen meinte in den Anfängen vor allem eine nicht-deutsche Gesellschaft, weitete sich später aber auch auf andere Gruppen aus.

Die »deutsche Frage« war unumstritten das stärkste Thema im politischen Diskurs der Jahre 1945 bis 1948. Aber die Homogenisierung durch Entfernen aller physischen und kulturellen Spuren des »deutschen Elements« aus der Tschechoslowakei dominierte noch stärker das öffentliche Interesse.[4] Das

---

[2] Zur Wiederbesiedlung des tschechoslowakischen Grenzgebietes nach 1945 siehe *Arburg*: Zwangsumsiedlung und neue Gesellschaft; *Kastner*: Osídlování českého pohraničí; *Topinka*: Zapomenutý kraj; *Čapka/Slezák/Vaculík*: Nové osídlení pohraničí českých zemí po druhé světové válce; *Wiedemann*: »Komm mit uns das Grenzland aufbauen!«.

[3] Zur staatlichen Minderheitenpolitik gegenüber den einzelnen ethnischen und nationalen Gruppe und deren Entwicklung von 1945 bis 1989 *Nosková*, Helena: Národnostní menšiny a politika komunistické moci v letech 1948–1989 [Nationale Minderheiten und die Politik der kommunistischen Macht in den Jahren 1948–1989]. In: *Dies.* (Hg.): K problémům menšin v Československu v letech 1945–1989 [Zum Problem der Minderheiten in den Jahren 1945–1989 in der Tschechoslowakei]. Praha 2005, 76–86. Einen statistischen Überblick über die Minderheiten in der Tschechoslowakei bietet *Staněk*, Tomáš: Německá menšina v českých zemích 1948–1989 [Die deutsche Minderheit in den böhmischen Ländern 1948–1989]. Praha 1993. Matěj Spurný zeigt in seiner Studie über die deutsche und die Roma-Minderheit im Grenzgebiet nach 1945, dass sich der Fokus des Homogenisierungsprozesses von der nationalen zur sozialen Einheit verschob. Die Deutschsprachigen wurden integriert, die Roma galten als sozial problematisch. Siehe *Spurný*: Nejsou jako my.

[4] *Brenner*: »Zwischen Ost und West«, 172.

»Primat der Einheit« beherrschte alle Positionen, alle politischen und gesell-schaftlichen Kreise zwischen 1945 und 1948 und verlangte nach einer klaren Trennung zwischen Eigenem und Fremdem.[5]

In den tschechischen Grenzgebieten wurden die Grundlagen der neuen tschechoslowakischen Gesellschaft gelegt. Dem Ziel der ethnischen Homoge-nisierung durch Aussiedlung der Deutschsprachigen stand jedoch der akute Arbeitskräftemangel in der Region entgegen. Dennoch war auch die Ansied-lung neuer Bewohner im Grenzgebiet von Beginn an nicht nur eine sozialöko-nomische Notwendigkeit, sondern vor allem – genauso wie die Zwangsaus-siedlung der Deutschsprachigen – eine politische Angelegenheit. Im Kontrast zu der angestrebten homogenen Gesellschaft setzte sich die tatsächliche Grenz-regionsbevölkerung schließlich aus nahezu 20 Nationalitäten zusammen. Diese wurden in den Statistiken jedoch meist zur tschechoslowakischen Kernnationa-lität gezählt, so geschehen bei den Slowaken, den Roma und den Reemigranten.

3. Heterogenität als Realität

Im Jahr 1947 kamen die Einwohner von Ústí nad Labem aus folgenden Län-dern beziehungsweise Kreisen der Tschechoslowakei: Nur 7,8 Prozent kamen aus dem Kreis Ústí, dagegen kamen 45,5 Prozent aus dem Kreis Prag, aus der Slowakei 8,2 Prozent. Weitere 5,4 Prozent waren sogenannte Repatriierte be-ziehungsweise Reemigranten, das heißt nach 1945 ›heimkehrende‹ Auslands-tschechen aus Deutschland und Österreich (3,5 Prozent) sowie aus anderen Ländern (1,9 Prozent).[6] 3,4 Prozent aus dem Kreis Plzeň (Pilsen); 5,9 Prozent aus dem Kreis Budějovice (Budweis); 3,4 Prozent aus dem Kreis Jihlava (Iglau); 1,1 Prozent aus dem Kreis Gottwaldov (heute Zlín); 0,5 Prozent aus dem Kreis Brno (Brünn); 0,4 Prozent aus dem Kreis Olomouc (Olmütz); 0,3 Prozent aus dem Kreis Ostrava (Ostrau); 7,9 Prozent aus dem Kreis Pardubice (Pardubitz); 3,2 Prozent aus dem Kreis Hradec Králové (Königsgrätz); 0,6 Prozent aus dem Kreis Liberec (Reichenberg); 0,5 Prozent der Einwohner kamen als Angehö-rige von ausländischen Armeen in die Stadt, 5,9 Prozent wurden in der Sam-melkategorie »andere« gezählt.[7]

Bei einem Großteil derer, die aus Prag und Umgebung nach Ústí kamen, handelte es sich um sogenannte Rückkehrer (navrátilci), also Tschechen, die das Grenzgebiet im Zuge des Münchener Abkommens 1938 verlassen mussten

---

5 *Ebenda*, 457.
6 Zu den Bestimmungen für die so genannte Repatriierung siehe den Ministererlass Všem věrným Čechům a Slovákům. Provolání vlády republiky [Allen treuen Tschechen und Slowaken. Aufruf der Regierung der Republik]. VOA, ÚRO-S-II, Inv. Nr. 13–14, Kart. 2. Praha, 11.5.1945.
7 *Provazník*, Vladimír/*Eminger,* Vladimír: Územní prognóza širšího území trojměstí [Ge-bietsplanungsprognose des weiteren Gebietes der Dreistadt]. Ústí nad Labem 1971, 32.

und nun zurückkehrten.[8] Sie waren unter den Ersten, die nach Kriegsende in Ústí eintrafen, da sie Verbindungen in die Stadt hatten und natürlich in ihre Häuser und Wohnungen zurückkehren wollten. Antonia Hájková war eine von ihnen. Sie berichtete im Zeitzeugeninterview, wie sie mit ihrer Mutter im Mai 1945 nach Ústí zurückkehrte, nachdem sie die Stadt 1938 verlassen und bis Kriegsende im tschechischen Binnenland gelebt hatten. Nach ihrer Rückkehr wurden sie Zeuginnen der Wilden Vertreibungen, wobei die Mutter jedes Mal geweint habe, wenn ein Zug ihrer deutschsprachigen Bekannten abfuhr. Für Hájkovás Mutter sei es schwer gewesen, in die alte Wohnung zurückzukehren, weil dort »der Geruch und das Gefühl der Vorgänger« spürbar gewesen seien, so dass sie schließlich in ein anderes Viertel zogen. Für Hájková sei es eine Rückkehr in ein fremdes Ústí gewesen.[9]

Rund ein Fünftel der Einwohner von Ústí hatte bereits vor dem Krieg in der Stadt gelebt.[10] Diese Personengruppe wird häufig als Altsiedler (starousedlík) bezeichnet, unter anderem auch von den interviewten Zeitzeugen. Dieser Begriff ist nicht klar definiert, meint aber in der Regel Menschen, die bereits vor 1938 beziehungsweise vor 1945 in Ústí nad Labem lebten oder später dahin zurückkehrten, also in etwa einen Ureinwohner, einen ursprünglichen Bewohner der Region, egal ob deutsch- oder tschechischsprachig.[11]

Ein prägendes Problem für Alt- und Neusiedler gleichermaßen war der bereits erwähnte Wohnungsmangel: Die bis 1958 errichteten neuen Wohnungen konnten den Mangel nicht ausgleichen. Viele Neusiedler, vor allem junge Menschen, die durch die Propaganda angelockt wurden, waren enttäuscht über die Zustände in der Grenzregion, so dass viele junge Menschen die Stadt schnell wieder verließen. Zudem gab es auch Missstände bei der Ansiedlung,

---

8   *Radvanovský*: Konec česko-německého soužití, 87.

9   *Hájková*, Antonia, 28.6.2012 in Ústí nad Labem, Interview geführt von Frauke Wetzel.

10   *Radvanovský*: Konec česko-německého soužití, 177.

11   *Rauerová*, Anna, 21.5.2013 in Řehlovice, Interview geführt von Frauke Wetzel. Als Altsiedler werden heutzutage auch diejenigen Vietnamesen bezeichnet, die vor 1989 in die Tschechoslowakei kamen und bis heute hier leben bzw. bleiben durften. In Ústí arbeiteten seit den 1970er Jahren rund 70 Vietnamesen, die vor allem in der chemischen Industrie tätig waren. Ihre Migration nach Ústí nad Labem war nicht mehr Teil der Nachkriegs-Ansiedlungspolitik, bei der Anwerbung der Vietnamesen spielten arbeitsmarktpolitische und politische Gründe eine größere Rolle. Detailliert zu den tschechoslowakisch-vietnamesischen Abkommen *Brouček*, Stanislav: Aktuální problémy adaptace vietnamského etnika v ČR [Aktuelle Probleme mit der Adaptierung der vietnamesischen Ethnie in der Tschechischen Republik]. Praha 2003, 12. Die tschechischen Medien begannen 2012 auch dann von Altsiedlern zu schreiben, wenn sie die bis dahin nur als »Deutsche« bezeichnete Gruppe meinten. Ein Beispiel hierfür ist die Berichterstattung über ein Massaker des Jahres 1945; siehe Kauza Budínka je definitivně uzavřena [Der Fall Budínka ist definitiv abgeschlossen], Právo vom 28.12.2012. In: Novinky, URL: http://www.novinky. cz/krimi/288822-kauza-budinka-je-definitivne-uzavrena-vinici-masakru-uz-neziji.html (am 28.12.2012).

beispielsweise die sogenannten Goldgräber (zlatokop). So bezeichneten Politiker diejenigen Siedler, die gar nicht mit der Absicht kamen, zu bleiben, sondern nur mit möglichst viel Besitz an ihre Wohnorte zurückkehren wollten. Die hohe Fluktuation blieb bis Ende der 1950er Jahre ein charakteristisches Merkmal der Grenzregion.[12] Dennoch war Ústí nad Labem im Jahr 1947 – gemessen an der Einwohnerzahl vor der Okkupation – bereits zu 74,9 Prozent wiederbesiedelt. Dies war im Vergleich zum Rest des Grenzlandes ein relativ hoher Wert. Allgemein waren es die Industriegegenden und die Städte in den böhmischen Ländern, die schneller und zu einem höheren Prozentsatz wiederbesiedelt wurden als andere Orte.

Die Neusiedler, die vollkommen ohne verwandtschaftliche oder andere Bindungen nach Ústí kamen, waren vor allem sehr junge Menschen. Meist war es die Arbeit, die sie nach Ústí brachte. Dementsprechend lag der Altersdurchschnitt in der Stadt 1947 zwischen 20 und 40 Jahren. Die hohe Geburtenrate der Nachkriegsjahre führte dazu, dass 1961 das Durchschnittsalter in Nordböhmen bei 33 Jahren lag – das war der niedrigste Wert in der ganzen Republik.[13]

Das Statistikamt Ústí beurteilte den Bezirk Ústí nad Labem in den 1970er Jahren als homogen, da er zu 90 Prozent tschechisch war, also im Sinne der nationalen Definition von 90 Prozent tschechischen Bewohnern besiedelt.[14] Das statistische Kreisamt führte für Ústí nad Labem von 1970 bis 1980 folgende Nationalitäten auf: 91,7 Prozent tschechisch, 5,8 Prozent slowakisch, 0,2 Prozent ukrainisch, 0,2 polnisch, 0,2 ungarisch, 1,5 Prozent deutsch, 0,4 andere, darunter Griechen und Spanier.[15]

Im Folgenden werden die wichtigsten Minderheiten-Gruppen näher betrachtet: die Deutschsprachigen, darunter auch jüdische Einwohner, die Reemigranten und die Roma. Weitere Gruppen von Neusiedlern standen nicht unter der gleichen Kontrolle wie sie und waren meist in geringerer Anzahl als

---

12 Die erste Fluktuationswelle fand im Anschluss an die Kollektivierung statt. Topinka urteilt, dass viele Neusiedler wieder auswanderten, weil sie sich in der Grenzregion nicht zuhause fühlten. Viele Slowaken verließen das Grenzland wieder, nachdem sie feststellen, dass die Löhne dort nicht viel höher waren als daheim. Die Aussiedlungsfluktuation betraf vor allem die ländlichen Gegenden. Siehe *Topinka*: Zapomenutý kraj, 540. Eine weitere große Aussiedlungs- bzw. Rücksiedlungswelle ins Landesinnere bewirkte der Ablauf der Dreijahresfrist zur Zahlung des Übertragungspreises für die Häuser und Grundstücke im Grenzgebiet. Die Lebensbedingungen waren immer noch sehr schlecht und die Einkommen gering, viele der Neusiedler konnten die Preise nicht bezahlen und wurden strafrechtlich verfolgt (*Ebenda*, 576).

13 25 Jahre der tschechischen Kultur in den Bezirken Nordböhmen. Hg. v. *Krajské národní výbory Ústí nad Labem*. Ústí nad Labem 1975, 4.

14 Sčítání lidu, domů a bytů 1980 [Zählung von Menschen, Häusern und Wohnungen 1980]. Hg. v. *Okresní oddělení Českého statistického úřadu v Ústí nad Labem*. Ústí nad Laben 1982, 27.

15 *Ebenda*.

›Gäste‹ in Ústí nad Labem. Die ›Gäste‹ aus Griechenland werden näher betrachtet, weil sie in den darauffolgenden Kapiteln zum Denkmalprozess eine Rolle spielen. Die Untersuchung der In- oder Desintegration der Minderheiten in Ústí ermöglicht einen Einblick in die Alltagskultur und die Zusammensetzung der Erinnerungsgemeinschaft, um die es in dieser Arbeit geht.[16]

4. Roma und Reemigranten ersetzten die Deutschsprachigen

Es gab drei Kategorien von Deutschsprachigen, die nach 1945 in der tschechischen Grenzregion verblieben: die sogenannten Experten, Ehepartner von Tschechen und anerkannte Antifaschisten. Im Bezirk Ústí nad Labem meldeten sich in der ersten Nachkriegs-Volkszählung vom 1. März 1950 noch rund 15.000 Deutschsprachige. Das heißt, rund 26 Prozent der deutschsprachigen Einwohner waren trotz Verfolgung, Flucht und Zwangsaussiedlung in der Grenzregion geblieben. Der Grund für den stetigen Rückgang der Zahl der Deutschsprachigen in den folgenden Jahren war ein natürlicher: Mehr als 62 Prozent der Angehörigen der deutschen Minderheit waren älter als 50 Jahre. Bis in die Jahre 1960er Jahre war der Anteil der Deutschsprachigen im Bezirk Nordböhmen[17] auf 2,4 Prozent der Gesamtbevölkerung gesunken – zum einen aufgrund der Altersstruktur, zum anderen durch Assimilierung, Wegzug und die politischen Umstände. Im landesweiten Vergleich war dies dennoch einer der höchsten Anteile an Deutschsprachigen.[18]

Hans Adamec aus Trmice bei Ústí nad Labem und seine Familie gehörten zu den Deutschsprachigen, die nach 1945 bleiben konnten. Er berichtete im Interview:

Und zwar gab es verschiedene Fälle, wo es nicht zur Ausweisung kam, gleich am Anfang im Jahr 1945. Das waren die Antifaschisten, das waren die Unabkömmlichen, und das waren die tschechisch-deutschen Familien. Ich gehörte zu diesem dritten Fall, diese tschechisch-deutschen Familien. Meine Mutter war eine gebürtige Deutsche. Mein Vater war Tscheche. Bei dieser ersten Vertreibung kam es nicht dazu und dann hat es sich schon wieder sozusagen, irgendwie erledigt.

---

[16] Diese Herangehensweise ist angelehnt an das Vorgehen von Patrice G. Poutrus in seiner Untersuchung der Emigranten und politischen Flüchtlinge in der DDR. Poutrus fragt nach den Strukturen im Umgang mit den Fremden als Teil der Alltagskultur der DDR, er betrachtet die Minderheiten, Randgruppen und Außenseiter dieser Gesellschaft und ihre Geschichten. Siehe *Poutrus*, Patrice G.: »Teure Genossen«. Die »politischen Emigranten« als »Fremde« im Alltag der DDR-Gesellschaft. In: *Müller*, Christian Th./*Poutrus*, Patrice G. (Hg.): Ankunft – Alltag – Ausreise. Migration und interkulturelle Begegnung in der DDR-Gesellschaft. Köln 2005, 221–266.

[17] Der Bezirk Nordböhmen entstand im Zuge der Gebietsreform 1960. Siehe Gesetz Nr. 36/1960 Sb. z. a. n.

[18] Im Jahr 1930 hatte man 3.318.445 Deutschsprachigen in der Tschechoslowakei gezählt. Sčítání lidu v republice Československé ze dne 1. prosince 1930. Praha 1934, 80. Nach dem offiziellen Ende der Zwangsaussiedlungen zeigte diese Zahl eine Abnahme um 90 %.

Für die verbliebenen Deutschsprachigen war die erste Zeit nicht immer einfach, wie sich Adamec erinnerte:

Wer deutsch gesprochen hat, der wurde irgendwie angesprochen. Ich kann mich erinnern, ich war damals Gärtner, da sind wir in die Stadt gefahren und der tschechische Gärtner hat gesagt, jetzt werden wir nicht deutsch sprechen, jetzt werden wir nur tschechisch sprechen, obwohl ich die tschechische Sprache damals nicht beherrschte, aber so war das damals.[19]

Auch Anna Rauerová, die als Tochter einer gemischten Ehe in der Nähe von Ústí aufwuchs, musste als Zehnjährige ihr Sprachdefizit schnell ausgleichen:

Die Kinder, die neu zugezogen waren mit den Neuansiedlern, die haben gewusst, dass ich nicht tschechisch reden konnte, die haben mich mit »deutsche Sau«, *německá svině*, angesprochen. Das ist dann langsam vergangen. Das hat sich aber dann langsam verändert, da sie gesehen haben, dass ich im Rechnen, Zeichnen und Singen besser war als sie.[20]

Da Rauerová nicht in die Kommunistische Partei eintrat, in die Kirche ging und kein ›Arbeiterkind‹ war, konnte sie diese als Nachteil verstandenen Umstände nur durch Fleiß ausgleichen: »Dass ich geschätzt wurde, das konnte ich nur durch fleißige Arbeit erreichen.«[21]

Die Präsenz der verbliebenen Deutschsprachigen wie Herr Adamec oder Frau Rauerová motivierte die offiziellen Stellen zu einer besonderen Betonung des Slawischen. So zielte auch das staatliche Konzept der Wiederbesiedlung auf die Stärkung des ›slawischen Elements‹ in der Grenzregion. Dabei setzte das Innenministerium vor allem auf die sogenannten Reemigranten, also ethnische Tschechen und Slowaken, die aus dem Ausland in die Tschechoslowakei ›zurückkehrten‹.[22] Das Ministerium hielt die Reemigration für einen »notwendigen« Prozess, der nicht nur »zuverlässige Arbeitskräfte« bringen und damit »die Lücken im Wirtschaftsleben schließen sollte, die der Abschub der Deutschen« bewirkt hatte, sondern vor allem sollte die Reemigration »den Anteil von tschechischen und slawischen Menschen« vergrößern. Diese »historische Bevölkerungsumwälzung« sollte die Grenzbezirke davor bewahren, »zu entnationalisieren« (odnárodnění).[23]

Die Zahl der Auslandstschechen schätzte man im Jahr 1945 auf zwei Millionen, doch nur rund 200.000 kamen nach dem Zweiten Weltkrieg in die Tschechoslowakei, weit weniger als erwartet und erhofft. Die Reemigranten

---

19 *Adamec*, Hans, 3.10.2011 in Ústí nad Labem, Interview geführt von Frauke Wetzel.
20 *Rauerová*, Anna, 21.5.2013 in Řehlovice, Interview geführt von Frauke Wetzel.
21 *Ebenda*.
22 Siehe hierzu auch *Vaculík*, Jaroslav: Reemigrace zahraničních Čechů a Slováků v letech 1945–1950 [Die Reemigration der Auslandstschechen und -slowaken in den Jahren 1945–1950]. Brno 1993. Wiedemann bevorzugt die Terminologie »Übersiedler« oder »Tschechen und Slowaken aus dem Ausland«, da die meisten von ihnen nie zuvor in der Tschechoslowakei bzw. in den böhmischen Ländern gelebt hatten.
23 Prověřování reemigrantů a repatriantů – výzva [Überprüfung der Reemigranten und Repatrianten – Aufruf]. AMUL, ONV Ústí nad Labem, KT 1527, Inv. Nr. 5830, 26.11.1946.

kamen unter anderem aus der UdSSR, Polen, Deutschland, Rumänien und Österreich; aus Frankreich kam die mit 12.915 Personen größte Gruppe aus einem nicht-kommunistischen Land.[24]

Für die Reemigranten gab es spezielle Programme, die sie zur Rückkehr aufriefen.[25] Die Rhetorik der ›Rückeroberung des Raumes von den Deutschen‹ war nur einer der Gründe für die ›Heimkehr‹ der Reemigranten. Einige kamen aus patriotischen Gründen, sie wollten zum Aufbau der Tschechoslowakei beitragen. Andererseits wurde ihnen aber auch Land und Besitz versprochen. Die besten Ländereien und Höfe waren jedoch oft schon vergeben, als die Reemigranten eintrafen. Sie erhielten dann häufig größere Landstücke, was ihnen wiederum den Neid der anderen Siedlergruppen einbrachte. Die bevorzugte Behandlung der Reemigranten, unter anderem bei der Landverteilung und der Gewährung von Krediten bis hin zu Sprachkursen und Angeboten für die Kinder, dauerte bis 1947/48. Bereits im Januar 1947 beschloss die Regierung, den Reemigranten keine eigenen Höfe mehr zu versprechen, ihnen jedoch weiterhin Arbeit und soziale Hilfe zukommen zu lassen.

In Ústí nad Labem lebten insgesamt 316 Reemigranten, von denen die meisten aus Frankreich stammten.[26] Eigentlich sollten die Reemigranten nicht in größeren Gruppen an einem Ort angesiedelt werden, um Sprachinseln zu vermeiden und die Neuankömmlinge besser zu integrieren. Da die aus Frankreich Einreisenden jedoch meist Bergleute waren, siedelten sie gemeinschaftlich in der Nähe entsprechender Betriebe. Die Gruppe der französischen Reemigranten übersiedelte zudem individuell, das heißt, nicht im Rahmen der staatlich organisierten Migrationsprogramme. Ihre Vorfahren stammten aus verschiedenen Gegenden der Tschechoslowakei und auch sie selbst hatten nie in den böhmischen Ländern gelebt. Sie hatten also vor ihrer Ansiedlung keinerlei Bindung an Ústí nad Labem.

Die Integration der Reemigranten in der Grenzregion wurde vom Geheimdienst aufmerksam beobachtet: Michal Radošinský beispielsweise wurde in den USA geboren, zog 1930 nach Frankreich und »kehrte 1945 in die ČSR zurück«, so der Geheimdienstbericht. Er lebte in Vavažov, dem nahe bei Ústí nad Labem gelegenen Ort mit der größten Dichte an Reemigranten. Radošinský

---

[24] *Wiedemann*, Andreas: Pohraničí. In: *Brandes*, Detlef/*Kaiserová*, Kristina/*Myeshkov*, Dmytro (Hg.): Lexikon der Vertreibungen. Deportation, Zwangsaussiedlung und ethnische Säuberung im Europa des 20. Jahrhunderts. Wien 2010, 503 f.

[25] *Wiedemann*: »Komm mit uns das Grenzland aufbauen! «, 255 f.

[26] Seznam reemigrantů v Ústí nad Labem [Liste der Reemigranten in Ústí nad Labem]. AMÚL, MěNV, KT 16, Inv. Nr. 299. Ústí nad Labem 1949. Andere Quellen zählen 218 Reemigranten in Ústí nad Labem. Dazu lebten in den umliegenden Städten: Litoměřice 1.525, Děčín 1.137, Teplice 1.059 Reemigranten. Siehe Cesta pohraničí k vítěství nad reakcí [Der Weg des Grenzgebietes zum Sieg über die Reaktionäre], KV KSČ Ústí nad Labem. SOAL Děčín, R2839, 24.

hatte seinen eigenen landwirtschaftlichen Betrieb, was die Behörden argwöhnisch beäugten.[27] Auch die frühere Parteizugehörigkeit und die Sprachkenntnisse der Reemigranten wurden von der Geheimpolizei untersucht – so beispielsweise bei André Holub, 1926 in Cognac in Frankreich geboren. Er stammte aus einer gemischten Familie und hatte die französische Staatsangehörigkeit. 1946 »reemigrierte« die Familie und übersiedelte in die Gemeinde Krásný Les, in der Nähe von Ústí nad Labem, wo sie eine Bäckerei führte. 1947 zogen sie nach Telnice, kurz darauf in die Stadt Ústí. Holub sprach nur wenig tschechisch, hielt sich meist unter anderen Reemigranten auf und war politisch »farblos«, wie der Bericht vermerkte.[28]

Viele der Reemigranten in Ústí waren als Arbeiter im Bergbau, in der Landwirtschaft oder als Bäcker tätig. Die größten Probleme hatten sie aufgrund der Verstaatlichung von Betrieben und der Kollektivierung der Landwirtschaft. Sie waren unter der Prämisse ›zurückgekehrt‹ beziehungsweise angelockt worden, ihre eigenen Betriebe führen zu können. Daher wollten sich viele von ihnen nicht in staatliche Betriebe einfügen und ihre Selbstständigkeit aufgeben. Ihre Frustration über die uneingelösten Versprechen des tschechoslowakischen Staates war entsprechend hoch.

Eine weitere Gruppe von Neusiedlern, die die Deutschsprachigen ersetzen sollte, waren die Roma.[29] Die meisten Roma, die nach Ende des Zweiten Weltkrieges in das Grenzgebiet einwanderten, stammten aus der Ostslowakei und

---

27 Čeští reemigranti z Francie [Tschechische Reemigranten aus Frankreich]. AMUL, ONV, KT 660, Inv. Nr. 2541. Ústí nad Labem 1949.

28 *Ebenda.*

29 Das Wort »Zigeuner« gilt als seit dem Mittelalter tradierte Fremdbezeichnung durch die Mehrheitsbevölkerung und wird von der Minderheit selbst als diskriminierend abgelehnt. Offiziell wählte der erste internationale Romakongress in London 1971, der erste seiner Art, die einheitliche Selbstbezeichnung »Rom/Romni« als Ersatz aller bislang vorhandenen Namen (cikany, tsikani, Roma, Zigeuner). In der Tschechoslowakei machten die Aktivisten der Charta 77 darauf aufmerksam, dass die Bezeichnung »Zigeuner« abfällig verwendet wurde. Siehe *Havel*, Václav/*Hejdánek*, Ladislav: O postavení Cikánů-Romů v Československu [Über die Stellung der Zigeuner-Roma in der Tschechoslowakei], 13.12.1978, Nr. 23. In: *Prečan*, Vilém (Hg): Charta 77. 1977–1989. Od morální k demokratické revoluci. Dokumentace [Charta 77. 1977–1989. Von der moralischen zur demokratischen Revolution. Dokumentation]. Bratislava 1990, 217–224. Die Roma in der Tschechoslowakei bzw. in der Tschechischen Republik diskutieren bis heute (unter anderem auf der Website www.romea.cz), welche Selbstbezeichnung sie wählen sollten. Der Vorsitzende der Romabürgerinitiative (Romská občanská iniciativa, ROI), Emil Ščuka, erklärte das Nebeneinander der beiden gängigen Bezeichnungen im Jahr 1990 folgendermaßen: »Zigeuner (cikáni) ist eine Bezeichnung einer sozialen Gruppe, Roma ist eine Nationalbezeichnung.« Er wies darauf hin, dass viele Roma selbst auf der Bezeichnung »cikáni« bestehen würden, auch weil die reine Ersetzung der Bezeichnung nicht den alltäglichen Rassismus beendet hätte. Der Europarat beschloss 1997, alle unter die verschiedenen Bezeichnungen fallenden Gruppen unter dem Begriff »Roma« zu vereinen. Die Bezeichnung »cikán/Zigeuner« wurde mit asozialem Verhalten, Stehlen, Herumfahren

aus der Karpatenukraine, daneben kamen auch einige der wenigen tschechischen Roma, die den Holocaust überlebt hatten.[30]

Die meisten Roma, die in dieser ersten Welle der Migration in das Grenzgebiet zogen, kamen zum Arbeiten und erhielten per Dekret Wohnraum zugewiesen.[31] Sie hatten oft mit Sprachschwierigkeiten zu kämpfen, sprachen sie doch ostslowakische Dialekte, Romanes, Ukrainisch oder Ungarisch. Für die

assoziiert und aufgrund dessen von den Roma selbst abgelehnt. In den Akten und Unterlagen, die für diese Arbeit ausgewertet wurden, wurde grundsätzlich die Bezeichnung »cikán« verwendet, nur ein einziges Mal wurde die Bezeichnung »Rom/Roma« gewählt. Vgl. Kulturní správa ONV – zápisy z porad vedení [Kulturverwaltung ONV – Protokolle der Verwaltungsleitung]. AMUL, ONV, KT 1147, Inv.-Nr. 4140, 1966–1970, 4. Aufgrund der negativen Konnotation des Begriffs »cikán« werden im Text der Arbeit stets die Bezeichnungen »Roma« (Plural) bzw. »Rom/Romni« (Singular) verwendet.

30   Der Völkermord an den europäischen Sinti und Roma während des Nationalsozialismus wird im Romanes als »Porajmos« bezeichnet und bedeutete in etwa »das Verschlingen«. Während der deutschen Besatzungszeit wurden die Roma auch im Protektorat Böhmen und Mähren verfolgt. Die Situation verschärfte sich insbesondere nach dem 9.3.1942, als die Protektoratsregierung ein Gesetz aus dem Deutschen Reich auf die besetzte Tschechoslowakei übertrug: den Erlass über die vorbeugende Verbrechensbekämpfung. Unter dieser Scheinbezeichnung bekämpfte das NS-Regime alle sogenannten ›asozialen‹ und ›arbeitsscheuen‹ Elemente. Das Gesetz gab den Startschuss für die rassische Kategorisierung der Roma und ihre Deportation nach Auschwitz. Roma konnten ohne richterlichen Beschluss in Schutzhaft genommen werden und durften auf unbegrenzte Zeit in Konzentrationslager eingewiesen werden. Im Protektorat Böhmen und Mähren wurden diese Maßnahmen besonders drastisch umgesetzt. Nach dem Krieg kehrten nur 583 tschechische Roma aus den Konzentrationslagern zurück. Rund eine halbe Million Roma war in den Vernichtungslagern umgekommen, darunter mindestens 3.000 tschechische Roma in Auschwitz und circa 500 in den Speziallagern in Lety, Hodonín und weiteren Lagern im Protektorat. Siehe hierzu *Nečas*, Ctibor: Československí Romové v letech 1938–1945 [Tschechoslowakische Roma in den Jahren 1938–1945]. Brno 1994. Berichte von Lety-Überlebenden bilden die Grundlage der Publikationen des Roma-Aktivisten Paul Polansky, darunter: Tábor smrti Lety – vyšetřování začíná 1992–1995 [Das Vernichtungslager Lety – die Untersuchung beginnt 1992–1995]. Praha 2014; The Storm. Nish 2011 und Black Silence. Praha 2011.

31   Die zweite Migrationswelle folgte in den 1960er Jahren, eine dritte in den 1980er Jahren. Den Roma, die in der dritten Migrationswelle nach Ústí kamen, war im slowakischen Landesteil eine hohe Geldsumme versprochen worden, die sie an bestimmten Stellen im tschechischen Grenzgebiet abzuholen hätten. Als sie sich auf den Weg machten, wurden ihre Hütten in der Slowakei zerstört, so dass eine Rückkehr nach Abholung des Geldes unmöglich war. Zudem fielen die Roma der dritten Migrationswelle aus dem Sozialsystem des Sozialismus heraus, ihnen wurde nicht mehr die gleiche Aufmerksamkeit zuteil, wie den früheren Neuankömmlingen. Nach der Wende gab es für die Roma auch keine alternativen Maßnahmen in Bezug auf Arbeit und Qualifizierung. Die Roma der beiden ersten Migrationswellen gelten heute als relativ gut integriert. Als sie im Grenzgebiet eintrafen, gab es aber auch noch nicht die Sonderschulen, in die heute mehr als 35 Prozent der Romakinder eingeteilt werden und die den beruflichen Aufstieg der Roma am Arbeitsmarkt systematisch verhindern. *Cichý*, Martin, 24.5.2013 in Trmice, Interview geführt von Frauke Wetzel.

Roma aus der Slowakei waren die Wohn-, Arbeits- und Lohnverhältnisse im tschechischen Landesteil viel besser als daheim. Zuvor waren viele von ihnen als Landarbeiter bei Bauern nur in Naturalien bezahlt worden. Für viele waren eben diese besseren Lebensbedingungen der Grund für die Übersiedlung in die Grenzregion. Als Arbeiter waren sie dort sehr willkommen, sogar unbedingt notwendig, aber die vermeintliche Unangepasstheit, die den Roma unterstellt wurde, bereitete den Behörden und der Mehrheitsgesellschaft große Probleme.[32]

Die Zahl der in Ústí nad Labem ansässigen Roma ist nur schwer festzustellen, da sie – auch statistisch – zur slowakischen oder ungarischen Minderheit gerechnet und nicht als eigenständige Nationalität aufgeführt wurden beziehungsweise sich dieser nicht zugehörig fühlten. Im Bezirk Ústí nad Labem meldeten sich 1947 insgesamt 1.166 Menschen als Roma, im Jahr 1958 waren es bereits 6.997. Im neugeschaffenen Nordböhmischen Bezirk wurden 1970 insgesamt 18.907 Roma gezählt, davon 2.039 allein in der Stadt Ústí.[33] Bis in die 1980er Jahre blieb die Zahl ungefähr gleich.[34]

Im ersten Nachkriegsjahr kam es in Ústí nad Labem zu einer Parallele im Vorgehen gegenüber den Roma und den Deutschsprachigen. Bei einer willkürlichen Polizeirazzia im Oktober 1946 wurden mehrere Hundert Roma verhaftet und im Lager Skřivánek, einem der beiden Nachkriegs-Internierungslager für Deutschsprachige in Ústí inhaftiert. Aus den Akten des Bezirksnationalausschusses ist ersichtlich, dass die Razzia durchgeführt wurde, um die schon zahlreich ausgesiedelten deutschsprachigen Arbeitskräfte zu ersetzten. Gebraucht wurden sie zur Beseitigung der Kriegsschäden im stark zerstörten Ústí.[35]

Nach der Entlassung aus dem Internierungslager wurden die meisten Roma in das normale Arbeitsleben eingegliedert, ohne jemals eine Bezahlung oder

---

[32] Anlässe zu Beschwerden von Seiten der Mehrheitsbevölkerung an Behörden waren immer wieder die Wohnungsprobleme. In viele der bis 1945 überwiegend von Deutschsprachigen besiedelten Stadtteile wie Trmice, Střekov und Předlice zogen im Laufe der Jahre immer mehr Roma, bis schließlich von fast reinen Roma-Siedlungen gesprochen werden konnte.

[33] In einem Bericht aus dem Jahr 1955 hieß es, in Ústí gäbe es insgesamt 647 Roma. Die meisten Roma meldeten sich jedoch nicht regulär an, sondern lebten ohne behördliche Meldung in den Wohnungen ihrer Verwandten. Siehe Zpráva o činnosti odboru vnitřních věcí v oblasti převýchovy občanů cikánského původu, 1954–1956 [Bericht über die Tätigkeit der Abteilung Inneres im Bereich Ümerziehung der Bürger zigeunerischer Herkunft, 1954–1956]. AMUL, MěNV, KT 257, Inv. Nr. 1407. Die Zahl für das Jahr 1970 bestätigte auch das Statistische Amt in Ústí nad Labem. Nach der Volkszählung 1970 lebten 2.000 Roma in Ústí. 50 Prozent zählten zur Altersgruppe der 0–15-Jährigen, nur zwei Prozent waren über 60 Jahre. Siehe Sčítání lidu, domů a bytů 1980, 29.

[34] Im Jahr 2009 schätzte man die Zahl der Roma in Ústí nad Labem auf bis zu 19.000, bei insgesamt 90.000 Einwohnern. Ein Fünftel der Einwohner in Ústí nad Labem wären demnach heute Roma. Siehe *Gabal*, Ivan: Ústí nad Labem. Dlouhodobý monitoring situace romských lokalit – české lokality [Langzeitmonitoring der Situation von Romalokalitäten – tschechischen Lokalitäten]. Praha 2009, 11.

[35] *Cichý*, Martin: Cikánský internační tábor v Ústí nad Labem [Das Zigeunerinternierungslager in Ústí nad Labem.] In: Ústecký sborník historický 2000, 182–195, hier 187.

Entschädigung für die willkürliche Verhaftung und Zwangsarbeit zu erhalten. Sie blieben Teil der Nachkriegsgesellschaft, deren staatliche Stellen grundlos gegen sie vorgegangen waren. Dennoch sollten die Roma in diese Gesellschaft integriert, assimiliert, gleichgemacht, kontrollierbar gemacht werden. Doch angesichts ihrer frühen Erfahrungen mit diesem System fiel dies in Ústí nad Labem vermutlich besonders schwer.[36]

Die Roma waren ausgeschlossen aus der propagierten Idee der Gleichheit aller Nationen und Ethnien. Die offizielle Bezeichnung »Bürger zigeunerischer Herkunft« (občan cikánského původu) bezeugte bereits die Assimilierungsabsicht der tschechoslowakischen Politik.[37] Anders als bei der deutschsprachigen Minderheit behielt die staatliche Führung diese Einstellung bis 1989 bei: Die Roma sollten assimiliert werden, ihre ins Grenzgebiet mitgebrachten Traditionen, ihre dem Homogenisierungsgedanken entgegenstehenden Lebenswege sollten kontrollierbar werden. Die Roma wurden auch als *příslušník národa* bezeichnet, als »Angehörige der (tschechoslowakischen) Nation«, die keine eigenständige Nationalität hatten beziehungsweise haben sollten.[38]

Die auf gesamtstaatlicher Ebene betonte Einbeziehung der Roma in die Nation stand im Widerspruch zum Vorgehen der Behörden auf regionaler Ebene. Der Städtische Nationalausschuss verfasste wiederholt Berichte und Listen, mit denen der Sonderstatus der Roma festgelegt wurde. Auch die Einrichtung einer »Kommission für die Zigeunerfrage« entsprach der mangelnden Integration beziehungsweise der angestrebten Zwangsassimilation. Die Berichte der Abteilung für Inneres beim Städtischen Nationalausschuss, in der eine Hilfskommission für Nationalitätenfragen gegründet wurde, beschäftigten sich mit allen in Ústí nad Labem lebenden Ausländern beziehungsweise »Bürgern anderer Nationalität« – mit Ausnahme »der Bürger zigeunerischer Herkunft«.[39] Neben den Deutschsprachigen erwähnte der Bericht auch Spanier und weitere Nationalitätengruppen und führt in der gleichen Aufzählung auch Obdachlose auf.

---

[36] Bei der Betrachtung der Geschichte der Roma nach 1945 sollte die Beteiligung von Tschechen an der nationalsozialistischen Vernichtungspolitik, vor allem in den Konzentrationslagern Lety und Hodonín, berücksichtigt werden. Dieser relativ unbearbeitete Teil der Geschichte kann als Erklärung dienen für den andauernden Rassismus in der Behandlung der Roma durch die tschechoslowakischen Behörden, abzulesen an den Nachkriegsunterlagen. Siehe hierzu *Spurný*: Nejsou jako my, 237.

[37] Celia Donert untersuchte die staatliche Behandlung der Roma in den Jahren 1945 bis 1968 sowie die dahinterstehende Einstellung der Behörden. Dabei zeigte sie, wie Demografie und soziale Klassifizierung im Fall der Roma im Sozialismus interferieren. Siehe *Donert*, Celia: Creating »Citizens of Gypsy Origin«. Ethnicity, Planning and Population Control in Socialist Czechoslovakia. In: *Schulze Wessel*, Martin/*Brenner*, Christiane (Hg.): Zukunftsvorstellungen und staatliche Planung im Sozialismus. Die Tschechoslowakei im ostmitteleuropäischen Kontext 1945–1989. München 2010, 89–114.

[38] Žádost o vrácení čs. státního občanství [Antrag auf Zurückgabe der tsch. Staatsangehörigkeit]. AMUL, ONV, KT 92, Inv. Nr. 519, Ústí nad Labem 1948; Státoobčanství agenda a národnostní politika – zpráva za měsíc květen 1952.

[39] Zpráva o činnosti odboru vnitřních věcí v oblasti převýchovy občanů cikánského původu.

Hieraus ist ersichtlich, wie die Kategorien national, sozial und fremd in Bezug auf die Roma vermischt wurden. Sie wurden in Gruppen der »sozial Unangepassten« und der »Auffälligen« zusammengefasst.[40] Die Unsicherheit des zentralen Vorgehens gegenüber den Roma zeigte sich auch im Umgang mit der Minderheit auf der städtischen Ebene im Grenzgebiet: Zu welcher Kategorie sollten sie gezählt werden? Wie sollte man mit ihnen umgehen?

Die Hauptprobleme für die Roma selbst waren anfangs vor allem durch den Wechsel von einer ländlichen in eine urbane Umgebung bedingt.[41] Die Behörden betrachteten die Gemeinschaft mit den Roma als problematisch:

> Das Zusammenleben der Bürger zigeunerischer Herkunft mit den anderen Bürgern unserer Stadt ist anders – im Ganzen sehr schlecht. Es ist ein Fakt, dass sich Zigeuner vom Rest der Gesellschaft unterscheiden nicht nur aufgrund ihres physischen Äußeren, Kleidung und Sprache, aber auch mit ihren Angewohnheiten, mit dem Bewusstseinsgrad und meist auch mit ihrer Beziehung zu Rechten und Pflichten. Das alles und weiteres führt dazu, dass noch viele Bürger auf die Zigeuner wie auf eine fremdstämmige und manchmal sogar wie auf eine nicht homogene Zelle unserer Gesellschaft schauen.[42]

Ungewöhnliche Töne schlug Čestmír Dvořák, der Leiter für ›Zigeunerfragen‹, in einem Bericht an, den er für die Abteilung für Inneres des Städtischen Nationalausschusses verfasste. Darin warb er für größeres Verständnis auch von Seiten der Mehrheitsgesellschaft, setzte aber natürlich den Lebensentwurf der Mehrheit als den erstrebenswerten voraus. Dvořák übernahm auch die praktische Umsetzung der Zwangsassimilierungsmaßnahmen zur besseren Arbeitseingliederung in Ústí nad Labem.[43] Sein Bericht stellte insofern eine Ausnahme dar, als dass er eine differenzierte Darstellung der Roma enthält: Er zeigte die, die gut im sozialistischen System mitarbeiteten, wie auch diejenigen, die straffällig geworden waren beziehungsweise sozial auffällig waren. In der Konsequenz warb Dvořák mit diesem Text jedoch nur für eine Intensivierung der bereits bestehenden Aktivitäten der einzelnen Abteilungen (Inneres, Schul-, Kultur-, Frauen-, Gesundheits- und Sicherheitsabteilung) für die Anpassung beziehungsweise »Umerziehung« der Roma. Arbeit und die Eingliederung in die Arbeitskollektive waren ein essentieller Bestandteil zur Bekämpfung des Rassismus durch die sozialistischen Behörden.[44]

In einem weiteren Lagebericht schrieb Dvořák über die Gleichheit aller Bürger, im stalinistischen Sinne:

> Es ist daher notwendig, daran zu erinnern, dass der Aufbau des Sozialismus in unserer Heimat, die Erhöhung des Lebens- und Kulturstandards und der erfolgreiche Kampf bei uns und in der ganzen Welt, eine Frage ALLER [Hervorhebung im Original] unserer Bürger ohne

---

40 *Ebenda.*
41 Siehe hierzu auch *Spurný*: Nejsou jako my, 246 f.
42 Zpráva o činnosti odboru vnitřních věcí v oblasti převýchovy občanů cikánského původu.
43 *Ebenda.*
44 *Donert*, Celia: The Rights of the Roma. The Struggle for Citizenship in Postwar Czechoslovakia. Cambridge 2017, 48–83.

Ausnahme von Nationalitäten oder Herkunft ist. Es wäre sicher falsch und nicht richtig, einen Menschen nach seiner Nationalität zu bewerten [...].

Es folgt wiederum ein Aufruf an alle Mitarbeiter der städtischen Behörden, sich der »Umerziehung der Zigeuner« zu widmen.[45]

Diese Umerziehungsabsicht spiegelt sich auch in der gesamtstaatlichen Gesetzgebung: Bis 1958 wurde das sogenannte Herumziehen offiziell verboten.[46] Diesem ersten Gesetz sollten in den nächsten Jahren weitere Assimilierungsversuche der kommunistischen Regierung folgen. Dazu gehörte auch die »Liquidierung des traditionellen Romalebens – inklusive ihrer Kultur, Traditionen, ungeschriebenen Gesetze, familiären und verwandtschaftlichen Beziehungen«.[47]

5. Fremd in der Heimat: die Deutschsprachigen in Ústí

Die Deutschsprachigen, die in Ústí nad Labem verblieben waren, lebten lange mit der Unsicherheit, ob sie bleiben oder gehen sollten oder ob sie gehen werden müssen. Sie verspürten in der eigenen Geburtsstadt ein Fremdheitsgefühl. Das galt für die gesamte deutschsprachige Minderheit und besonders für die deutschsprachigen Juden. Ebenso wie die Roma waren die Deutschsprachigen bereits vor 1945 in eine ›Sonderkategorie‹ eingeordnet worden, wurde ihnen eine Nationalität, Identität aufgedrückt, die ihnen auch nach Kriegsende eine Sonderrolle zuteilte und sie separierte.

Hatte die politische Führung der Tschechoslowakei in den ersten Nachkriegsjahren einen explizit anti-deutschen Kurs verfolgt, so vollzog sich in den 1950er Jahren ein Wandel im Umgang mit den verbliebenen Deutschsprachigen. Man erkannte die Anwesenheit einiger Deutschsprachiger als unabwendbar, wurden sie doch dringend als Arbeitskräfte benötigt. Sie sollten nun zur Mitarbeit am Aufbau des Sozialismus gewonnen werden, wodurch zugleich das Verhältnis zur DDR stabilisiert werden konnte.[48] Die Hinwendung zu den Deutschsprachigen umfasste auch die Möglichkeit zum Erwerb

---

45 *Ebenda.*

46 Zákon o trvalém osídlení kočujících osob [Gesetz über die dauerhafte Ansiedlung von herumziehenden Personen], Sb. č. 74/1958. In: Národní shromáždění Republiky Československé. Sbírka zákonů [Nationalversammlung der Tschechoslowakischen Republik. Gesetzessammlung]. Siehe hierzu auch *Donert*: The Rights of the Roma, 115–142.

47 *Pavelčíková*, Nina: Některé obecné problémy koncepce vztahu komunistického režimu k minoritám v letech 1948–1989 na příkladu romského obyvatelstva ČSR [Einige allgemeine Probleme in der Beziehung des kommunistischen Regimes gegenüber den Minderheiten in den Jahren 1948–1989 am Beispiel der Roma-Minderheit in der Tschechoslowakei]. In: *Nosková*: K problémům menšin, 165.

48 Mehr zum Verhältnis von Tschechoslowakei und DDR *Zimmermann*, Volker: Eine sozialistische Freundschaft im Wandel. Die Beziehungen zwischen der SBZ/DDR und der Tschechoslowakei. Essen 2010; *Schwarz*, Wolfgang: Brüderlich entzweit. Die Beziehung zwischen der DDR und der ČSSR 1961–1968. München 2004; *Buchheim*, Christoph u. a.

der tschechoslowakischen Staatsbürgerschaft, die ihnen zuvor mit dem Präsidialdekret Nr. 33 vom 2. August 1945 aberkannt worden war.[49] Bereits am 13. April 1948 und am 29. November 1949 waren zwei Regierungsverordnungen erlassen worden, die den Wiedererwerb der tschechoslowakischen Staatsbürgerschaft für jene Personen deutscher oder magyarischer Nationalität regelten, die ihre tschechoslowakische Staatsbürgerschaft verloren hatten, »sofern sie ihren ständigen Wohnsitz auf dem Gebiet der Tschechoslowakischen Republik behalten und die Pflichten eines tschechoslowakischen Staatsbürgers nicht verletzt, insbesondere sich dem volksdemokratischen System gegenüber nicht feindlich verhalten« hatten. Nach einer neuen Regelung des Innenministeriums vom 4. April 1950 konnten die Deutschsprachigen nun wieder die tschechoslowakische Staatsbürgerschaft selbst beantragen. Im Unterschied zu den Regierungsverordnungen von 1948 und 1949 wurde nun auch aktiv um die Deutschsprachigen geworben. Mit der Annahme der tschechoslowakischen Staatsbürgerschaft waren selbstverständlich auch Pflichten verbunden, insbesondere die Wehrpflicht. Dieses Angebot war aber auch der Versuch, die Deutschsprachigen in der Tschechoslowakei an der Ausreise in die Bundesrepublik zu hindern, die diese als ihre Staatsbürger anerkannte und damit sowohl der Tschechoslowakei als auch in der DDR große Sorgen bereitete. Da jedoch viele Deutschsprachige bereits über die Ausreise nachdachten oder diese bereits planten, zeigten die staatlichen Appelle und das Betonen der Einheit und der Zugehörigkeit zur Nation keine große Wirkung. Im Bezirk Ústí lehnten es 1951/1952 weiterhin 6.682 Deutschsprachige ab, die tschechoslowakische Staatsbürgerschaft anzunehmen.[50] Angesichts der landesweit geringen Erfolge dieses Angebots wurde mit dem Gesetz Nr. 34 vom 24. April 1953 allen Deutschsprachigen automatisch die tschechoslowakische Staatsbürgerschaft erteilt.

Mit der Erteilung der Staatsbürgerschaft war aber keineswegs eine sozial- und bildungsrechtliche Gleichstellung gegenüber der tschechoslowakischen Mehrheitsbevölkerung und den anderen Minderheiten erreicht. Die Deutschsprachigen wurden offiziell nicht als Minderheit anerkannt.[51] Dennoch kann die Integration der Deutschsprachigen als erfolgreich betrachtet werden, auch wenn sie vielfach unter Zwang als Assimilierung an die Mehrheitsgesellschaft geschah. Mitte der 1970er Jahre sprach nicht einmal mehr

---

(Hg.): Die Tschechoslowakei und die beiden deutschen Staaten. Essen 2010 (tschechische Ausgabe: Československo a dva německé státy. Ústí nad Labem 2011); *Spurný*, Matěj: Der lange Schatten der Vertreibung. Ethnizität und Aufbau des Sozialismus in tschechischen Grenzgebieten, 1945–1960. Wiesbaden 2019.

[49] *Jech*, Karel u. a. (Hg.): Němci a Maďaři v dekretech prezidenta republiky. Studie a dokumenty 1940–1945 [Deutsche und Magyaren in den Dekreten des Präsidenten der Republik. Studien und Dokumente 1940–1945]. Brno 2003.

[50] In der gesamten Tschechoslowakei waren es 40.000 Deutschsprachige, die die Einbürgerung ablehnten. Siehe *Staněk*: Německá menšina v českých zemích, 108.

[51] Předsednictvo Ústřední rady odborů. ÚRO PŘED, KT 6, Inv. Nr. 106, Blatt 37, 10.8.1950.

die Hälfte der in Nordböhmen lebenden deutschsprachigen Minderheit zu Hause Deutsch, die meisten sprachen untereinander Tschechisch.[52] In der Statistik des Jahres 1970 zählten sich im Bezirk Nordböhmen nur noch 2,4 Prozent (landesweit: 0,6 Prozent) der Bevölkerung als Angehörige der deutschen Nationalität, 1980 waren es nur noch 1,5 Prozent (landesweit: 0,4 Prozent). Das spricht auch für eine weitere Assimilierung, nicht ausschließlich für Wegzug, Emigration.[53]

Auf der anderen Seite führte die Anwesenheit der Deutschsprachigen auch bei vielen anderen Grenzlandbewohnern zu einem Gefühl von Unsicherheit, da viele der Neusiedler eine Rückkehr der Deutschsprachigen und damit den Verlust des neuen Besitzes durchaus für möglich hielten. So vermerkt ein zeitgenössischer Bericht: »Mancherorts haben Tschechen im Grenzgebiet Besitz nach den Deutschen [po Němcích][54] und es verbreiten sich Nachrichten, dass es zurückgegeben würde. Es gingen darüber einige Gerüchte herum.«[55]

Die Anwesenheit der Deutschsprachigen verursachte bei den neuen tschechischen Einwohnern von Ústí nad Labem zum Teil auch Angst um ihre persönliche Sicherheit, was ihnen das Ankommen in der Stadt erschwerte.[56]

---

52 *Sokolová*, Gabriela: Soudobé tendence vývoje národností v ČSSR [Die gegenwärtige Entwicklungstendenz der Nationalitäten in der ČSSR]. Praha 1987, 64.

53 *Staněk*: Německá menšina v českých zemích, 172. Im Jahr 2011 meldeten sich tschechienweit nur noch 18.772 Menschen zur deutschen Nationalität (Quelle: Tschechisches Statistisches Bundesamt, Volkszählung 2011). 1991 lebten nach der Statistik insgesamt 47.789 Deutschsprachige in der Tschechoslowakei, in Ústí nad Labem nur noch 1.117. Vgl. *Staněk*: Německá menšina v českých zemích, 196 f. Die Datenlage ist jedoch problematisch, da deutsche Frauen in Mischehen zum Teil nicht zur deutschen Minderheit gezählt werden oder Deutsche, denen die tschechoslowakische Staatsbürgerschaft in Aussicht gestellt wurde, als Tschechoslowaken erfasst werden. Ein Bericht aus Ústí nad Labem versucht, die Deutschen im Bezirk aufzulisten, und die darunter geführten »produktiven Arbeiter«. Insgesamt seien nach den Angaben der Betriebe lediglich 530 »Werktätige« im Bezirk Ústí. Einer der Gründe ist die Angabe der Deutschen als »Tschechen«. Siehe *Žádost o vrácení čs. státního občanství* (s. Anm. 38).

54 Ein Haus »nach den Deutschen« zu haben ist eine bis heute sehr verbreitete Formulierung im Grenzgebiet. Die Befürchtungen bezüglich einer möglichen Rückkehr der Deutschen lebten nach Ende des Kalten Krieges erneut auf. 2004 gingen 45 Prozent der Einwohner der tschechischen Grenzregion davon aus, dass die deutsche Regierung eines Tages ehemalige Gebiete und Besitztümer zurückverlangen würde. Siehe *Peterson*, Thomas: Flucht und Vertreibung aus Sicht der deutschen, polnischen und tschechischen Bevölkerung. Bonn 2005, 91. Nachdem die Sudetendeutsche Landsmannschaft 2015 ihren Verzicht auf die ›Heimat‹ verkündet hatte, stünde eine solche Umfrage vor einem ganz anderen Hintergrund, als es 2004 angesichts der von beiden Seiten sehr emotional geführten deutsch-tschechischen Debatte der Fall war.

55 Předsednictvo Ústřední rady odborů, 10.8.1950.

56 Der Zeitzeuge Jan Motka erinnerte sich im Interview mit der Regionalen Geschichtskommission an die Anfänge bei der Firma Setuza (siehe hierzu auch Kapitel VII). Er beschrieb, dass er täglich Todesangst hatte, seine Frau allein mit »der Deutschen«, ihrer Kollegin, zu lassen.

6. Heimkehr ohne Heimat: Jüdisches Leben in Ústí nad Labem

Zu den Deutschsprachigen in Ústí nad Labem nach 1945 zählten auch jüdische Menschen. Obwohl nur wenige Juden nach Ústí zurückkehrten oder neu zuzogen, hatten sie keinen Platz im Nationalitätenkonzept der Nachkriegszeit. Ihr Schicksal wurde in der Öffentlichkeit kaum thematisiert. Zwar wurde in der Tschechoslowakei über die Opfer der nationalsozialistischen Herrschaft geforscht und publiziert, doch wie viele von ihnen als Juden verfolgt wurden, blieb dabei ausgespart.[57]

Die jüdische Gemeinde von Ústí nad Labem setzte sich aus zurückgekehrten und neuzugezogenen Juden aus der Karpaten-Ukraine und der Sowjetunion zusammen. Diese rund 50-köpfige Gruppe konnte angesichts der allgemeinen Kontrolle und Einschränkung von Glaubensgemeinschaften kaum tätig werden und war zudem andauerndem Antisemitismus ausgesetzt.[58] Der Vorsitzende der jüdischen Gemeinde in Ústí, Dr. Vladimír Hönig, beschwerte sich 1946 darüber, dass Deutsche und Juden in einen Topf geworfen würden und die Juden der gleichen Verfolgung ausgesetzt seien wie die nach Kriegsende kollektiv verurteilten Deutschsprachigen.[59]

Obwohl ein Ministerialerlass von 1945 festlegte, dass »diejenigen, die vom nazistischen Regime aus religiösen oder rassischen Gründen verfolgt wurden, in ihren Rechten mit denjenigen gleichgestellt werden, die aus politischen Gründen verfolgt wurden«, sah die Praxis anders aus.[60] Juden waren nach 1945 gleichermaßen von antisemitischen und anti-deutschen Vorurteilen betroffen. Vonseiten staatlicher Vertreter wurde dabei häufig auf die Volkszählung 1930

---

[57] Direkt nach dem Krieg und vor der kommunistischen Machtübernahme 1948 verschafften sich in Film und Literatur Erinnerungen ihren Raum, die sich meist autobiografisch mit Theresienstadt und Auschwitz beschäftigten. Hierzu gehörten: *Tůma*, Mirko: Ghetto našich dnů [Ghetto unserer Tage]. Praha 1946; *Auředníčková*, Anna: Tři léta v Terezíně [Drei Jahre in Theresienstadt]. Praha 1945; *Semecká*, Irma: Terezínské torso [Theresienstädter Torso]. Praha 1945; *Utitz*, Emil: Psychologie života v terezínském koncentračním táboře [Psychologie des Lebens im Theresienstädter Lager]. Praha 1947; *Kraus*, Ota/ *Schön*, Erich: Továrna na smrt [Todesfabrik]. Praha 1946. Siehe auch den Film Daleká cesta [Der weite Weg] von Alfréd Radok, 1948/1949. Siehe außerdem *Bednařík*, Petr: Židé po válce, Židé bez dějin [Juden nach dem Krieg, Juden ohne Geschichte]. In: Literární noviny vom 5.12.2012.

[58] *Eisenmann*, Walter: Historie židovské náboženské obce v Ústí n. L. [Die Geschichte der jüdischen Gemeinde in Ústí nad Labem]. In: Klub historiků 1981, 20–25. Im Jahr 1989 lebten noch 55 Juden im Bezirk Ústí nad Labem. Die letzte Zählung im Jahr 2005 ergab noch 38 Mitglieder der jüdischen Gemeinde in Ústí. Siehe *Fedorovič/Kaiser*: Historie židovské komunity v Ústí nad Labem, 17.

[59] Hierzu auch *Staněk*, Tomáš: Verfolgung 1945. Die Stellung der Deutschen in Böhmen, Mähren und Schlesien (außerhalb der Lager und Gefängnisse). Wien 2002.

[60] Persekuce Židů ONV v Ústí nad Labem – šetření ministerstva vnitra [Die Verfolgung der Juden durch den ONV in Ústí nad Labem – Untersuchung des Innenministeriums]. AMUL, ONV, KT 92, Inv. Nr. 522, 14.1.1946.

verwiesen, die für alle Deutschsprachigen, ob jüdisch oder nicht, das entscheidende Kriterium war: Wer hatte sich damals zu welcher Nationalität bekannt? Im praktischen Umgang mit denjenigen, die sich zur deutschen *und* zur jüdischen Nationalität bekannt hatten, zeigten sich die Behörden eher restriktiv. Weiterhin verfolgt blieben diejenigen, die sich als Juden zur deutschen Nationalität gemeldet hatten.

Die Praxis, Juden in die Kategorie der Deutschen zu zählen, war eine logische Konsequenz des staatlicherseits propagierten Homogenisierungsgedankens und zudem eine überaus bequeme Lösung für die Eigentumsfragen bei der Wiederbesiedlung des Grenzlandes. Das materielle Motiv bei der Verfolgung und Ausgrenzung der Juden nach 1945 war gerade in Ústí nicht zu unterschätzen: Hier herrschte nach den Bombardierungen im April 1945 ein akuter Wohnungsmangel, der durch Restitutionsansprüche der zurückkehrenden jüdischen Eigentümer verschärft worden wäre. Landesweit wurden in den Jahren 1945–1947 nur 3.000 von 16.000 Restitutionsanträgen jüdischer Bürger positiv beschieden.[61] Die sogenannten Nationalverwalter hatten sowohl deren privaten Besitz wie auch Geschäfte und Fabriken bereits beschlagnahmt, die Rückgabe von Eigentum passte nicht mehr in das Bild der Kommunistischen Partei als Verteiler der Grenzlandgebiete. Aus dem Ausland gestellte Anfragen auf Entschädigung wurden entweder ignoriert oder mit dem Verweis abgelehnt, dass sich der Antragsteller im ›feindlichen Ausland‹ aufhalte. Folge dieser fortgesetzten Enteignung war eine weitere Ausreisewelle: In den Jahren 1945–1953 verließen weitere 24.000 Juden die Tschechoslowakei.[62]

Die Kategorisierung der Juden als Deutschsprachige führte nicht nur zur Benachteiligung in Restitutionsfragen, sondern setzte sie oft auch weiteren anti-deutschen Maßnahmen aus. So kam es im Herbst 1945 zu einem Streit zwischen der Jüdischen Gemeinde in Teplice, der Wortführerin der Juden im Bezirk Ústí, und den Vorsitzenden des ONV. Die jüdischen Gemeindemitglieder beschwerten sich über einen Artikel im »Předvoj« vom 27. September 1945, in dem keine Unterscheidung zwischen den verfolgten jüdischen Deutschsprachigen und den Deutschen, die zwangsausgesiedelt werden sollten, gemacht wurde. Sie kritisierten, dass Juden zum Teil die weiße Armbinde tragen mussten, die sie zum einen als Deutsche kennzeichnete und zum anderen an die Kennzeichnung mit dem Judenstern erinnerte.[63]

Ich muss Ihnen doch wohl nicht erklären, dass mit so einem Vorgehen, wie Sie es vorschlagen, es passieren kann, dass ein Mensch, der lange Jahre im Konzentrationslager war – aus

---

61   *Gerlach*, David: Juden in den Grenzgebieten. Minderheitenpolitik in den Böhmischen Ländern nach dem Zweiten Weltkrieg. In: Theresienstädter Studien und Dokumente 15 (2008), 12–47, hier 25.

62   *Frank*, Chaim: Juden in der ehemaligen Tschechoslowakei, 13.2.2013, URL: http://www.hagalil.com/czech/juedische-geschichte/cssr-11.htm (am 10.6.2013).

63   Postoj předsedkyně OSK Marie Vobecké k Židům (povinnost Židů nosit bílou pásku) [Einstellung der Vorsitzenden Marie Vobecká zu den Juden (Pflicht der Juden weiße Binden zu tragen)]. AMUL, ONV, KT 92, Inv. Nr. 521, Ústí nad Labem, 8.10. 1945.

rassistischen Gründen – nur weil sich im Jahr 1930 sein Vater zur deutschen Nationalität bekannt hatte, heute eine weiße Binde tragen muss. Außerdem protestiere ich dagegen, dass irgendjemand, der in der Zeit der Okkupation den Judenstern tragen musste, heute wieder mit einer weißen Binde gekennzeichnet wird.[64]

Die Vorsitzende des Nationalausschusses, Marie Vobecká, selbst Verfolgte des NS-Regimes, entgegnete daraufhin, dass die Juden nicht die Bedingungen »der Treue zur demokratisch-republikanischen Staatsidee der Tschechoslowakischen Republik« erfüllt hätten.[65] Sie warf ihnen vor, dass sie sich in der Volkszählung 1930 als Deutsche ausgegeben hatten. Als der Innenminister schließlich am 10. September 1946 den Erlass B-300/10690/ref. B veröffentlichte, der besagte, dass jüdische Bürger nicht enteignet und zwangsausgesiedelt werden sollten, »auch wenn sie sich im Jahr 1930 als Deutsche gemeldet hätten«, war es für viele der Betroffenen bereits zu spät.[66] Für die jüdischen Bürger in Ústí war es oft besonders schwer, nicht derselben Behandlung anheimzufallen wie die Deutschsprachigen, da Vobecká sich häufig gegen die gesamtstaatlichen Bestimmungen stellte.

Doch es gab auch andere Beispiele: So wandte sich die Vorsitzende des ONV am 3. Dezember 1945 an die Leitung des Internierungslagers in Všebořice und übersandte dieser einen Aufruf des Innenministeriums, Juden im Internierungslager nicht mit den Deutschen unterzubringen – wenn sie aus rassischen Gründen verfolgt worden waren, sollten sie »wie Angehörige der slawischen Nationen« behandelt werden.[67] Auch in der lokalen Presse reagierten Journalisten auf die zunehmenden Beschwerden über das Verhalten von Beamten, die sich rassistisch äußerten:

In der Tschechoslowakischen Republik existiert die Bezeichnung arisch und nicht-arisch nicht. Rassische Herkunft oder religiöse Orientierung haben keinen Einfluss auf die Rechte und Pflichten der Menschen. [...] Diejenigen, die durch die nazistischen Okkupanten aus religiösen oder rassischen Gründen verfolgt wurden, sollen die gleichen Rechte haben, wie diejenigen, die aus politischen Gründen verfolgt wurden. [...] Denjenigen, denen bei der Volkszählung im Jahr 1930 beim Ausfüllen der amtlichen Papiere die jüdische Nationalität gegeben wurde, und die sich während der Okkupation nicht gegenüber der ČSR schuldig

64 *Ebenda.*
65 *Kaiser,* Vladimír: Die jüdische Gemeinde in Aussig/Ústí nad Labem. In: *Otte,* Anton/ *Křížek,* Petr (Hg.): *Židé v Sudetech/Juden im Sudetenland.* München, Praha 2000, 235–254, hier 240.
66 Zákaz odsunu osob židovského původu [Verbot des Abschubs von Menschen jüdischer Herkunft]. AMUL, ONV, KT 92, Inv. Nr. 530, 18.9.1946.
67 Internování osob židovské národnosti [Internierte Menschen jüdischer Nationalität]. AMUL, ONV, KT 583, Inv. Nr. 2207, Ústí nad Labem 3.12.1945. Auf gesamtstaatlicher Ebene siehe auch Osoby židovského původy v zajišťovací vazbě – pokyny [Personen jüdischen Ursprungs im Untersuchungsgefängnis – Anweisung], Ministerstvo vnitra. AMUL, ONV, KT 1536, Inv. Nr. 6904, Ústí nad Labem 25.10.1945.

gemacht haben, bleibt die tschechoslowakische Staatsbürgerschaft, soweit sie sie hatten, erhalten.[68]

Der Historiker Rudolf Wlaschek charakterisierte die Situation der Juden in der Tschechoslowakei nach 1945 als »Heimkehr ohne Heimat«.[69] Wer überlebt hatte und emigrierte, verlor seinen Besitz, wer blieb, geriet in die Mühlen des kommunistischen Systems, das Wohnraum und Betriebe für die eigenen Ziele brauchte und nicht mehr restituieren wollte.[70]

Exkurs: Rudolf Popper

Die Biografie des 1873 in Wien geborenen Malers Rudolf Popper illustriert die doppelte Diskriminierung und schwierige Einteilungen nach dem Krieg. Popper wurde 1891 an der Wiener Akademie aufgenommen, wo er das Zeichenhandwerk lernte. Nach seinem Berufsabschluss war er in München, Sarajevo, Mostar und Paris tätig. Seit 1924 lebte er in Střekov, das später ein Stadtteil von Ústí wurde. Hier kam er in Kontakt mit Sozialdemokraten und Kommunisten, für die er Plakate und Flugblätter zeichnete. In den Jahren 1926 und 1927 fand in Ústí eine Ausstellung von Poppers Werken statt. 1932 nahm er die tschechoslowakische Staatsbürgerschaft an.

Nach der deutschen Besetzung der Tschechoslowakei wurde es für Popper immer schwieriger, seinen Beruf weiterhin auszuüben und seinen Lebensunterhalt zu verdienen. Am 31. Oktober 1938 wurde er verhaftet und teilte zeitweise eine Zelle mit dem ehemaligen Bürgermeister Leopold Pölzl. Während seines zweiwöchigen Gefängnisaufenthalts zerstörten die Nationalsozialisten die meisten seiner Bilder durch Säure. Nach seiner Freilassung unterstützten ihn zwar Bekannte, aber die Reichskulturkammer verwehrte ihm mit der Begründung, er sei ein ›Halbjude‹, die Aufnahme, was einem Berufsverbot gleichkam. Auch Poppers Mitgliedschaft im Metznerbund[71] änderte daran nichts. Er

---

68 Zrušení označování rasového původu [Beenden der rassistisch begründeten Kennzeichnung im Amtsverkehr]. In: Ústecký věstník vom 15.3.1946, 13.

69 *Wlaschek*, Rudolf: Juden in Böhmen. Beiträge zur Geschichte des europäischen Judentums im 19. und 20. Jahrhundert. München 1997, 219–223.

70 Die Historikerin Anna Hájková untersuchte die Identität der tschechoslowakischen Juden während des Holocaust im Ghetto Theresienstadt und die Identität bzw. *bonds of belonging* der Überlebenden bzw. aller Juden in der Tschechoslowakei nach 1945: *Hájková*, Anna: To Terezín and Back Again. Czech Jews and their Bonds of Belonging from Deportations to the Postwar. In: Dapim. Studies on the Holocaust 28 (2014), 38–55, hier 48–55.

71 Der Metznerbund war ein 1920 gegründeter Zusammenschluss von deutschsprachigen Künstlern in der Tschechoslowakei. Ein Vereinszweig entstand auch in Ústí. Siehe *Mikulová*, Soňa: Jubilejní výstava Metznerbundu 1914–1944 [Jubiläumsausstellung des Metznerbundes 1914–1944]. In: Documenta Pragensia 20 (2002), 191–257. Bei dem im Titel vermerkten Entstehungsjahr 1914 handelt es sich wahrscheinlich um einen Tippfehler. Weitere Forschung und Ausstellungen erstellten Kunsthistoriker im Projekt »Ušlechtilá

wollte jedoch nicht aufgeben und wandte sich an den Präsidenten der Kammer: »Es ist bis jetzt aber noch gar nicht erwiesen, dass ich Halbjude bin, nachdem jeder Anhaltspunkt für meinen Großvater väterlicherseits fehlt, obgleich ich bereits mehrmals zwecks Erlangung der Papiere nach Jung-Bunzlau geschrieben habe.«[72]

Da die Unterlagen über seine Großeltern nicht aufzufinden waren, blieb die Reichskulturkammer bei ihrer Entscheidung, obwohl Popper betonte, dass er durch seine »arische Mutter« und seinen »gleichfalls arischen Stiefvater eine rein deutsche Erziehung« genossen habe. Mit Juden habe er »nur so viel zu tun gehabt wie jeder andere Deutsche auch im ehemaligen Tschechenstaate«.[73]

Popper verstand sich selbst als deutscher Katholik, der in der Tschechoslowakei beheimatet war. Die nationalsozialistischen Rassengesetze definierten ihn jedoch als Juden; diese Zuschreibung wog anscheinend mehr als die Tätigkeit für die Kommunistische Partei. Für die als jüdisch bezeichnete Bevölkerung der Tschechoslowakei war eine Pluralität der Identitäten schon vor der Okkupation typisch.[74] Besonders im Grenzgebiet, in der Konfrontation mit einer überwiegend deutschsprachigen Bevölkerung und einem erstarkenden Nationalismus, war die Identität der Juden schwer zu definieren.

Nach dem Zweiten Weltkrieg wurde Popper als Antifaschist und Tschechoslowake anerkannt und durfte deshalb im Land bleiben. Bis zu seinem Tod pflegte er Kontakte zu vielen ehemaligen Einwohnern von Ústí. Er malte und beschrieb die Stadt und fungierte so für die ehemaligen Aussiger als Bindeglied zur alten Heimat.[75] Im Briefwechsel mit Max Michaelis, einem seiner Zeichenschüler, äußerte Popper, dass er einsam sei. In seiner deutschen Muttersprache konnte er sich nur noch selten austauschen, seine finanzielle Situation war angespannt und er war als eigentlich vielreisender Mensch nun zum dauerhaften Aufenthalt in der Tschechoslowakei gezwungen. Auch für Popper war der Verbleib in Ústí wie eine »Heimkehr ohne Heimat«. Am 7. Mai 1967 starb er im Alter von 94 Jahren in Ústí nad Labem.

Aus einem Vorfall kurz nach Kriegsende, als eine Gruppe von Tschechen Popper verprügeln wollte, weil sie ihn ihm den Deutschen sahen, erwuchs eine enge Freundschaft mit seinem Arbeitskollegen, Vladimír Kaiser dem Älteren, der sich schützend vor ihn gestellt hatte. Diese Freundschaft umfasste auch

---

soutěž obou národů«. Dějiny uměleckého spolku Metznerbund v Čechách 1920–1945 [»Edler Wettbewerb beider Nationen«. Geschichte des Künstlerbundes Metznerbund in Böhmen 1920–1945].

[72] Rudolf Popper an Reichskammer der bildenden Künste – Präsident. AMUL, Osobní fond Rudolf Popper, Inv. Nr. 115, 1939–1940, Brief vom 25.7.1940.

[73] *Ebenda.*

[74] *Čapková*: Češi, Němci, Židé?, 12.

[75] Im Briefwechsel mit der in Tel-Aviv lebenden Rose Gissin erfahren wir sehr viel über die Schwierigkeiten einer tschechisch-deutschen Jüdin aus Ústí im entstehenden Israel bzw. Palästina. Siehe Gissinová, Rose. AMUL, Osobní fond Rudolf Popper, Inv. Nr. 42, 1946–1952.

Kaisers gleichnamigen Sohn, der in seiner Rolle als Stadtarchivar von Ústí die ersten Artikel über Popper verfasste und dafür sorgte, dass der Nachlass des Malers 1976 in das Archiv gegeben wurde.[76] Ein Teil seiner Bilder ist in der Sammlung des Museums in Ústí nad Labem zu sehen und auch das Archiv von Ústí kauft unter der Leitung Kaisers bis heute Bilder von Popper auf. Die meisten seiner Werke befinden sich jedoch in Privatbesitz, da Popper vor allem Porträts zeichnete. Nach der Samtenen Revolution von 1989 fanden zwei Ausstellungen mit Poppers Bildern in Most und Duchcov statt, das Museum in Ústí widmete Popper im Jahr 1995 eine Ausstellung.

Im Jahr 2005, als in Ústí zahlreiche Gedenkveranstaltungen für die Opfer des Holocausts stattfanden, veröffentlichte Vladimír Kaiser erstmals auf Tschechisch, Deutsch und Englisch Poppers Lebenslauf und machte ihn als bedeutenden jüdischen Künstler von Ústí bekannt.[77] Entgegen Poppers Selbstverständnis wurde er nun als Jude und aufgrund seiner Verfolgungsgeschichte erinnert.

7. Minderheiten ergreifen ihre Rechte: Verfassungsrechtlicher Wandel 1968

In den 1960er Jahren hatte sich die Einwohnerschaft von Ústí nad Labem weitestgehend stabilisiert, die Fluktuation ging merklich zurück. Obwohl das Gefühl der Vorläufigkeit unter den neuen Einwohnern noch nicht gänzlich verschwunden war, entwickelten sie ein zunehmendes Engagement für ihre Stadt, zum Beispiel in Vereinen, und begannen ihre neue Heimat zu erkunden, auf Reisen wie auch durch Literatur wie später in dieser Arbeit ausführlicher dargestellt wird.

Die Öffnung vieler Bereiche des öffentlichen Lebens und der Politik seit 1963 und verstärkt im Jahr 1968 begründete eine Phase der Euphorie, der Diskussion und der Freiheit in der Tschechoslowakei. Dabei kam es auch zu einem Wandel im staatlichen Umgang mit den Minderheiten. Auf politischer Ebene wurde die Heterogenität der Bevölkerung zunehmend akzeptiert.

In den Jahren 1966–1968 übten die Minderheitenvertreter verstärkt Druck auf die Politik aus, was im Geiste des Prager Frühlings auch auf Widerhall stieß. Sie stellten zahlreiche Forderungen und Anfragen, auf die die Staatsmacht schließlich reagieren musste.[78] Ein wichtiger Schritt war die verfassungsrechtliche Anerkennung: Die Verfassung von 1960 hatte die Tschechoslowakei als Staat zweier gleichberechtigter Brudervölker, der Tschechen und Slowaken, charakterisiert und unter Artikel 25 nur die Magyaren, Polen und

---

[76] *Kaiser*, Vladimír: Umělci, umění a památky Ústecka. Rudolf Popper [Künstler, Kunst und Denkmäler in Ústí. Rudolf Popper]. In: Ústecké přehledy 12 (1988), 8.
[77] *Fedorovič/Kaiser*: Historie židovské komunity v Ústí nad Labem.
[78] *Nosková*: Národnostní menšiny, 85.

Ukrainer als nationale Minderheiten genannt.[79] Demgegenüber brachte die neue Verfassung vom 28. Oktober 1968 einen Durchbruch in der Minderheitenpolitik: Nun wurden die Deutschsprachigen explizit unter dem Abschnitt »Über die Stellung der Nationalitäten in der ČSSR« aufgeführt. Die Verfassung garantierte den Minderheiten den Gebrauch der Muttersprache sowie den muttersprachlichen Unterricht, die kulturelle Entwicklung sowie das Recht zur Erstellung von Presseorganen in der eigenen Sprache. Damit erlangten die Deutschsprachigen in der Nachkriegs-Tschechoslowakei erstmals eine Anerkennung als Minderheit und eine Form von Minderheitenschutz. Fortan wurde auch offiziell und von staatlicher Seite von einer deutschen Minderheit in der Tschechoslowakei gesprochen. Erste Auswirkungen zeigten sich bereits im Juni 1969, als sich der »Kulturverband der Bürger deutscher Nationalität der ČSSR« gründete, der unter der Gewerkschaft »Revoluční odborové hnutí« (ROH) und den Kulturhäusern arbeitete. Die Verfassung sah zudem eine prozentuale Vertretung der Nationalitäten in den politischen, den repräsentativen und allen anderen staatlichen Organen vor.[80] Dieses staatliche Entgegenkommen war ein Versuch, gegen die Ausreisewelle nach der Niederschlagung des Prager Frühlings vorzugehen. DDR-Botschaftsfunktionäre meldeten, dass zwischen August 1968 und März 1969 24.000 tschechoslowakische Bürger deutscher Nationalität dauerhaft in die Bundesrepublik gegangen waren.[81]

Ähnlich wie im Verhältnis zu den Deutschsprachigen kam es im Laufe der 1960er Jahre auf Seiten des Staates auch zu einer Öffnung gegenüber den Roma beziehungsweise begannen vielmehr die Roma selbst zunehmend in dem Rahmen zu agieren, den die Minderheitenpolitik vorgab. Dies ist besonders be-

---

79   100. ústava Československé socialistické republiky [100. Verfassung der Tschechoslowakischen Sozialistischen Republik]. In: Sbírka zákonů. Hg. v. *Národní shromáždění Republiky československé.* Praha 11.7.1960. Vgl. Vorwort (»Beide Nationen, die die Tschechoslowakische Republik bilden, Tschechen und Slowaken, leben in brüderlichem Einvernehmen« sowie § 25 (»Bürgern magyarischer, ukrainischer und polnischer Nationalität sichert der Staat alle Möglichkeiten und Mittel zur Bildung in der Muttersprache und zu ihrer kulturellen Entwicklung«). Die ungarische Minderheit konnte bereits 1948 eigene Schulen und 1949 eine »freiwillige, kulturelle Organisation der Magyarischen Werktätigen in der Tschechoslowakei« (CSEMADOK) gründen. Die polnische Minderheit gründete 1947 einen Verband für kulturelle Aufklärung. Am 26. Juni 1956 entstand der Kulturverband ukrainischer Werktätiger. Siehe *Ihme-Tuchel,* Beate: Die tschechoslowakische Politik gegenüber der deutschen Minderheit und das Verhältnis zur DDR zwischen 1949 und 1960. In: Zeitschrift für Geschichtswissenschaft 44 (1996), 965–978, hier 966.

80   Bereits ab 1954 war es möglich, deutschsprachige Vertreter in politische Ämter zu wählen, also in Städtische Nationalausschüsse und in die Nationalversammlung. 1980 stellten die Deutschsprachigen in der gesamten Tschechoslowakei 500 Abgeordnete. Siehe *Knapová,* Rosemarie: Multikulturní Praha. Výtahy z kronik Kulturního sdružení občanů německé národnosti ČR [Multikulturelles Prag. Auszüge aus der Chronik des Kulturverbandes der Bürger deutscher Nationalität der ČR]. Praha 2001, 7.

81   *Amos,* Heike: Die Vertriebenenpolitik der SED 1949 bis 1990. München 2009, 169.

merkenswert, da die Minderheitenpolitik eigentlich nicht auf die Roma, sondern auf die anderen, explizit genannten Minderheiten abzielte. Nach der Verfassungsreform von 1968 gründeten die Roma, ebenso wie die deutschsprachige Minderheit, einen Kulturverein dessen Entstehung in einer Mitteilung des Innenministeriums vom 25. Juni 1969 an den Städtischen Nationalausschuss in Ústí nad Labem bekanntgemacht wurde.[82] Der »Verband der Zigeuner-Roma« (Svaz Cikánů-Romů, SCR) bestand von 1969 bis 1973.[83] Zu dessen Auflösung kam es unter anderem durch die Forderung der Roma nach weiterer verfassungsmäßiger Vertretung, die die Regierung ablehnte. Auch wenn der Verband nur kurze Zeit existierte, war er doch ein Zeichen dafür, dass der Staat seine Assimilierungspolitik gegenüber den Roma zum Teil aufgegeben hatte.

Ähnlich wie bei den Deutschsprachigen, bei denen die außenpolitische Dimension zur Verbesserung ihrer Lage in der Tschechoslowakei beigetragen hatte, führten auch bei den Roma internationale Bemühungen zu Verbesserungen auf nationaler Ebene. Anders als den Deutschsprachigen wurde den Roma jedoch keine dauerhafte Minderheitenpolitik zugestanden. Einer der Gründe hierfür war die Anerkennung der Deutschsprachigen als nationale Minderheit, wohingegen die Roma eher als soziale Gruppe und weniger als nationale oder ethnische Gruppe betrachtet wurden. Aus Sicht der Kommunistischen Partei sollten die Roma als Gruppe mit ›sozialem Charakter‹ geführt beziehungsweise der slowakischen Minderheit zugerechnet werden. Die Frage, ob die Roma eine Nationalität seien, war auch unter den Roma selbst stark umstritten, obwohl sie sich als eine solche behandelt fühlten. Sie selbst bezeichneten sich als »große gesellschaftliche Gruppe, mit einem Charakter spezifischer ethnisch-sozialer Gemeinsamkeiten«, die durch die »geistige, sprachliche, traditionelle und gesellschaftlich-kulturelle« Zugehörigkeit gegeben seien. Ein »Bewusstsein der Andersartigkeit« gehöre zu den Eigenschaften der Roma, doch sei ihnen wenig Möglichkeit gegeben worden, ihre Kultur zu leben und sich zu dieser zu bekennen.[84]

---

[82] Svaz Cikánů-Romů v ČSR, oznámení o stanovách [Verband der Zigeuner-Roma in der ČSR, Satzungsmeldung]. AMUL, MNV, KT 257, Inv. Nr. 1414, 1969–1970.

[83] Der Verbandsausschuss schrieb selbst, man wolle mit dem SCR die Integration (vielmehr auch Assimilation) an die Mehrheitsgesellschaft erreichen und die Roma dahingehend beeinflussen, dass Unterschiede zum Rest der Gesellschaft überwunden würden. Der Verband hatte seinen Hauptsitz in Brno und zählte insgesamt 8.627 Mitglieder, in Nordböhmen, der mitgliederstärksten Region, waren 2.037 Mitglieder verzeichnet. Siehe Argumentace k činnosti Svazu Cikánů-Romů v ČSR [Argumentation zur Tätigkeit des Verbandes der Zigeuner-Roma in der ČSR]. AMUL, ONV, KT 1265, Inv. Nr. 3704, Ústí nad Labem 1973.

[84] Ustavující sjezd svazu Cikánů-Romů v ČSR, 30.8.1969, Brno, 13. In: Svaz Cikánů-Romů – stanovy, jednací řád, programové prohlášení ustavujícího sjezdu, tisk zákonů [Der Zigeuner-Roma-Verband – Statuten, Versammlungsordnung, Programmerklärung einberufen von der Versammlung, Gesetzesdruck].

8. Griechische Bürgerkriegsflüchtlinge: temporäre Einwohner der Stadt

Während des Bürgerkriegs in Griechenland, der in den Jahren 1946–1949 zwischen dem sozialistischen und dem bürgerlichen Lager geführt wurde, leisteten mehrere Ostblockstaaten humanitäre Hilfe. Ab 1948 wurde insgesamt 50.000 bis 80.000 griechische Flüchtlinge über Osteuropa verteilt, darunter auch 25.000 Kinder.[85] Die Tschechoslowakei nahm in den Jahren 1949–1951 rund 11.000 Erwachsene und 3.000 Kinder aus dem Bürgerkriegsgebiet Griechenlands auf, letztere im Rahmen des Programmes »Hilfe für griechische Kinder«, später »Griechische Kinder«, das in allen Staaten Ostmitteleuropas umgesetzt wurde.

Die griechischen Kinder wurden zunächst in einem Heim in Mikulov (Nikolsburg), nahe der österreichischen Grenze, untergebracht. 1948 sollten sie dann auf circa 100 Kinderheime in verschiedenen Kreisen aufgeteilt werden, größtenteils im slowakischen Landesteil, aber auch in der Nähe von Ústí nad Labem.[86] Neben dem Sammellager in Mikulov spielte das Lager in Všebořice eine große Rolle bei der Verteilung der Kinder.[87] In Všebořice waren zwischen 758 und 850 Kinder im Alter von drei Monaten bis 16 Jahren untergebracht. Daneben gab es zwei weitere Orte für die Unterbringung griechischer Kinder im Stadtgebiet von Ústí, ein Heim in Velké Březno und ein Erholungsheim in Trmice. Viele der Kinder und Jugendlichen lebten mehrere Jahre in Ústí nad Labem. Die Flüchtlingskinder waren häufig krank, sie hatten traumatische Kriegserlebnisse hinter sich und waren, oft ohne ihre Eltern, in ein Land gekommen, dessen Sprache sie nicht beherrschten. Eine große Solidaritätswelle der Einheimischen half, die Kinder mit den lebensnotwendigsten Dingen zu versorgen.[88]

---

[85] Zur Geschichte der Griechen in der Tschechoslowakei mit sehr ausführlichen Daten und Zeitzeugenberichten *Botu*, Antula/*Konečný*, Milan (Hg.): Řečtí uprchlíci. Kronika řeckého lidu v Čechách, na Moravě a ve Slezku 1948–1989 [Die griechischen Flüchtlinge. Chronik der Griechen in Böhmen, Mähren und Schlesien 1948–1989]. Praha 2005; *Hradečný*, Pavel: Řecká komunita v Československu. Její vznik a počáteční vývoj 1948–1954 [Die griechische Kommunität in der Tschechoslowakei. Ihre Entstehung und anfängliche Entwicklung 1948–1954]. Praha 2000.

[86] Die Aktenlage zur »Akce řeckých dětí« war sehr schlecht. Der Autor Petros Cironis konnte im Jahr 2001 einen ersten Überblick erstellen, rechnete aber mit weiteren unentdeckten Angaben über die Griechen in der Tschechoslowakei. Siehe *Cironis*, Petros: Akce »Řecké děti 1948«. Dokumenty, vzpomínky a komentáře na emigraci helénských dětí v roce 1948 do Československa [Aktion »Griechische Kinder 1948«. Dokumente, Erinnerungen und Kommentare zur Emigration griechischer Kinder im Jahr 1948 in die Tschechoslowakei]. Rokycany 2001.

[87] Všebořice war ein kleines, bis 1945 ausschließlich von Deutschsprachigen bewohntes Dorf mit rund 900 Einwohnern. Es liegt im Nordwesten von Ústí und wurde mit der Gebietsreform 1960 eingemeindet.

[88] Die zweite Emigrationswelle aus Griechenland umfasste erwachsene Griechen, zumeist Angehörige der Republikanischen Armee. Sie gelangten überwiegend nach Mähren; in Nordböhmen bzw. in der Grenzregion wurde diese Gruppe nicht angesiedelt.

Abb. 4: Nikos-Belogiannis-Brücke (heute Dr. Edvard Beneš Brücke) im Jahr 1952 (MMUL).

Unter den Griechen herrschte ein ähnliches Gefühl der Vorläufigkeit wie bei vielen anderen Bewohnern des Grenzlandes. Sie rechneten mit einem baldigen Ende des Bürgerkrieges und dementsprechend baldiger Rückkehr. In den offiziellen Dokumenten bezeichnete man die Griechen als »Gäste«.[89] Sie wurden also auch von außen als vorrübergehende Einwohner betrachtet. Tatsächlich begannen die ersten Repatriierungen bereits ab 1949, die meisten Griechen kehrten ab 1956 in ihr Heimatland zurück. Die ersten freien Wahlen in Griechenland fanden im Jahr 1958 statt, doch bereits 1967 kam durch einen Putsch eine faschistische Regierung an die Macht. Viele der noch in der Tschechoslowakei verbliebenen griechischen Emigranten fühlten immer deutlicher, dass sie nicht zurückkehren konnten.[90]

Das sichtbarste Zeichen ihrer Präsenz und zugleich der politischen Verbundenheit mit ihrem Herkunftsland war die Umbenennung der zentralen Brücke in Ústí nad Labem.

Im Mai 1952 wurde die Beneš-Brücke in Nikos-Belogiannis-Brücke (Most Nikose Belojanise) umbenannt.[91] Der kommunistische Widerstandskämpfer Belogiannis war nur wenige Wochen zuvor, am 30. März 1952, in Griechenland zum Tode verurteilt und erschossen worden. Bei der Umbenennungsfeier

---

89   *Botu/Konečný*: Řečtí uprchlíci, 285.
90   *Cironis*: Akce »Řecké děti 1948«, 252.
91   Siehe hierzu Kapitel III.

in Ústí waren griechische Kinder und UNO-Vertreter anwesend.[92] Danach trafen sich die griechischen Jugendlichen alljährlich am 30. März auf der Brücke, um an die Ermordung ihres ›Landsmannes‹ zu erinnern.[93]

9. Zusammenfassung

In diesem Kapitel wurde die neue Bevölkerungszusammensetzung in Ústí nad Labem nach 1945 vorgestellt: Welche Personen mussten die Stadt verlassen, welche kamen neu hinzu oder kehrten zurück?

Die tschechoslowakischen Behörden wollten durch die Zwangsaussiedlungen eine homogene Nation schaffen. Die Realität der ›Randgebiete‹ der neuen Republik war jedoch eine andere, so dass die Schaffung einer homogenen Gesellschaft eine Utopie blieb. Neben der Diversität, den ethnischen, sprachlichen, religiösen und nationalen Konflikten, spielte das Gefühl der Heimatlosigkeit eine große Rolle in den Nachkriegsgesellschaften von Stadt und Region, in denen die Bevölkerung bis in die 1960er Jahre sehr stark fluktuierte und Minderheitengruppen segregiert wurden. Auch diejenigen, die bereits vor 1938 in Ústí gelebt hatten, kamen an einen für sie fremden Ort, weil sie in eine Stadt zurückkehrten, aus der die früheren Bewohner im Zuge von Flucht, Vernichtung und Zwangsaussiedlungen und ein Großteil der Straßenzüge durch Bombardierungen verschwunden waren. Die Einstellungen der verbliebenen Altsiedler und der zwangsausgesiedelten Aussiger war vergleichbar, beide Gruppen sehnten sich nach dem Aussig vor 1938.

Besonders am Beispiel der deutschsprachigen jüdischen Bevölkerung in Ústí nad Labem wurde deutlich, dass in der anti-deutschen Nachkriegsstimmung kein Raum für Menschen zweier Kulturen, der deutschen und der jüdischen, war. Obwohl sie in Ústí zuhause waren, entzog man den Juden systematisch die Berechtigung zum Verbleib in der Stadt. Die Mehrzahl von ihnen reagierte mit einer – meist zweiten – Emigration. Das Vorgehen gegenüber den deutschsprachigen Juden in Ústí entsprach im Allgemeinen zwar den gesamtstaatlichen Maßnahmen, doch einzelne Behörden und Nationalverwalter zeigten sich hier besonders antisemitisch, was vor allem in der Verantwortung von Marie Vobecká lag.

Die im Jahr 1950 offiziell begonnene Minderheitenpolitik der Tschechoslowakei, die auf Eingliederung und Assimilierung abzielte, richtete sich an alle

---

92 Kroniky 1952–1956 [Chroniken 1952–1956]. AMUL, handgeschrieben. Ústí nad Labem 1956–1956, 58.

93 Zpráva o činnosti odboru vnitřních věcí v oblasti převýchovy občanů cikánského původu. Weitere Aktivitäten der griechischen Minderheit in den Akten des Stadtarchivs: AMUL, MNV Ústí nad Labem, 1948, KT 21, Inv. Nr. 549: Dětský domov řeckých dětí v Trmicích (Dětský domov katolické charity, Trmice 200) [Kinderheim für griechische Kinder in Trmice]; *ebenda*, Inv. Nr. 547: Péče o řecké děti, účty, korespondence, směrnice [Betreuung der griechischen Kinder, Rechnungen, Korrespondenz, Richtlinien].

›fremden‹ Gruppen. Hintergrund für dieses Integrationsbestreben gegenüber den Deutschsprachigen war die Außenpolitik, insbesondere die Aufnahme diplomatischer Beziehungen zu und die Zusammenarbeit mit der DDR, die die Abwanderung der Deutschsprachigen aus der Tschechoslowakei in die Bundesrepublik vermeiden wollte. Zu Beginn der 1950er Jahre beschränkte sich die Zielgruppe dieser Integrationsmaßnahmen auf die Deutschsprachigen, dann etwa ab 1954 dominierten die Roma das Thema der ›Nationalitätenfrage‹, obwohl sie nicht als eigenständige Nation, sondern als soziale Gruppe betrachtet wurden. Die kaum vom staatlichen System zu kontrollierende Minderheit der Roma durchkreuzte den Statistikwahn der kommunistischen Behörden und stand in der Hierarchie, die hinsichtlich der Behandlung der einzelnen Minderheitengruppen herrschte, ganz unten.

Erst ab 1960 beziehungsweise 1969 erhielten die Deutschsprachigen die Möglichkeit, ihre eigene Kultur in Form von Vereinen und Verbänden auszuleben. Die Zahl der Deutschsprachigen war zu diesem Zeitpunkt bereits stark reduziert, die Zahl der Roma hingegen wuchs, was aber nicht zu einer Emanzipation führte. Die Bereitschaft zur Integration der Roma beziehungsweise die kurze Möglichkeit, eigene Vereine zu gründen war überwiegend wirtschaftlicher Natur: sie sollten Leistung bringen und ihr als ›fremd‹ empfundenes Verhalten ablegen.

Die Sprache, das behördliche Vorgehen und auch die Einstellungen gegenüber den Roma wiesen gewisse Kontinuitäten auf: Sie wurden vielfach übergangslos aus der Zeit des Nationalsozialismus in den hier untersuchten Zeitraum und sogar bis in die Gegenwart übernommen. Die Vorurteile gegenüber den Roma ließen sich durch die Schaffung einer neuen Gesellschaft nicht verändern, die offiziell gewünschte Völkerfreundschaft wurde aufseiten der Behörden und Mitbürger nicht umgesetzt. Die Berichterstattung über Gruppen wie die Griechen war viel positiver – vermutlich, weil sie als Gäste wahrgenommen wurden, die nur kurze Zeit bleiben sollten. Die Roma jedoch waren und blieben sozial und national ausgegrenzt aus der Nachkriegsgesellschaft in Ústí nad Labem. Die Deutschsprachigen hingegen waren sozial integriert und zunehmend assimiliert.

III. ›ENTDEUTSCHUNG‹ UND ›TSCHECHISIERUNG‹: UMBENENNUNGEN ALS POLITISCHES SIGNAL

1. Urbanonyme als Symbolträger

Ein urbaner Raum wie Ústí nad Labem ist Symbolträger für die individuelle und die kollektive Erinnerung.[1] Die Erinnerung ist an Stadträumen, aber auch an Landschaften abzulesen. Dabei finden sich die *lieux de mémoire*[2] in einem *milieu de mémoire* wieder.[3] Straßen- und Ortsnamen sind seit jeher die sichtbarsten Ausdrucksformen der öffentlichen Neujustierung durch die Politik. Umbenennungen, als »bewusst gesetzte Zeichen im öffentlichen Raum« sind gängiger Teil der politischen Neugestaltung nach Machtwechseln.[4] Die Neucodierung des öffentlichen Raumes zeigt die neue Verfügungsgewalt über die Zeichensetzung und damit auch über die Erinnerung.[5]

Die Bezeichnung und Benennung von öffentlichen Objekten ist demnach ein Politikum. Stadtvertreter und Entscheider gestalten den Raum, um ihn symbolisch zu besetzen. Der öffentliche Raum ist Ausdrucksort einer Gruppe und Ausschlussort für bestimmte Teile einer Gesellschaft. Die Besetzung des Raumes geschieht unter anderem in Form von Denkmälern. Auch Straßennamen können als Denkmäler gesehen werden, als Symbole im öffentlichen Raum, ohne ästhetischen Wert, aber mit einer hohen symbolischen Tragweite. Im Gegensatz zu Denkmälern sind Straßenschilder die am leichtesten auszutauschenden Symbole im öffentlichen Raum. Die Namen von Straßen und Plätzen sind sogenannte Urbanonyme im engeren Sinne, im weiteren Sinne

---

[1] Teile dieses Kapitels wurden an folgender Stelle veröffentlicht: *Wetzel*, Frauke: »Entdeutschung« und »Tschechisierung« von Urbanonymen am Beispiel Ústí nad Labems 1945–1990. In: *Niedhammer*, Martina u. a. (Hg.): Sprache, Gesellschaft und Nation in Ostmitteleuropa. Institutionalisierung und Alltagspraxis. Göttingen 2014, 247–268.

[2] *Nora*, Pierre (Hg.): Les lieux de mémoire. Paris 1984–1992.

[3] Maurice Halbwachs verwies als einer der ersten auf den Zusammenhang von Gedächtnis und städtischem Raum sowie auf die Dauerhaftigkeit von Erinnerungen darin. Siehe *Halbwachs*, Maurice: Das Gedächtnis und seine sozialen Bedingungen. Französische Erstausgabe 1925. Frankfurt am Main 2006. Aleida Assmann erweiterte Halbwachs' Theorie und beschrieb die Akteure, die Gestalter des öffentlichen Raumes, die eingreifen und verändern wollten. Akteure waren nach Assmanns Auffassung Eroberer, Architekten, Stadtplaner oder Politiker. Siehe *Assmann*, Aleida: Geschichte findet Stadt. In: *Csáky*, Martin/*Leitgeb*, Christoph (Hg.): Kommunikation – Gedächtnis – Raum. Kulturwissenschaften nach dem »Spatial Turn«. Bielefeld 2009, 13–27.

[4] *Stachel*: Stadtpläne als politische Zeichensysteme, 18.

[5] *Ebenda*, 19 f.

können auch Bezeichnungen von Firmen, Parks, Geschäften und öffentlichen Einrichtungen dazugezählt werden. Die Benennungen von Straßen sind deshalb besonders wirksam, weil sie Teil des Alltags und ein kollektiv erlebtes Ereignis sind. Menschen geben ihre Adresse an, man verabredet sich in Straßen und auf Plätzen. Umbenennungen nach Machtwechseln finden schnell und für alle sichtbar statt. Die Erinnerungstheorie sieht die Gestaltung des öffentlichen Raumes als eine Ausprägung einer Gruppe, die sich die Verfügungsmacht über den Raum verschafft hat und Repräsentationsbestrebungen und Legitimationszwängen gefolgt ist.[6]

Die Verfügungsgewalt über den öffentlichen Raum in der Tschechoslowakei lag in der ersten Phase der Umbenennungen von 1945 bis 1948 – und noch deutlicher in der zweiten Phase von 1948 und 1952 – bei der Kommunistischen Partei beziehungsweis dem jeweiligen von den Kommunisten dominierten Städtischen Nationalausschuss und dem Bezirksnationalausschuss. Die offiziellen Gedächtnisvorgaben wie die der Straßenumbenennungen wurden von den Entscheidern kaum im Austausch mit den Einwohnern ausgehandelt. Die Auswahl der neuen Namen wie auch der Orte, die umbenannt werden sollten, war nicht Teil einer öffentlichen Diskussion. Die Umbenennungen fanden als zentral gesteuerte Aktionen statt, in die lokale Akteure der Zivilgesellschaft kaum eingreifen konnten. Die Umbenennung von Straßen lag in der Verantwortung der lokalen Ausschüsse. Zugleich verlief insbesondere die erste Umbenennungswelle in der Nachkriegs-Tschechoslowakei vor dem Hintergrund eines gesellschaftlich-politischen Konsenses. Die ›Entdeutschung‹ war gesamtgesellschaftlich gewollt und somit ohne die Verhängung von Sanktionen und ohne Proteste durchsetzbar.

2. Kontinuitäten: Umbenennungen in der Tschechoslowakei seit dem 19. Jahrhundert

Die Umbenennung von Plätzen und Straßen nach dem Zweiten Weltkrieg war kein einmaliger Vorgang. Seit Beginn des 19. Jahrhunderts, als Straßenbezeichnungen eingeführt wurden, entschieden Machthaber der jeweilig stärkeren Nationalität abwechselnd über die Namensgebung in den böhmischen Ländern.[7]

---

6   *Sänger*, Johanna: Heldenkult und Heimatliebe. Straßen- und Ehrennamen im offiziellen Gedächtnis der DDR, Berlin 2006, 42 f.

7   Straßen- und Ortsnamen sowie Umbenennungen sind häufiger Gegenstand sprachwissenschaftlicher Untersuchungen. An dieser Stelle seien die wichtigsten aus dem deutsch-tschechischen Kontext genannt: Ernst Schwarz für die deutsche Seite und der wichtigste Vertreter auf tschechischer Seite: *Šmilauer*, Vladimír: Osídlení Čech ve světle místních jmen [Die Besiedlung Böhmens im Licht der Ortsnamen]. Praha 1960. Außerdem das wesentlich populärere Buch von Lutterer: *Lutterer*, Ivan/*Šrámek*, Rudolf: Zeměpisná jména v Čechách, na Moravě a ve Slezsku. Slovník vybraných zeměpisných jmen s výkladem jejich původu a historického vývoje [Landesnamen in Böhmen, Mähren und in Schlesien] Havlíčkův Brod

Als juristische Grundlage für die Umbenennungen in der Ersten Republik (1918–1938) und auch in der Zeit nach 1945 galt das Gesetz Nr. 266 vom 14. April 1920 »über Stadt-, Orts- und Gemeindenamen und Straßennamen«. In Orten, in denen mehr als 20 Prozent einer deutsch- oder tschechischsprachigen Minderheit lebten, wurden in der Ersten Republik zweisprachige Ortsbezeichnungen angeordnet; gleiches wurde auch bei den Straßennamen praktiziert. In den Fällen, in denen keine tschechischen Namen existierten, sollten Kommissionen diese kreieren. Daraufhin entstand eine Vielzahl von wissenschaftlichen Publikationen, die ein Instrumentarium schufen, auf das sich die Zuständigen vor und nach dem Zweiten Weltkrieg beziehen konnten.[8]

Die von den Deutschsprachigen häufig als Diskriminierung betrachtete Sprachpolitik der Ersten Republik kehrte sich nach der Besetzung des sogenannten Sudetenlandes um. Ab März 1939 erfasste die ›Germanisierungs‹-Welle auch den Rest der nun komplett okkupierten Tschechoslowakei. Deutsch wurde Amtssprache und auch in Bezug auf Urbanonyme gingen die Nationalsozialisten mit ihrer Politik der ›Verdeutschung‹ sehr schnell und gründlich vor.[9] Ab dem 1. September 1939 galten im Protektorat nur noch die deutschen Namen beziehungsweise erfuhr das Land eine große Welle von Umbenennungen. Tschechische Namen existierten nur noch im kommunikativen Gedächtnis weiter, ihre öffentliche Verwendung war verboten.[10]

Nach dem Ende der deutschen Besatzung wurden die ›Verdeutschung‹ der Urbanonyme umgehend rückgängig gemacht, wobei sich die tschechoslowakischen Behörden auf die Gesetzgebung aus der Ersten Republik bezogen. Mit Erlass vom 18. Mai 1945 verloren alle Namen, die nicht tschechisch waren, ihre Gültigkeit.[11] Ab 2. Juni 1945 galten wieder die Ortsnamen, die vor dem 1. Oktober 1938, also vor der Besetzung des tschechoslowakischen Grenzlandes durch die deutschen Truppen, bestanden hatten.[12]

1997 (Erstauflage 1982). Zuletzt erschienen: *David*, Jaroslav: Smrdov, Brežněves a Rychlonožkova ulice. Kapitoly z moderní české toponymie. Místní jména, uliční názvy, literární toponyma [Smrdov, Brežněves und Rychlonožkova-Straße. Kapitel der modernen tschechischen Toponymie. Ortsnamen, Straßennamen, literarische Toponyme]. Praha 2011; *Hlavačka*, Milan: »Die Namen mit den Erfordernissen der Zeit in Einklang bringen«. Der Wandel der Toponyme in den böhmischen Ländern nach 1945. In: Bohemia 52/2 (2012), 303–338. Orts- und Flurnamen werden außerdem vorrangig von Geografen untersucht, unter anderem *Stein*, Karel: Flurdenkmäler unserer Heimat. Děčín 2004.

8 *Hlavačka*: »Die Namen mit den Erfordernissen der Zeit in Einklang bringen«, 304.
9 *Brandes*: »Umvolkung, Umsiedlung, rassische Bestandsaufnahme«.
10 Zum gesamtstaatlichen, administrativen Vorgehen der Umbenennungen in der Ersten Republik und nach 1945 siehe auch *Hlavačka*: »Die Namen mit den Erfordernissen der Zeit in Einklang bringen«.
11 Erlass Nr. B-8150-12/5-1945-III/I, veröffentlicht im Anzeiger des Innenministeriums Nr. 2/1945, S. 8. In: Okresní správní komise v Ústí nad Labem, Revise německých místních názvů [Revision der deutschen Ortsnamen]. AMUL, ONV, KT 1524, Inv. Nr. 521, Ústí nad Labem 14.9.1945.
12 Názvy obcí a ulic [Namen von Gemeinden und Straßen], Zemský národní výbor. AMUL,

Zugleich begann die ›Tschechisierung‹ der Familiennamen: Die sprachwissenschaftliche Grundlage hierfür lieferte unter anderem František Jílek-Oberpfalcers Forschung über die ›Entdeutschung‹ der Nachnamen.[13] Seine Schriften gaben – zusammen mit dem bis 1948 von Jílek-Oberpfalcer herausgegebenen Blatt »Naše řeč« (Unsere Sprache), dem zentralen Organ der tschechischen Philologen – die Art und Weise der Namensänderungen vor. So übersandte die Bezirksbildungsräte (Okresní rada osvětová) 1945 allen Örtlichen Nationalausschüssen eine achtseitige Broschüre von Jílek-Oberpfalcer über die deutschen Nachnamen der Tschechen. Die Broschüre beschrieb, wie es zur ›Verdeutschung‹ (poněmčování) der tschechischen Namen gekommen war und wie man jetzt, im »Geiste der Revolution und nach dem Wunsch des Präsidenten«, eine »Tschechisierung von Namen« (počešťování jmen) erreichen könne.[14]

Die ›Tschechisierung‹ der Personennamen war jedoch nur die erste Stufe der Umbenennungen nach dem Zweiten Weltkrieg. Ab August 1945 wurden die Namen von Straßen und Plätzen geändert und im Januar 1946 erließ das Innenministerium Direktiven über die Änderung der Ortsnamen. Wie bei den Nachnamen und auch den Straßennamen sollten Ortsnamen, deren Ursprung deutsch war oder die später ›germanisiert‹ worden waren, wieder zurück zum »slawischen« Ursprung geführt werden.[15] Dank der sprachwissenschaftlichen Vorarbeit der Zwischenkriegszeit konnte im Jahre 1945 in den meisten Fällen auf eine Übersetzung beziehungsweise eine tschechische Bezeichnung zurückgegriffen werden. Allein in Böhmen gab es 555 Orte, die keinen tschechischen Namen trugen und nun umbenannt wurden.[16] Insgesamt wurden in der

---

ONV, KT 1533, Inv. Nr. 7822, Ústí nad Labem 2.6.1945. Siehe auch Názvy obcí a ulic [Namen von Gemeinden und Straßen], ONV Ústí nad Labem. AMUL, ONV, KT 1524, Inv. Nr. 5067, 18.6.1945.

[13] Zu den zentralen Einrichtungen und Kommissionen für die Umbenennungen nach 1945 siehe *Hlaváčka* »Die Namen mit den Erfordernissen der Zeit in Einklang bringen«.

[14] *Týc*, Antonín: Odgermanisovat [Entgermanisierung]. In: Ústecký věstník, 17.8.1946, 5. Im zeitgenössischen Sprachgebrauch verwendeten Medien und Bevölkerung folgende Begriffe für den hier beschriebenen Vorgang: *odněmčování místního názvosloví* (Entdeutschung der Ortsnamen), *odgermanisujeme názvy* (wir entgermanisieren Bezeichnungen), *odněmčení našeho místního názvosloví* (Entdeutschung unserer Ortsterminologie), *osvobození pohraničních hor, vod a pozemkových tratí od cizích názvů* (Befreiung der Berge, Wasser und Flure des Grenzlandes von fremden Namen), *osvobození pohraničí od cizích pomístních názvů* (Befreiung des Grenzlandes von fremden Ortsnamen), *přejmenování ulic* (Straßenumbenennungen), *počeštění* (Tschechisierung).

[15] Die erste sprachwissenschaftliche Untersuchung dieses Vorgangs erschien 1960 in der Tschechoslowakei (*Šmilauer*: Osídlení Čech ve světle místních jmen), später folgte das wesentlich populärere Buch von Šmilauers Studenten, Lutterer und Šrámek (*Lutterer/Šrámek*: Zeměpisná jména).

[16] Der Sprachwissenschaftler Friedrich Lehmann zeigte, dass die tschechischsprachigen Ortsnamen in vielen ehemals deutschbesiedelten Gebieten sich stark an den deutschen Ortsnamen orientierten (*Lehmann*, Friedrich: Der Wandel der Ortsnamen in den ehemals deutsch besiedelten Gebieten der Tschechoslowakei. Gezeigt an über 300 Beispielen ausgewählter ehemaliger Landkreise. Marburg 1999). Die Ortsnamen orientierten sich zudem stark an

Tschechoslowakei nach dem Zweiten Weltkrieg 23.030 Ortsnamen und lokale Namen (pomístní názvy) geändert.[17] Bis in die 1960er Jahre verschwanden mehr als 85 Prozent der alten Ortsbezeichnungen in der gesamten Tschechoslowakei – nicht nur infolge der ›Tschechisierung‹, sondern auch durch die zunehmende Industrialisierung, die Kollektivierung der Landwirtschaft und das antiklerikale Vorgehen.[18]

Auch die Stadt Ústí nad Labem sollte fortan ausschließlich mit eben dieser tschechischen Namensform bezeichnet werden.[19] Die Straßen und Plätze von Ústí erlebten gleich mehrere größere Umbenennungswellen – zuerst in den unmittelbaren Nachkriegsjahren und dann erneut 1952, 1956, 1982 und 1989 – die im Folgenden detailliert dargestellt werden.

3. Umbenennungen in Ústí nad Labem nach 1945: ›Entgermanisierung‹ als politischer Konsens

In der unmittelbaren Nachkriegszeit folgten die Umbenennungen in Ústí nad Labem der Vorgabe von Präsident Edvard Beneš:

Entschlossen entgermanisieren [odgermanisovat] wir unsere Republik, überall und alles. Denken Sie nach, wie wir das vollbringen. Es geht darum, die Namen zu entgermanisieren, die Kreise, die Städte, die Gebräuche – es geht um alles, was sich entgermanisieren läßt. Heute ist dafür die Zeit gekommen. Erinnern Sie sich, was die Germanisierung für uns in den Jahrhunderten seit der Hussitenzeit gebracht hat. So wird unser Motto sein: Überall und in allem entgermanisieren wir die Republik.[20]

Auf dieses Zitat bezog sich auch Antonín Týc, der Kultur- und Sportreferent im Bezirksbildungsrat des ONV, in einer Artikelserie für die Regionalzeitung »Ústecký věstník« (Aussiger Anzeiger). Er belegte damit die Forderung nach einer schnellen und abschließenden ›Entgermanisierung‹ der Namen im »Geiste

markanten landschaftlichen Eigenschaften (S. 109). Von den von Lehmann untersuchten 325 Ortsnamen wurden nur 33,23 % völlig neu benannt, 21,54 % der Ortsnamen wurden partiell lehnübersetzt, 1,54 % entstanden durch die Revitalisierung eines historischen Namens, 1,23 % durch Verkürzung eines bisherigen Namens und 0,92 % durch Übersetzung eines historischen Namens (S. 208). Ein Großteil des alten Namensbestandes wurde jedoch trotz der schwierigen Nachkriegssituation als Übersetzung bewahrt. Lehmann sah dies als respektvolles Zeichen vor den »jahrhundertelangen Sprach- und Kulturkontakten zwischen Tschechen und Deutschen« (S. 212).

17 *Místo* bzw. *pomístní* umfasst mehr als die deutsche Entsprechung »Ort« oder »lokal«. Im Tschechischen sind damit nicht nur Ortsnamen, sondern auch Flächen, Landschaften und Plätze gemeint.

18 Ein Beispiel für eine antiklerikale Umbenennung ist der 1960 vollzogene Ortsnamenwechsel von Údolí svatého Kryštofa (Tal des heiligen Christoph) zu Kryštofovo údolí (Christophstal).

19 Stanovisko k českým názvům míst [Stellungnahme zu tschechischen Ortsnamen]. AMUL, ONV, KT 64, Inv. Nr. 330, Ústí nad Labem 30.8.1946.

20 Projev presidenta republiky Edvarda Beneše v Táboře [Die Rede des Präsidenten der Republik Edvard Beneš in Tábor]. In: Mladá fronta vom 17.6.1945, 2.

des Präsidenten und der Revolution«, der sich kein »Patriot« (vlastenec) entziehen könne.[21]

Die kommunistische Widerstandskämpferin Marie Vobecká, erste Vorsitzende des Nationalausschusses in Ústí und später auch ONV-Vorsitzende, wandte sich 1946 in einer Rundfunkansprache an die Einwohner der Stadt und erklärte: »Die wichtigste Aufgabe unseres Kreises blieb die Frage der Entgermanisierung (odgermanisování)«.[22] Vobecká verstand darunter in erster Linie die »Evakuierung und das Umziehen« der Deutschsprachigen aus der Stadt. Die Forderung nach der ›Entgermanisierung‹ kam vor allem von Politikern, die sich 1945 einer hohen Integrität und Beliebtheit erfreuten. Die anti-deutsche Stimmung, die Beneš und Vobecká verbreiteten, traf unter der Bevölkerung also auf breite Zustimmung.[23]

Am 30. Juni 1945 richtete der MěNV in Ústí nad Labem die Kommission für tschechische Terminologie (Komise pro české názvosloví) ein, die für die Umbenennung von Straßen und Plätzen wie auch die ›Tschechisierung‹ von Inschriften zuständig war.[24] Direktor wurde Ferdinand Kotek, der Chefredakteur der 1945 in Ústí erscheinenden Zeitung »Předvoj«.[25] Der 1891 geborene Kotek wurde nach Kriegsende von der tschechoslowakischen Presseagentur ČTK für Ústí freigestellt und kam im Juli 1945 in die Stadt. Durch Kotek erhielt der ›Tschechisierungsvorgang‹ mediale Öffentlichkeit.

Die Aufgaben der Kommission waren ebenfalls an die Aufgaben von 1920 angelehnt: »Es geht nicht um eine bloße tschechische Übersetzung. Heute gibt das freie Volk (svobodný lid) dem freien Ústí n. L. freie Namen« informierte der »Předvoj« über die Einrichtung der Kommission.[26] Die hier beschriebene ›Befreiung‹ der Namen meinte die Entfernung von deutschen Personen und Worten aus dem Straßenbild. Sie sollten durch neue Namen mit »geistiger Fülle« ersetzt werden, hieß es in dem Zeitungsartikel weiter:

---

21 *Týc*: Odgermanisovat, 5.

22 Skládáme účty ze své činnosti! Z rozhlasových projevů přesedkyně Marie Vobecké a předsedy Josefa Vondry [Wir legen Rechenschaft ab über unsere Tätigkeiten! Aus der Rundfunkansprache der Vorsitzenden Marie Vobecká und des Vorsitzenden Josef Vondra]. In: Ústecký věstník vom 1.1.1946, 2.

23 Siehe hierzu unter anderem *Zimmermann*: »Die Wahlen müssen schon vorher entschieden werden!«. Für den gesamttschechischen Kontext *Brenner*: »Zwischen Ost und West«.

24 Revise německých místních názvů [Revision der deutschen Ortsnamen], Okresní správní komise v Ústí nad Labem. AMUL, ONV, KT 1524, Inv. Nr. 5218, Ústí nad Labem 14.9. 1945.

25 »Předvoj« [Die Vorhut] war die Zeitung des ONV, hier erschienen ab dem 23. Juni 1945 zwei Mal wöchentlich Informationen über und aus den Ämtern, Vereinen und Verbänden. Sie galt als linientreu und war – neben Sever – eine von zwei regionalen Presseorganen in Ústí nad Labem. Die Zeitung wurde, so die offizielle Begründung, aufgrund von Papiermangel am 31. Oktober 1945 eingestellt.

26 Komise pro české názvosloví [Kommission für tschechische Benennung]. In: Předvoj vom 23.6.1945, 6.

Erinnern wir uns durch die Namen unserer Straßen an unsere Gefolterten, an alle, die hier mit uns vor einigen Jahren lebten, arbeiteten. [...] Erinnern wir uns auch an die Namen unserer Verbündeten und bedeutsame Namen unserer Geschichte, unserer Literatur und unserer Musik.[27]

Abschließend wurden alle tschechischen Einwohner aufgerufen, Vorschläge an die Kommission, direkt an den Vorsitzenden Kotek, einzureichen.[28]

Weitere, eher marginale und späte Akteure bei den Umbenennungen waren die Opferverbände und der Verband der Freunde der Sowjetunion.[29] Im Gegensatz zur DDR, wo der Verband der Verfolgten des Naziregimes (VVN) ab 1952 eine große Rolle bei der Vergabe von Straßennamen spielte, wurden die tschechoslowakischen Opferverbände in diesem Prozess eher an den Rand gedrängt.[30] Dem Verband der Kämpfer für die Freiheit, einem der Opferverbände, wurde seitens des Städtischen Nationalausschusses sogar ausgesprochene Skepsis entgegen gebracht.[31] Dementsprechend fanden die Opfer des Nationalsozialismus im Straßenbild von Ústí nur geringe Würdigung. Die ›Gefolterten‹, die der obig zitierte Zeitungsaufruf ansprach, erhielten nur bei nachgewiesener Widerstandtätigkeit, also aktiver kommunistischer Betätigung, eine Gedenkplatte an ihren Wohnorten.

Nur ein einziges Mal wurden in Ústí Minderheitenvertreter, in diesem Fall der bulgarische Kulturklub, in der Straßenumbenennung aktiv. Der Klub forderte den MěNV auf, eine Straße nach dem bulgarischen Ministerpräsidenten und kommunistischen »Volkshelden« Georgi Dimitrov zu benennen. Nach Dimitrov waren auch die bulgarischen Kulturverbände in der Tschechoslowakei benannt. Der Verband in Ústí schlug eine der Hauptstraßen im Stadtteil Severní Terasa (Nordterrasse) für diese Ehrung vor, was 1973 umgesetzt wurde.[32]

---

27 *Ebenda.*
28 *Ebenda.*
29 Der Verband der antifaschistischen Kämpfer (Český svaz protifašistických bojovníků, SPB) in Ústí nad Labem schlug 1976 vor, die Dlouhá (Lange Straße) in Engelsstraße umzubenennen. Einige der neu entstehenden Kinderkrippen sollten nach der Kommunistin Marie Vobecká benannt werden. Einige der neuen Straßen, die im Viertel Severní Terasa entstanden, sollten an spanische Interbrigadisten erinnern. Diese Umbenennungen würden, so der SPB-Vorsitzende Václav Košulič in seinem Brief an den Vorsitzenden des MěNV, Sekretär Beneš, die Jugend daran erinnern und sicherstellen, dass »die Kämpfer nie aus den Gedächtnissen ausgelöscht würden«. Siehe Přejmenování ulic, návrh Československého svazu protifašistických bojovníků [Straßenumbenennung, Vorschlag des Tschechoslowakischen Verbandes der antifaschistischen Kämpfer], Brief (5.8.1976). Keiner der Vorschläge wurde umgesetzt.
30 *Sänger*: Heldenkult und Heimatliebe, 21.
31 Svaz bojovníků za svobodu, pověření lustrace u Státní bezpečnosti, kdo z členů má zažádáno o cestovní pasy [Verband der Kämpfer für die Freiheit, vertrauliche Lustration der Staatssicherheit, wer von den Mitgliedern einen Reisepass beantragt hat]. AMUL, MěNV ÚL, KT 15, Inv. Nr. 245, Ústí nad Labem 24.11.1948.
32 Návrh na pojmenování nově vznikajících ulic na sídlišti Severní Terasa [Vorschlag für die Benennung der neu entstehenden Straßen im Viertel Severní Terasa]. AMUL, MěNV ÚL, KT 221, Inv. Nr. 936, ohne Datum, 2.

In der obig erwähnten Kommission für tschechische Terminologie saßen neben Kotek auch Otokar Hyška und Miroslav Pítrmuc, die eine Weile zu dritt arbeiteten, später kamen dann Herr Skurovce, Herr Ybser, Herr Körner[33] und Antonín Patejdl dazu. In der Presse hieß es über die Kommission, dass diese »aus Kennern des Kreises Ústí« bestünde.[34] In Wirklichkeit waren jedoch alle Kommissionsmitglieder erst seit wenigen Wochen oder Tagen in der Stadt. Otokar Hyška war Ingenieur und Leiter des Vermessungsamtes beim Baureferat. Seine Funktion war eher eine technische, er war zuständig für die Nummerierung der Straßen sowie deren Umlegung, die zum Teil durch die Bombenschäden vom April 1945 bedingt war. Antonín Patejdl war Leiter des Schulreferats im ersten Nationalausschuss der Stadt.

Ein weiteres Mitglied war Václav Šmejkal, der erste Nachkriegsdirektor des Gymnasiums von Ústí (nach 1989 wurde eines der beiden Gymnasien nach ihm benannt). Er war Mitglied der Tschechischen National-Sozialen Partei (Česká strana národně sociální, ČSNS),[35] Mitglied des MěNV und hatte im Jahr 1945 den Vorsitz des Schul- und Bildungsreferats. Die 1909 geborene kommunistische Kulturausschuss-Vertreterin Vlasta Ulrichová erinnerte sich 1982 in einem Interview zum Kulturleben von Ústí direkt nach dem Krieg an Šmejkal, der »sich in der Straßenumbenennung hervorgetan« hatte, woraufhin sie ihn als Kulturreferenten in den MNV berief. Ulrichová war es jedoch auch, die zu seiner Verurteilung als »Feind« der Partei beitrug, indem sie ihm vorwarf, unter den Lehrern und Schülern der höheren Klassen vor den Wahlen Stimmen für die ČSNS zu werben und »antistaatliche Flugblätter« zu verteilen. Dafür sei er zu mehreren Jahren Straflager verurteilt worden.[36] Ein weiteres Kommissionsmitglied war Marcel Vaverka, ebenfalls Lehrer, stellvertretender Vorsitzender des ONV in Ústí nad Labem und einer der führenden Köpfe bei der kommunistischen Machtübernahme im Februar 1948 in Ústí.

Die Arbeit der Kommission dauerte insgesamt 14 Wochen. Sie war ehrenamtlich, das heißt die Arbeit wurde nicht bezahlt und die Mitglieder wurden berufen. Am 27. September 1945 wurden die Vorschläge der Terminologiekommission in Ústí nach drei Beratungen vom Rat der Stadt ohne Diskussion angenommen. Die Sitzungsprotokolle vermerkten, es handele sich dabei um »einen historischen Akt der Tschechisierung der Stadt«. Im Plenum des MěNV

---

33 Für Ybser, Körner und Skurovce sind den Akten keine eindeutigen Vornamen zu entnehmen.

34 V Ústí nad Labem byla ustavena komise pro odgermanisování názvů [In Ústí nad Labem wurde eine Kommission zur Entgermanisierung der Namen eingerichtet]. In: Ústecký věstník vom 27.8.1946, 6.

35 Die National-Sozialisten entstanden aus der Tschechoslowakischen Sozialistischen Partei (Československá strana socialistická).

36 Vzpomínky soudružky Vlasty Ulrichové na politické situace ve školství od roku 1945 [Die Erinnerungen der Genossin Vlasta Ulrichová an die politische Situation im Schulwesen ab dem Jahr 1945]. Hg. v. *Komise regionálních dějin Okresního vedení KSČ*. Ústí nad Labem 1982.

wurden auf Vorschlag der Kommission 454 Straßen und Plätze »erneut tschechisch umbenannt«.[37] Der Vorgang wurde in einem Ergebnis- und nicht in einem Diskussionsprotokoll festgehalten, hier bestimmte eine zentralistisch gesteuerte Exekutive in Prag über die Vorschläge der Kommission.

Die neuen Straßennamen von Ústí wurden als »Geschenk zum 28. September«, dem Feiertag zum Gedenken an den heiligen Wenzel (sv. Václav), bekanntgegeben, schrieb Kotek im »Předvoj«. Die Stadt könne sich rühmen, die erste in der Tschechoslowakei zu sein, die »entgermanisiert« sei – also keine deutschen Straßennamen mehr hatte.[38] Das organisierte Vorgehen der Behörden, gepaart mit der gesellschaftlichen Akzeptanz unter der Bevölkerung führte zu der schnellsten Umsetzung der Umbenennungen im Grenzgebiet. Die Behörden übten großen Druck auf die Kommission aus, um den symbolischen Termin am Wenzelstag einhalten zu können, galt der 28. September doch auch als Tag der tschechischen Staatlichkeit (Den české státnosti) und Wenzel als Beschützer der tschechischen Nation.[39] In Ústí galt Wenzel zudem als Beschützer des Grenzlandes, dessen neue Bewohner in der Umbruchszeit nach dem Krieg noch besonderen Schutzes bedurften, wie Politiker und Medien vielfach betonten.[40] Der als Märtyrer verstandene Wenzel stand stellvertretend für die in der zeitgenössischen Propaganda verherrlichten ›Erbauer‹ (budovatelé) des Grenzlandes.

Knapp ein Jahr nach der ersten großen Umbenennung, am 2. August 1946, richtete das Kulturreferat des ONV in Ústí nad Labem eine weitere Kommission, die Sonderkommission zur Entgermanisierung (odgermanisování) von Namen im Bezirk Ústí ein. Vorsitzender dieser Kommission wurde der Museumsverwalter und Stadtarchivar Dr. Alfréd Piffl. Auch die anderen Mitglieder der Kommission waren dieses Mal wirkliche Experten und Kenner des Kreises Ústí, die sich seit 1945 historisch mit Ústí auseinandergesetzt hatten; Altsiedler (starousedlíci) waren jedoch nicht darunter. Die Kommission arbeitete historisch fundiert und nutzte alte Grundbücher als Basis.[41] Am 3. September 1946 änderte sie ihren Namen in Kommission zur Reinigung der tschechischen

---

[37] Ulice Velkého Ústí nad Labem, popisy tras ulic, instrukce pro přejmenování ulic [Die Straßen von Groß-Ústí, Beschreibung der Straßenwege, Instruktion für die Umbenennungen der Straßen]. AMUL, MěNV ÚL, KT 16, Inv. Nr. 290, 1945–1949, 1.

[38] Plán Velkého Ústí n. L. a seznam ulic vydán! [Plan von Groß-Ústí n. L. und Straßenliste herausgegeben!]. In: Předvoj. List národní fronty 1., 36, 31.10.1945, 3.

[39] *Samerski*, Stefan: Wenzel – Altes und neues Staatssymbol der Böhmischen Länder. In: *Ders./Zach*, Krista (Hg.): Die Renaissance der Nationalpatrone. Erinnerungskulturen in Ostmitteleuropa im 20./21. Jahrhundert. Köln 2007, 99–115, hier 100.

[40] *Rak*, Jiří: Bývali Čechové. Historické mýty a stereotypy [Ehemalige Böhmen. Historische Mythen und Stereotype]. Jinočany 1994.

[41] V Ústí nad Labem byla ustavena komise pro odgermanisování názvu [In Ústí nad Labem wurde eine Kommission zur Entgermanisierung der Namen eingerichtet]. In: Ústecký věstník vom 27.8.1946.

Sprache (Komise pro očištění českého jazyka). Die allgemein gewünschte Homogenität, die Reinheit der Nation, die es zu erreichen galt, spiegelte sich demnach auch in den öffentlichen Zeichen wider. Das ›slawische Element‹ sollte das ›germanische‹ überschreiben.

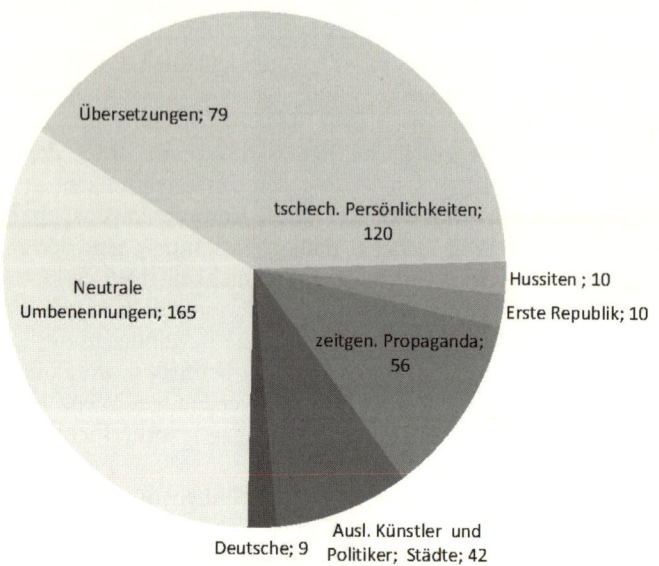

Diagramm 1: Umbenennungen in Ústí nad Labem, 1945–1982. Erstellt von der Autorin.

In den Archiven finden sich keine detaillierten Dokumente über die Tätigkeit der Kommission beziehungsweise deren Sitzungen. Im Allgemeinen befasste sie sich jedoch mit Änderungen im Straßenbild und der Entstehung von neuen Wohnvierteln. Neben der praktischen Entfernung von politisch missliebigen Straßennamen kam es auch zur Durchsetzung von politischen Vorgaben wie der ›Freundschaft‹ mit Partnerstädten beziehungsweise auch zur Entfernung der letzten deutschen Landschaftsbezeichnungen in Trmice, einem 1939 eingemeindeten Stadtteil von Ústí, wo diese nach wie vor nicht ersetzt worden waren.[42] Der MěNV bezeichnete diesen Vorgang als »Entfernung von unangemessenen Bezeichnungen«.[43] Da Piffl bereits eine neue Tätigkeit in Bratislava aufgenommen hatte, ersetzten ihn unter anderem der Archivar und Museumsmitarbeiter Dr. Jan Bouček, Historiker wie František Pinc und der Museumsmitarbeiter

---

[42] In Trmice wurden folgende Bezeichnungen geändert: Die große Ebene = Důl 5. květen (Mine 5. Mai), Die Bachflur = U potoka (Am Fluss), Kirchhofseite = Za hřbitovem (Hinter dem Friedhof), Bergseite = U trati (Am Gleis), Pfarrberg = Nad teplárnou (Am Heizkraftwerk), Bräuhausseite = U nové školy (An der neuen Schule).

[43] Nové pomístní názvy v Ústí nad Labem a Trmicích [Neue Ortsnamen in Ústí nad Labem und Trmice]. AMUL, MěNV ÚL, KT 221, Inv. Nr. 934, Ústí nad Labem 24.2.1956.

Jaromír Strejček. Wie in der ersten Terminologiekommission waren auch Pädagogen beteiligt, beispielsweise Leopold Joura von der höheren Pädagogischen Schule.[44] Die Umbenennungen blieben ein zentral von oben gesteuerter Prozess, auf den die Bevölkerung kaum Einflussmöglichkeiten hatte.

Welche Prägung das Stadtbild von Ústí nad Labem durch die Umbenennungen der Jahre 1945–1982 erhielt, zeigt die von der Autorin durchgeführte Analyse der neuen Urbanonyme: Die Hälfte der Umbenennungen waren neutraler Art, das heißt, die deutschen Namen wurden lediglich ins Tschechische übersetzt und blieben ohne politische Auladung. Darunter waren 16 Prozent reine Übersetzungen, die sich auf die Lage der Straße, deren Umgebung bezogen[45] sowie 34 Prozent neutrale Umbenennungen, die historische Orientierungspunkte oder anderweitige geografische, unpolitische Bezeichnungen darstellten.[46] Diese Übersetzungen bestanden zum Teil bereits vor der Okkupation 1938 und wurden von den jeweiligen Sprachgruppen entsprechend verwendet; die Umbenennungen nach 1945 fußten also auf einer Kontinuität von Namen. Dieser Vorgang war in der Tschechoslowakei ungewöhnlich, in anderen Städten des Landes waren nicht so viele kontinuierlich verwendete Namen im Straßenbild erkennbar.[47] Warum also entschied sich die Kommission in Ústí für die Beibehaltung beziehungsweise Übersetzung dieser alten Bezeichnungen? Der Hauptgrund war sicherlich das große Tempo, mit dem die Kommission an den Veränderungen arbeitete. Zugleich unterschied sich Ústí von vielen anderen tschechoslowakischen Städten durch den Grad der Zerstörung: Das historische Gesicht der Stadt war erst durch die Industrialisierung und nun durch die Bombenangriffe der letzten Kriegsmonate zerstört worden. Die einzige Möglichkeit, eine historische Fundierung zu belegen, war die Bezugnahme auf

---

44 *Ebenda.*
45 Zum Beispiel: Langegasse = Dlouhá, Bergweg = Do kopečku, Bergmannstraße = Hornická, Waldstraße = Lesní cesta, Lindenstraße = Lipová, Malerwinkel = Malířský koutek, Mühlstrasse = Mlýnská, Uferstraße = Na břehu, Na Spiegelsberg = Na Kabátě, Am Laden = Na ladech, Weiterblicke = Na rozhledu, Teichplatz = Na rybníčku, Weingartenstraße = Na vinici, Sonnleite = Na výsluní, Himmelsstiege = Nebeské schůdky, Schäferweg = Ovčácká stezka, Bäckerstraße = Pekařská, Fünfhaus = Pětidomí, Friedhofsstrasse = Poslední cesta, Rosengasse = Růžová, Fischergasse = Rybářská, Parkstrasse = Sadová, Spitalplatz = Špitálské náměstí, Siedlerzeile = V Osadě, Kirschenallee = V Třešňové aleji, Schlüsselgasse = Zámečnická. Siehe auch *Grisa*, Ivan: Ústecká uličnice. Vývoj názvů ulic, náměstí a ostatních veřejných prostranství v Ústí nad Labem [Aussiger Straßen. Entwicklung von Namen von Straßen, Plätzen und anderen öffentlichen Einrichtungen in Ústí nad Labem]. Ústí nad Labem 1998.
46 Zum Beispiel: Burgstadtl = Hradiště, Töpfergasse = Hrnčířská (eine der ältesten Straßen), Friedhofsstraße = Hřbitovní, Burgstraße = Ke hradu, Am Graben = Příkopy, Kleine Wallstraße = Malá hradební, Am Fiebich (Viehweg) = Na drahách (alttschechisches Wort, ähnlich Viehweg).
47 Das galt auch im Vergleich mit anderen Städten des Ostblocks, wie zum Beispiel Ost-Berlin, wo lediglich 2,17 % der Umbenennungen nach 1945 Rückbenennungen waren. Siehe *Sänger*: Heldenkult und Heimatliebe.

historische Stätten – beispielsweise die zerstörten Stadtwälle (Malá hradební) oder die ebenfalls nicht mehr sichtbare Burg (Hradiště, Ke hradu). Die Historisierung des Stadtbildes sollte die tschechische Geschichte der Stadt verdeutlichen, die von den Deutschsprachigen zuvor genauso als ›ihre‹ Geschichte erzählt worden war. Das gleiche Ereignis, der gleiche Ort wurde also von zwei Gruppen für sich beansprucht. Im Jahr 1945 war die Geschichte der Stadt, die im Straßenbild erzählt wurde, nun also eine tschechische.

Nur ein einziges Mal kritisierte der MěNV im Jahr 1947 die Übersetzungen der Straßennamen: Der ehemalige Kirchplatz sollte nicht in Kostelní náměstí umbenannt werden. Diese genaue Übersetzung würde nicht dem »tschechischen Sprachgefühl entsprechen« und wäre dem »Germanismus« Kirchplatz sehr nahe. Der Ausschuss wählte deshalb den Namen »U Kostela« (An der Kirche).[48] In anderen Fällen störte sich der MěNV nicht an den Übersetzungen der Namen. Fraglich sei in diesem Fall nur die Wirkung, da das Wort Kirche nach wie vor verwendet wurde, was als religiöse Namensgebung verstanden werden könnte.

Bei rund einem Viertel der Umbenennungen in Ústí nad Labem wurden Straßen und Plätze nach tschechischen (böhmischen) Persönlichkeiten benannt. Dies waren Vertreter aus Kunst und Kultur, Ärzte und Wissenschaftler und auch eine kleine Zahl von Widerstandskämpfern. Viele Straßen ehrten nationale Schriftsteller (Karel Jaromír Erben, Eliška Krásnohorská), Sänger (Ema Destinová) oder Personen, die sich für die tschechische Sprache eingesetzt hatten (František Čelakovský, Josef Dobrovský). Die Kommission hatte die Vorgabe, Namen von »Großen aus unserer und der Welt-Geschichte« auszuwählen, besonders diejenigen, die eine Verbindung zu Ústí hatten. Dabei sollten keine Namen von lebenden Persönlichkeiten verwendet werden – eine Ausnahme bildeten »herausragende Staatsführer« wie Beneš, Stalin, Kalinin, Tito, Churchill, Roosevelt und Eisenhower oder sowjetische Militärs wie Georgi Schukow und Iwan Konew.[49] Es waren jedoch vor allem Prager Akteure mit geringem Bezug zur Region, die die Umbenennungen in den Anfangsjahren bestimmten.[50] So fanden sich unter den 120 Umbenennungen nach böhmi-

---

48 Přejmenované ulice – metodika, realizace (Sady maršála Stalina) [Straßenumbenennungen – Methodik, Realisierung (Marschall Stalin Park)]. AMUL, MěNV ÚL, KT 16, Inv. Nr. 290, Ústí nad Labem 15.8.1947.

49 Ulice Velkého Ústí nad Labem, popisy tras ulic, instrukce pro přejmenování ulic [Die Straßen von Groß-Ústí, Beschreibung der Straßenwege, Instruktion für die Umbenennungen der Straßen]. AMUL, MěNV ÚL, KT 16, Inv. Nr. 290, Ústí nad Labem 1945–1949.

50 In anderen sozialistischen Staaten fand eine entgegengesetzte Entwicklung statt. Die erste Umbenennungsphase der DDR im Juli 1950 beispielsweise sollte zur Heimatfindung beitragen und verwendete vor allem Namen mit Bezug auf das nationale oder regionale Erbe. Siehe *Sänger*: Heldenkult und Heimatliebe, 91.

schen Persönlichkeiten nur zwölf mit regionalem Bezug zur Stadt oder näheren Umgebung.[51] Die meisten davon erschienen erst in den 1950er und 1980er Jahren im Straßenbild. Vor Kriegsende hatten 32 Straßen die Namen von regionalen Persönlichkeiten getragen, doch da diese deutschsprachig waren, wurden sie von der Umbenennungskommission nach 1945 entfernt.[52] Dabei verschwanden auch die Münzerstraße, die Schaffnerstraße, die Johann-Schicht-Straße und andere Namen, die an die deutschsprachigen Industriellen erinnerten, die im gesellschaftlichen Leben der Stadt sehr präsent gewesen waren.[53]

[51] Diese Ausnahmen waren: Fabián Pulíř, geboren in Ústí, Illuminator; Václav Frič, tschechischer Minderheitenaktivist in Ústí; Karl Graf Chotek, böhmischer Adliger, Besitzer der Grafschaft Velké Březno; Josef Hora, Journalist und Dichter aus Roudnice; Karel Hynek Mácha, Dichter aus Litoměřice; Pavel Stránský, Dekan aus Litoměřice; Květoslav Innemann, Funktionär der KSČ in Nordböhmen; Evžen Valčák, Funktionär der KSČ aus Ústí; Jan Evangelista Purkyně, Naturwissenschaftler und Apotheker, in Litoměřice aufgewachsen; Ota Král, Widerstandkämpfer aus Ústí, 1943 hingerichtet; Jan Řeháček, Widerstandkämpfer, ermordet in Dachau; Marie Vobecká, Vorsitzende des OSK und ONV in Ústí.

[52] Folgende deutschsprachigen Persönlichkeiten mit Bezug zu Ústí verschwanden aus dem Straßenbild: frühere Bürgermeister von Aussig wie Adam Adalbert Kippelt von Brunnenstein (1648–1656), Anton Rösler (Bürgermeister Ústí), Josef Doranth (Aussiger Bürgermeister 1883), Adolf Kögler (1887–1889, 1892–1895), Raimund Kellermann (1847–1930), Friedrich Wilhelm Bornemann (1914–1919) sowie weitere politische Akteure wie Wenzel Weis (Arzt und Mitglied des Stadtrates 1829–1917), Emil Apfel (Aussiger Ratsherr), F. A. Wagner (Aussiger Stadtrat); Anton Püschner (Schreckensteiner Kommunalpolitiker und Mäzen) und Franz Schmeykal (sudetendeutscher nationaler Politiker, 1826–1894); Aussiger Industrielle wie Johann Schicht, Josef Künstner (Direktor der Schichtwerke), Hermann Kroitzsch (Textilindustrieller in Ústí), Luise Weinmann (Ehefrau des Kohleindustriellen Weinmann) sowie Albert Behnisch und Max Schaffner (Direktoren der Chemischen); Künstler und Architekten wie Ludwig Richter (Maler, der sich in der Umgebung von Ústí inspirieren ließ), Anton Raphael Mengs (Maler, kehrte 1982 wieder zurück), Josef Melan (Professor und Architekt der Beneš-Brücke) und Richard Wagner (sein Name tauchte 1982 an anderer Stelle wieder im Straßenverzeichnis auf); Persönlichkeiten aus dem Bereich der Schulen und der Lokalgeschichtsschreibung wie Berthold Titelbach (Direktor der Industrieschule in Ústí), Johann Wenzel Hölzel (Direktor in Krásné Březno, Begründer einer Schule), Hans Kreibich (Dichter und Direktor der Aussiger deutschen Realschule, gestorben 1939), Hans Sachs (Direktor von Aussiger Schulen in der Ersten Republik), Karl Eichler (Direktor der Schule in Ústí), Konrad Moissl (Lehrer und Regionalhistoriker aus Ústí), Josef Alfred Taubmann (Regionalhistoriker aus Ústí) und Alexander Marian (Arzt und Archivar in Ústí); des Weiteren Barbara Uttmann (Begründerin der Erzgebirgs-Spitzenweberei) und Carl Georg Wolfrum, Julius Payer (österreichischer Polarforscher, geboren in Teplice). Zur Charakterisierung der Straßenbenennungen im 19. Jahrhundert in Ústí nad Labem siehe auch *Kaiserová*, Kristina: Vzpomínková kultura [Erinnerungskultur]. In: *Dies./Rak*, Jiří (Hg.): Nacionalizace společnosti v Čechách 1848–1914 [Die Nationalisierung der Gesellschaft in Böhmen 1848–1914]. Ústí nad Labem 2008, 115–129.

[53] Siehe hierzu auch Kapitel VII.

Noch vor der Einsetzung der Terminologiekommission verschwanden die Namen der nationalsozialistischen Politiker aus dem Stadtbild von Ústí.[54] Hierzu sind keine Unterlagen erhalten, da es ein relativ spontaner und anfangs auch ungesteuerter Prozess war.[55] Doch auch deutsche Künstler, Wissenschaftler und Politiker verschwanden gänzlich aus dem Straßenbild von Ústí.[56] Nur wenige deutsche Namen blieben erhalten, die neben der hohen Zahl von Umbenennungen jedoch nicht ins Gewicht fielen.[57] In der unabhängigen, von der KSČ als ›anti-sozialistisch‹ eingestuften Zeitung »Kulturní politika« (Kul-

54 Direkt nach Kriegsende entfernten Behörden und Bevölkerung die Straßenschilder, die an folgende Nationalsozialisten erinnerten: Adolf Hitler, Josef Goebbels, Hermann Göring, Horst Wessel, Albert Leo Schlageter (Soldat, Erster Weltkrieg, später Teil der NSDAP-Propaganda), Konrad Henlein, Reinhard Heydrich, Helmut Lang (SdP-Mitglied, 1938 erschossen), Hans Krebs, Walter Schlesinger (sudetendeutscher Historiker und Politiker).

55 Nach 1945 blieben die Namen von Ludwig van Beethoven und Karl Marx vorerst im Stadtbild von Ústí erhalten. Am 16. März 1946 beschloss der MěNV die Umbenennung der Straße Beethovenova in »Rudé armády« (Straße der Roten Armee). Vorgeschlagen hatten dies der Verband der Freunde der Sowjetunion, die Gesellschaft für wirtschaftliche und kulturelle Beziehungen mit der Sowjetunion und die Bezirkliche Kultur- und Propagandakommission der KSČ. Siehe Přejmenování ulice Beethovenova na Třídu Rudé armády [Umbenennung der Straße Beethovenova in Straße der Roten Armee]. AMUL, MěNV ÚL, KT 16, Inv. Nr. 291, Ústí nad Labem 1946. Im Prager Frühling erfolgte eine erneute Umbenennung zur Hus-Straße, die 1969 rückgängig gemacht wurde. 1986 wurde die Straße schließlich zur Sibiřská (Sibirien-Straße) umbenannt. Siehe Změna názvů ulic obcí okresu, města Ústí nad Labem 1960–1978 [Änderung von Straßennamen in den Gemeinden des Bezirks, der Stadt Ústí nad Labem 1960–1978]. AMUL, ONV, KT 1077, Inv. Nr. 3617.

56 Dazu zählten: Theodor Billroth (deutscher Chirurg), Anton Bruckner, Albrecht Dürer, Hugo Eckener (Zeppelinflieger), Johann Gottlieb Fichte, Franz Xaver Gabelsberger (Autor deutscher stenografischer Regeln), Wilhelm Gintl (Professor der Chemie an der Prager deutschen Hochschule), Johann Wolfgang von Goethe, Franz Grillparzer, Johannes Gutenberg, Joseph Haydn, Christian Friedrich Hebbel, Johann Gottfried von Herder, Alexander von Humboldt, Friedrich Ludwig Jahn, Immanuel Kant, Karl Theodor Körner, Hans Kudlich (österreichischer Politiker, Bauernbefreier), Gotthold Ephraim Lessing, Jan Löschner (Arzt von Franz Josef, Gründer des Kinderkrankenhauses in Prag), Justus von Liebig, Josef Martin Luther, Wolfgang A. Mozart, Johann Heinrich Pestalozzi, Peter Rosegger (österreichischer Schriftsteller), Friedrich Schiller, Franz Schubert, Adalbert Stifter, Ludwig Uhland (deutscher Lyriker, Philologe), Josef Victor von Scheffel (deutscher, nationaler Dichter), Wilhelm Tell, Carl Maria von Weber, Hugo Wolf (Komponist und Musikkritiker).

57 Einer der drei deutschen bzw. österreichischen Namen, die im Straßenbild verblieben sind, war der des Komponisten Wolfgang Amadeus Mozart. Der Name Albrecht Dürers wurde bis 1953 verwendet. Ungewöhnlich war die 1945 erfolgte Umbenennung einer Straße nach dem deutschen Chemiker Friedrich August Kekulé von Stradonitz, dem Wegbereiter der Systematisierung der organischen Chemie. Dieser hatte böhmische Vorfahren, war aber nie in Böhmen tätig gewesen. Die Benennung nach Kekulé ersetzte den Namen von Wilhelm Gintl, einem Prager Hochschulprofessor der Chemie, der in der Aussiger Chemiefabrik gewirkt hatte. Siehe Grisa: Ústecká uličnice, 50.

turpolitik) kritisierte Josef Brambor, dass im ganzen Land Straßennamen verschwanden, die an Herder, Goethe, Beethoven, Rilke und Lessing erinnerten, obwohl diese »zur tschechischen Kultur« gehörten.[58] In Ústí selbst gab es keine solche öffentliche Kritik an den Umbenennungen nach 1945.

Erst in den 1980er Jahren kehrten einige deutsche Namen zurück in das Straßenbild von Ústí, allerdings nicht im Stadtzentrum, sondern im Zuge der Neubenennungen beim Bau der Viertel Severní Terasa (Nordterrasse) und Skřivánek (Lerchenfeld). Zu diesem Zeitpunkt traten neue Akteure auf, darunter auch Vladimír Kaiser, der auch nach seiner Ernennung zum Direktor des Stadtarchives 1984 in den Umbenennungsausschüssen saß. Neue Straßennamen waren auch nach der Eingemeindung von Brná, Neštěmice, Skorotice, Svádov, Hostovice zum 1. Juli 1980 gefragt: Um Mehrfachbenennungen zu vermeiden, wurden zum 1. Januar 1981 viele Straßennamen in den neuen Stadtvierteln geändert, da diese weniger bevölkert waren beziehungsweise weniger Menschen von der Umgewöhnung betroffen waren als im Stadtzentrum.[59] In dieser Umbenennungswelle hielten auch deutsche Künstler Einzug in das Straßenbild: Die Wagner-Straße, Karl May-Straße, Doerell-Straße.[60] Vladimír Kaiser, der diese Vorschläge eingebracht hatte, beschrieb den Einzug der deutschen, regionalen Persönlichkeiten in die zentrumsfernen Stadtviertel rückblickend als eine Art Schwejk'sches Glanzstück. Die Sitzungsprotokolle geben über die damaligen Vorgänge leider keine Auskunft, doch die große Bedeutung, die Archivare und Historiker für die Entwicklung der Stadt Ústí nach 1945 durchgehend innehatten, spricht für die bedeutende Rolle Kaisers in diesen Sitzungen.

Der folgende Abschnitt widmet sich ausführlicher dem Schriftsteller Karl May und seinem Bezug zu Ústí. May lebte und arbeitete 1874 und 1897–1898 in Brná, das seit 1980 zu Ústí gehörte und nur fünf Kilometer vom Stadtzentrum entfernt liegt. Hier schrieb er seinen Roman »Weihnacht«.

---

58 *Brambora*, Josef: Přejmenování ulic [Umbenennung von Straßen]. In: Kulturní politika vom 23.7.1948, 1. Die Kulturní politika wurde 1945–1949 einmal wöchentlich in Prag herausgegeben. Die kulturpolitische Zeitung stand der KSČ nahe. Der Literaturhistoriker Josef Brambor (1904–1980) schrieb dort neben Pavel/Paul Eisner vorrangig Literaturrezensionen. Die Zeitung und auch Brambor beteiligten sich an der anti-katholischen Polemik der KSČ.

59 Přejmenování ulic v krajském městě [Straßenumbenennungen in der Kreisstadt]. In: Sever vom 29.6.1982, 6.

60 Die 1982 nach Wagner benannte Straße lag bzw. liegt im Stadtteil Brná. Diese Umbenennung folgte der ersten Aufführung einer Wagner-Oper in der Tschechoslowakei – dem »Fliegenden Holländer« im Stadttheater von Ústí im Jahr 1954, der anlässlich des fünften Jahrestages der Gründung der DDR gespielt wurde. In der Hauptstadt Prag fand die erste Wagner-Aufführung der Nachkriegszeit erst am 24. September 1955 statt, als Gastspiel des Theaters aus Ústí. Wagners Bezug zur Burg Schreckenstein durfte offenbar ohne Unterbrechung weitergedacht werden. Der Komponist hatte hier einige Zeit verbracht und Inspirationen für seinen »Tannhäuser« gesammelt. Die Gedenkplatte, die an diese Verbindung erinnerte, blieb im Eingangsbereich der Burg durchgängig sichtbar (*ebenda*, 7).

Sowohl in Tschechoslowakei wie auch in der DDR galt Winnetou beziehungsweise Vinnetou einerseits als ideologisch unbedenklich für die Staatsführungen, da er als Kämpfer für den sogenannten nationalen Befreiungskampf verstanden wurde und May zudem aus einem armen Arbeiterhaushalt stammte. Zugleich galt May jedoch als faschistischer Autor, der sich unter den Nationalsozialisten großer Beliebtheit erfreut hatte.

Ab Mitte der 1960er Jahre erschienen, wenn auch zensiert und gekürzt, Karl-May-Ausgaben in der Tschechoslowakei. Trotz der hohen Auflagen waren sie meist innerhalb von 24 Stunden vergriffen, aber noch in den Bibliotheken erhältlich. Eine Umfrage aus dem Jahr 1965 unter jungen Arbeitenden zeigte, dass die Bücher von Karl May mit Abstand die beliebteste Lektüre der tschechoslowakischen Jugend waren.[61] Gleiches galt für die Karl-May-Filme, die ab 1967 zusammen mit einigen weiteren ›kapitalistischen‹ Western in die tschechoslowakischen Kinos kamen.

Das Hotel Srdíčko in Brná, damals unter dem Namen Herzog Mays Herberge, hatte 1966 auf eigene Kosten einen Raum als stilechte Indianerhütte einrichten lassen, um an Karl May zu erinnern.[62] Damit entstand in der Tschechoslowakei einer der ersten Karl-May-Museumsräume überhaupt. Jugendliche in der DDR dagegen mussten bis 1982 warten, bis sie Mays Abenteuergeschichten offiziell lesen konnten.[63] Dennoch waren die Geschichten von Winnetou und Old Shatterhand in beiden sozialistischen Staaten nicht aus dem Gedächtnis zu streichen. Sei es durch westdeutsche Fernsehübertragungen oder alte Buchausgaben von Dachböden und aus Bibliotheken, der Wunsch und die Sehnsucht nach den Helden aus dem Wilden Westen blieben über Jahrzehnte erhalten. Die in der Tschechoslowakei sehr verbreitete Tramperbewegung[64] und der tra-

---

61   *Franc*, Martin/*Knapík*, Jiří: Průvodce kulturním děním a životním stylem v českých zemích 1948–1967 [Leitfaden durch kulturelle Veranstaltungen und Lebensstil in den böhmischen Ländern 1948–1967]. Praha 2011, 1017 f.

62   Aussig vom 30.9.1966. In: Der Sudetendeutsche 39.

63   Das 1928 in Radebeul eröffnete Karl-May-Museum war in der DDR ab 1956 offiziell »Indianermuseum«. In Karl Mays Geburtshaus im sächsischen Hohenstein-Ernstthal wurde erst 1985, also 20 Jahre nach der Mini-Ausstellung in Brná, ein Museum errichtet. Der Verlag Kultur und Fortschritt verlegte 1957 einige kürzere Erzählungen Karl Mays.

64   *Bren*, Paulina: Weekend Getaways. In: *Crowley*, David/*Reid*, Susan Emily (Hg.): Socialist Spaces. Sites of Everyday Life in the Eastern Bloc. Oxford, New York 2002, 123–140. In den 1950er Jahren wurden die Tramps durch den sozialistischen Staat verfolgt, weil die Grundzüge der Bewegung aus dem ›imperialistischen Ausland‹, den USA, kamen. In der zweiten Hälfte der 1960er Jahre öffnete sich das Regime gegenüber den Tramps, es gab erste Tramp-Festivals und im Fernsehen liefen Serien. In der Normalisierungszeit verhielt sich der Staat recht schizophren: Institutionen der Tramper-Bewegung wie das Musikfestival Porta in Ústí nad Labem konnten weiterhin stattfinden, allerdings unter der offiziellen Organisation des Sozialistischen Jugendverbandes. Siehe *Randák*, Jan: Československý tramping. Romantika, útěk, vzdor? [Tschechoslowakisches Tramping. Romantik, Flucht oder Trotz?]. In: Dějiny a současnost 4 (2013), 8–26, hier 14.

ditionell hohe Identifikationsgrad mit der Figur der Indianer als den Unterdrückten prägten das Gedächtnis der Tschechoslowaken. Das Lavieren der Kulturfunktionäre zwischen der Beliebtheit des Autors und dem eigenen Anspruch der Verfemung führte zu einer schizophrenen Haltung gegenüber Karl May, sowohl in der DDR als auch in der Tschechoslowakei zur Zeit der ›Normalisierung‹.[65] Der Untertitel der Sonderausstellung, die das Karl-May-Haus in Hohenstein-Ernstthal im Jahr 2002 zur Geschichte des Schriftstellers in der DDR organisierte, beschrieb das diffuse Vorgehen am besten: »nicht verboten und doch nicht erlaubt«.

Nachdem Karl May in das Straßenbild von Ústí (1981) und Radebeul (1985) zurückgekehrt war, verlief das Gedenken an den Autoren und seine Figuren nach 1989 relativ unproblematisch. Der Aufenthalt von Karl May in Brná dient der touristischen Vermarktung des idyllisch gelegenen Stadtteils an der Elbe. Im Jahr 2002 war der Autor auch Teil der vom Museum Ústí vorbereiteten Ausstellung »Ústecká Nej« (Aussiger Superlative).

Bei der Analyse der Umbenennungen, die im Verlauf der Jahre 1945–1982 in Ústí vollzogen wurden, zeigt sich auch eine weitere interessante Gruppe: Urbanonyme mit Bezug auf die Nationale Wiedergeburt und auf das Hussitentum sowie die damit verbundene böhmische Reformation. Die Bezugnahme auf die Hussiten, in der zeitgenössischen Interpretation als tschechische beziehungsweise böhmische Kämpfer gegen das Deutschtum verstanden, war keine regionale Ústí-Spezifik, sondern hatte gesamtstaatliche Relevanz und wurde durch ideologische Vordenker wie den Kulturminister Zdeněk Nejedlý auch gesamtstaatlich eingesetzt.[66] Im Fall von Ústí hatte die Bezugnahme auf den böhmischen Reformator Jan Hus und den Hussitismus auch eine regionale Bedeutung, da nahe der Stadt eine der wichtigsten Schlachten der Hussiten gegen die Kreuzritter stattgefunden hatte. Die Umbenennungen sollten eine Kontinuität signalisieren: Die Terminologiekommission schlug für eine der Straßen den Namen Žižkova (nach dem hussitischen Heerführer Jan Žižka) vor und begründete dies damit, dass der Kreis Ústí ein »hussitischer Kreis [sei], dessen zweite große Tschechisierung gerade durch die hussitischen Krieger passierte«. Die Hussiten hätten die Stadt von den »germanischen Fesseln« befreit.[67] An die böhmischen Reformatoren erinnerte auch der Hussitenweg (Husitská cesta, ab 1965 nur noch Husitská). Dazu kamen Straßenbenennungen nach den Schriftstellern Alois Jirásek und Václav Kliment Klicpera, die in ihren Schriften den Hus-Kult begründet hatten. Der Anteil der Umbenennungen, die Bezug auf Hus und die böhmische Reformation nahmen, lag in Ústí jedoch nur bei zwei Prozent, während es auf gesamtstaatlicher Ebene rund 17 Prozent

---

65 Zur Geschichte der Karl-May-Rezeption und politischen Bewertung in der DDR *Heermann*, Christian: Old Shatterhand ritt nicht im Auftrag der Arbeiterklasse. Warum war Karl May in SBZ und DDR »verboten«? Dessau 1995.
66 Siehe hierzu auch Kap. IV.2.
67 Přejmenované ulice – metodika, realizace (Sady maršála Stalina).

waren.[68] Es gab also vergleichsweise wenige Urbanonyme dieser Kategorie in Ústí – an anderen Stellen der Stadt waren die Hus-Bewegung und ihre Repräsentanten wiederum stärker vertreten, beispielsweise mit dem Denkmal Na Běhání und mit öffentlichen Feiern.

Politische Repräsentanten der sogenannten Ersten Republik (1918–1939) waren im Straßenbild von Ústí im Jahr 1945 mit insgesamt zehn Namen vertreten. Darunter waren die Staatspräsidenten Tomáš G. Masaryk und Edvard Beneš sowie Viktor Dyk, Schriftsteller und Gründer der Nationaldemokratischen Partei (Národní demokratická strana). Auch der Park des 28. Oktobers (Sady 28. října), der auf den Tag der Staatsgründung verwies, und der Platz des Befreiungspräsidenten (Náměstí presidenta Osvoboditele, gemeint war Masaryk) verankerten die Erinnerung an die gerade erst vergangene Demokratiephase der Tschechoslowakei an den zentralen Plätzen in Ústí. Nach dem kommunistischen Machtwechsel im Februar 1948 wurden die Repräsentanten der Ersten Republik jedoch zu gefallenen Helden. Dementsprechend forderte der Innenminister in einem Schreiben vom 17. März 1949 an alle ONV weitreichende Umbenennungen: Sowohl die Namen von Persönlichkeiten, die sich »gegen die tschechoslowakische Nation feindlich geäußert haben«, wie auch Benennungen, die an »anti-staatliche Ereignisse erinnern«, sollten von den Straßen und Plätzen verschwinden.[69] Es wurden keine konkreten Namen erwähnt, aber gemeint waren Politiker wie Beneš und Masaryk als Vertreter der nun nicht mehr positiv gewerteten Ersten Republik sowie Künstler, die nicht der neuen politischen Ideologie entsprachen. Im Zuge dieser Änderungen, die erst 1952 umgesetzt wurden, verschwanden zugleich auch die letzten verbliebenen deutschen Straßennamen. Ein Beispiel für diesen Vorgang ist die heutige Masaryk-Straße: Sie hieß von 1938 bis 1945 Adolf-Hitler-Straße, von 1945 bis 1952 Masarykova, wurde dann im Zuge der Säuberungen in Fučíkova[70] umbenannt und 1990 wieder zur Masarykova. Wie schwer es für die Behörden war, die jeweils alten Namen aus dem kommunikativen Gedächtnis zu streichen, zeigte ein Interview im Jahr 1982: Die 1909 in Ústí geborene Vlasta Ulrichová, die 1938 aus der Stadt evakuiert wurde, 1945 mit ihrem Mann zurückkehrte und dann Vorsitzende der Schulkommission in Ústí wurde, sprach im Interview mit der regionalen Geschichtskommission der KSČ nur von der Masaryk-Straße, obwohl diese bereits 1952 umbenannt worden war.[71]

---

68 *David*: Smrdov, Brežněves a Rychlonožkova ulice, 179.
69 Pojmenování ulic jménem presidenta republiky a hlav cizích států [Umbenennung von Straßen nach dem Namen des Präsidenten und den ausländischen Staatsführern]. AMUL, ONV, KT 1529, Inv. Nr. 6289, Ústí nad Labem 25.11.1946.
70 Weiteres zum Mythos um Julius Fučík bei *Zwicker*, Stefan: Der antifaschistische Märtyrer der Tschechoslowakei. Julius Fučík. In: *Satjukow*, Silke/*Gries*, Rainer (Hg.): Sozialistische Helden. Eine Kulturgeschichte von Propagandafiguren in Osteuropa und der DDR. Berlin 2002, 244–255.
71 Vzpomínky soudružky Vlasty Ulrichové na politické situace ve školství od r. 1945 [Die Erinnerungen der Genossin Vlasta Ulrichová an die politische Situation im Schulwesen ab

Ein weiteres Beispiel für eine solche Mehrfach-Umbenennung ist der zentrale Platz in Ústí, der vom Marktplatz (1850–1933) zum Tržní náměstí – Marktplatz und gleichzeitig Ringplatz (1933–1938) wurde, anschließend zum Platz der SA (1938–1945) und nach Kriegsende zum Platz des Präsidenten Beneš (Náměstí presidenta Beneše). Diese Bezeichnung wurde 1952 aufgehoben und durch die bis heute gültige Bezeichnung Friedensplatz (Mírové náměstí) ersetzt.[72]

Elf Prozent der Umbenennungen erfolgten im Sinne der zeitgenössischen kommunistischen Propaganda. Hierzu zählten Bezeichnungen mit Bezug auf den Frieden und auf Feiertage wie den 1. Mai, den 7. November als Tag der Revolution in Russland, den 5. Mai als Beginn des Prager Aufstandes, den Frauentag am 8. März und den ›Tag der Befreiung‹ am 9. Mai. Kommunistische Institutionen wurden ebenfalls ins Straßenbild eingeschrieben: die Grenztruppen (Pohraniční stráže),[73] die sowjetische Jugendorganisation Komsomol (ausgeschrieben: Gesamtsowjetischer Leninistischer Kommunistischer Jugendverband) und die Rote Armee (Třída Rudé armády). Auch die ›Aufbau‹-Rhetorik, die die Medien und politischen Reden besonders über das Grenzland bestimmte, fand sich im Straßenbild wieder: Man ehrte Erbauer (Budovatelů) und Bauarbeiter (Stavbařů), Sieger (Vítězná) und Befreier (Osvoboditelů), es gab eine Straße der Arbeit (Ulice práce) und der Revolution (Revoluční). Ein zentraler Platz und eine Straße in Ústí waren nach dem 1942 zerstörten Dorf Lidice benannt. Ab 1962 erinnerte eine Straße an die Kommunistische Machtübernahme in der Tschechoslowakei vom 25. Februar 1948 (25. února), die Erinnerung an den ›gefallenen Helden‹ Stalin (Stalinova) verschwand erst 1962 aus dem Stadtbild von Ústí.[74]

Bei immerhin neun Prozent der Umbenennungen wurden die Namen von ausländischen Persönlichkeiten und Städten verwendet. Meistens waren es sowjetische, bulgarische oder polnische Politiker und ›Revolutionäre‹, aber auch ›westliche‹ Vertreter wie Balzac, Pasteur, Picasso, Rembrandt, Rodin, Rubens, Sokrates und Tizian wurden bedacht.

Ein besonderer Fall war die heutige Churchill-Straße (Churchillova). Sie entstand im Jahr 1888, trug zunächst den Namen Alleestraße und wurde 1898 in Bismarckstraße umbenannt. Von den Aussigern wurde sie scherzhaft »Seufzerallee« genannt, weil hier viele Liebespaare spazierten. In der Ersten Republik hieß die im sogenannten Millionärsviertel (Milionová čtvrt)[75] gelegene Straße

---

dem Jahr 1945]. Hg. v. *Komise regionálních dějin Okresního vedení KSČ*. Ústí nad Labem 1982.

72 *Grisa*: Ústecká uličnice, 67.

73 Die Grenztruppen wurden nach 1945 als kommunistische Einrichtung verstanden, waren aber in der Ersten Republik gegründet worden und dienten als Instrument der Nationalisierung.

74 *Ebenda*.

75 *Brožek*, Aleš: Osudy domů a obyvatel Churchillovy ulice v Ústí nad Labem [Das Schicksal von Häusern und Bewohnern der Churchillstraße in Ústí nad Labem]. Ústí nad Labem 2008, 6.

Baumgartenstraße beziehungsweise »Ve stromovce«. In den Jahren 1938–1945 war es erneut die Bismarckstraße, 1945–1973 trug sie den Namen des amerikanischen Präsidenten Roosevelt. 1947 schlug der MěNV vor, die Straße nach Klement Gottwald zu benennen. Dieser Vorschlag wurde jedoch kurz danach unter Bezugnahme auf die Umbenennungs-Gesetzgebung widerrufen.[76] 1972 schließlich beschloss der Städtische Nationalausschuss, die bisherige Rooseveltova umzubenennen, da zahlreiche Parteiorgane hier ihren Sitz hatten: das Kreispionierhaus, die Kreisparteischule und der Bezirksnationalausschuss der KSČ. Der neue Name – Vladimírská – war der neuen sowjetischen Partnerstadt von Ústí, Vladimír, entliehen. Der Name Roosevelts sollte jedoch nicht gänzlich aus dem Stadtbild verschwinden und so wurde 1973 die ebenfalls im Zentrum, aber ein wenig abseits der Hauptverkehrswege liegende New-York-Straße (Newyorská) in Rooseveltova umbenannt.[77]

Die Umbenennungspolitik traf auf eine Bevölkerung, die zu etwa 22 Prozent aus Altsiedlern (starousedlíci) bestand, darunter auch die Deutschsprachigen.[78] Sie kannten die Stadt noch aus der Zeit vor der deutschen Besatzung 1938. Eine gewisse Gewöhnung lag also vor und führte zur weiteren Verwendung dieser alten Namen. Hinzu kam, dass sie mindestens einen, oft aber auch bis zu vier Wechsel von Straßennamen erlebten.

Die meisten neuen Bewohner von Ústí kamen in die Stadt, als die Umbenennungen schon einen ersten Abschluss gefunden hatten und erlebten ›nur‹ die Umbenennungswellen der 1950er und 1960er Jahre. Die Beseitigung von ideologisch ›überlebten‹ Namen geschah stets sehr schnell, da sie den vollzogenen Wandel symbolisch untermauern sollten. In den böhmischen Ländern beziehungsweise der Tschechoslowakei galten Straßennamen durchschnittlich zwanzig Jahre.[79] Daraus folgte ein gewisses Misstrauen gegenüber den neuen Namen auf Seiten der Bevölkerung. Die offiziellen Namen wurden in der alltäglichen Kommunikation oft nicht verwendet, stattdessen blieben die alten Namen.

Ein Beispiel für diesen kaum zu dokumentierenden Vorgang war das Caféhaus Sokol, von dem gleich mehrere Geschichten zu erzählen sind. Das Gebäude gehörte zu den ältesten Häusern am heutigen Friedensplatz (Mírové náměstí) und trug die Hausnummer 210. Es war das Geburtshaus des Malers Anton Raphael Mengs (1728–1779). Die am Haus angebrachte Gedenkplatte

---

[76] Přejmenování Churchillovy ulice na ulici Klementa Gottwalda [Umbenennung der Churchill-Straße in Klement-Gottwald-Straße]. AMUL, MěNV Ústí nad Labem, KT 16, Inv. Nr. 292, Ústí nad Labem 1947.

[77] Návrh na pojmenování nově vznikajících ulic na sídlišti Severní Terasa [Vorschlag für die Umbenennung der neu entstehenden Straßen im Viertel Severní Terasa]. AMUL, MěNV ÚL, KT 221, Inv. Nr. 936. Ústí nad Labem ohne Datum.

[78] Soupisy obyvatelstva v Československu 1946–1947 [Einwohnerverzeichnis in der Tschechoslowakei 1946–1947], Sčítánu lidů, sešit 15, Česká statistika 6. Praha 1951, 184.

[79] *David*: Smrdov, Brežněves a Rychlonožkova ulice, 40 f.

für Mengs wurde 1938 abgenommen, da er jüdische Vorfahren hatte und aufgrund dessen von den Nationalsozialsten als Jude diffamiert wurde. Kurz nach dem Krieg brachte das erste, von František Pinc verfasste Buch über Ústí den Maler wieder zurück ins Bewusstsein der Bevölkerung.[80] Im Stadtmuseum wurde ebenfalls an Mengs erinnert, allerdings ohne besonderen Hinweis auf seine deutsche Muttersprache oder das Judentum.[81] Die Gedenkplatte jedoch blieb verschwunden und auch in späteren Veröffentlichungen wurde Mengs nicht mehr als »Aussiger« erwähnt, er wurde aus dem kollektiven Gedächtnis gestrichen.[82]

Bereits im Jahr 1886 hatte der Konditor Josef Falk das Geburtshaus Mengs' erworben und dort ein sehr beliebtes Café eröffnet. Am 1. Mai 1938 war das Haus Schauplatz eines politischen Ereignisses: Von seinem Balkon aus sprach Konrad Henlein zu begeisterten 70.000 Anhängern der nationalsozialistischen Bewegung. 1945 wurde die Konditorei Falk zur »Cukrárna Sokol« (Konditorei Sokol). Der Autor Pinc vermerkt den Namenswechsel als lexikalische Übersetzung (»Falke« – tschechisch *sokol*), ohne jedoch den Bezug zum Namensgeber Josef Falk herzustellen.[83]

Ungeachtet der offiziellen Umbenennung blieb der ursprüngliche Name der Konditorei Falk weiter in Gebrauch.[84] In den 1970er Jahren existierte sogar eine Jugendgruppe, die sich »Parta z Falku« (die Bande aus dem Falk) nannte. Die überwiegend aus Auszubildenden bestehende Gruppe spielte Big-Beat und verweigerte sich auch in ihrem sonstigen Verhalten dem sozialistischen Normalisierungszwang.[85] 1978 wurde das Haus abgerissen, damit es nicht den Blick auf das neue Gebäude des Kreisnationalausschusses versperrte. Mit dem

---

80 *Pinc*, František: Ústí nad Labem. Od pravěkého sídliště k metropoli českého severu [Ústí nad Labem. Von der vorgeschichtlichen Siedlung zur Metropole des tschechischen Nordens]. Ústí nad Labem 1947. Der Stadtarchivar und Museumsleiter Alfréd Piffl hatte schon 1945 einen Vortrag über die Kunst in Ústí vom 17.–20. Jahrhundert halten wollen, der auch Mengs und andere jüdische Künstler wie Ernst Neuschul behandelt hätte. Dieser Vortrag wurde jedoch ohne Angaben von Gründen nicht genehmigt. Siehe *Jůrková*: Alfréd Piffl, 68.

81 Dějiny Ústecka. Metodický průvodce stálou expozicí Okresního vlastivědného muzea v Ústí nad Labem [Geschichte von Ústí. Methodischer Führer durch die Dauerausstellung des Kreismuseums in Ústí nad Labem]. Hg. v. *Okresní vlastivědné muzeum v Ústí nad Labem*. Ústí nad Labem 1979.

82 *Houfek*, Václav: Muzeum Ústí nad Labem. Ústecké pomníky a zapomníky [Museum Ústí nad Labem. Denkmäler und Vergessensmäler in Ústí]. Vortrag im Muzeum Ústí nad Labem 24.10.2012. Mitschrift von Frauke Wetzel.

83 *Pinc*, František/*Kolář*, Antonín: Vlastivědné výlety z Ústí nad Labem [Heimatkundliche Ausflüge von Ústí nad Labem]. Ústí nad Labem 1957, 21.

84 *Špaček*, Petr: Tak to bylo v Ústí. Ústí nad Labem – město, Krásné Březno a Klíše na starých pohlednicích a fotografiích [So war es in Ústí. Ústí nad Labem – Stadt, Krásné Březno und Klíše auf alten Postkarten und Fotografien]. Ústí nad Labem 2008, 39.

85 *Kaiser*, Vladimír: Ústecké Retro. Album fotografií města a jeho obyvatel z let 1947–1989 [Aussiger Retro. Fotoalbum der Stadt und ihrer Einwohner aus den Jahren 1947–1989]. Ústí nad Labem 2011, 102.

Abriss verschwanden das Haus und der Name des alten und des neuen Cafés. 1982 fand es jedoch erneut Erwähnung, als in der Monatsprogrammzeitung »Ústecké přehledy« ein Artikel über Anton Rafael Mengs und seine Erinnerungsorte in Ústí erschien.[86] Einige der zahlreichen Umbenennungen von Straßen und Plätzen in Ústí waren auch mit öffentlichen Feiern verbunden, die von vielen Einwohnern besucht wurden. In einigen Fällen wurden die Umbenennungen zum Teil von Jubiläen, die einen hohen symbolischen Wert hatten. Umgekehrt wurden die Umbenennungen anlässlich bestehender Jubiläen durchgeführt – beispielsweise anlässlich der Feier zur Erinnerung an den »Siegreichen Februar« 1948.[87]

Eine hohe Symbolkraft und große Reichweite besaßen die Umbenennungen markanter Gebäude und Einrichtungen, die im Folgenden beschrieben werden.

Eines der dominantesten Bauwerke und zugleich die am stärksten frequentierte Straße der Stadt war die zweite Elbebrücke, die Střekov mit Ústí verband. Die Brücke entstand in der Zeit der Ersten Republik und wurde am 9. August 1936 als Beneš-Brücke (Most Dr. E. Beneše) feierlich an die Öffentlichkeit übergeben. Alle Redner lobten den Brückenbau auch als »Symbol der Verständigung zwischen Deutschen und Tschechen« – so auch der Bürgermeister von Ústí, Leopold Pölzl, und der Bürgermeister der damals noch eigenständigen Stadt Střekov, Vincenc Řepka.[88] Der Name »Most Dr. E. Beneše« blieb bis 1938 erhalten, dann erfolgte die Umbenennung in Hermann-Göring-Brücke. Nach 1945 wurde der ursprüngliche Name wiederhergestellt. Im Jahr 1952 wurde das Bauwerk in Nikos-Belogiannis-Brücke (Most Nikose Belojanise) umbenannt. Nikos Belogiannis war ein griechischer Kommunist und Widerstandskämpfer, nach dem zahlreiche Orte und Symbole in Osteuropa benannt wurden; auch Kunstwerke und Filme erinnerten an ihn.

---

86 Šroněk, Michal: Umělci, umění a památky Ústecka. Anton Rafael Mengs [Künstler, Kunst und Denkmäler in Ústí. Anton Rafael Mengs]. In: Ústecké přehledy 4 (1982). Hier wurde auch erwähnt, dass in der Dekanatskirche noch eine Kopie der berühmten Madonna von Ismael Mengs, dem Vater von Anton Rafael Mengs, befand; diese war aber nicht öffentlich zugänglich.

87 Nové pomístní názvy v Ústí nad Labem a Trmicích [Neue Ortsnamen in Ústí nad Labem und Trmice]. AMUL, MěNV ÚL, KT 221, Inv. Nr. 934, Ústí nad Labem 24.2.1956.

88 Kaiser, Vladimír: Most Dr. Edvarda Beneše 1936–1994. Pamětní spis k ukončení rekonstrukce [Die Brücke Dr. Edvard Beneš 1936–1994. Gedenkschrift zur Beendigung der Rekonstruktion]. Ústí nad Labem 1994 und Kaiserová/Kaiser: Dějiny města Ústí nad Labem, 168. Einer der letzterschienen Artikel über die Erinnerungskultur an die Brücke und die auf ihr stattgefundenen Ereignisse ist Kaiserová, Kristina: Vzpomínkový příběh mostu v Ústí nad Labem [Erinnerungsgeschichte der Brücke in Ústí nad Labem]. In: Olšáková, Doubravka/Kaiserová, Kristina (Hg.): Višegradská paměť či Višegradské paměti? Paměť většiny a paměti menšin [Visegrader Gedächtnis oder Visegrader Gedächtnisse? Das Gedächtnis der Mehrheit und das Gedächtnis der Minderheit]. Ústí nad Labem 2014, 140–144.

Die Griechen waren die einzige Gruppe der Neusiedler, die in der Namensgebung öffentlicher Orte repräsentiert waren. Die Brücke in Ústí blieb auch das einzige Erinnerungszeichen an die Griechen in der gesamten Tschechoslowakei. Bei der Umbenennungsfeier waren griechische Kinder, die in Ústí Zuflucht gefunden hatten, und UNO-Vertreter anwesend.[89] In den folgenden Jahren trafen sich die griechischen Jugendlichen aus Ústí alljährlich am 30. März auf der Brücke, um an die Ermordung ihres Landsmannes zu erinnern.[90]

Im tagtäglichen Gebrauch konnte sich der lange Name des griechischen Widerstandskämpfers bei den Einwohnern jedoch nicht durchsetzen. Das Bauwerk wurde pragmatisch und aus sprachökonomischen Zwängen einfach zur »Brücke« (most), während die zweite Brücke über die Elbe als Eisenbahnbrücke (železný most) bezeichnet wurde. Die »Brücke« trug bis 1990 offiziell den Namen des griechischen Widerstandskämpfers, dann gaben ihr die Stadtvertreter wieder den ursprünglichen Namen zurück.

Die Geschichte der Beneš-Brücke ist eine tragische, besonders in Bezug auf die deutsch-tschechischen Beziehungen. Am 31. Juli 1945 wurden hier circa 100 Deutschsprachige beziehungsweise Menschen, die sich für sie einsetzten, ermordet. Das sogenannte Aussiger Massaker ging in die (sudeten-)deutsche und tschechische Erinnerung ein, wenngleich beide Erinnerungen bis 1990 diametral entgegengesetzt standen.[91] Die Rückbenennung nach Präsident Beneš irritiert die zwangsausgesiedelten Aussiger bis heute, war Beneš doch für sie der ›Vertreibungspräsident‹. Die 2005 vollzogene Installation einer Gedenkplatte, die an das Massaker erinnert, brachte eine symbolische Rückkehr des Verständigungsgedankens der Brücke, wie er bei deren Eröffnung 1936 herrschte.

Ein weiteres Beispiel einer groß inszenierten Umbenennung war die Parkanlage, die zu der sogenannten Franz-Petschek-Villa gehörte. Sie wurde zunächst zur Georg-Schönerer-Anlage (1938–1945) und dann 1945 zum Kultur- und Erholungspark (Park kultury a oddechu). Die Familie Petschek war eine jüdische Industriellenfamilie, die vor allem im Kohlehandel erfolgreich war und auch als Mäzen in Ústí auftrat. 1938 wurde die Familie enteignet und musste Ústí verlassen.[92] Während des Krieges war in ihrer ehemaligen Villa das Polizeipräsidium untergebracht. Nach Kriegsende wurde ihr Besitz ein zweites Mal enteignet, dieses Mal vom Nationalausschuss der Tschechoslowakei. Danach waren in der Villa verschiedene Institutionen untergebracht, am

---

89 Kroniky 1952–1956 [Chroniken 1952–1956]. AMUL, handgeschrieben. Ústí nad Labem 1956–1956, 58. Weiteres dazu auch im Kapitel II.8.

90 Zpráva o činnosti odboru vnitřních věcí v oblasti převýchovy občanů cikánského původu, 1954–1956.

91 Siehe zum Aussiger Massaker auch Kapitel I.2. und IV.7 Abschnitt »›Brücke der Versöhnung‹? Annäherung, Konflikt und Kontinuität im Erinnern an das Aussiger Massaker«.

92 Siehe hierzu auch *Osterloh*: Nationalsozialistische Judenverfolgung im Reichsgau Sudetenland; *Gerlach*: Juden in den Grenzgebieten und Kapitel I.1.

längsten das Haus der Pioniere und der Jugend (1962–1989).[93] Die Parkanlage
der Villa wurde den Stadtbewohnern erst zugänglich gemacht, als 1951 die
Bauarbeiten für das beliebte Sommerkino (Letní kino) begannen. In den Jahren 1954–1955 trug die Grünfläche den Namen Květoslav-Innemann-Park
(Sady Květy Innemanna). Innemann wurde 1910 bei Most geboren, er war
kommunistischer Funktionär und Überlebender der Konzentrationslager
Dachau und Buchenwald. Nach Kriegsende kehrte er nach Nordböhmen zurück, wo er in Ústí nad Labem zum Mitbegründer der KSČ wurde. Der gelernte
Bibliothekar war bis 1950 in Ústí tätig, er leitete das Polizeireferat beziehungsweise die Aufklärungsabteilung.[94] Die Feier zur Umbenennung des Parks
wurde zum Massenereignis, an dem 15.000 Menschen teilnahmen.[95] Dies war
einer der wenigen Fälle, in denen eine Persönlichkeit mit direktem Bezug zu
Ústí geehrt wurde. Typisch dabei war, dass es sich um eine Person aus der
Stadtgeschichte nach 1945 handelte. Die übrigen Umbenennungen hatten einen stärkeren Bezug zur gegenwärtigen gesamtstaatlichen Politik als zu der
Straße beziehungsweise der Stadt, dem Raum, dem sie angehörten. Es gab keinen Zusammenhang mehr zwischen dem eigentlichen Raum – der Stadt Ústí,
ihrer Geschichte, der aus ihr stammenden Persönlichkeiten – und den Straßen.
Die Straßen waren vom Raum entkoppelt.

Ein weiterer Versuch zur Ehrung einer lokalen Persönlichkeit war die Namensgebung des Stadttheaters, der größten Kultureinrichtung von Ústí nad
Labem. Das Stadttheater wurde 1909 gegründet und galt bis in die 1930er Jahre
im Vergleich zu anderen mitteleuropäischen Theaterhäusern als relativ gemä-
ßigt nationalistische Einrichtung.[96] Zum Teil wurde hier auch auf Tschechisch
gespielt. Die Bombardierung der Stadt im April 1945 überstand das Theater als
eines der wenigen historischen Gebäude relativ unbeschadet und fiel auch später keiner der Sprengungen und Umgestaltungen zum Opfer. Am 8. Mai 1945
erhielt es den Namen »Slovanské divadlo Beneše a Stalina« (Slawisches Theater

---

[93] 1946 wurde in der Villa der Bezirksgewerkschaftsrat (Krajská odborová rada) untergebracht, 1950–1954 saßen hier verschiedene Referate des Nationalausschusses. 1956 übernahm die Finanzverwaltung das Haus. 1962–1968 war hier das Bezirkshaus der Pioniere
und der Jugend (Okresní dům pionýrů a mládeže), bis 1989 dann das Kreishaus der Pioniere und der Jugend (Krajský dům pionýrů a mládeže). Siehe *Brožek*: Osudy domů a
obyvatel Churchillovy ulice, 43.

[94] *Kaiserová/Kaiser*: Dějiny města Ústí nad Labem, 225.

[95] Zpráva Svazu československo-sovětského přátelství o kulturní činnosti [Nachricht des
Verbandes der tschechoslowakisch-sowjetischen Freundschaft über kulturelle Tätigkei-
ten]. AMUL, ONV ÚL, KT 667, Inv. Nr. 2678, Ústí nad Labem 1950.

[96] Als Vergleich sei auf die Theater der Metropolen verwiesen, die Philipp Ther untersucht
hat. Siehe *Ther*, Philipp: In der Mitte der Gesellschaft. Operntheater in Zentraleuropa
1815–1914. Die Gesellschaft der Oper. Wien, München 2006. Im Aussiger Theater dagegen gab es vonseiten der Stadt Subventionen für beide Nationalitäten, das Ensemble war
größtenteils zweisprachig. In den 1930er Jahren fanden zahlreiche Flüchtlinge aus dem
nationalsozialistischen Deutschland Aufnahme an diesem Haus.

Beneš und Stalin), was mit einer großen Feier begangen wurde. Die Kulturschaffenden, die 1984 über die Nachkriegssituation von Ústí befragt wurden,
konnten sich allerdings auch auf mehrfache Nachfrage nicht an diese Umbenennungsfeier erinnern.[97] Bereits im Juni 1945 erschienen Plakate mit der Bezeichnung »Městské divadlo v Ústí nad Labem« (Städtisches Theater in Ústí
nad Labem).[98] Dieser neutrale Name blieb aber nicht lange erhalten. Marcel Vaverka, ein begeisterter »Russophiler«,[99] Mitglied der Umbenennungskommission von 1945 und Vorsitzender des Kulturausschusses des MěNV,
schlug 1945 die Umbenennung zum »Divadlo Zdeňka Nejedlého« (Theater
Zdeněk Nejedlý) vor.

Nejedlýs Bezug zu Ústí, der nach den Vorgaben des Innenministeriums gegeben sein musste, sobald eine noch lebende Persönlichkeit als Namenspatron
vorgeschlagen wurde, war allerdings marginal. Die örtlichen Behörden bezogen sich auf die »Februar-Ereignisse« 1948, also die kommunistische Machtübernahme, und Nejedlýs Hus-Bezug, den er vermeintlich mit Ústí teilte.[100]
Nejedlý beschäftigte sich als Wissenschaftler schwerpunktmäßig mit Jan Hus
und nationalen Künstlern wie Bedřich Smetana und Božena Němcová, als Politiker bestimmte er die Grundzüge der Kulturpolitik der Kommunistischen
Partei. Dazu gehörte auch die gleichgerichtete Theaterpolitik,[101] auf die Vaverka in einem Schreiben an Nejedlý explizit Bezug nahm:

Mit Liebe und Dankbarkeit trägt deshalb dieses Theater für ewige Zeiten der Zukunft den Namen »Divadlo Zdeňka Nejedlého« und lässt diese Tafel nicht nur tote Literatur, aber lebendiges
Wort sein, das von der Bühne in den vollen Zuschauerraum ruft: »In der Nation kämpfen wir
für unser Sein, es muss sich auch die Kunst in den Dienst dieses Kampfes stellen!«[102]

Zur Umbenennungsfeier 1948 reiste Zdeněk Nejedlý persönlich an.[103] Der Besuch des amtierenden Kulturministers wurde von Menschenmassen begleitet.

---

[97] *Havel/Kubešová/Lencová/Zemín*: Kultura na Ústecku po roce 1945 [Kultur in der Region
Ústí nach dem Jahr 1945]. AMUL, Komise OV KSČ, Karton 1, Inv. Nr. 6, Ústí nad Labem
4.12.1984, 7 f.

[98] *Mikula*, Joža: Kronika 20 let práce Divadla Zd. Nejedlého v Ústí nad Labem. 1945–1965
[Chronik 20 Jahre Arbeit des Theaters Zd. Nejedlý in Ústí nad Labem. 1945–1965]. Ústí
nad Labem 1965, 3.

[99] *Špaček:* Tak to bylo v Ústí nad Labem.

[100] *L. Dušek*: Přejmenování Městského oblastního divadla na Divadlo Zdeňka Nejedlého, korespondence s Nejedlým [Umbennung des Stadttheaters in Theater Zdeněk Nejedlý, Korrespondenz mit Nejedlý]. AMUL, MěNV, KT 18, Inv.-Nr. 435, Brief 1, Ústí nad Labem
22.5.1948.

[101] *Just*, Vladimír: Divadlo v totalitním systému. Příběh českého divadla (1945–1989) nejen
v datech a souvislostech [Theater im totalitären System. Die Geschichte des tschechischen
Theaters (1945–1989) nicht nur in Daten und Zusammenhängen]. Praha 2010, 38.

[102] *Vaverka*, Marcel Bohdanovič: O divadle Zdeňka Nejedlého a jeho poslání [Über das Theater Zdeněk Nejedlý und seine Berufung]. In: Almanach sezona 1948–1949. [Almanach
der Saison 1948–1949]. Hg. v. *Městské oblastní divadlo v Ústí nad Labem*. Ústí nad Labem
1948, 3–5.

[103] *Dušek*: Přejmenování Městského oblastního divadla na Divadlo Zdeňka Nejedlého.

Im Theater wurde eine Büste Nejedlýs und eine Gedenkplatte enthüllt, so dass der Namensgeber präsent blieb.[104] Nejedlý betrachtete die tschechische Geschichte als Zusammenführung von Hussitentum und Nationaler Wiedergeburt durch die kommunistische Bewegung. Die Nationale Wiedergeburt wurde in seiner Interpretation auch durch Smetanas Oper symbolisiert und sollte die Vormacht der tschechischen, der slawischen Nation in dem nun tschechischen Grenzland demonstrieren.[105] Nejedlýs zahlreiche Schriften und Reden wurden zur Leitlinie der offiziellen Historiografie. So prägte der Politiker jahrzehntelang die offizielle Geschichtspolitik zum offiziellen nationalen Gedächtnis, wie er es selbst bezeichnete. Es war also das nun tschechische Ústí, das durch den Namen des Kulturministers aufgewertet und mit nationaler Bedeutung aufgeladen wurde.

Symbolische Besetzungen können auch in der Natur stattfinden, durch die Benennung von Landschaften Flüssen, Bergen und Baumarten.[106] Daher überrascht es nicht, dass die Umbenennungsgesetze des 20. Jahrhunderts auch die Landschaft und mit ihr auch Landkarten betrafen.[107] Eine der sogenannten Terminologiekommissionen für die Tschechisierung der Karten (názvoslovné komise pro počeštění map) arbeitete auch in Ústí nad Labem. In dieser Kommission saß der Historiker František Pinc, der auch die ersten Nachkriegsbücher zur Stadtgeschichte von Ústí verfasste. Weitere wichtige Akteure in Bezug auf die Landschaft waren die Tourismusverbände. Diese nahmen im August 1945 ihre Arbeit wieder auf und übernahmen zugleich das Eigentum der vormals von Deutschsprachigen geführten Vereine.[108] Der Klub der tschechoslowakischen Touristen (Klub československých turistů, KČT) sollte die touristischen Markierungen sichern beziehungsweis vereinheitlichen.

Besonders im Grenzgebiet sollte nicht weiter die deutsche Markierung verwendet werden, die sich von der tschechoslowakischen (Raute) unterschied, stattdessen sollte eine Angleichung an die Markierungen im Rest des Landes

---

[104] *Mikula*: Kronika 20 let práce Divadla Zd. Nejedlého, 33.

[105] »[...] in unserer nationalen Tradition in der Vergangenheit und heute, im gutem wie im bösen Sinne, kehren wir von allem und in welcher Richtung auch immer, schlussendlich zurück zu den Hussiten als die Wurzel nicht nur unserer Geschichte, aber auch unseres Charakters und auch unserer nationalen Traditionen [...].« *Nejedlý*: Komunisté, dědici velikých tradic českého národa, 42.

[106] *Stachel*: Stadtpläne als politische Zeichensysteme, 13–60.

[107] Ausführlicher über die Tätigkeit der gesamtstaatlichen Namenskundlichen Kartographischen Kommission (Názvoslovná komise kartografická) *Hlavačka*, Milan: Ztráta historické paměti v důsledku umělého přejmenování krajiny [Der Verlust des historischen Gedächtnisses durch die künstliche Umbenennung der Landschaft]. In: *Ders./Mareš/Pokorná*: Ztráta historické paměti, 535–538. Zu der in Ústí tätigen Kommission siehe *ebenda*, 538–546.

[108] Zajištění majetku německých turistických organizací [Feststellen des Eigentums der deutschen touristischen Organisationen]. AMUL, ONV, KT 1524, Inv. Nr. 5174, Ústí nad Labem 25.8.1945.

erfolgen.[109] Im Zuge einer Neukartierung im Jahre 1956 schlug die Terminologiekommission vor, »unangemessene« Ortsbezeichnungen zu ändern. Konkret riet sie dem Städtischen Nationalausschuss, die letzten verbliebenen deutschen Bezeichnungen wie Spielberg, Teich, Die große Ebene und Kirchhofseite aus dem Stadtbild beziehungsweise aus den Karten zu streichen. Diesem Vorschlag gab der Städtische Nationalausschuss am 27. Januar 1956 statt.[110]

Abb. 5: Vereinsmitglieder des Klubs der tschechoslowakischen Touristen in Ústí nad Labem bringen neue Wegmarkierungen an (Private Chronik der Abteilung Chemie des Klubs der tschechoslowakischen Touristen. KČT odbor Chemička, kronika).

Ein interessantes Beispiel für die symbolische Besetzung der Landschaft bietet der Aussichtturm »Erbenova vyhlídka« (Erben-Aussicht) im Norden von Ústí nad Labem, im Viertel Dobětice. Von diesem stadtnahen Ausflugsziel aus blickt man über die gesamte Stadt und in das umliegende Gebirge. Der Turm wurde 1888 von Alwin Köhler erbaut. Zuerst nannte die Bevölkerung den Aussichtsturm »Brand«, aber 1933 wurde er nach dem Vorsitzenden des Aussiger Gebirgsvereins, Alexander Erben, in Alexander-Erben-Warte umbenannt. Nach 1945 wurde nur noch das tschechische Äquivalent »Erbenova vyhlídka« verwendet, umgangssprachlich hieß der Turm »Erbenka«. Von offizieller Seite wurde jedoch eine Neuzuschreibung versucht: Ab 1945 gab es im Stadtteil Krásné Březno eine Erben-Straße (Erbenova), die an Karel Jaromír Erben, einen tschechischen Dichter und Archivar, erinnerte. Die Anlehnung an Karel Jaromír

109 Značkování v pohraničí [Markierung im Grenzgebiet]. In: Ústecký věstník vom 14.10. 1946, 9.
110 Nové pomístní názvy v Ústí nad Labem a Trmicích [Neue Ortsnamen in Ústí nad Labem und Trmice]. AMUL, MěNV ÚL, KT 221, Inv. Nr. 934, Ústí nad Labem 24.2.1956.

Erben sollte nun auch für den Turm gelten. Die korrekte Zuschreibung wurde dennoch weiter tradiert, beispielsweise durch den TJ Spartak, einen der Touristikvereine in Ústí nad Labem.

Abb. 6: Renovierungsarbeiten der Vereinsmitglieder an der Erben-Aussicht. In: Kronika Spartaku Ústí nad Labem, 29.

Die Vereinsmitglieder engagierten sich für den Erhalt des Aussichtsturms und leisteten bei dessen Renovierung im Jahr 1981 400 freiwillige Arbeitsstunden (brigádní hodiny). In der Vereinschronik wird die falsche Benennung des Aussichtsturmes als »K. J. Erben Turm«, mit dem »er nichts zu tun« hätte, explizit vermerkt. Die freiwilligen Helfer posierten sogar unter dem Schild des Gebirgsvereins von 1883, das sie renoviert hatten und mit dem sie den Bezug zum deutschen Namensgeber auch für die Öffentlichkeit deutlich machten.[111]

Das Bestreben zur Selbstvergewisserung durch die Schaffung neuer, national aufgeladener Symbole als wichtige identitätsstiftende Zeichen für die Bewohner von Ústí nad Labem beschränkte sich nicht nur auf die unmittelbare Nach-kriegszeit. Am 28. Oktober 1968, dem 50. Jahrestag der ersten Staatsgründung, und zugleich zwei Monate nach Beginn der Okkupation durch die Warschauer-Pakt-Staaten, fand ein symbolischer Akt in Ústí statt. Der Vorsitzende des MěNV, Jaroslav Dvořák, hielt eine Rede und pflanzte einen »Baum der Republik«, eine Linde, das traditionelle tschechische Gegenstück zur ›deutschen Eiche‹. Dvořák beschwor die Einheit der Nation und deren Tradition, wobei er sich wiederholt auf die Symbolik der Linde bezog, die ebenso wie die Nationalhymne oder die Flagge »Ausdruck des Tschechisch-Seins« (češství) sei, das die Tschechen meist »nur im Herzen und in Gedanken« halten durften.[112] Dvořák sagte nicht explizit, auf welchen Zeitraum seine Aussage gemünzt war. Im Kontext der Okkupation von 1968 war die tschechische Linde jedoch ein recht eindeutiges Symbol für die Einheit der tschechischen Nation im Angesicht der einmarschierten Truppen. Dvořák selbst war bis 1969 als Vorsitzender des MěNV im Widerstand aktiv, nach seiner erzwungenen Abdankung im Dezember 1969 verübte er Selbstmord.

4. Aussiger Ansichten: Rezeption der Umbenennungen in der BRD

Die zahlreichen Namensänderungen in Ústí nad Labem wurden nicht nur von den aktuellen Bewohnern, sondern auch von den ehemaligen deutschsprachigen Bewohnern rezipiert. Sie erfuhren von den Namensänderungen durch Postkarten oder aus den Nachrichten und zählten sie unkommentiert im »Aussiger Boten« auf.[113] Ungewöhnlich war, dass sie kontinuierlich die

---

111 Průboj vom 6.6.1981 und Kronika Spartaku Ústí nad Labem Klubu československých turistů [Chronik Spartak Ústí nad Labem des Klubs der tschechoslowakischen Touristen]. 1981, 29. Privatbesitz Karel Punčochář.

112 Jaroslav Dvořák, předseda MěNV, referáty u příležitosti 50. výročí vzniku republiky [Jaroslav Dvořák, Vorsitzender, Referate anlässlich des 50. Jahrestages der Republikgründung]. AMUL, MěNV ÚL, KT 221, Inv. Nr. 941, Ústí nad Labem 28.10.1968.

113 Der Aussiger Bote wurde nach dem ersten Treffen der Aussiger im September und November 1948 herausgegeben. Die erste achtseitige Ausgabe wurde an alle 12.000 Adressen geschickt, die man auf dem Treffen gesammelt hatte, was einem Fünftel der ausgesiedelten Aussiger entsprechen würde. Danach hatte er eine Auflage von 5.000 Exem-

Namen der zentralen Straße von Ústí aufführten: Für die Aussiger war es die Pokauer und Kaiser-Wilhelm-Straße, dann hieß sie Dresdner Straße, dann Masaryk-Straße, und sogar an die Bezeichnung Adolf-Hitler-Straße wurde von einigen Autoren erinnert.[114] Bei den anderen Straßen erinnerten die Aussiger in ihrer Zeitschrift ausschließlich an die Vorkriegs-Bezeichnungen: So wurde an den Materniplatz, wie er bis 1938 hieß, weder als Langemarkplatz (1938–1945) noch als Lidice-Platz (Lidické náměstí, ab 1945) erinnert. Die Namensänderungen durch die neuen Einwohner wurden lediglich bissig kommentiert und als unversöhnliches Zeichen der neuen Machthaber betrachtet. Beispielhaft zeigt dies ein Gedicht des Aussigers Fritz Märtin aus dem Jahr 1985:

> Ústí nad Labem?
> Burg Friedland, Saaz, Ruine Schreckenstein,
> die Fremden setzten fremde Namen ein.
> Verbannten Deutsches. Die Gewalt schlug
> die Flure, die ihre alten Zeichen trug.
> Vertrauter Klang von Hügeln, Fluß und Stadt,
> von Eger, Plöckenstein, Marienbad;
> Aussig, Liebwerda, Tetschen-Bodenbach:
> In der Erinn'rung klingen Namen nach.
> Und keine Brücke, die Verstehen schlägt,
> daß sie die Völker zueinander trägt.[115]

Märtin betrachtete die tschechischen Namen als »fremd« und die »Verbannung« der deutschen Namen als einseitig ausgeschlagene Verbindung.

Der Unmut über die Umbenennungen äußerte sich jedoch nicht nur im Heimatblatt, sondern auch in einem Leserbrief an die FAZ. Darin beklagt ein »ehemaliger Aussiger« die Übernahme der tschechischen Bezeichnungen in deutschen Zeitungen:

Wenn sächsische Zeitungen melden, daß sie wöchentlich zwischen Bad Schandau und Usti [ohne Akzente im Original] verkehren werden, so sieht man ihnen nach, daß sie sich des tschechischen Namens von Aussig bedienen, denn einmal werden sie sich hüten, gegen die

---

plaren und erschien als »Heimatbrief der Ausgewiesenen aus dem Stadt- und Landkreis Aussig und Mitteilungsblatt des Hilfsvereins Aussig e. V., Sitz in München«. Im Jahr 2012 lag die Auflage des Aussiger Boten noch bei 2.000, die Leserschaft bei 1.800 Aussigern weltweit (Gespräch von Frauke Wetzel mit Horst Prowinsky, München 28.9. 2012). Der Aussiger Bote brachte Berichte aus der alten und neuen Heimat, Todesanzeigen (bis 1974 insgesamt 90.004), Geburtstagswünsche (bis 1974 insgesamt 16.354), Suchanzeigen (bis 1982 über 8.000), beratende Hinweise zu sozialen Fragen (insb. zum Lastenausgleich), aber auch politische Polemik. Ab 1950 war es verboten, den Aussiger Boten und auch andere Heimatblätter in die DDR zu senden, wodurch sich die Leserschaft verringerte.

[114] Neue Namen in Aussig. In: Aussiger Bote vom Juli 1955.
[115] *Märtin*, Fritz: Ústí nad Labem? In: Aussiger Bote vom Juni 1985, 14.

offizielle Sprachregelung zu verstoßen, und zum anderen würden sie vermutlich sogar Dresden in Tschechisch schreiben, wenn sie ihren Freunden südlich des Erzgebirges damit einen Gefallen tun könnten.[116]

Der Autor kritisiert weiterhin, dass auch die FAZ den Namen »Usti« verwendet habe. Er wolle kein »Recht auf Heimat« deklarieren, aber man solle doch »wenigstens die alten deutschen Städtenamen unserer früheren Heimat nicht einfach in der Versenkung verschwinden [...] lassen«. Abschließend schreibt er: »Ich glaube, wir brauchen nicht päpstlicher als der Papst, tschechischer als die Tschechen zu sein und sollten auch weiterhin die deutschen Bezeichnungen der verschiedenen Städte benutzen.«[117]

Die Namensdiskussion wurde auch in den 1990er Jahren, teils mit neuer Heftigkeit, weitergeführt. So kritisierte beispielsweise Dr. Peter Michaelis, Vertreter des Stadterneuerungsamtes der Stadtverwaltung Dresden und seit sechzehn Monaten in der Stadt tätig, in einem FAZ-Beitrag die Praxis, die deutschen Namen von Orten und Städten in der Tschechoslowakei zu entfernen. Mit der Rückbenennung sei keinesfalls ein Gebietsanspruch verbunden. Er plädierte in seinem Leserbrief für die Nennung beider Namen, um für Orientierung zu sorgen. Unklar blieb, ob er aus der Region stammte oder was sein Motiv für diese Meinungsäußerung war.[118]

Aber 1945 war es nicht mehr das Aussig. Es waren sofort alle Schilder weg, die Aufschriften der Geschäfte verschwanden. Alles nur noch in Tschechisch, ich konnte kein Wort tschechisch. Das nötigste zum Einkaufen, obwohl kaum was da war, haben uns ältere Tschechen verkauft, die uns noch kannten.[119]

Die Sudetendeutsche Landsmannschaft Dresden initiierte am 1. August 1992 ein Treffen auf der Beneš-Brücke in Ústí. Dabei gaben sich der Sprecher der Gruppe, Rüdiger Kollar, und der Erzdekan von Ústí, Dr. Antonín Sporer, symbolisch die Hand. »Wir können nicht ungeschehen machen, was damals geschah. Leider. Die Geschichte darf aber nicht schweigen. Die Brücke, auf der sich heute Deutsche und Tschechen die Hände reichen, wollen wir ›Brücke der Versöhnung‹ nennen«, so Kollar bei seiner Ansprache.[120] Die versöhnlichen, deutsch-tschechischen Aktivitäten rund um die Brücke und das Gedenken an das Massaker nahmen aber in den darauffolgenden Jahren mehr Platz ein und die Gemüter beruhigten sich.

---

116 *Müller*, Wolfgang: Aussig nicht Ústí. In: Frankfurter Allgemeine Zeitung vom 8.7.1965.
117 *Ebenda.*
118 *Michelis*, Peter: Nicht mehr nach »Usti n. L.«. In: Frankfurter Allgemeine Zeitung vom 16.3.1992.
119 *Kralowetz*, Karl Heinz, 7.8.2013 in München, Interview geführt von Frauke Wetzel.
120 Brücke der Versöhnung. In: Prager Zeitung vom 1.10.1992. Dieser Umbenennungsvorschlag wird in Kapitel IV.7.2 im Kontext des Gedenkens an das Aussiger Massaker eingehend behandelt. *Reißmüller*, Johann Georg: Die Beneš-Brücke in Aussig. In: Frankfurter Allgemeine Zeitung vom 3.8.1994.

5. Ausblick: Urbanonyme in Ústí nad Labem nach 1989

Nach der Samtenen Revolution erlebte Ústí eine weitere Umbenennungswelle. Die Namen führender Vertreter der Ersten Republik kehrten nun wieder ins Straßenbild zurück. Auf eine Rückkehr von deutschsprachigen Persönlichkeiten beziehungsweise Personen mit lokaler Bedeutung wurde bei den Umbenennungen jedoch nicht gesondert geachtet, es gab in Ústí also keinen *local turn* wie ihn Jan Musekamp in Stettin beobachtete.[121] Nach 1989 ging es – analog zur ›Entgermanisierung‹ nach 1945 – nun an die ›Entsowjetisierung‹ der Straßennamen. Hauptakteur dieses Vorgehens war die neue Generation der in Ústí Geborenen, die die Verhältnisse in Frage stellte. Vor allem unter den Studierenden hatte sich Ende der 1980er Jahre das Schreiben von Petitionslisten als neue Form des Protests etabliert. Die Studierenden der Pädagogischen Hochschule initiierten im Dezember 1989 eine Petition über die Änderung von Straßennamen in Ústí nad Labem. Insgesamt 2.571 Menschen beteiligten sich an dieser ersten lautstarken Einmischung der Bevölkerung in den Umbenennungsprozess. Das Ergebnis war eine Liste von Straßennamen, die die Einwohnern nicht mehr als zeitgemäß empfanden: Die nach dem kommunistischen Präsidenten benannte Gottwaldova sollte zur Churchillstraße (Churchillova třída) werden, erhielt 1990 aber schließlich den Namen Palach-Straße (Palachova) zum Gedenken an den Studenten Jan Palach, der sich 1969 aus Protest gegen die Okkupation durch die Truppen des Warschauer Pakts selbst verbrannt hatte. Die Dserschinski-Straße (Dzeržinského) wurde, wie in der Petition gefordert, nach Jan Zajíc, dem zweiten Studenten, der sich 1969 verbrannt hatte, benannt.

Einige der ›sozialistischen‹ Namen blieben jedoch erhalten: Die Straße, die an die Volksmiliz erinnerte, sollte nach dem Wunsch der Studierenden zur Straße der Menschenrechte werden, was aber nicht umgesetzt wurde. Ebenso wenig wurde der Park der Freundschaft (Sady družby) zum John-Lennon-Park. Auch die Straße der Tschechischen Jugend (České mládeže) erschien den neuen politischen Vertretern nicht so ideologisch belastet wie den Studierenden, die die Umbenennung zur Straße des 17. November (17. listopadu), dem Tag des Generalstreiks und Beginn der Samtenen Revolution 1989, vorschlugen. Für das Gedenken an das erst wenige Wochen zurückliegende Ereignis war es in den Augen der Stadtverwaltung zu diesem Zeitpunkt wohl noch zu früh, später jedoch führte sie gleich zwei »Straßen des 17. November« in den Vierteln Bukov und Všebořice ein.[122]

Unter den neuen Namen im Straßenbild von Ústí waren auch Angehörige der tschechoslowakischen Auslandsstreitkräfte im Zweiten Weltkrieg, die nach 1945 aus der offiziellen Erinnerung verdrängt worden waren und nun,

---

[121] *Musekamp*, Jan: Zwischen Stettin und Szczecin. Metamorphosen einer Stadt von 1945 bis 2005. Wiesbaden 2010.

[122] *Krejčík, Pavel/Jirát, Václav*: Návrh na změnu názvů [Vorschlag zur Namensänderung], AMUL, Osobní fond Josef Semanišin, 20.12.1989.

nach ihrer Rehabilitation durch das Verteidigungsministerium, wieder in das öffentliche Bewusstsein zurückkehrten.[123] In Ústí beschloss die Stadtverwaltung 1992, zu Ehren des in Großbritannien gefallenen Otto Hanzlíček die Straße des 9. Mai (9. května) in Hanzlíčkova umzubenennen.[124] Damit erfuhren seine Angehörigen, die nach wie vor in dieser Straße lebten, nach der Verfolgung unter den Nationalsozialisten und der fehlenden Anerkennung ihres in Großbritannien gefallenen Verwandten zu kommunistischer Zeit eine späte Genugtuung.

6. Zusammenfassung

Die Namen von Straßen, Plätzen, Landschaften und Institutionen waren in Ústí bewusst gesetzte Zeichen. Sie waren Ausdruck des Wandels und der neuen politischen und gesellschaftlichen Situation, gesetzte Zeichen des Machtwechsels in Abgrenzung zu dem vorhergehenden System und dessen führenden Persönlichkeiten. Die Namensänderungen in Ústí nad Labem waren keine öffentliche Angelegenheit, doch entsprach die ›Entdeutschung‹ bis in die 1950er Jahre dem gesellschaftlichen und politischen Konsens. Damit waren die Straßennamen in Ústí Medien des kollektiven beziehungsweise des kommunikativen Gedächtnisses. Sie vermittelten das offizielle Gedächtnis ihrer Entstehungszeit und spiegelten dessen Wandel.

Dieser Wandel lässt sich in fünf Phasen gliedern: 1. die 1945–1947 vollzogene ›Entdeutschung‹ und Umbenennung von Straßen, die die Namen deutscher Persönlichkeiten trugen; 2. die Entfernung von politisch unliebsamen Personen, welche erst 1952 umgesetzt wurde, obwohl die Anweisung dazu bereits aus dem Jahr 1949 stammte; 3. die Neukartierung der Tschechoslowakei, in deren Rahmen 1956 die letzten deutschen Landschaftsbezeichnungen entfernt wurden; 4. die Neuschaffung von Wohnvierteln und Eingemeindung von Stadtteilen, die 1982 die ›Einschleusung‹ von Straßenbenennungen nach deutschen Persönlichkeiten wie Karl May, Richard Wagner und Gustav Doerell mit

---

[123] Weiteres zur Rehabilitierung siehe *Sigmund*, Jan: Rehabilitace československých letců, kteří v době 2. světové války, v letech 1940–1945, sloužili v československém letectvu v rámci RAF [Die Rehabilitation der tschechoslowakischen Piloten, die während des Zweiten Weltkrieges, in den Jahren 1940–1945, in der tschechoslowakischen Fliegereinheit in der RAF dienten], vom 4.6.2008. In: Armáda České republiky, URL: http://www.acr.army.cz/acr/raf/cast/029.htm (am 20.9.2013).

[124] Otto Hanzlíček wurde am 18. Juni 1911 in der Králova výšina Nr. 21 geboren. Der gelernte Schlosser war auch Pfadfinder. 1930 meldete er sich freiwillig zur tschechoslowakischen Luftwaffe. 1939 floh er nach Polen, gelangte dann nach Frankreich und diente nach der Gründung der Auslandsarmee der Tschechoslowakei als Pilot in der RAF. Am 1. November 1940 fand man seine Leiche. Im Jahr 1991 wurde er zusammen mit hundert Angehörigen der Auslandsstreitkräfte vom Verteidigungsministerium rehabilitiert. *Borská*, Helena: Válečný letec Otto Hanzlíček z Ústí nad Labem [Der Kampfpilot Otto Hanzlíček aus Ústí nad Labem]. In: Příspěvky k ústecké vlastivědě 1 (2000), 19–25, hier 24.

sich brachte; 5. die ›Entsowjetisierung‹ nach der Samtenen Revolution 1989, die in Ústí jedoch keinen *local turn* nach sich zog.

Im Gegensatz zum offiziellen Gedächtnis blieben Versatzstücke aus der Zeit, die man vergessen machen wollte, Teil des mündlich-kommunikativen Gedächtnisses der Stadt. Das ›deutsche Element‹ blieb präsent, sowohl in der Landschaft, in der Bezeichnung von Bergen und Ausflugsorten (Erben) wie auch in Firmennamen (schichťáci) und im täglichen Gebrauch der Einwohner, von denen rund 22 Prozent Altsiedler waren.

Die Namensänderungen wurden rasch vollzogen, Ústí war die erste Stadt der (Nachkriegs-)Tschechoslowakei, in der ab dem 28. September 1945 offiziell neue Straßennamen galten. Die neuen Bewohner, die fast 70 Prozent der Nachkriegsbevölkerung ausmachten, kamen überwiegend zu einem Zeitpunkt in die Stadt, als das neue Straßenbild bereits die Öffentlichkeit beherrschte, die neuen Straßennamen schon galten. Ihnen fiel es leichter, das neue Bild der Stadt zu übernehmen, da sie das alte nicht gekannt hatten. Umso überraschender waren die Versatzstücke aus dem alten Ústí, die in den Erzählungen überdauerten und weitergetragen wurden. Zum Teil waren dafür die Betriebsleitungen, der MěNV und die Medien verantwortlich. Sie verwendeten noch lange Zeit die alten und die neuen Namen parallel, was der Orientierung der alten Bewohner diente, aber auch zur Übernahme der alten Namen durch die neuen Bewohner führte.

Die ehemaligen jüdischen Mitbürger wurden nicht Teil des Gedenkens in Ústí. Sie waren eine aus dem neugestalteten öffentlichen Raum ausgeschlossene Gruppe. Auch der Einfluss von Neubürgern und Minderheitengruppen auf das stadtbildliche Erinnern war sehr gering, ihre Repräsentanz beschränkte sich auf den griechischen Namenspatron der Nikos-Belogiannis-Brücke.

Straßennamen haben in der Regel eine identitätsstiftende Wirkung. Sie sind fester Bestandteil der unmittelbaren Umgebung, Teil des Alltags und den Menschen somit gegenwärtiger als beispielsweise Denkmäler. Im Fall von Ústí wirkten die Urbanonyme jedoch nicht identitätsstiftend. Grund hierfür war zum einen, dass sie oft nur von kurzer Dauer waren – in manchen Fällen galten die Straßennamen nur wenige Jahre, zudem wechselten einige Straßen in Ústí zwischen 1945 und 1990 bis zu vier Mal ihren Namen. Zum anderen mangelte den Urbanonymen an regionalen Bezügen, wobei die wenigen Benennungen nach lokalen Vertretern – wie im Fall des Polizeireferenten Innemann – nicht immer zur positiven Identitätsstiftung taugten.

Die ersten Akteure der Umbenennungen in Ústí kamen ohne regionalen Bezug in die Stadt und setzten ihre als patriotisch verstandene Aufgabe sehr schnell um – strikt nach den politischen Vorgaben, aber ohne Berücksichtigung des vorgefundenen Raumes. Der Verlust beziehungsweise das erwünschte Verdecken der Geschichte des Ortes, der Region, und seiner (deutschen) Vergangenheit führte zu einer verstärkten Suche nach regionaler Identität. Eine solche Identität konnte sich durch die staatlicherseits propagierte Erinnerung an Größen der böhmischen Geschichte nicht herausbilden, da auch hier die regionale Verortung fehlte. Die nach Josef Dobrovský und anderen Vertretern der böhmischen Geschichte benannten Straßennamen blieben Fremdkörper in Ústí. Eine Ausnahme war der Bezug auf die Hussiten – hier wählten die regionalen Vertreter im Prager Frühling erstmals selbst eine Umbenennung nach Hus. Die wichtige Hussitenschlacht bei Na Běhání, das nahe bei Ústí lag, hatte regionale Bedeutung.

Die Hälfte der Umbenennungen nach 1945 nahm Bezug auf die Vorkriegsbezeichnungen, beruhte auf Übersetzungen der bestehenden Namen oder orientierte sich an der Landschaft. Diese Namen boten ein hohes Identifikationspotential und waren auch nicht von den späteren Umbenennungswellen der 1950er und 1960er Jahre betroffen, wie es bei den Benennungen nach Personen der Fall war.

Erst in den 1980er Jahren ergriffen lokale Akteure aus der neuen, in Ústí geborenen Generation die Initiative und nahmen aktiv Einfluss auf die lokale Straßenbenennung.

IV. ERINNERN UND VERGESSEN IM STADTBILD: DENKMÄLER UND ARCHITEKTUR

1. Denkmäler und Nicht-Orte

Denkmäler sind materialisierte Erinnerung. Sie meißeln in Stein, an wen oder was erinnert werden soll. Was keine materielle Darstellung findet, bleibt eine Leerstelle, die zwar nicht automatisch in Vergessenheit gerät, aber aus dem öffentlichen Diskurs fällt oder nicht als gemeinschaftliches Zeichen, als ein Identifikationsangebot im Raum gewollt oder gewünscht ist.

Im Stadtraum und in der Umgebung von Ústí nad Labem befanden sich viele solcher Denkmäler und Leerstellen. Sie dienten den Einwohnern von Ústí zur Identifizierung mit ihrem neuen Heimatort und waren gleichzeitig Wahrzeichen für Besucher, die die Stadt bereisten. Von 1945 bis zum Ende der 1950er Jahre verfolgten die staatlichen Stellen in Ústí nad Labem wie auch in der gesamten Tschechoslowakei die konsequente ›Entdeutschung‹ des Stadtbilds. Die ONV-Vorsitzenden Marie Vobecká wies die städtischen Behörden an, Symbole, die »an die Zeit der Unfreiheit« erinnerten, abzumontieren.[1] Was geschah mit den dabei entstehenden Leerstellen? Mit welchen Zeichen sollten sie ersatzweise gefüllt werden? Welche Geschichte wurde wiederbelebt, welche vergessen beziehungsweise nicht materialisiert und sichtbar gemacht?

Denkmäler und Erinnerungstage können verlässliche Orte der Orientierung und Sinnstiftung sein. An dieser Sinnstiftung wirken immer auch staatliche Akteure mit. Sie schaffen die Denkmäler der Meistererzählungen, der Großerzählungen, die über die Geschichtswissenschaft hinaus auch den Alltag prägen, die für eine bestimmte Zeit innerhalb einer Gesellschaft prägend sind. Meistererzählungen können eine identifikatorische Wirkung erreichen, wenn sie sozial integrierend sind.[2] Darüber hinaus sind es auch nicht-staatliche Ak-

---

[1] Eine Ausnahme sollte nur für diejenigen Symbole gemacht werden, die von kulturellem Wert oder für die Lokalgeschichte von Bedeutung waren. Diese sollten in Absprache mit dem Denkmalamt abmontiert werden. Odstranění symbolů, pomníků, označení apod. upomínajících na dobu nesvobody (dodatek k oběžníku z 27.8.1945) [Entfernen von Symbolen, Denkmälern, Inschriften usw., die an die Zeit der Unfreiheit erinnern (Ergänzung zum Rundschreiben vom 27.8.1945)]. AMUL, OSK, KT 1525, Inv. Nr. 5318, Ústí nad Labem 22.10.1945.

[2] Zum Begriff der Meistererzählung siehe auch *Middell*, Matthias/*Gibas*, Monika/*Hadler*, Frank: Sinnstiftung und Systemlegitimation durch historisches Erzählen. Überlegungen zu Funktionsmechanismen von Repräsentationen des Vergangenen. In: Comparativ 2 (2000), 7–35; *Jarausch*, Konrad H./*Sabrow*, Martin: »Meisterzählung«. Zur Karriere eines

teure, die markante Denkmäler schaffen oder uminterpretieren. Die Materialisierung der Denkmäler, zum Beispiel in Form von Gedenkorten oder im Städtebau, führt zu gesellschaftlicher Gestaltungsmacht und zur Selbstvergewisserung. Die im Stadtraum von Ústí verorteten Meistererzählungen waren nicht nur staatliche Vorgabe, sondern trafen auch auf ein inneres Bedürfnis der neuen Einwohner. Die Denkmäler boten Sinnstiftung, die die Geschichte des »wiedergewonnenen« Ústí in die Geschichte der Gesamt-Tschechoslowakei einordnen sollte.[3] Wie eigneten sich die Stadtbewohner diese Denkmäler und Meistererzählungen an? Wie wandelten sich diese im Kontakt mit den Einwohnern?

Die Durchführung von Jubiläumsfeiern und Ritualen an Denkmälern können deren Intention stützen oder abwerten. Feiern an Denkmälern können zur Herrschaftslegitimation dienen, zur Vergewisserung von Gemeinsamkeit und kollektiver Identität.[4] Dies war ein besonders wichtiges Motiv in der Grenzregion, da diese als stärker zum Gesamtstaat zugehörig gedeutet werden sollte und sich zudem die neu zusammengesetzte Bevölkerung auch zusammenfinden musste. Zentral verordnete Gedenkpraktiken an Denkmälern können neben dem verbindenden jedoch auch einen disziplinierenden Charakter haben, wodurch sie dem Ausdruck und der Selbstvergewisserung der jeweiligen Macht dienen.[5]

Zu Beginn dieses Kapitels stehen drei Orte im Mittelpunkt, die im Stadtraum und in der näheren Umgebung von Ústí Meistererzählungen in Denkmälern und in öffentlichen Feiern manifestierten: Stadice, wo sich die Geschichte der Přemysliden und die symbolische Rückkehr des Gebietes in tschechische Hände materialisierte; Na Běhání als Ort der Hussitenkämpfe und des ewigen deutsch-tschechischen Kampfes sowie Orte, die an die Befreiung des Jahres 1945 erinnerten.

Im Anschluss werden städtebauliche Veränderungen beschrieben, die in Ústí nad Labem, einer der wenigen zerbombten Städte in der Tschechoslowakei, zu den prägenden Materialisierungen nach 1945 gehörten und hier als Ausdruck der Meistererzählungen verstanden werden.

Ein weiterer Abschnitt widmet sich den Leerstellen in der offiziell zu erinnernden Geschichte: Verschiedene Menschen und Gruppen wurden aus dem Stadtraum ausgeschlossen, weil kein symbolischer Ort an sie erinnerte oder die

---

Begriffs. In: *Dies.* (Hg.): Die historische Meistererzählung. Deutungslinien der deutschen Nationalgeschichte nach 1945. Göttingen 2002, 9–32. Pavel Kolář diskutiert die Anwendbarkeit des ursprünglich englischen Begriffs im tschechischen Kontext. Siehe *Kolář*: Die nationalgeschichtlichen master narratives.

3   Der Diskurs »wiedergewonnenes Land« fand in den polnischen Westgebieten statt. Im ehemaligen Sudetenland, den tschechoslowakischen Grenzgebieten, war er nicht präsent, stattdessen verwendete man die Bezeichnung »zurückerobertes Grenzland«.

4   Nach Aleida Assmann sind Jubiläen Denkmäler in der Zeit. Siehe *Assmann*, Aleida: Jahrestage – Denkmäler in der Zeit. In: *Münch*, Paul (Hg.): Jubiläum, Jubiläum... Zur Geschichte öffentlicher und privater Erinnerung. Essen 2005, 305–314.

5   *Jaworski*: Jubiläen und Gedenktage im östlichen Europa, 21.

Erinnerung aktiv aus dem städtischen Raum verdrängt wurden. Angelehnt an Marc Augé werden diese als Nichtort bezeichnet.[6] Diese sind im Fall von Ústí nad Labem vor allem Orte, die an das jüdische Leben und das alte Aussig erinnerten, die sowohl von den alten als auch von den neuen Einwohnern verdrängt wurden.

Anschließend werden die Reaktionen der ehemaligen Einwohner, der Aussiger, auf das ›neue Ústí‹ beleuchtet. Wie nahmen sie die neuen offiziell konstruierten Meistererzählungen wahr und wie betrachteten sie die eigenen? Dabei werden auch die Aussiger Denkmäler in den neuen Wohnorten vergleichend dargestellt.

Das Bedürfnis nach historischer Verortung zeigte sich vor allem in Umbruchphasen, in Zeiten politischen Wandels – sowohl bei der Neubesiedlung 1945 wie auch nach der politischen Wende 1989. Der Umgang mit den Meistererzählungen nach 1989 zeigt sich exemplarisch an dem 1985 entstandenen Mosaik von Miroslav Houra im Zentrum von Ústí nad Labem. Es stellt bildhaft die wichtigsten Meistererzählungen der Stadt dar und löste nach der Samtenen Revolution eine der wenigen Diskussionen über den Umgang mit als sozialistisch verstandenen Denkmälern aus: Sollte es bleiben, abgetragen oder verändert werden?

Abschließend werden die deutsch-tschechischen Denkmäler in Ústí betrachtet, vor allem die als Denkmal verstandene Beneš-Brücke und die 2005 darauf angebrachte Gedenkplatte, die an das sogenannte Aussiger Massaker erinnert. Dieses Ereignis und die Diskussion um das Gedenken daran gehören zu den bekanntesten Erinnerungsakten der Stadt Ústí und spielten eine wichtige Rolle im deutsch-tschechischen Verhältnis nach 1989. Daneben werden auch die zahlreichen neuen Denkmäler beziehungsweise virtuellen Gedenkstätten des Jubiläumsjahres 2005 betrachtet: Welche Themen kamen mit diesen neuen Orten ins Gedächtnis zurück und wie waren die Reaktionen darauf?

2. Lokale Meisterzählungen: Zugehörigkeit durch Geschichte

In Ústí nad Labem gab es einige regionale historische Ereignisse, die bereits vor 1945 zum nationalen Kanon der Geschichtsschreibung und zur symbolischen Widerstandsgeschichte gehörten. Als Meistererzählungen dienten dabei die Legende um die Přemysliden aus Stadice sowie die Hussitenschlacht Na Běhání (auf der Bihana). Nach dem Ende des Zweiten Weltkriegs kam die Befreiung durch die Rote Armee 1945 als neue Meistererzählung dazu. Mit der Erinnerung hieran reihte sich Ústí in den gesamtstaatlichen Mainstream der tschechoslowakischen Geschichtsschreibung ein.

Diese drei Meistererzählungen sollten eine Identifikation der neuen Einwohner mit dem neuen Ort erreichen. Zugleich wurden neue Narrative für den

---

6 *Augé*, Marc: Orte und Nicht-Orte. Vorüberlegungen zu einer Ethnologie der Einsamkeit. Frankfurt am Main 1994.

neuen Nationalstaat geschrieben. Das Narrativ der Grenzlandbewohner war in diesem Zusammenhang besonders wichtig, weil hier die Zugehörigkeit zur Tschechoslowakei und die Abkehr vom zuvor Gewesenen verdeutlicht werden sollten. In der Praxis musste jedoch auf zum Teil sehr lange zurückliegende Ereignisse Bezug genommen werden.

Sehr wichtig dabei war die Inszenierung der Meistererzählungen in der strukturgebenden Form von Jubiläen und Jahrestagen. Sie setzten der Kulturpolitik von Ústí einen festen Rahmen. Anlässlich dieser Jubiläen fanden bauliche Umwandlungen statt, Zeitungen veröffentlichten historische Rückblenden und die Belegschaften der örtlichen Betriebe bereiteten sich auf Umzüge und Feiern vor. Der Kalender der Stadt Ústí war von den äußeren Jubiläumsvorgaben geprägt, doch zugleich hatte die lokale Ebene, das persönliche Erleben dieser Erinnerungstage, eine individuelle Komponente, die sich im Rahmen der Möglichkeiten zeigte: Die Einwohner von Ústí schufen sich ihre eigenen Erinnerungstage mit eigenen Traditionen und Bedeutungen.

Stadice: Ursprung der Přemysliden

Bei Stadice, knapp zehn Kilometer von Ústí nad Labem entfernt, errichtete die aus Trmice stammende Adelsfamilie Nostitz im Jahr 1841 ein bis heute erhaltenes Denkmal. Es besteht aus einem quadratischen Sockel, auf dem ein Pflug zu sehen ist. Die erste Inschrift lautete: »Zde od pluhu Přemysl k wěwodstwj powolán wzdělaný MDCCCXLI« (Hier ward Přemysl vom Pflug zur Herrschaft berufen, erbaut 1841).

Das Denkmal erinnert an den Staatsgründungsmythos, der über Jahrhunderte tradiert und dank der Oper »Libuše« von Friedrich/Bedřich Smetana, die 1881 in Prag uraufgeführt wurde, zu einem der Symbole der tschechischen Staatlichkeit aufstieg: Der Überlieferung zufolge sandte die Landesfürstin Libuše ein Pferd aus, um nach einem geeigneten Ehemann Ausschau zu halten. Der Pflüger Přemysl (Oráč) aus Stadice war der erste, dem das Pferd begegnete. Er ritt auf diesem Pferd in Prag ein und begründete durch die Hochzeit mit Libuše das Geschlecht der Přemysliden. Sie gelten als erste tschechische Dynastie und Begründer des Königreichs Böhmen.[7]

Nach 1945 diente die Legende des ersten als tschechisch verstandenen Landesherrschers Přemysl zur Einbettung des Grenzlandes in die Geschichte des Gesamttschechoslowakei. Hiermit ging eine starke Abgrenzung gegen die später als deutsch geltenden Herrscher einher. Das in der unmittelbaren Umgebung von Ústí nad Labem gelegene Denkmal wurde wiederholt zum Schauplatz öffentlicher Feiern und Festakte. Hier wurde durch eine historische

---

[7] Weiteres zur Legende, deren Autoren und Wirkung Cvrková, Marta/Koutecký, Drahomír: Pravěké osídlení u Stadic [Die mittelalterliche Besiedlung bei Stadice]. In: Příspěvky k ústecké vlastivědě 2 (2001), 26–31.

Genealogie territorialer Anspruch auf das Gebiet um Ústí nad Labem symbolisch dargestellt.

Im Mai 1946 wurde in Stadice der erste Jahrestag der Befreiung begangen. Die Feier stand unter dem Motto »Budujeme lidovou demokratickou republiku!« (Bauen wir die demokratische Volksrepublik auf!).[8] Zum einen sollte die neue Stadtgemeinschaft durch das Begehen von Erinnerungstagen gestärkt werden.[9] Zum anderen wurde Stadice durch die Feier als einer der ersten Erinnerungsorte mit gesamtstaatlicher Bedeutung wiederbelebt und symbolisch aufgeladen.

Die Befreiungsfeier 1946 war jedoch nicht der erste Festakt der Nachkriegszeit: Bereits am 26. August 1945 veranstaltete die OSK eine »nationale Wallfahrt« nach Stadice.[10] Hier übergab die Bezirksvorsitzende Marie Vobecká symbolisch Eigentumsdekrete über die Zuteilung von Boden und Landwirtschaftsbetrieben an neue Einwohner von Ústí.[11] Junge Frauen in Trachten flankierten die neuen Eigentümer. Dieser sinngebende Akt verknüpfte die Legitimität der neuen Einwohner symbolisch mit der ersten tschechischen Herrschaft über Böhmen. Die nationale Bedeutung dieses Ortes und der Wallfahrt wurde durch die Anwesenheit hochrangiger Politiker unterstrichen: Neben dem Vorsitzenden des tschechoslowakischen Besiedlungsamtes, Miroslav Kreysa, war auch der Justizminister Jaroslav Stránský angereist. Die politischen Vertreter der Stadt Ústí begrüßten Kreysa und Stránský mit Brot und Salz als traditionelle Gaben zum Einzug und Neubeginn.[12] Unterstützt wurde diese Symbolik durch die 1945 neu angebrachte Inschrift auf dem Denkmalsockel: »Vláda vrátila se do rukou tvých, ó lide český« (Die Herrschaft kehrte zurück in Deine Hände, tschechisches Volk). Hierbei handelte es sich um eine Paraphrase eines Zitats von Jan Amos Komenský.[13]

In der unmittelbaren Nachkriegszeit zielten diese Aktionen und Feiern rund um das Denkmal noch auf die neuen Bewohner von Ústí, später dann

---

8 9. května – Den vítězství [9. Mai – Tag des Sieges]. In: Ústecký věstník vom 8.5.1946, 1.

9 Etienne François bevorzugt den Begriff »Erinnerungstage« in Abgrenzung zu »Gedenktagen«. Erinnerungstage erfassen die Vielschichtigkeit von Erinnerungskultur, die mehr ist als politische Gedenkpolitik. Siehe *François*, Etienne/*Puschner*, Uwe (Hg.): Erinnerungstage. Wendepunkte der Geschichte von der Antike bis zur Gegenwart. München 2010, 16. Erinnerungstage inszenieren Geschichte eines Ortes oder einer Region in Form von emotionalen Ereignissen, die diesen Raum bewegen.

10 Na prahu nového života [An der Schwelle zum neuen Leben]. Hg. v. *Ústav dějin KSČ v Ústí nad Labem*. Ústí nad Labem 1965.

11 *Týc*, Antonín: VII. Jak jsme tady začínali... [VII. Wie wir hier angefangen haben...]. In: Sever vom 24.8.1982, 5.

12 *Hněvkovský*: Národní pouť ve Stadicích – zájezd p. ministra spravedlnosti Jaroslava Stránského [Nationale Wallfahrt nach Stadice – Fahrt des Justizministers Jaroslav Stránský]. In: Průboj vom 27.8.1945.

13 Václav Havel verwendete es in seiner ersten Neujahrsansprache als Präsident im Jahr 1990.

richtete sich der Fokus auch auf die Bürger im Landesinneren und auf Touristen. Stadice stand fortab in jedem Reiseführer über die Stadt und Region Ústí nad Labem.[14] Am 30. März 1962 entschied die Regierung, das Denkmal in Stadice beziehungsweise die Felder des Bauern Přemysl Oráč und das darauf stehende Denkmal in die Liste der nationalen Kulturdenkmäler aufzunehmen.[15] Das Interesse der Bevölkerung ging jedoch allmählich zurück. Der Amateurhistoriker Jaroslav Körner kritisierte 1980 in der Zeitung »Sever« die Geschichtsverdrossenheit in der Region, die er an den rückläufigen Besucherzahlen von Stadice festmachte.[16] Dennoch blieb Stadice auch nach 1989 Teil des Gedenkkanons der Stadt und Region Ústí.[17] Das Denkmal blieb unverändert und zeigte dadurch mehrere Schichten der Vergangenheit. Seine Rezeption verlor jedoch ihre starke anti-deutsche Komponente. Stattdessen wird nun die gesamtstaatliche Bedeutung des Ortes betont, so beispielsweise in der 2015 publizierten Faltbroschüre der Touristenzentrale von Ústí nad Labem, die Stadice als »historischen Ort« der »ältesten Geschichte in der tschechischen Historie« vorstellt.[18]

Der Archivar und Heimatforscher Franz Umlauft hatte zuvor vergeblich versucht, den Landrat zur Erhaltung des Denkmals zu überreden. Dieses sollte, so sein Vorschlag, umgedeutet werden und fortan an die deutschen Ritter erinnern, die bei Na Běhaní gefallen waren.

---

[14] *Pinc/Kolář:* Vlastivědné výlety z Ústí nad Labem, 8; Ústecko od jara do podzimu, nabídkový prospekt cestovního ruchu [Die Region Ústí vom Frühling bis zum Herbst, Angebotsprospekt des Reiseverkehrs]. AMUL, Sbírka soudobé dokumentace IV. 1945–1989, cestovní ruch, KT 111, Inv. Nr. 2252, Ústí nad Labem 1960; *Čejchán,* Adolf: Ústí nad Labem mladýma očima [Ústí nad Labem durch die Augen der Jugend]. Liberec 1960, 156 f.; *Klener,* Jaromír: Ústeckým okresem [Dem Bezirk Ústí nad Labem]. Ústí nad Labem 1969, 15–17; *Zora,* Petr/*Marek,* František: Severočeským krajem [Durch den Nordböhmischen Kreis]. Praha 1977, 18; *Hájková,* Ludmila/*Holan,* Oldřich/*Houžvička,* Václav: Ústí nad Labem. Vychází k 65. výročí založení KSČ [Ústí nad Labem. Erschienen zum 65. Jahrestag der Gründung der KSČ]. Ústí nad Labem 1986, 41 f. In den Reiseführern der DDR erwähnten die Autoren Stadice als positiv besetzen Ort für Tschechen: *Jürgas,* Gottfried: Wanderungen in Nordböhmen. Leipzig 1979, 13. Auch nach 1989 bliebt Stadice ein lokales Highlight: *Velímský,* Tomáš u. a.: Historie a památky města Ústí nad Labem [Geschichte und Denkmäler der Stadt Ústí nad Labem]. Ústí nad Labem 2007.

[15] Památková péče – zpráva o stavu památkové péče a o údržbě památkových objektů [Denkmalpflege – Bericht über den Zustand der Denkmalpflege und über die Wartung der Denkmalobjekte]. AMUL, ONV, KT 1153, Inv. Nr. 4238, Ústí nad Labem 1966. Ein Jahr danach wurde das einzige innerstädtische Gebäude bzw. Denkmal in die Liste der nationalen Kulturdenkmäler aufgenommen, das Gebäude des Kreisnationalausschuss (KNV) auf dem Lidické náměstí. Siehe Kapitel IV.6.

[16] *Körner,* Jaroslav: Více zájmu o minulost Ústecka [Mehr Interesse an der Vergangenheit von Ústí]. In: Sever vom 18.10.1980, 3.

[17] Stellvertretend sei hier genannt *Velímský:* Historie a památky města Ústí nad Labem.

[18] Ústí nad Labem (Aussig) und Umgebung. Basisinformationen. Hg. v. *Informationszentrum der Stadt Ústí nad Labem.* Ústí nad Labem 2015.

Na Běhání: Siegreiche Schlacht der Hussiten

Ein weiterer geschichtsträchtiger Ort, rund zwei Kilometer vor der Stadtgrenze von Ústí nad Labem, war das Schlachtfeld Na Běhání (Auf der Bihana). Hier hatte im Jahr 1426 ein blutiger Kampf zwischen sächsisch-katholischen und böhmisch-hussitischen Truppen stattgefunden. Die Hussiten siegten unter der Führung von Prokop Holý und erlangten in der Nacht zum 17. Juni 1426 die Herrschaft über die Stadt Ústí, die fast vollständig niedergebrannt wurde und danach fast drei Jahre unbewohnbar blieb. Auch dieser Ort besaß bereits vor 1945 gesamtstaatliche Relevanz und wurde nach Kriegsende neu mit Bedeutung aufgeladen. Die Hussiten und die hussitischen Kriege waren und sind für die tschechische Nation ein starker Erinnerungsort mit identitätsstiftendem Charakter.[19]

Bereits im 19. Jahrhundert wurde der »Deutsche hassende« Hus zum Nationalhelden der Tschechen.[20] In der Ersten Republik manifestierte sich dieses Hus-Bild im neuen Staat. Daneben wurde auch das religiöse Motiv der Kämpfe gepflegt.

In der Region Ústí engagierten sich Vereine der tschechischsprachigen Minderheit für die Erinnerung an die Schlacht bei Na Běhání. Sie errichteten 1926, anlässlich der 500-Jahr-Feier, ein Denkmal zur Erinnerung an die Schlacht, an dessen Einweihung bis zu 10.000 Menschen teilnahmen. Die Einwohner von Ústí konnten das Denkmal Na Běhání bequem mit der Straßenbahn erreichen. Das Monument verstanden die Einwohner als »nationales Befreiungsdenkmal« und als Denkmal für die »Grenzlandbewohner«.[21] Hier trug der materielle Erinnerungsort zu einer intensiven Bindung an die Region bei.[22]

Vor der Besetzung des Grenzlandes im Oktober 1938 wurden Teile des Denkmals nach Prag gebracht. Die Nationalsozialisten zerstörten die verbliebenen Teile symbolisch am Sonnenwendetag, am 21. Juni 1941.[23] Diese symbolische Zerstörung verstärkte den anti-deutschen Charakter des Denkmals

---

19 Bibliografie zu Jan Hus. In: Collegium Carolinum, URL: http://www.collegium-carolinum.de/bibliothek/arbeitsbibliographien/hussitismus.html (am 24.4.2013); *Šmahel*, František: Die hussitische Revolution. Hannover 2002.

20 *Paces*, Cynthia Jean: Religious Images and National Symbols in the Creation of Czech Identity, 1890–1938. New York 1998 und *Kaiserová*: Tschechische Erinnerungskultur.

21 Oslavy 530. výročí bitvy Na Běhání [Feiern zum 530. Jubiläum der Schlacht Na Běhání]. AMUL, ONV, KT 1149, Inv. Nr. 4172, Ústí nad Labem 1956.

22 Weiteres zu Akteuren und Hintergründen im Verein zur Aufstellung des Denkmals 1926 in Sdružení pro postavení pomníku vítězství Prokopa Velikého na Běhání v Ústí nad Labem – Předlicích (schůze sdružení, fotodokumentace z dějin pomníku, projekty pomníků – architekt J. Žofka, korespondence, likvidace spolku) [Verein zur Aufstellung des Denkmals für den Sieg Prokop des Großen na Běhání in Ústí nad Labem]. AMUL, ONV ÚL, KT 118, Inv. Nr. 909, Ústí nad Labem 1945–1955.

23 Detlef Brandes zeigte in seiner Untersuchung zum tschechischen Widerstand im Protektorat Böhmen und Mähren, dass die Widerständler zu Beginn der Okkupation auf Symbole aus der Zeit des nationalen Erwachsens zurückgriffen. Hussitische Symbole und

und die Notwendigkeit der Verteidigung der tschechischen Nation. Dies spiegelte sich auch in den Publikationen des Denkmals-Vereins, der am 14. Oktober 1945 wiedergegründet wurde. In einer 1954 verfassten Broschüre über Na Běhání wurden die historischen Kreuzritter mit den nationalsozialistischen Besatzern gleichgesetzt: »Im Jahr 1938 stiegen hier erstmals ohne Kampf und ohne Störungen die neuzeitlichen Kreuzritter auf, um die Grenzregion und später ganz Böhmen zu besetzen.«[24]

Der Kampf der zahlenmäßig unterlegenen Tschechen gegen die Überzahl der Deutschen wurde als Kampf von David gegen Goliath gelesen. Der Archivar und Heimatforscher Franz Umlauft hatte zuvor vergeblich versucht, den Landrat zur Erhaltung des Denkmals zu überreden. Dieses sollte, so sein Vorschlag, umgedeutet werden und fortan an die deutschen Ritter erinnern, die bei Na Běhání gefallen waren. Die Deutung der Schlacht als Kampf zwischen Tschechen und Deutschen musste nicht erst nach 1945 erzeugt werden.[25] Diese Lesart war tief verwurzelt im tschechischen Bewusstsein, Historiker wie František Palacký und der Schriftsteller Alois Jirásek hatten sie fest in die Nationalgeschichte eingeschrieben.[26] Gerade im Grenzgebiet diente der Bezugspunkt der Hussiten somit als Legitimation zur Bekämpfung von allem Deutschen.[27] Der in der tschechischen nationalen Geschichtsschreibung beschworene Topos der »hussitischen Tradition« wurde durch die KSČ, insbesondere Kulturminister Zdeněk Nejedlý, und die von ihnen kontrollierten Behörden aufgegriffen und weitergepflegt.[28] Die Kommunisten schöpften also aus einem Symbolschatz, der in der tschechischen Gesellschaft bereits etabliert war.[29] Das

---

Symbolfiguren spielten dabei eine bedeutende Rolle. Siehe *Brandes*: Die Tschechen unter deutschem Protektorat.

[24] *Kučera*, František: Bitva u Ústí »Na Běhání«. Předlice u Ústí nad Labem. Sdružení pro postavení památníku vítězství Prokopa Holého na Běhání [Kampf bei Ústí Na Běhání. Předlice bei Ústí nad Labem. Verein für die Aufstellung eines Denkmals an den Sieg Prokop Holýs auf der Bihana]. Ústí nad Labem 1954, 15.

[25] *Holý*: The Little Czech and The Great Czech Nation, 38.

[26] *Wünsch*, Thomas: Der Hussitismus als Deutungsparadigma der tschechischen Geschichte. Palacký, Pekař und der »Sinn der tschechischen Geschichte«. In: *Machilek*, Franz (Hg.): Die hussitische Revolution. Religiöse, politische und regionale Aspekte. Köln 2012, 265–277, hier 265. Zum Wirken von Palacký schrieb Kučera: »Fransisek Palacký, Vater der Heimat, der das Andenken an das Hussitentum von allem gesäubert hat, brach damit die Gegenreformation, und brachte uns das Hussitentum zurück in der Gänze seiner Reinheit und Bedeutung, erzählte er in seiner ›Geschichte des tschechischen Volkes in Böhmen und Mähren‹ über die Schlacht bei Ústí so viel, dass alle Historiker dazu zurückkehrten und immer zurückkehren werden.« Siehe *Kučera*: Bitva u Ústí »Na Běhání«, 11.

[27] *Novotný/Weigl*: Historische Prägestempel als Strukturprinzipien, 297.

[28] *Spurný*, Matěj: Die ethnischen Minderheiten in den tschechischen Grenzgebieten. In: *Schulze Wessel/Brenner*: Zukunftsvorstellungen und staatliche Planung im Sozialismus, 79–87, hier 83. Zum prägenden Geschichtsbild Nejedlýs siehe auch Kapitel III.3.

[29] »If Wenceslas is the symbol of Czech statehood, Hus is the symbol of Czech nationhood and, more specifically, of the spiritual greatness of the Czech nation. This symbol is a

religiöse Motiv – denn die Hussiten waren sowohl nationale als auch Glau-
benskämpfer – fiel in der Darstellung nach 1945 jedoch weg. Die hussitischen
Krieger galten in der sozialistischen Tschechoslowakei als Revolutionäre und
die Kommunisten verstanden sich als Nachfolger eben dieser revolutionären
Kämpfer.[30]

Daher verwundert es nicht, dass die hussitische Geschichte nach 1945 –
selbst ohne das Denkmal, das bis 1953 in Trümmern lag – eine der bestimmen-
den Meistererzählungen der Stadt und Region Ústí blieb. Die Symbolkraft der
Hussitenschlacht und der Hussiten diente als historische Begründung für die
Besiedlungsaktionen und den »Schutz der Heimat, zur Verteidigung der
Freundschaft der slawischen Nationen«.[31] Die Hussiten waren, wie es die für
die Ansiedlung zuständige Kommission ausdrückte, die historische Legitimation für die Verteidigungsnotwendigkeit der Nachkriegstschechoslowakei.[32]

Die siegreiche Schlacht der Hussiten bei Ústí sollte zum Selbstbewusstsein
der tschechischen Bevölkerung in dieser Region beitragen. Die Zerstörung
der Stadt durch die hussitischen Kämpfe und der damit verbundene Nieder-
gang fanden hingegen keinen Eingang in die Erinnerungskultur des tschechoslowakischen Ústí.[33]

Eine der ersten Nachkriegsfeiern in Ústí nad Labem fand am 5. Juli 1945 zu
Ehren von Jan Hus auf dem Lidické náměstí (Lidice-Platz) statt.[34] Die 1938 in
Ústí geborene Zeitzeugin Věra Prošková[35] erinnerte sich an die Symbolkraft
dieser Feier zu Ehren von Na Běhání: »Ich denke, dass die Feier Na Běhání eine

---

product of the period of ›national revival‹ which began at the end of the eighteenth cen-
tury with a conscious effort to revive the Czech language, by then merely the speech of
peasants, and constitute it as a literary language.« *Holý*: The Little Czech and the Great
Czech Nation, 37.

30 *Talabér*, Andrea: Medieval Saints and Martyrs as Communist Villains and Heroes. National Days in Czechoslovakia and Hungary during Communism. In: History of Communism in Europe 5 (2014), 168–192.

31 *Vaverka*: O divadle Zdeňka Nejedlého, 4 f.

32 *Matyáš*, Karel: Osídlovací plán pohraničí českých zemí po odsunu Němců z hlediska ce-
lostátního hospodářství a obrany státu [Besiedlungsplan des Grenzlandes der böhmischen Länder nach dem Abschub der Deutschen aus Sicht der gesamtstaatlichen Wirtschaft und der Verteidigung des Staates]. NA Praha, f. 100/1, GS-ÚV KSČ, 1945–1951,
sv. 180, a. j. 1125, 16–27, Juli 1945.

33 Die Aussiger, die ehemaligen Einwohner von Ústí, erinnerten dagegen häufig an die Zerstörung der Stadt nach den Hussitenkämpfen.

34 Der 6. Juli, der Todestag von Jan Hus, war 1951–2000 ein Gedenktag und wird seit dem
Jahr 2000 als Feiertag in der Tschechischen Republik begangen.

35 Prošková war in besonderer Weise mit dem Denkmal verbunden, da sie 1979 dem Kulturausschuss vorsaß, der die Demontage des Denkmals wegen des Kohleabbaus koordi-
nieren musste und auch für die Diskussion eines neuen Denkmals zuständig war. Siehe
Oslavy 530. výročí bitvy Na Běhání (s. Anm. 21).

Erwähnung verdient. Das war so eine bedeutende Veranstaltung, die tatsächlich die Menschen nach dem Krieg zusammenbrachte.«[36]

Der Erlös des Volksfestes kam der »Vereinigung zur Errichtung eines Denkmals für die nationale Befreiung und den Sieg von Prokop Holý über die Deutschen« (Sdružení pro postavení Památníku národního osvobození a vítězství
Prokopa Holého nad Němci) zugute.[37] Der Klub der tschechoslowakischen
Touristen (KČT) beteiligte sich ebenfalls an den Bestrebungen zur Wiedererrichtung des Denkmals auf dem historischen Schlachtfeld.[38] In den Medien
griff der Vorsitzende des Bezirksbildungsrates die Rhetorik der Verteidigung
des Grenzlandes, wie sie 1926 bereits gegolten hatte, 1946 wieder auf:

Es ist nicht nur Stolz über einen ruhmreichen Sieg über die Gewaltherrschaft, heute erinnern
wir uns mehr denn je, wie wichtig es hier im Grenzgebiet ist, Wache zu halten. Es ist nicht
ein zufällig gewählter Ort für das Verteidigungsdenkmal, das genau hier gebaut werden soll,
auf dem Platz, wo Begeisterte in voller Überzeugung gegen die Überzahl von Mördern eindeutig gesiegt haben.[39]

Die Kontinuität von Rhetorik und Anliegen lag auch in der personellen Kontinuität begründet, die durch František Kučera und weitere engagierte Vereinsmitglieder gegeben war. Der Minderheitenaktivist Kučera war 1926 Gründungsmitglied und Geschäftsführer des Vereins zur Aufstellung des Denkmals
in Ústí gewesen. Er war auch einer der ersten Tschechen, der die Zerstörung
des Denkmals im Jahr 1941 fotografisch dokumentierte.[40] Es waren also diejenigen, die bereits 1926 an der Aufstellung des Denkmals beteiligt gewesen waren, die sich auch nach 1945 für die Beschäftigung mit dem Ort engagierten.
Die Vereinsmitglieder mussten jedoch feststellen, dass bei den neu angekommenen Einwohnern kein Bedürfnis zur Wiedererrichtung des Denkmals bestand, auch die Unwissenheit unter den zuständigen Behörden war groß. Unterstützer fanden sie überwiegend unter den Altsiedlern, die bereits vor der

---

36 *Havel/Kubešová/Lencová/Zemín*: Kultura na Ústecku po roce 1945 [Kultur in der Region
    Ústí nach dem Jahr 1945]. AMUL, Komise OV KSČ, Karton 1, Inv. Nr. 6, Ústí nad Labem
    4.12.1984.
37 *Hošek*, Oldřich: 520 let bitvy na Běhání. Vzpomínková slavnost dne 30. června t. r. [520
    Jahre der Schlacht na Běhání. Erinnerungsfeier am 30. Juni]. In: Ústecký věstník vom 25.6.
    1946, 3.
38 *Punčochář*, Karel/*Novotný*, Václav: Historie organizované turistiky v Ústeckém kraji aneb
    od Eichlera k Eichlerovi [Die Geschichte des organisierten Tourismus im Kreis Ústí oder
    von Eichler zu Eichler]. Teplice 2011, 34 f.
39 *Hošek*: 520 let bitvy na Běhání, 3.
40 Kučera hatte sich bereits 1915 in Rakovník (Rakonitz) für die Aufstellung eines Hus-
    Denkmals engagiert. Dieses Engagement, das er als nationale Aufgabe verstand, brachte
    er 1923 bei seinem Umzug nach Ústí mit. Weiteres zu seiner Person in der Bachelorarbeit
    Petr Karlíčeks, die u. a. auf den Aufzeichnungen Kučeras »František Xaver Kučera, Kro-
    nika mého života. Ústí nad Labem 1949–1958« basiert: *Karlíček*, Petr: Hraničář František
    Xaver Kučera (1890–1938) [Der Grenzler František Xaver Kučera (1890–1938)] (unver-
    öffentlichte Bachelorarbeit). Univerzita J. E. Purkyně, Ústí nad Labem 2006.

Okkupation in Ústí gelebt hatten.[41] Für diese war das Denkmal vor allem als Zeichen des Wiederaufbaus nach der Zerstörung durch die Nationalsozialisten wichtig. Am 21. Juni 1953 wurde schließlich das neue Denkmal Na Běhání eingeweiht, zeitgenössisch verstanden als Denkmal für die »Nachfahren der heldenhaften Hussiten«.[42]

Die Ausschreibung zur Gestaltung des Denkmals gewann der Bildhauer Otokar Skopový, am 17. Februar 1921 in Teplice geboren und dort aufgewachsen.[43] Das von ihm entworfene Denkmal erinnerte an das Original von 1926 und war, ebenso wie dieses, aus Steinen von hussitischen Kampfplätzen zusammengesetzt.[516] Einige dieser Steine stammten noch von dem alten Denkmal, sie waren in der näheren Umgebung gelagert beziehungsweise nach der Zerstörung durch die Nationalsozialisten gerettet und für das neue verwendet worden.

Das neue Denkmal entsprach dem Zeitgeist der 1950er Jahre. Die gesamte Tschechoslowakei erlebte 1954 einen Hus-Boom, als Otokar Vávras Film »Jan Hus« in die Kinos kam.[44] In Ústí wurde dieser sehr erfolgreiche Film durch eine Ausstellung im Kino »Hraničář« ergänzt. Mit dem erneuerten Denkmal stieg Ústí in die Reihe der Orte von gesamtstaatlicher Bedeutung auf – solch ein positives Außenbild erreichte die Stadt sonst nur selten. In die Liste der nationalen Kulturdenkmäler wurde 1966 jedoch nur das Denkmal von Stadice aufgenommen, Na Běhání hingegen nicht, da die Pläne für den Kohlegrubenausbau in dieser Region, dem auch das Denkmal zum Opfer fallen sollte, bereits feststanden.[45]

Nach der Niederschlagung der Reformbewegung im Jahr 1968 veränderte sich das Gedenken an die hussitischen Kämpfe bei Ústí und wurde – erstmals nach 1945 – zu einem inneren Bedürfnis vieler Einwohner. Es wurde wieder zum Symbol des Widerstandes, wie bereits zuvor unter den Nationalsozialis-

---

41 Sdružení pro postavení pomníku vítězství Prokopa Velikého na Běhání v Ústí nad Labem – Předlicích.

42 *Kučera*, František Xaver: Kronika mého života. Ústí nad Labem 1949–1958, Ústí nad Labem 1954, 7.

43 *Švihla*, Jaroslav: Severočeští výtvarníci [Nordböhmische Künstler]. Ústí nad Labem 1986, 104 f.

44 Vávras Verfilmung war ein typisches Beispiel für die Filme der 1950er Jahre, in denen vorrangig rückwirkend ein kollektives Gedächtnis geformt wurde. Als klassische Beispiele sind zu nennen: »Němá barikáda« (Die stumme Barrikade) von Otokar Vávra 1949, »Poslední výstřel« (Der letzte Schuss) von Jiří Weiss 1950, »Ročník 21« (Jahrgang 21) von Václav Gajer 1957. Siehe *Hruška*, Blahoslav: Okkupation und Krieg im tschechischen Film nach 1945 als Thema der Erinnerungskultur. In: *Cornelißen/Holec/Pešek* (Hg.): Diktatur – Krieg – Vertreibung, 271–294, hier 279. Petr Koura sah in Vávras Werk ein typisches Beispiel für die anti-deutsche Darstellung im Film nach 1948. Siehe *Koura*, Petr: Der historische Film als Konstruktionsmittel des historischen Gedächtnisses. In: *Meyer*, Katharina (Hg.): Erinnerungsorte des deutsch-tschechischen Zusammenlebens/Místa paměti česko-německého soužití. Praha 2011, 135–152, hier 147.

45 Památková péče – zpráva o stavu památkové péče a o údržbě památkových objektů.

ten. Am 18. Oktober 1968, nur wenige Wochen nach dem Einmarsch der War-schauer-Pakt-Truppen in die Tschechoslowakei, beantragte der MěNV beim ONV, Abteilung Inneres, die Umbenennung der Straße der Roten Armee zur Jan-Hus-Straße. Diesem Antrag wurde zunächst stattgegeben, doch knapp ein Jahr später, am 29. September 1969, musste der mittlerweile neue MěNV wieder den vorherigen Namen einführen.[46] In der kurzen Phase der Normali-sierung war es nicht möglich, die »sowjetischen Befreier« durch den »tschechi-schen Befreier« Jan Hus zu ersetzen. Den sowjetischen Besatzern war das Ge-denken an den tschechischen Nationalhelden nicht geheuer, ebenso wenig den neuen Stadtverwaltern. So fürchtete die Abteilung Inneres des ONV, dass die von Studierenden im Juli 1969 geplante Jan-Hus-Feier im Bezirk Ústí zu »wi-derständischen Zwecken« missbraucht werden könnte. Außerdem sollten die Behörden auf den »Missbrauch der Flagge und anderer nationaler Symbole« achten, da diese als Ausdruck der »Trauer« wegen der Niederschlagung des Prager Frühlings verwendet werden könnten.[47] Die Hussitenkriege und Hus als Person hatten sich als Gedenkorte bei vielen Einwohnern von Ústí durch-gesetzt, waren jedoch nicht mehr an das Denkmal Na Běhání gebunden. In der Normalisierungszeit fanden im Juni jährlich die sogenannten »traditionellen Feiern des Hussitensieges Na Běhání« statt. Diese waren beliebte Volksfeste und boten eine willkommene Abwechslung im ansonsten politisch geprägten Alltag, denn hier wurde ein Jahrmarkt mit Musik und ohne politische Reden abgehalten.

Das Denkmal selbst musste dem Ausbau des Kohleabbaugebietes rund um Ústí weichen, das Mitte der 1980er Jahre ganze Dörfer verschlang. Es wurde im Zuge des Ausbaus der Grube Antonín Zápotocký im Jahr 1986 abmontiert und im Museum eingelagert. Die Grubenbetreiber sollten zwar für die Neu-platzierung beziehungsweise Umgestaltung des Denkmals aufkommen, führ-ten diese Aufgabe aber nicht aus. Mit dem Verschwinden des Denkmals aus dem öffentlichen Raum wurden auch die Gedenkfeiern eingestellt. Offizielles Gedenken und Ressourcenabbau kamen sich hier in die Quere, der historische Ort der Schlacht hatte sich 1986 in eine Kohlegrube, einen Ort wirtschaftlichen statt historischen Interesses gewandelt.

Dies blieb jedoch nicht unwidersprochen, bereits seit 1984 wurde über den weiteren Umgang mit dem Gedenken an Na Běhání diskutiert. Ein Bürger der Stadt, Josef Černý, brachte seinen Protest gegen den Abbau des Denkmals 1984 auf einer Postkarte an das Denkmalpflegeamt in Ústí zum Ausdruck.[48] Das Er-innern an Hus und Na Běhání war demnach immer noch wichtig genug für

---

46   Změna názvů ulic obcí okresu, města Ústí nad Labem [Änderung von Straßennamen in den Gemeinden des Bezirks, der Stadt Ústí nad Labem]. AMUL, ONV, KT 1077, Inv. Nr. 3617, Ústí nad Labem 1960–1978.

47   Oslavy Mistra Jana Husa – opatření [Meister Jan Hus Feiern – Vorkehrungen]. AMUL, ONV, KT 1065, Inv. Nr. 3366, Ústí nad Labem 3.7.1969.

48   Oslavy 530. výročí bitvy Na Běhání (s. Anm. 21).

die Einwohner, als dass sie seine Weiterführung auch in den 1980er Jahren forderten.

Die staatlichen Stellen nahmen diesen Impuls auf und gründeten eine Kommission für die Neuplatzierung und -gestaltung des Denkmals. Věra Prošková, die Leiterin der Kulturabteilung des ONV in Ústí nad Labem, lud am 22. April 1986 zur Abstimmung in diesen Fragen ein. Zur Teilnahme aufgerufen waren der MěNV (Abteilung Stadtplanung und Architektur, Abteilung Schule und Kultur), die Abteilung Architektur der Stadt Ústí, das Bezirksdenkmalpflegeamt, das Bezirksmuseum sowie der ONV. Gesucht wurde ein neuer Standort für das Denkmal Na Běhání, um an die Hussitenschlachten zu erinnern – wenn auch ohne materialisierten, historischen Ort.[49] Bei dieser Suche zog die Kommission Dokumente, historische Begründungen und Entwürfe des ersten Denkmals von 1926 zu Rate. Da die Möglichkeit bestand, von den Grubenbetreibern eine gute Entschädigung zu erhalten, entstanden auch überdimensionierte Konzepte. Das Bezirksdenkmalpflegeamt empfahl den politischen Vertretern, das bestehende Denkmal ins historische Zentrum der Stadt zu verlegen und dessen Umsetzung auf einer neu angebrachten Platte zu erklären. Als Standort wurde der Platz zwischen dem Gebäude des ONV und dem Hotel Bohemia vorgeschlagen, ausgerichtet nach Westen, in Richtung des historischen Schlachtfeldes und »als Gegenüber des Mosaiks auf dem Gebäude des Nationalausschusses«.[50] Damit sollte die Stadt aufgewertet werden, da das »neue Zentrum [...] ausdrücklich künstlerische Werke dieser Art vermissen lässt«. Touristische Überlegungen spielten für den Vorschlag dieses zentralen Standortes ebenfalls eine Rolle.[51] Ein anderer, vieldiskutierter Standort für das neue Denkmal war der Marienfelsen – der zentrale und höchste Hügel im Stadtzentrum von Ústí, der über die Elbe ragt. Der vom Stadtarchitekten Vladimír Provazník erstellte Entwurf für das geplante Denkmal Na Běhání sollte bis 1996, zum 570. Jubiläum der Schlacht, fertiggestellt werden. Als alternative Standorte diskutierten die Behörden auf der Sitzung vom 15. Juni 1987 auch das Stadtviertel Severní Terasa und den Mírové náměstí.[52]

Das Denkmalpflegeamt lehnte es jedoch ab, das Denkmal Na Běhání im Bereich des Marienfelsens aufzustellen. Bezugnehmend auf die Beschlüsse der Ideologiekommission der kommunistischen Partei aus dem Jahr 1976 erklärte das Amt, der Felsen sei geprägt von der »jesuitischen Marientradition, die das Gegengewicht gerade zum Hussitentum« darstelle.[53] Der Marienfelsen war in

---

49 Památník bitvy u ÚL. původně v Hrbovicích [Das Schlachtdenkmal bei Ústí nad Labem ursprünglich in Hrbovice]. AMUL, MěNV, KT 265, Inv. 1644, Ústí nad Labem 1985, 1986.
50 Weiteres zum Mosaik im Kapitel IV.6.
51 Památník bitvy u ÚL. původně v Hrbovicích (s. Anm. 49).
52 Památník bitvy Na Běhání [Denkmal der Schlacht bei Na Běhání]. AMUL, ONV, KT 1153, Inv. Nr. 4218, Ústí nad Labem 1978–1987.
53 Památník bitvy u ÚL. původně v Hrbovicích (s. Anm. 49).

der Erinnerung vieler Aussiger mit Wallfahrten zu der 1976 abgerissenen Kapelle verbunden.[54] Doch auch den neuen Bewohnern von Ústí war die christliche Bedeutung des ursprünglichen Wallfahrtsortes gegenwärtig und schien so stark nachzuwirken, dass die Stadtpolitiker sich gegen eine symbolische Neukodierung des Felsens wehrten. Die Kommission selbst präferierte den zweiten Vorschlag, die Errichtung des Denkmals im Viertel Severní Terasa. Dies wäre eine Verbindung zwischen der Stadt und dem wahrscheinlichen Ort der Schlacht gewesen und hätte sowohl den Stadtteil wie auch das »neue, das sozialistische Ústí« kunsthistorisch aufgewertet.[55] Obwohl die Kommission sich auf keinen Standort einigen konnte, stellte sie abschließend fest, dass »die Tradition der nationalen Vergangenheit« erinnert werden sollte, nicht die Tradition der religiösen Kämpfer. Das Hussitentum sei die »fortschrittlichste Tradition der tschechoslowakischen Nationalgeschichte«.[56]

In einer Auflistung der Schul- und Kulturabteilung des MěNV im Jahr 1986 wurde das Denkmal Na Běhání von den Denkmalpflegern in die Kategorie der »Denkmäler der Arbeiterbewegung und des antifaschistischen Kampfes« eingeordnet.[57] Die hussitische Geschichte wurde demnach weiterhin als Legitimation zur Verteidigung des Grenzlandes verstanden. Wenn die »Faschisten« die Deutschen waren, dann galt weiterhin die Parole des Kampfes der »Tschechen« gegen die »Deutschen«.[58]

---

54 Rozhodnutí o povolení ke zboření kaple u Mariánské skály (vydané Památkovou péčí) [Die Entscheidung über die Bewilligung zur Sprengung der Kapelle auf dem Marienfelsen (Freigabe vom Denkmalschutz)]. AMUL, MěNV Ústí nad Labem, KT 265, Inv. Nr. 1635, Ústí nad Labem 1975–1976.

55 Památník bitvy u ÚL. původně v Hrbovicích (s. Anm. 49). 1978 debattierte der Kulturausschuss des MěNV nach Konsultation mit dem Militärhistorischen Institut in Prag, das Denkmal an einen Ort in der Nähe der Schlacht zu versetzen, auf den Střížovický vrch. Durch die Nähe zur Autobahn wären jedoch zu große Ausgaben notwendig geworden und der Wettbewerb für das Denkmal wurde vom Kulturausschuss abgesagt (*ebenda*).

56 Památník bitvy Na Běhání (s. Anm. 52).

57 Politicko-ideové pojetí oslav různých výročí [Politisch-ideologische Auffassung der Feiern zu verschiedenen Jahrestagen]. AMUL, MěNV ÚL, KT 238, Inv. Nr. 1217, Ústí nad Labem 1986. Die Neueinteilung wurde nötig, weil die drei Orte in die Stadt Ústí nad Labem eingegliedert wurden. In Chabařovice bzw. Hrbovice listete das Denkmalpflegeamt das Denkmal Na Běhání auf. *Kramer*, Jiří: Památná místa a památníky protifašistického odboje v Severočeském kraji [Erinnerungsorte und Gedenkstätten des antifaschistischen Widerstandes im Nordböhmischen Kreis]. Ústí nad Labem 1987, 8.

58 Die Erinnerung an die Hussiten und die Schlacht bei Na Běhání 1426 nahm 1979 wurde auch im Stadtmuseum von Ústí nad Labem gepflegt, das Thema nahm 1979 einen großen Teil der Dauerausstellung ein. Die Schlacht wurde als Sieg gegen das »Deutsche« gefeiert: »Der Sieg in der Schlacht Na Běhání durchdrang die ganze weitere Entwicklung des nordböhmischen Landesteiles. Er stellte einen festen Damm gegen den Einfall der sächsischen Feudalen nach Böhmen dar, stärkte das böhmisch/tschechische [český] Element in dieser Region und stoppte rechtzeitig den Germanisierungsprozess.« Siehe Dějiny Ústecka. Metodický průvodce stálou expozicí Okresního vlastivědného muzea v Ústí nad Labem [Geschichte von Ústí. Methodischer Führer durch die Dauerausstellung des Kreismuseums

Nach 1989 blieben die Denkmal-Diskussionen und auch die Vorschläge der Künstler weiter unbeachtet, obwohl das Hus-Gedenken auf gesamtstaatlicher Ebene wieder Hochkonjunktur hatte. Bereits im April 1990 wurde der Todestag von Jan Hus als einer der ersten neuen Feiertage der Tschechoslowakei eingeführt.[59] Erst im Jahr 2000 errichtete die Stadt Ústí auf dem Jánský vršek (keine offizielle Übersetzung, etwa: Jan-Hügel) bei Chabařovice das neue Denkmal für die Schlacht bei Na Běhání, dessen Gestaltung sich an den Denkmälern von 1926 und 1953 orientierte. Die Initiatoren setzten durch diesen Entscheid auf die Kontinuität zur Kučera-Initiative der 1950er Jahre.

Denkmal der Roten Armee: Befreiung 1945

Zehn Jahre nach Kriegsende, im Jahr 1955, feierte die gesamte Tschechoslowakei das bereits Erreichte: das ›Aufbauwerk‹, die ›Aufbauerfolge‹ und nicht zuletzt ihren ›Befreier‹, die Sowjetunion. In diesem Jubiläumsjahr errichtete die Stadtverwaltung von Ústí nad Labem das Denkmal der Roten Armee im zentralen Stadtpark. Die Ausführung übernahm der Bildhauer Václav Kyselka zusammen mit Emil Solařík und Josef Vanči. Der 1921 geborene Kyselka lebte in der Nachbarstadt Teplice und war der Schöpfer zahlreicher Denkmäler in Ústí, die vor allem in den neuen Stadtvierteln standen und regimekonforme Symbolik wiedergaben.[60]

Das monumentale »Befreiungsdenkmal«, wie es in Reden und im allgemeinen Sprachgebrauch hieß, bestand aus einer 3,80 Meter großen männlichen Soldatenfigur, die mit abgenommenem Helm und Blumen in einer Pose des Gedenkens dargestellt war. Diese Figur war linkerhand von kämpfenden Soldaten und rechterhand von Soldaten, die Frauen und Kindern halfen, umrahmt. Unter der zentralen Soldatenfigur stand die tschechischsprachige Inschrift »Ehre den sowjetischen Helden 1945. Mai 1955«. Der Sockel des Denkmals diente als Ehrengrab, in das die Asche von acht sowjetischen Kriegsgefangenen eingelassen wurde, die nach 1945 an den Folgen der Gefangenschaft in Ústí gestorben waren. In dieser Form steht das Denkmal bis heute; hier werden nach wie vor die offiziellen Feierlichkeiten zum Ende des Zweiten Weltkrieges durchgeführt.

in Ústí nad Labem]. Hg. v. *Okresní vlastivědné muzeum v Ústí nad Labem*. Ústí nad Labem 1979, 28.

59 *Samerski*: Altes und neues Staatssymbol der Böhmischen Länder, 111. Der Hus-Tag war in der kommunistischen Zeit ein Gedenktag gewesen, das heißt ein Erinnerungstag, an dem nicht arbeitsfrei war.

60 *Švihla*: Severočeští výtvarníci, 56 f. In Ústí standen von Kyselka mehrere Mütterfiguren, u. a. vor neuen Kindergärten (1965, 1973, 1976) sowie weitere Statuen: Žena s růží – Kamený vrch (1983), Nový život – Severní Terasa (1983), Hudba – Park družby (1983), Klement-Gottwald-Büste – Krajská politická škola (1983). 1965 erhielt er den Preis des KNV für sein künstlerisches Werk.

Der Jahrestag des als ›Befreiung‹ gefeierten Ereignisses war seit 1946 Hauptaugenmerk der Kulturaktivitäten des Bezirks Ústí. Zum Teil wurden dazu Vertreter aus der Sowjetunion eingeladen. Besonders herausstechend war der zehnte Jahrestag: Die Einweihung des Denkmals war wie ein nachgeholtes Initiationsritual, das besonders in der Grenzregion von großer Bedeutung war.

Im August 1968 jedoch begann sich die Bedeutung des Denkmals zu verändern: Für die Einwohner von Ústí wurde es vom Befreiungsdenkmal zum Invasionsdenkmal. In den Abendstunden des 20. August 1968 drangen die ersten Truppen der Warschauer-Pakt-Staaten über die Grenzstation Petrovice nach Ústí nad Labem vor, bis zum nächsten Morgen besetzten sie die gesamte Tschechoslowakei.[61] Am 28. August 1968 beschädigten Unbekannte das Denkmal der Roten Armee in Ústí, die Hauptsoldatenfigur blieb danach für knapp zwei Jahre zu Restaurierungszwecken abmontiert. Die Stadtobersten des ONV, MěNV und OV KSČ riefen sofort nach der Aktion in einem Flugblatt auf, Ruhe zu bewahren und die »Provokateure« zu isolieren. Oppositionelle dagegen sahen die Zerstörung als gezieltes Manöver der staatlichen Stellen, um den Verbleib der »ausländischen Truppen« in der Stadt zu legitimieren.[62] Die Einwohner von Ústí äußerten ihren Unmut über die Besatzung auch durch Demonstrationen sowie das Umschreiben und Verdrehen der Straßenschilder. Dennoch war die Beschädigung des Denkmals der Roten Armee, eines der zentralen Symbolorte in der Stadt, eine der gravierendsten Protestaktionen. Durch diesen Akt verloren auch die alljährlich am 9. Mai abgehaltenen Feiern der Befreiung und der heldenhaften Sowjetunion ihre Legitimität. Für die meisten Bewohner von Ústí verliefen sie fortan als politische Machtdemonstration und nicht mehr als Erinnerung an Krieg und Niederschlagung des Nationalsozialismus.

Das offizielle Gedenken an die Befreiung wurde nach 1968 zwar fortgesetzt, gestaltete sich in der Praxis aber immer schwieriger.[63] Anstatt dass die Bevöl-

---

[61] Siehe auch Kapitel I.3.

[62] Odsouzení destrukce sochy rudoarmějce v městských sadech v Ústí nad Labem 25.8.1968, leták OV KSČ, ONV a MěNV Ústí nad Labem [Verurteilung der Beschädigung des Denkmals der Roten Armee im Stadtpark in Ústí nad Labem 25.8.1968, Flugblatt OV KSČ, ONV und MěNV Ústí nad Labem]. AMUL, ONV ÚL, KT 1065, Inv. Nr. 3360, Ústí nad Labem 1968.

[63] Die Kommission zu den Feierlichkeiten des 30. Jahrestages der Befreiung erließ 1975 Mottos, die zur Verbundenheit mit der Sowjetunion aufriefen, beispielsweise »Sowjetunion – treuester Freund« oder »Es lebe die brüderliche Freundschaft der Menschen aus der Tschechoslowakei und der Sowjetunion«. Siehe Komise pro oslavy 30. výročí osvobození – zápisy ze schůzí [Kommission für die Feiern des 30. Jubiläums der Befreiung – Sitzungsprotokolle]. AMUL, ONV, KT 1037, Inv. Nr. 3223, Ústí nad Labem 1975. 1980 ließ der ONV anlässlich der Befreiungsfeier Veranstaltungen mit »gesellschaftlichem Charakter« durchführen. Siehe Kulturní komise – zápisy ze schůzí [Kulturkommission – Sitzungsprotokoll]. AMUL, ONV, KT 1046, Inv. Nr. 3253, Ústí nad Labem 1976–1977, 1980.

kerung das Denkmal feierte, musste es vor ihr geschützt werden. Dennoch versuchte die neue politische Führung der KSČ, des ONV und des MěNV, ein weiteres Befreiungsdenkmal in Ústí zu errichten. Im Stadtzentrum sollte 1975, zum 30. Jahrestag der Befreiung, ein Panzer des Typs T 34 aufgestellt werden – mit diesem Modell war die Rote Armee 1945 auch in Ústí eingefahren. Die Regionalgeschichtskommission unterstützte diesen Vorschlag, indem sie passende Zeitzeugenberichte sammelte.[64] Der Panzer wurde jedoch nie aufgestellt. Die Stadtregierung fürchtete die Deutung des Panzers als Symbol der sowjetischen Okkupation und wollte eine weitere öffentliche Demütigung der Sowjetunion wie zuvor bei der Beschädigung des Befreiungsdenkmals verhindern.

Statt dem Tag der Befreiung gewann nach 1968 der 21. August als inoffizieller Gedenktag an Bedeutung. Er wurde zu einem gelebten, nicht aber offiziellen Erinnerungstag der Tschechoslowakei.[65] Die Behörden vermerkten dies mit Misstrauen, selbst 1980 und 1981 rief der MěNV am Jahrestag der Niederschlagung des Prager Frühlings nach wie vor eine erhöhte Sicherheitsstufe aus.[66]

3. Denkmal Städtebau: »Stadt der Moderne« vs. »Stadt ohne Vergangenheit«

Der urbane Raum von Ústí nad Labem war nicht nur eine Ausstellungsfläche für Denkmäler und Inschriften, sondern wirkte auch durch seine Gestaltung, durch Architektur und städtebauliche Maßnahmen identitätsstiftend. Zugleich wurde versucht, bestimmte Menschen und Gruppen aus dem Stadtbild auszuschließen. Erleichtert wurde der Aufbau des ›neuen Ústí‹ durch die zahlreichen Freiflächen, die durch die Bombardierung im April 1945 entstanden waren und sehr viel mehr Raum für die Neugestaltung boten als in anderen tschechoslowakischen Städten. In Ústí waren rund elf Prozent der Wohnungen (1.200 Wohneinheiten) zerstört oder schwer beschädigt, zudem hatten die Fliegerbomben auch zwei Kinos, Schulen, das Rathaus, die Bibliothek, den Bahnhof und weitere Gebäude getroffen.[67]

Der Stadtplaner von Ústí, Vladimír Provazník, schrieb dazu, in Ústí solle eine neue Stadt, »wie Warschau«, aufgebaut werden.[68] Obwohl das Ausmaß

---

64 Záměr umístit na území města památník tankistům T 34 [Die Absicht auf dem Gebiet der Stadt ein Denkmal für die T-34-Panzerfahrer aufzustellen]. AMUL, MěNV ÚL, KT 265, Inv. Nr. 1638, Ústí nad Labem 1976.

65 Ähnlich argumentiert Paulina Bren in ihrer Analyse der Alltagskultur der Tschechoslowakei nach 1968; *Bren*: The Greengrocer and His TV, 62.

66 Politicko-organizační zajištění klidu a pořádku ve městě Ústí nad Labem ve dnech 18.8.–22.8.1980 [Politisch-organisatorische Sicherung der Ruhe und Ordnung in der Stadt Ústí and Labem an den Tagen 18.8.–22.8.1980]. AMUL, MěNV ÚL, KT 236, Inv. Nr. 1188, Ústí nad Labem 1980.

67 *Markvart*: Cestou bojů, 31.

68 Provazník bezog sich direkt auf den Stadtplaner und Architekten Zygmunt Pióro, der für den Aufbau des zerstörten Warschaus zuständig war; *Provazník/Eminger*: Územní prognóza širšího území trojměstí, 15.

der Zerstörung in Ústí bei Weitem nicht dem von Warschau entsprach und die Benennung von Zerstörern und Opfern vermeintlich weniger eindeutig als in der polnischen Hauptstadt war (waren die Toten in Ústí doch sowohl Tschechisch- als auch Deutschsprachige), bezogen sich auch die Medien wiederholt auf den Aufbaumythos von Warschau, wenn sie über den Wiederaufbau von Ústí schrieben. Gemeint war dabei vor allem der Symbolgehalt, weniger die Art und Weise des Vorgehens in Warschau, bei dem aus ganz Polen Material zum Wiederaufbau der Hauptstadt bereitgestellt beziehungsweise beordert wurde. In Ústí wurde der Wiederaufbau aus den vor Ort vorhandenen Mitteln bestritten, er war auch nicht mit der entsprechenden gesamtstaatlichen Propaganda ausgeschmückt, die den Wiederaufbau als gesamttschechoslowakische Aufgabe deklarierte. Dennoch fand sich das Warschau-Motiv auch prominent in der Stadtchronik von Ústí wieder. So berichtete diese 1953 unter dem Kapitel »Wir bauen eine neue Stadt« über die Veranstaltung »Bürger für ihre Stadt« (Občané svému městu), bei der unter anderem der Busbahnhof in sogenannter freiwilliger Arbeit aufgebaut wurde. Diese angeblich freiwillige Arbeit, der jeder Einwohner mindestens acht Stunden widmen musste, verglich die Chronik mit dem Aufbau Warschaus:

> Eine Stadt, die bis heute Spuren der Bombardierung trägt, ist nicht schön. Wohnen in Ústí ist nicht gesund. Die Bürger von Ústí haben genug schmutzige Straßen, Kriegsschäden, chronischen Mangel an Wasser und andere Unannehmlichkeiten, die der letzte Krieg hinterließ. [...] Es wächst ein neues Warschau, es wächst ein neues und noch schöneres Stalingrad, es wächst auch ein neues und schönes Ústí nad Labem.[69]

Das neue Ústí sollte als moderne Stadt erbaut werden. Dieses Vorhaben wurde in Medien und Reiseführern wiederholt hervorgehoben, die Neubauten wurden als Sehenswürdigkeiten angepriesen.[70] Auch Vorträge und Ausstellungen widmeten sich den ›Aufbauleistungen‹. Dabei verknüpfte sich die Huldigung des neuen, modernen Stadtbildes mit dem Topos der Wiedererstehung der Stadt aus den Trümmern des Jahres 1945. Besonders in den Jubiläumsjahren thematisierten Ausstellungen, Zeitungsartikel, Radiobeiträge und Publikationen die Zerstörung der Stadt durch die Bombenangriffe und vor allem die Erfolge beim Wiederaufbau. Dabei wurde die Mariä-Himmelfahrt-Kirche (Kostel Nanebevzetí Panny Marie) auf dem Marienfelsen ungeplant zum Erinnerungsort. Der Kirchturm stand seit den Luftangriffen 1945 fast zwei Meter schief zur Seite, weshalb er zum Denkmal wurde, das an die Bombardierung erinnerte. In dieser Bedeutung tauchte der Kirchturm auch in Reiseführern und Beschreibungen von Ústí auf.

---

69   Kroniky 1952–1956. AMUL, MěNV 1952–1956.
70   Die meisten Reiseführer hoben die Modernität und den Fortschritt der neuen Bauten hervor. Auch Bildbände über die Stadt enthielten fast immer eine bildliche Nebeneinanderstellung der modernen Bauten und der wenigen Denkmäler in Ústí nad Labem. Siehe *Klener*: Ústeckým okresem, 5–7; *Einhornovi*, Milada a Erich: Severní Čechy [Nordböhmen]. Ústí nad Labem 1985, 48 f.

Der Aufbau einer modernen Stadt mit neuen Vierteln und Wohnstätten brachte zahlreiche Einschränkungen für die Bevölkerung mit sich und musste mit blumigen Ausblicken beworben und eingeordnet werden. Die rege Bautätigkeit in Ústí, die das Äußere der Stadt in erheblichem Maße veränderte, vollzog sich grob in zwei Phasen: In den Jahren 1945–1960 lag der Schwerpunkt zunächst auf dem innerstädtischen Wohnungsbau. In dieser Zeit entstanden insgesamt 1.486 Wohnungen.[71] In der zweiten Phase 1961–1971 folgte der ›Bau auf der grünen Wiese‹, der Aufbau der neuen Stadtviertel Skřivánek und Severní Teresa.

Abb. 7: Blick auf die neuen Bauten der Siedlung Severní Terasa vom Stadtteil Dobětice aus. Im Hintergrund sind die Schornsteine des Heizwerkes von Trmice zu sehen, aus dem Jahr 1975 (MMUL).

Der Baustil an sich war pragmatisch, zweckmäßig und im Sinne des sozialistischen Wohnungsbaus nach sowjetischem Vorbild gestaltet. Diese Erweiterung des Wohnraums war zum einen notwendig, weil die vielen Arbeitsplätze in der Industriestadt Ústí zahlreiche neue Bewohner anzogen. Zum anderen wurden mehr als 2.000 Einwohner aus Tuchomyšl und anderen sogenannten liquidierten Dörfern, die dem Kohleabbau zum Opfer fielen, in das Viertel Severní Teresa umgesiedelt. Auch andere Bewohner zogen unfreiwillig in die neuen

---

71 *Kaiserová/Kaiser*: Dějiny města Ústí nad Labem, 270.

Wohnstätten ein – so etwa Milan Pištěk, weil er am Tag der Großen Oktober-revolution betrunken Fahnen beschädigt hatte und sein Antrag auf eine Woh-nung in Teplice, wo er arbeitete, deshalb abgelehnt wurde.[72] Daneben gab es auch die dankbaren neuen Bewohner, die froh waren, nach monatelangem Warten auf eine Wohnung ihre eigenen vier Wände zu besitzen. Weitere Vor-teile waren der schöne Ausblick oder die damals noch vorhandenen Kulturein-richtungen, die direkt vor der Haustür lagen, wie Jindřich Plecitý als einer der-jenigen, die damals eine Wohnung dort bekamen, in einem Interview mit der Verfasserin dieser Studie erzählte.[73]

Weitere Umbauten administrativer Gebäude und Hotels wurden nötig, weil Ústí 1960 zur Kreishauptstadt, also zum administrativen Zentrum aufge-wertet wurde. Laut Bauplan sollten bis zu 65 Prozent mehr Verwaltungsge-bäude, 25 Prozent mehr Gesundheits-, Schul- und Kultureinrichtungen und 30 Prozent mehr Geschäfte entstehen. Hinzu kam die Bedeutung von Ústí als Arbeitsstätte für Pendler und in der Feriensaison für bis zu 5.600 Touristen täglich. Die Infrastruktur der Stadt musste durch diesen Mehrbedarf für wei-tere, insgesamt 153.000 Menschen ausgebaut werden, fast doppelt so viel wie die aktuelle Bauausweitung vorsah.[74]

Die Neugestaltung der Stadt beschränkte sich jedoch nicht nur auf die Frei-flächen nach der Bombardierung 1945. Stattdessen nutzten die Stadtplaner die Umbauten auch, um das alte Stadtbild von Ústí zu ersetzen. Hierfür ordnete der MěNV zahlreiche Sprengungen an, die zeitgenössisch als *demolice* bezeich-net wurden. Den Begriff *demolice* definierte die Kunsthistorikerin Jiřina Nes-vadbíková in den 1980er Jahren wie folgt: »Demolieren, Abreißen, Entfernen von Bauten oder anderen Teilen, denen der Einsturz droht, die behindern oder die Sicherheit oder die Gesundheit von Menschen gefährden, und die nicht wirtschaftlich auszubessern sind.«[75] Die *demolice* in Ústí betrafen jedoch we-niger vom Einsturz bedrohte Häuser als vielmehr das alte Stadtbild. Auch das jüdische Aussig war betroffen, beispielsweise durch die erste der insgesamt 352 Sprengungen, die die sogenannte Schaffner-Villa 1959 in Schutt und Asche legte.[76]

---

72 *Pištěk*, Milan Fred, 3.7.2013 in Třebušín, Interview geführt von Frauke Wetzel.
73 *Plecitý*, Jindřich, 25.1.2010 in Povrly, Interview geführt von Frauke Wetzel.
74 *Provazník*, Vladimír: Program rozvoje krajského města [Entwicklungsprogramm der Kreisstadt]. In: Ústecké přehledy 1 (1984), 2.
75 *Nesvadbíková*, Jiřina: K vývoji památkové péče na území Československa [Zur Entwick-lung der Denkmalpflege auf dem Gebiet der Tschechoslowakei]. Praha 1983, 434.
76 Die neogotische Villa lag in der Nähe des Stadtzentrums und wurde von Dr. Max Schaffner, dem Direktor der Chemiefabrik, in den Jahren 1874–1876 für seine Familie errichtet. 1939 musste Schaffners Enkel, dessen Ehefrau nach den NS-Rassengesetzen als Jüdin galt, die Villa an Richard Tauche, den nationalsozialistischen Bürgermeister der Stadt, verkaufen. Nach diesem erzwungenen Verkauf wurde aus der Schaffner-Villa das sogenannte »dritte Rathaus« von Ústí, in dessen repräsentativen Innenräumen sich die Verwaltung von Bür-germeister Tauche einrichtete. Nach Kriegsende kehrte Schaffner kurzzeitig nach Ústí zu-rück, bevor er 1946 die Tschechoslowakei wieder verließ. Die neue Stadtverwaltung von

Abb. 8: Flächenabriss in Střekov. Gesprengt wurden die Häuser in der Děčín-Straße, am 12.2. 1986 (MMUL).

Ústí richtete ihr Rathaus in der Schaffner-Villa ein. 1954 beschloss der MěNV, die Villa für den Bau des Gewerkschaftskulturhauses zu sprengen. Es war das größte seiner Art in der ganzen Republik und galt als eines der bestausgestatteten seiner Zeit. Der pompöse Eingangsbereich und die teilweise luxuriöse Innenausstattung (Marmoreingangshalle) konnten sich mit dem alten Interieur der Schaffner-Villa messen. Schon beim Bau des Kulturhauses übergingen Medien und Politiker die Vorgeschichte bzw. die ehemaligen Besitzer. Der Ort des Kulturhauses sei gewählt worden, so die offizielle Interpretation, weil er zentral lag und die mangelnde Kapazität der Kulturräume in den Betrieben nicht anders ausgeglichen werden könne. Die symbolische Auslöschung des deutsch-jüdischen Hauses wurde nie direkt angesprochen, stattdessen wurde der Abriss der alten Villa damit gerechtfertigt, dass es sich um das Haus eines ›Kapitalisten‹ bzw. der ›Bourgeoisie‹ handelte; auch die Phase der nationalsozialistischen Verwaltung blieb unerwähnt. Erst 1979 thematisierte die Museumsmitarbeiterin Růžena Lencová die Vorgeschichte des Kulturhauses in einem Artikel in der Monatsprogrammzeitung »Ústecké přehledy«, ohne jedoch die zweite Enteignung der Familie im Jahr 1945 zu erwähnen. Das neue Gewerkschaftskulturhaus wurde nötig, da die bisherigen Kulturräume für die Mitarbeiter der immer größer werdenden Betriebe Spolchemie und Setuza zu klein wurden. Siehe Informace rady okresního národního výboru v Ústí nad Labem [Informationen des Nationalen Bezirksrates von Ústí nad Labem]. Hg. v. Okresní národní výbor v Ústí nad Labem. Februar 1971. »Rukou a duchem« (Mit Hand und Geist) war das Motto von Setuza – wie in allen Betrieben der sozialistischen Tschechoslowakei sollte handwerklich gearbeitet und gleichzeitig der Geist (duch) durch Kulturveranstaltungen und Freizeitaktivitäten befördert werden. Das Leben eines Arbeitenden spielte sich in der Idealvorstellung vollständig im Betrieb bzw. in den zugehörigen Klubs und Kultureinrichtungen ab.

Die *demolice* wurden auch in einem großen deutsch-tschechischen Bildband über Ústí nad Labem thematisiert, den der Fotograf Jaroslav Schaufler und der Bibliotheksleiter und Regionalhistoriker František Hejl im Jahr 1961 in der Reihe »Nordböhmen kennenlernen« herausbrachten. In dessen Vorwort beschrieb Hejl das alte Ústí als kleinbürgerlich und geschmacklos. Nach Meinung der beiden Autoren habe man diese alten Häuser abreißen müssen.[77]

Die Medien beschrieben diese städtebaulichen Veränderungen mit dem Begriff der »Änderungen« (proměny). Einige Presseartikel bezeichneten die Sprengungen und den Abriss des alten Stadtbildes sogar als *okrasa* – als Verzierung.[78] Durch diese Maßnahmen, so lobten sie, würden die »alten, ungepflegten, niedrigen Häuschen« verschwinden.[79] Stattdessen entstehe nun das neue, moderne Ústí: »Die neuen Siedlungen, die hier entstanden und immer noch entstehen, haben mit dem alten, hässlichen Ústí nichts mehr gemein. Es sind Wohnblocks mit hellen Fassaden, breiten Fenstern.«[80]

Auf den bestehenden Häuserfassaden beziehungsweise im Straßenbild sollte die Erinnerung an das ›deutsche‹ Aussig verschwinden. Dazu riefen die Behörden vor allem anlässlich der Jubiläen auf. So forderten zum Beispiel die Richtlinien zur Vorbereitung des 15. Jahrestages der Befreiung: »Einen schlechten Eindruck rufen die alten deutschen Aufschriften, die von einigen Häusern bisher noch nicht entfernt wurden, bei den Bürgern in unserer Stadt hervor. Es ist notwendig, dass diese Inschriften spätestens bis zum 1. Mai 1960 entfernt werden.«[81]

Es war ungewöhnlich, dass 15 Jahre nach dem Beginn der ›Entgermanisierung‹ immer noch deutsche Inschriften zu finden waren. Die Initiative zu ihrer endgültigen Beseitigung stand im Rahmen der generellen Säuberungsaktionen, der »akce Z«, die vor den Feierlichkeiten die gesamte Stadt erfassten. »Akce Z« stand für *zvelebení* (Verbesserung) und umfasste vielfältige Maßnahmen, von Aufräumarbeiten der Betriebskollektive, beispielsweise zur Säuberung der Gehwege, bis hin zur Steigerung der landwirtschaftlichen Erträge. Der Aufruf zur Beseitigung der deutschen Inschriften wurde allerdings noch jahrelang

---

[77] *Schaufler*, Jaroslav (Foto)/*Hejl*, František (Text): Ústí nad Labem ve fotografii [Ústí nad Labem in der Fotografie]. Liberec 1961, 10. Die Stadtbibliothek von Ústí, die Hejl von 1945 bis 1962 leitete, war ebenfalls in einem solchen alten Gebäude, der sogenannten Petschek-Villa untergebracht. Diese war jedoch von Hejls Aufruf nicht betroffen und blieb bis in die Gegenwart Sitz der Bibliothek.

[78] *Novotná*, Marie: Ústecko bourá minulost [Ústí sprengt seine Vergangenheit]. In: Průboj vom 5.5.1964, 3.

[79] Redaktionsnotiz. In: Rudé právo vom 1.9.1961.

[80] *Červenka*, Vojslav: Roste město nad Labem [Es wächst die Stadt an der Elbe]. In: Československý svět vom 24.1.1957.

[81] Oslavy výročí v roce 1960 – 15. výročí osvobození, 90. výročí narození V. I. Lenina [Feierlichkeiten zum Jahrestag im Jahr 1960 – 15. Jahrestag der Befreiung, 90. Jahrestag der Geburt V. I. Lenins]. AMUL, MěNV ÚL, KT 225, Inv. Nr. 1017, Ústí nad Labem 1960. In den Aufrufen stand nicht, um welche Inschriften es sich handelte. Auch in den Fabriken waren noch deutsche Plakate und Hinweise zu sehen.

wiederholt.[82] Bei den Vorbereitungen für den Jahrestag der Befreiung 1960 hieß es in den Richtlinien zudem: »Deutsche Inschriften, die bisher noch nicht von einigen Häusern entfernt wurden, rufen in unserer Stadt und bei den Bürgern schlechte Erinnerungen hervor. Es ist notwendig, dass diese Inschriften spätestens bis zum 1. Mai 1960 entfernt werden.«[83]

Trotz dieses Aufrufs fanden sich auch 1964 weiterhin deutsche Inschriften an einigen Häusern in Ústí.[84] Die Behörden konnten sich also offenbar nicht durchsetzen oder die Inschriften fielen den Bürgern selbst gar nicht mehr auf. So gibt es in Ústí bis heute einige deutsche Inschriften auf Kanaldeckeln oder in Kirchen.

Die Erschaffung des architektonisch modernen, betont neuen Ústí blieb nicht ohne Folgen. Ein Bildband, der 1986 anlässlich des 65. Gründungstages der Kommunistischen Partei herausgegebenen wurde, thematisiert die »Geschichtslosigkeit« von Ústí ganz explizit: »Spuren der Vergangenheit. Über die Vergangenheit stolpert man bei jedem Schritt. Es gibt Städte, wo dieses geflügelte Wort zählt. Ústí gehört jedoch nicht dazu.«[85]

Für den Autor Václav Houžvička und die Fotografin Ludmila Hájková war Ústí eine Stadt der Gegenwart und Zukunft. Dem Besucher, der historische Bauten und Denkmäler suchte, empfahl der Soziologe Houžvička: »Die Stadt und die Menschen in ihr sind von der Gegenwart angesprochen, sie nehmen die Vergangenheit einfach nicht wahr. Und trotzdem, wollen wir die Vergangenheit finden, suchen wir sie doch in der näheren Umgebung von Ústí.«[86]

Die Innenstadt war nach Houžvička eine moderne, in der Gegenwart gebaute. Die Vergangenheit, die er außerhalb der Stadt sah, waren Orte wie Stadice, Na Běhání und Chlumec.[87] Die Geschichtslosigkeit von Ústí wurde also durch die historischen Stätten in der näheren Umgebung und deren Meistererzählungen ausgeglichen.

Der Einführung des Bildbands folgte eine Reihe von Fotos, die die neuen Plattenbauten zeigten. Die Enge der Wohnungen in diesem Baustil wurde wie folgt eingeordnet: »Die Menschen haben es hier nah zueinander. Was mehr kann man sich von einer Umgebung von neuen Häusern wünschen?«[88]

---

82   20. výročí osvobození [20 Jahre Befreiung]. AMUL, MěNV ÚL, KT 227, Inv. Nr. 1037, Ústí nad Labem 1965. Als Ort der Inschriften werden die Straßen Fučíkova, Alešova, Bostesická und Švermova genannt, deren Wortlaut bzw. Inhalte sind jedoch nicht vermerkt. Bis heute sichtbar sind deutsche Inschriften zum Beispiel an der Evangelischen Kirche (Kostel apoštola Pavla/Červený kostel) und am Eingangstor zum Freilichtkino (Letní kino).

83   15. výročí osvobození [15. Jahrestag der Befreiung]. AMUL, MěNV, KT 225, Inv. Nr. 1015, Ústí nad Labem 1960.

84   20. výročí osvobození (s. Anm. 82).

85   *Hájková/Holan/Houžvička*: Ústí nad Labem, 36.

86   *Ebenda.*

87   Chlumec (Kulm) war der Schauplatz der napoleonischen Kämpfe.

88   *Ebenda*, 62.

Houžvička charakterisierte die Stadt mit den Schlagworten »Kreuzweg, Chemiestadt, Metropole Nordböhmens« und gab auch zu, dass Ústí »nicht immer Naturschönheit« gewesen sei. Dennoch sei Ústí ein »lebender Organismus« mit einem »schwierigen, fließenden Strom der Veränderungen«. Die neue Architektur »beschwingter Bauten aus Glas und Beton« hätte die »heute schon nicht mehr angemessenen Bauten« früherer Zeiten ersetzt. Die Vergangenheit sei aus der Stadt schon fast verschwunden.[89] Diese Veränderungen seien nützlich und wichtig für »ein neues Gesicht der modernen Stadt«.[90]

Tatsächlich veränderte sich das Stadtbild von Ústí im Erscheinungsjahr des Bandes ganz erheblich. In der damaligen Fučík-Straße (Fučíkova) wurden zahlreiche Altbauten gesprengt, um Platz für neue Geschäfte, Hotels und Wohnblocks zu schaffen. Von Seiten der Einwohner erhob sich scharfe Kritik, auf die Houžvička zu antworten schien.[91]

Wir verabschieden uns nicht gerne von Orten, die wir gut kannten und in denen wir angenehme Zeiten verbracht haben, und darüber hinaus schöne Erinnerungen mit ihnen verbinden. [...] Es entstehen neue Netze von Erlebnissen, Erinnerungen und Eindrücken, mit denen sich die neue Stadt mit ihren Einwohnern verbindet.[92]

Der Abriss der historischen Straßenfront in der Fučíkova war der Höhepunkt der *demolice*: Nach der ersten Sprengung 1959 sowie zahlreichen weiteren in den 1960er und 1970er Jahren fand hier am 7. Februar 1987 die größte Sprengung in Ústí statt. Einer der verbliebenen deutschsprachigen Einwohner erlebte sie als Augenzeuge mit:

Viele Bewohner von Ústí n. L. hatten das sonnabendliche Mittagessen auf später verschoben, zogen zu Hunderten in die Stadtmitte, denn sie wollten sich auf keinen Fall ein interessantes Ereignis entgehen lassen, nämlich wie Altes Neuem Platz machen muss. [...] eine ganze Häuserreihe fiel wie ein Kartenhaus in sich zusammen.[93]

Die zahlreichen städtebaulichen Veränderungen weckten gerade bei den Altsiedlern, die zu Zeiten des alten Stadtbildes aufgewachsen waren, das Bedürfnis nach Rückbesinnung. Doch auch Vertreter der jüngeren Generation des heutigen Ústí, sowohl dort Geborene als auch neu Zugezogene, befassten sich mit den urbanen Veränderungen. Einige der unter 30-Jährigen betrachteten die Architektur als das unterbewusste Gedächtnis der Stadt und trugen dieses Thema auch ins Internet. Seit 2004 betreiben der junge Architekt Matěj Páral, der Historiker und Journalist Martin Krsek und der Fotograf Jan Vaca die

---

[89] *Ebenda*, 4.
[90] *Ebenda*, 7.
[91] Vgl. unter anderem *Horáčková*, Rut: Ulice, kterou život jen neprotéká [Die Straße, die das Leben nicht nur durchströmt]. In: Lidová demokracie vom 18.12.1985. Dagegen *Hájková/Holan/Houžvička*: Ústí nad Labem, 7.
[92] *Ebenda*.
[93] *Man* (Kürzel): Wie Altes Neuem und Modernem Platz machen muss. In: Prager Volkszeitung vom 27.2.1987.

Website »Usti-Aussig.net«.[94] Hier erklären sie ihre Stadt und legen die Schichten der Vergangenheit offen, indem sie Bilder zeigen, Bauumstände und Bauherren erklären.

Die Macher von Usti-Aussig.net kreierten im Internet eine Vorstellung vom alten Ústí beziehungsweise Aussig.[95] Dadurch sind diese Bilder ins Bewusstsein zurückgekehrt und erfreuen sich großer Beliebtheit.[96] Auch eine Artikelserie in der Lokalzeitung »Ústecký deník« (Aussiger Tagblatt) befasste sich 2011 bis 2012 mit den Sprengungen der historischen Bausubstanz. Darin kamen die alten Sprengmeister zu Wort und beschrieben die dabei vollbrachten technischen Leistungen. Was zerstört wurde, thematisieren die Artikel jedoch nicht.[97] In dieser Darstellung gehörten die Sprengungen zur Geschichte der Stadt, sogar zur positiven Geschichte, da die Autoren weniger das Alte gegen das Neue abgrenzten, sondern vielmehr die Sprengungen in die Gesamtgeschichte einordneten, zu der diese Veränderungen des Stadtbildes gehörten.

4. Nicht-Orte des jüdischen Lebens

Die identitätsstiftende Wirkung städtebaulicher Maßnahmen umfasst auch den Ausschluss bestimmter Gruppen aus dem Stadtbild, aus der städtischen

---

94 *Páral*, Matěj/*Vanca*, Jan/*Krsek*, Martin: Ústí-Aussig. Architektura na severu Čech [Ústí-Aussig. Architektur in Nordböhmen]. In: Aussigmysteria, URL: http://usti-aussig.net/ (am 20.2.2015); *Krsek, Martin* 17.10.2016 in Ústí nad Labem, Interview geführt von Frauke Wetzel.

95 Die Kulturwissenschaftlerin Kristin Veel kreierte das Wort »CyberCitizen«. Sie untersuchte Net art, um die Konstruktion von Städten bzw. des urbanen Raums durch das Kommunikationsmedium Computer und Internet zu analysieren. Sie fand heraus, dass das Web eine neue Form der »imagining the city« darstellt; *Veel*: CyberCitizen. Weiteres zum Internet als erinnerungskulturelles Forum bei *Fendl*, Elisabeth: Das neue Heimatbuch. Neue Medien, neue Perspektiven. In: *Beer*, Mathias (Hg.): Das Heimatbuch. Geschichte, Methodik, Wirkung. Göttingen 2010, 257–278.

96 Nach der erfolgreichen Ústí-Aussig-Website entstanden vergleichbare Website für Liberec, Litoměřice und Teplice. Weitere Projekte der Remedialisierung des Raumes Ústí nad Labem im Internet: Schülerprojekt eines Gymnasiums in Ústí nad Labem: *Černý*, Ondřej: Místa v Ústí nad Labem – dříve a dnes ve fotografii [Orte in Ústí nad Labem – früher und heute in der Fotografie] vom Mai 2011, URL: http://retrofoto.gym-ul.net/podrobnosti.html (am 14.5.2013). Neben anderen Orten des Grenzgebietes thematisiert die Seite »Zaniklé obce« auch verschwundene Orten des Bezirks Ústí (*Beran*, Pavel: Zaniklé obce po roce 1945 [Verlassene Orte nach dem Jahr 1945]. URL: http://www. zanikleobce.cz/index.php?menu=11&okr=3510 (am 3.1.2015). Die Fotos, alte und aktuelle, werden von privaten Interessierten eingetragen. Mittlerweile wird die Seite von Deutschen und Tschechen genutzt.

97 Letzter Artikel der Serie: *Roček*, František: Destrukce historického centra města i blízkého okolí skončila [Die Dekonstruktion des historischen Zentrums endete] vom 12.3.2012. In: Ústecký deník, URL: http://ustecky.denik.cz/zpravy_region/20120312-ro-destrukcehistorickeho-centra-mesta-i-blizkeho-okoli-skoncila.html (am 28.8.2014).

kollektiven Symbolsprache. Ein prominentes Beispiel hierfür ist das Schicksal der Synagoge von Ústí nad Labem.

Die 1880 aus Spenden der Gemeindemitglieder errichtete Synagoge befand sich im Stadtzentrum unweit des Bahnhofs. Am 31. Dezember 1938 wurde die Synagoge durch die örtlichen Nationalsozialisten zerstört. Im übrigen Sudetengebiet brannten die jüdischen Gotteshäuser bereits am 9. November; warum es in Ústí nad Labem erst im Dezember dazu kam, ist ungeklärt.[98] 1940 wurde am früheren Standort der Synagoge eine Metzgerei gebaut, die fünf Jahre später während der Bombenangriffe auf Ústí schwer beschädigt wurde. Nach dem Krieg richtete der tschechoslowakische Nationalausschuss am ehemaligen Standort der Synagoge ein öffentliches Toilettengebäude ein.[99] Das Bauamt Ústí gab am 6. Oktober 1952 bekannt, dass im Rahmen der Vorbereitungen zur zehnten Befreiungsfeier eine Toilettenanlage im Wert von 30.000 Kronen für den nahe gelegenen Busbahnhof errichtet werden sollten.[100] In Vorbereitung dessen wurde der Rom Ludevít Gažík - so wörtlich - zu »Aufräumarbeiten an der Synagoge« einbestellt.[101] Die Erinnerung an die Synagoge fand jedoch keine öffentliche Erwähnung; sie blieb eine Leerstelle im städtischen Gedenken, was sich auch in der Errichtung der Toilettenanlage widerspiegelte. Im Jahr 2009 wurde an diesem Standort ein Einkaufszentrum gebaut. Außer literarischen Erinnerungen an die Synagoge weist heute nichts auf deren früheren Standort oder Zerstörung hin.[102]

Eine weitere Leerstelle des städtischen Gedenkens sind die jüdischen Friedhöfe in Ústí nad Labem, die eine besondere Geschichte haben.[103] Genau wie

---

[98] Vladimír Provazník betrachtete die aggressiv-euphorische Stimmung der SdP-Mitglieder nach dem Wahlsieg am 4.12.1938 als Auslöser für die Zerstörungsaktion. Siehe *Provazník*, Vladimír: Ústí město nad Labem [Ústí Stadt an der Elbe]. Ústí nad Labem 1983, 106.

[99] *Fedorovič/Kaiser*: Historie židovské komunity v Ústí nad Labem, 5 f.

[100] Zvelebování obcí a okresu akce 3M – 10. výročí osvobození [Verbesserung der Gemeinden und Bezirke Aktion 3M – 10. Jahrestag der Befreiung]. AMUL, ONV, KT 655, Inv. Nr. 2417, Ústí nad Labem 1952.

[101] Aktivisté cikánského původu – závazky, politický postoj, politická angažovanost, zneužití funkce [Aktivisten zigeunerischer Herkunft – Verpflichtungen, politische Einstellung, politisches Engagement, Ausnutzen der Funktion]. AMUL, ONV, KT 660, Inv. Nr. 2547, Ústí nad Labem 1952–1954.

[102] Beispiele für literarische Erinnerungen an das jüdische Ústí: *Demetzová*, Hanna: Dům v Čechách [Haus in Böhmen]. Praha 2011 (zuvor auf Deutsch: *Demetz*, Hanna: Ein Haus in Böhmen. Frankfurt am Main 1978); *Rohan*, Bedřich: Aussiger Schoulet. Geschichten und Erinnerungen eines alten Aussigers. Ústí nad Labem 2001 (tschechische Ausgabe: Ústecký šoulet. Ústí nad Labem 2001).

[103] Weiteres zur jüdischen Bevölkerung und ihren Erinnerungsorten in Ústí nad Labem: *Wetzel*, Frauke: Kein Raum für Menschen zweier Kulturen. Das Beispiel Ústí nad Labem nach 1945. In: *Schoor*, Kerstin/*Schüler-Springorum*, Stefanie (Hg.): Gedächtnis und Gewalt. Nationale und transnationale Erinnerungsräume im östlichen Europa. Göttingen 2016, 245–258.

die jüdischen Bewohner der Stadt wurden nach dem Krieg auch die Begräbnis-
stätten der jüdischen Religionsgemeinschaft als ›deutsch‹ diffamiert.[104] Der sogenannte alte jüdische Friedhof von Ústí wurde am 5. November 1866 als erster Friedhof der noch jungen Gemeinde gegründet. Er wurde bis 1893 aktiv
genutzt und lag auf dem Gelände des heutigen Stadtparks. Der neue jüdische
Friedhof wurde 1892 gegründet und befand sich auf dem Schäferberg (Ovčí
vrch) im Stadtteil Klíše (Kleische). Ab 1924 entstand hier der Zentralfriedhof,
auf dem nicht nur Juden, sondern auch Angehörige anderer Religionen bestat-
tet wurden. Während des Zweiten Weltkriegs wurden die Mauer des Friedhofs
und auch einige Grabsteine teilweise zerstört.[105]

Die jüdische Nachkriegsgemeinde in Ústí konnte diese Schäden nicht beheben, bestand sie doch nur noch aus einigen wenigen Mitgliedern, die zudem überwiegend neu in die Stadt gekommen waren. Die Stadtverwaltung
wiederum wollte die Schäden offensichtlich nicht beseitigen. Angesichts des
schlechten Zustands des Friedhofs in Klíše beschloss der Einheitsnational-
ausschuss (Jednotný národní výbor, JNV) am 22. November 1953, diesen aufzulösen. Das Gesundheitsreferat des JNV verkündete daraufhin die Auflösung des südlichen Teils des Friedhofs aus »hygienischen Gründen«.[106] Die
Bevölkerung wurde mit Plakaten und Anzeigen in überregionalen Zeitungen
über die zum 31. Dezember 1953 geplante Friedhofsauflösung aus »national-
wirtschaftlichen Bedürfnissen« informiert. Die betroffenen Familien konnten
sich an die örtlichen Behörden wenden, um ihre Angehörigen umbetten zu
lassen. Das galt jedoch nicht für Emigrierte. So wurden die meisten Gräber in
ein Sammelgrab auf dem neuen Friedhof in Střekov verlegt, die Grabsteine wurden verkauft.[107] Die zum Friedhof gehörige Zeremonienhalle der jüdischen Gemeinde wurde aufgrund ihres ›Havarie-Zustandes‹ ebenfalls liquidiert, wie die
offiziellen Dokumente des MěNV verraten. 1980 lösten die Behörden den
Friedhof komplett auf und überließen das Grundstück der Chemischen Fabrik,
heute Spolchemie, die hier ihr Firmengelände erweiterte.

Dass es sich bei dem aufgelösten Friedhof zum Teil um einen jüdischen Be-
gräbnisplatz handelte, fand in der öffentlichen Darstellung keine Erwähnung.
Die Erinnerungsgemeinschaft, also die Gruppe der Menschen, die eigene Erinnerungen daran hatten, war ermordet oder ausgesiedelt worden. Die Mitglieder der neuen jüdischen Gemeinde in Ústí waren durch die Repressionen
der Nachkriegszeit eingeschüchtert und äußerten keinen Protest gegen diese
Maßnahmen, obwohl die Auflösung von Gräbern wie auch die Umbettung von
Toten im jüdischen Glauben verboten ist. Auf gesamtstaatlicher Ebene fiel die

---

104 Siehe hierzu auch Kapitel II.6.
105 *Kaiser*: Die jüdische Gemeinde in Aussig, 238.
106 Kronika krajského města Ústí nad Labem III [Chronik der Kreisstadt Ústí nad Labem
     III]. Ústí nad Labem 1959–1965, 7.
107 Zrušení židovského hřbitova – Klíše [Auflösen des jüdischen Friedhofs – Klíše]. AMUL,
     ONV, KT 1208, Inv. Nr. 4743, Ústí nad Labem 20.05.1954.

Auflösung des jüdischen Friedhofs in Ústí mit den Slánský-Prozessen zusammen, die deutliche antisemitische Züge aufwiesen. Der Schauprozess gegen den Generalsekretär der KSČ, Rudolf Slánský, sowie 13 weitere Angeklagte, darunter elf Juden, hatte im November 1952 begonnen. Die Angeklagten wurden für die damalige schlechte Wirtschaftslage verantwortlich gemacht, des Zionismus bezichtigt und einer staatsfeindlichen Verschwörung beschuldigt. Das war keine politische Atmosphäre, in der Ústís jüdische Einwohner einen Protest gegen die Schleifung ihres Friedhofs gewagt hätten.

Hygienische Gründe und das Fehlen von Grabplätzen wurden in Ústí bis in die 1970er Jahre hinein als formaljuristische Argumente für die Schließung weiterer, auch nicht-jüdischer Friedhöfe angeführt. Tatsächlich aber war die Liquidierung der Friedhöfe in Všebořice und Předlice eine Fortsetzung der ›Entgermanisierung‹, also des Auslöschens deutscher Spuren in der Stadt.[108] Die Brisanz dieses Vorgehens und die möglichen negativen Reaktionen der vor Jahren ausgewiesenen Angehörigen waren den Behörden bewusst.[109] Daher wurden in einem Schreiben vom 12. Oktober 1973 alle Wirtschaftsabteilungen der ONV im Bezirk Ústí angewiesen,»mit dem größtmöglichen Taktgefühl« vorzugehen, »damit vor allem bei den ausländischen Staatsangehörigen nicht der Eindruck einer geplanten Aktion entsteht«.[110]

Offiziell erinnert wurde an die umgebetteten Toten jedoch erst nach der Samtenen Revolution: Auf dem neuen Zentralfriedhof von Ústí im Stadtteil Střekov wurde 1991 auf Initiative von Vladimír Kaiser und Karel Ždych, Direktor der Stadtwerke von Ústí (Technické služby města Ústí nad Labem) eine Gedenktafel angebracht. Anlass hierfür war die wachsende Zahl deutscher und französischer Besucher, die die Gräber ihrer Verwandten suchten – die ehemaligen Grabstätten des alten, liquidierten Zentralfriedhofs auf dem Schäferberg, die Gräber der Opfer des Bombenangriffs 1945 und auch die Gräber von in Ústí bestatteten Kriegsgefangenen.[111] Die zweisprachige Gedenktafel erinnert

---

[108] Lübbe warnte davor, hygienisch bedingte Bearbeitungen von Friedhöfen überzuinterpretieren. »Es ist vielmehr, zunächst einmal, ein Vorgang zur Bewältigung eines Mengenproblems unter dem Druck der Folgen, die sich für die Lebenden aus der Überschreitung der Kapazitätsgrenzen älterer Bestattungsplätze ergeben mußten.« *Lübbe*, Hermann: Im Zug der Zeit. Verkürzter Aufenthalt in der Gegenwart. Berlin 2003, 40. Seine philosophischen Überlegungen zur Friedhofskultur bezogen sich jedoch überwiegend auf westeuropäische Beispiele. Die Existenz von Aktionen bewusster Auslöschung von Friedhöfen durch politische Akteure leugnet Lübbe jedoch auch nicht: »Totalitäre Geschichtssinnvollstrecker« sind für Lübbe Vertreter totalitärer Regime, die Tote wie Feinde behandeln und »das Fortleben im Gedächtnis der Nachwelt zu liquidieren versuchen«. Zu diesem Zweck würde man deren Namen auslöschen und auch in Massengräbern unkenntlich zu machen versuchen (*ebenda*, 1).

[109] Likvidace hřbitova – Předlice, Všebořice [Liquidierung des Friedhofs – Předlice, Všebořice]. AMUL, ONV, KT 1209, Inv. Nr. 4745, Ústí nad Labem 1966.

[110] Pohřebnictví – stavy hřbitovů, okres [Friedhofswesen – Zustand der Friedhöfe im Kreis]. AMUL, ONV, KT 1210, Inv. Nr. 4753, Ústí nad Labem 1970–1982.

[111] Persönliche Nachricht von *Kaiser*, Vladimír an Frauke Wetzel, 2.5.2014.

an die verschwundenen Grabstätten und die einst dort begrabenen Menschen: »Hier an diesem Ort sind die sterblichen Überreste aus dem stillgelegten Aussiger Zentralfriedhof am Schäferberg und den Massengräbern beider Weltkriege beerdigt. Ruhet in Frieden.«

An den jüdischen Teil des alten Friedhofes erinnert die Gedenkplatte dagegen nicht. Es gibt auch kein anderes Monument in Ústí, das auf den alten oder auf den neuen Friedhof verweist. Die Erinnerung an das jüdische Ústí bleibt gänzlich ohne physischen Ort. In Literatur, Ausstellungen und Diskussionsveranstaltungen kehrten die ehemaligen jüdischen Einwohner und Orte jedoch wieder ins Gedächtnis der Stadt und ihrer Bewohner zurück.[112]

5. Aussiger Ansichten: virtuelle Friedhöfe und eigene Denkmäler

Für die Aussiger, die ehemaligen Einwohner der Stadt, waren die Friedhöfe wichtige Erinnerungsorte bei ihren Besuchen in ihrer Heimatstadt. Sie zählten zu den »Requisiten des Heimwehtourismus«,[113] bei dem die wichtigsten Stationen im Leben der Zwangsausgesiedelten aufgesucht wurden: der Friedhof, die Taufkirche, die Schule, gefolgt vom Besuch bei den noch dort lebenden Verwandten.

Den ehemaligen Bewohnern von Ústí blieb die Zerstörung der Grabstätten nach 1945 nicht verborgen. Manche von ihnen fuhren selbst zu den zerstörten, eingeebneten Friedhöfe. So zeigte ein Titelbild des Aussiger Boten im Jahr 1965 eine Frau auf einer leeren Grasfläche – der Untertitel verriet, dass es sich hierbei um den aufgelösten Zentralfriedhof auf dem Schäferberg handelte. Ein anonym bleibender Aussiger kommentierte: »Es ist eine unglaubliche, unfaßbare Rohheit, die friedlichen Ruhestätten unserer Angehörigen einzuebnen und restlos zu vernichten.«[114]

Die Auflösung der Friedhöfe wurde – ebenso wie die Umbenennungen und die Zerstörung des historischen Stadtbilds nach 1945 – im Heimatblatt der Aussiger rege kommentiert.[115] Ähnlich wie beim Abriss von Häusern und Straßenzügen unterstellten die Aussiger den tschechischen Akteuren politische Absichten. Die Zerstörung des Friedhofs auf dem Schäferberg veranlasste einen Autor 1960 zu folgendem Vergleich:

---

112 Literatur: *Demetzová*: Dům v Čechách; *Rohan*: Aussiger Schoulet. Ausstellungen: »Ernst Neuschul« (Muzeum, 1987, 1995), »Intoleranz. Tschechen, Deutsche und Juden in Aussig und Umgebung in den Jahren 1938–1948« (Muzeum, 1995, Dokumentensammlung 1998 veröffentlicht), »Rudolf Popper« (Muzeum, 1995), »Verschwundene Nachbarn von Ústí nad Labem« (Schülerprojekt 8. und 9. Klasse der Grund- und Kunstschule in der Hus-Straße in Ústí nad Labem, 2000).

113 *Burachovič*, Stanislav: Gedanken zum sudetendeutschen Heimwehtourismus aus tschechischer Sicht. In: *Fendl* (Hg.): Zur Ikonographie des Heimwehs, 223–244.

114 Titelbild »Zentralfriedhof Aussig zu Ostern 1964«. In: Aussiger Bote vom November 1965.

115 Zu den Reaktionen auf die zerstörte Innenstadt siehe auch Kapitel VI.4.

Auf unserem Schäferberg sieht es auch heute noch nicht anders aus, als in den Jahren nach 1945. Umgestürzte und gestohlene Grabsteine oder Grabdenkmäler, geöffnete Grüfte und wild verwachsene Wege zwischen den Gräberreihen. Es ist nicht übertrieben: hussitischer Haß bis in die Gräber und Grüfte.[116]

Das Klischee des hussitischen Deutschenhasses herrschte demnach auch bei den Aussigern vor.

Fern der politischen Rhetorik löste der Anblick von zerstörten Friedhöfen auch Betroffenheit aus. Gepflegte Gräber können das Gefühl vermitteln, ein verstorbener Mensch sei weiterhin anwesend, und so waren die Friedhöfe in Ústí für die Aussiger die letzte Verbindung zur Vergangenheit, die »letzte Spur ihrer Anwesenheit in dem Raum, zu dem sie gehörten«.[117] So berichtete eine DDR-Bürgerin, die im Aussiger Stadtzentrum aufgewachsen war, und nun aus ihrem Wohnort Magdeburg in die Tschechoslowakei reiste:

Zum Schluß wollten wir noch zum Aussiger Friedhof gehen. Mein Vater wurde einst dort begraben. Der Besuch stimmte uns tief traurig. Der Friedhof wurde dem Erdboden gleichgemacht. Es stehen nun Gebäude dort, die freie Fläche ist strauch- und grasbewachsen. Wenigsten eine kleine Gedenktafel hätte ich mir gewünscht.[118]

Der Umgang mit den Friedhöfen in den ehemals von Deutschsprachigen besiedelten Gebieten der Tschechoslowakei erregte seit den 1950er Jahren die Gemüter, als die ersten Reisen in die ›alte Heimat‹ begannen. Obwohl es ein üblicher Vorgang ist, Grabstätten nach 20 oder 25 Jahren einzuebnen, waren die Zwangsausgesiedelten besonders berührt, wenn es um die Auflösung ihrer Friedhöfe in Böhmen ging. Das Verschwinden der Gräber wurde als Verschwinden der Kultur und der Zeichen der Vergangenheit, als Auslöschung der »letzten Hinterlassenschaft« verstanden.[119]

Die Aussiger fanden verschiedene Wege, um die fehlende Erinnerungsstätte auszugleichen. Eher eine Ausnahme war sicherlich die Aussigerin, die von einem Besuch in Ústí ein Grabkreuz vom ehemaligen Stadtfriedhof mitbrachte, das ihr angeblich der dortige katholische Pfarrer überlassen hatte. Nun stand es als »mahnendes Friedenskreuz« auf dem Friedhof von Stockstadt.[120] Wesentlich bedeutender wurde in den letzten Jahren das Erinnern im Internet. Die Website der Heimatfreunde Aussig und der Aussiger Bote über-

---

[116] *F.G.H.*: Der hussitische Haß bis in die Gräber und Grüfte. Kommunistische Ideologie auf schwachen Füssen! In: Aussiger Bote vom November 1960, 3. Ähnliche Formulierungen in: ...eine dreckige Stadt aus dem Osten. Ungeschminkter Bericht eines Heimatfreundes. In: Aussiger Bote vom Januar 1958, 6–10 und 3–7 und 3–9.

[117] *Knechtel*, Anna: Grenze zwischen Zeit und Ewigkeit. Historische Friedhöfe als Orte der Erinnerung am Beispiel der deutschen Friedhöfe in Tschechien. In: *Fendl*, Elisabeth (Hg.): Das Gedächtnis der Orte – Sinnstiftung und Erinnerung. Freiburg 2006, 117–153, hier 123.

[118] *Kerschner*, Emil: Wieder in meinem Aussig. In: Aussiger Bote vom Dezember 1999, 18.

[119] *Knechtel*: Grenze zwischen Zeit und Ewigkeit, 123.

[120] *Prokoph*, Franz: Titelbild und Das Grabkreuz von Aussig. In: Aussiger Bote vom November 1997, 3.

nahmen die Funktion der Friedhöfe, die real nicht mehr existierten. Der Betreiber der Website, der 1930 geborene Aussiger Karl Heinz Kralowetz, nannte dort alle von 1950 bis 2014 verstorbenen Aussiger mit Geburts- und Sterbeort. Die Website fungierte als virtueller Friedhof.[121]

Statt groß und kollektiv angelegten Erinnerungsorten gab und gibt es – generell bei den Zwangsausgesiedelten wie auch speziell bei den Aussigern – eher private Erinnerungsstätten. Sie schufen Denkmäler in Form von Grabstätten, die an die in der »Heimat verbliebenen« Toten erinnern sollen. Der Hilfsverein Aussig schuf 1970 den ersten materiellen Erinnerungsort der Aussiger in München, wo besonders viele der ehemaligen Einwohner lebten und auch zentrale Einrichtungen, die ihre Verbundenheit mit dem Herkunftsort förderten, angesiedelt waren. München war also ein zentraler Ort, an dem nun auch ein zentrales Denkmal für die Aussiger geschaffen wurde. An der Denkmalsenthüllung anlässlich des »Aussiger Heimattages« nahmen circa 3.000 Aussiger teilnahmen. Das Monument zeigte, so die sudetendeutsche Presse, »die Treue der Aussiger zu ihrer alten Heimatstadt sowie ihre Verbundenheit mit ihrer Patenstadt München«.[122] Die insgesamt 1.600 Aussiger seien nun Münchner, so der Artikel weiter.[123] Das Denkmal war demnach Selbstvergewisserung und sichtbares Zeichen an die Einwohner der Aufnahmestadt.

Das Denkmal wurde von Manfred Käser erschaffen und besteht aus einer kreuzartigen Muschelkalksäule von 2,40 Meter Höhe, die auf dem »Aussiger Platz« steht.[124] Die Inschrift lautet: »Dieser Platz ist nach der früheren sudetendeutschen Stadt Aussig benannt. München übernahm 1952 die Patenschaft

---

[121] Karl Heinz Kralowetz schrieb über seine online erstellte Auflistung, dass sie der »Ersatz, für die vielen verlorenen Friedhöfe in unserer Heimat« sei. Siehe *Kralowetz*, Karl Heinz: Gedenkstätte für die Vertriebenen aus dem Bezirk Aussig an der Elbe – Ústí nad Labem, URL: http://www.heimatfreunde-aussig.de/verstorb.htm (am 8.9.2014). Der Nachbarschaftsvertrag von 1992 regelte die Pflege von Gräbern der ehemaligen Einwohner. »Die Vertragsparteien erklären, daß deutsche und tschechoslowakische Gräber auf ihrem Gebiet in gleicher Weise geachtet und geschützt werden, ihre Pflege wird ermöglicht.« Am 1.1.2002 trat in der Tschechischen Republik ein neues Bestattungsgesetz in Kraft (Gesetz Nr. 256/2001 Sb.). Danach sollten die Friedhofsverwalter sich mit öffentlichen Aushängen an die Angehörigen wenden, sobald ein Pachtvertrag ablief. Unter den ehemaligen Einwohnern Böhmens und Mährens entstand Panik, man fürchtete, dass die Friedhöfe zerstört werden sollten. Das Gesetz ermöglichte es jedoch jedem ehemaligen Einwohner, allerdings nur auf Tschechisch, sich an die entsprechenden Behörden zu wenden und das Grab der eigenen Verwandtschaft zu verlängern bzw. zu erhalten. Anna Knechtel vom Adalbert-Stifter-Verein rief die Verwaltungen in Tschechien dazu auf, die Gräber der ehemaligen Einwohner als Kulturdenkmäler zu begreifen und als solche zu erhalten. Siehe *Knechtel*: Grenze zwischen Zeit und Ewigkeit, 146 f.

[122] Sudetendeutsche Zeitung vom 7.8.1970.

[123] Andernorts wurde von 2.000 Aussigern in München geschrieben (Leopold Pölzl zum Gedenken. In: Aussiger Bote vom November 1996, 4–5, hier 4).

[124] Ein weiterer »Aussiger Platz« wurde 1967 in Nürnberg eingeweiht. Siehe Gedenkstunde an Aussig. Am 21. Mai 1967, 10 Uhr, anlässlich der Benennung der Grünanlagen an der

über die ehemaligen Bürger dieser Stadt.« Daneben symbolisieren die jeweiligen Stadtwappen die Verbindung München–Aussig. Auf tschechoslowakischer Seite wurde das Denkmal scharf kritisiert: Die Zeitung »Rudé právo« (Rotes Recht) berichtete unter der Überschrift »Frechheit«, dass bei der Enthüllung eines Denkmals, das an die »Verbindung von München und Aussig« erinnern sollte, auch einer der Aussiger »Revanchisten« gesprochen habe.[125] Mit »München« verbanden die Kritiker dabei nicht allein die Stadt, sondern vor allem das Münchener Abkommen, das in der Tschechoslowakei beziehungsweise in Tschechien verkürzt als »München« bezeichnet wurde beziehungsweise wird.[126]

6. Umgang mit den Meistererzählungen nach 1989

Nach 1989 kam es in Ústí nad Labem zu spontanen Aktionen der Stadtbewohner, die eine klare Abkehr von den propagandistischen Denkmälern signalisierten. Studierende malten beispielsweise im Dezember 1989 die Klement-Gottwald-Statue im gleichnamigen Park an. Im Januar 1990 wurde die Statue dann abgerissen.[127]

Zudem stellte sich die Frage, was mit dem monumentalen Mosaik geschehen sollte, mit dem der Künstler Miroslav Houra[128] den Meistererzählungen von Ústí im Jahr 1985 ein Denkmal im Zentrum der Stadt gesetzt hatte. Das Mosaik trug den Titel »Zu Ehren der nordböhmischen Arbeiterschaft« und bot eine 450 m² große Darstellung der in der sozialistischen Tschechoslowakei gepflegten Erinnerungsorte.

Marienbader Straße in Nürnberg-Zerzabelshof als Aussiger Platz. Broschüre. Hg. v. *Aussig-Karbitzer Heimatgruppe*. Nürnberg 1967. Daneben gibt es in folgenden Städten eine Aussiger Straße, einen Aussiger Weg oder Platz: Augsburg, Bayreuth, Braunschweig, Dortmund, Dresden, Frankfurt am Main, Fürth, Hannover, Landshut, München, Regensburg.

[125] *zr*: Drzost! [Frechheit]. In: Rudé právo vom 4.8.1970, 1.

[126] *Nižňanský*, Eduard: Das Münchener Abkommen in der kommunistischen Nachkriegspropaganda (1948–1989). In: *Bucheim*, Christoph (Hg.): Die Tschechoslowakei und die beiden deutschen Staaten. Essen 2010, 261–277.

[127] Ursprünglich standen hier Denkmäler von Richard Wagner und Josef II. Die Gottwald-Statue wurde nach 1989 im Lager Chabařovice entsorgt. Siehe *Kaiserová/Kaiser*: Dějiny města Ústí nad Labem, 262).

[128] Der Maler Miroslav Houra, 1933 in Krhanice nad Sázavou geboren, kam 1955 als Lehrer nach Ústí nad Labem und lebte hier als Dozent und Künstler bis zu seinem Tod 2006. Siehe *Horáček*, Aleš: Ústecké muzeum vystavuje originální předlohu nejvyšší evropské mozaiky [Das Museum Ústí stellt die Originalvorlagen des größten europäischen Mosaiks aus] vom 21.9.2013. In: iDnes, URL: http://usti.idnes.cz/hourova-vystava-v-usti-0v0/usti-zpravy.aspx?c=A130918_1978705_usti-zpravy_alh (am 23.9.2013). Er gestaltete unter anderem das Eichentor an der St.-Adalbert-Kirche (Kostel Sv. Vojtěcha), den Ausstellungsraum Smetana, die Grafiken des Monatsprogrammheftes »Ústecké přehledy« und mehrere Mosaike in Ústí. Sieh *Švihla*: Severočeští výtvarníci, 30 f.

Abb. 9: Das Mosaik. Aufgenommen von Tereza Wagner, 2021.

Anfang der 1980er Jahre initiierte Houra sein größtes Werk, das zugleich das größte Mosaik der Tschechoslowakei werden sollte. Stilistisch inspiriert war das Werk von Houras Aufenthalten in Mexiko. Das 1985 vollendete Kunstwerk schmückte das Gebäude des nordböhmischen Kreisnationalausschuss (SKNV).[129]

Das Mosaik zeigt im unteren Teil die Legende des ersten böhmischen Fürsten Přemysl Oráč in Stadice. Darüber stellt es die Hussitenkämpfe dar. Es folgen Kriegsdarstellungen und Soldaten, die den Zweiten Weltkrieg symbolisieren. Darüber steht der ›Siegreiche Februar‹ 1948, der anhand von Industrie und Aufbauleistung dargestellt wird. Den Abschluss bildet eine Linde, um die sich Frauen, Männer und Kinder gruppieren, die von Friedenstauben begleitet in einen goldenen Himmel als Symbol der Zukunft schreiten.

Dieses zentrale Denkmal diente vor allem der Selbstvergewisserung der Einwohner. Es sollte ihnen Orientierung in der Geschichte, definiert als tschechische und sozialistische Geschichte, geben.[130] Allerdings wurden sowohl die

---

129 Das KNV-Gebäude formte eine Seite des zentralen Lidické náměstí und wurde gleich nach seiner Fertigstellung im Jahr 1956 in die nationale Denkmalliste aufgenommen. 1985 wurde ein neuer Teil des KNV-Gebäudes eingeweiht, der auf den größeren Mírové náměstí hinausgeht. Für den Bau des neuen, im Stil des Brutalismus gehaltenen Anbaus wurden zahlreiche alte Gebäudekomplexe gesprengt.

130 Ein weiteres Denkmal, das der Selbstvergewisserung nach innen diente, war das Relief auf der anderen Seite des KNV-Gebäudes, in Richtung des Lidické náměstí. Das von dem Prager Künstler Olbram Zoubek geschaffene Relief zeigte alle Symbole des Nordböhmischen Kreises: die Elbe, Schifffahrt, Kohle und Chemie, Landwirtschaft, und als Symbol die

dargestellten Meisterzählungen als auch das Denkmal selbst schon zum Zeitpunkt seiner Entstehung mit Spottnamen bedacht. Die Bevölkerung nannte
Houras Werk »Himmelfahrt der Arbeiterklasse« oder »Die zehn Etagen des
kommunistischen Himmels«.[131]

Das Mosaik blieb auch nach der Samtenen Revolution erhalten. Der erste
Vorsitzende des Bezirksamts (Okresní úřad) nach 1989, Ladislav Cihlář, erinnerte sich in seinen Memoiren an den Einzug der neuen Beamten in das ehemalige KNV-Gebäude. Das Mosaik erschien ihm als »unentschuldbare« Angelegenheit, sollte aber dennoch als Kunstwerk geschützt werden:

> Die Vergangenheit ändern wir nicht durch die Zerstörung eines Denkmals, das wir selbst
> erstellt haben. Lassen wir es hier als Erinnerung an die heimtückische Zeit stehen, woraus für
> die Zukunft das Memento entstehe: Seid gewarnt vor den gleichen Fehlern.[132]

Nach Cihlářs Meinung war das Mosaik ab 1989 ein »Kunstwerk ohne ideologische Bedeutung«.[133] Diese Charakterisierung beruhte nicht zuletzt darauf,
dass 1997 auf Anweisung von Cihlář ein Teil des Mosaiks ausgetauscht worden
war: Man entfernte die Inschrift mit einem Zitat aus der sozialistischen Verfassung – »Jegliche Macht in der Tschechoslowakischen Sozialistischen Republik gehört in die Hände des arbeitenden Volkes«[134] – und ersetzte sie durch die
Abbildung eines Hauses, von dem gesagt wurde, dass es ein Haus von Houra
sei. In der Bevölkerung jedoch wurde gespöttelt, es handele sich um ein Haus
aus dem liquidierten Dorf Libkovice, das 1993 dem Kohleabbau präventiv weichen musste – schließlich prangte direkt darüber ein großer Kohlebagger.[135]
Protest gegen die Abnahme dieser Inschrift äußerten die Historiker Václav
Houfek und Vladimír Kaiser, die sich bereits in der Kulturkommission des
Bürgerforums (Občanské fórum, OF) für den Erhalt des Mosaiks eingesetzt

---

für den Sozialismus die Sichel. In einem Artikel der Ústecké přehledy hieß es, das Kunstwerk verlange ein »künstlerisches Gefühl«. Das Relief wurde von vielen Betrachtern sehr
kritisch gesehen, weil es sehr abstrakt war. Siehe *Brožek*, Jaroslav: Ještě k vycházkám za
výtvarnými díly v našem městě: Olbram Zoubek [Weiteres zu den Spaziergängen zu den
Kunstwerken in unserer Stadt: Olbram Zoubek]. In: Ústecké přehledy 6 (1987), 24. Die
Abstraktion verhalf dem Denkmal jedoch zu seinem unveränderten Verbleib an dem
Verwaltungsgebäude. Zoubek schuf nach 1989 das Denkmal, das an die Verfolgungen
während des Sozialismus erinnern sollte.

131   Der Spottname wurde in der beliebten Architekturserie »Šumná města« des Komikers
      David Vávra erwähnt und erlangte dadurch große Popularität. Siehe *Lipsius*, Radovan:
      Šumné Ústí nad Labem [Schönes Ústí nad Labem]. In: Česká televize, URL: http://
      www.ceskatelevize.cz/porady/1008546862-sumne-usti-nad-labem/20236816084/video/
      (am 25.8.2014).

132   *Cihlář*, Ladislav: Sedm let jsem u vás sloužil a... [Sieben Jahre diente ich bei euch und...].
      Ústí nad Labem 2011, 32.

133   *Ebenda*.

134   Verfassungsgesetz der ČSSR vom 11. Juli 1960, Nr. 100/1960 sb. [Ústavní zákon ze dne
      11. července 1960], Artikel 2, Abs. 1: »Veškerá moc v Československé socialistické re-
      publice patří pracujícímu lidu.«

135   *Kaiser*, Vladimír: Mosaik von Houra nach 1989. In einer persönlichen Mitteilung an
      Frauke Wetzel vom 21.11.2013.

hatten. Sie argumentierten, das Mosaik würde durch diesen »Zensurangriff« zerstört und könne deshalb nicht mehr als »Zeitzeuge« des Sozialismus gelten.[136]

Abb. 10: Mosaikdetail. Aufgenommen von Tereza Wagner, 2021.

Bis auf die Entfernung der Inschrift blieb das Mosaik unverändert am Verwaltungsgebäude und damit gut sichtbar vom Hauptplatz von Ústí nad Labem. Erst die Umgestaltung des Mírové náměstí in den Jahren 2006 bis 2009 versetzte es in die zweite Reihe – die neu errichteten Bürohäuser betonten die Geschlossenheit des Platzes, machten Houras Denkmal jedoch fast unsichtbar. Dadurch ist es heute aus der zentralen Sichtbarkeit und auch aus dem Interesse gerückt.

7. Ausblick: Erinnerungsorte in Ústí nad Labem nach 1989

Umgang mit den kommunistischen Meistererzählungen

In diesem und dem folgenden Abschnitt werden die Aussiger und die neuen Einwohner von Ústí zusammen besprochen, um die Entwicklung deutschtschechischer Erinnerungsorte nach 1989 aufzuzeigen: Welche Gedenkpraktiken fanden parallel, bezogen aufeinander oder zusammen statt?

---

[136] *Ebenda.*

Das Denkmal auf dem Aussiger Platz in München blieb auch nach 1989 der zentrale Erinnerungsort der Aussiger. Zudem wurde es auch ein Ort des deutsch-tschechischen Gedenkens. Nachdem die tschechoslowakische Presse von 1970 das Denkmal als »revanchistisch« gedeutet hatte, fand nach 1989 ein schneller Deutungswandel statt. So legte der Oberbürgermeister (primátor) von Ústí nad Labem, Lukáš Mašín, im Jahr 1991 zum Gedenken an die Kriegsopfer am Aussiger Denkmal in München einen Kranz nieder. Das Denkmal wurde nun mit verschiedenen Ereignissen in Verbindung gebracht: mit der Aufnahme der Zwangsausgesiedelten in München und ganz Bayern, mit dem Kriegsende und nun auch mit dem Aussiger Massaker. Mašín betonte in seiner Ansprache, dass er für einen Ausgleich und einen Neuanfang der Beziehungen eintrete. Hauptgrund seiner Reise nach München war eine Einladung des Sudetendeutschen Archivs anlässlich der Ausstellung »Die nordböhmische Landschaft in der Romantik«, die im Sudetendeutschen Haus in München gezeigt wurde.[137]

Das Gedenken und die Gedenkakte fanden bei den Aussigern in Deutschland und den gegenwärtigen Bewohnern von Ústí in Tschechien zunehmend gemeinsam statt. Ein Beispiel hierfür ist das Gedenken an Leopold Pölzl, einen wichtigen Vertreter der deutschen Sozialdemokratie in Ústí und langjähriger Bürgermeister der Stadt (1920–1923 und 1931–1938, 1923–1931 stellvertretender Bürgermeister). Während der deutschen Besatzung wurde er durch die Gestapo verfolgt, auch seine Tochter war im KZ inhaftiert. Pölzl starb im September 1944 unter ungeklärten Umständen, sein Begräbnis entwickelte sich zu einer großen anti-nationalistischen Demonstration der sozialdemokratischen Gruppierungen, an der sowohl deutsch- als tschechischsprachige Bürger teilnahmen.[138]

In Ústí hatte die Erinnerung an den ehemaligen Bürgermeister beziehungsweise an die (sudeten-)deutsche Widerstandstätigkeit als Teil des »antifaschistischen Kampfes« bereits in den späten 1980er Jahren begonnen.[139] An die Person Leopold Pölzl wurde jedoch nicht direkt erinnert. Erst nach der Samtenen Revolution wurde seiner Person in München und Ústí gedacht. Nach dem deutsch-tschechischen Gedenken am Aussiger Platz in München 1991 wurde

---

[137] Primator von Aussig/Ústí legt Kranz am Aussiger Denkmal in München nieder. In: Prager Volkszeitung vom 4.10.1991.

[138] Weiteres zum Leben und Wirken von Leopold Pölzl bei *Chrz*, Martin: Leopold Pölzl. Osobnost ústeckého starosty [Leopold Pölzl. Die Persönlichkeit des Aussiger Bürgermeisters]. Ústí nad Labem 2002.

[139] *Kramer*: Památná místa, 141; *Provazník*: Ústí město nad Labem 1983, 109; *Toman*, František: Odbojová skupina Bohumila Bachury Úvod-Krušnohoří v Ústí nad Labem [Die Widerstandsgruppe von Bohumil Bachura Úvod-Erzgebirge in Ústí nad Labem]. In: *Martinovský*, Ivan/*Šroněk*, Michal/*Cvrk*, František (Hg.): Ústecký sborník historický. Ústí nad Labem 1983, 365–398, hier 372; *Pyšová*, Jarmila: Odsun nebyl sametový [Der Abschub war nicht samten]. In: Práce vom 12.1.1989.

am 28. September 1996 am selben Ort eine Gedenkplatte für Leopold Pölzl enthüllt.

Abb. 11: Pölzl-Denkmal in München. Aufgenommen von Frauke Wetzel, 2015.

Bei dem Festakt waren deutsche und tschechische Vertreter anwesend, darunter auch der Stadtarchivar von Ústí, Vladimír Kaiser. Initiator dieser Aktion war die Seliger-Gemeinde, die zuvor versucht hatte, eben diese Gedenkplatte in Ústí aufzustellen. Dies war als gemeinsame Aktion der Seliger-Gemeinde und der Sozialdemokraten aus Ústí geplant, doch dann machten letztere einen

Rückzieher im Hinblick auf die anstehenden Parlamentswahlen in Tschechien, bei denen die Sozialdemokraten nicht zu deutschfreundlich wirken wollten.[140] Diese Ablehnung bewirkte einen tiefen Riss in den Beziehungen der deutschen und tschechischen Sozialdemokraten. So urteilte die »Frankfurter Allgemeine Zeitung« (FAZ) nach der Enthüllung der Gedenkplatte in München: »Auch bei den Denkmälern ist man zum Monolog zurückgekehrt.«[141] Von der 1991 begonnenen positiven Tendenz des gemeinsamen Gedenkens war 1996 demnach nur noch wenig zu spüren. Doch bereits 1997 war es wieder möglich, eine äußerlich identische Gedenktafel für Pölzl am Rathaus in Ústí einzuweihen.[142] Dem voraus gegangen waren zahlreiche Besuche und Austausch zwischen dem Stadtarchiv von Ústí, Vladimír Kaiser, und ehemaligen Einwohnern in München beziehungsweise Bayern. Der persönliche Austausch führte zu einem pragmatischen Handeln beziehungsweise Erinnern in Form eines Denkmals. Dies ist auf der lokalen Ebene und durch persönlichen Kontakt möglich gewesen.

»Brücke der Versöhnung«? Annäherung, Konflikt und Kontinuität im Erinnern an das Aussiger Massaker

Eines der bekanntesten geschichtlichen Ereignisse von Ústí nad Labem ist das sogenannte Aussiger Massaker.[143] Über das Ereignis selbst diskutierten Deutschen und Tschechen lange und kontrovers. Daher überrascht es nicht, dass auch die Gedenkplatte, die an dieses Nachkriegsverbrechen erinnert, eines der meistdiskutierten Denkmäler der Stadt war, das sowohl in der Bundesrepublik wie auch der Tschechischen Republik große Bedeutung hat. Die Beneš-Brücke war der Schauplatz des Aussiger Massakers, sie bildet einen Erlebnisort und wird im Folgenden selbst als Denkmal begriffen, ebenso wie die 2005 dort angebrachte Gedenkplatte.[144]

Die Elbbrücke ist von weither sichtbar und selbst durchfahrende Reisende nehmen sie wahr. Die Brücke wurde 1936 errichtet und verband die damals noch eigenständige Stadt Schreckenstein (Střekov) mit dem Zentrum von Ústí. Bei der feierlichen Eröffnung am 9. August 1936 wurde der Brückenbau auch

---

[140] *Kohler*, Berthold: Die Angst vor dem Verdacht. Warum der Sozialdemokrat Leopold Pölzl in Aussig kein Denkmal bekommt. In: FAZ vom 3.4.1996.

[141] *Ebenda.*

[142] *Houfek*: Němečtí antifašisté na Ústecku, 322–324.

[143] Zum Ereignis selbst siehe Kapitel I.2. Der tschechische Historiker Jan Mareš aus Ústí plädiert für die neutraleren Bezeichnungen »Aussiger Gewalt« (ústecké násilnosti) oder »Aussiger Ereignisse« (ústecké události). Vgl. *Mareš*, Jan: »Ústecký masakr« v sudetoněmecké kultuře vzpomínání [»Das Aussiger Massaker« im sudetendeutschen kulturellen Erinnern] (Bachelorarbeit, 2015). In: Filozofická fakulta UK, URL: https://is.cuni.cz/webapps/zzp/detail/167565/ (am 27.8.2016).

[144] *Assmann*, Jan: Das kulturelle Gedächtnis. München 1999, 74. Die Beneš-Brücke hat auratische Aufladung, weil sie die Verbindung zwischen Raum und Authentizität ist.

als »Symbol der Verständigung zwischen Deutschen und Tschechen« gepriesen.[145] Der Name »Most Dr. E. Beneše/E. Beneš-Brücke« blieb bis 1938 erhalten.[146]

Das Aussiger Massaker wurde auf tschechoslowakischer und deutscher Seite jahrzehntelang für propagandistische Zwecke genutzt. Viel zu spät begann die wissenschaftliche Untersuchung und Befragung von Zeitzeugen, so dass viele Fakten weiter im Dunkeln bleiben werden und sich die fälschlichen Darstellungen der letzten Jahrzehnte beharrlich im kulturellen Gedächtnis halten.[147] Dass viele Umstände (Täterschaft, Auslöser, Verantwortliche) ungeklärt blieben, war für die mediale Inszenierung des Massakers von großer Bedeutung und ermöglichte die »Inanspruchnahme zur Legitimation der Vertreibung auf tschechischer Seite sowie zur Begründung und Aufrechterhaltung ihrer Leiden auf sudetendeutscher«.[148]

In der Tschechoslowakei wurde nach 1946 nicht öffentlich über das Massaker gesprochen. Eine Ausnahme bildete die Untersuchungskommission der Regierung unter der Leitung von Nosek, die sich allerdings auf die das Massaker auslösende Explosion konzentrierte, diese als Aktion der Freischärler des Werwolfs darstellte und das anschließende Massaker als Ausdruck des ›gerechten Volkszorns‹ interpretierte.

Unter den Zwangsausgesiedelten ging das Aussiger Massaker mit Erzählungen und bildlichen Darstellungen ins Gedächtnis ein, die Erinnerung an das Ereignis wurde fast ausschließlich an der Brücke verortet.[149]

In den westdeutschen Medien der Nachkriegszeit war das Aussiger Massaker eines der Ereignisse in der Tschechoslowakei, über das aus und über die Stadt berichtet wurde;[150] es überwogen jedoch Berichte über Umweltprobleme

---

145 *Kaiser*: Most Dr. Edvarda Beneše 1936–1994 und *Kaiserová/Kaiser*: Dějiny města Ústí nad Labem, 168; *Kaiserová*, Kristina: Vzpomínkový příběh mostu v Ústí nad Labem [Erinnerungsgeschichte an die Brücke in Ústí nad Labem]. In: Literární noviny 2 (2012).

146 Zur Namensgebung und dessen Wandel siehe auch Kapitel III.3.

147 Eva und Hans Henning Hahn schrieben von einem »Aussig-Labyrinth von Bildern und Zahlen«, das seit den 1950er Jahren die bundesdeutsche Öffentlichkeit in Bezug auf das Aussiger Massaker verwirrte; *Hahnová/Hahn*: Die Vertreibung im deutschen Erinnern, 69. Die beigefügte Bibliographie umfasst alle Veröffentlichungen in der Bundesrepublik und in der Tschechoslowakei bis 1990 zu diesem Thema (*ebenda*, 67 f.). Siehe auch *Havel/Kaiser/Pustejovsky*: Ein Nachkriegs-Verbrechen. Außerdem *Kaiser*: Das Ende des Krieges, 197–213 sowie die ersten Veröffentlichungen von tschechischen Zeitzeugenaussagen zum Massaker: *Kaiserová/Kaiser*: Dějiny města Ústí nad Labem, 227–229.

148 *Kailer*, Thomas: »Gewählte Erinnerung«. Die Vertreibung der Sudetendeutschen und die mediale Inszenierung des Massakers von Aussig am 31. Juli 1945. In: *Vogel*, Christine (Hg.): Bilder des Schreckens. Die mediale Inszenierung von Massakern seit dem 16. Jahrhundert. Frankfurt am Main 2006, 188–220, hier 192–194.

149 Zur Erinnerungskultur der Zwangsausgesiedelten an das Massaker und deren Funktion siehe auch *Kailer*: »Gewählte Erinnerung«.

150 Zwei Artikel erschienen zum 20. Jahrestag des Kriegsendes: *Reitzner*, Almar: Auch das muß bewältigt werden. Vor 20 Jahren begann ein neuer unerbittlicher Kampf im Herzen

und Verfall der Stadt seit 1945.[151] Das Massaker erhielt ab 1990 eine bis heute hohe Medienpräsenz.[152] Stark geprägt wurde die Wahrnehmung durch ein als authentisch geltendes Dokument, den ersten veröffentlichen Zeitzeugenbericht in der »Dokumentation der Vertreibung der Deutschen aus Ost-Mitteleuropa«, deren Erstausgabe von 1954 zuletzt im Jahr 1994 als unveränderter Nachdruck erschien. Das darin enthaltene Dokument Nr. 53 (Die Austreibungsaktion im Bezirk von Aussig Mitte Juni 1945; das Massaker an der deutschen Bevölkerung von Aussig am 31. Juli 1945) enthält auch den ersten öffentlichen Vergleich des Aussiger Massakers mit dem von Lidice.[153] Ikonografisch erinnerten einprägsame Bilder, die kurz nach dem eigentlichen Ereignis auftauchten, immer wieder an das Aussiger Massaker – beispielsweise Zeichnungen von Kinderwagen, die in die Elbe gestoßen worden waren.[154]

Europas gegen Wehrlose. In: Die Brücke vom 22.5.1965. 8; *Hofer*, Peter: Die Mauer des Schweigens. In: West und Ost. Kommentar vom 12.3.1965.

[151] *Guratzsch*, D.: Prag erwog Evakuierung in einigen Regionen. Luftverschmutzung nimmt in CSSR in einigen Regionen dramatische Form an. In: Die Welt vom 2.3.1983.

[152] Es entstanden etwa zehn Film- und Fernsehdokumentationen, die in Tschechien und Deutschland gedreht wurden. 1996 beispielsweise zeigte das ZDF in der Dokumentarfilmreihe »37 Grad« den 30-minütigen Film von Pavel Schnabel »Die Brücke von Aussig«, der in zahlreichen deutschen Printmedien besprochen wurde. Schnabels Dokumentarfilm wurde in Deutschland sehr positiv rezensiert, da der Film und seine beiden Protagonisten dem Bild entsprachen, was viele Medien bereits zuvor verbreitet hatten. Kristina Kaiserová dagegen kritisierte in einem offenen Brief an das ZDF, der auch im »Aussiger Boten« abgedruckt wurde, dass Ústí und seine Bewohner in diesem Film verunglimpft wurden. Sie betonte, dass die »Demagogie« der jungen Studentin, die im Film gezeigt wurde, eine Ausnahme in Ústí sei. Siehe *Kaiserová*, Kristina/*Kučera*, Ctirad: Film »Aussiger Brücke« (Pavel Schnabel). In: Aussiger Bote vom Juni 1996, 10 f.

[153] Die Vertreibung der deutschen Bevölkerung aus der Tschechoslowakei, 282–286. Zur Entstehung und Wirkung der Dokumentation siehe unter anderem *Beer*, Mathias: Die Dokumentation der Vertreibung der Deutschen aus Ost-Mitteleuropa. Hintergründe, Entstehung, Ergebnis, Wirkung. In: Geschichte in Wissenschaft und Unterricht 50/2 (1999), 99–117; *ders*.: Im Spannungsfeld von Politik und Zeitgeschichte. Das Großforschungsprojekt »Dokumentation der Vertreibung der Deutschen aus Ost-Mitteleuropa«. In: Vierteljahreshefte für Zeitgeschichte 46/2 (1998), 345–389; *ders*.: »Flucht und Vertreibung«. Eine deutsche Streitgeschichte. In: *Haslinger/Franzen/Schulze Wessel* (Hg.): Diskurse über Zwangsmigrationen, 261–277, hier insbesondere 264–273.

[154] »Frauen mit Kinderwagen wurden in die Elbe geworfen und dann von Soldaten als Zielscheibe benutzt, bis diese nicht mehr aus den Fluten auftauchten.« Siehe Dokumente zur Austreibung der Sudetendeutschen. Hg. v. *Arbeitsgemeinschaft zur Wahrung sudetendeutscher Interessen*. 3. Auflage. München 1952, 121–123: Dokument Nr. 31, Berichter: Alois Ullmann, Bericht vom 8.2.1951, hier 121. Die im Bericht erwähnte Frau überlebte, wie Vladimír Kaiser in seiner Untersuchung herausfand. Das Bild blieb jedoch in zahlreichen Veröffentlichungen präsent – gezeichnet und deskriptiv. Eine Schilderung der Vorgänge auf der Brücke von Alois Ullmann, einem sudetendeutschen Sozialdemokraten, der gerade aus dem Konzentrationslager zurückgekommen war, findet man in *Paul*, Ernst: Es gibt nicht nur ein Lidice. München 1988. Köstlin sieht in der Ikonisierung, der »Ästhetisierung« von Flucht und Vertreibung nicht nur einen Akt der Selbstvergewisserung, sondern auch einen Vorgang, der die Akzeptanz der Umwelt, die »Anerkennung

Der Begriff »Aussig« wurde zum Synonym für das Aussiger Massaker.[155] Neben dem Brünner Todesmarsch[156] und in jüngster Zeit Postoloprty (Postelberg)[157] ist die Brücke in Ústí ein wichtiger Erinnerungsort der Wilden Vertreibungen.

In den 1990er Jahren waren es erneut der Topos »Aussig« und insbesondere das Aussiger Massaker, das die Berichte der bundesdeutschen überregionalen Medien über die deutsch-tschechischen Beziehungen wesentlich prägten. Das als mangelhaft begriffene Erinnern an das Aussiger Massaker stand dabei stellvertretend für die tschechische Erinnerungskultur an die Zwangsaussiedlungen nach 1989.[158] Historiker, Journalisten und Zeitzeugen verwiesen wiederholt auf das fehlende Erinnern in Form von Gedenkakten und Denkmälern sowie auf die nationalistischen Gegendemonstrationen rund um die Jubiläen. Dies galt manchen deutschen Verfassern als symptomatisch für die gesamttschechische Gedenkkultur, weshalb sie den Tschechen eine weiterandauernde Tabuisierung des Ereignisses vorwarfen.[159]

---

des Heimatverlustes durch die Umwelt« stützt. Darüber hinaus müssen die Zeichen der Darstellung, die Ikonografie von Flucht und Vertreibung leicht dekodierbar sein, so Köstlin, damit sie verständlich bliebe (S. 16). Daher zeigten viele Ausstellungen über Flucht und Vertreibung eben die Bilder, die der Zuschauer bereits mit diesem Thema verband (Köstlin meinte: Mutter mit Kind auf dem Eis, auf der Gustloff, Vergewaltigung, der Handwagen). Nach Köstlin wären demnach die Brücke und die ikonische Darstellung des Massakers für die Aussiger auch zur Anerkennung ihres Verlustes und ihrer Opfer allgemein wichtig; *Köstlin*, Konrad: Eine Ästhetik des Verlustes. In: *Fendl* (Hg.): Das neue Heimatbuch, 14.

[155] Zuletzt in dem Artikel von Thomas Kailer: »Gewählte Erinnerung«, 201. Kailers Aufsatz befasste sich mit der sudetendeutschen Erinnerungskultur an und die Funktion des Aussiger Massakers für die westdeutsche Gruppe der Zwangsausgesiedelten. Diese Arbeit erweitert die Untersuchung auf die tschechische Perspektive und bringt sie zugleich auf die lokale Ebene zurück.

[156] *Staněk*: Verfolgung 1945.

[157] Im Juni 1945 kamen 763 Menschen aus dem Dorf Postoloprty (Postelberg) in einem Massaker, vermutlich verübt durch die tschechoslowakische Volksarmee und Revolutionsgarden, ums Leben. *Kalckhoff*, Andreas/*Löbl*, Otokar (Hg.): Versöhnung durch Wahrheit. Der »Fall Postelberg« und seine Bewältigung 1945–2010. Stuttgart 2013.

[158] Kailer wechselt in seinem Aufsatz von der Bezeichnung »Aussiger Massaker« zu »Aussig«, das er für den eigentlichen Erinnerungsort hält: »Aussig wurde zu einem Sinnbild für die Vorgänge der ›wilden Vertreibungen‹, die Stadt wurde im sudetendeutschen Erinnern an Vertreibung und nun auch in der Geschichtswissenschaft ein ›Ort des Grauens‹.« Siehe *Kailer*: »Gewählte Erinnerung«, 190. Dabei lässt er aus, dass das Aussiger Massaker auch als Sinnbild der deutsch-tschechischen Beziehungen und der Annäherung der Erinnerungsgemeinschaften der Sudetendeutschen, der ehemaligen Einwohner und der neuen Einwohner des Grenzgebietes nach 1990 gelten kann.

[159] *Althof*, Kirsten: Getrübte Erinnerung. Aussig – Das Massaker an Deutschen vor 50 Jahren ist für viele Tschechen noch immer tabu. In: Focus 31 (1995), 164; *Kittel*, Manfred: Vertreibung der Vertriebenen? Der historische deutsche Osten in der Erinnerungskultur der Bundesrepublik (1961–1982). München 2007.

Dabei übersahen die deutschen Medien jedoch – wie so oft bei Themen der deutsch-tschechischen Beziehungen – dass zahlreiche tschechische Berichte zum Aussiger Massaker erschienen.[160] Die meisten der tschechischen Medien, regionale wie überregionale, stützten sich dabei auf die Forschungen, Veröffentlichungen und Kontakte des Stadtarchivars von Ústí nad Labem, Vladimír Kaiser. Kaiser war nicht nur der Ansprechpartner für die Medien, sondern auch für die ehemaligen Einwohner, für Vertreter der Stadt Ústí und auch für Historiker. Dabei übernahm er vielfach die Rolle als »Entmystifizierer« des Aussiger Massakers, wie Ivo Drahoš in seinem Artikel für den tschechischen »Telegraf« urteilte.[161] Den Versuch der Entmystifizierung unternahm Kaiser vor allem mit seiner 2005 veröffentlichten Publikation »Ein Nachkriegs-Verbrechen: Aussig 31. Juli 1945«. Daneben war Vladimír Kaiser auch auf der persönlichen Ebene enorm wichtig für die sprachliche Übersetzung und Übermittlung von Informationen zwischen den Erinnerungsgemeinschaften in Deutschland und Tschechien. Er beschrieb vielen Deutschen, was am Gedenktag des Massakers tatsächlich in Ústí vorging (mehr dazu später) und entschärfte damit ihre Vorurteile. Diese Informationen hätten die deutschen Lesenden aufgrund mangelnder Tschechischkenntnisse sonst nicht erhalten.[162] Für seine Kontakte und seine allseitige Gesprächsbereitschaft wurde Kaiser in der Tschechoslowakei beziehungsweise Tschechien auch vielfach kritisiert, zum Beispiel als »Verräter am tschechischen Volk« und »treuer Diener der sudetendeutschen Landsmannschaft«.[163]

In den 1990er Jahren begannen in Ústí öffentliche Gedenkakte zur Erinnerung an das Aussiger Massaker. Im Juli 1990 fand sich die Erinnerungsgemeinschaft der Ausgesiedelten und der in Ústí Verbliebenen beziehungsweise der Mitglieder des Kulturverbandes der Deutschen in der Tschechoslowakei gemeinsam auf der Beneš-Brücke zusammen. Dabei legten deutsche Besucher einen Kranz ab, um an das Aussiger Massaker zu erinnern. Die Kranzschleife war zweisprachig: »Die Wahrheit wird siegen« stand dort auf Tschechisch. Diesen Ausspruch, der Jan Hus zugeschrieben wird und das ursprünglich hussitische Staatsmotto bildete, verwendeten die Initiatoren des Kranzes gegen die

---

[160] Folgende Autoren widerlegten die Tabuthese von Vertretern der Zwangsausgesiedelten und einigen Wissenschaftlern: *Beer*, Mathias: Flucht und Vertreibung der Deutschen. Voraussetzungen, Verlauf, Folgen. München 2011; *Völkering*, Tim: Von der privaten Stiftung »Zentrum gegen Vertreibungen« zur Bundesstiftung »Flucht, Vertreibung, Versöhnung«. In: *Łuczewski*, Michał/*Wiedmann*, Jutta (Hg.): Erinnerungskultur des 20. Jahrhunderts. Analysen deutscher und polnischer Erinnerungsorte. Frankfurt am Main 2011, 129–138.

[161] *Drahoš*, Ivo: Mytizace bílých míst německo-českých vztahů končí. Vladimír Kaiser, ředitel Archivu města Ústí nad Labem [Die Mystifizierung der weißen Flecken in den deutsch-tschechischen Beziehungen enden. Vladimír Kaiser, Stadtarchivdirektor von Ústí nad Labem]. In: Telegraf vom 31.7.1995, 3.

[162] *Kaiser*, Vladimír: Mahnwache der Sudetendeutschen am 31.7.1990, Brief an Herget vom 13.8.1990.

[163] *Ebenda.*

Tschechen. Bei der deutschen Aufschrift dagegen entschieden sie sich für einen weniger provokanten Satz: »Den Aussiger Opfern des 31. Juli 1945.«[164] Vor allem auf deutscher Seite wurde in dieser Zeit auch zunehmend der Ruf nach einem Gedenkort auf der Brücke laut. Dies zeigt, dass in der Erinnerungsgemeinschaft der Aussiger nur die Beneš-Brücke eine herausragende Rolle spielte, während die anderen Orte des Massakers nie als Erinnerungsort in Betracht gezogen wurden.

Zu den wichtigsten Impulsgebern für die Installation einer Gedenkplatte auf der Beneš-Brücke zählten die Schüler der 10. Klasse der Wilhelm-von-Oranien-Schule aus Dillenburg in Hessen. Sie nahmen im Herbst 1990 am 9. Schülerwettbewerb »Die Deutschen und ihre östlichen Nachbarn« teil, im Rahmen dessen sie sich mit Ústí und dem Aussiger Massaker beschäftigten. Sie lasen den Roman »Gewitterblumen« der Aussiger Autorin Isolde Heyne, der autobiografische Züge trägt.[165] Laut Medienberichten waren die Schüler irritiert, dass es in der Stadt keine Gedenkstätte für dieses Ereignis gab.[166] Daher schrieben sie an den Bürgermeister von Ústí und baten ihn, eine Gedenktafel zur Erinnerung an die Opfer anzubringen. Da sie keine Antwort erhielten, wandten sie sich auch an Jiří Gruša, damals Botschafter der Tschechoslowakei in Deutschland, der versprach zu vermitteln. Die Schüler gewannen im Mai 1991 einen Sonderpreis der Hessischen Landeszentrale für politische Bildung, der einen einwöchigen Aufenthalt in Ústí und ein Treffen mit einer gleichaltrigen Schulklasse beinhaltete. Ota Filip, der durch den Sozialkundelehrer der Klasse, Eckhard Scheld, auf das Projekt aufmerksam wurde, drehte einen Bericht über die Schüler, der am 27. Mai 1991 im Bayerischen Fernsehen gezeigt wurde.[167] Dieser frühe Kontakt zwischen Deutschen und Tschechen nach der Wende wurde zur Grundlage von Begegnungen, die nachhaltiger wirkten als es ein Erinnerungsort in Form einer Gedenkplatte jemals vermocht hätte.

---

[164] Der Opfer des Massakers von Aussig gedacht. In: Aussiger Bote vom September 1990. Die in Ústí verbliebenen Deutschsprachigen trafen sich ab den 1990er Jahren auf der Schreckensteiner Elbseite, um an das Massaker zu erinnern, nicht ohne dabei von vorbeifahrenden Polizeibooten gestört zu werden. *Kralowetz*, Karl Heinz, 7.8.2013 in München, Interview geführt von Frauke Wetzel.

[165] *Heyne*, Isolde: Gewitterblumen. Bindlach 1989. Weiteres zum Buch und zur Autorin im Personenverzeichnis.

[166] *Fritsche*, Gerolf: Deutsch-tschechische Schülerbegegnung in Aussig. TV-Bericht, Januar 1992.

[167] *Filip*, Ota: Erschlagen und mit dem Kind im Kinderwagen in die Elbe geworfen. In: Frankfurter Allgemeine Zeitung vom 9.7.1991. Ota Filip, Schriftsteller aus Ostrava, musste zu sozialistischer Zeit wegen seiner regimekritischen Veröffentlichungen und Äußerungen lange Haftstrafen absitzen. 1974 wurde er zur Emigration in die BRD gezwungen. In den 1990er Jahren trug er zur Verbreitung der sudetendeutschen und tschechischen Sicht auf das Massaker bei, u. a. in seinen regelmäßigen Berichten aus der Tschechoslowakei in der FAZ.

Ein weiterer Akteur, der sich für die Erinnerung an das Aussiger Massaker engagierte, war Rüdiger Kollar, der Dresdner Vertreter beziehungsweise Kulturobmann der Sudetendeutschen Landsmannschaft. Der 1925 in Aussig geborene Kollar brachte 1993 eine Umbenennung der Beneš-Brücke zur »Brücke der Versöhnung« in die Diskussion ein. Am Ende der Gedenkveranstaltung an das Massaker im Juli 1993 entrollte Kollar auf der Brücke vor 100 bis 200 Zuschauern ein Spruchband mit der Aufschrift »1945–Brücke der Versöhnung–Most usmíření–1995« [sic!].[168] Teilnehmende Deutsche, die nicht Vertreter der Sudetendeutschen Landsmannschaft waren, rissen das Band von dem Blumenkranz, der mit dem Verbandswappen der Landsmannschaft versehen war. Sie wollten die Gedenkveranstaltung nicht zu einer politischen Veranstaltung werden lassen.[169] Kollar erklärte später, dass der Wunsch zur Umbenennung der Brücke nicht von deutscher Seite ausgehen dürfe, sondern »von den Tschechen ausgehen [müsse], denn es liegt uns fern, in ihre nunmehrige Souveränität hineinzureden«.[170] Zu diesem Zeitpunkt war seine Äußerung jedoch bereits durch die Medien gegangen. Die Bemühungen von Kollar und der Sudetendeutschen Landsmannschaft allgemein zielten vor allem darauf, den Namen des Präsidenten der Nachkriegs-Tschechoslowakei, Edvard Beneš, von der Brücke zu entfernen. Zwei Jahre später hieß es in der FAZ, die Stadtverwaltung Ústí habe den Vorschlag deutscher Zwangsausgesiedelter, »die Aussiger Elbebrücke in ›Brücke der Versöhnung‹ umzubenennen, mit der Begründung abgelehnt, Benes [sic!] sei ein hervorragender tschechischer Politiker gewesen«. Der FAZ-Autor ließ sich anschließend über die Rolle Beneš' bei der Entscheidung zur Vertreibung aus beziehungsweise plädierte dafür, Massaker wie in Ústí als »Bestandteil seiner Politik« zu betrachten.[171] Tatsächlich hatte es nie einen solchen Antrag bei der Stadt gegeben. Vielmehr vermischten die Medien hier regionale und überregionale Ereignisse. Das deutsche Nachrichtenmagazin »Focus« griff Kollars Umbenennungsvorschlag 1995 ebenfalls auf, betonte aber in einem Artikel die angebliche Tabuisierung des Gedenkens an das Massaker und den Unwillen der Stadtobersten, die Brücke umzubenennen. Der Focus gab der Brücke zudem einen weiteren neuen Namen: »Todesbrücke von Ústí.«[172]

In der deutschsprachigen, in Tschechien erscheinenden Presse wurden Kollars Bemühungen hingegen honoriert:

Bedenkt man, daß dies [das Aussiger Massaker, Anmerkung der Verfasserin] alles geschehen ist, obwohl der Krieg doch schon zwei Monaten zuvor zu Ende gegangen war, so erkennt man, daß die Ereignisse, die sich vor 48 Jahren in Ústí abgespielt haben, heute nicht mehr

---

[168] *Kutscher*, Robert: Stimmen zum Gedenken auf der Aussiger Schicksalsbrücke. In: Aussiger Bote vom September 1993, 5.
[169] Ebenda.
[170] *Kollar*, Rüdiger: Versöhnung bedeutet aufeinander zugehen. In: Prager Zeitung vom 19.11.1992.
[171] *Reißmüller*, Johann Georg: Die Beneš-Brücke in Aussig. In: FAZ vom 3.8.1994.
[172] *Althof*: Getrübte Erinnerung, 164.

mit Schweigen übergangen werden dürfen. Deshalb ist auf deutscher Seite in Dresden schon vor zwei Jahren durch ausgesiedelte deutsche Aussiger eine Initiative entstanden, die beide Teile, also Deutsche UND Tschechen jedes Jahr an diese Ereignisse erinnern will, die sich jedoch auch dafür einsetzt, daß im Jahr 1995 – dem Jahr der 50. Wiederkehr dieser tragischen Ereignisse – die Aussiger Elbebrücke zum symbolischen Brückenschlag für die Aussöhnung von Tschechen und Deutschen werde.[173]

Dieser Appell drückte eine vielfach anzutreffende Stimmung in Ústí aus.[174] Die Stadt hatte zu Beginn der 1990er Jahre durch Berichte über das Gedenken an das Massaker international an Bekanntheit gewonnen. Die meisten Einwohner blieben den Gedenkakten jedoch auch weiterhin fern und versuchten, mit der aufgeladenen Situation sehr gelassen umzugehen. Eine Ausnahme bildeten die Mitglieder des Klubs der tschechischen Grenzregion (Klub českého pohraničí).[175] Sie versammelten sich am frühen Morgen des 31. Juli 1994 auf der Brücke, wo sie mit einer tschechischen Flagge und einem Kranz Wache hielten, ohne sich aber aktiv in den Gedenkakt einzumischen, den der Kulturverband der Deutschen in der Tschechoslowakei veranstaltete.[176] Im darauffolgenden Jubiläumsjahr 1995 dagegen wurden die bislang friedlichen Gedenkmaßnahmen abgesagt. Der Klub der tschechischen Grenzregion hatte im Vorfeld des Jahrestages derart provoziert und mit Störmaßnahmen auf der Brücke gedroht, dass die Stadt vorsichtshalber alle Beteiligten zurückrief.[177] Die deutsche Presse sah die Klubmitglieder als wahre Verlierer der Aktion. Der Journalist Georg Pacurar urteilte in der deutschsprachigen »Prager Zeitung« über die abgesagte Veranstaltung: »Im Jahr der Jahrestage wurden ohnehin mehr Kränze als Vorurteile abgelegt.«[178]

Zeitgleich mit den Gedenkakten auf der Brücke begannen die Aussiger und die hinter ihnen stehenden Politiker, sich auf die Schaffung eines festen Erinnerungsorts in Form einer Gedenkplatte zu konzentrieren. War die Brücke bereits der Fixpunkt der sudetendeutschen Erinnerung, so wurde es der Wunsch

---

173 *Kollar*, Rüdiger: Versöhnung bedeutet aufeinander zugehen. In: Prager Zeitung vom 19.11.1992.

174 Gesprächsnotiz Gespräch von Vladimír Kaiser und Frauke Wetzel, Ústí nad Labem, 31.3. 2012.

175 Der im Juli 1992 gegründete Klub möchte sich für die Verteidigung des tschechischen Grenzlandes einsetzen und die sogenannten nationalen Interessen des Landes verteidigen. Zu seinen Mitgliedern zählen überwiegend ehemalige tschechoslowakische Grenzsoldaten von 1945–1990. Bislang ist erst eine Bachelorarbeit der Politikwissenschaft zur Charakteristik des Klubs erschienen: *Nováková*, Adéla: Klub českého pohraničí [Der Klub der tschechischen Grenzler] (Bachelorarbeit an der Masarykuniversität Brno, betreut durch Miroslav Mareš). Brno 2008.

176 Pietní akt v Ústí proběhl v klidu [Der Pietätsakt in Ústí verlief in Ruhe]. In: Český deník vom 1.8.1994.

177 Der Rückruf geschah auch mit Blick auf einen tätlichen Übergriff des Klubs auf eine Gruppe von Deutschen, die in der Gedenkstätte Theresienstadt einen Kranz niederlegen wollten.

178 *Pacurar*, Georg: Nationalistische Patrouillen liefen ins Leere. Georg Pacurar über eine Lücke im Gedenkjahr. In: Prager Zeitung vom 3.8.1995.

nach einer Gedenkplatte nun erst recht.[179] Diese sollte in Ústí selbst angebracht werden und nicht stellvertretend an einem anderen Ort wie das Aussiger Denkmal in München.

Das Jahr 2005 brachte schließlich den in Stein gemeißelten Schlussstrich unter die Debatte um das Aussiger Massaker: Am 31. Juli 2005 wurde die Gedenkplatte auf der Beneš-Brücke eingeweiht.[180]

Der Beschluss des Stadtrates zur Schaffung der Gedenkplatte fiel auf Initiative des Oberbürgermeisters Petr Gandalovič und unter Mitwirkung von Geschichtsakteuren in der Stadt wie Vladimír und Kristina Kaiser. Die vorangegangenen Debatten und Forderungen von deutscher Seite beeinflussten diese Entscheidung ebenfalls. In jedem Fall war diese Entscheidung das Ergebnis einer günstigen politischen Konstellation. Petr Gandalovič, einer der Begründer des Bürgerforums (OF) und späterer Politiker der Občanská demokratická strana (Demokratische Bürgerpartei, ODS), war seit 2002 Oberbürgermeister von Ústí nad Labem. Er wurde kurz nach der Anbringung der Gedenkplatte in die Prager Regierung berufen und zum Minister für regionale Entwicklung ernannt – die internationale Anerkennung seiner gedenkpolitischen Initiative brachte ihm also auch politische Anerkennung auf nationaler Ebene ein. In der Stadt selbst gab es auch Protest gegen den Beschluss des ODS-geführten Stadtrats zur Anbringung der Gedenkplatte. So erklärte der Vorsitzende der Sozialdemokraten (Česká strana sociálně demokratická, ČSSD), Jaroslav Foldyna, er halte dies für eine überflüssige Geste. Nicht überraschend waren auch die Kommunisten dagegen. Gandalovič argumentierte gegen alle Proteste anlässlich der Enthüllung der Gedenkplatte: »Es ist ein Ehrengedenken an die Opfer der damaligen Ereignisse. Es starben damals Zivilisten und das in Friedenszeiten. Es ist keine nutzlose Geste, es ist eine Rückzahlung der Schuld an die Opfer.«[181]

Zur Einweihungsfeier erschien viel politische Prominenz: der tschechische Außenminister Cyril Svoboda, die Botschafter der USA und Russlands sowie

---

[179] Kailer sieht den Erinnerungsort »Aussiger Brücke« als so stark, weil er noch sichtbar ist, im Gegensatz zu niedergebrannten Häusern oder Massengräbern. Es brauche kein Denkmal, so Kailer, da die Brücke ein starkes Symbol darstelle. Die Brücke steht als Bild für die Stadt, sie prägt das Panorama auf Postkarten, doch in der sudetendeutschen Erinnerung steht sie als Symbol für das Massaker. Siehe *Kailer*: »Gewählte Erinnerung«, 202 f. Als Symbol reduziert »Aussig« die komplexen historischen Vorgänge der Vertreibung, indem allein schon seine Nennung Art und Richtung von Interpretation und Argumentation mitliefert (*ebenda*, 201).

[180] Daneben entstanden 2005 mehrere weitere Denkmäler – siehe Kapitel IV.7. Kristina Kaiserová teilte die Auffassung, dass das Jahr 2005 ein bedeutendes in der Erinnerungskultur von Ústí nad Labem war; *Kaiserová*: Tschechische Erinnerungskultur.

[181] Poválečný ústecký masakr Němců připomene deska [Eine Tafel erinnert an das Nachkriegsmassaker von Ústí an den Deutschen] vom 29.7.2005. In: iDnes, URL: http://zpravy.idnes.cz/domaci.aspx?r=domaci&c=A050729_144634_domaci_mad (am 10.10. 2013).

Repräsentanten der deutschen Vertriebenenverbände. Die angereisten Presse-
vertreter, die nach den Debatten der vorangegangenen Jahre Skandale sehen
wollten, wurden enttäuscht: Die Enthüllung der Gedenktafel wurde ein fried-
licher Akt, an den sich mittlerweile alle gewöhnt hatten und der von der Mehrheit der Bevölkerung eher gleichgültig aufgenommen wurde. Für Karl Heinz
Kralowetz und viele seiner Kollegen vom Aussiger Hilfsverein war die Gedenkplatte 2005 ein willkommener Schlussstrich nach einer langen Debatte und vielen umstrittenen Forderungen. Allerdings waren sie mit dem Text der Platte
nicht einverstanden, der allgemein gehalten war und alle Opfergruppen benannte.[182]

Tatsächlich finden seit dem Anbringen der Gedenkplatte keine diesbezüglichen Auseinandersetzungen zwischen Deutschen und Tschechen mehr statt,
weder in den Medien noch auf politischer Ebene. Die jährlichen Gedenkfeiern
am 31. Juli sind Versammlungen der Erlebnisgeneration und ihrer direkten
Angehörigen. Tschechische politische Akteure bleiben dem Jubiläumstag fern,
deutsche Politiker und Vertriebenenvertreter nutzen die Gedenkplatte zwar
immer noch als Anlaufpunkt, werden aber von der tschechischen Presse weniger wahrgenommen beziehungsweise erregen mit ihrem Auftritt keinen Unmut mehr. Die Gedenkplatte scheint die Gemüter beruhigt zu haben und
machte den Raum der Brücke wieder frei für neue Symbolik. Dabei wurde der
gerade begonnene Weg der deutsch-tschechischen Versöhnungsarbeit in Ústí
bald fortgesetzt.

Vor allem Künstler eroberten sich diesen Ort.[183] So schuf das Künstlerduo
Jakub Konupka und Ondřej Jirásek im Jahr 2011 seine Site Specific Installation
auf und unter der Beneš-Brücke.[184] Die damaligen Grafikstudenten der örtlichen Universität stellten einen Teil der Installation in Form einer Bank mit der
Aufschrift »Aussig« in der Elbe auf und ließen sie durch den Fluss wegtreiben.
Als zweiten Teil brachten sie auf der darüber liegenden Brücke selbst Plakate
an, die über die deutsch-tschechische Vergangenheit der Stadt informierten,
vor allem über das 19. und 20. Jahrhundert, die industrielle Entwicklung und
den Aufstieg der Stadt zum wirtschaftlichen Zentrum.

Die Motivation der jungen Künstler war »die Entwurzelung der Stadt, respektive die Trennung der Bewohner der Stadt von ihrer Geschichte«.[185] Konupka und Jirásek wollten die, wie sie meinten, vergessene Geschichte an die

---

182 *Kralowetz*, Karl Heinz, 7.8.2013 in München, Interview geführt von Frauke Wetzel. Die
    Inschrift der Plakette lautet: »Na paměť obětí násilí 31. července 1945. Zum Gedenken an
    die Opfer der Gewalt vom 31. Juli 1945.«
183 Als weitere Kunstakte rund um oder an der Brücke zu nennen sind das Lied von Petr
    Lüftner »Das bist du, Ústí«, dessen Musikvideo maßgeblich auf dem Brückenbogen ge-
    dreht wurde (siehe Einleitung) sowie eine grafische Arbeit der Gruppe Sudetype aus Ústí,
    die sich noch als Studierende das ›Aussiger Massaker‹ unter dem Titel »Aussig. Jako do-
    ma« bearbeiteten.
184 Die Installation ist hier fotografisch dokumentiert: Aussig Memorial, URL: https://www.
    behance.net/gallery/8401553/Aussig-memorial (am 31.1.2021).
185 Persönliche Nachricht von Jakub Konupka an Frauke Wetzel vom 30.9.2013.

Oberfläche holen und an prominenter Stelle, auf der Beneš-Brücke, thematisieren. Vergessen sei diese Geschichte deshalb, weil diejenigen, die sich an diese Geschichte erinnern könnten, zwangsausgesiedelt worden waren. Die Fußgänger sollten im Vorbeigehen mehr über das Ústí der Zwischenkriegszeit und die ehemaligen deutschsprachigen Bewohner erfahren. »Einfach gesagt, wir wollten zur Aussöhnung des Bewusstseins der Aussiger Bürger mit der Geschichte ihrer Stadt beitragen.«[186]

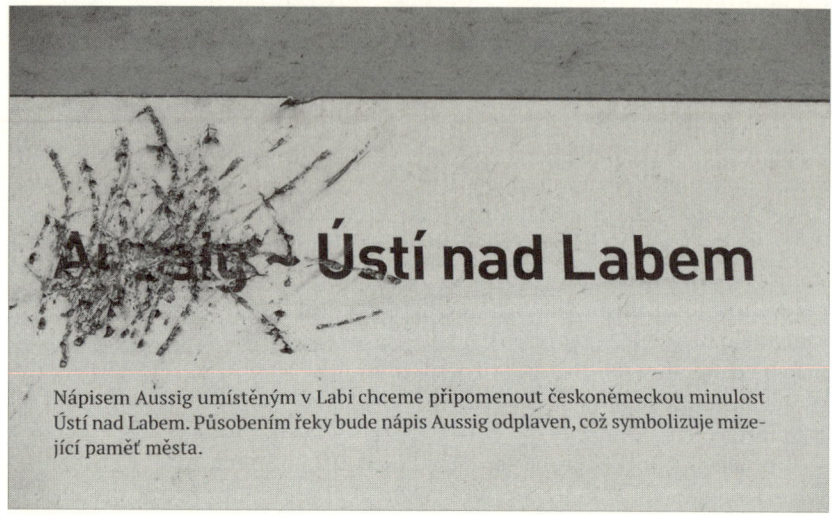

Abb. 12: Site Specific Installation und deren Zerstörung, 2011. Aufgenommen von Frauke Wetzel.

Das Plakat mit dem programmatischen Projekttitel »Aussig-Ústí« wurde von Unbekannten beschädigt, wobei das Wort »Aussig« weggekratzt wurde. Die beiden Künstler selbst wollten diese Tat nicht überbewerten.[187] Die Ressentiments gegenüber dem Namen »Aussig« sind allerdings nach wie vor in der Stadt zu spüren.

Zudem gibt es von städtischer Seite das Bestreben, statt der Beneš-Brücke die 2008 eröffnete Marienbrücke als neues Symbol der Stadt auf Broschüren und Website zu etablieren.[188]

In den Jahren nach 2005 stellten die Aussiger keine weiteren Denkmäler auf. Ein wichtiger nächster Moment in der Erinnerungskultur der Aussiger war die Einweihung des Sudetendeutschen Museums in München im Oktober 2020.[189]

---

[186] *Ebenda.*
[187] *Ebenda.*
[188] *Koucký*, Roman: Architektonická kancelář – kniha 1 [Architekturbüro – Buch 1]. Praha 2000.
[189] Siehe hierzu Kapitel V.4.

Denkmal-Boom 2005

Das Jahr 2005 war ein Meilenstein in der Erinnerungskultur von Ústí nad Labem nach der Samtenen Revolution, nicht nur wegen der Gedenkplatte an der Beneš-Brücke, sondern vielmehr auch wegen mehrerer anderer Erinnerungsaktivitäten, die aus lokalen Initiativen in Ústí selbst erwuchsen. Anders als bei der obig erwähnten Gedenkplatte waren die ehemaligen Einwohner der Stadt, die Aussiger, an diesen Aktivitäten nicht aktiv beteiligt, wurden jedoch als eine zu erinnernde Gruppe inkludiert.

Ein Beispiel hierfür ist das Denkmal für die Opfer der Luftangriffe vom April 1945, das ebenfalls 2005 außen auf das Magistratsgebäude angebracht wurde.

Die Verknüpfung der Attribute ›deutsch‹ und ›jüdisch‹ war in der staatlichen und gesellschaftlichen Wahrnehmung nach 1945 jahrzehntelang tradiert worden. Gerade diese Verbindung machte nach 1989 jedoch einen Wandel in der Erinnerungskultur möglich – mit der Erinnerung an die deutschsprachigen Bewohner der Stadt wurde nun auch der jüdischen Einwohner von Ústí gedacht.

Abb. 13: Denkmal für die Opfer des Holocausts im Stadtpark von Ústí nad Labem. Aufgenommen von Susanne Gärtner, 2011.

Das 2005 errichtete Denkmal für die Opfer des Holocaust der Stadt zählt zu den wichtigsten symbolischen Erinnerungsorten nach 1989. Es hat die Form eines Davidsterns, der in die Erde eingelassen ist. Vor dem Denkmal informiert eine Tafel über die Geschehnisse. Der Standort ist mit Bedacht gewählt: Es steht auf dem ehemaligen jüdischen Friedhof im heutigen Stadtpark.[190]

---

[190] Siehe auch Kapitel IV.4.

Neben der Errichtung dieser beiden Denkmäler renovierte die Stadtverwaltung auch das sowjetische Denkmal zur Befreiung. Außerdem legten Museum, Archiv und Universität Forschungsarbeiten zu diesen Geschehnissen vor.[191]

8. Zusammenfassung

Nach 1945 rückten in Ústí nad Labem vor allem zwei Kategorien von Denkmälern wieder in den Fokus: zum einen historische Gedenkorte, die das heroische, als tschechisch verstandene Ústí hervorhoben, und zum anderen Befreiungsdenkmäler, die den legitimen tschechischen Anspruch auf die Stadt untermauern sollten. Diese Denkmäler dienten der symbolischen Einordnung in das Geschichtsbild des Gesamtstaats. So erinnerte das Denkmal in Stadice an den ersten als tschechisch verstandenen Landesherrscher Přemysl. Das Denkmal bei Na Běhání spiegelt eine Deutung als deutsch-tschechischer Konfliktort und als Ort der tschechischen Nationalgeschichtsschreibung des 20. Jahrhunderts in der Region wider. Hier wurde die Erinnerung an die hussitischen Kämpfe von den Altsiedler durchgesetzt, während die neuen Einwohner kein großes Interesse an dieser Geschichte hegten. Schließlich überwogen doch die wirtschaftlichen Interessen und das Hussiten-Denkmal musste dem Kohleabbau weichen. Das Heldendenkmal erinnerte an die Befreiung der Stadt durch die sowjetischen Truppen 1945.

Nach der Bombardierung im April 1945 gab es in Ústí nad Labem viel freien Raum, um das ›moderne‹, das neue‹ Ústí ›wie Warschau‹ aus den Trümmern erstehen zu lassen. Der propagandistisch verbreitete Aufbaumythos huldigte dem modernen Stadtbild als Stadt der Zukunft, die ihre deutschen Spuren bis in die 1980er Jahre komplett tilgen sollte. Dabei kam es zu großen städtebaulichen Veränderungen: Ein Großteil des alten Stadtbilds wurde durch die Sprengungen (demolice) der 1960er bis 1980er Jahre beseitigt – sie sollten das moderne Ústí in der alltäglichen, visuellen Begegnung unterstreichen und zerstörten zugleich das alte Aussig. Dieser Modernisierungsversuch zeigte jedoch keinen Erfolg: Die Stadt der Zukunft kam nicht aus ohne ihre Vergangenheit, den Einwohnern fehlte die historische Verortung in der ›Stadt ohne Vergangenheit‹. Nach 1989 gewannen die Schichten der Vergangenheit an Sichtbarkeit, sowohl in Beiträgen der Lokalpresse wie auch im Internet, und die Einwohner verorteten die sichtbaren und nicht mehr sichtbaren Gebäude im Stadtplan wie auch in der Geschichte ihrer Stadt.

Nach 1989 traten neue Akteure in Erscheinung und mit ihnen auch neue Denkmäler – alte Denkmäler dagegen mussten weichen oder wurden umgestaltet. So wurde zum Beispiel das Klement-Gottwald-Denkmal entfernt. Die

---

[191] Zu diesen Publikationen zählen *Veselý*: Letecká válka; *Havel/Kaiser/Pustojevský*: Ein Nachkriegs-Verbrechen; *Fedorovič/Kaiser*: Historie židovské komunity v Ústí nad Labem. Eine Einschätzung zum Erinnerungsdiskurs in Ústí nad Labem nach 1989 gibt *Kaiserová*: Tschechische Erinnerungskultur.

›Entideologisierung‹ des Meistererzählungs-Mosaiks von Houra löste zwar politische Debatten aus, doch schlussendlich ließ ein neu entstandener Gebäudekomplex das Denkmal in der Bedeutungslosigkeit verschwinden.

Genauso wie die Deutschsprachigen, Juden und Nicht-Juden, zusammen aus dem Gedächtnis nach 1945 verschwanden beziehungsweise verschwinden sollten, kehrten sie nach 1989 zusammen wieder zurück. Im Boomjahr der Denkmalaufstellungen 2005 gedachte die Stadt deutsch-tschechischer Erinnerungsorte – mit einem Denkmal für die Opfer des Holocausts und einer Gedenkplatte für die Opfer des Aussiger Massakers. Die zerstörte Synagoge und der ehemalige jüdische Friedhof von Ústí blieben Vergessensmäler, das Gedenken an die jüdische Vernichtung jedoch blieb keine Leerstelle.

Die Jahre 1945, 1948, 1968 und 1989 stellten prägnante Zäsuren im Prozess der Denkmalgestaltung dar und die politischen Ereignisse setzten auch im lokalen Raum Dynamiken frei. Dennoch zogen sie keine Schwarz-Weiß-Linien innerhalb der Erinnerungspolitik, vielmehr lässt sich feststellen, dass an die meisten Ereignisse unabhängig von politischen Brüchen erinnert wurde.

V. POPULÄRE GESCHICHTSERZÄHLUNGEN UND HISTORIOGRAFIE: MUSEUM, AUSSTELLUNGEN, ZEITSCHRIFTEN, VEREINE

1. Geschichte zur Verortung

Die Geschichte und die Verortung der eigenen Geschichte darin waren Konstanten für die neuen Einwohner von Ústí nad Labem – gerade in der wechselhaften Zeit der politischen und gesellschaftlichen Umbrüche des 20. Jahrhunderts. Viele Akteure in Ústí beschäftigten sich mit der Geschichte, um in ihrer Stadt heimisch zu werden. Sie verfassten Artikel, gründeten Vereine und Zeitschriften und wirkten diskursiv auf die neue Geschichtsschreibung ein. Gleichzeitig aber bewegten sie sich alle in einem staatlich vorgegebenen Rahmen, der darauf abzielte, die ambivalente Vergangenheit von Ústí materiell und im diskursiven Raum zu entfernen. Diese Ambivalenz zwischen den Meistererzählungen von Ústí und deren lokaler Umsetzung steht im Fokus dieses Kapitels. Die nicht-intendierte Kontinuität und gewünschte Fortschreibung der Geschichte der lokalen Akteure stand der staatlichen Vorstellung eines ›geschichtslosen‹ Ústí entgegen, die keine Darstellung der Vorgeschichte vor 1945 vorsah. Zugleich wollten sich die neuen Einwohner von Ústí auch eine überregionale Bedeutung verschaffen, was sie zum Beispiel mit der Fortschreibung der Geschichte über die Hussitenkriege oder die napoleonischen Kriege in Nordböhmen erreichten. Mit dem Heranwachsen einer neuen Generation der nach 1945 in Ústí Geborenen verstärkten sich die Regionalgeschichtsschreibung und das Kreieren des Eigenen ohne strenge Abgrenzung von den vorherigen deutschsprachigen Geschichtsschreibern.

Im folgenden Kapitel geht es um diese Akteure und die Entwicklung einer neuen lokalen Geschichtsschreibung nach 1945 – im Rahmen von Institutionen wie dem Stadtmuseum, aber auch mittels Literatur und Medien. Zudem wird die Geschichtsschreibung der ehemaligen Einwohner, der Aussiger, dargestellt und zwar im Vergleich beziehungsweise in ihrer Beziehung zur Neugeschichtsschreibung in Ústí nach 1945.

2. Das Museum: Neubeginn in der Theorie, Kontinuität in der Praxis

Geschichtsmuseen gehören zu den zentralen öffentlichen Orten der Geschichtspräsentationen. Sie selektieren, was gesammelt und ausgestellt wird. Die dort gezeigten Ausstellungen bilden eine sichtbare Narration über die Vergangenheit. Museen sind Orte persönlicher und gesellschaftlicher Sinnstiftung; sie werden als Ort der Kompensation für Verlorenes und der Sehnsucht nach dem

Vergangenen verstanden.[1] Nostalgie wurde institutionalisiert, in dem sie ab dem 19. Jahrhundert in Museen ausgestellt wurde.[2]

Das Museum ist eine Einrichtung mit einer langen Kontinuität, die vor allem auf die Sammlungsgegenstände zurückzuführen ist. Museen sind allgemein bewahrende, also deponierende, und gleichzeitig exponierende und interpretierend-aktualisierende Institutionen. Daher gilt es, sowohl die Sammlungen als auch die re-dimensionierten Formen von Arrangements der jeweiligen Gegenwart zu untersuchen.[3] Somit wird es im Folgenden sowohl um die deponierende Funktion – die Sammlungstätigkeit des Museums von Ústí nad Labem, als auch um die exponierende Funktion – die Ausstellungen, gehen. Der Fokus liegt dabei auf der Rolle der Akteure bei der Re-Kontextualisierung und Re-Dimensionierung des Museums.[4]

Das Museum war im Jahr 1876 als Einrichtung für die Stadt und die Region Ústí gegründet worden und blieb in dieser Funktion auch über historische Zäsuren hinweg bestehen. Es sollte auch über die Stadt hinauswirken und Anlaufpunkt für Menschen aus dem gesamten Bezirk sein. Der Gewerbeverein, der die Museumsgründung initiierte, plante es hauptsächlich als Industriemuseum. Dessen erste Ausstellungsstücke stammten von den Mitgliedern des Gewerbevereins, dem vor allem die deutschsprachigen Industriellen der Stadt angehörten. 1901 übernahm die Museumsgesellschaft Aussig die Leitung des Museums, das sich im Laufe der Jahre mehr und mehr vom ursprünglichen Konzept des Industriemuseums entfernte und zu einem naturwissenschaftlichen Museum entwickelte. Im Jahr 1894 gab es erstmals einen festangestellten Museumsmitarbeiter. Die Industriellenfamilie Wolfrum widmete der Museumsgesellschaft das Schloss im nahe gelegenen Trmice, wo die Sammlung fortan gezeigt wurde. Eine der bedeutendsten und umfangreichsten Ausstellungen gab es 1913, zum 100. Jahrestag der Schlacht von Kulm (Chlumec). Nach der Wirtschaftskrise der späten 1920er Jahre fiel es der Museumsgesellschaft zunehmend schwerer, den Museumsbetrieb aufrechtzuerhalten. Im Jahr 1933 wurde das Museum aus finanziellen Gründen auch offiziell der Stadt unterstellt. Diese übernahm 1935 die Kosten für den Betrieb des Gebäudes und das Personal. Zu dieser Zeit umfassten die Sammlungen 9.000 Bücher und 24.000 Exponate. Die Ausstellung erfuhr in den Jahren 1933 bis 1945 keine Veränderungen; sie war systematisch aufgebaut und enthielt eine geologisch-mineralogische, eine zoologische und eine historische Sammlung.[5]

---

1   *Lübbe*, Hermann: Der Fortschritt und das Museum. Über den Grund unseres Vergnügens an historischen Gegenständen. London 1982.

2   *Boym*: The Future of Nostalgia, 15.

3   *Korff*, Gottfried: Bildwelt Ausstellung. Die Darstellung von Geschichte im Museum. In: *Borsdorf*, Ulrich/*Grütter*, Heinrich Theodor (Hg.): Orte der Erinnerung. Denkmal, Gedenkstätte, Museum. Frankfurt am Main 1999, 319–335, hier 328.

4   *Ebenda*, 330.

5   Weiteres zur Geschichte des Museums *Strejček*, Jan: 80 let muzea v Ústí nad Labem [80 Jahre Museum in Ústí nad Labem]. Ústí nad Labem 1956, 84; *Houfek*, Václav: 120 let

Obwohl das Museum von Ústí bereits am 11. Mai 1947 als ›tschechisches Museum‹ wiedereröffnet wurde und fortan an drei Wochentagen für Besucher zugänglich war, herrschte zwei Jahre lang eine ›geschichtslose‹ Zeit in der Stadt.[6] Der vorgegebene Tenor der anfänglichen historischen Arbeit in den Grenzgebieten wollte »die militaristischen groß-deutschen Tendenzen« aus dem Museum beseitigen, »damit die Ausstellung mit der tschechischen Besiedlung und mit der neuen sozialistische Zeit überzeugte«.[7] Schwierigkeiten bereitete dabei vor allem der Mangel an geeigneten Mitarbeitern mit Fachkenntnissen zur Re-Kontextualisierung nach den neuen staatlichen Vorgaben. Aber auch der Umgang mit der vorhandenen Darstellung und den Sammlungsgegenständen war uneinheitlich.

Die Angestellten des Stadtmuseums von Ústí nad Labem gehörten zu den wichtigsten Gestaltern der neuen Geschichtsdarstellung nach 1945.[8] Die im Museum ausgestellten Themen, die Sammlung und die Publikationen entsprachen dem Geschichtsverständnis und dem Selbstbild der Stadt, sie waren – ebenso wie die Zeitungsartikel, belletristischen Werke sowie Fachaufsätze und -bücher, die vielfach von den Mitarbeitern des Museums verfasst wurden – Resonanzraum der Diskurse. Die Museumsmitarbeiter waren über lange Jahre die Einzigen, die sich öffentlich, also in Medien und Ausstellungen, zur Geschichte der Stadt äußerten.

Materielle Kontinuität: Exponate und Ausstellungen

Zu Beginn der nun tschechischen Museumsarbeit nach 1945 war vor allem der Sammlungsaufbau oder vielmehr -umbau von Bedeutung. Allerdings kam es zu keiner schnellen Veränderung im Bestand der Sammlungsgegenstände und Ausstellungsstücke. Besonders die naturwissenschaftlichen Sammlungen, die die deutschsprachigen Wissenschaftler zuvor erarbeiten hatten, wurden in die neue Arbeit integriert – zum Teil umgeschrieben, aber oftmals lediglich übersetzt. Zudem gelangten in den Jahren 1945–1947 zahlreiche, von den Revolutionsgarden konfiszierte und über den sogenannten Fonds der nationalen Er-

---

Muzea Ústí nad Labem [120 Jahre Museum Ústí nad Labem]. Ústí nad Labem 1996, 101; Das Aussiger Stadtmuseum im neuen Schloss zu Türmitz. Ein geschichtlicher Rückblick und ein kurzer Führer durch die Sammlungen. Hg. v. *Museum Aussig.* Aussig 1936, 8.

6   *Bukač*, Jan: Zřízení komise pro museum [Ordnungskommission für das Museum]. AMUL, Místní národní výbor v Ústí nad Labem, 10-5473/7 1053, 7.4.1948.

7   *Kukurová*, Zdena: Muzeum v Ústí nad Labem stoleté [Das Museum in Ústí nad Labem seit Jahrhunderten]. In: Lidová demokracie vom 8.1.1977.

8   In den schriftlichen Quellen wurde das Museum als »Okresní (městské) muzeum« bezeichnet, in der Übersetzung also »(städtisches) Bezirksmuseum«. Da diese Bezeichnung jedoch vorrangig in den Akten zu finden war und im alltäglichen Gebrauch vom »Stadtmuseum« oder »Museum« gesprochen wurde, werden diese Bezeichnungen in der Arbeit verwendet.

neuerung (Fond národní obnovy) verteilte Gegenstände der Deutschsprachigen in Museumsbesitz, darunter unter anderem Bilder von Ernst Gustav Doerell.[9] Der Sammlungsausbau speiste sich also auch aus dem zurückgelassenen beziehungsweise enteigneten Besitz der deutschsprachigen Bevölkerung des Grenzgebietes.[10]

Die erste Ausstellung des Museums wurde von Alfréd Piffl erstellt und setzte sich aus konfiszierten Porträts und Miniaturen zusammen. Diese gehörten ursprünglich der Familie Brandeis, die die Miniaturen zu ihrem Enkel nach Ústí gebracht hatte, der »sich zur deutschen Nationalität meldete«. Im Vorwort des Ausstellungskatalogs lobte Piffl die »sehr kultivierte Familie Wolfrum«, ebenfalls eine deutschsprachige Familie aus Ústí, die zu den reichsten Industriellen der Stadt und früheren Mäzenen des Museums gehört hatte.[11]

Piffl zog eine klare Trennung zwischen der ›neuen‹ und der ›alten‹ Geschichte der Stadt, verstanden als nach und vor 1945. Das Jahr 1945 markierte in der Grenzregion den Beginn der Geschichte – gemeint war der Beginn der tschechischen Geschichte der Region.[12] Die Rückbesinnung auf die Erste Republik war in der Grenzregion weniger stark ausgeprägt als in den anderen

---

9   Bis 1947 wurden folgende neue Gegenstände in das Museumsinventar aufgenommen: Doerell-Gemälde, Porträts und Gemälde von Unbekannten, Grafiken, Kanonenkugeln von der Schlacht bei Kulm und dem Angriff auf Schreckenstein. Prähistorische Funde, Möbel aus dem Schloss Telnice (Tellnitz), eine Glocke aus der Kirche in Krásné Březno. Eine Hypothekenschrift zwischen Ulrike von Lewetzow und einem Anwalt in Lovosice (Lososity). Die Bibel der Familie Krebs, Plaketten von Carl Wolfrum, Scharf und Hartig. Jahrhundertausgabe der Bohemia, Uhren, Muskete, Holzstatuette aus Holz aus dem Besitz der Familie Wolfrum, Steinflasche, Papiersammler aus dem Besitz der Familie Schicht, Tischlampe – Schicht, Fotoapparat der Familie Umlauft, sechzehn Teile eines ledernen Empireschrankes, Glasgegenstände, Möbel ohne Angaben der Herkunft, Schriftliches von Umlauft. Siehe Správa národního majetku. Soupis předmětů převzatých muzeem [Bericht über das Nationaleigentum. Liste der vom Museum übernommenen Gegenstände]. AMUL, ONV, KT 434, Inv.-Nr. 1594, 1.4.1947.

10 Im Jahr 1936 brachte die Aussiger Museumsgesellschaft den letzten Museumsführer mit einem Überblick über die Sammlung und die Ausstellung heraus; Das Aussiger Stadtmuseum. Hg. v. *Museum Aussig*, 8. Alfréd Piffl übergab 1947 eine Liste mit den konfiszierten Gegenständen. Siehe Správa národního majetku. Soupis předmětů převzatých muzeem (s. Anm. 9). Die Ausstellung umfasste 1945 folgende Themenräume: Erdgeschoss: Geologie; 1. Stock: persönliche Gegenstände der letzten ›Geliebten‹ Goethes, Ulrike von Lewetzow. Zinnsammlung, sogenannter Gindel-Raum, Archäologie, Schlacht bei Kulm 1813, Biedermeier und eine Waffensammlung aus dem Ersten Weltkrieg; 2. Stock: Exotische Landeskunde, Käfersammlung, Schmetterlingssammlung, Vogelsammlung, Gemäldegalerie. Souterrain: Steingräber, Kreuze, Sandsteinmodelle, Zeitungsarchiv, Bibliothek. Siehe Zpráva o stavu muzea a vykonané práce v období 1951–1960 [Bericht über den Zustand des Museums und der erledigten Arbeit in der Zeit 1951–1960]. AMUL, MěNV, KT 265, Inv. Nr. 1652, 1958/1960.

11 *Piffl*, Alfréd: Podobizny, miniatury a prostředí [Porträts, Miniaturen und Umgebung]. Ústí nad Labem 1947, 2 f.

12 Zum Diskurs über das Jahr 1945 als »Stunde Null« siehe Christoph Kleßmann, 1945 – welthistorische Zäsur und »Stunde Null«, Version 1.0 vom 15.10.2010. In: Docupedia-

Landesteilen der Tschechoslowakei.[13] Da die Geschichte der Ersten Republik in Ústí eine deutsche Geschichte gewesen wäre, musste hier die neue Geschichte stärker betont werden. Zugleich bemühten sich Wissenschaftler und Geschichtsschreiber, die slawische Erstbesiedlung der Region herauszustellen. Das wirkte zwar der Darstellung eines Beginns der Geschichte ab 1945 entgegen, erfüllte aber die gleiche Funktion, nämlich die Feststellung einer tschechischen Geschichte der Region.

In der Praxis scheiterte der Versuch, in dem nunmehr tschechischen Stadtmuseum komplett neue Ausstellungen zu zeigen. Dem Wunsch nach einem Neubeginn stand die Kontinuität der Sammlungsgegenstände und somit auch der Themen vor und nach 1945 entgegen. Im Grunde archivierte das Museum in seiner Sammlung das alte ›deutsche‹ Ústí: Die Menschen gingen – ihre Möbel und Bilder blieben. Dies waren zum einen die Gegenstände aus der bereits vor 1945 bestehenden Museumssammlung, zum anderen die neu hinzugekommenen Gegenstände, Möbel und Kunstwerke aus dem Besitz der nach 1945 zwangsausgesiedelten Aussiger. In der Ausstellung selbst wurden diese einfach als »städtische Möbel« bezeichnet; in Veröffentlichungen des Museums schrieben die Kuratoren von »bourgeoisen Möbeln«.[14]

Ein konkretes Beispiel für den Verbleib von Gegenständen, die Weiterführung der Geschichte und die Kontinuität der Museumsarbeit war die Sammlung Hibsch. Der 1852 in Homole (Hummeln) geborene Josef Emanuel Hibsch war Professor für Geologie und Bodenkunde in Děčín (Tetschen) und gehörte zu den ersten Mitarbeitern des Aussiger Museums. Nach seiner Pensionierung im Jahr 1914 betrieb er weiterhin die Erforschung des Böhmischen Mittelgebirges, bis er am 4. November 1940 in Wien starb. Seine Gesteinssammlung gelangte in das Aussiger Stadtmuseum.[15] Dort, in der geologischen Abteilung des Museums, bildete die nach ihm benannte Sammlung Hibsch die Grundlage für die Darstellung des Böhmischen Mittelgebirges.

Entsprechend einer Festlegung des ONV in den 1950er Jahren bildeten die geologischen und geografischen Themen einen der Schwerpunkte der Museumsarbeit in Ústí (neben der Darstellung der Chemieindustrie).[16] Die 9.000

Zeitgeschichte, URL: http://docupedia.de/zg/1945?oldid=84581 (am 24.2.2014).

13 Dies zeigte Brenner in ihrer Diskursanalyse; *Brenner*: »Zwischen Ost und West«, unter anderem 463.

14 Okresní vlastivědné muzeum – zpráva o činnosti, rozbor hospodaření [Bezirksheimatkundliches Museum – Tätigkeitbericht, Finanzbericht]. AMUL, ONV, KT 1153, Inv. Nr. 4233, Ústí nad Labem 1976–1979.

15 *Deistler*, Gerald: Wir gedenken unserer Toten. Zum Gedenken an Josef Emanuel Hibsch. In: Aussiger Bote vom Januar 1991, 25–27, hier 25.

16 Jedem Kreis war ein Thema zugeteilt: Das Museum Děčín sollte schwerpunktmäßig die Entwicklung des Verkehrs, das Museum Most die Entwicklung der Kohleförderung, das Museum Teplice die Entwicklung des Bäderwesens und das Museum Louny das Hussitentum darstellen.

Exponate umfassende Sammlung Hibsch enthielt unter anderem das von diesem verfasste Grundlagenwerk »Die geologische Spezialkarte des Böhmischen Mittelgebirges«.[17] Über die Sammlung wurde bereits vor 1989 in Fachkreisen publiziert, sie hielt der ideologischen und nationalen Wandlung der Museumsarbeit stand und blieb den Besuchern weiter zugänglich.[18] Auch die Lokalpresse lobte 1961 die geologischen Sammlungen von Prof. Dr. Hibsch, die »das Museum bereicherten«.[19] Hibschs Foto und Name waren über den Exponaten für alle Besucher deutlich sichtbar angebracht.[20] Diese Kontinuität konnte bestehen, weil es sich bei seinem Fachgebiet um einen wenig ideologischen Teil der Geschichte handelte. Der ›Deutsche‹ Hibsch beziehungsweise seine fachliche Arbeit hätte jedoch auch der allgemeinen ›Entgermanisierungs‹-Welle zum Opfer fallen können.

Eine weitere Kontinuität in der Museumsarbeit waren die Aufbewahrung und Ausstellung der Bilder des deutschsprachigen Malers Gustav Doerell. Der in Freiberg geborene Maler lebte ab 1859 in Ústí, wo er 1877 auch verstarb. Er malte vor allem Landschaften, insbesondere Ansichten der Burg Schreckenstein und das Böhmische Mittelgebirge. Ein weiteres Hauptthema waren Motive aus Ústí und der näheren Umgebung der Stadt, die auch die industrielle Entwicklung der Region zeigten. Doerells romantische Darstellungen verschwanden nie aus dem Bildgedächtnis der Stadt: Alte und neue Bewohner gleichermaßen sahen in seinen Lithografien, Aquarellen und Grafiken das getreu festgehaltene Bild des alten Ústí und Aussigs.[21]

Im Stadtmuseum lagerten mehr als hundert Bilder von Gustav Doerell, die zeigten, »was das letzte Jahrhundert in der Entwicklung von Ústí bedeutete«, so der Lehrer und Chronist František Pinc 1957.[22] Doerells Bilder wurden re-

---

17 Krajské muzeum v Teplicích – metodická činnost [Methodische Tätigkeit]. SOkA Teplice, KT 11, Inv. Nr. 19, 1949–1980.

18 Der Artikel »Die Geschichte der geologischen Sammlung von Hibsch im Museum Ústí« (Historie Hibschovy geologické sbírky v ústeckém muzeu) wurde für einen Sammelband des Museums Teplice erarbeitet (Okresní vlastivědné muzeum, s. Anm. 14). Im Jahr 2002 veranstaltete das Museum Ústí ein Kolloquium zu Ehren der Sammlung Hibsch.

19 Muzeum je učitelem pravdy dějin [Das Museum ist der Lehrer der Wahrheit der Geschichte]. In: Sever vom 28.4.1961, 2.

20 Die Erinnerung an den Geologen Hibsch wird in seinem Heimatort Homole bereits seit 1977 wachgehalten. Dort wurde ein Gedenkstein mit folgender Inschrift in tschechischer Sprache aufgestellt: »Josef Emanuel Hibsch, geb. in Hummeln, gest. in Wien, hat sich um die geologische und petrographische Erkennung des Böhmischen Mittelgebirges verdient gemacht. Tschechische Gesellschaft für Mineralogie und Geologie 1977.« *Deistler*: Wir gedenken unserer Toten, 26. Siehe auch *Kralowetz*, Karl Heinz: Gedenktafeln und Gedenksteine in unserem Heimatbezirk Aussig a. E. – Ústí n. L. In: Heimatfreunde Aussig, vom 7.3.2011, URL: http://www.heimatfreunde-aussig.de/gedenktafeln_%20der_%20 Heimat-2.htm (am 7.3.2011).

21 Näher zu Straßenbenennungen nach Doerell in Kapitel III.

22 *Pinc/Kolář*: Vlastivědné výlety, 31.

gelmäßig ausgestellt: 1955, 1973, 1977, 1979, 1987 anlässlich seines 110. Todestages und zuletzt 2016.[23] Die Ausstellungen des »Malers von Ústí« (malíř Ústecka)[24] lockten bis zu 1.000 Besucher in das Stadtmuseum. In der Bevölkerung erreichten seine Bilder 1979 in Form einer Postkartenedition große Beliebtheit.[25] Vladimír Kaiser widmete Doerell 1986 eine Monografie.[26] Das 1935 errichtete Doerell-Denkmal wurde jedoch 1965 entfernt. Es waren demnach eher Doerells Bilder, die das Bild des alten Aussig zeigten, als seine Person selbst, an die weiterhin erinnert wurde.

Vor dem Hintergrund der politischen anti-deutschen Einstellungen, die auch die Kulturpolitik nach 1945 bestimmten, war diese Kontinuität recht ungewöhnlich. Autoren in Deutschland und der Tschechoslowakei bezeichneten Doerell als *ústecký občan* beziehungsweise als »Aussiger Bürger«.[27] Sein Werk erhielt allseitige Anerkennung, weil es wie eine Dokumentation, ein ikonografisches Dokument über die Entstehung und Entwicklung der Stadt wahrgenommen wurde. Die Kunsthistoriker Eva Jůzová und Jan Ságl lobten in ihrem Bildband die Bedeutung Doerells: »Den Wandel des alten Ústí hat der Maler E. G. Doerell auf seinen Bildern eingefangen. Sein Werk stand als bedeutendes ikonografisches Dokument über das Aussehen der Stadt, das unwiederbringlich verschwand.«[28]

Auch die deutschsprachigen Einwohner erinnerten sich häufig an und durch die Bilder von Gustav Doerell. So beschrieb der deutsch-jüdische Aussiger Bedřich (Fritz) Rohan seine Begegnung mit Doerells Werken folgendermaßen:

> Es war für mich eine überraschende Konfrontation mit etwas, was ich längst zu kennen gemeint hatte und dennoch, wie ich plötzlich begriff, erst jetzt zum ersten Mal erblickte. Wie liebliche, vergrößerte Grußkarten aus einer verschwundenen Vergangenheit sahen diese Bilder aus.[29]

---

23 *Klener*: Ústeckým okresem, 10. Ausstellung »Doerell und seine Welt« im Museum Ústí nad Labem vom 26. August 2016 bis 15. Januar 2017.

24 Špaček bezeichnet ihn so in einem Vortrag des Klubs der Historiker 1977. Siehe Pět let klubu historiků při ODKP v Ústí nad Labem. Hg. v. *Klub historiků*. Ústí nad Labem 1977.

25 *Ledvinka*, František: Zpráva o činnosti a rozbor hospodaření Okresního vlastivědného muzea Ústí nad Labem za rok 1979 [Tätigkeitsbericht und Finanzanalyse des Bezirksmuseums Ústí nad Labem für das Jahr 1979]. AMUL, ONV, KT 1046, Inv. Nr. 3253, Ústí nad Labem 19.3.1980.

26 *Kaiser*, Vladimír/*Šroněk*, Michal: Ernst Gustav Doerell. Ústí nad Labem 1986.

27 Oslavy výročí v roce 1960 – 15. výročí osvobození, 90. výročí narození V. I. Lenina [Feierlichkeiten zum Jahrestag im Jahr 1960 – 15. Jahrestag zur Befreiung, 90. Jahrestag der Geburt V. I. Lenins]. AMUL, MěNV ÚL, KT 225, Inv. Nr. 1017, 1960.

28 *Jůzová*, Eva/*Ságl*, Jan: Severozápadní Čechy [Nordwestböhmen]. Praha 1984, 59.

29 *Rohan*: Aussiger Schoulet, 22–26.

Doerell sei, so Rohan weiter, ein »liebenswerter Chronist« gewesen und »ein unvergleichliches Stück Heimat«.[30] Die ungebrochene Beliebtheit der Bilder, die das ikonografische Gedächtnis der ehemaligen wie auch der neuen Einwohner von Ústí prägten, zeigt, wie beide Seiten das romantische Bild als Dokument und Erinnerungsmedium nutzten. Im Fall der staatlichen Stellen der Tschechoslowakei verwundert jedoch der schizophrene Umgang: Einerseits hoben zeitgenössische Bildbände, Reiseführer und Jubiläumschriften die Nachkriegs-Moderne und die Industrie hervor und verbanden dies mit der Ablehnung des ›bourgeoisen Bau- und Lebensstils‹, den sie den Deutschsprachigen zuschrieben. Andererseits erlaubten die Bilder Doerells das Festhalten am alten Bild des unzerstörten Ústí und bewahrten die Erinnerung an das historische Stadtbild, das in Ausstellungen und Postkarteneditionen auch nach 1945 in Ústí präsent war.

In der Museumsarbeit wurden jedoch nicht nur einzelne Sammlungen beziehungsweise Sammlungsgegenstände, sondern auch Sonderausstellungen aus der Zeit vor 1945 übernommen. Dies betraf beispielsweise die Ausstellung über die Schlacht bei Kulm von 1813, die zum 100-jährigen Jubiläum des Ereignisses erstellt worden war.[31] Die Thematik war ideologisch unbedenklich, da weder die deutschen noch die tschechoslowakisch-sozialistischen Historiker leugnen konnten oder wollten, dass Russland beziehungsweise die zarische Armee siegreich aus dieser Schlacht hervorgegangen war. Daher konnte das historische Ereignis nach 1945 auch zur Glorifizierung der Sowjetunion genutzt werden.[32] Es gehört – ebenso wie die Hussitenschlacht von 1426 bei Na Běhání – zu den großen Erinnerungsorten in der Region Ústí und ist Teil der Meistererzählungen.

Die Schlacht bei Kulm war die blutigste Schlacht der napoleonischen Kriege auf böhmischem Boden. Hier stellte sich im August 1813 die zarische Armee

---

[30] *Ebenda.*

[31] Siehe hierzu auch *Wetzel*, Frauke: Napoleonische Schlachten bei Ústí nad Labem. Vom Denkmal zum Theaterspektakel 2013. In: *Řezník*, Miloš/*Rosenbaum*, Katja (Hg.): Touristische Vermarktung und Geschichte. Leipzig/Berlin 2014, 79–92.

[32] Siehe hierzu auch *Kaiserová*, Kristina/*Rak*, Jiří/*Houfek*, Václav (Hg.): Kolokvium 1813. Napoleonské války v české historické paměti a v paměti regionu [Kolloquium 1813. Die Napoleonischen Kriege in der böhmischen Erinnerung und im Gedächtnis der Region], vom 23.6.2006. In: UJEP, URL: http://ff.ujep.cz/index.php/2011-06-23-15-03-48/menu-usgs/konference/1904-kolokvium-1813-napoleonske-valky-v-ceske-historicke-pameti-a-v-pameti-regionu (am 15.3.2014). Zur Einordnung der marxistischen Lesart Napoleons siehe auch *Górny*, Maciej: Französische Revolution und napoleonische Kriege. Herausforderungen an die marxistische Nationalgeschichtsschreibung in der Tschechoslowakei, Polen und der DDR. In: *Brenner* (Hg.): Geschichtsschreibung zu den böhmischen Ländern, 279–295. Górny zeigt darin die positive Bewertung Napoleons, der französischen Truppen und der Französischen Revolution als – in der marxistischen Lesart – Befreier der Bauern. Der Sieg Russlands (und der Alliierten) 1813 bedeutete die Befreiung des ganzen Landes und wurde mit der Befreiung 1945 gleichgesetzt.

mit Unterstützung der preußischen und österreichischen Truppen als sogenannte Böhmische Koalition gegen die napoleonische Armee. Rund 20.000
Soldaten verloren dabei ihr Leben. Durch den russischen Sieg wurde das Vor-
dringen Napoleons in Richtung Prag bei Kulm und Aussig gestoppt. Die
Schlacht schrieb sich in die europäische Geschichte ein, als bedeutender Wendepunkt der napoleonischen Kriege.

Das Schlachtfeld liegt eingebettet in das Erzgebirge unweit der heutigen
Stadt Ústí nad Labem und wurde schon kurz nach den napoleonischen Kriegen
Teil der touristischen Vermarktung der Region. Die Stadt Ústí erlangte durch
dieses Ereignis eine überregionale Bedeutung, die Einwohner des ansonsten
vor allem durch seine Industrie bekannten Ortes erfuhren eine kollektive
Selbstvergewisserung. Seit der Aufstellung des ersten Denkmals im Jahr 1817
lockten zahlreiche Publikationen, touristische Hinweise und besondere Wanderwege entlang der Schlachtfelder Besucher an. Wenige Jahre später kamen
weitere Denkmäler der siegreichen Kriegsparteien hinzu, die an die Schlacht
erinnerten.[33]

Dass sich das Stadtmuseum von Ústí für die Übernahme der 1913 gezeigten
Ausstellung entschied, war dennoch verwunderlich: Schließlich hatten die Feierlichkeiten zum 100. Jubiläum der Schlacht bei Kulm einschließlich Denk-
malserrichtung und Museumausstellung nationalen Vorstellungen gedient
und vor allem die preußische Geschichte hervorgehoben. Eine Re-Kontextualisierung von 1813 fand nach 1945 nur in geringem Maße statt: Die Ausstellung
wurde größtenteils übersetzt, allerdings wurde ein stärkerer Fokus auf die Erinnerung an den russischen Sieg gelegt.

Der Historiker Vojtěch Kessler beurteilte die Erinnerung an Kulm als Konfliktgeschichte zwischen Deutschen und Tschechen im 20. Jahrhundert und

---

33 Das erste Denkmal von 1817 wurde nach einem Entwurf von Karl Friedrich Schinkel errichtet; es ist der einzige Schinkelbau in Böhmen. Das preußische Denkmal war drei Meter hoch und trug an seiner Spitze das Eiserne Kreuz. Diese von Wilhelm III. im Jahr 1813
eingeführte Form der Soldatenehrung wurde hier erstmals in einem Denkmal umgesetzt.
Die Inschrift lautete: »Die gefallenen Helden ehrt dankbar König und Vaterland. Sie ru-
hen in Frieden. Culm, den 29. August 1813.« Im Jahr 1857 wurde das Denkmal auf einen
Sockel gestellt und um ein Porträt Friedrich Wilhelms III. und einen preußischen Adler
ergänzt. Im Jahr 1825 entstand das österreichische Denkmal in Varvažov (Warwarschau).
Es erinnerte nicht an die Schlacht von Kulm, sondern an die nachfolgende Schlacht zwischen französischen und österreichischen Truppen am 17. September 1813. Der Obelisk
wurde von einer Löwenplastik abgeschlossen und mit einem Porträt des österreichischen
Generals Hieronymus von Colloredo-Mansfeld versehen. Dieses Denkmal hatte die
größte Außenwirkung, weil es an der Hauptverkehrsstraße zu den Bädern nach Teplice
lag. Heute führt die Europastraße 442 daran vorbei. Das russische Denkmal wurde 1837
in Přestanov (Priesten) an der Stelle eingeweiht, wo am 29. August 1813 die schwersten
Kämpfe stattfanden. Auf der Spitze des Obelisken wurde eine Statue der griechischen
Göttin Nike angebracht. Im Jahr 1913 wurde das sogenannte Jubiläumsdenkmal aufgestellt, das vom Verein zur Gründung eines Denkmals initiiert wurde. Das Monument war
25 Meter hoch und im Sockel befand sich eine Ausstellung über den Verlauf der Schlacht.

Kulm beziehungsweise Chlumec als deutschen Erinnerungsort, der von tschechischer Seite vernachlässigt wurde.[34] Allerdings wurde die Schlacht in der Dauerausstellung des nun tschechisch geführten Stadtmuseums Ústí nad Labem präsentiert und auch von Geschichtsschreibern thematisiert. So schrieb beispielsweise František Pinc in seinem zweiten Buch »Heimatkundliche Ausflüge aus Ústí nad Labem« auch über die Schlacht bei Kulm und re-dimensionierte sie zum ersten Sieg der Russen, die durch Ústí zogen: »Während des Napoleonischen Krieges war Ústí 1813 vom französischen Heer besetzt, aber nach der Schlacht in Chlumec flüchteten die Franzosen einen Tag danach aus der Stadt und durch Ústí gingen russische Einheiten.«[35]

In Pinc' historischem Überblick folgte auf der gleichen Seite *quasi* die zweite Befreiung durch die Russen, durch die sowjetische Armee im Jahr 1945: »Danach kamen am 8. Mai die sowjetischen Panzer und damit siegte die neue Epoche auch im tschechischen Ústí.«[36]

Im Widerspruch zu Kesslers These steht auch die Tatsache, dass die Denkmäler, die an die historischen Schlachten erinnerten, bereits in den 1950er Jahren wieder von Teilnehmenden aus Pionierlagern und ausländischen Besuchern bereist wurden.[37] Nicht nur Chlumec, auch Chabařovice (Karbitz) und Varvažov, ebenfalls Schauplätze der Schlachten, waren beliebte Ausflugsziele und wurden in Reiseführern angepriesen.[38] Zudem wurden 1961 die Denkmäler in und um Chlumec in einer Artikelserie über Ausflüge »zu den Schönheiten des Bezirkes« vorgestellt.[39] In einigen, aber durchaus nicht allen Fällen wurde der Sieg der Russen hervorgehoben, ohne die Koalitionspartner zu nennen.

Das Denkmalpflegeamt der Region Ústí widmete sich insbesondere dem historischen Ort Chlumec.[40] In den 1980er Jahren lag der Schwerpunkt dabei

---

34 *Kessler*, Vojtěch: »Bez Chlumce by nebylo Lipska...«. Jubilejní slavnosti na Ústecku v roce 1913 [»Ohne Kulm kein Leipzig...«. Die Jubiläumsfeierlichkeiten im Gebiet Ústí nad Labem im Jahre 1913]. In: Ústecký sborník historický 1 (2011), 45–62; *ders.*: Chlumecké bojiště z roku 1813 – pomníky, na které se nezapomíná [Das Schlachtfeld von Chlumec aus dem Jahr 1813 – Denkmäler, die man nicht vergisst]. In: *Hlavačka/Mareš/Pokorná* (Hg.): Ztráta historické paměti, 323–331.

35 *Pinc/Kolář*: Vlastivědné výlety, 20.

36 *Ebenda.*

37 Družební vztahy mezi městy Ústí nad Labem a Karl-Marx-Stadt [Freundschafsbeziehungen zwischen den Städten Ústí nad Labem und Karl-Marx-Stadt]. AMUL, MěNV ÚL, KT 224, Inv. Nr. 998, 1957.

38 *Rosenauer*, J.: Za krásami našeho okresu – Chabařovice, Chlumec, Varvažov [Zu den Schönheiten unseres Bezirkes – Chabařovice, Chlumec, Varvažov]. In: Sever vom 9.8. 1961; Ústecko od jara do podzimu, nabídkový prospekt cestovního ruchu [Die Region Ústí vom Frühling bis zum Herbst, Angebotsprospekt des Reiseverkehrs]. AMUL, Sbírka soudobé dokumentace IV. 1945–1989, cestovní ruch, KT 111, Inv. Nr. 2252, 1960.

39 *Rosenauer*: Za krásami našeho okresu.

40 Památková péče – zpráva o stavu památkové péče a o údržbě památkových objektů

auf dem vom russischen Reich aufgestellten Denkmal in Přestanov, das 1982 renoviert wurde.[41] Auch in der Geschichtsschreibung der Stadt und der Region lässt sich von 1945 bis 1990 eine Betonung des russischen Sieges in Kulm nachweisen.

Abb. 14: Plakat, das die Nachstellung der Schlacht bzw. des Jubiläums des »Rauswurfs der französischen Truppen aus der Stadt« 2013 ankündigt. Aufgenommen von Frauke Wetzel.

Diese Beispiele zeigen deutlich, dass die Erinnerung an die Schlacht von Kulm auch nach 1945 weitergepflegt wurde. Die These des Historikers Kessler, diese Erinnerung sei mit der Zwangsaussiedlung der Deutschsprachigen vertrieben worden, ist demnach für die Region Ústí nicht zutreffend.[42] Zwar lag der Schwerpunkt auf der Pflege und der Erinnerung an die russischen Soldaten und Feldherren, doch ›vertrieben‹, wie Kessler schrieb, wurde die Erinnerung an die Allianz von Preußen, Österreichern und Russen in der Region nicht.

[Denkmalpflege – Zustandsbericht der Denkmalpflege und über die Wartung der Denkmalobjekte]. AMUL, ONV, KT 1153, Inv. Nr. 4238, Ústí nad Labem 1966.

41 Okresní komise státní památkové péče – zápisy ze schůzí [Bezirkskommission der staatlichen Denkmalpflege – Sitzungsprotokolle]. AMUL, KT 1052, Inv. Nr. 3265, 1981–1984.

42 *Kessler*: Chlumecké bojiště, 330.

Akteure: Museumsdirektoren und Mitarbeiter

Die Sammlung des Museums bildete die Grundlage des Darstellbaren und gab vor, was der Öffentlichkeit in den Ausstellungen in inszenierter Form gezeigt werden konnte. Es waren jedoch die Museumsmitarbeiter, die sich dem Zwiespalt der staatlichen Ausstellungsvorgaben und vorhandenen Sammlungsgegenstände stellen mussten. Wie ließ sich auf Basis der vorhandenen Museumssammlung mit ihren ›bourgeoisen‹ Möbeln und anderen Nachlässen der deutschsprachigen Stadtbewohner die politisch gewünschte Geschichte der (tschechischen) Arbeiterbewegung in Ústí nad Labem zeigen?[43]

Wie bereits erwähnt kam es in den ersten Nachkriegsjahren häufig vor, dass vor 1945 erstellte Ausstellungen unverändert übernommen und neu ausgestellt wurden. Die geringe Mitarbeiterzahl und die mangelnde Ausbildung der Museumsangestellten waren die Hauptgründe für dieses improvisierte Vorgehen. Im Jahr 1950 beispielsweise verfügte das Museum nur über einen ungelernten Mitarbeiter, der von seiner Frau unterstützt wurde. Der Personalmangel war in Ústí zwar besonders stark ausgeprägt, doch betraf das Phänomen der ungelernten Museumsangestellten das gesamte Grenzgebiet.[44] Im Jahr 1952 stabilisierte sich die personelle Situation im Museum von Ústí erstmalig nach dem Krieg, in den nächsten sieben Jahren gab es stets zwei Mitarbeiter, die Direktoren wechselten jedoch häufig nach einem halben Jahr. 1964 übernahm František Cvrk die Leitung des Museums und damit erstmals ein ausgewiesener Experte für die frühzeitliche Sammlung. Im selben Jahr kamen die promovierte Biologin Eva Havlíčková, der promovierte Archäologe Milan Lička sowie Marta Dajčová ins Museum. 1974 gab es dann bereits 19 Mitarbeiter. Die ersten Angestellten waren bessere Sprachmittler als Historiker beziehungsweise wussten sich oftmals nicht anders zu helfen, als mit Übersetzungen zu arbeiten. Über Jahre hinweg waren die meisten Mitarbeiter entweder ungelernt oder verfügten über eine naturwissenschaftliche Ausbildung, sodass sie gern auf die bereits erstellten Expertisen zurückgriffen. In Veröffentlichungen lobten die Medien und die Museumsmitarbeiter die Arbeit ihrer deutschsprachigen Vorgänger.[45] Sie sahen sich also nicht nur gezwungen, die Materialien der Deutschsprachigen zu übernehmen, sondern schätzten diese Vorarbeiten durchaus.

---

[43] Muzeum je učitelem pravdy dějin [Das Museum ist der Lehrer der Wahrheit der Geschichte]. In: Sever vom 28.4.1961, 2.

[44] *Neustupný*, Jiří: Otázky dnešního musejnictví [Fragen des heutigen Museumswesens]. Praha 1950, 38.

[45] *Kukurová*, Zdena: Muzeum v Ústí nad Labem stoleté [Museum schon Jahrhunderte in Ústí nad Labem]. In: Lidová demokracie vom 8.1.1977. Ebenso *Strejček*: 80 let muzea, 84.

Exkurs: Alfréd Piffl

Der Archivar und Museumsangestellte Alfréd Piffl erweiterte die Sammlung des Museums in den Jahren 1945–1947 um zahlreiche bedeutende Gegenstände. Zudem bestimmte er für lange Zeit sowohl die populäre als auch die wissenschaftliche Historiografie im Ústí der Nachkriegsjahre.

Der 1907 geborene Piffl war Architekt, Maler und Denkmalpfleger. Während des Krieges war er im Widerstand aktiv gewesen, dann wurde er der erste zeichnerische und schriftliche Chronist der Stadt nach 1945. Kurz nach Kriegsende hielt er das zerbombte Ústí in detaillierten Zeichnungen fest.[46] Nach einem Aufruf sammelte er die Kriegserinnerungen der Stadtbewohner und verfasste daraus die erste und einzige tschechische Beschreibung der Okkupationszeit in Ústí, die 1945–1947, also unmittelbar nach Kriegsende, niedergeschrieben wurde.[47]

Im Januar 1946 wurde Piffl offiziell zum Direktor des Museums und des Stadtarchivs in Ústí nad Labem ernannt. Inoffiziell arbeitete er bereits kurz nach Kriegsende in allen historischen Einrichtungen: im Archiv, im Museum und verschiedenen Kommissionen der Stadt wie beispielsweise der Umbenennungskommission. Zudem war er für die Nationale Kulturkommission (Národní kulturní komise) tätig und sichtete in deren Auftrag Häuser, die aus deutschem Besitz konfisziert worden waren.[48] 1946 übernahm Piffl die Leitung der ›Entgermanisierungs‹-Kommission, war aber gleichzeitig auch derjenige, der das Kulturerbe bewahren konnte, das von den Deutschsprachigen zurückgelassen werden musste. Er sorgte dafür, dass die meisten der Gegenstände in Ústí blieben und nicht in Prager Depots gebracht wurden.

Ohne Rückhalt bei den örtlichen Behörden und zum größten Teil auch ohne Bezahlung erarbeitete Piffl in nur 18 Monaten insgesamt drei Ausstellungen und sichtete hunderte verlassene Wohnungen. Zudem vermittelte er sein Wissen über die Stadtgeschichte an die neuen Bewohner von Ústí – nicht nur in Vorträgen, sondern vor allem auch in beliebten Kurzprogrammen im Radio. In seiner Sendung »Aus der Geschichte der Stadt Ústí nad Labem« sprach er wöchentlich zu einem Großteil der Stadtbevölkerung.[49] 1947 plante Piffl die erste Ausstellung nach Kriegsende mit dem Titel »Porträts, Kleingemälde und Landschaft«, die am 19. Januar 1947 eröffnet wurde. Im Mai 1947 eröffnete Piffl die zweite Ausstellung zum Thema »Ústí nad Labem und seine tschechische Geschichte«. Die dritte Ausstellung im Sommer 1947 beschäftigte sich mit

---

46 Erstmals im Februar 2013 im Stadtmuseum Ústí ausgestellt.
47 *Piffl*: Kronika města Ústí nad Labem za valečná léta 1938–1945.
48 Siehe dazu die als Einführung in die Arbeit der Kulturkommission konzipierte Quellenedition *Uhlíková*, Kristina: Národní kulturní komise [Nationale Kulturkommission]. Praha 2004.
49 Program severočeského vysílače v Ústí nad Labem od 17. do 31. prosince 1945 [Programm des nordböhmischen Rundfunks in Ústí nad Labem vom 17. bis 31. Dezember 1945]. In: Ústecký věstník vom 15.12.1945, 4.

der Schlacht bei Na Běhání.[50] Piffl musste die Ausstellungskonzepte jeweils dem Schulministerium und dem Ausschuss für Museen im Grenzgebiet vorlegen.[51]

Im Rahmen seiner Tätigkeit war Piffl stets an der fachlichen Zusammenarbeit mit deutschsprachigen Kollegen interessiert, über alle ideologischen Grenzen hinweg. Seine Intention war die Entwicklung eines regionalen Bewusstseins. Diese Einstellung wie auch die Qualität seiner Arbeit brachten ihm den Respekt und das Vertrauen deutschsprachiger Historiker ein. Piffl arbeitete unter anderem mit dem langjährigen Stadtarchivar und Lehrer Franz Josef Umlauft zusammen und ließ sich von diesem in die Archiv- und Museumsarbeit einweisen. Das vertrauensvolle Verhältnis der beiden Männer zeigte sich auch in ihrer Korrespondenz, als Umlauft vor seiner Zwangsaussiedlung nach Bayreuth im Sammellager für Deutsche in Všebořice inhaftiert wurde.[52] Umlauft teilte Piffl sehr persönliche, familiäre Dinge mit und schickte ihm zudem einige Erbstücke, darunter teure Geräte wie eine Kamera und ein Fernglas, die Piffl persönlich behalten sollte. Umlaufts Schriften und Bücher dagegen sollte Piffl für Forscher bereithalten. Aus Handeln und Briefen des ehemaligen Stadtarchivars wurde deutlich, wie sehr ihm die Heimatforschung am Herzen lag. Er hoffte, dass es weitere Interessierte geben würde, die seine Forschungen nutzten. Umlauft äußerte in seinem Brief auch das Bedauern, dass er Piffl nicht weiter in die Arbeit und Ordnung des Archivs einführen konnte. In einem weiteren Schreiben bat er, das kostbare Geschirr seiner Schwiegereltern an das Stadtmuseum weiterzugeben. Offenbar ging Umlauft davon aus, in Piffl einen verständigen und sachinteressierten Ansprechpartner zu haben.[53] So schrieb Umlauft in einem Brief an Piffl:

Aber ich bin überzeugt, daß wir einander trotz der verschiedenen Volkszugehörigkeit sehr gut verstehen würden, wenn es möglich gewesen wäre, längere Zeit mit einander zu allerhand Fragen des Archiv- und Musealwesens, der Denkmalpflege und Heimatkunde zusammen zu arbeiten.[54]

Insofern ist nicht überraschend, dass Piffl der Erste war, der Umlaufts Schriften und Forschungen re-dimensionierte. Ein Großteil seiner Arbeit fußte auf Umlaufts Wissen, dessen Vertrauen er genoss – das Vertrauen des MěNV dagegen konnte Piffl nicht gewinnen. Zahllose Briefe gingen zwischen dem Stadtarchivar und dem Nationalausschuss respektive dem Stadtamt hin und her. Die Auseinandersetzungen um Piffls fehlende Festanstellung, sein Gehalt sowie die Ausstattung von Museum und Archiv gipfelten in dem Vorwurf, Piffl erarbeite

---

50   *Bukač*: Zřízení komise pro museum.
51   *Ebenda*, 18.
52   Zu den Sammellagern siehe auch Kapitel I.2.
53   *Umlauft*, Franz: Nachlass von Umlauft ans Archiv. Brief. AMUL, Pozůstalost Umlauft, 6.4.1946.
54   *Ebenda*.

gar nichts für die Stadt. Zermürbt von dieser Atmosphäre und der Missachtung seiner Arbeit akzeptierte Piffl 1947 ein Angebot als Dozent für Architekturgeschichte im slowakischen Landesteil und kehrte Ústí den Rücken.[55] Er starb 1972 in Bratislava.

Piffls kurze, aber sehr intensive Arbeit in Ústí hinterließ dauerhafte Spuren und sicherte einen großen Teil der Stadtgeschichte für weitere Generationen. Im Jahr 2013 würdigte ihn das Stadtmuseum mit einer Sonderausstellung, die seine Texte und Zeichnungen ausstellte, und einer Vortragsreihe, die seine Bedeutung für die Nachkriegsgeschichtsschreibung hervorhob.[56]

Versuche der neuen Geschichtsschreibung und -darstellung: Staatliche Vorgaben und regionale Umsetzung

Nach Piffls Weggang im Jahr 1947 gab es in Ústí über mehrere Jahre weder eine geordnete Regionalforschung noch eine kontinuierliche Museumsarbeit. Die erste Universität beziehungsweise pädagogische Lehranstalt wurde erst 1954 gegründet und bildete vor allem Lehrernachwuchs für Schulen aus.[57] Währenddessen etablierte sich auf gesamtstaatlicher Ebene bis in die 1950er Jahre die Geschichtsschreibung sowjetischen Musters. In der Tschechoslowakei folgte diese den Leitlinien von Zdeněk Nejedlý, die bis 1989 prägend für die offizielle Historiografie waren.

In dieser Zeit, die von der Dominanz der Kommunistischen Partei als einziger Massenorganisation geprägt war, definierte Nejedlý als Minister für Kultur und Volksbildung, später Minister für Schulwesen und Sozialfürsorge, die Grundlinien der Bildungs- und Kulturpolitik in der Tschechoslowakei. Seine Schriften waren nationalistisch und ideologisch aufgeladen, er verstand die tschechische Geschichte als Zusammenführung von Hussitentum und Nationaler Wiedergeburt mit der kommunistischen Bewegung. Auf dem Julitreffen des Syndikats der tschechischen Schriftsteller trat Nejedlý im Jahr 1946 mit einer bedeutenden Rede unter dem Titel »Komunisté – dědici velkých tradic

---

55 Von seinem Posten in Bratislava wurde Piffl 1957 abberufen. Grund hierfür war ein Brief an seine Mutter in Ústí nad Orlicí, in dem er sich über die Arbeitsumstände an der Burg von Bratislava beschwert hatte. Er wurde zu einer fünfjährigen Haftstrafe verurteilt, die später zum Teil erlassen wurde. Anschließend kehrte er nach Bratislava zurück und arbeitete in einem Betonwerk. Siehe *Jůrková*: Alfréd Piffl, 15 f. Später fand Piffl teilweise wieder Arbeit in seiner Profession.

56 *Hubková*, Jana: Světlo zbořeného města [Das Licht der zerstörten Stadt]. Ausstellung im Stadtmuseum Ústí nad Labem 24.2.–28.4.2013, URL: http://www.muzeumusti.cz/v710/Svetlo-zboreneho-mesta (am 24.1.2021).

57 Die Lehranstalten in Ústí selbst sollten den beständigen Lehrermangel in der Stadt bekämpfen. Der ONV hatte erkannt, dass viele Lehrer lediglich für ein Jahr ins Grenzland kamen. Siehe Přehled odborových organizací ve školství, zápisy ze schůzí některých org. [Überblick über gewerkschaftlichen Organisationen im Schulwesen, Sitzungsprotokolle einiger Org.] AMUL, ONV, KT 658, Inv.-Nr. 2492. Ústí nad Labem 1953–1954.

českého národa« (Die Kommunisten – Erben der großen Traditionen der tschechischen Nation) auf. Die Erstausgabe dieser Rede wurde noch im gleichen Jahr publiziert und erschien selbst nach Nejedlýs Tod im Jahr 1962 in weiteren Neuausgaben, zuletzt 1978 mit einer Auflage von 10.500 Exemplaren. In dieser Denkschrift legte er seine Deutung der Geschichte als natürliches Emporkommen der Kommunisten und deren bedeutender Rolle in der Geschichte der tschechischen Nation dar.[58]

Dennoch war es auch das Fehlen konkreter staatlicher Vorgaben zur neuen Geschichtsschreibung, das den Akteuren in Ústí eine hohe Bürde auferlegte. Nejedlýs Lesart der tschechoslowakischen Geschichte war kaum auf Ústí zu übertragen, da hier fast ausschließlich deutsche Geschichte und Industriegeschichte geschrieben worden war. Eine eigene Grenzgebietsforschung gab es in der Tschechoslowakei nicht – anders als im Fall der polnischen Westgebiete war das Grenzgebiet der Tschechoslowakei kein ›Neuland‹ und musste nicht erst zur tschechischen beziehungsweise tschechoslowakischen Geschichte ›hinzu‹definiert und geschrieben werden.[59] Dementsprechend gab es auch keine Forschungseinrichtung und keine zentralen Vorgaben für die Darstellung der Geschichte des Grenzlandes. Nichtsdestotrotz fand die Regionalgeschichtsschreibung vor dem Hintergrund der politisch gewollten Historiografie statt und musste daher vor allem die slawische Zugehörigkeit betonen. Im Fall von Ústí beziehungsweise der Grenzregion der Tschechoslowakei wurde somit ein Teil der Landesgeschichte verschwiegen beziehungsweise aus dem Diskurs ›heraus‹geschrieben. Die Geschichte der Deutschsprachigen auf dem Gebiet der Tschechoslowakei wurde nach 1945 marginalisiert und kehrte erst in den 1980er Jahren wieder zurück. Umso erstaunlicher waren daher die Kontinuitäten in der Museumsarbeit und auch die Bewunderung, die die neuen Museumsangestellten dem Vermächtnis der deutschen Museumsgesellschaft und ihrer Sammlung entgegenbrachten.[60]

Die Arbeit des Museums in Ústí stützte sich jahrelang auf die Forschungen der früheren deutschen Museumsgesellschaft und deren Zeitschrift »Heimatkunde des Aussig-Karbitzer Bezirkes«, was der seit 1951 amtierende Museumsdirektor, Jan Strejček, in der ersten Nachkriegspublikation über das Museum auch offen eingestand.[61] Der Bezirksnationalausschuss kritisierte noch im Jahr

58 *Nejedlý*: Komunisté, dědici velikých tradic českého, 19.
59 In dem tschechisch-polnischen Vergleich, den Górny in seiner 2011 auf Deutsch veröffentlichten Dissertation anstellte, waren beide Staaten und deren Geschichtswissenschaften stark von anti-deutschen Einstellungen und sogar von Deutschenhass geprägt. Für Górny war das Institut für Internationale Politik (Institut mezinárodní politiku) in Prag mit dem polnischen Westinstitut (Instytut Zachodni) in Poznań vergleichbar. Siehe *Górny*, Maciej: Die Wahrheit ist auf unserer Seite. Nation, Marxismus und Geschichte im Ostblock. Köln 2011, 35.
60 Beispielsweise bei der 1956 im Museum veranstalteten Ausstellung zum 80. Jahrestag der 1876 erfolgten Museumsgründung. Siehe Kulturní přehledy 4 (1957), 16.
61 *Strejček*: 80 let muzea, 2.

1976, dass sich die Museumsarbeit noch lange auf Arbeiten der deutschen Historiker stützen werde, weil nach wie vor nichts Aktuelleres erschienen sei.[62] Das Museum müsse daher – so die Konsequenz aus dieser Kritik – eigene Forschungsergebnisse publizieren.[63] Das Abgrenzungsbemühen gegenüber der deutschsprachigen Geschichtswissenschaft förderte somit den Prozess der Selbsthistorisierung in Form von Regionalstudien, die vor allem von der neuen Historikergeneration in der Grenzregion verfasst wurden.

Konkrete Vorgaben für die Tätigkeit des Museums in Ústí wurden erst 1961 definiert. Auslöser hierfür war das neue gesamtstaatliche Museumsgesetz von 1959, das die Verantwortlichkeit für die kleineren Museen von Prag auf die regionalen Verwaltungszentren übertrug.[64] Der MěNV verabschiedete daraufhin am 22. Februar 1961 das neue Statut des Museums in Ústí, das neben der naturwissenschaftlichen Ausrichtung einen Fokus auf die chemische Industrie und die damit zusammenhängende Arbeiterbewegung vorgab.[65] Die zuständige Kreisebene teilte dem Museum Ústí zudem das Thema der »slawischen Besiedlung Nordböhmens« zu.[66]

Das Thema der »slawischen Besiedlung« fiel in den Arbeitsbereich von Marta Cvrková. Die 1947 geborene Museumsmitarbeiterin war im Alter von zehn Jahren nach Ústí gekommen und dort von 1965 bis 2011 als Dokumentaristin und Expertin für Urgeschichte im Stadtmuseum tätig.[67] Gerade die Vor- und Frühgeschichte war – wie sich Cvrková in einem Interview von 2013 mit einem Lächeln erinnerte – nach kommunistischer Lesart verpflichtet zu zeigen, dass die Grenzregion schon immer »slawisch« besiedelt gewesen sei.[68] Cvrková löste das Dilemma zwischen ihrem eigenen wissenschaftlichen und

---

62 Rozvoj kulturně výchovné činnosti v okrese Ústí nad Labem do roku 1980 [Die Entwicklung der kulturellen Bildungstätigkeit im Bezirk Ústí nad Labem bis zum Jahr 1980]. AMUL, ONV, KT 1046, Inv. Nr. 3253, 22.12.1976.

63 Rozvoj kulturně výchovné činnosti v okrese Ústí nad Labem od roku 1976–1980 [Die Entwicklung der kulturellen Erziehungstätigkeit im Bezirk Ústí nad Labem von 1976–1980]. AMUL, ONV Ústí nad Labem, KT 1148, Inv. Nr. 4166, 1976.

64 Das Museumsgesetz (Zákon Nr. 54/1959 Sb., o muzeích a galeriích z 9.7.1959) unterstellte die größten Museen direkt dem Kulturministerium, die kleineren den Verwaltungen auf Bezirksebene.

65 *Houfek*: Regionální dějiny a veřejnost, 17 sowie *Ledvinka*: Zpráva o činnosti a rozbor hospodaření (s. Anm. 25).

66 Kulturní komise – zápisy ze schůzí [Kulturkommission – Sitzungsprotokolle]. AMUL, ONV, KT 1046, Inv. Nr. 3253, 1976–1977; *Ledvinka*: Zpráva o činnosti a rozbor hospodaření (s. Anm. 25).

67 Im Rahmen dieser Tätigkeit veröffentlichte Cvrková einen Überblick über die archäologische Sammlung des Museums, der erstmals auch die sogenannte »Alte Sammlung« umfasste. Siehe *Cvrková*, Marta: Archeologická sbírka Okresního vlastivědného muzea v Ústí nad Labem [Die archäologische Sammlung des Kreismuseums in Ústí nad Labem]. Teplice 1984.

68 *Cvrková*, Marta, 6.3.2013 in Ústí nad Labem, Interview geführt von Frauke Wetzel.

dem staatlichen Anspruch, indem sie auf »slawische Wurzeln« verwies, anstatt eine eindeutige Aussage über den slawischen Ursprung der Region zu treffen.

Die neue Dauerausstellung des Stadtmuseums eröffnete 1975 nach einer langen Renovierungs- und Schließungspause. Sie umfasste zunächst nur die Zeitgeschichte, die unter dem Titel »Von der industriellen Revolution zum sozialistischen Heute« präsentiert wurde. 1978 eröffnete der zweite Teil der Dauerausstellung, der die Entwicklung der Region Ústí bis zum 18. Jahrhundert abbildete.[69] Der zweite Saal der neuen Dauerausstellung war den Slawen gewidmet, die – so die Ausstellungsankündigung – seit dem sechsten Jahrhundert auf dem Gebiet Böhmens ansässig waren.[70] Den Ausstellungskuratoren war es wichtig, eine eindeutige Antwort auf die Frage nach der Erstbesiedlung der Stadt zu geben, denn die ersten Siedler hatten – ihrem Verständnis nach – die größere Legitimität, in der heutigen Stadt zu leben. Der dritte Saal der neuen Dauerausstellung widmete sich der Geschichte der Přemysliden, die als erste tschechische Herrscher Böhmens galten und, so die Darstellung, für das »Bewusstsein des tschechischen Staates« von großer Bedeutung waren.[71] In einer der Vitrinen behandelte das Museum auch die »deutsche Kolonisation« des 14. Jahrhunderts. Die Wortwahl ist durchaus politisch zu verstehen: In Tschechien beziehungsweise in der Tschechoslowakei sprach man von der ›Kolonisierung‹, in Deutschland dagegen meist von der ›Ostsiedlung‹, wenn es um die Ansiedlung von deutschen Bauern in Böhmen ab dem 12. Jahrhundert ging. Auch hier wurden also die Abgrenzung zu den Deutschen und der Versuch der Legitimierung der tschechischen Geschichte re-kontextualisiert. Die vor allem im 19. Jahrhundert vollzogenen »Veränderungen der Stadt« durch die Industrie wurden in einer weiteren Vitrine ausgestellt.[72] Die staatlichen Vorgaben an die Museumsarbeit verlangten dabei eine starke Betonung der Geschichte der Arbeiterbewegung. Hierfür gab es jedoch in Ústí kaum Ausstellungsgegenstände, weil die Sammlung des Museums, wie beschrieben, hauptsächlich aus Exponaten von deutschsprachigen Industriellen bestand. Diese passten einerseits aus nationalen Gründen nicht mehr in die Darstellung und waren andererseits doch die Hauptexponate.

Verschiedene Jubiläen wie die jährliche Mai-Feier oder das 1961 stattfindende 40. Jubiläum der KSČ stellten weitere Herausforderungen für die Museumsmitarbeiter dar. Diese mussten eigene Forschungen und Interviews durchführen, um Materialien für die jeweilige Ausstellung zu generieren, was letztlich zu einer Neuausrichtung der Geschichtsdarstellung führte: Erstmals

---

69 *Hubková*, Jana: Vývoj ústeckého muzea 1945–1980 [Die Entwicklung des Museums Ústí 1945–1980]. Unveröffentlicht, verfasst 1980, 14.

70 Dějiny Ústecka. Metodický průvodce stálou expozicí Okresního vlastivědného muzea v Ústí nad Labem [Geschichte von Ústí. Methodischer Führer durch die Dauerausstellung des Kreismuseums in Ústí nad Labem]. Hg. v. *Okresní vlastivědné muzeum v Ústí nad Labem*. Ústí nad Labem 1979, 11.

71 *Ebenda*, 13. Mehr dazu im Kapitel IV.2 Abschnitt »Stadice: Ursprung der Přemysliden«.

72 Dějiny Ústecka, 21.

musste man nun nicht mehr das alte Inventar re-kontextualisieren, sondern konnte die neuen Einwohner, die kurz nach Kriegsende in die Stadt gekommen waren, zu Wort kommen lassen. Ihre Geschichte(n) wurde(n) gesammelt und selbsthistorisiert. Für die Darstellung der Periode 1945–1970 sollten zudem externe Experten aus den Betrieben herangezogen werden. So entstand unter Beteiligung des Stadtmuseums ein historisches Forschungsprojekt mit dem Titel »Die Konsolidierung des Lebens im Bezirk Ústí in den Jahren 1945–46«, das den Beginn des neuen Lebens in der Stadt und den Dörfern in der Umgebung nach Kriegsende dokumentierte.[73] Das Museum stützte sich hierfür auf Zeitzeugenberichte und führte selbst wie auch mit Hilfe des Ethnologischen Instituts in Prag Interviews durch, um genügend Material zu erhalten. Befragt wurden hauptsächlich die politisch Verantwortlichen der Anfangsjahre. Ende der 1970er Jahre und in den 1980er Jahren stützten sich die historischen Darstellungen und Publikationen – vor allem zu den Themen der Befreiung und Arbeiterbewegung – auf die Materialien und Aussagen derjenigen Tschechen, die bereits vor 1945 oder kurz danach in der Stadt gelebt hatten.[74]

Eine ganz andere Form der Sammlung entstand im Jahr 1968: Während der Proteste gegen den Einmarsch der Warschauer-Pakt-Truppen zur Niederschlagung des Prager Frühlings trug die Museumsangestellte Cvrková eigenständig die Protestplakate und Flugblätter zusammen, die in Ústí erstellt und verteilt wurden. Diese Schriften und Bilder hielt sie bis 1989 in einem, nach ihren Aussagen, schimmligen Koffer in ihrer Abteilung versteckt. Cvrková betrachtete dies weniger als politische, sondern vielmehr als historisch wertvolle Arbeit. »Ich fand das schade, das waren doch Zeitdokumente«, begründet sie im Interview ihren mutigen Schritt.[75] Ansonsten ging die Niederschlagung der Reformbewegung des Jahres 1968 ohne große Veränderungen am Museum vorüber. Es war zu dieser Zeit geschlossen und wurde erst nach Beginn der ›Normalisierung‹, im Jahr 1972 wiedereröffnet. Dieser Schließung war jedoch nicht politisch gewollt, sondern vielmehr durch dringend nötige Bau- und Renovierungsmaßnahmen bedingt.

Gesamtstaatlich setzten sich in den 1970er Jahren die theoretischen Grundlagen der Geschichtsinterpretation des Februar-Umsturzes von 1948 in der Praxis durch. Im Zusammenhang damit gab es auch verbindlichere Vorgaben

---

73 *Ledvinka*: Zpráva o činnosti a rozbor hospodaření (s. Anm. 25). Dem vorausgegangen war ein Appell des Museumsdirektors Josef Klas im Jahr 1960, anlässlich des 15. Jahrestages der Befreiung. Er rief dazu auf, Gegenstände aus den Anfangsjahren 1945/46, vor allem mit Bezug zum Regierungsprogramm von Košice und zur Nationalisierung der Betriebe, an das Museum auszuleihen. Grund war ein Mangel an Sammlungsgegenständen zur Beschreibung der Aufbaujahre in Ústí. Siehe *Klas*, Josef: Okresní vlastivědně muzeum [Bezirksmuseum]. In: Ústecké přehledy 9 (1960), 15. 1961 rief das Museum dann Zeitzeugen auf, sich in der Einrichtung zu melden.

74 Krajské muzeum v Teplicích – metodická činnost (s. Anm. 17); *Hubková*: Vývoj ústeckého muzea; *Ledvinka*: Zpráva o činnosti a rozbor hospodaření (s. Anm. 25).

75 *Cvrková*, Marta, 6.3.2013 in Ústí nad Labem, Interview geführt von Frauke Wetzel.

für die Museen. Zudem trafen sie auf eine neue, in der sozialistischen Tschechoslowakei geborene Generation.[76]

Die gegenwärtige Politik hatte einen Großteil der Bürger enttäuscht, viele waren nach der Niederschlagung des Prager Frühlings desillusioniert. Daher versuchten die Vertreter der Staatsregierung, vermeintlich ältere Traditionen zu bestimmen, die eine Identifikation der Bewohner mit dem Grenzland unterstützen sollten. Dazu gehörten nicht nur symbolträchtige Feiern und Denkmalbauten, sondern auch die Entwicklung von Trachten. So startete 1979 ein neues Projekt der Zentralregierung: die systematische, staatlich organisierte Etablierung einer sogenannten Volkskultur (lidová kultura) im Grenzgebiet der Tschechoslowakei.[77]

Abb. 15: Trachten. Aus dem Privatarchiv von Antonia Hájková, der Autorin überlassen.

Dabei wurde den Museen die Aufgabe zugeteilt, die ›Volkskultur‹ hauptverantwortlich zu kreieren, also bewusst und aktiv neu zu gestalten. Sie sollten eine Tradition begründen und die neue Gesellschaft mit ihren verschiedenen

---

76 *Táborský*, Ondřej: Dějiny podle plánu. Politika dějin a pamětí v normalizačním muzejnictví [Geschichte nach Plan. Geschichtspolitik und Erinnerung im Museumswesen der Normalisierungszeit]. In: *Šustrová/Hédlová*: Česká paměť, 279–328.

77 Der Begriff *lidový* hat eine etwas andere Konnotation als das Bestimmungswort »Volk-« im Deutschen. *Lidový* meint volkstümlich, aber auch national, wohingegen »Volk-« (beispielsweise im Sinne einer »Volkskultur«) stärker völkisch-national verstanden wird.

mitgebrachten kulturellen Praktiken zu einer integrativen Kultur zusammen-führen.[78] Das Projekt der *lidová kultura* sollte »die Bedeutung der Volkskultur für die Gegenwart« in ihrer »moralischen, erzieherischen und ästhetischen Bedeutung« herausarbeiten.[79] In den Vorstellungen der Regierung führten Tradition, Kunst und Folklore zur »Stabilisierung der sozialistischen zwischenmenschlichen Beziehungen« und waren »ein wichtiger Faktor zur Verstärkung der generationsübergreifenden Verbindungen«.[80] Das Grenzgebiet hatte dabei eine besondere Stellung inne, insbesondere der nordböhmische industriell geprägte Kreis:

Im Unterschied zu anderen tschechischen und slowakischen Kreisen, wo sich bis zum heutigen Tage eine lebendige Folklore gehalten hat, ist sie im Nordböhmischen Kreis nicht erhalten. Die traditionelle Volkskultur verschwand in Zusammenhang mit der Entsiedlung (doosidlování) nach dem Jahr 1945.[81]

Die in Ústí propagierte ›Volkskultur‹ werde – so urteilt ein Bericht des Museums Teplice – von den neuen Einwohnern, die sie nach 1945 mitgebracht hätten, geprägt.[82] Problematisch sei jedoch, dass es keine gemeinsamen, verbindenden Ausdrucksformen gäbe. Staatliche Stellen setzten diesem Mangel die Schaffung einer eigenen, einer nordböhmischen Tradition entgegen, die eine ›Volkskultur‹ für Nordböhmen sein sollte. Über das Vorgehen zum Erreichen dieses Zieles herrschte Uneinigkeit. Irritationen verursachte beispielsweise der Direktor der Denkmalpflege in Ústí nad Labem, als er 1979 seine methodischen Überlegungen über die ›Volkskultur‹ mitteilte:

Der Aufenthalt der neuen Siedler im Grenzgebiet ist relativ kurz, um spezifische Traditionen auszubilden. Es werden mehrere Generationen nötig sein, bis sich solch ein ethnisches Klima ausgebildet hat, damit zum Beispiel die Regionen Most, Liberec, Děčín in einer Reihe mit den Regionen Chodsko [oder] Haná stehen können.[83]

Der Wissenschaftler verstand unter ›Volkskultur‹ demnach eine Tradition, die sich erst dann entwickeln kann, wenn die Region bereits überwiegend tschechisch besiedelt ist. Im Fall der Grenzregion begann die Traditionsbildung seiner Ansicht nach also erst nach 1945. Sein Vergleich mit der Region Chodsko bezog sich auf ›ur-tschechische‹ Legenden: Die Choden galten als die Grenzverteidiger des Mittelalters, der Stamm aus der südböhmischen Stadt Domažlice (Taus) hatte Böhmen gegen die Bayern verteidigt. Ihre Geschichte gehörte zu den von Alois Jirásek (1851–1930) verfassten historischen Mythen, auf die in der staatlichen Geschichtskultur nach 1948 verstärkt Bezug genommen

---

78 *Ledvinka*: Zpráva o činnosti a rozbor hospodaření (s. Anm. 25).
79 Krajské muzeum v Teplicích – metodická činnost (s. Anm. 17).
80 Siehe hierzu auch Regierungsbeschluss Nr. 46/77 »Plan zur Entwicklung der Freizeit-kunsttätigkeit« (*ebenda*).
81 Krajské muzeum v Teplicích – metodická činnost (s. Anm. 17).
82 *Ebenda.*
83 *Ebenda.*

wurde.[84] Die Abgrenzung vom ›Deutschen‹ fand hier mythische Bilder und war auch für die regionale Identifikation in Nordböhmen sehr wichtig.

Was verstanden andere zeitgenössische Akteure unter einer ›Volkskultur‹? Antonín Robek, seit 1972 externer Leiter der Abteilung Ethnografie und Folkloristik der Akademie der Wissenschaften (Ústav etnografie a folkloristiky ČSAV),[85] äußerte sich am 17. Februar 1982 in einem Vortrag über die »Volkskultur im Leben der sozialistischen Gesellschaft« auch zur Definition der ›Volkskultur‹ in Nordböhmen: Seiner Meinung nach gehörte zwar die Religion dazu, aber nicht »die deutsche Kultur«, ebenso wenig die »Romakultur«.[86] Robek konstatierte das Scheitern der Integration des Grenzlandes in den Gesamtstaat wegen einer fehlenden »eigenen Kultur.« In Nordböhmen herrsche eine »zugewanderte« Kultur (přistěhovalecká kultura). Gemeint war »die Neusiedlerkultur (novosídlenecká kultura) [...] der Tschechen aus Wolhynien, der Slowaken, Rumänen und weiterer Gruppen«, die nicht aus dem Grenzgebiet stammten. Der Ethnograf Robek bezog sich dabei auch auf die Kultur der Deutschen, »vor allem im Bereich der materiellen Kultur« – das heißt Architektur, Kunst und Museumsbestände, die die Zwangsausgesiedelten hinterlassen hatten. Selbiges galt für die Kultur der Exilgriechen. Diese Vielfalt sollte Robeks Meinung nach allerdings nicht zu einer künstlich homogenisierenden Kitsch-Kultur in Form von Trachten führen.[87]

In Ústí wurde die 1979 staatlich verordnete Begründung einer ›Volkskultur‹ in der Praxis jedoch meist anders umgesetzt als von der Zentralregierung gewünscht. Nach deren Vorstellung sollten die neuen Grenzlandbewohner Tradition, Kunst und Folklore als ›Volkskultur‹ umsetzen. Dementsprechend beklagte der beim Museum Teplice angestellte Historiker Tomáš Grulich das vorherrschende Verständnis von ›Volkskultur‹ in Nordböhmen: Unter diesem Label seien häufig Feste zu finden, die sich lediglich jährlich wiederholten und von sogenannten Amateuren durchgeführt wurden – gemeint waren Akteure, die in ihrer Freizeit Kulturveranstaltungen organisierten, aber keinem staatlich

---

84 *Jirásek,* Alois: Staré pověsti české [Böhmens alte Sagen]. Praha 1894.
85 Die Geschichte der Ethnografie und Folkloristik in der Tschechoslowakei begann im 19. Jahrhundert unter der Bezeichnung *národopis* (Volkskunde). 1954 kam es zur Gründung der Abteilung für Ethnografie und Folkloristik der Tschechoslowakischen Akademie der Wissenschaften (Ústav pro etnografii a folkloristiku Československé akademie věd), die 1999 zum Ethnologischen Institut der Akademie der Wissenschaft der Tschechischen Republik (Etnologický ústav Akademie věd České republiky) wurde.
86 Krajské muzeum v Teplicích – metodická činnost (s. Anm. 17).
87 *Ebenda.* Nach 1945 waren es jedoch gerade die Trachten, die eine eigene, slawische Kultur ausdrücken sollten und durch Kostüme der Oper der »Verkauften Braut« von Smetana umgesetzt und bei nationalen Feiern getragen wurden. Siehe *Wetzel,* Frauke: Kultur der »Zugewanderten« und Kultur der »Ausgewanderten«. Trachten und Volkskultur bei den neuen und den ehemaligen Einwohnern von Ústí nad Labem (Aussig an der Elbe). In: Volkskunde in Sachsen 27 (2015), 187–204.

verordneten Ziel nacheiferten.[88] In der Tat setzten die offiziell verantwortlichen Kulturschaffenden in der Stadt Ústí die ›volkskulturellen‹ Aktivitäten vor allem in Festivals um, wie zum Beispiel dem »Feiertag des Liedes« (Svátek písní). Des Weiteren wurden auch Feiern ausgerichtet, die vor allem darauf abzielten, christliche Traditionen wie die Taufe oder kirchliche Hochzeiten zu ersetzen.[89] Dazu gehörten die »Feierliche Begrüßung der Kinder im Leben« (Slavnostní vítání dětí do života), Goldene Hochzeiten, Arbeits- und Lebensjubiläen, die Aufnahme in die Arbeiterklasse, Abiturzeugnisverleihungen, militärische Rituale und Hochzeitsfeiern.[90] Die Ablösung christlicher Feste und Traditionen durch weltliche Äquivalente setzte sich in der Tschechoslowakei weitgehend durch. So gingen beispielsweise Hochzeitspaare in Ústí nad Labem in den 1980er Jahren nach der standesamtlichen Trauung zum Befreiungsdenkmal und ließen sich dort ablichten.[91]

Die Zahl der kirchlich geschlossenen Ehen lag im Kreis Ústí in der ersten Jahreshälfte 1972 nur noch bei 61; auch die Zahl der Taufen ging innerhalb kürzester Zeit um die Hälfte zurück (1970: 373, 1972: 188).[92]

Nutzende des Museums

Ústí blieb trotz der Gründung einer pädagogischen Lehranstalt (1954) eine Stadt mit einem hohen Bevölkerungsanteil von Industriearbeitern. Diese ließen sich eher für Pilz-Ausstellungen begeistern (eine solche erreichte 1965 innerhalb von drei Wochen 900 Besucher) als für die historischen Exponate.[93] Da nicht für alle Ausstellungen der Jahre 1947–1990 Besucherzahlen vorliegen und zudem der Besuch der kommunistischen Jubiläumsausstellungen verpflichtend war, ist es nur ansatzweise möglich, besonders beliebte Ausstellungen beziehungsweise thematische Besuchermagnete auszumachen.[94]

---

88 *Ebenda.*
89 Weitere Informationen zur Kirchengeschichte in der sozialistischen Tschechoslowakei bei *Cuhra*: Staat und Kirchen in der Tschechoslowakei.
90 Krajské muzeum v Teplicích – metodická činnost (s. Anm. 17). Um diese »Umerziehung« kümmerten sich die sogenannten Korps für gesellschaftliche Angelegenheiten (sbory pro občanské záležitosti). Kommunion oder Konfirmation wurden durch die feierliche Passübergabe ersetzt, auch Beerdigungen wurden durch neue Rituale strukturiert. Siehe Církevně politická situace a religiozita v okrese – zpráva pro stranickou potřebu KSČ [Die kirchliche Situation und Religiosität im Bezirk – Bericht für Parteibedürfnisse der KSČ]. AMUL, ONV, KT 1156, Inv. Nr. 4298, Ústí nad Labem 1972. Der nachhaltige Erfolg dieser Aktionen zeigte sich in der Wiedereinführung der Begrüßung der Neugeborenen anstelle der Taufe im Jahr 2003 durch den Magistrat der Stadt Ústí.
91 Bildunterschrift ohne Titel. In: Sever vom 25.3.1980, 3.
92 Církevně politická situace a religiozita v okrese (s. Anm. 90).
93 Insgesamt kamen 1965 4.200 Besucher pro Jahr.
94 So verzeichnete beispielsweise die Ausstellung zum 40. Jahrestag der Gründung der KSČ im Jahr 1961 allein 20.000 Besucher.

Populäre Themen waren die Stadtplanung und die zukünftige Entwicklung von Ústí (»Ústí nad Labem v roce 2000« [Ústí nad Labem im Jahre 2000], 4.800 Besucher, 1.–30. April 1976, im Kreiskulturhaus). Großes Besucherinteresse verzeichneten auch Ausstellungen zur Wohnkultur (»Jak bydlet« [Wie man wohnt], täglich 200 Besucher, die dazugehörigen Vorträge hörten 3.800 Menschen, 10.–20. Dezember 1960 in der Post; »Nábytek 1976« [Möbel 1976], Obchodní dům Labe, 7.217 Besucher, 22. Mai– 26. Juni 1976).[95]

Die erfolgreichste Ausstellung des Jahres 1980 trug den Titel »Das Stadtzentrum« (Centrum města). Sie »reagierte operativ auf die Probleme, die aufgrund der Zerstörungen in der Fučík-Straße entstanden«. Die Ausstellung habe – so der Tätigkeitsbericht des ONV – den wichtigen »politischen Auftrag« erfüllt, »die Bürger von der Wichtigkeit und Richtigkeit der gewählten Richtung zu überzeugen«.[96] Das heißt, die Ausstellung ordnete die städtebaulichen Maßnahmen und Veränderungen, die Sprengungen und Neubauten der Nachkriegszeit in einen größeren Gesamtzusammenhang ein. Sie zeigte nicht nur die weitere Entwicklung der Stadt, sondern auch – im Rückblick – den bereits erreichten Fortschritt. Grete Bauer, eine deutschsprachige Altsiedlerin, die ein genaues Bild von Aussig/Ústí hatte, wertete das Museum als »Bewahrer der Vergangenheit« und bestätigte damit, dass das Museum in Zeiten großer sozialer und städtebaulicher Veränderungen eine Konstante bot.[97]

Die pädagogische Arbeit des Museums war hauptsächlich auf Schüler und Lehrer ausgerichtet.[98] Dazu gehörten zum einen Wettbewerbe wie beispielsweise der Wettbewerb »Junger Historiker«, der sich an Grundschulen richtete.[99] Zum anderen sollte der sogenannte Heimatkundliche Kreis (vlastivědný

---

[95] Zum Vergleich: Im Januar 2013 verzeichnete das Museum Ústí nad Labem einen Besucherrekord von 9.971 Besuchern. Siehe Rekordní návštěvnost ústeckého muzea [Rekordbesucher im Museum von Ústí]. In: Muzeum města Ústí nad Labem, URL: http://www. muzeumusti.cz/c696/Rekordni-navstevnost-usteckeho-muzea/ (am 17.3.2014). Im Jahr 2019 zählte das Museum Ústí 31.573 Besuchende. Siehe Návštevnost muzeí a galerií v roce 2019 [Besuchszahlen in Museen und Galerien im Jahr 2019]. In: Národní informační a poradenské středisko pro kulturu, URL: https://www.statistikakultury.cz/wp-content/uploads/2020/09/Muzea_navstevnost_2019.pdf, Seite 37 (am 24.1.2021).

[96] Okresní vlastivědné muzeum – zpráva o činnosti (s. Anm. 14). Zu den städtebaulichen Veränderungen siehe auch Kapitel IV.3.

[97] *Bauer*, Grete: Bilder sind bleibende Zeugen (Leserbrief). In: Prager Volkszeitung vom 25.1.1980.

[98] Zásady spolupráce muzeí a galerií se školami, výchovnými zařízeními a mládeží MŠ ČSR a MK ČSR [Grundsätze der Zusammenarbeit zwischen Museen und Galerien mit Schulen, Bildungseinrichtungen und der Jugend MŠ ČSR und MK ČSR]. Hg. V. *Regionální muzeum*. Teplice 1977. Ausstellungen wie über die »Hussiten in der Region Ústí« wurden allein für die Sommeraktion des Tschechischen Jugendverbandes (Český svaz mládeže) veranstaltet. Siehe Okresní (Městské) muzeum – zprávy o činnosti, hlášení, výběr ředitele [Bezirks- (Stadt-)museum – Tätigkeitsberichte, Verkündigungen, Auswahl des Direktoren]. AMUL, ONV KT 668, Inv.-Nr. 2704, Ústí nad Labem 1953–1961.

[99] *Ledvinka*: Zpráva o činnosti a rozbor hospodaření (s. Anm. 25).

krouzek) die Jugend in ihrem historischen Bewusstsein schulen.[100] Diese Jugendaktivitäten, die den Schülern historische Ausgrabungen und damit auch die Ur- und Frühgeschichte ganz praktisch nahebrachten, waren äußerst beliebt. Ende der 1950er Jahre engagierten sich 30 junge und ältere Menschen im Museumsklub, die das Museum bei Installationen und anderen Arbeiten unterstützten.[101] Diese durchaus moderne Form der kulturellen Bildungsarbeit förderte die Verbundenheit der Menschen mit ihrem Museum. Marta Cvrková, die den Klub mit ins Leben gerufen hatte, erzählte mit einem Schmunzeln, dass die daran beteiligten Kinder ihre Eltern häufig erstmals ins Museum brachten, um ihnen ›ihre‹ Ausstellungsstücke zu zeigen.[102]

Mehrheitlich handelte es sich bei den Besuchern des Museums jedoch um Teilnehmer von schulischen Pflichtbesuchen: 1960 waren 67 Prozent der Besucher Jugendliche.[103] Marta Cvrková schrieb in der Lokalzeitung Sever über die Nutzung des Museums durch Schulen und klagte deren geringe Besuchshäufigkeit öffentlich an beziehungsweise lobte bei den anderen ihr regelmäßiges Kommen.[104]

Trotz der vielfältigen Aktivitäten waren die Besucherzahlen des Museums jahrelang sehr niedrig.[105] So erklärten die Vertreter des Nationalausschusses

---

[100] *Dubinová*, Nada: V táboře vrcholí činnost vlastivědného kroužku [Im Lager gipfelte die Tätigkeit des heimatkundlichen Kreises]. In: Sever vom 24.8.1982, 3. Es gab auch einen Heimatkundlichen Kreis für Erwachsene. Anfang der 1960er Jahre musste der Verband geschlossen werden. Jana Hubková sah die Ursache für die Schließung vor allem im schlechten baulichen Zustand des Museumsgebäudes. Siehe *Hubková*: Vývoj ústeckého muzea 1945–1980. *Vlastivěda* (Heimatkunde) war eine übliche Bezeichnung für die Museumsarbeit. In der Tschechoslowakei fand keine Abkehr von dem Begriff und der Verwendung des Wortes »Heimat« statt. Es war – anders als in der Bundesrepublik – unbelastet und somit eine häufig verwendete Bezeichnung im Prozess der Ansiedlung in der Grenzregion.

[101] Kulturně osvětová činnost - výběr [Kulturelle Bildungsarbeit – Auswahl]. AMUL, ONV, KT 1148, Inv. Nr. 4157, Ústí nad Labem 1957–1959.

[102] Jiráseks Einschätzung, die Museen in der Tschechoslowakei hätten als »bestimmende kulturelle regionale Zentren« in das städtische Geschehen eingewirkt und zunehmend an Bedeutung gewonnten, traf zumindest für den Fall Ústí nicht zu. Hier setzte dieser Trend erst mit etwas Verspätung in den 1970er Jahre ein. Siehe *Jirásek*: Museen und historische Erinnerungen, 158 f.

[103] Relace městského rozhlasu (rozhlas po drátě), texty vysílání [Die Sendung des städtischen Rundfunks (Drahtrundfunk), Texte der Sendungen]. AMUL, MěNV ÚL, KT 265, Inv. Nr. 1657, Ústí nad Labem 6.4.1960.

[104] *Cvrková*, Marta: Kdo umí využívat pomoc muzea a poznání historie [Wer kann die Hilfe des Museums und der Geschichtskenntnis nutzen]. In: Sever vom 17.2.1982.

[105] Die Besucherzahlen des Museums (verschiedene Quellen, unter anderem Jahresbericht und *Hubková*: Vývoj ústeckého muzea 1945–1980): 1947: 1.401, 1948: 2.625, 1949: 2.242, 1950: 2.959, 1951: 2.924, 1952: 3.615, 1953: 3.730, 1954: 3.451, 1955: 4.494, 1956: 3.760, 1957: 4.441, 1958: 9.027, 1959: 7.000, 1960: 6.251, 1964: 2.823, 1966–1972: geschlossen, 1973: 11.500, 1975: 10.000, 1976: 9.754, 1977: 6.473, 1978: 9.428, 1979: 11.746, 1980:

1962 in einer öffentlichen Radiosendung, das Museum sei noch ein Schwachpunkt in der volkskundlichen Tätigkeit der Stadt.[106] Die Stadtobersten zeigten sich verärgert über den Rückgang der Besucherzahlen und dachten sogar über die dauerhafte Schließung der Einrichtung nach.[107] Ohnehin musste das Museum zwischen 1966 und 1972 wegen des schlechten Zustandes des Schlosses in Trmice, wo es seit seiner Gründung 1867 untergebracht war, geschlossen werden.[108] In dieser Zeit fiel die Entscheidung, die historische Einrichtung aus dem vier Kilometer entfernten Trmice mitten ins Stadtzentrum zu verlegen.[109] Als neuen Standort wählte man das ehemalige deutsche Gymnasium am Lidické náměstí, eines der wenigen historischen Gebäude im Zentrum, das im Bombenhagel 1945 nicht zerstört worden war und bis heute Sitz das Museums der Stadt Ústí nad Labem ist.

Diese Entscheidung scheint richtig gewesen zu sein, da die Besucherzahlen nach der Wiedereröffnung im neuen Gebäude erheblich stiegen. 1975 und 1976 zählte das Museum jeweils rund 10.000 Besucher. Die Kommission betrachtete dies jedoch nach wie vor als sehr geringe Zahl für eine Einrichtung mit kreisweiter Bedeutung und für eine Kreisstadt mit rund 80.000 Einwohnern. Eine daraufhin erstellte Umfrage ergab unter anderem, dass das Museum – obwohl es sich seit vier Jahren im Zentrum der Stadtbefand – nicht »im Bewusstsein der Bürger« verankert sei.[110]

Es ist davon auszugehen, dass das historische Bewusstsein der meisten Einwohner von Ústí stärker durch Zeitungsartikel und Literatur geformt wurde, als durch die Museumsausstellungen, die sie höchstens als Schüler verpflichtend besucht hatten. Das Museum und seine Mitarbeiter prägten jedoch die Geschichtsschreibung, auch in der Presse und Literatur allgemein. Häufig waren es die Museumsmitarbeiter selbst, die *quasi* in Personalunion auch als Autoren populärwissenschaftlicher Artikel und Beiträge in der Lokalpresse in Erscheinung traten. So wirkten sie in Zeitschriften mit Auflagen von bis zu 10.000 Exemplaren in die Gesellschaft hinein. Ihre Forschungsarbeit drang damit über die Museumsgrenzen hinaus und erreichte diejenigen Menschen, die auf der Suche nach einer Verwurzelung in der Stadt waren. Zugleich ergänzten

---

12.557. Das Museum war in den 1950er Jahren nur in der Zeit vom 1. April bis 31. Oktober geöffnet, weil es unbeheizt war, und zwar jeden Sonntag und Feiertag von 9 bis 18 Uhr. Siehe *Strejček*: 80 let muzea v Ústí nad Labem, 19.

[106] Relace městského rozhlasu (s. Anm. 103), Ústí nad Labem 1962.

[107] Krajské muzeum v Teplicích – metodická činnost (s. Anm. 17).

[108] *Kukurová*, Zdena: Muzeum v Ústí nad Labem stoleté [Das Museum in Ústí nad Labem ist hundert Jahre alt]. In: Lidová demokracie vom 8.1.1977.

[109] Krajské muzeum v Teplicích – metodická činnost (s. Anm. 17); Kulturně výchovná práce – zpráva o stavu a rozvoji v letech 1967–1970 [Kulturelle Bildungsarbeit – Bericht über den Zustand und die Entwicklung in den Jahren 1967–1970]. AMUL, ONV, KT 1148, Inv. Nr. 4150, 1967.

[110] *Ebenda.*

die Artikel die Leerstellen der Museumsausstellungen, die beispielsweise die Geschichte der Minderheiten außenvor ließen.

Zusammen mit den neu entstandenen regionalen Geschichtspublikationen können die steigenden Besucherzahlen des Museums als Indiz dafür gelten, dass in den 1970er Jahren ein gesteigertes Interesse an der Geschichte entstand. So vermerkte auch der Tätigkeitsbericht für das Jahr 1979 befriedigt, das Museum sei im Bewusstsein der Einwohner von Ústí angekommen.[111]

3. Erste tschechische Heimatkunde: Regionale Geschichtsschreibung in Medien und Vereinen

Die Heimatkunde (vlastivěda)[112] war ein weiteres Thema, dessen Neuausrichtung von den wissenschaftlichen Ideologen der KSČ auf gesamtstaatlicher Ebene diskutiert wurde.[113] Für die Städte in der Grenzregion der Tschechoslowakei hatte dieses Konzept eine ganz eigene Bedeutung, denn zur ›Heimat‹ war Nordböhmen für die meisten der Einwohner erst nach 1945 geworden. Im Grenzgebiet galt die Heimatkunde Ministern und Verwaltern somit als ›Aufgabe der Erbauer‹ (budovatelé).[114] Die Geschichte musste genauso ›erbaut‹ oder aufgebaut werden, wie das Land »nach den Deutschen«.[115]

Die Regionalgeschichtsschreibung in Ústí nad Labem wurde von Historikern, Vereinen und Laien betrieben. Sie nutzen nicht nur Publikationen und

---

[111] *Ledvinka*: Zpráva o činnosti a rozbor hospodaření (s. Anm. 25). Nachdem 1990 die Pflichtbesuche für Schulen wegfielen, sanken die Besucherzahlen zunächst. In den Jahren 1990–1995 kamen weniger als 5.000 Besucher jährlich, erst 1996 wurden wieder 10.000 Besucher gezählt. Jetzt waren es individuelle Besucher und keine Schulverbände mehr, die die Hauptbesuchergruppe ausmachten. Nach eigenen Angaben erreichte das Museum in Ústí in den 1990er Jahren 3.000–4.000 Besucher mehr als andere nordböhmische Museen. Siehe *Houfek*: Regionální dějiny a veřejnost, 25.

[112] Der Begriff *vlast* bedeutet sowohl »Heimat« wie auch »das Eigene«; *věda* ist die Wissenschaft. Der Begriff *vlastivěda* bezeichnet demnach die »Heimatkunde« oder die »Wissenschaft vom Eigenen«, dessen, was man besitzt, der Heimat. *Vlastivěda* ist heute in Tschechien auch ein Schulfach. Es umfasst das Zusammenspiel von Geschichte, Landeskunde und Naturwissenschaften. Zur Bedeutung der Heimatkunde in der Ersten Republik vgl. *Brenner*: »Zwischen Ost und West«, 259–308.

[113] *Kopecký*, Václav: Zápas o nové vlastenectví. Referát na Konferenci ideových pracovníků KSČ v Praze dne 9. ledna 1948 [Der Kampf um die neue Heimatkunde. Referat auf der ideologischen Konferenz der Arbeitenden der KSČ in Prag am 9. Januar 1948]. Praha 1948.

[114] Zur Symbolkraft des Erbauer-Mythos *Macura*, Vladimír: Šťastný věk. Symboly, emblémy a mýty 1948–1989 [Glückliche Jahre. Symbole, Embleme und Mythen 1948–1989]. Praha 1992.

[115] Im Original verwendet der Autor die Bezeichnung »poněmecký« (*ebenda*). Dieses Adjektiv wird in vielen Gebieten, in denen bis 1945 Deutschsprachige lebten, bis heute verwendet.

Ausstellungen, um ihre eigenen Themen zu gestalten, sondern organisierten auch Vorträge und Ausflüge.

Nachdem das Museum der Stadt Ústí nad Labem seit 1961 an einer Neuausrichtung arbeitete, begann im Jahr 1966 mit Erscheinen des »Ústecký sborník historický« (Aussiger historischer Sammelband) auch eine bis heute andauernde Regionalgeschichtsschreibung in Ústí.[116] Diese fand nun erstmals auf Tschechisch statt[117] und war damit auch der erste Akt der Selbsthistorisierung als Zeichen, dass man hier heimisch geworden war. Der Sammelband hatte eine Auflage von 1.000 Exemplaren und richtete sich an alle Menschen, »die in unserem Bezirk leben und ihn gernhaben, unsere Bemühungen verstehen und teilen«.[118] Der Herausgeber, der 1937 geborene Stadtarchivar Ivan Martinovský, stand für die wissenschaftliche, überregionale Bedeutung des Sammelbands. Die Ausgaben der Jahre 1966, 1967 und 1968 wurden von Jan Bouček, dem damaligen Leiter des Stadtmuseums, editiert und unter Leitung des ONV Ústí nad Labem herausgegeben. Bouček schrieb im Vorwort der ersten Ausgabe, dass die Hefte auch überregionale Bedeutung erreichen sollten, das Regionale dabei jedoch nicht provinziell wirken dürfe.[119] Der Anspruch an den Sammelband war demnach sehr hoch.

Nach Jahren der Nutzung der deutschsprachigen Regionalgeschichtsschreibung veröffentlichten nun erstmals tschechische, regional verankerte Autoren Forschungsarbeiten über die Stadt und Region Ústí. Zu den Autoren des Sammelbandes zählten neben den Historikern aus Archiv und Museum auch Zeitzeugen aus Ústí sowie überregional bekannte Historiker wie Jiří Pešek, Jiří Kořalka und der Hussiten-Experte František Šmahel.

Obwohl es sich bei der neuen tschechischen Regionalgeschichtsschreibung um einen selbsthistorisierenden Akt handelte, ordneten sich die Geschichtsschreiber in die Nachfolge der deutschsprachigen Heimatkunde ein.

Die deutschen Heimatforscher wiederum kommentierten die tschechische Neuerscheinung, auch sie betrachteten den Sammelband als Fortsetzung ihrer bisherigen Arbeit. So hieß es im »Aussiger Boten«: »1966 ist das Geburtsjahr eines neuen geschichtlichen Jahrbuches, des ›Ústecký sborník historický‹, das,

---

[116] Seit 2001 gehörten das Institut für slawisch-germanische Studien der Universität Ústí nad Labem und das Institut für humanitäre Studien der Universität Ústí nad Labem zu den Herausgebern. Seit 2010 war die Philosophische Fakultät Herausgeber des Sammelbandes. Heute erscheint er zweimal jährlich und hat eine Auflage von 500 Stück. Eine weitere regionalgeschichtliche Zeitschrift war der ab 1984 erscheinende »Sborník pedagogické fakulty« (Sammelband der pädagogischen Fakultät), in dem die Historiker der Fakultät publizierten, auch sehr viel zur deutsch-tschechischen Geschichte der Region.

[117] Zur deutschsprachigen Heimatkunde von 1787 bis 1918 siehe *Kaiserová/Kaiser*: Dějiny města Ústí nad Labem, 139–144.

[118] *Tomas*, Jindřich/*Macek*, Jaroslav/*Křivka*, Josef: Vorwort. In: Ústecký sborník historický 1966, 6.

[119] *Martinovský*, Ivan: Vorwort. In: Ústecký sborník historický 1979, 1.

ähnlich wie unsere ›Beiträge zur Heimatkunde des Elbetal‹, Aufsätze aus den Elbtalbezirken Tetschen-Bodenbach, Aussig und Leitmeritz enthält.«[120] Themenschwerpunkte des Sammelbandes waren zumeist gesamtstaatlich wichtige Erinnerungsorte wie die Hussitenbewegung oder der Zweite Weltkrieg. Diese wurden jedoch in regionaler Lesart vermittelt, das heißt die Darstellung konzentrierte sich auf den Ablauf der Schlachten in und um Ústí beziehungsweise auf Widerstandkämpfer aus Ústí.[121]

Die Historiker aus Ústí betrachteten die bis 1945 tätigen deutschsprachigen Kollegen der deutschen Heimatforschung in den 1990er Jahren als ihre Vorgänger und bezogen sich direkt auf sie.[122] Kritik an den nationalistischen Inhalten blieb dabei nicht aus:

> Auch wenn wir beabsichtigen, die heimatkundlichen Arbeiten der früheren Zeit zu bewerten, muss man zum Beispiel sagen, dass ihnen ein fortschrittlicher marxistischer Zugang zum Thema fehlte. In ihrem völligen bourgeoisen Chauvinismus und starkem deutschen, manchmal auch tschechischen Nationalismus [...].[123]

So befasste sich beispielsweise ein Beitrag von Jan Bouček in der ersten Ausgabe mit dem Denkmal zur Erinnerung an die hussitische Schlacht bei Na Běhaní. Der Autor, Museumsleiter und später Archivar in Ústí nad Labem, wertete die Errichtung dieses Denkmals im Jahr 1926 als Ausdruck des Widerstandes der wenigen Tschechen im »nationalen Kampf« gegen das »verdeutschte Grenzgebiet« nach 1918.[124] Seine Aussage bezog sich auf die Tatsache, dass zur Zeit der Ersten Republik nur rund 8.000 Tschechen in Ústí nad Labem lebten. Die Gründung des Vereins zur Aufstellung eines Denkmals sah Bouček als Ausdruck des Selbstbewusstseins dieser Minderheit im Grenzgebiet und als »ein bedeutendes Ereignis aller dort lebenden Tschechen ohne Unterschied ihrer politischen Zugehörigkeit«.[125] Nach der Besetzung des Grenzgebietes durch die deutsche Wehrmacht im Jahr 1938, so Bouček, erhielt das Denkmal der Schlacht bei Na Běhaní eine neue Dimension: Es wurde zu einem

---

[120] *Wünsch*, Frank J.: Ein tschechisches historisches Jahrbuch erscheint in Prag. In: Aussiger Bote vom April 1967, 8.

[121] *Kastner*, Quido/*Dušek*, Ladislav/*Král*, Karel/*Bechyně*, Josef: Vorwort. In: Ústecký sborník historický 1971.

[122] *Tomas*, Jindřich/*Macek*, Jaroslav/*Křivka*, Josef: Vorwort. In: Ústecký sborník historický 1995, 5.

[123] *Ebenda*, 5.

[124] *Bouček*, Jan: Dva pomníky jedné bitvy [Zwei Denkmäler einer Schlacht]. In: Ústecký sborník historický 1966, 31–44, hier 33.

[125] *Ebenda*, 36. Bouček beschäftigte sich auch in anderen Veröffentlichungen mit der tschechischen Geschichte der Region vor 1945. Siehe *Bouček*, Jan/*Cvrk*, František: Komunistická strana Československa na Ústecku 1921–1938. Regesty z archívních dokumentů a článků regionálního tisku KSČ [Die Kommunistische Partei der Tschechoslowakei in der Region Ústí nad Labem 1921–1938. Regesten aus den Archivdokumenten und Artikeln aus der Regionalpresse der Kommunistischen Partei der Tschechoslowakei]. Ústí nad Labem 1982.

»Denkmal auf dem Platz des jahrhundertealten Kampfes der beiden Völker, der noch lange nicht beendet war«.[126] Bouček folgte mit seiner Deutung also der zeitgenössisch üblichen Interpretation der Hussitenkämpfe als Nationalitätenkampf zwischen Deutschen und Tschechen. Die Erinnerung an die Niederlage von 1426 hätte, so Bouček weiter, den deutschen Soldaten ihr Unglück gezeigt, was zur Zerstörung des Denkmals durch die Nationalsozialisten im Jahr 1941 geführt habe. Nach dem Ende des Zweiten Weltkrieges, so Bouček weiter, hatten zunächst neue, andere Denkmäler Vorrang; es galt, an Orten wie Terezín und Bohusodov (Mariaschein) der unmittelbaren Vergangenheit und des Leids unter nationalsozialistischer Besetzung zu gedenken.[127] Das Denkmal der Schlacht bei Na Běhaní dagegen verlor an Bedeutung und erreichte auch nach seiner Wiederherstellung im Jahr 1953 bei weitem nicht mehr die Aufmerksamkeit der Massen wie im Jahr der Erstaufstellung, »weil es nicht mehr aktuell war«, an das Denkmal und die Schlacht zu erinnern – so das finale Urteil Boučeks. Zudem verwies er auf die erwartete Erweiterung der Bergbautätigkeit, die – wie er korrekt vorhersagte – zur Zerstörung des historischen Ortes führen würde.[128]

Die 1968 veröffentlichte Ausgabe des »Ústecký sborník historický« konzipierte Jan Bouček als Themenheft zur Entstehung der Tschechoslowakei im Jahr 1918.[129] Danach gab es eine dreijährige Pause, in der der Sammelband nach dem Ende des Prager Frühlings und angesichts der personellen Umstrukturierung in der Normalisierungsperiode neu konstituiert werden musste. Die nächste Ausgabe erschien erst 1971, redigiert von Ladislav Dušek, dem damaligen Leiter des Staatlichen Gebietsarchivs (Státní oblastní archiv Litoměřice), Quido Kastner, Karel Král und Josef Bechyně. Nach einer erneuten Pause erschien erst 1979 eine weitere Ausgabe des Sammelbandes, diesmal wieder unter Redaktion von Ivan Martinovský. Der Nordböhmische Kreisnationalausschuss (Severočeský krajský národní výbor, SKNV) fungierte zusammen mit dem Bezirksarchiv in Ústí bis 1983 als Herausgeber. 1985 traten der ONV, das Archiv und der SKNV als Herausgeber auf.

Wie bereits erwähnt kamen im Ústecký sborník historický auch in der Region lebende Zeitzeugen zu Wort. Sie eröffneten eine Geschichtsschreibung über die Okkupationszeit aus Sicht der wenigen Tschechen, die 1938–1945 in

---

126 *Bouček*: Dva pomníky jedné bitvy, 36.
127 Bohosudov, ein Erzgebirgsort unweit von Teplice, lag auf der Strecke der Todesmärsche aus Buchenwald. Hier verstarben kurz vor Kriegsende 312 Menschen. Ihre Beerdigung wurde zum »nationalen Ereignis«, das am 14. Oktober 1945 im Beisein zahlreicher Politiker durchgeführt wurde. Siehe Pohřeb obětí pochodu smrti z Buchenwaldu v Bohosudově [Beerdigung von Opfern des Todesmarsches aus Buchenwald in Bohosudov]. AMUL, ONV, KT 64, Inv. Nr. 322, Ústí nad Labem 1945.
128 *Bouček*: Dva pomníky jedné bitvy, 43.
129 *Bouček*, Jan: Vznik samostatného Československa a severní Čechy [Die Entstehung der unabhängigen Tschechoslowakei und Nordböhmen]. Ústí nad Labem 1968.

Ústí nad Labem gelebt hatten. In der Ausgabe von 1983 schilderte beispielsweise der Widerstandskämpfer František Toman seine Erfahrungen aus der deutsch-tschechischen Widerstandstätigkeit, unter anderem auch seine Zusammenarbeit mit Leopold Pölzl, dem letzten demokratisch gewählten deutschsprachigen Bürgermeister von Ústí.[130] Das Besondere an seiner Schilderung war, dass Toman anerkennend über die deutschsprachigen Antifaschisten schrieb. Zwar war der Grundtenor in der Darstellung der Deutschsprachigen in den 1980er Jahren schon differenzierter geworden, doch fand eine positive, widerständige Tätigkeit während des Zweiten Weltkrieges kaum Eingang in die offizielle Geschichtsschreibung der damaligen Zeit.[131] In einem weiteren Aufsatz beschreibt Toman seine Erinnerungen an die Luftangriffe am Ende des Zweiten Weltkrieges.[132] Reaktionen auf Tomans Vorträge und Texte sind nicht überliefert. Da er jedoch regelmäßig über den Widerstand und den Zweiten Weltkrieg schrieb und befragt wurde, ist anzunehmen, dass seine Aussagen für die Bevölkerung sehr wichtig waren und auch von staatlichen Stellen nicht eingeschränkt wurden.

Die meisten Autoren des Ústecký sborník historický publizierten auch in den regionalen Zeitungen, darunter die »Ústecké přehledy« (Aussiger Überblicke, im Folgenden »Přehledy«). Dieses Monatsprogrammheft wurde seit 1974 von der Schul- und Kulturabteilung des MěNV herausgegeben und enthielt neben Veranstaltungshinweisen auch regionalgeschichtliche Aufsätze. Diese behandelten das Schulwesen, ausgewählte Betriebe und die politische Geschichte der Stadt, zudem wurden auch Einrichtungen des Schul- und Kulturwesens vorgestellt. Die Beiträge stammten von Museumsmitarbeitern, Historikern der pädagogischen Lehranstalt und Archivaren der Stadt Ústí. Titel- und Rückseite des beliebten Heftes zierten Fotografien und Malereien der alten Stadt vor und nach 1945 wie auch der gegenwärtigen neuen Entwicklungen. Mit einer Auflage von 9.000 bis 11.000 Stück und einer großen Beliebtheit bei den Lesern waren die »Přehledy« – obwohl vorrangig eine Programmzeitung – ein wichtiges Medium der Kultur- und Geschichtsschrei-

---

130 *Toman*, František: Odbojová skupina Bohumila Bachury Úvod-Krušnohoří v Ústí nad Labem [Die Widerstandsgruppe von Bohumil Bachura Úvod-Erzgebirge in Ústí nad Labem]. In: Ústecký sborník historický 1983, 365–398.

131 Miloš Havelka beschreibt die nach 1968 geführten Debatten in den Dissidentenkreisen der Tschechoslowakei, die auch das Zusammenleben von Deutschen und Tschechen sowie die Problematik der Zwangsaussiedlungen betrafen. Siehe *Havelka*, Miloš: Die Debatten über den Sinn der tschechischen Geschichte 1895–1989. In: *Brenner* (Hg.): Geschichtsschreibung zu den böhmischen Ländern, 45–60, hier 57. Er veröffentlichte zudem eine Bibliografie der historiografischen Publikationen aus dem Exil und dem inländischen Samisdat.

132 *Toman*, František: Nálety na Ústí nad Labem, Chlumec a Telnici za druhé světové války [Flugangriffe auf Ústí nad Labem, Chlumec und Telnice im Zweiten Weltkrieg]. In: Ústecký sborník historický 1983, 399–410.

bung der Stadt Ústí. Sie enthielten populärwissenschaftliche Zusammenfassungen der Themen, die im Museum ausgestellt und in Fachzeitschriften diskutiert wurden, und trugen damit die Ergebnisse der regionalgeschichtlichen Bewegung in die breite Öffentlichkeit.

Regionalgeschichte zu schreiben bedeutete für die Autoren der »Přehledy«-Artikel auch, die Vergangenheit der Stadt vor 1945 zu thematisieren – und zwar bei weitem nicht nur die Konfliktgeschichte. 1958 begann František Pinc in der kleinen Artikelserie »Die älteste Geschichte von Ústí nad Labem«, die Anfänge der Stadt seit 1257 niederzuschreiben. 1960 startete der Wettbewerb »Lerne den Bezirk kennen«, dem die »Přehledy« mehrere Artikel widmeten, bei dem Jugendliche historisch bedeutsame Orte im administrativ neu geschaffenen Bezirk Nordböhmen besuchen sollten. Im Jahr darauf startete Sáva Suchevič die Artikelserie »Lerne die Stadt kennen, in der du lebst« mit kleinen Beiträgen über die Stadtgeschichte. Ab Ende der 1970er Jahre wurden in der Rubrik »Kaleidoskop« Ereignisse aus der Vergangenheit kurz wiedergegeben. Die Museumsmitarbeiterin Růžena Lencová schrieb in dieser Reihe unter anderem über Traditionen, die die Deutschsprachigen gepflegt hatten. Dazu zählten auch die sogenannten Mohnmuscheln aus Trmice, die aus einem gesüßten Brötchenteig geformt, mit Mohn gefüllt und mit Hagelzucker bestreut wurden. Lencová erwähnte, dass der Jahrmarkt, auf dem die Mohnmuscheln traditionell verkauft wurden, während des Zweiten Weltkrieges geschlossen werden musste. Nach dem Krieg habe man versucht, »wehmütig an ›alte Zeiten‹ zu erinnern« und die Tradition wiederzubeleben, »aber sie erlangte nie wieder einen solchen Erfolg wie zu Beginn des Jahrhunderts und in der Zeit des Ersten Weltkrieges«.[133] In einem weiteren Artikel beschrieb Lencová das alte Ústí, seine früheren Bewohner und deren Häuser, darunter auch die mittlerweile gesprengte Schaffner-Villa.[134] Sie besprach auch die Entwicklung der Industrie, die parallel zur Stadtentwicklung verlief. Zudem griff Lencová die alten Straßen- und Platznamen auf und illustrierte die kurzen Einblicke in die Vergangenheit der Stadt mit Bildern des alten Ústí. Die »Přehledy« wollten den Einwohnern von Ústí ihre Stadt und deren Umgebung näherbringen. Die Artikel über historische Ereignisse, Orte und Traditionen aus Ústí leisteten einen wichtigen Beitrag zur Verortung der Einwohner in Ústí durch die Regionalgeschichte.

---

[133] *Lencová*, Růžena: Kaleidoskop. In: Ústecké přehledy 4 (1979), 4 f., hier 5. *Havel/Kubešová/Lencová/Zemín*: Kultura na Ústecku po roce 1945 [Kultur in der Region Ústí nach 1945]. AMUL, Komise OV KSČ, KT 1, Inv. Nr. 6. Die Erinnerung an die Mohnmuscheln blieb dennoch lebendig. Im Jahr 2012 wurde die Mohnmuscheltradition von Zeitzeugen und dem Stadtmuseum Ústí nad Labem im Rahmen der Reihe »Berühmte lokale Marken« wiederbelebt. Siehe außerdem *Wetzel*, Frauke: Kaiserlich essen. Erinnerungen an das kulinarische Aussig. In: *Karlíček*, Petr (Hg.): Knut – ústecký labužník [Knut – Aussiger Feinschmecker]. Ústí nad Labem 2014, 203–212.

[134] *Lencová*, Růžena: Kaleidoskop. In: Ústecké přehledy 6 (1979), 4 f., hier 4.

Die in den 1970er Jahren zu beobachtende Hinwendung zur regionalen Geschichtsschreibung betraf nicht nur Ústí nad Labem, sondern die gesamte Tschechoslowakei. Hierfür gab es mehrere Gründe, die speziell in der Grenzregion zum Tragen kamen. Die Stärkung der Regionalgeschichtsschreibung hatte bereits in den 1960er Jahren begonnen – in Ústí vor allem im Rahmen des Ústecký sborník historický, konnte aber aufgrund der Niederschlagung des Prager Frühlings nicht vollständig durchgesetzt werden.[135] Nach 1968 und während der ›Normalisierung‹ in den 1970er Jahren erhielt die Regionalgeschichtsschreibung jedoch einen neuen Aufschwung, da viele tschechoslowakische Historiker ihre Arbeitsplätze wechseln beziehungsweise ihre wissenschaftliche Forschungsstellen verlassen mussten und aus den Zentren in die Peripherie des Landes zogen. Zugleich waren die 1970er Jahre in der Grenzregion die Zeit, in der viele Orte durch Bergbau oder Verfall gänzlich dem Erdboden gleichgemacht wurden. Die Zerstörung dieses Kulturerbes und der Wohnorte von Menschen führte zum Wunsch nach Bewahrung: Man versuchte, die Geschichte dieser Orte zu dokumentieren und festzuhalten, bevor der physische Ort abgerissen wurde. Diese verschwundenen Ortschaften sind Erinnerungsorte im Sinne Pierre Noras und somit Medien des kollektiven Gedächtnisses. Sie stehen für das Bedürfnis von Gemeinschaften, sich durch die Vergegenwärtigung historischer Ereignisse ihrer selbst zu vergewissern. Die Gedächtnisgemeinschaft, die Einwohner der zerstörten Orte, bestand nicht mehr als geschlossenes Kollektiv, sondern wurde auf die umliegenden Städte und Gemeinden aufgeteilt. So wuchs das Bedürfnis nach äußeren Stützen des Gedächtnisses.

Die Medien in Ústí reagierten darauf mit Artikelreihen, die die Besonderheiten der Region betonten und ein Zugehörigkeitsgefühl vermitteln sollten – so auch die von der KSČ seit 1946 herausgegebene Wochenzeitung »Sever«. Neben Berichten über politische Entscheidungen und Kulturveranstaltungen gab es darin auch Artikelserien wie die in den Jahren 1979 und 1980 erscheinende Reihe »Meine Beziehung zum Bezirk Ústí«. Darin beschrieben Berühmtheiten wie der Schauspieler und Sänger Václav Neckář oder die Opernsolistin Marie Štřeblová ihre Herkunft respektive ihren Bezug zur Region. Weitere Reihen wie »Wir aus dem Norden« sowie die 1979 publizierte Serie »Berühmte Persönlichkeiten aus Ústí« zeichneten konsequent ein positives Bild der Region.

Ein zusätzlicher Grund für diese gute Berichterstattung war das schlechte Image der Stadt als ›schwarzes Ústí‹, begründet durch die Umweltbedingungen, insbesondere die örtliche Industrie und ihre Auswirkungen. Dieses Nega-

---

135 Vom 4.–5. Oktober 1967 fand in Samechov die erste Sitzung der Regionalhistoriker der Zeitgeschichte statt. Aus Nordböhmen meldeten sich hierbei nur zwei Vertreter zu Wort. Siehe Zpravodaj komise pro dějiny Československa po roce 1945, II [Kommission für Geschichte der Tschechoslowakei nach 1945]. Hg. v. *Komise pro dějiny Československa po roce 1945*. Praha 1968).

tivimage wurde auch in Publikationen und überregionalen Zeitungen kolportiert und hatte durchaus einen realen Hintergrund: In der »schwarzen Zone« der Stadt fielen pro Jahr und Einwohner bis zu 3.515 Kilogramm Schadstoffe an – gegenüber durchschnittlich 288 Kilogramm im Rest der Tschechoslowakei.[136] Die landesweit vertriebene Tageszeitung »Rudé právo« schrieb bereits 1960:

> Von oben gesehen ist Ústí eine sehr schöne Stadt, doch in den Straßen vergeht einem diese Begeisterung schnell. Die Chemische Fabrik verpestet die Straßen mit einem stinkenden Nebel und in die vergiftete Biela sollte man die zwangsweise baden schicken, die an der Verschmutzung schuld sind. Blondinen sollten überhaupt nicht in die Nähe des Bahnhofs gehen, denn wenn sie dort nur ein Weilchen warten, sind sie so mit schwarzem Ruß bedeckt, dass ihr Bild nicht mehr dem Personalausweis entspricht.[137]

Auf dieses allgemeine kritische Bild der Stadt reagierten die lokalen Geschichtsschreiber mit dem verstärkten Bemühen, die Verbundenheit der Bevölkerung mit Ústí durch die Bezugnahme auf berühmte Persönlichkeiten und die glorreiche Vergangenheit zu stärken (nicht zuletzt, um der zunehmenden Abwanderung entgegenzuwirken). Zu dieser positiv konnotierten Vergangenheit gehörten im Verständnis der Redakteure und Geschichtsschreibenden auch die Anfangsjahre nach dem Krieg, die sogenannten ›Erbauer‹-Jahre. Demnach sollte nicht nur die Verortung in der deutschen beziehungsweise Vorkriegsgeschichte gesucht werden, sondern auch die Selbsthistorisierung der ›tschechischen‹ Zeit in der Geschichte von Ústí, also nach 1945, sollte geschrieben und popularisiert werden.

Einer der präsentesten Geschichtsschreiber dieser Zeit war Antonín Týc. Der 1914 geborene Autor verfasste sowohl Ausstellungstexte des Museums wie auch Texte zu Bildbänden und Zeitungsartikel über die Geschichte von Ústí. Týc war verantwortlicher Redakteur der seit Juni 1945 erscheinenden Zeitung Předvoj, einer Zeitschrift der Nationalen Front, die vom OSK und später vom ONV herausgegeben wurde. Zudem war er seit den 1950er Jahren Redakteur im neugeschaffenen Kreisverlag Ústí nad Labem (Krajské nakladatelství Ústí nad Labem, KNU). 1982 veröffentlichte Týc im Sever die Reihe »Wie wir angefangen haben...«, deren Intention es war, auch den jüngeren Bürgern die Geschichte der ›Erbauer‹-Jahre nach 1945, verstanden als Zeit des Anfangs, nahezubringen:

> Es sind schon langsam 37 Jahre, in denen Hunderte und nach und nach Tausende neue Siedler in die Region Ústí gekommen sind und im Jahr 1945 in die verlassenen Arbeitsplätze in den Fabriken, die Büros, Schulen, Gesundheitseinrichtungen und in die anderen Bereiche des politischen, wirtschaftlichen und gesellschaftlichen Lebens eintraten.[138]

---

[136] *Provazník*, Vladimír: Ústí nad Labem. In: Architektura ČR 1973, 109–125, hier 120.
[137] *Hašková*, J.: Ústecké mlžiny [Aussiger Hüttenrauch]. In: Rudé právo vom 18.3.1960.
[138] *Týc*, Antonín: I. Jak jsme tady začínali... [I. Wie wir hier anfingen...]. In: Sever vom 9.3. 1982, 5.

Týc klammerte, wie alle damaligen Autoren, die Schwierigkeiten des Besiedlungsprozesses aus. Er verschwieg auch, warum die erwähnten freien Arbeitsplätze zur Verfügung standen. Vielmehr schien er gegen die hohe Unzufriedenheit der Einwohner und potentiellen Leser mit den gegenwärtigen Umständen anzuschreiben:

Dieser Anfänge des neuen Lebens in der Region Ústí möchte ich mit Ihnen, die sie durchlebten, gedenken und für die Jüngeren und die mittlere Generation an sie erinnern, damit sie schätzen können, was hier in 37 Jahren alles erreicht wurde. Die Anfänge davon haben ihre Eltern und älteren Verwandten gerade in den ersten Wochen und Monaten des neuen Lebens in dieser Region gelegt, in die wir uns verliebt haben, und auch wenn wir von sonst wo kamen, nennen wir sie unsere Heimat.[139]

Týc, der auch die Propagandapublikation »Ústecko včera a dneska« (Die Region Ústí gestern und heute) verfasste, schrieb das Bild der landwirtschaftlichen Erbauer, die neuen Besitzer der Höfe, die das Land nach den Deutschsprachigen »neu aufbauten«.[140]

Bei Týc fehlte die Darstellung des Zweiten Weltkrieges, bei ihm begann die Geschichte mit dem Eintreffen der sowjetischen Panzer und der Aufbauleistung der *budovatelé*. Der Autor Vladimír Provazník dagegen beschrieb in seiner Monografie den Zweiten Weltkrieg in Ústí nad Labem recht ausführlich, auch den deutschen beziehungsweise deutsch-tschechischen Widerstand. Doch auch ihm galt die Befreiung 1945 als Beginn der Geschichte: »Außer Frage bleibt, dass das Eintreffen der historischen Panzer, die mit der tschechoslowakischen Fahne als erste durch die Stadt fuhren, Ústí nad Labem in Geschichte und Gegenwart brachte.«[141]

In den 1970er und 1980er Jahren reagierten einige Autoren wie Týc und auch andere Akteure der Regionalgeschichte auf den von ihnen kritisierten Umstand, dass die jüngeren Einwohner der Stadt die eigene Geschichte nicht kennen würden. So mahnte beispielsweise Jaroslav Körner in der Wochenzeitung Sever:

Es ist peinlich, wenn man einen Menschen aus Ústí [Ústečan] trifft, der über seine Stadt nichts weiß und vor dem Kennenlernen Ohren und Augen verschließt. Einige von ihnen wohnen mehr als dreißig Jahre in Ústí und ihre Kinder sind hier geboren, aber niemand von der Familie hat auch nur Stadice besucht.[142]

Körner, selbst Hobbyhistoriker und Vorsitzender des Klubs der Historiker (Klub historiků) in Ústí, kritisierte das mangelnde Interesse der Neubürger und der Jugend gegenüber der Stadtgeschichte. Das obige Zitat nimmt dabei

---

139 *Ebenda.*
140 *Týc*, Antonín/*Suchevič*, Sáva: Ústeckem včerejška a dneška [Die Region Ústí gestern und heute]. Ústí nad Labem 1957.
141 *Provazník*: Ústí město nad Labem, 120.
142 *Körner*, Jaroslav: Více zájmu o minulost Ústecka [Mehr Interesse an der Vergangenheit von Ústí]. In: Sever vom 18.10.1980, 3. Mehr zu Stadice in Kapitel IV.2 Abschnitt »Stadice: Ursprung der Přemysliden«.

insbesondere Bezug auf die nationale Geschichte, die mit der Legende von Stadice und dem ersten Přemyslidenherrscher verbunden war und zu den Meisterzählungen von Ústí gehörte.

Der Klub der Historiker war einer der Akteure, der aktiv gegen dieses Unwissen der Jugend in Bezug auf die eigene Stadtgeschichte vorging. Er wurde offiziell am 17. Februar 1971 gegründet, zählte zwischen 18 und 85 Mitgliedern und war somit der aktivste Interessensklub des Kulturhauses.[143] Einer der ideellen Vorläufer des Klubs war der Heimatkundliche Kreis, der 1957 im Stadtmuseum sehr aktiv war.[144] Die Mitglieder des Klubs waren »Geschichtsinteressierte«, Geschichtslehrer und Zeitzeugen.[145] Sie wollten Einfluss auf die Heimatkunde und das historische Wissen der Bevölkerung des Bezirks Ústí nad Labem ausüben und vor allem auf die »reiche und bisher noch unveröffentlichte tschechische Geschichte unserer Stadt« aufmerksam machen.[146] Die Betonung der tschechischen Geschichte war für eine Stadt, die bis 1945 zu knapp 80 Prozent deutschsprachig besiedelt war, allerdings ein schwieriges Unterfangen. Der Klub der Historiker verstand dies als »Neubewertung der Geschichte«, die bislang ›von oben‹ und nicht von den »Untertanen« geschrieben worden war.[147]

Die Klubmitglieder sahen ihre Aufgabe also darin, ein neues Narrativ in der Geschichte ihrer Stadt zu etablieren, die ihrer Ansicht nach nunmehr aus Sicht der Arbeiter und nicht mehr von den Herrschenden geschrieben werden sollte. Damit setzten sie sich auch von den regionalen Fachhistorikern ab, die in den Medien publizierten. Diese Neubewertung ist als Re-kontextualisierung der Geschichte zu verstehen. Auch die Abgrenzung gegenüber den Deutschsprachigen beziehungsweise der deutschen Geschichtsschreibung war dem Klub der Historiker wichtig:

Die Vergangenheit muss im Gegensatz zur vorher verfassten Geschichte revidiert und aus einem neuen Blickwinkel betrachtet werden. Auch weil in der Region Ústí nad Labem zwei

---

[143] Im Vorwort des Jahresberichtes 1978 sprach der Vorstand sein Bedauern aus, dass in Ústí nad Labem lediglich 85 Mitglieder im Klub der Historiker seien, wohingegen die Česká beseda, ein vergleichbarer Verein in Liberec, 2.500 Mitglieder verzeichnete. Siehe Občasník Klubu historiků při Odborovém domě kultury pracujících v Ústí nad Labem [Gelegenheitsblatt des Klubs der Historiker im Kulturgewerkschaftshaus der Arbeitenden in Ústí nad Labem]. Hg. v. Klub historiků. Ústí nad Labem 1978, 1; 10. výročí Klubu historiků při ODKP Ústí n. L. [10. Jubiläum des Klubs der Historiker im ODKP Ústí nad Labem]. Hg. v. Klub historiků. Ústí nad Labem 1980, 4.

[144] Kulturně politický kalendář. Ústí nad Labem 1957, 10. Siehe auch Kapitel V.3.

[145] Votruba, Jan: Otevřený dům. 15 let ODKP Ústí nad Labem [Offenes Haus. 15 Jahre Kulturhaus ODKP in Ústí nad Labem]. Ústí nad Labem 1979, 19; 10. výročí Klubu historiků; Občasník Klubu historiků, 2.

[146] Ebenda, 5.

[147] Ebenda, 112.

Nationen lebten, von denen eine – die deutsche – jahrhundertelang die Vorherrschaft hatte und die Geschichte nach ihren Bedürfnissen schrieb.[148]

Die Texte und Vorträge der Klubmitglieder befassten sich vor allem mit zeitgeschichtlichen und touristischen Inhalten. Sie wollten demnach die jüngste Geschichte re-dimensionieren. Dabei betonten sie vor allem die tschechischen Wurzeln der Region und auch die tschechische Geschichte der Stadt wurde häufig in Vorträgen angesprochen.[149] Dieser Anspruch konnte vor allem durch die im Klub vertretenen Zeitzeugen erfüllt werden. Besondere Bedeutung hatten die Vorträge von Widerstandskämpfern aus der Region wie auch die von Karel Kříž, der über seine Erfahrungen als einer der wenigen Tschechen in Aš (Asch) während der Okkupation sprach.[150]

Ein sehr ungewöhnliches Thema in der Tätigkeit des Klubs war die Geschichte der jüdischen Gemeinde von Ústí nad Labem, die Walter Eisenmann im Jahr 1981 vortrug und im Vereinsblatt veröffentlichte.[151] Der Autor war selbst als Jude verfolgt worden, was er jedoch mit keinem Wort erwähnte. Auch in den Artikeln über ihn fand seine Abstammung keine Erwähnung. Stattdessen betonte Helena Borská, selbst Mitglied im Klub der Historiker, Eisenmanns Arbeiterherkunft und bezog die Verfolgung durch die Nationalsozialisten auf seine Widerstandstätigkeit.[152]

Die Tätigkeit des Klubs der Historiker und der tschechischen regionalen Geschichtsschreibung in Ústí konzentrierte sich vor allem auf die 1970er und 1980er Jahre, was mit der landesweiten Stärkung der Regionalgeschichte korrespondierte. Die meisten Bürger jedoch schenkten der Zeitgeschichte, die ihnen präsentiert wurde, keinen Glauben beziehungsweise setzen ihr die eigene Lebenswirklichkeit und die eigenen Erlebnisse entgegen.[153] Die lokalge-

---

148 Pět let klubu historiků při ODKP v Ústí n. L. [Fünf Jahre Klub der Historiker im ODKP in Ústí nad Labem]. Hg. v. *Klub historiků*. Ústí nad Labem 1977, 1.

149 Beispielsweise: »Die ersten tschechischen Vereine in der Region Ústí«, Vortrag J. Körner 4.10.1978; »Wer hat in Ústí das erste tschechische Buch herausgegeben?«, Vortrag Dubanič 1.11.1978; »Das Minderheitenschulsystem im nordböhmischen Grenzgebiet«, Vortrag F. Novotný 25.1.1979.

150 »Das Leben der Tschechen in der Region Ústí während der Okkupation«, Vortrag F. Toman 9.5.1976 und »Luftangriffe auf Ústí im April 1945«, Vortrag F. Toman 19.4.1978 sowie »In Nordböhmen vor 40 Jahren«, Vortrag Karel Kříž 8.2.1978.

151 *Eisenmann*: Historie židovské náboženské obce, 20 f.

152 *Borská*, Helena: Profil ústeckého pamětníka [Profil eines Zeitzeugen aus Ústí]. In: Sever vom 27.7.1982. Weiteres zur W. Eisenmann im Personenregister.

153 *Pešek*: Historiographie an den Universitäten in Ostmitteleuropa 1945–1970, 125. Das Stadtmuseum in Ústí lud mit einem Zitat des glorifizierten Widerstandskämpfers Julius Fučík zur Eröffnung der neuen Dauerausstellung am 24. November 1975: »Blicken wir zur Vergangenheit unserer Nation, damit wir aus ihr Lehren für den Weg ziehen, der uns in die Zukunft führt.« Siehe »Od průmyslové revoluce po socialistický dnešek«. Pozvánka na otevření stálé expozice [»Von der industriellen Revolution zum sozialistischen Heute«. Einladung zur Eröffnung der Dauerausstellung]. Hg. v. *Muzeum Ústí nad Labem*.

schichtliche Initiative des Klubs der Historiker in Ústí nad Labem begann unter den Bedingungen der ›Normalisierung‹ und deren Auswirkungen auf die Geschichtswissenschaft. Vereine und regionale Geschichtsschreiber glichen in dieser Zeit vielfach das Fehlen von Fachhistorikern aus. Der Klub der Historiker agierte im Laufe seiner Existenz sehr nah an der offiziellen Geschichtsschreibung des Regimes, behandelte aber auch eher ungewöhnliche Themen, wie beispielsweise mit Bezügen zu deutschen Persönlichkeiten und zur Judenverfolgung. So fanden in den Vorträgen und Veröffentlichungen des Klubs auch die ehemaligen deutschsprachigen Bewohner der Region ihren Platz.

Sowohl die Freizeithistoriker des Klubs wie auch die Fachhistoriker rund um den »Ústecký sborník historický« schrieben beziehungsweise referierten die Regionalgeschichte für ein breites Publikum in Ústí. Sie waren es, die der Stadtgeschichte eine neue Verortung gaben. Dabei dienten gerade die Texte und Vorträge von Zeitzeugen der Selbsthistorisierung. Besonders wichtig war die Selbsthistorisierung der 1970er und 1980er Jahre angesichts der Tatsache, dass mittlerweile die erste, im Nachkriegs-Ústí geborene Generation herangewachsen war.[154] Die Dualität des Begriffes Generation als analytische und selbstthematisierende Kategorie zeigte sich einerseits in der wachsenden Zahl von in der Region verwurzelten Historikern (analytisches Element) und andererseits in der häufigen Verwendung des Begriffs in den regional erscheinenden Texten, die den Neubeginn und Neustart nach 1945 thematisierten (selbsthistorisierend). Die Regionalhistoriker erzeugten das Bild eines Kollektivs der *budovatelé* und agierten wie Entdecker, die in ein neues Land kamen. In ihren Texten nutzten sie die vielfach verwendete Formel der ›Generation‹ oder vielmehr der ›neuen Generation‹ als identitätsstiftendes Element in der Nachkriegsgesellschaft von Ústí nad Labem. Besonders deutlich wurde dies zu den Jahrestagen der Befreiung, wenn es galt, den Neustart zu unterstreichen.[155] Gleichzeitig wurde die Gruppe derjenigen, die aktive Erinnerungen an ein Ústí/Aussig vor 1945 hatten, immer älter beziehungsweise kleiner. Mit den Altsiedlern, deutsch- und tschechischsprachigen, verschwand auch das aktive Gedächtnis an das Ústí, das Aussig der zwei Sprachen vor 1945. Somit setzte

---

In: Sbírka soudobé dokumentace IV 1945–1989, Městské muzeum, Museum Trmice, Okresní vlastivědné muzeum v Ústí nad Labem, KT 99, Inv. Nr. 1560, Ústí nad Labem 24.11.1975.

[154] Zum Begriff »Generation« als historischem Grundbegriff, verstanden als historischer Wandel in einer lebensgesellschaftlich überschaubaren, kollektiv erlebten Zeitspanne, siehe unter anderem *Jureit*, Ulrike: Generationen. Zur Relevanz eines wissenschaftlichen Grundbegriffs. Hamburg 2005.

[155] Siehe hierzu unter anderem 25 Jahre der tschechischen Kultur in den Bezirken Nordböhmen. Ústí nad Labem 1975, 16. Přehled pomníků a pamětních desek II. světové války v okrese Ústí nad Labem [Überblick über die Denkmäler und Gedenkplatten des II. Weltkrieges im Bezirk Ústí nad Labem]. Hg. v. *Okresní výbor českého svazu protifašistických bojovníků/Odbor školství Okresního národního výboru v Ústí nad Labem*. Ústí nad Labem 1984, 1.

der Übergang vom kommunikativen Gedächtnis zum kulturellen Gedächtnis ein. Wie bereits Maurice Halbwachs in den 1920er Jahren aufzeigte, existierte das individuelle Gedächtnis nur durch die Kommunikation, also im sprachlichen Austausch mit anderen, weshalb man auch vom kommunikativen Gedächtnis spricht.[156] Das kommunikative Gedächtnis, verstanden als ein Sammelwissen, das sich ein Kollektiv für die Schaffung seines Selbstbildes kreiert, erfuhr nach 1945 also einen Wandel.[157] Die Erzählenden, die sich an das Vorkriegs-Aussig erinnern konnten, verschwanden zunehmend. Damit wurde das Gedächtnis der Erinnerungsgemeinschaft der neuen Einwohner von Ústí frei für die eigene Geschichtsschreibung. Auch die damalige politische Situation ermöglichte es, das Regionale in den Vordergrund zu rücken. Das Entstehen zahlreicher lokalgeschichtlicher Veröffentlichungen und Veranstaltungen bestätigt, dass das Heimischwerden auch durch das Neu-Verfassen der Regionalgeschichte stattfand. Die Hinwendung zur Regionalgeschichte war zudem auch ein gesamtstaatlicher Trend.[158] Für Ústí bedeutete die Regionalgeschichtsschreibung, dass es die neu in die Stadt Gekommenen waren, die die Geschichte erforschten und sie publizierten. Die neuen Einwohner nahmen ihre Stadt und ihre Geschichte nicht zuletzt auch durch die neuen Freizeitmöglichkeiten wahr, die es erst seit der Einführung der Fünftagewoche gab: Sie hatten nun schlicht mehr Zeit für die Beschäftigung mit der Geschichte. Diese Generation der Neubürger in der Grenzregion spürte nicht mehr die Unsicherheiten und das Entwurzelungsgefühl der Vorgänger. Die neue Generation schuf sich ihre Gedächtnismedien.

Das Fehlen eigener Erfahrungen des Zusammenlebens, des Terrors unter den Nationalsozialisten und der Zwangsaussiedlung manifestierte sich jedoch auch in Form von Leerstellen innerhalb der Geschichtswissenschaft. Die Erzählungen von Zeitzeugen hingegen, als Träger des kommunikativen Gedächtnisses, brachten die Erfahrungen des deutsch-tschechischen Zusammenlebens vor und während des Zweiten Weltkrieges in die Gedächtnisgemeinschaft ein. Hier zeigte sich, dass das kommunikative Gedächtnis eigensinnig war und auf einer Verständigung der Gruppenmitglieder, in diesem Fall der Einwohner von Ústí, beruhte.[159] Es war nicht gänzlich frei von staatlichen Vorgaben und Einschränkungen, doch die Betrachtung lokaler Beispiele wie in Ústí nad Labem zeigt, dass die vorgegebenen Deutungsmuster nicht alle Bereiche der Öffentlichkeit bestimmten. Die Vergegenwärtigung des Vergangenen blieb individuell und war personalisiert. Es waren einzelne Zeitzeugen und Geschichtsschreibende, die das Gedächtnis der Einwohner von Ústí prägten.

---

156 *Halbwachs*: Das Gedächtnis und seine sozialen Bedingungen (auf Tschechisch erstmals: *Halbwachs*, Maurice: Kolektivní paměť. Praha 2009).
157 *Assmann*, J.: Das kulturelle Gedächtnis.
158 *Jirásek*: Museen und historische Erinnerungen, 155.
159 Zum kommunikativen Gedächtnis siehe unter anderem *Welzer*, Harald: Das kommunikative Gedächtnis. Eine Theorie der Erinnerung. München 2002.

Ein wichtiger Autor für Ústí war František Pinc, der »Autor des ersten Buches über Ústí«, welches 1947 unter dem Titel »Ústí nad Labem. Od pravěkého sídliště k metropoli českého severu« (Ústí nad Labem. Von der vorgeschichtlichen Siedlung zur Metropole des tschechischen Nordens) erschien.[160] Pinc war im Oktober 1945 in die Stadt gekommen und wurde so etwas wie der Stadtschreiber des neuen, tschechischen Ústí: Da er keine tschechischsprachigen Bücher über die Geschichte seiner neuen Heimat fand, schrieb er sie eben selbst. Dabei übersetzte er meistens einfach die deutschen Unterlagen des zwangsausgesiedelten Archivars Franz Josef Umlauft, dessen Materialien und Texte zur Stadtgeschichte in Ústí geblieben waren.[161] Pinc' erste Publikation zur Stadtgeschichte richtete sich vor allem an Lehrer und sollte den Pädagogen die »Liebe zur neuen Heimat« vermitteln, »damit sie die heimatkundlichen und weiteren Aufgaben erfüllen können und die Annäherung der neuen Generation an das neue Zuhause (domov) beschleunigen können«.[162] Pinc beschrieb in seinem Werk Spaziergänge durch die Stadt, anhand derer er Sehenswürdigkeiten und bedeutende Baudenkmäler erklärte.

Das Vorwort des Schulinspektors Antonín Patejdl verdeutlichte die Bedeutung des Bandes, der mit einer Erstauflage von 5.000 Stück erschien:

Der Bedarf eines solchen Werkes ist umso größer, als unter den Siedlern in Ústí nur ein geringer Bruchteil ist, der hier schon vor der Okkupation lebte und dieses Gebiet kannte [...]. Die große Mehrheit der Neusiedler musste den Bezirk erst neu kennenlernen, heimisch werden [zdomácnět] und das Bewusstsein gewinnen, dass das Land schon seit Urzeiten unseres war.[163]

Fremd waren in dieser Lesart nur die Deutschsprachigen. Die neuen Bewohner sollten nach Patejdls Ansicht nicht nur heimisch werden, sondern vor allem die offizielle Legitimation der tschechischen Besiedlungspolitik im Grenzgebiet übernehmen:

Die Neusiedler müssen den Bezirk noch kennenlernen, sie müssen sich mit ihm wie mit den Vorfahren verbinden, zu ihm in Liebe entflammen und ihn ins Herz schließen und verteidigen gegen alle und niemals an irgendjemanden abtreten. Dann erst wird erstmals die Besiedlung des Bezirkes Ústí nad Labem durch die wahren Besitzer vollendet sein, sie wird andauern, hat sie in der Vergangenheit doch viele Opfer verlangt.[164]

Es ging hier also auch um eine Verdeutlichung der tschechischen Geschichte der Region, die Jahrhunderte zurückgeführt werden sollte, um den Anspruch der Tschechen auf dieses Gebiet zu legitimieren respektive die ›Fremdheit‹ der

---

[160] *Krejčová*, Helena: František Pinc – autor prvních knížek o Ústí [František Pinc – der Autor des ersten Büchleins über Ústí]. In: Sever vom 15.4.1980.

[161] *Umlauft*, Franz Josef: Nachlass von Umlauft ans Archiv. Umlauft selbst publizierte seine Version der Stadtgeschichte im Jahr 1960. Siehe Kapitel V.4 Abschnitt »Eigene Geschichtsschreibung der Aussiger«.

[162] *Krejčová*: František Pinc.

[163] *Pinc*: Ústí nad Labem, 5.

[164] *Ebenda.*

Deutschen zu belegen. Gleichzeitig sollte die Verteidigung des Grenzgebietes gefestigt werden.

Pinc vertrat die Ansicht, dass sich die »Deutschen« als den Tschechen übergeordnet betrachteten, und beklagte, sie hätten »der freien Entwicklung des tschechischen Elements in der Stadt und Umgebung Hindernisse in den Weg« gelegt.[165] Die Zwangsaussiedlung der Deutschsprachigen stellte er als eher freiwilligen Akt dar: »Die meisten verließen Ústí schon 1945, die meisten gleich im Mai.« Für den organisierten Abtransport der Verbliebenen fand er eine historische Legitimation: »Die Wiedergutmachung des Weißen Berges und seiner tragischen Auswirkungen in der Grenzregion wurde durch das Potsdamer Abkommen über den Abschub der Deutschen im Jahr 1946 in ruhiger und vernünftiger und humaner Form durchgeführt.«[166]

Pinc selbst war nicht nur Mitglied im Verband der antifaschistischen Kämpfer, sondern hatte sich auch als Mitglied der Kommission für die Tschechisierung der Ortsnamen aktiv am »großen Werk der Erneuerung, mit dem die Neusiedler das tschechische Ústí aufbauen« beteiligt:

> Wer heute in unsere Stadt mit 60.000 Einwohnern kommt, den empfangen saubere Straßen, frische Parks, überall nur tschechische Inschriften, von allen Seiten nur Fortschritt und reiche Kulturbemühungen, das muss man mit Achtung als ein Ergebnis der Aufbauarbeit und der Konsolidierung anerkennen.[167]

Entsprechend positiv blickte Pinc in die Zukunft des: »Ústí, unsere Heimat [domov] und heute Wiege der neuen Generation, erblüht durch unsere Arbeit zu neuem Ruhm wie eine große Metropole Nordböhmens.«[168] Die neuen Bewohner sollten verantwortungsvoll die »Geschichte der gesamten Nation« weiterführen. Pinc' Ausruf: »Nicht nur Tábor – auch Domažlice« stand im Trend der Rückbesinnung auf die Geschichte der Hussiten (Tábor) und Choden (Domažlice).[169]

František Pinc verfasste 1957 eine weitere populärwissenschaftliche Stadtgeschichte mit dem Titel »Vlastivědné výlety z Ústí nad Labem« (Heimatkundliche Ausflüge von Ústí nad Labem), die vom Bezirksnationalausschuss herausgegeben wurde. In dieser didaktisch verkürzten Darstellung fanden sich Empfehlungen für Ausflüge, vor allem für Lehrer und Schüler, um sie »über die Schönheit und Bedeutung von Ústí« zu informieren.[170] Pinc' Anliegen war auch hier, das Wissen des Lesers über die Heimat »und seine Liebe zu ihr zu

---

[165] *Ebenda*, 61.
[166] *Ebenda*, 102.
[167] *Ebenda*, 6.
[168] *Ebenda*, 107.
[169] *Ebenda*. Zur Rückbesinnung auf die Hussiten siehe Kapitel IV.2 Abschnitt »Na Běhání: Siegreiche Schlacht der Hussiten«, zu den Choden Kapitel V.3.
[170] *Pinc*, František/*Kolář*, Antonín: Vlastivědné výlety z Ústí nad Labem [Heimatkundliche Ausflüge von Ústí nad Labem]. Ústí nad Labem 1957, 9.

festigen«.[171] Der Bezirk Ústí nad Labem sei verbunden mit den »ältesten nationalen Sagen und Legenden«, mit der »ruhmreichen Zeit der Hussiten« und der »Zeit der Erweckung«, mit »der Arbeiterbewegung« und dem »nationalen Leiden mit der Okkupation in Terezín«.[172] Die Gründer der Stadt beschrieb Pinc in seinem zweiten Buch nicht mehr ausschließlich als Slawen, die von den Germanen unterdrückt worden waren, sondern erklärte, diese beiden Gruppen hätten einander vielmehr abgelöst, wobei die Slawen die ersten in der Region gewesen seien.[173] Unter den germanischen Herrschern sei eine »feudale« Ausnutzung gegenüber den Slawen aufrechterhalten worden. Die spätere »Ausbeutung« durch die »Großkapitalisten und die chauvinistische deutsche Bourgeoisie« schilderte Pinc als das Unglück des 18. und 19. Jahrhunderts, das letztlich zur endgültigen Zerstörung der Stadt durch den Nationalsozialismus geführt hätte.[174] Die Überwindung dieser Unterdrückung setzte Pinc durch ein Bild des sogenannten Befreiungsdenkmals mit der »Befreiung« der Stadt durch die Rote Armee im Jahr 1945 in Verbindung. Zudem wurde die »Befreiung« auch mit dem Neuanfang der Stadtgeschichte gleichgesetzt: »und damit begann eine neue Epoche im tschechischen Ústí [...] es verschwinden die offenen Wunden aus der Zeit des Krieges.«[175]

Die Altsiedlerin Věra Prošková sprach den Büchern von Pinc in einem 1984 geführten Interview eine große Bedeutung für die Heimatfindung der Bevölkerung zu. Pinc sei einer der Menschen gewesen, die dazu beigetragen hätten, »dass die Menschen hier heimisch wurden [zdomácněli] [...] damit die Menschen hier ein bisschen ihre Heimat [domov] finden«, was vor dem Erscheinen seiner Publikationen, so Prošková weiter, noch nicht der Fall gewesen sei.[176] Auch Jaroslav Körner vom Klub der Historiker benannte Pinc in seiner harschen Kritik an der Situation der Geschichtsschreibung in der Stadt als einzigen lokalen Autor, der zur Regionalgeschichte publizierte.[177] Als Pinc 1982 starb, schrieb Körner ihm einen Nachruf als »verdienten schulischen Mitarbeiter« und Ehrenmitglied des Klubs der Historiker.[178]

---

[171] *Ebenda*, 8.

[172] *Ebenda*.

[173] *Ebenda*, 15.

[174] *Ebenda*, 20.

[175] *Ebenda*, 17 und 20.

[176] »Weil auch noch nach Jahren sagten die Menschen, wir fahren zu uns nach Hause [domu], wenn sie nach Südböhmen fahren. Und für die Stabilisierung der Bevölkerung hier, war auch die erzieherische Seite sehr wichtig und da danke ich, František Pinc mit seinem Buch.« *Havel/Kubešová/Lencová/Zemín*: Kultura na Ústecku pro roce 1945 [Kultur in der Region Ústí nach dem Jahr 1945]. AMUL, Komise OV KSČ, Karton 1, Inv. Nr. 6, Ústí nad Labem 4.12.1984, 12.

[177] *Körner*, Jaroslav: Bílá místa v ústecké české historii [Weiße Flecken in der tschechischen Geschichte von Ústí]. In: Klub historiků. Ústí nad Labem 1.6.1982, 5.

[178] *Körner*, Jaroslav: Zemřel F. Pinc [F. Pinc gestorben]. In: Sever vom 9.11.1982, 3.

4. Aussiger Ansichten

Eigene Geschichtsschreibung der Aussiger

Den ehemaligen Einwohner der Stadt bot das monatlich erscheinende Heimatheft, der »Aussiger Bote«, eine Plattform für ihre Erinnerungen und ihre Geschichtsschreibung. Das Bild von Aussig, das hier quasi konserviert wurde, stammte zumeist aus der Zeit vor 1938 – so wurden in den Artikeln fast immer die Straßennamen aus der Zeit vor der Okkupation genannt. Die Meistererzählung der Aussiger endete demnach mit der Abtretung der tschechoslowakischen Grenzgebiete an das Deutsche Reich infolge des Münchener Abkommens. Das bedeutete letztlich: Mit dem Eintreffen der deutschen Truppen in der Stadt endete quasi auch die eigenverantwortliche Geschichte der Aussiger, an der – nach dieser Lesart – kaum ein eigenverantwortlicher Anteil an den Verbrechen des Nationalsozialismus war. Auch der Beginn der Meisterzählung der Aussiger über Aussig ist von Bedeutung: Das Narrativ beginnt im 12. Jahrhundert, also mit der Besiedlung der Region durch Bauern aus Thüringen, Sachsen und Franken, wodurch diese drei Gruppen eine größere Legitimität gewinnen. Wer zuerst in der Region war, so die Logik, ist der eigentlich rechtmäßige Einwohner.[179] Hierbei handelte es sich um einen seit dem 19. Jahrhundert während Diskussion zwischen (Sudeten-)Deutschen und Tschechen.[180]

Auch die Heimattreffen und Versammlungen der Aussiger dienten der Weitergabe von Erinnerungen. Im Jahr 1963 beispielsweise feierten 4.000 Aussiger das 14. Aussiger Heimattreffen in München unter dem Motto »Halten Sie Ihrer Heimat die Treue«.[181] Dieses Anliegen verfolgten viele Aussiger auch durch den Erwerb von Publikationen über die Stadt. Der Besuch eines Heimattreffens oder der Kauf eines Buches über das alte Aussig wurden mit einer andauernden Verbundenheit mit der Stadt gleichgesetzt.

Der wichtigste Autor der Aussiger war Franz Josef Umlauft, der auch im »Aussiger Boten« veröffentlichte und an dessen Werken sich das (oben erwähnte) erste tschechische Buch über Ústí von František Pinc orientierte. Umlauft hatte von 1913 bis 1945 in Ústí nad Labem gelebt und konnte aufgrund seiner langjährigen Forschung in der Stadt selbst viele Eindrücke weitergeben. Den Großteil seiner Aufzeichnungen und Forschungsergebnisse musste er bei seiner Zwangsaussiedlung am 8. April 1946 in Ústí zurücklassen; er hinterließ

---

[179] Derselben Logik folgte die Konstruktion der slawischen Erstbesiedlung durch die neuen Einwohner von Ústí.

[180] *Seibt*, Ferdinand: Der Nationalitätenkampf im Spiegel der sudetendeutschen Geschichtsschreibung 1848–1938. In: *Ders.*: Deutsche, Tschechen, Sudetendeutsche. Analysen und Stellungnahmen zu Geschichte und Gegenwart aus fünf Jahrzehnten. Festschrift zu seinem 75. Geburtstag. Hg. v. Robert *Luft* in Verbindung mit dem Vorstand des Collegium Carolinum. München 2002, 375–396.

[181] Halten Sie Ihrer Heimat die Treue. In: Sudetendeutsche Zeitung vom 9.8.1963. Im Jahr 2013 waren es noch 13 Aussiger, die beim Heimattreffen zusammenkamen.

sie Alfréd Piffl, dem tschechischen Museumsangestellten der ersten Nachkriegsjahre. Fortan zeichnete Umlauft das »Bild der Heimatstadt Aussig und
ihrer Umgebung« aus dem Gedächtnis. Seine Arbeiten widmete er vor allem
der Jugend, die sonst vergessen würde, »wie es in der Heimat war«. Er tat es
aber auch mit der Intention, »den Anspruch auf unser Vätererbe vor dem
Richterstuhle der Weltgerechtigkeit dauernd aufrecht zu erhalten«.[182] Umlauft
verband demnach seine Heimatverbundenheit mit politischen Zielen und ließ
sich mit seiner Rhetorik in die der Vertriebenenverbände einordnen. Er ent-
warf »der Heimat auch in der Fremde ein Denkmal« und zeichnete den anderen Ausgesiedelten ein Bild seiner Stadt, indem er sie durch alle Straßen und
Plätze führte.[183] Er schilderte auch die Zerstörung der Stadt. Die genauen Orts-
beschreibungen anhand von Spaziergängen und Karten halfen den ehemaligen
Einwohnern, die Erinnerung wach zu halten. Umlauft selbst betrachtete sein
1950 erschienenes Buch »Die Elbestadt Aussig in der Erinnerung ihrer vertriebenen Bewohner« als ersten Anstoß für die Aussiger und ihre Nachfahren und
setzte seine Publikationstätigkeit in den folgenden Jahren fort. 1960 erschien
sein zentrales Werk mit dem Titel »Geschichte der deutschen Stadt Aussig«
in tausendfacher Auflage.[184] Kurz nach dessen Erscheinen verstarb Umlauft.
Seine Monografien wie auch seine ungezählten Vorträge und Beiträge im
»Aussiger Boten« machten ihn zu einem der prägendsten und wichtigsten
Akteure unter denjenigen, die das alte Bild von Aussig innerhalb der Gemeinschaft der Aussiger aufrechterhielten.

Für die Aussiger wurde Umlaufts »Geschichte der deutschen Stadt Aussig«
zum Standardwerk.[185] Es galt geradezu als ›Wendepunkt‹ im Leben der Aussiger. Sie sahen in dem Buch ein Festhalten der Erinnerung, die bereits 15 Jahre
nach dem Verlassen der Stadt zu verschwinden schien. So bezeichnete der
Schriftleiter und Rezensent des »Aussiger Boten«, Franz G. Hüttl, den Kauf
dieses Werkes als Pflicht, denn wer es nicht kaufe, sei »bereits ein Entwurzelter
und ein Enterbter, der auch in seinem Herzen nichts mehr für die Heimat emp-
findet und vielleicht sogar trachtet, alles zu vergessen, was ihn an seine Heimat
erinnert«. Das Buch sei ein Stück »lebendiger Heimat«, so Hüttl weiter.[186]

---

[182] *Umlauft*, Franz Josef: Die Elbestadt Aussig in der Erinnerung ihrer vertriebenen Bewohner. Troisdorf 1950, 3 f.

[183] *Ebenda*, Vorwort.

[184] *Umlauft*, Franz Josef: Geschichte der deutschen Stadt Aussig. Eine zusammenfassende
Darstellung von der Stadtgründung bis zur Vertreibung der Deutschen. Erstauflage Bayreuth 1960. Unveränderter Nachdruck München 1994.

[185] Im Interview sprach Karl Heinz Kralowetz über das »Aussiger Buch« und meinte damit
die »Geschichte der deutschen Stadt Aussig« von Prof. Dr. Franz Josef Umlauft. *Kralowetz*, Karl Heinz, 7.8.2013 in München, Interview geführt von Frauke Wetzel, ergänzt per
E-Mail am 5.9.2013. Kralowetz verschenkte dieses Buch u. a. an den Bürgermeister von
Ústí nad Labem, Jan Kubata, um dem 1967 geborenen ODS-Politiker das deutsche Aussig
näherzubringen.

[186] *Hüttl*, Franz G.: Aussig. Schicksal einer deutschen Stadt in Böhmen. In: Aussiger Bote

Umlaufts Heimatforschung gewann ihre Popularität nicht zuletzt durch die herausragende Stellung, die der Historiker bereits vor dem Krieg innegehabt hatte. Nicht nur die deutschsprachigen Aussiger, sondern auch die neuen, tschechischen Bürger von Ústí bezogen sich auf seine Schriften.[187] So besprachen Helena Krejčová und Jaroslav Körner, die in der Zeitung des Klubs der Historiker Bücher über Ústí vorstellten, auch Umlaufts »Geschichte der deutschen Stadt Ústí nad Labem«, wenngleich erst 1978.[188] Sie konstatierten: »Der sehr übersichtliche und interessant angeordnete Inhalt wäre ein Leckerbissen für jeden Bürger von Ústí.« Kritik übten sie lediglich an Umlaufts Urteil über den Ursprung der Stadt und über die Aussiedlung der Deutschsprachigen, zudem habe der Autor das Nachkriegs-Ústí als »Stadt ohne Traditionen« beschrieben. Krejčová und Körner kritisierten weiterhin, dass die eigenen, tschechischen Historiker bislang noch kein solches Buch verfasst hätten, das auch in Deutschland hätte verbreitet werden können. Körner bekräftigte diese Ansicht 1982 in einem Beitrag im Sever: Er lobte Umlauft, kritisierte jedoch grundsätzlich die eigenen Historiker, die – mit Ausnahme von Pinc' Publikation aus dem Jahr 1947 – bislang keine (tschechische) Stadtgeschichte verfasst hätten.[189]

Ein weiteres Standardwerk über Aussig aus der Feder von Zwangsausgesiedelten war Alfred Bohmanns »Aussig – Stadt und Land. Eine Sammlung von Bildern aus der Geschichte und der Landschaft der alten Heimat«. Dieses Werk wurde 1953 vom Hilfsverein Aussig herausgegeben und erschien 1988 in einer unveränderten zweiten Auflage.[190] Bohmanns Darstellung prägte das Selbstverständnis der Aussiger bis in die späten 1980er Jahre – auch über seinen Tod im Jahr 1983 hinaus. Sein Werk wies eine starke nationale Färbung auf: Bohmann betrachtete die Entwicklung der Stadt nach Entstehung der Ersten Tschechoslowakischen Republik als Abkehr von der »deutschen Romantik vergangener Tage«, an deren Stelle ein »volksfremder Realismus im Bau der Staustufe unmittelbar am Fuß des Schreckensteins, des Wahrzeichens Aussigs und der sudetendeutschen Elbtalheimat« trat.[191] Seine Darstellung endete mit der Geschichte der Zwangsaussiedlung in den 1940er Jahren, was dem klassischen

---

vom Juni 1960, 3.

187 Die Aussiger rechneten mit einer tschechischen Übersetzung des Werkes. *Kralowetz*, Karl Heinz, 7.8.2013 in München, Interview geführt von Frauke Wetzel.

188 Občasník Klubu historiků při Odborovém domě kultury pracujících, 7.

189 *Körner*: Bílá místa v ústecké české historii, 5.

190 Der Hilfsverein Aussig e. V. wurde 1948 von Franz Gierschik, Josef Hegenbarth und Otto Klimpt gegründet. Der Hilfsverein war auch Herausgeber des »Aussiger Boten«. Hauptaufgaben seit der Gründung 1948 waren die Suche nach Vermissten, die Aufrechterhaltung einer Verbindung zwischen den Aussigern und die Eingliederung in die neuen Wohnorte. 1998 änderte der Verein seine Satzung, wobei der »Erhalt der heimatlichen Tradition und Kultur« in den Vordergrund rückte. Siehe *Gierschik*, Heinz: Zur neuen Satzung. In: Aussiger Bote vom Januar 1999, 3.

191 *Bohmann*, Alfred: Aussig. Stadt und Land. Eine Sammlung von Bildern aus der Geschichte

Endpunkt im Geschichtsverständnis der Aussiger entsprach: Das Narrativ schloss entweder mit dem Aussiger Massaker vom Juli 1945 oder mit der Zwangsaussiedlung, die auch meist das eigene Erleben der Autoren in der Stadt beendete.

Im Vorwort seines Buches unterstrich Bohmann seine Absicht, das »alte Bild« von Aussig in Erinnerung zu bringen: »Das Buch soll dazu beitragen, die Erinnerung an unsere unvergessene Heimat wachzuhalten und das Gefühl landsmannschaftlicher Zusammengehörigkeit zu vermitteln«, um eine Verbundenheit mit der politischen Vertretung, der Landsmannschaft, zu schaffen.[192] Für seine Hauptleserschaft, die Zwangsausgesiedelten, schien ihm das auch gelungen zu sein. So hieß es 1954 in einer Rezension im Volksbote München über das Buch: »Seine Lektüre und die Betrachtung der Bilder erfüllt jeden Leser mit Stolz und mit der sicheren Hoffnung, daß das Lebenswerk vieler Generationen nicht dauernd verloren sein kann.«[193]

Auch bei den Lesern fand Bohmanns Buch großen Anklang, da es vor allem Bilder aus Aussig zeigte, die »manche Teile unserer Heimat, welche schon langsam in der Erinnerung zu verblassen anfingen, wieder ganz lebendig vor Augen führen«.[194]

Bohmann selbst wurde 1906 geboren und war seit 1924 ›Wahl-Aussiger‹. Zuvor hatte er in Prag den »Wahlruf« der sudetendeutschen Partei redigiert und war beim »Sudetendeutschen Presse-Brief« politisch tätig gewesen. Nach 1945 arbeitete Bohmann als »Experte für bevölkerungswissenschaftliche und siedlungsgeschichtliche Forschung« beim Statistischen Bundesamt und später beim Auswärtigen Amt. Seine Ansichten und politischen Meinungen wirkten somit über den Kreis der Aussiger hinaus und flossen auch in die aktive Politik ein.

Ein weiterer Autor, der das Bild Nordböhmens und des Bezirks Ústí über vierzig Jahre lang prägte, war Rudolf Hemmerle. Als Herausgeber des Mitteilungsblattes des Sudetendeutschen Archivs veröffentlichte er ausschließlich heimatbezogene Literatur, vor allem über das ›Sudetenland‹. Im Jahr 1980 erschien sein Bildband »Heimat Nordböhmen«, dessen Vorwort eine Mischung aus Landschaftsliebe, Heimatverbundenheit und politischer Forderung spiegelte:

---

und der Landschaft der alten Heimat. Erstauflage 1953. München 1988, 36. Die erwähnte Staustufe wurde 1936 zum Thema einer sudetendeutschen Beschwerde an den Völkerbund. Darin kritisierten die Verfasser die ungerechte Aufteilung der diesbezüglichen Bauarbeiten, die zu 95 % von Tschechischsprachigen ausgeführt wurden. Siehe *Hoffmann*, Roland J./*Harasko*, Alois (Hg.): Odsun – die Vertreibung der Sudetendeutschen. Dokumentation zu Ursachen, Planung und Realisierung einer »ethnischen Säuberung« in der Mitte Europas, 1848/49–1945/46. München 2000, 666.

[192] *Bohmann*: Aussig, 9.
[193] Wie urteilt die Presse? In: Aussiger Bote vom Januar 1954, 24.
[194] *Bohmann*: Aussig, 55.

Wie in einem Panorama zieht in Bildern und Texten eine Landschaft vorüber, die mehr als einer Millionen Menschen einmal Heimat war. Solange diese Menschen leben, werden sie an ihr hängen, sie als unvergeßlich bezeichnen und als ihr schönstes Stück Erde betrachten. Heimat ist keineswegs Ausdruck der Rührseligkeit: sie ist unser Herkommen, Voraussetzung für unser Werden und Sein, Teil unseres Selbst. Niemand ist berechtigt, einem anderen die Heimat zu rauben. Wem sie entrissen wurde, der hat die Pflicht, das Heimatrecht für sich zu fordern.[195]

Hemmerle betonte auch das Gemeinsame der nordböhmischen Zwangsausgesiedelten und versuchte dies zu formen:

Heimat war den Sudetendeutschen stets Bekenntnis: zu dem Gemeinsamen, das sie an alle Deutschen jenseits der Grenzen band. Sie, die dem Rufe der böhmischen Könige gefolgt und in die böhmischen Länder gekommen waren, stützte dieses Bewußtsein bei der Arbeit und in der Not. Es war eine große Aufgabe, im Herzland Europas materielle und geistige Kultur zu schaffen. Keiner konnte in diesem anfangs fremden Land seinem Schicksal entkommen. Harte Arbeit war nötig, um Boden unter den Füßen zu gewinnen, um das Gewonnene für sich und für die Nachkommen zu erhalten.[196]

Hemmerle argumentierte, dass die Deutschen zuerst auf dem Gebiet von Ústí gesiedelt und durch die Bearbeitung des Bodens einen legitimen Anspruch darauf erworben hätten. Den anderen Einwohnern dagegen sprach er eine eigene Kulturleistung ab.

Über das alte Aussig vor 1945 schrieb Hemmerle sehr positiv: Die Bauten und Einrichtungen seien »mustergültig« gewesen. Der wirtschaftliche Aufschwung der Stadt erfüllte ihn mit Stolz.[197] Ebenso hob er die landschaftlichen Vorzüge des Ortes hervor: »Aussig, im anmutigen Durchbruchstal der Elbe gelegen.« Hemmerle betonte das Nebeneinander der verschiedenen Nationen, Ethnien und Religionen, ohne auf deren Konflikte einzugehen. Wie in allen Heimatbüchern fand der Nationalsozialismus *quasi* nicht statt, auf die Verfolgung und Ermordung von Minderheiten und Andersdenkenden ging Hemmerle mit keinem Wort ein.[198]

Nur wenige der zwangsausgesiedelten Aussiger reisten nach 1945 in die alte Heimat zurück und reflektierten in ihren Schriften die neue Stadt. Eine von

---

[195] *Hemmerle*, Rudolf: Heimat Nordböhmen. Regierungsbezirk Aussig. Mannheim 1980, 5.
[196] *Ebenda*.
[197] *Ebenda*, 93 f.
[198] Siehe hierzu auch die Analysen von Heimatbüchern, auch der Sudetendeutschen: *Faehndrich*: Eine endliche Geschichte sowie *Beer*: Das Heimatbuch. Faehndrich definierte das »Heimatbuch« zunächst als »von Einheimischen für Einheimische« gemachte Werke mit dem Spezifikum der Laienautorenschaft. Das Heimatbuch als »zentrales Medium regionenbezogener Identifikation« bezieht sich in der Regel auf sehr kleine Räume, Städte, einzelne Ortschaften oder kleine Landstriche. Faehndrich konstatiert, dass die Heimatbücher zum Verständnis der Vertriebenen beitrugen und authentisch deren Inhalte wiedergäben, also fast einer Oral-History-Erzählung gleichkämen. Die Heimatbücher enthielten somit das kulturelle Gedächtnis der Gruppe der Vertriebenen. Siehe *Faehndrich*: Eine endliche Geschichte, 7 und 13.

ihnen war Gerda Eckelt, die in ihrem Buch auch auf die neue Geschichtsschreibung und ihre museale Darstellung eingeht. Auf ihrer ersten Reise nach Ústí im Jahr 1975 besuchte sie eine Ausstellung des Stadtmuseums, die im Gebäude ihrer früheren Schule präsentiert wurde, und schrieb dazu:

Mit Entzücken sahen wir Bilder und Fotos von Bekannten. Man muß sagen, daß man sich bemüht hatte, geschichtlich nichts zu verfälschen. Neben Bildmaterial waren Räume mit Inventar von anno dazumal zu besichtigen, Gebrauchsgegenstände, die heute schon vergessen sind, mit großer Sorgfalt nachgestaltet. Von dem wirklich einmaligen Fotomaterial des alten Aussig will ich gar nicht erst berichten. Alles war aber da. Plakate zeigten historisches Geschehen inklusive der reichsdeutschen Okkupation. Mit Kriegsende 1945 brachen jedoch die Darstellungen abrupt ab. Daß die Menschen, die zu solcher Blüte der Stadt vor allem beigetragen hatten, verjagt wurden, davon fehlte jegliche Spur. Wie hätte es auch anders sein können! Das wäre kein Ruhmesblatt in der Stadtgeschichte gewesen. Sonst aber höchste Anerkennung für diese prächtige Ausstellung![199]

Sudetendeutsche Museen

Im Oktober 2020 fanden Gedenken und Erinnerung bei den Aussigern Eingang in ein Museum. Da das Museum aufgrund der Covid-19-Pandemie zunächst für den Publikumsverkehr geschlossen bleiben musste, konnte bisher noch nicht untersucht werden, wie die Ausstellung auf die Betroffenen wirkt.

Die Stiftung Flucht, Vertreibung, Versöhnung befindet sich nach wie vor in der Aufbauphase ihres Museums in Berlin, das als kollektiver Erinnerungsort aller Vertriebenen angelegt ist. Es soll die Vertreibungen im 20. Jahrhundert allgemein thematisieren, allerdings mit einem Schwerpunkt auf den deutschen Vertreibungsopfern, zu denen auch die Sudetendeutschen gehören.[200]

Das seit 2011 geplante Sudetendeutsche Museum in München hingegen will das Zusammenleben von Deutsch- und Tschechischsprachigen vor Flucht und Zwangsmigration betonen.[201] Hauptgeldgeber des Sudetendeutschen Museums ist das Bayerische Sozialministerium. Dieses hat von Anbeginn der Planungen ein Museum mit Begegnungscharakter gefordert. Diese Absicht wurde

---

[199] *Eckelt*, Gerda: Wo ist mein Heim, mein Vaterland. Ústí nad Labem 1997, 219.

[200] Zur Konzeption der Stiftung und der geplanten Ausstellung siehe das Stiftungskonzept Konzeption für die Arbeit der Stiftung Flucht, Vertreibung, Versöhnung und Leitlinien für die geplante Dauerausstellung von 2012. In: Deutsches Historisches Museum, URL: http://www.dhm.de/sfvv/docs/Konzeption Prozent20SFVV.pdf (am 2.9.2012).
Den Weg zur Konzeption und deren Schwerpunktsetzung untersuchte Tim Völkering in mehreren Aufsätzen, siehe beispielsweise *Völkering*: Forum. Vertreibungen ausstellen.

[201] Siehe hierzu auch den Aufsatz der Konzept-Verfasserin Marita Krauss: *Krauss*, Marita: Grenze, Migration, Heimat. Erinnerungskultur und Lebensläufe – ein landesgeschichtliches Experiment. In: *Krauss/Scholl-Schneider/Fassl* (Hg.): Erinnerungskultur und Lebensläufe, 12–20.

aber belastet durch Polemiken zwischen tschechischen und (sudeten-)deutschen Medien und Politikern.[202]

Das Museumsprojekt schien anfangs lediglich dem eigenen, dem Bild der Zwangsausgesiedelten zu dienen und niemandem darüber hinaus. Dies änderte sich mit dem Amtsantritt von Elisabeth Fendl, der Gründungsbeauftragten und ersten Kuratorin, die nicht aus einer sudetendeutschen Einrichtung stammte, aber dennoch über viel Erfahrung im Umgang mit der deutsch-tschechischen Geschichte und den Zwangsausgesiedelten verfügt.[203] Die von der renommierten Ethnologin erarbeitete Ausstellung soll auf 1.200 Quadratmetern sowohl die Zeit- und Politikgeschichte wie auch die Alltags- und Sozialgeschichte der Deutschen in Böhmen darstellen. Das Ausstellungskonzept präsentierte Fendl 2014 auf dem Sudetendeutschen Tag in Augsburg.[204] Die ›Heimat‹ ist dabei der zentrale Begriff, der durch die in drei Teile geteilte Ausstellung führen wird. Im dritten Teil, so die Konzeption von Fendl, ist der Begriff Heimat mit einem Fragezeichen versehen – hier soll das Leben und Ankommen der Zwangsausgesiedelten im Westen beleuchtet werden.[205] Die Zwangsausgesiedelten, die in die SBZ beziehungsweise die DDR kamen, spielen hier keine Rolle, vermutlich weil das Land Bayern der Hauptfinancier des Museums ist und dadurch eine westdeutsche Sicht vorherrscht.

Fendl hegte den Wunsch, mit dem Sudetendeutschen Museum nicht nur die Betroffenen, sondern auch andere Gruppen anzusprechen. Das von der Sudetendeutschen Stiftung geplante Museumsprojekt, das bis 2018 fertig gestellt werden sollte, aber auf Grund von Klimaschwierigkeiten verzögert fertiggestellt wurde, steht jedoch der Bezugsgruppe, den Sudetendeutschen und deren politischen Arm, der Landsmannschaft, personell und damit auch inhaltlich sehr nahe. Das Museum wird als »Lückenschließer« für die zwangsausgesiedelten Sudetendeutschen zur »verlorenen Heimat« verstanden.[206] Elisabeth Fendl beendete ihre Tätigkeit für das Museum 2016.

---

[202] *Harderthauer*, Christine: Pressemitteilung 828.12 vom 21.12.2012. In: Bayerisches Staatsministerium für Arbeit und Soziales, Familie und Integration, URL: http://www.stmas.bayern.de/presse/pm1212-828.php (am 25.6.2014).

[203] Fendl erarbeitete u. a. die Ausstellung im Egerland-Museum in Marktredwitz und war wissenschaftliche Mitarbeiterin des Johann-Künzig-Instituts in Freiburg/Breisgau, seit dem 1.8.2013 umbenannt in Institut für Volkskunde der Deutschen des östlichen Europa.

[204] *Mayr*, Stefan: Sudetendeutsches Museum – Multimedia-Schau statt Puppen, 10.6.2014. In: Süddeutsche Zeitung, URL: http://www.sueddeutsche.de/muenchen/sudetendeutsches-museum-multimedia-schau-statt-puppenstuben-romantik-1.1992238 (am 25.6.2014).

[205] *Ebenda.*

[206] *Zimmermann*, Marco: »Schwerpunkt liegt auf dem Zusammenleben«. Das geplante Sudetendeutsche Museum in München, vom 15.9.2011. In: Radio Prag, URL: http://www.radio.cz/de/rubrik/tagesecho/schwerpunkt-liegt-auf-dem-zusammenleben-das-geplante-sudetendeutsche-museum-in-muenchen (am 25.6.2014). Dem geplanten Museum des Collegium Bohemicum über die Deutschen in den böhmischen Ländern dagegen wird zugesprochen, die »Lücke, diesen weißen Fleck im nationalen Selbstverständnis« füllen zu wollen.

Die Ausstellung des Sudetendeutschen Museums besteht zu einem großen Teil aus Zeitzeugenaussagen, wobei die Sicht der Aussiger ebenfalls vertreten ist. Dennoch legt das neue Museum die Aufarbeitung und Geschichtsdarstellung in die Hand der Wissenschaft, wenngleich diese unter strenger Beobachtung der Bezugsgruppe steht. Siebzig Jahre nach Ende des Zweiten Weltkrieges und dem Beginn der Zwangsaussiedlungen wollen die letzten Vertreter der Erlebnisgeneration mit der Ausstellung in München das Fortleben ihrer Erinnerung sichern. Es soll ein Erinnerungsort geschaffen werden, der an den nicht mehr existenten physischen Ort erinnern soll. Die Erinnerung wird frei, weil auch die Erinnerungsgemeinschaft bald nicht mehr existieren wird. Bevor es endgültig dazu kommt, soll die Deutung der Aussiger beziehungsweise der Sudetendeutschen in einer Ausstellung festgehalten werden.[207]

Im Oktober 2020 wurde das Museum eröffnet. Bernd Posselt, der Sprecher der Sudetendeutschen Volksgruppe sagte bei der Eröffnung: »Unser Gedächtnis ist hier in diesem Museum festgehalten, aber es gibt uns auch Orientierung.«[208]

5. Ausblick: Geschichtsschreibung in Ústí nach 1989

Ústí nad Labem als »Hauptstadt der tschechisch-deutschen Beziehungen«

Obwohl sich die Aussiger und die heutigen Einwohner von Ústí nad Labem bereits lange Zeit beobachteten, Bezug auf die Schriften der jeweils anderen nahmen und einander auch persönlich begegneten, konnte erst nach 1989 ein offener Dialog zwischen ihnen entstehen. Beide Gruppen konnten nun direkt und öffentlich aufeinander reagieren. Die Kontakte zwischen Deutschen und Tschechen wurden spürbar unproblematischer und so kamen vermehrt Aussiger, die in der BRD lebten, zu Forschungszwecken in das Stadtarchiv. Sie waren in der Stadt als Besucher und Akteure wahrnehmbar. Daher werden die beiden Seiten in diesem Abschnitt gemeinsam betrachtet: Welche Geschichten wurden dabei wiederbelebt und gepflegt, welche veränderten sich unter den Voraussetzungen des nun möglich gewordenen Dialogs?

Ohne die 1989 erlangte politische Freiheit schmälern zu wollen, sei auch auf die zeitliche Dimension verwiesen: Die Zeit gab den nach 1945 in Ústí Geborenen eine stärkere Bindung an den Ort, während aufseiten der Aussiger nun diejenigen am Dialog teilnahmen, die als Kinder in Aussig gelebt hatten

---

[207] Wie dieses deutsche bzw. bayerische Projekt mit der geplanten Ausstellung des Collegium Bohemicum in Ústí nad Labem korrespondiert, wird in Kapitel 6.5.4 beschrieben.

[208] *Anlauf*, Thomas: Erinnerung an Bayerns »vierter Stamm«, vom 12.10.2020. In: Süddeutsche Zeitung, URL: https://www.sueddeutsche.de/muenchen/muenchen-sudetendeutsches-museum-eroeffnung-1.5063418 (am 25.12.2020).

beziehungsweise erst in der neuen Heimat geboren worden waren und mit einem gewissen Abstand auf die Vergangenheit blickten.[209]

In den nach 1989 geschaffenen Geschichtserzählungen wurde die Erinnerung an Ústí als Stadt zweier Sprachgruppen zum zentralen Motiv. Zdeněk Radvanovský bezeichnete Ústí sogar als »Hauptstadt der tschechisch-deutschen Beziehungen«.[210] Für die Tschechen waren in Bezug auf deutsch-tschechische Themen vor allem drei Motive von Bedeutung: Zum ersten waren sie bestrebt, die Stadt in ihrem unzerstörten Zustand wiederaufersteben zu lassen. Das zweite Motiv lag in dem Wunsch, das gegenwärtige Äußere der Stadt besser verstehen zu können. Das dritte Motiv war die Einordnung der industriellen Erfolgsgeschichte der Stadt in die Gesamtgeschichte, wobei auch die deutschsprachigen Industriellen zum Geschichtskanon der Stadt gezählt werden sollten.

Auch das tragische Ende dieses deutsch-tschechischen Zusammenlebens wurde nun in Wissenschaft und Medien behandelt.[211] Das Thema der Zwangsmigrationen gehörte seit den 1990er Jahren zum Erinnerungskanon der tschechischen Bevölkerung.[212] Im Blickpunkt stand dabei jedoch nicht der Leidensweg der Deutschsprachigen, sondern das vorherige Zusammenleben, das Bild der alten Stadt oder auch des eigenen Hauses. Innerhalb Deutschlands dagegen war es gerade die Erinnerung an Flucht und Vertreibung, die integrativ wirkte und als ›nationale Erinnerungsressource‹ fungierte – jedoch nach wie vor trennend in Bezug auf Deutschland und seine östlichen Nachbarn.[213]

Die Mitarbeiter des Museums, des Archivs und der Universität in Ústí nad Labem gehörten zu den wichtigsten Akteuren der Thematisierung der deutsch-tschechischen Vergangenheit. Zum einen sahen sie in ihrer Forschungs- und Publikationstätigkeit einen Beitrag für die Identitätssuche der Einwohner von Ústí. Zum anderen knüpften Museums- und Archivmitarbeiter als Erste Beziehungen zu den ehemaligen deutschsprachigen Stadtbewohnern beziehungsweise begegneten ihnen bei deren Recherche in der alten Heimat. Mit ihren

---

209 Die konfliktreiche Geschichte der deutsch-tschechischen Beziehungen wird nicht mehr von der Erlebnisgeneration geschrieben. Daher sei sie, so Křen, historisiert und weniger emotional betrachtet; *Křen*, Jan: Tschechen, Deutsche, Vertreibung – Übereinstimmung und Streitigkeiten. In: *Maier*, Robert (Hg.): Tschechen, Deutsche und der Zweite Weltkrieg. Von der Schwierigkeit geschichtlicher Erfahrung und der Schwierigkeit ihrer Aufarbeitung. Hannover 1997, 9–22, hier 21 f.

210 Radvanovský prägte diesen Titel auf der Konferenz »Vertreibung der Deutschen aus der Tschechoslowakei – 65 Jahre danach« am 29. November 2011, die die J. E. Purkyně-Universität zusammen mit Abgeordneten des Europäischen Parlamentes veranstaltete.

211 Siehe hierzu unter anderem *Kunštát/Kopeček*: Die Zwangsumsiedlung der Sudetendeutschen, 63.

212 *Ebenda*, 139–164.

213 Das Interesse an einer multikulturellen Vergangenheit des eigenen Landes hat die Vertreibungsdebatten in Polen und Tschechien entscheidend verändert. Siehe *Kraft*: Erinnerung im Zentrum und an der Peripherie.

öffentlichen Äußerungen wollten sie den Graben zwischen den früheren und ehemaligen Einwohnern überbrücken.[214]

Die Erinnerung an die verschwundene jüdische Kultur kehrte gemeinsam mit der Erinnerung an die Deutschsprachigen zurück. So thematisierte Václav Houfek:»den Verlust der historischen Identität im Zuge des Verschwindens der jüdischen Kultur während der deutschen Okkupation, der deutschen Kultur in Folge der Vertreibung, der christlichen Kultur in Folge der kommunistischen antiklerikalen Politik«.[215]

Im Jahr 1995 brachten mehrere städtische Institutionen den Sammelband »Dějiny města Ústí nad Labem« (Geschichte der Stadt Ústí nad Labem) heraus. Das Buch verfolgt einen multiperspektivischen Ansatz und stellt bis heute den einzigen Gesamtüberblick über die Stadtgeschichte dar. Seine Autoren stammten aus Tschechien, Deutschland und Österreich. Der Band war unter den Einwohnern von Ústí sehr beliebt und schnell ausverkauft, liegt aber digital zugänglich vor.[216]

Auch die Stadtverwaltung selbst engagierte sich im Erinnerungsdiskurs, vor allem durch die Errichtung von Denkmälern für die jüdischen und deutschen Opfer des Zweiten Weltkrieges.[217]

Exkurs: Kristina und Vladimír Kaiser

Kristina und Vladimír Kaiser sind zwei sehr präsente Akteure des Geschichtsdiskurses in Ústí nad Labem. Sie engagierten sich in der regionalen Geschichtsforschung und deren Vermittlung an die Einwohner wie auch in der Vermittlung zwischen den ehemaligen und den neuen Einwohnern der Stadt.

Der in Tschechien lebende Schweizer Historiker Adrian Portmann (bis 2011 Adrian von Arburg) unterschied die Akteure im Vertreibungsdiskurs in zwei Idealtypen: Der erste Typus ist der Geschichtsmanager, der Tagungen und Publikationen bestimmt. Problematisch sei, so Portmann, dass solche Manager zusehends auch befugt wurden, Schlüsselaspekte der ›sudetendeutschen Frage‹ zu interpretieren. Der zweite Typus sei der Grundlagenforscher, der überwiegend in der Provinz arbeite, so beispielsweise in den Archiven in Ústí, Opava oder Liberec.[218] Überträgt man diese Einteilung auf den deutsch-tschechischen Geschichtsdiskurs im Allgemeinen, so vereinten Kristina und Vladimír Kaiser

---

[214] *Houfek*: Regionální dějiny a veřejnost, 89.
[215] *Ebenda.*
[216] Das Buch ist komplett und kostenfrei online einsehbar: *Kaiserová*, Kristina/*Kaiser*, Vladimír (Hg.): Dějiny města Ústí nad Labem [Die Geschichte der Stadt Ústí nad Labem], URL: http://www.usti-nl.cz/dejiny/ (am 8.1.2015).
[217] Mehr zum jüdischen Denkmal, dem Denkmal für die Bombardierung 1945 und der Gedenkplatte für das Aussiger Massaker in Kapitel IV.7.
[218] *Arburg*, Adrian von: Breiter Diskurs auf dünnem Eis. Tschechische Historiker und die Vertreibung der Deutschen seit 1990. In: *Haslinger/Franzen/Schulze Wessel* (Hg.): Diskurse über Zwangsmigrationen in Zentraleuropa, 195–216.

bei ihrer Tätigkeit in Ústí beide Rollen – die des Geschichtsmanagers und die des Grundlagenforschers. Sie forschten selbst beziehungsweise ermöglichten Forschung und brachten diese immer wieder in die breite Öffentlichkeit.

So gründete Kristina Kaiserová 1991 das Institut für slawisch-germanische Studien (Ústav slovansko-germánských studií) der Universität Ústí nad Labem. Es bildet einen wichtigen Katalysator auf institutioneller Ebene und agiert als Forschungs-, Koordinierungs- und Informationszentrum mit Schwerpunkt auf der Geschichte und Kultur der ›böhmischen Deutschen‹ und den deutsch-tschechischen Beziehungen. Die Institutsgründung zeigt, dass die Institutionalisierung der Verständigung im regionalen Raum schneller möglich war als in Prag oder in der Politik: So wurde der erste binationale Vertrag zwischen der Bundesrepublik und der demokratischen Tschechoslowakei erst 1992 geschlossen.

Als Gründerin und Direktorin des Instituts wirkte Kristina Kaiserová in die Wissenschaft hinein. So entstanden aus den vom Institut organisierten wissenschaftlichen Konferenzen und Kolloquien mehrere Sammelbände mit Beiträgen von Nachwuchsforschern und etablierten Wissenschaftlern.[219] Darüber hinaus bemühte sich Kaiserová seit 1991 auch um eine ganz praktische deutsch-tschechische Beziehungspflege. So wird seit 1992 einmal jährlich in Zusammenarbeit mit der Ackermann-Gemeinde das sogenannte Colloquia Ustensia organisiert. Hierbei lernen rund vierzig ›ehemalige Landsleute‹, wie Kaiserová sie liebevoll nennt, am Vormittag Tschechisch; an den Nachmittagen machen sie Ausflüge und besuchen Vorträge über die Kultur und Geschichte der Region. Daneben erarbeitete Kristina Kaiserová zusammen mit sächsischen Partnern Schulmaterialien auf Deutsch und Tschechisch über die Grenzbeziehungen zwischen Sachsen und Nordböhmen.[220]

Kaiserovás Engagement wurde auch von Fachkollegen gewürdigt. Sie ist seit 1999 Mitglied der Deutsch-Tschechischen Historikerkommission, die bereits 1990 als Deutsch-Tschechoslowakische Historikerkommission gegründet wurde.[221] Die Kommission bemühte sich um die Schließung wissenschaftlicher

---

[219] Čechy a Sasko v proměnách dějin/Sachsen und Böhmen im Wandel der Geschichte. Sborník příspěvků z konference/Sammelband der Konferenzbeiträge. Ústí nad Labem 1993; Die böhmischen Länder in der deutschen Geschichtsschreibung seit dem Jahre 1848. Teil I: Vorträge des 2. Aussiger Kolloquiums des Instituts für slawisch-germanische Forschung der J. E. Purkyně-Universität in Aussig und des Archivs der Akademie der Wissenschaften der Tschechischen Republik in Prag. Ústí nad Labem 1996; *Radvanovský*, Zdeněk: Zur Vertreibung und Aussiedlung der Sudetendeutschen aus dem Grenzgebiet Nordwestböhmens in die Sowjetische Besatzungszone Deutschlands in den Jahren 1945–1946. Ústí nad Labem 1993.

[220] *Kaiserová*, Kristina/*Schmitz*, Walter (Hg.): Sächsisch-Böhmische Beziehungen im Wandel der Zeit/Česko-saské vztahy v proměnách času. Dresden 2013.

[221] Die Historikerkommission wurde auf Initiative der Außenminister Jiří Dienstbier und Hans-Dietrich Genscher gegründet. Obwohl dies nie ihr offizieller Auftrag war, musste die Historikerkommission häufig eingreifen, wenn die Geschichte politisch instrumenta-

Leerstellen, vor allem durch die Finanzierung von Forschungsprojekten und die Veröffentlichung von Daten und Studien, die Deutschen und Tschechen einen in beiden Ländern gültigen Konsens vermitteln. Bekannte Beispiele hierfür sind die Opferzahlen der Zwangsaussiedlungen oder der gemeinsam erarbeitete Sprachmodus über die Zwangsmigrationen.

Eine ähnliche Grundlagenforschung, wie sie die Historikerkommission auf nationaler beziehungsweise binationaler Ebene betrieb, verfolgte Vladimír Kaiser auf der regionalen Ebene. Seine Forschungsarbeit über das Aussiger Massaker, die hier bereits Erwähnung fand, vereinte die deutsche und die tschechische Sicht auf dieses Ereignis und beendete die lange Ära der diesbezüglichen Spekulationen und Manipulationen.[222] Kaiser äußerte sich ab 1989 öffentlich, in Medien und Vorträgen, über die Zwangsaussiedlung, weswegen er einigen Einwohnern von Ústí als Störenfried galt. Der Historiker Kaiser war den meisten Tschechen gedanklich weit voraus.[223] Dies zeigte sich auch in einem der ersten landesweiten Artikel, der auf einem Interview mit Kaiser beruhte. Zehn Monate vor der so genannten Samtenen Revolution erschien ein Artikel in der kommunistischen »Práce« mit dem Titel »Der Abschub war nicht samten«.[224] Er hatte bereits in den 1980er Jahren Kontakte zu den ehemaligen Einwohnern der Stadt gepflegt, so auch zu Lore Schretzenmayr. Dabei entstand ein Austausch auf der Sachebene, über den sich Kaiser freute und wunderte: »Sie half, obwohl sie Sudetendeutsche war« und das bereits seit 1986, mit ihrem Wissen von Aussig und Plänen aus dieser Zeit.[225]

---

lisiert wurde. Beispiele hierfür waren die Erklärung »Versöhnung 1995«, Präsident Havels Rede vom Februar 1995, die Situation vor den tschechischen Wahlen 2002 mit den sehr aufgeladenen Äußerungen deutscher, österreichischer und deutscher Politiker, Miloš Zemans Besuch in Israel sowie das österreichische Anti-Temelín-Begehren. Die Kommission wandte sich zudem mit einer Erklärung gegen den Missbrauch historischer Argumente in der politischen Diskussion bzw. gegen die Reduzierung der deutsch-tschechischen Beziehungen auf die Beneš-Dekrete.

[222] Siehe auch Kapitel IV.7 Abschnitt »Umgang mit den kommunistischen Meistererzählungen«.

[223] Nach der politischen Wende publizierten viele tschechoslowakische Historiker aus dem Samizdat oder Exil ihre Forschungsarbeiten zum deutsch-tschechischen Verhältnis. Auch die Politik reagierte schnell: Am 23. Dezember 1989, wenige Tage vor seinem offiziellen Amtsantritt als Staatspräsident, entschuldigte sich Havel bei den Deutschen für die erlittene Zwangsaussiedlung und die ungerechte Behandlung. Seine Entschuldigung kam für viele Tschechen zu früh, hatten sie doch nicht die Debatten im Untergrund verfolgt. Nicht alle Einwohner Tschechiens bzw. der Tschechoslowakei waren Havels Meinung. Siehe *Witte*, Michaela: Entfremdung – Sprachlosigkeit – Aussöhnung? Deutsch-tschechische Verständigungsprobleme in der Vertreibungsfrage (vyhnání a odsun) der Sudetendeutschen im Spiegel ausgewählter deutscher und tschechischer Presseorgane 1984–1997. Norderstedt 2002, 90.

[224] *Pyšová*, Jarmila: Odsun nebyl sametový. In: Práce vom 12.1.1989. Eine weitere Aussigerin, die schon früh Kontakt nach Ústí aufnahm und auch Tschechisch sprach, war Johanna von Herzogenberg, die langjährige Vorsitzende des Adalbert-Stifter-Vereins.

[225] *Ebenda.* Eine weitere Aussigerin, die schon früh Kontakt nach Ústí aufnahm und auch

Kaisers Forschungen zu bislang vernachlässigten Themen oder Personen wurden fast immer von Konferenzen, Denkmalaufstellungen[226] oder sogar Theaterstücken begleitet.[227] Diese Aktionen waren Ergebnis einer guten Vernetzung von Geschichts-, Museums- und Theatermachern. Die Historiker verloren dabei jedoch nicht die Deutungshoheit über die Geschichte, sondern gaben vielmehr ihr Expertenwissen weiter und verbreiteten es über die Kultur.[228] Als Kaiser im August 2017 nach 34-jähriger Tätigkeit im Archiv Ústí nad Labem in den Ruhestand ging, widmete ihm die Sächsische Zeitung einen eigenen Artikel. Steffen Neumann schrieb hier: »Die Suche nach den Vorfahren oder Spuren des eigenen Lebens in den Sudeten war für viele Sudetendeutsche und ihre Nachkommen lange Jahre mit einem Namen verbunden: Vladimír Kaiser.«[229]

Deutscher Widerstand und Roma: bleibende Leerstellen im Erinnern?

Wissenschaftler wie Kristina und Vladimír Kaiser, Institutionen wie das Collegium Bohemicum und viele weitere Akteure thematisierten nach 1989 mehrere der bislang vernachlässigten Punkte in der Geschichte der Grenzregion und von Ústí nad Labem im speziellen – aber eben nicht alle. Der Umgang mit diesen Leerstellen der Erinnerung, ihr Fortbestehen, ihre Inklusion in das Narrativ der Nachwendezeit und auch die Entstehung neuer Leerstellen werden im Folgenden besprochen.

Eine erste Leerstelle des Erinnerns betraf den deutschsprachigen Widerstand während der Okkupationszeit. Seinen Ruf als ›Hauptstadt der tschechisch-deutschen Beziehungen‹ erlangte Ústí auch mit Projekten wie der Dokumentation über die deutschsprachige Antifaschisten, die den Titel »Vergessene Helden« trug.[230] Hierfür stellte die Regierung Tschechiens rund eine Million Kronen

---

Tschechisch sprach, war Johanna von Herzogenberg, die langjährige Vorsitzende des Adalbert-Stifter-Vereins.

226 Zum Jüdischen Denkmal siehe Kapitel IV.7 Abschnitt »Denkmal-Boom 2005«, zur Gedenkplatte an der Beneš-Brücke »›Brücke der Versöhnung?‹ Annäherung, Konflikt und Kontinuität im Erinnern an das Aussiger Massaker«.

227 Ein Beispiel hierfür ist das Stück »32 Stunden zwischen Hund und Wolf« (32 hodin mezi psem a vlkem) aus dem Jahr 2010, das von den Nachkriegsereignissen in Nový Bor (Haida) im Zuge der Wilden Vertreibungen handelt. Weiterhin zu nennen sind die Inszenierungen der »Aussiger Superlative« (Ústecká Nej), ein Projekt des Museums, zu denen Geschichten über Marlene Dietrich und die deutschsprachigen Industriellen gehörten. Seit 2009 findet zudem das Sudetenfestival (Festival Sudety) statt.

228 In Polen dagegen hätten die Historiker die Diskurshoheit verloren, so Claudia Kraft. Vielmehr gingen deren Aufgaben nun über die reine Forschung hinaus: Sie sollen zu einer Geschichtspolitik beitragen. Siehe *Kraft*: Erinnerung im Zentrum und an der Peripherie, 61 f.

229 *Neumann*, Steffen: Der ewige Archivar geht. In: Sächsische Zeitung vom 1.9.2017, 14.

230 Offizieller Projekttitel: Dokumentation der Schicksale aktiver NS-Gegner, die nach dem zweiten Weltkrieg von den in der Tschechoslowakei angewendeten Maßnahmen gegen

zur Verfügung, um der historischen Forschung und den damit verbundenen Bildungsprojekten den Vorzug vor einer Entschädigungszahlung an die noch lebenden Betroffenen zu geben. Im Rahmen dieses Projekts wurden in Tschechien, Deutschland und weiteren Staaten Dutzende Zeitzeugeninterviews geführt, von denen Audio- und teilweise auch Videoaufzeichnungen angefertigt wurden. Parallel erfolgten umfangreiche Quellenstudien in tschechischen und ausländischen Archiven. Im Ergebnis entstand eine Datenbank deutscher NS-Gegner in der Tschechoslowakei. Zudem wurden aus Projektmitteln viele Publikationen, mehrere Dokumentarfilme, wissenschaftliche Konferenzen, Vorträge für die Öffentlichkeit und weitere Veranstaltungen gefördert. Das Museum Ústí nad Labem war einer der Projektverantwortlichen, hier wurden nach Abschluss des Projekts auch die ersten Publikationen, Ausstellungen und Aktionen im öffentlichen Raum organisiert.[231] An die ›vergessenen Helden‹ unter den Deutschsprachigen in der Tschechoslowakei wurde nun also in Ústí und in ganz Tschechien erinnert, diese Leerstelle wurde in das historische Narrativ inkludiert.

Eine weitere Leerstelle der Erinnerung in Ústí nad Labem war die Geschichte der Roma. Im Stadtarchiv befinden sich keinerlei Selbstzeugnisse dieser Bevölkerungsgruppe, lange gab es auch keine Zuhörer für die Erinnerung an ihre Geschichte. Die Roma waren seit 1945 in Ústí präsent, erhielten aber keine Stimme in der Stadt; sie wurden von Beginn an als ›Problem‹ betrachtet und wahrgenommen, sowohl von den Behörden als auch von den anderen Einwohnern. Während im Sozialismus noch vereinzelt an Widerstand und Verfolgung der Roma im Zweiten Weltkrieg erinnert worden war, hörten diese Veranstaltungen nach 1989 auf.[232]

---

die sogenannte feindliche Bevölkerung betroffen waren. Hauptträger und Projektdurchführer war das Institut für Zeitgeschichte der Akademie der Wissenschaften der Tschechischen Republik in enger Zusammenarbeit mit dem Museum der Stadt Ústí nad Labem (Aussig) und dem Nationalarchiv in Prag. URL: http://www.muzeumusti.cz/historie/projekty.aspx (am 16.1.2012, nicht mehr abrufbar am 22.11.2016).

[231] *Okurka*, Tomáš (Hg.): Zapomenutí hrdinové. Němečtí odpůrci nacismu v českých zemích/Vergessene Helden. Deutsche NS-Gegner in den böhmischen Ländern. Ústí nad Labem 2010.

[232] Die Erinnerung an die Lager in Lety und Hodonín war im ›Opferdiskurs der Tschechoslowakei‹ verstellt durch die Erinnerung an die politischen Häftlinge. Roma waren aber auch Mitglieder im Verband der antifaschistischen Kämpfer, wurden dort aber zur Gruppe der NS-Opfer allgemein gerechnet. Bubnová zitierte hierzu ein Interview mit dem Vorsitzenden des Komitees für die Entschädigung des Roma-Holocaust; *Kuttner Bubnová*, Václava: Die Sinti und Roma-Opfer des Nationalsozialismus als neuer Faktor tschechischer Erinnerungskultur. In: *Franzen/Schulze Wessel* (Hg.): Diskurse über Zwangsmigrationen, 152. Erste Veröffentlichungen zur Verfolgung der Roma sowie den Lagern Lety und Hodonín: *Bubeníčková*, Ružena/*Kubátová*, Ludmila/*Malá*, Irena: Tábory utrpení a smrti [Lager des Leidens und des Todes]. Praha 1969; *Nečas*, Ctibor: Cikánský tábor v Letech u Písku 1942–1943 [Das Zigeunerlager in Lety bei Písek 1942–1943]. In: Jiho-

Erst Mitte der 1990er Jahre fand ein Diskurswandel statt: Vertreter der Roma trugen diese Themen wieder vermehrt in die Öffentlichkeit und setzten ihre eigenen Opfer während des Nationalsozialismus mit den jüdischen Opfern des Holocaust gleich.[233] Schrittweise entstanden Initiativen, die auch die Nachkriegsgeschichte der Roma erforschten: Sie sammelten die Erinnerungen von Roma beziehungsweise unterstützten sie dabei, ihre Geschichte der Ansiedlung im tschechischen Landesteil nach 1945 zu erzählen und selbst aufzuschreiben. Von 2012 bis 2015 wurde das Projekt »Erinnerungen der Roma-Arbeiter« am Lehrstuhl für Soziologie der Sozialwissenschaftlichen Fakultät der Masaryk-Universität in Brno durchgeführt. Ziel war es, wichtige Spuren der Arbeitsmigration slowakischer Roma in den tschechischen Landesteil aufzeigen. Daraus entstand eine Ausstellung, die vor allem Geschichten aus Ostrava darstellte. Diese Ausstellung, »Khatar san?« (Woher kommen sie? Titel in Romanes), wurde im Frühling 2015 auf Initiative der Soziologiestudentin Barbora Matysová nach Ústí nad Labem geholt.[234] Die Ausstellung war dort zwei Monate zu sehen und im Rahmenprogramm wurden Roma aus der näheren Umgebung mit einbezogen. So gab es beispielsweise eine Diskussion mit Zeitzeugen aus Nordböhmen, darunter auch Jozef Miker und Michal David. Aus diesen Veranstaltungen heraus entwickelte sich eine enge Zusammenarbeit von Zeitzeugen und Wissenschaftlern, bei der sich zeigte, dass Michal David wichtige Ereignisse häufig schriftlich festhält und seine Geschichte auch online veröffentlichen möchte. Ein Ziel dieser Ausstellung war es, die Geschichte der Romnja in Tschechien und deren Migration aus der Slowakei insbesondere auch den Kindern der Roma-Communities zu vermitteln, da dieses Thema nicht zur hegemonialen Geschichtserzählung Tschechiens gehört und eine vergessene Geschichte ist. Eine weitere Initiative, die von Roma und Nicht-Roma gemeinsam gestartet wurde, beschäftigt sich mit der öffentlichen Erinnerung von Roma und der an ihnen begangenen Verbrechen. In diesem Sinne kämpft die Menschenrechtsorganisation Konexe aus Ústí nad Labem für ein würdiges Gedenken an das ehemalige Lager in Lety.[235] 2018 kaufte der Staat

---

český sborník historický 1 (1973), 42–47. Bis 1989 wurde dem Lager in Lety auch vonseiten der Roma kaum Aufmerksamkeit zuteil. Ein Grund hierfür war das Fehlen der Menschen, die daran erinnern konnten – nur wenige Roma hatten den Nationalsozialismus überlebt, zudem berichteten Zeitzeugen, dass sie Repressalien fürchteten, wenn sie sich zu dieser Opfergruppe bekannt hätten. *Pape*, Markus: A nikdo vám nebude věřit. Dokument o koncentračním táboře Lety u Písku [Und keiner wird euch glauben. Ein Dokument über das Konzentrationslager in Lety bei Písek]. Praha 1997.

[233] *Kuttner Bubnová*: Die Sinti und Roma, 152.

[234] *Sidiropulu Janků*, Kateřina (Hg.): Khatar San. Jak slovenští Romové přišli do českých zemí za prací a co se dělo potom/How Slovak Roma Came to the Czech Lands for Work and What Happened Next. Brno 2015. Der Ausstellungskatalog ist auch im Internet zugänglich: issue, URL: http://issuu.com/leperiben/docs/khatar_san_book (am 12.2.2016).

[235] In den Jahren 1972–1974 war auf Teilen des Geländes von Lety eine Schweinemastanlage installiert. Im Jahr 1970 hatten tschechoslowakische Roma versucht, an dieser Stelle ein Denkmal zu errichten. Siehe *Kuttner Bubnová*: Die Sinti und Roma, 155–156. Im Juli

das Gelände von der Schweinemastbetreibern ab und derzeit arbeiten verschiedene, vor allem Roma-Organisationen, daran, eine Bildungs- und Erinnerungsstätte zu errichten.

Zu einem nach 1989 vernachlässigtem Thema wurde die Arbeitergeschichte, die in der sozialistischen Tschechoslowakei überbetont worden war. Nun verlagerte sich der Interessensschwerpunkt auf die Geschichte der Industrie und der Industriellen in Ústí. Die führenden Fabrikbesitzer wie Ignatz Petschek oder Johann Schicht kehrten über Museumsprojekte wie die »Aussiger Superlative« in das historische Bewusstsein zurück – nicht vorrangig als Deutschsprachige, sondern vielmehr als erfolgreiche Industrielle, die der Stadt genutzt und zu ihrem Aufschwung beigetragen hatten.

Zanikláři: lokale Akteure decken Erinnerungsschichten auf

Verschwundene, zerstörte oder beschädigte Orte sind ein typisches Phänomen der tschechischen Grenzregion. Von der Natur eingenommen, überwachsen, ruinös liegen diese Orte, in denen bis zum Zweiten Weltkrieg überwiegend Deutschsprachige lebten, in der heutigen Landschaft. Diese Orte beziehungsweise Nicht-Orte[236] verdeutlichen die Vergangenheitsschichten, die sich in die Landschaft eingeschrieben haben. Sie zeugen von der deutsch-tschechischen Vergangenheit und dem Umgang mit dieser in der sozialistischen Tschechoslowakei. Dies ist eine Entwicklung, die in der Tschechischen Republik insgesamt mehr Aufmerksamkeit erhielt und durch deutsch-tschechische Finanzierungsmöglichkeiten gefördert wurde.[237] Die hier erwähnten Projekte und Initiativen sind ausschließlich aus der Ústí nad Labem selbst erwachsen. Meist haben sie keine überregionale oder gar internationale Aufmerksamkeit.

Nach der Samtenen Revolution wurden diese Orte zu Zielen einer neuen Ausflugskultur. Das Schauspielhaus und der Kulturort »Hraničář« im Zentrum von Ústí nad Labem begannen in den 1990er Jahren, regelmäßige Wanderungen zu verschwundenen Regionen und Dörfern in der näheren Umgebung anzubieten. Bei diesen sogenannten Hraničář-Expeditionen (Hraničářské výpravy) beziehungsweise zuvor im Rahmen des vom Schauspielhaus veranstalteten Festival Sudety erklärten junge Historiker und Hobbyforscher die Geschichte des deutsch-tschechischen Grenzraumes und der Stadt Ústí.[238] Auch die

---

2017 verhandelte der tschechische Kulturminister mit den Aktionären der Schweinemastanlage über den Kauf des Geländes, der im September 2017 bestätigt wurde. Seitdem wird an der Errichtung einer Gedenkstätte, ein Bildungszentrum gearbeitet. Federführend hierfür ist das Roma-Museum aus Brno verantwortlich.

[236] *Augé*: Orte und Nicht-Orte.

[237] Verwiesen sei hier stellvertretend auf den Verein Antikomplex und seine Aktivitäten seit 1998 und den Deutsch-Tschechischen Zukunftsfonds, der seit 1997 mehr als 11.000 deutsch-tschechische Projekte unterstützt hat.

[238] *Karlíček*, Petr, 5.5.2017 in Děčín, Interview geführt von Frauke Wetzel. Sudetská výprava na česko-saské pomezí [Sudetenerzählung im tschechisch-sächsischen Grenzgebiet].

Schauspieler und Dramaturgen des Schauspielhauses befassten sich mit der Geschichte ihrer Region und nahmen diese in ihre künstlerische Arbeit auf. Im Umfeld der Universität gab es ähnliche Wanderungen, die auf einer Website dokumentiert wurden. Im Jahr 2006 entwickelten die Studierenden beispielsweise einen Wanderweg entlang der verschwundenen Dörfer im Böhmischen Mittelgebirge, der sich bis heute großer Beliebtheit erfreut.[239]

Auch außerhalb des universitären Umfelds entwickelt sich die Suche nach Erklärungen für die Gegenwart, die die Suchenden in der Vergangenheit zu finden hoffen. Diese Menschen bezeichnen sich selbst als *zaniklář*. Dieses erfundene Wort ist von dem tschechischen Verb *zaniknout* – verschwinden, untergehen – abgeleitet und beschreibt Menschen, die sich mit dem ›Verschwundenen‹, dem ›Untergegangenem‹ beschäftigen. Sie erkunden die Landschaft, suchen nach den Spuren der Vergangenheit und wollen sie für andere lesbar machen. Sie sind Laien, aber keineswegs unprofessionell, sie machen Wege zugänglich und veröffentlichen alte deutsche Texte über die Orte in ihrer Umgebung.[240]

Hierbei spielen auch die neuen Medien eine bedeutende Rolle. In der Region Nordböhmen sind dies vor allem Websites, die sich mit dem Nicht-Mehr-Sichtbaren beschäftigen – so beispielsweise die bereits erwähnte und überaus erfolgreiche Website »Usti-Aussig.net«.[241] Hierzu gehören auch Facebook-Gruppen wie »Die Geschichte von Ústí nad Labem in Bildern« mit knapp 2.000 Benutzern aus mehreren Generationen.[242] Obwohl sich das World Wide Web im Allgemeinen an ein weltweites Publikum richtet, zeigen die meisten dieser Aktivitäten, dass sie vorrangig auf ein lokales, ein tschechisches Publikum abzielen. Das trifft auch auf die Wanderwege sowie die Zeitschriften und Artikel

---

In: Hraničář, URL: http://hranicar-usti.cz/predprodej/sudetska-vyprava-na-cesko-saske-pomezi/ (am 26.11.2016).

[239] Bei einer Wanderung im Rahmen der Tschechisch-Deutschen Kulturtage folgten bis zu 140 Personen dieser Trasse. Die von den Studierenden entwickelte Website stellt die Geschichte des Ortes, den Wanderweg und einige Veranstaltungen an diesem Ort vor: Zaniklé obce pod Bukovou horu [Verschwundene Dörfer unter dem Buková hora]. In: Filozofická fakulta UJEP Ústí nad Labem, URL: http://ff.ujep.cz/zanikleobce/index.php (am 27.7.2017).

[240] *Hlavačka/Mareš/Pokorná*: Paměť míst, události a osobností, 547. Darüber hinaus bestehen auch Website, die laienhaft und auch häufig falsche historische Aussagen auf Facebook stellen. Ein Beispiel hierfür ist die Seite »Geschichte der Stadt Ústí nad Labem in Bildern«, der über 2.000 Menschen folgen und historische Fotos aus Ústí einstellen und kommentieren. Siehe Historie Ústí nad Labem v obrazech [Die Geschichte der Stadt Ústí nad Labem in Bildern], URL: https://www.facebook.com/historieustivobrazech (am 11.2.2020).

[241] *Páral/Vanca/Krsek*: Ústí-Aussig. Detailliert dazu siehe Kapitel IV.3. Die Website hatte bis zum 3.10.2016 insgesamt 76.500 Aufrufe (persönliche Nachricht von Martin Krsek an Frauke Wetzel vom 4.10.2016).

[242] Historie Ústí nad Labem v obrazech [Die Geschichte von Ústí nad Labem in Bildern], seit 1.8.2012, URL: https://www.facebook.com/historieustivobrazech/ (am 26.12.2020).

zu, die von den *zanikláři* angelegt beziehungsweise geschrieben werden. Ähnliches gilt für das im November 2011 von Martin Krsek veröffentlichte Buch über das »Verschwundene Ústí«, das zahlreiche Fotografien zeigt.[243] Diese Darstellungen richten sich vorrangig an ein tschechisches beziehungsweise ein lokales Publikum. Bei ihnen handelt es sich nicht um Gesamtüberblicke oder wissenschaftlich ausgearbeitete Publikationen. Vielmehr sollen sie die Lokalgeschichte in Ansätzen vermitteln und den historisch interessierten Lesern und Einwohnern der Region die Vergangenheit der Stadt Ústí nad Labem näherbringen. Im Jahr 2020 erweiterten sich im Zuge der Corona-Pandemie die digitalen Angebote, die öffentliche Veranstaltungen erschwerten. Im Rahmen der Ausstellung »Wem gehört die Stadt« bot das Kulturzentrum Hraničář einen Podcast über Architektur und Geschichte von Ústí nad Labem. Sie erklärten das Aussehen der Stadt über die Persönlichkeiten, Industriellen, darunter auch die Familie Schicht und ihr, vor allem, bauliches Erbe in Ústí.[244] Die Untersuchung von Beispielen aus dem Umfeld von Ústí und Aussig bestätigt, dass es zu keinem transnationalen Austausch oder auch Wahrnehmung der Vergangenheit kommt.[245] Hierfür bedarf es nach wie vor stärkerer Sprachfähigkeiten auf beiden, aber vor allem auf der deutschen Seite und auch einer größeren Reichweite der jeweiligen Angebote.

Das Collegium Bohemicum und die Ausstellung »Unsere Deutschen«

Nach 1989 blieb es in Ústí nad Labem nicht nur bei kleinen, regionalen Initiativen, die sich der deutschen Vergangenheit widmeten.[246] Mit dem Collegium Bohemicum entstand hier die erste, regional gegründete tschechische Einrichtung, die der Geschichte der Deutschen in den böhmischen Ländern gewidmet ist und eine überregionale, ja sogar internationale Bedeutung erlangte. Die Gründung des Collegium Bohemicum erfolgte im Jahr 2006 auf Initiative der

---

[243] *Krsek*, Martin: Ústí nad Labem. Zmizelé Čechy [Ústí nad Labem. Verschwundenes Böhmen]. Praha 2011.

[244] *Pecko*, Štefan/*Kropáčková*, Barbora: Podcast Hraničář. Rozhovor: Petr Karlíček, výstava »Komu patří město« [Podcast Hraničář. Interview: Petr Karlíček, Ausstellung »Wem gehört die Stadt«], vom 24.12.2020, URL: https://soundcloud.com/hranicar/rozhovor-petr-karlicek?fbclid=IwAR07CysaIT5BnoHNmP8_K_r3DABpaW-oVi9GlaaBRI6ah0kX7j-LmrWjS78 (am 2.1.2021).

[245] *Dorn*/*Nekula*/*Smyčka*: Zwischen nationalen und transnationalen Erinnerungsnarrativen, 16.

[246] Das Interesse an der multikulturellen Vergangenheit des eigenen Landes hat die Vertreibungsdebatten in Polen und Tschechien entscheidend verändert. Kraft sieht in den regionalen Initiativen wie der polnischen Borussia Ansätze der Auseinandersetzungen mit dem Thema der Zwangsaussiedlungen. Diese müssten sich, so Kraft, »wenig den Druck aus der Auseinandersetzung um Großprojekte wie das »Zentrum gegen Vertreibungen« annehmen«. Siehe *Kraft*: Erinnerung im Zentrum, 64.

Gesellschaft für die Geschichte der Deutschen in Böhmen,[247] der Stadt Ústí nad Labem, des Stadtmuseums und der Jan-Evangelista-Purkyně-Universität; 2008 kam auch das Kulturministerium der Tschechischen Republik hinzu. Die Personen hinter dieser Initiative waren vor allem Kristina und Vladimír Kaiser, der Museumsmitarbeiter Václav Houfek und der damalige Oberbürgermeister von Ústí, Petr Gandalovič. Sie reagierten damit vor allem auf die Museums- und Ausstellungspläne in Deutschland, die sich rund um das geplante »Zentrum gegen Vertreibungen« formierten.[248]

Zunächst stand jedoch der regionale Charakter der Einrichtung im Vordergrund. Ziel war vor allem, die bereits laufenden Forschungen wie auch die wissenschaftlichen und populären Veranstaltungen in der Stadt unter einem Dach und mit verantwortlichem Personal zusammenzuführen. Zudem galt es, Gelder für eine Dauerausstellung mit dem Titel »Unsere Deutschen« einzuwerben. Dabei waren sich die Verantwortlichen der Brisanz der Thematik auch unter der eigenen Bevölkerung durchaus bewusst und setzten auf Kultur- und Bildungsveranstaltungen. Durch diese Dialog-, Film-, Literatur- und Theaterveranstaltungen mit deutschen Künstlern sollte das deutsch-tschechische Verhältnis verbessert werden. Zur Bewältigung dieses Programms wurden Mitarbeiterstellen geschaffen, die vom Auswärtigen Amt und der Robert Bosch Stiftung gefördert und mit zwei deutschen Kulturmanagerinnen besetzt wurden.[249] Diese unterstützten die Arbeit des Collegium Bohemicum vor allem mit Veranstaltungen in der Stadt selbst und in der näheren Umgebung. Seit 2009 entsendet zudem die Aktion Sühnezeichen Friedensdienste (ASF) deutsche Freiwillige zum Collegium Bohemicum. Aus der regional entstandenen und zunächst auch regional agierenden Initiative wurde jedoch schnell ein international diskutiertes

---

[247] Die Gesellschaft für die Geschichte der Deutschen in Böhmen wurde im Jahre 1999 unter maßgeblicher Mitarbeit von Kristina Kaiserová gegründet. Sie erstellt Forschungsarbeiten über die Geschichte der Deutschen in Böhmen und macht die Ergebnisse einer breiteren Öffentlichkeit zugänglich. Zudem beantragt die Gesellschaft Forschungsprojekte, die in die universitäre Lehre und den Schulunterricht hineinwirken sollen.

[248] Die Stiftung »Zentrum gegen Vertreibungen« wurde am 6.9.2000 gegründet, initiiert durch den Bund der Vertriebenen und seine damalige Vorsitzende, Erika Steinbach. 2005 trat die Stiftung mit einem Ausstellungsplan an die Öffentlichkeit. Die Ausstellung selbst wurde am 10.8.2006 unter dem Titel »Erzwungene Wege. Flucht und Vertreibung im Europa des 20. Jahrhunderts« in Berlin eröffnet (zur Ausstellungsanalyse siehe *Völkering*: Von der privaten Stiftung »Zentrum gegen Vertreibungen« zur Bundesstiftung). Seit 2008 wird dieses Anliegen von der unselbständigen Bundesstiftung »Flucht, Vertreibung, Versöhnung« vertreten, welche wiederum Teil der Bundesstiftung Deutsches Historisches Museum ist (siehe hierzu unter anderem *Troebst*, Stefan: Vertreibungsdiskurs und europäische Erinnerungskultur. Deutsch-polnische Initiativen zur Institutionalisierung; eine Dokumentation. Osnabrück 2006, 122). Zur Eigendarstellung von Erika Steinbach zum Anliegen der Stiftung und den Zielen der Ausstellung siehe *Steinbach*: Die Macht der Erinnerung, 95–123.

[249] Eine davon war die Autorin selbst, von 2007 bis 2009.

Interessensgebiet. Zugleich etablierte sich das Collegium Bohemicum als zugänglicher Ansprechpartner für alle deutschen Initiativen, die tschechische Partner suchten und ohne Sprachprobleme agierten wollten.

Kernaufgabe des Collegium Bohemicum ist es, eine Ausstellung über das Leben der Deutschen in den böhmischen Ländern zu erstellen.[250] Diese Zielsetzung entstand vor allem als Reaktion auf die in Berlin und München geplanten Museen. Der Anspruch der Kuratoren und Mitarbeiter des Collegium Bohemicum ist es, an der Überwindung der Konflikte mitzuwirken, die vergessene Identität von Ústí nad Labem als Stadt zweier Sprachen wieder aufleben zu lassen und – last but not least – auch für mehr Touristen zu sorgen.[251] So erklärte der Kurator Jan Šícha, dass sowohl Tschechen als auch Deutsche die Zielgruppe der Ausstellung seien: »Die Tschechen, damit sie einen Teil der Geschichte ihres Landes kennenlernen. Und die Deutschen, damit sie erkennen, dass sie hier eine über 800-jährige Vergangenheit haben, die sie bei uns in Tschechien auch kulturell zu Hause sein lässt.«[252]

Die vorausgegangenen Konferenzen, Publikationen und Initiativen in und aus Ústí nad Labem waren Vorboten dieser Entwicklung. Die daraus entstandenen Diskussionen schufen das wissenschaftliche und zum Teil auch gesellschaftliche Klima für die Entstehung einer solchen Ausstellung und erarbeiteten ein gemeinsames Grundverständnis über deren Themen und Inhalte. Ein wissenschaftliches Beratergremium mit Vertretern aller Disziplinen sollte eine aktuelle und internationale Forschungspräsenz sicherstellen.[253] Kristina Kaiserová personifizierte die inhaltliche Verbindung zwischen den deutschen und

---

[250] Statut obecně prospěšné společnosti Collegium Bohemicum, o.p.s. [Statut der gemeinnützigen Gesellschaft Collegium Bohemicum], vom 17.8.2007. In: Collegium Bohemicum, URL: http://www.collegiumbohemicum.cz/clanky_soubory/soubory/cz_statut.pdf (am 5.1.2015).

[251] *Mostýn*, Alexandra: 75 Jahre Münchener Abkommen. Becherbitter und Becherovka, vom 30.9.2013. In: TAZ, URL: http://taz.de/75-Jahre-Muenchner-Abkommen/!124513/ (am 30.9.2013).

[252] *Ebenda.*

[253] Dem wissenschaftlichen Beirat des Collegium Bohemicum gehören an (Stand 2019): Dr. Peter Becher, erster Vorstandsvorsitzender des Adalbert Stifter Vereins, PhDr. Luděk Beneš, Direktor des Museums in Mladá Boleslav (Jungbunzlau) und der Vorsitzende der Kommission für Museumsgeschichte; Prof. em. Dr. Detlef Brandes, ehemaliger Leiter des Instituts für die Kultur und Geschichte der Deutschen im östlichen Europa, Heinrich-Heine-Universität, Düsseldorf; Dr. Elisabeth Fendl, wissenschaftliche Mitarbeiterin am Institut für Volkskunde im östlichen Europa in Freiburg; Anna Habánová, Ph.D., Kuratorin der Regionalgalerie Liberec und wissenschaftliche Assistentin am Lehrstuhl für Geschichte der Technischen Universität Liberec; Univ.-Prof. Dr. sc. techn. Dipl. Arch. ETH Christian Hanus, Dekan der Fakultät für Bildung, Kunst und Architektur, sowie Leiter des Departments für Bauen und Umwelt an der Donau-Universität in Krems; Doc. PhDr. et Mgr. Václav Houžvička, Ph.D., Leiter des Lehrstuhls für Recht und Politologie an der Jan-Evangelista-Purkyně-Universität in Ústí nad Labem; PhDr. Miroslav Kunštát, Ph.D., wissenschaftlicher Assistent am Lehrstuhl für deutsche und österreichische Studien der Karls-Universität; PhDr. Václav Petrbok, Ph.D., Institut für tschechische Literatur AV ČR;

den tschechischen Ausstellungsplänen: Sie saß bis März 2010 im Stiftungsrat der Stiftung Flucht, Vertreibung, Versöhnung und war bis 2017 Mitglied des wissenschaftlichen Beirats und Vorsitzende des Aufsichtsrats des Collegium Bohemicum.[254]

Der im Jahr 2014 entbrannte Streit um das Collegium Bohemicum und die geplante Ausstellung »Unsere Deutschen« entzündete sich an der Person der Direktorin, Blanka Mouralová. Sie sollte bei der Aufsichtsratssitzung am 28. August 2014 abgesetzt werden. Der (vorgeschobene) Grund hierfür waren die angeblich »untschechischen« Inhalte der Ausstellung.[255] Offenbar erschien es den Politikern weniger peinlich, nationalistische Gründe anzugeben, als auf persönliche Abneigungen und den Führungsstil einer Einzelnen einzugehen. So wurde aus der Affäre ein neuer Geschichtsstreit. 2016 wurde Mouralová schließlich vom Aufsichtsrat des Collegium Bohemicum abgesetzt, weil ihr Intransparenz, sowohl im finanziellen Bereich als auch in der Kommunikation, vorgeworfen wurde.[256] Im Mai 2016 wurden die für die Einrichtung der Ausstellung benötigten 50,5 Millionen Kronen in den Haushalt des Tschechischen Kulturministeriums eingestellt. Die Bereitstellung durch das Ministerium erfolgte sehr spät und mit Verzögerung, die öffentlich unbegründet blieb. Der Historiker Petr Koura, seit 2017 Direktor des Collegiums, sieht darin den politischen Unwillen, die Ausstellung wirklich zu eröffnen.[257] Koura sorgte auch

Prof. PhDr. Ing. Jan Royt, DrSc., Kunsthistoriker, Prorektor für kreative und Editionstätigkeit an der Karls-Universität in Prag; Prof. PhDr. Miloš Řezník; Ph.D., Leiter des Deutschen Historischen Instituts in Warschau; PD Dr. Ira Spieker, Leiterin des Bereichs Volkskunde am Institut für sächsische Geschichte und Volkskunde in Dresden; Doc. Mgr. Martin Veselý; Ph.D., Leiter des Lehrstuhls für Geschichte an der J. E. P. Universität in Ústí nad Labem; Dr. phil. Tobias Weger, Bundesinstitut für Kultur und Geschichte der Deutschen im östlichen Europa, Oldenburg.

254 Zum Austritt Kaiserovás: *Rühmkorf*, Christian: Historikerin Kaiserová steigt bei der Stiftung »Flucht, Vertreibung, Versöhnung« aus, vom 10.3.2010. In: Radio Prag, URL: http://www.radio.cz/de/rubrik/tagesecho/historikerin-kaiserova-steigt-bei-der-stiftung-flucht-vertreibung-versoehnung-aus (am 16.8.2017); *Grünter*, Marie: Welche Geschichte von Flucht, Vertreibung und Versöhnung?, vom 24.5.2015. In: Erinnerungskulturen. Erinnerungen und Geschichtspolitik im östlichen und südöstlichen Europa, URL: https://erinnerung.hypotheses.org/467#more-467 (am 16.8.2017).

255 *Horák*, Jan: V Ústí vzniká výstava o vztahu Čechů a Němců, žádá o padesát milionů [In Ústí entsteht eine Ausstellung über die Beziehungen der Tschechen und Deutschen, sie beantragen 50 Millionen], vom 2.12.2013. In: iDnes, URL: http://usti.idnes.cz/vystava-o-vztahu-cechu-nemcu-v-muzeu-usti-nad-labem-f8b-/usti-zpravy.aspx?c=A131202_2007049_usti-zpravy_alh (am 27.8.2014).

256 *Bican*, Jaroslav: Collegium Bohemicum – případ jedné neurózy [Collegium Bohemicum – der Fall einer Neurose], vom 9.11.2016. In: Deník Referendum, URL: http://denikreferendum.cz/clanek/24074-collegium-bohemicum-pripad-jedne-neurozy (am 23.11.2016).

257 *Neumann*, Steffen: Tschechiens Museum der Deutschen rückt näher. In: Sächsische Zeitung, vom 4.2.2020, URL: https://www.saechsische.de/plus/tschechiens-museum-der-deutschen-rueckt-naeher-5168811.html?fbclid=IwAR2xYEeL4F_gRwPhQ7LQcI7qhaoQ63SRzvG4u9ktdfZjltyc6hF5ul53o6U (am 8.2.2020).

für eine Überarbeitung der Ausstellungskonzeption, denn bis dahin fehlte die Thematisierung von deutschsprachigen jüdischen Menschen in der Konzeption. Koura betonte sehr stark, dass dies ein Aspekt sei, den das Museum in München mit der Selbstbezeichnung als »Sudetendeutsches Museum« nicht einschließe.[258]

Im November 2019 schrieb das Collegium Bohemicum die Ausstellungsgestaltung aus, seit 2020 wird nun an deren Fertigstellung gearbeitet. Zwei Etagen, insgesamt 20 Räume des Stadtmuseums thematisieren deutsch-tschechisches Leben in den böhmischen Ländern vom Frühmittelalter bis zur Gegenwart. Die Ausstellungsflächen in München und Ústí sind gleich groß. Medial wurde hier eine Konkurrenz aufgemacht. So berichtete Radio Prag International, dass die Ausstellungfläche in Ústí größer sei als die Münchner.[259] Die Eröffnung der Ausstellung »Unsere Deutschen« ist für das Frühjahr 2021 geplant. Auf Grund der Corona-Pandemie, die Reisen und Museumsbesuche unmöglich machten, und der verzögerten Eröffnung in Ústí sowie in Berlin[260] steht eine genaue Ausstellungsuntersuchung aller drei Projekte noch aus.

6. Zusammenfassung

Dieses Kapitel untersuchte die neue Geschichtsschreibung in Ústí nad Labem nach 1945: ihre Themen, Akteure und ihr Verhältnis zu den staatlichen Vorgaben. In den ehemals von Deutschsprachigen bewohnten Gebieten der Tschechoslowakei diente und dient die Geschichtsschreibung bis heute zur Verortung und Heimischwerdung ihrer Einwohner.

Nach Ende des Zweiten Weltkrieges forcierten die Machthaber der (ab 1948 sozialistischen) Tschechoslowakei die Darstellung von Ústí als geschichtslose Stadt. Der Versuch, den Beginn der Stadtgeschichte in das Jahr 1945 zu legen,

---

[258] Koura äußerte dies unter anderem in der tschechischen Presse: *McEnchroe*, Thomas/*Kukal*, Libor: Nejen Henlein a K. H. Frank, »naši Němci« jsou i Mahler a Edelmann [Nicht nur Henlein und K. H. Frank, »unsere Deutschen« sind auch Mahler und Edelmann], vom 4.11.2020. In: Radio Prag International, URL: https://cesky.radio.cz/nejen-henleina-khfrank-nasi-nemci-jsou-i-mahler-a-edelmann-8699131?fbclid=IwAR2Z98G0pKW udVQ5lHN_uYoi27e9SdO58no4F-GXwQx0yLXbiZPTTyBsqvY (am 26.12.2020) und bei einer digitalen Podiumsdiskussion des Collegium Carolinum: Podiumsdiskussion »Flucht und Vertreibung in europäischen Museen«, München und digital, 5.10.2020, URL: https://www.youtube.com/watch?fbclid=IwAR1Sb6mhRHkZ6HP-OZt7I2Txkbu_ n6k9FU2ncbgkZR_mfllmJGVENN71dS4&v=KpdXd61oiRg&feature=youtu.be (am 6.12. 2020).

[259] *McEnchroe/Kukal*: Nejen Henlein.

[260] Die Ausstellungseröffnung der Stiftung Flucht, Vertreibung, Versöhnung ist für Sommer 2021 geplant wie die eigene Website der Stiftung aussagt. Siehe Stiftung Flucht, Vertreibung, Versöhnung: Startseite, URL: https://www.flucht-vertreibung-versoehnung.de/ (am 26.12.2020).

scheiterte jedoch. Stattdessen wurde die Geschichte der Stadt materiell fortge-schrieben – durch Objekte, durch Personen und nicht zuletzt durch den Wunsch der neuen Einwohner nach Verortung in der neuen Heimat. In der Ar-beit des Stadtmuseums erwuchs die materielle Kontinuität aus den bestehenden deutschsprachigen Ausstellungen, die nach 1945 ins Tschechische übersetzt wurden, wie auch aus den hinzukommenden Exponaten, die von den zwangs-ausgesiedelten Deutschsprachigen konfisziert wurden. Die wichtigsten Akteure in diesem Prozess waren die Museumsangestellten, allen voran Alfréd Piffl. Die zentralen Vorgaben für die Geschichtsschreibung ließen sich nur mit Mühe auf die besondere Situation der Grenzregion anwenden. Konsequent umgesetzt wurde lediglich die Vorgabe, die Zugehörigkeit der Region durch Verweis auf die Přemysliden-Legende und die Hussitenschlachten zum Gesamtstaat zu be-tonen – das darüber hinaus bestehende geschichtliche Vakuum füllten die re-gionalen Geschichtsakteure in Ústí durch die Selbsthistorisierung der älteren Geschichte unter Rückgriff auf die deutsche Geschichtsschreibung.

Im Laufe der Zeit schufen die Akteure der Neugeschichtsschreibung in Ústí auch eigene Materialien, vor allem durch Zeitzeugeninterviews mit den tsche-chischen Widerstandskämpfern der Okkupationszeit wie auch mit den nach 1945 zugezogenen Stadtbewohnern. Dies geschah hauptsächlich in den 1970er Jahren, zuzeiten der ›Normalisierung‹, als in Ústí parallel zu den staatlichen Meistererzählungen eine eigene Regionalgeschichtsschreibung betrieben wur-de, die auch die Vergangenheit der Stadt mit einbezog. Diese Re-Dimensionie-rung erfolgte vor allem durch populärwissenschaftliche Artikel in regionalen Zeitschriften sowie durch Vereine wie den Klub der Historiker. In der Bevöl-kerung herrschte ein gesteigertes Interesse an der Geschichte der Stadt und der Region; so erreichte das Museum in Ústí in den 1970er Jahren die höchsten Besucherzahlen. Äußerlich verschwanden die Orte, die als Gedächtnisstützen fungierten, stattdessen entstanden neue kommunikative Gedächtnisstützen, die auch die vorherigen Einwohner und ihre Traditionen nicht verschwiegen. Parallel dazu begann ab den 1970er Jahren die staatlich forcierte Entwicklung einer ›Volkskultur‹ im Grenzgebiet der Tschechoslowakei, ein kulturpoliti-sches Projekt, das auf die neue, im Grenzgebiet geborene Generation abzielte und den ›Zugewanderten‹ im Grenzland eine integrative Kultur vermitteln sollte.

Während die neuen Bewohner von Ústí zunehmend Interesse an der alten Geschichte von Aussig zeigten, hatten die alten Aussiger dagegen kaum Inte-resse am neuen Ústí: Für sie war ihre Stadt schon 1945 verschwunden. Die Aussiger konservierten in ihren Darstellungen die alte Stadt, die sie verlassen hatten und schufen der ›alten Heimat‹ ein Denkmal in der Fremde, wobei sie jedoch nur an die Zeit vor 1938 erinnerten und die nationalsozialistische Herr-schaft ausblendeten. Einige der Aussiger Autoren, namentlich Franz Josef Um-lauft, genossen nicht nur unter den ehemaligen, sondern auch bei den neuen Bewohnern von Ústí große Anerkennung. Andere Autoren hingegen nutzen ihre Schriften für politische Forderungen nach der ›Heimat‹.

Beide Gruppen, die alten wie auch die neuen Einwohner von Ústí, schrieben der Frage der Erstbesiedlung große Bedeutung zu: Deutsche oder Slawen – wer zuerst dagewesen war, so die Logik, sei der rechtmäßige Bewohner der Stadt. Wie diese Frage in den Ausstellungen in Ústí (Collegium Bohemicum) und in München (Sudetendeutsches Museum) geklärt werden wird, ist zum Zeitpunkt der Fertigstellung der vorliegenden Arbeit (2020) noch offen. Beide Projekte stimulieren sich gegenseitig und zielen gleichermaßen darauf ab, noch vor dem Verschwinden der letzten Angehörigen der Erlebnisgeneration einen kollektiven Erinnerungsort zu schaffen.

Im Stadtmuseum von Ústí waren die Bevölkerungspolitik der Tschechoslowakei nach 1945 und der Verbleib der ehemaligen Bewohner von Ústí nicht Teil der Darstellung. Der Wendepunkt ›1945‹ bildete im Geschichtsverständnis der Ausstellungsmacher den ›Endpunkt‹ für die alten und den ›Startpunkt‹ für die neuen Bewohner. Die Bombardierung im April 1945 war ein fatales Ereignis für die Stadtgeschichte, das das Leben im neuen Ústí noch jahrelang bestimmte: Sie zerstörte Gebäude, Wohnraum und das historische Stadtbild als Ganzes. Sowohl diejenigen, die das intakte Stadtbild noch selbst gekannt hatten, als auch die neuen Bewohner suchten nach Erklärungen für das Aussehen der Nachkriegs-Stadt. Die Geschichtsschreiber und historischen Einrichtungen von Ústí beantworteten dieses Bedürfnis mit Ausstellungen, Texten und Denkmälern, die das ›neue‹ Ústí erklärten. Die Geschichtsschreiber des ›alten‹ Aussig hingegen bemühten sich, das alte Bild wieder aufleben zu lassen.

Nach 1989 wurde Aussig/Ústí als deutsch-tschechische Stadt dargestellt. Das Thema der Zwangsmigrationen gehört in Ústí ab den 2000er Jahren wieder zum Erinnerungskanon der tschechischen Bevölkerung. Dabei stand jedoch nicht der Leidensweg der Zwangsausgesiedelten im Blickpunkt, sondern vielmehr das vorherige Zusammenleben, das Bild der alten Stadt oder auch des eigenen Hauses. Die Pioniere in diesem Prozess waren Historiker aus Ústí, die sowohl wissenschaftliche als auch populärwissenschaftliche Projekte umsetzten. Ústí wurde zur ›Hauptstadt der tschechisch-deutschen Beziehungen‹.

Der Hunger nach der eigenen Stadtgeschichte scheint bis heute ungebremst. Nach wie vor suchen ehemalige und neue Bewohner von Ústí nad Labem nach weiteren Veröffentlichungen über ihre Stadt. Dabei ist die Stadt der Aussiger und die Stadt der Einwohner von Ústí nicht immer identisch, doch vielfach verschränken sich die Perspektiven der neuen und alten Bewohner, beziehen sich aufeinander und beeinflussen sich gegenseitig. Das Bewusstsein über das Ausmaß des Verlusts, also die Beschäftigung mit den ehemaligen Einwohnern und deren Geschichte in der Stadt, führte zum eigentlichen Heimischwerden der neuen Generation in Ústí nad Labem beziehungsweise zur Entwicklung einer eigenen Identität.

VI. WEGWEISER IN DIE HEIMAT: AUßENDARSTELLUNG IN REISEFÜHRERN UND POPULÄRER GESCHICHTSSCHREIBUNG

1. Reiseliteratur als Wegweiser in die Fremde

Reiseführer sind touristische Produkte, die sich an Reisende richten. Sie zählen – ebenso wie Monografien, Zeitschriftenbeiträge und Websites über eine Stadt oder Region – zu den populärwissenschaftlichen historischen Quellen, die einen hohen Wirkungskreis unter der Bevölkerung entfalten.

Reiseliteratur erschafft und konserviert ein bestimmtes Bild des beschriebenen Reiseziels. Reiseführer erzeugen einen »gelenkten Blick«, sie führen den Leser entlang einer vom Autor gewählten Route und erläutern Sehenswürdigkeiten, Land und Leute. Reiseführer geben praktische Hilfestellungen für die Reise und sind zugleich Bildungsgut, sie dienen als Ratgeber, treffen eine Auswahl und bieten selektive Informationen. Reiseführer behandeln auch historische Themen, sie konstruieren Erinnerungsorte und spiegeln Erinnerungen wider. Die Analyse der Texte macht sichtbar, welcher Blick darin vorgegeben wird und ermöglicht Rückschlüsse auf die dahinterstehende Intention.

Dieses Kapitel untersucht Reiseführer, Reiseberichte, populäre Darstellungen und Bildbände aus der Tschechoslowakei, der DDR und der BRD, die nach Ústí nad Labem einluden beziehungsweise die Erinnerung an die Stadt wachhalten sollten. Die Verfasser der ost- und westdeutschen Publikationen waren überwiegend Aussiger – also ehemalige Einwohner von Ústí. Die hier untersuchten tschechoslowakischen Publikationen wurden sämtlich von aktuellen Einwohnern der Stadt verfasst, wobei ins Auge sticht, dass keiner der Autoren vor 1945 in der Stadt gelebt hatte. Alle Verfasser waren Neubürger von Ústí nad Labem, die über die Geschichte, Architektur und Kunstgeschichte des Ortes berichteten oder ihren eigenen Weg in die ›neue‹ Stadt nach 1945 beschrieben. Zum Teil sind unter den untersuchten tschechoslowakischen Texten auch solche, die sich an Schulen und Schüler richten, also einen gezielten Bildungsauftrag verfolgten.[1] Diese Literatur lässt sich nicht immer trennscharf in Genre einordnen.

---

[1] In dieser Arbeit wird ein sehr breiter Begriff von Reiseführer oder Reiseliteratur angelegt. Der Begriff »Reiseführer« ist nicht ausreichend definiert und abgegrenzt. Siehe *Steinecke*, Albrecht: Die Urlaubswelt im Buch. Eine Übersicht über den Reiseführer-Markt. In: *Isenberg*, Wolfgang (Hg.): Wegweiser in die Fremde? Reiseführer, Reiseratgeber, Reisezeitschriften. Bensberg 1990, 33–80, hier 43. Im folgendem werden Reiseführer und populäre Geschichtsschreibungen über Ústí nad Labem untersucht, die zur Stadt locken, hinführen sollen, also wie Reiseführer Wegweiser sind.

In der tschechoslowakischen Reiseliteratur wurde die eigentlich wenig attraktive und anfangs fremde Stadt Ústí nad Labem als Sehnsuchtsort neu erschaffen, um die geschichtliche und emotionale Fremdheit, die die neuen Einwohner empfanden, zu überbrücken. Zugleich verfolgten Staat und Politik die politische Strategie der Konstruktion von Heimatgefühl und Patriotismus. Dies entspricht der von Eva Posch herausgearbeiteten Funktion der touristischen Historiografie, die eine historische Legitimierung erlaubt und zudem eine emotionale Bindung an den beschriebenen Ort fördert.[2]

Die in der Reiseliteratur erzeugte Imagination und das tatsächliche Erleben der Stadt widersprachen sich dabei häufig. Die ambivalente Vergangenheit der Stadt wurde nicht nur materiell entfernt, sondern auch in den tschechoslowakischen Reiseführern diskursiv unsichtbar gemacht. Das moderne Stadtbild trat in den Vordergrund und wurde touristisch vermarket. Den neuen Einwohnern von Ústí fehlte dadurch immer mehr eine historische Verankerung.

Demgegenüber entwarfen die ehemaligen Einwohner von Ústí nad Labem jenseits der Grenze ein imaginiertes, ein nostalgisches Bild der Stadt, das sie so nicht mehr antreffen konnten. Die Begegnung der Aussiger mit dem modernen Stadtbild vor Ort ließ sie weiter zurückblicken. Sie schufen einen Sehnsuchtsort, dessen Charakteristika sich von den konkreten Orten, Realitäten und Symboliken unterschieden und in eine andere Zeit versetzten. Der physische Ort wurde aus der Ferne, in den Gedanken zum restaurativen nostalgischen Ort.[3] Das reale Ústí war nicht mehr ›ihre‹ Stadt: Zugleich aber kam es durch die Rückreisen der Aussiger in die reale Stadt zu Begegnungen zwischen Deutschen und Tschechen, die in diesem Teil ebenfalls besprochen werden sollen.

Ústí kann also als denkbar ungeeignete touristische Destination gelten – und dennoch wuchs mit der Zeit die Zahl der Besucher. Die Stadt wurde für ganz verschiedene Gruppen zum Ort der Imagination und zum Reiseziel. Wer reiste nach Ústí nad Labem und wie wandelte sich das Reiseverhalten? Welche touristischen Repräsentationen brachte die offizielle Darstellung hervor? Was

---

[2]   Eva Posch führte den Begriff der »touristischen Historiografie« ein, um eine Unterscheidung zu den Inhalten von tourismushistoriographischen Untersuchungen und Darstellungen zu gewährleisten. Zur »touristischen Historiografie« zählt sie alle Narrative von Geschichte, die sich in touristischen Medien wie Prospekten, Broschüren, Reiseführern, Bildbänden, touristischen Magazinen, DVDs und Websites finden. Die Analysen von touristischer Historiografien zeigen, so Posch, eine mangelnde Kontextualisierung: Reiseliteratur vermittelt meist nur historische Versatzstücke und Geschichtssplitter. Ein Verständnis von transkontinentalen Zusammenhängen und des Ursache-Wirkung-Kontinuums kann in diesen Texten nicht geschaffen werden. Siehe *Posch*, Eva: Kontextualisierung als ein Problembereich der touristischen Historiografie. Eine Analyse aktueller touristischer Medien aus Sibiu/Hermannstadt. In: Academia, URL: https://www.academia.edu/5853695/Kontextualisierung_als_ein_Problembereich_der_touristischen_Historiographie (am 10.08.2016).

[3]   Zum Begriff siehe *Boym*: The Future of Nostalgia, 41–48.

suchten die Besucher, welches Bild machten sie sich von der Stadt und wie fanden sie sie vor? Wie reagierten diejenigen, die in ihren ehemaligen Wohnort zurückreisten, auf das ›neue‹ Ústí?

2. Erste Reiseführer in das fremde Grenzland

Direkt nach dem Krieg wollte kaum jemand Urlaub in einer Stadt machen, die von umfassenden Migrationsbewegungen betroffen war und deutlich sichtbare Bombenschäden aufwies. Auch waren die Möglichkeiten zur Freizeitgestaltung begrenzt und potentielle Besucher verfügten über sehr geringe Finanzmittel. Dennoch bereitete sich der Nationalausschuss von Ústí nad Labem bereits 1946 auf eine Urlaubssaison mit ausländischen Besuchern vor.[4] Die ersten Reiseführer erschienen bereits 1947. Die darin gebotene Selbstdarstellung der Region war allerdings eher als Identitätsangebot für die neuen Bewohner der Stadt und deren Heimatfindung intendiert: Immerhin waren rund zwei Drittel der Einwohner

Abb. 16: Propagandabroschüre 1960 (AMUL, Soudobá dokumentace ONV, KT 113).

von Ústí erst nach Kriegsende in die Stadt gezogen. Ebenso angesprochen waren die Altsiedler, die sich nach 1945 in einem völlig veränderten Umfeld wiederfanden. Des Weiteren dienten die Bildbände, Prospekte und Bücher vor allem in diesen Anfangsjahren zur Anwerbung neuer Siedler, die das Grenzland ›tschechisieren‹ und den Bevölkerungsverlust auch wirtschaftlich ausgleichen sollten.[5]

---

4 Cizinecký ruch – chování obyvatelstva vůči cizincům [Fremdenverkehr – das Verhalten der Bürger gegenüber den Ausländern]. AMUL, ONV, KT 62, Inv. Nr. 211, Ústí nad Labem 9.8.1946.
5 Pojďte do nových domovů Ústecka. Náborová brožura zemědělského odboru ONV pro doosídlení okresu Ústí nad Labem [Kommt in die neue Heimat Ústí. Propagandabroschüre des Landwirtschaftsausschusses des ONV zur Besiedlung des Bezirkes Ústí].

Die genuine Funktion von Reiseführern ist es, dem Leser eine fremde Kultur, einen Ort, eine Landschaft näher zu bringen und praktische Tipps zu geben. Das ›Fremde‹ war für die tschechoslowakische Nachkriegsgesellschaft die Grenzregion (pohraničí), die vor 1945 mehrheitlich deutsch besiedelt gewesen war.[6] Die ersten Nachkriegs-Reiseführer über Ústí nad Labem zeichneten ein sehr positives Bild dieser Region: Hier dominierten Jubel über das »zurückeroberte« Grenzland und Aufbaueuphorie; von der als deutsch verstandenen Vorkriegsgeschichte dagegen setzten sie sich bewusst ab.[7] Doch wie wurden diese Darstellungen rezipiert? Die Lektüre eines Reiseführers erzeugt Bilder im Kopf und schafft Erwartungen. Findet der Leser diese vor Ort nicht bestätigt, zeigt er sich enttäuscht. So waren auch viele der neuen Einwohner von Ústí enttäuscht über die Zustände in der Stadt, die nicht den Verheißungen der Propaganda in den Medien und den Büchern entsprachen. Es liegt jedoch nicht nur an den Verfassern der Reiseliteratur, sondern auch am Leser selbst, ob er sich über kulturelle Prägungen hinwegsetzt und die »Bereitschaft mitbringt, sich auf das Fremde einzulassen«.[8] Viele der Neubürger des Grenzlandes kehrten der Region schon bald nach der Ankunft wieder den Rücken – andere hingegen profitierten von den guten Arbeitsbedingungen und den sozialen Aufstiegsmöglichkeiten, die ihnen vor allem Industriestädte wie Ústí boten, und ließen sich auf die erst einmal fremde Stadt ein.[9]

Diese positive Entwicklung betont auch Ludmila Hájková in ihrem 1986 erschienen Bildband: »Die folgenden Ansichten [...] wollen den Beweis bringen, dass die Menschen viele Gründe haben, dass es ihnen in Ústí nad Labem gelingt, ein glückliches Zuhause [domov] für sich selbst und ihre Kinder zu finden.«[10]

AMUL, Sbírka soudobé dokumentace IV 1945–1989, ONV Ústí nad Labem, KT 113, Inv. Nr. 2349, Ústí nad Labem 1960.

[6] In den polnischen Westgebieten dagegen wurde eine solche Rhetorik vermieden – sie gehörten in der offiziellen Darstellung immer schon zum polnischen Staat. Anders als in der Tschechoslowakei war die »neue Heimat« kein üblicher Begriff im Nachkriegs-Polen (Hinweis Kerstin Hinrichsen).

[7] *Dušek*, Ladislav: Ústí nad Labem – středisko průmyslu, tepna dopravy a brána do ráje přírodních krás [Ústí nad Labem – Zentrum der Industrie, Hauptschlagader des Verkehrs und Tor ins Paradies der Naturschönheiten]. Praha 1947 und *Pinc*, František/*Kolář*, Antonín: Vlastivědné výlety z Ústí nad Labem [Heimatkundliche Ausflüge von Ústí nad Labem]. Ústí nad Labem 1957.

[8] *Scherle*, Nicolai: Nichts Fremdes ist mir fremd. Reiseführer im Kontext von Raum und der systemimmanenten Dialektik des Verständnisses von Eigenem und Fremdem. In: *Jaworski*, Rudolf/*Loew*, Peter Oliver/*Pletzing*, Christian (Hg.): Der genormte Blick aufs Fremde. Reiseführer in und über Ostmitteleuropa. Wiesbaden 2011, 59.

[9] *Topinka*: Zapomenutý kraj, 540.

[10] *Hájková*, Ludmila/*Holan*, Oldřich/*Houžvička*, Václav: Ústí nad Labem. Vychází k 65. výročí založení KSČ [Ústí nad Labem. Erschienen zum 65. Jahrestag der Gründung der KSČ]. Ústí nad Labem 1986, 5.

Die Autoren der ersten tschechoslowakischen Literatur über Ústí und Umgebung waren selbst Neubürger der Stadt, ihre Publikationen waren Teil der regionalen Neugeschichtsschreibung nach 1945: Die neue Geschichte der Stadt wurde von den neuen Bürgern geschrieben, die sich – innerhalb des engen politisch vorgegebenen Rahmens – ihre Heimat aus dem kreierten, was sie vorfanden. Das Zurückblicken, die Geschichte war den neuen Einwohnern wichtig für die Kontinuität ihres eigenen Daseins und die Suche nach Verwurzelung in der Stadt. Dementsprechend schrieben einige Autoren explizit für andere Hinzugezogene, die eine »Heimat« in Ústí finden wollten.[11] So sollten beispielsweise die »Heimatkundlichen Kapitel«, eine der ersten Publikationen über Ústí, anlässlich des »neuen Abschnittes« der Geschichte den »neuen« Bürgern die Entwicklung der Stadt vertraut machen.[12]

Dieser Bildband über das Böhmische Mittelgebirge wurde auch von Aussiger Seite wahrgenommen. Die Aussigerin Ola Peschke kritisierte im Aussiger Boten die »poetisch-schwärmerische« Darstellung der beiden Tschechen. Sie vermisste vor allem den Hinweis auf die »germanische« Besiedlung des Gebietes und »Kulturleistungen« sowie die Darstellung der Nachkriegsverbrechen.[13] In den 1950er Jahre waren die beiden Seiten, die der ehemaligen und die neuen Bewohner der ehemaligen deutschen Siedlungsgebiete, noch zu verhärtet und weit voneinander entfernt. Beide beanspruchten für sich, die jeweilige »Ur-Heimat« zu vertreten. Ihr Urteil ist eindeutig:

Einige Beschreibungen sind so niederträchtig, daß sich die Feder sträubt, sie aufzuzeichnen. Aus dem Angeführten erfahren wir zur Genüge, was unsere Heimat, was Aussig war und heute ist: Urheimat der Tschechen, Berge und Täler von Tschechen geschaffen; der Boden von Tschechen urbar gemacht. [...] Man muss nur gut träumen, ausgezeichnet lügen und heuchlerisch reden können, dann läßt sich alles Unrecht, alle Grausamkeit, aller Raub und Diebstahl, alle Wahrheit vernebeln und das Tatsächliche, die Wirklichkeit so dick übertünchen, daß niemand sieht, was darunter begraben liegt. Hoffentlich siegt die geschichtliche Gerechtigkeit, [...] recht bald.[14]

Viele Bildbände und Broschüren wurden von den Bezirksnationalausschüssen zu politischen Jubiläen herausgegeben. Am Tag der Staatsgründung, der Befreiung oder der Gründung der Kommunistischen Partei feierte man die Errungenschaften und die Schönheit der Stadt. Diese Publikationen dienten

---

11 Siehe hierzu unter anderem *ebenda*.

12 *Jirsík*, Josef: Ústecké kapitoly vlastivědné [Aussiger Kapitel der Heimatkunde]. Unter Mitarbeit von Sáva Suchevič. Ústí nad Labem 1955, Umschlag. Professionelle Angestellte der Stadt, wie der 1920 geborene Kunsthistoriker Sáva Suchevič vom Denkmalpflegeamt Ústí, verfassten zwischen 1955 und 1993 insgesamt elf touristische Publikationen, zum Teil in Mit-Autorenschaft mit dem Biologen Jindřich Tomas: *Tomas*, Jindřich: České středohoří [Das Böhmische Mittelgebirge]. Unter Mitarbeit von Jaromíra Kuncová und Sáva Suchevič. Ústí nad Labem 1976.

13 *Peschke*, Ola: Und heute: »Ústí nad Labem«. Verlogene Melodik in einem neuen tschechischen Bildbuch über Aussig. In: Aussiger Bote vom Juli 1955, 15–19, hier 15–16.

14 *Ebenda*, 18.

mehr der Selbstvergewisserung als der Darstellung für potentielle Besucher.[15] Dafür sprach auch, dass sie zumeist in der Region Ústí selbst herausgegeben wurden, wo sie auch die größte Verbreitung fanden. Die Namen der Verlage und Reihentitel lauteten »Meine Heimat«, »Unsere Heimat« und »Nordböhmen kennenlernen«. Die ersten Bildbände waren demnach keine Wegweiser in die Fremde, wie es Reiseführer üblicherweise sind, sondern Wegweiser in die Heimat, die neue Heimat, das erst einmal ›fremde‹ Ústí, das die Neuzugezogenen wie Touristen erkundeten.

Exkurs: Vladimír Provazník

Ein weiterer wichtiger Akteur und Autor war Vladimír Provazník. Der 1961 in Mähren geborene Bauingenieur und Stadtplaner kam 1985 als Mitarbeiter der Bauabteilung nach Ústí und übernahm 1987 deren Leitung. Er veröffentlichte in mehreren Zeitschriften Prosatexte und feuilletonistische Artikel. Seine schriftstellerischen Ambitionen bemerkte man auch in seinem 1983 veröffentlichten Schriften, in denen er blumig und metaphorisch über ›sein‹ Ústí schrieb:

> Wie die meisten meines Alters wurde ich hier nicht geboren, sondern ich bin hierhergekommen. [...] Ich denke, es waren nur wenige, die nach dem ersten Kontakt mit der Stadt glaubten, dass sie hier dauerhaft bleiben. Aber die Jahre vergehen, sie gingen nicht, und wenn sie heute in die Stadt zurückkommen, zum Beispiel auch aus ihren Geburtsorten, fahren sie nach Hause.[16]

Provazník war nicht begeistert von dem, was er bei seinem ersten Besuch sah. Dennoch – oder gerade deshalb – war es für ihn »eine Selbstverständlichkeit«, dass er in Ústí blieb und half, die Stadt auf- und umzubauen.[17] Er schrieb von einer inneren Verpflichtung, die er für Ústí verspürte. Das Narrativ der Pflichterfüllung für die Tschechoslowakei nach 1945 blieb demnach auch noch in den 1980er Jahren relevant.

Im Bewusstsein, in einer Stadt zu sein, »wo sich nach dem letzten Krieg fast die gesamte Bevölkerung verändert hat«, erlebte Provazník Ústí als spannend und lehrreich. Was waren »die Spuren der Geschichte« in der Stadt und welche Erinnerungen verblieben in den »Gedanken der Leute«, die auch noch an die neue Generation weitergegeben wurden?[18] Ústí machte es den Menschen

---

15   Auch in anderen Kontexten haben Tourismusforscher argumentiert, dass touristische Narrative, Formate oder Institutionen mancherorts mehr der lokalen Identitätsbildung als der tatsächlichen Entwicklung einer nennenswerten Tourismuswirtschaft dienen. Eine prominente Vertreterin dieses Arguments ist die französische Kulturanthropologin Saskia Cousin: *Cousin*, Saskia: L'identité au miroir du tourisme. Usages et enjeux des politiques de tourisme culturel. Paris 2003.

16   *Provazník*: Ústí město nad Labem, 4.

17   *Ebenda*, 10 f.

18   *Ebenda*, 14 f.

schwer, hier definitiv Wurzeln zu schlagen: »Ústí ist keine Stadt, in die man sich auf den ersten Blick verliebt, aber die Begegnung mit ihr ist schicksalhaft. Sie gibt den Menschen schwer eine Verwurzelung und lässt sie dann aber nicht mehr los.«[19] Die neue Generation sei in Ústí aber bereits heimisch geworden:

Die Handvoll Goldgräber, die wie Geier überwiegend in den Revolutionstagen auf den Straßen waren, sind schon lange weggegangen und die Erbauer der Stadt [budovatelé města] sind geblieben. An ihre Stellen sind heute ihre Kinder und in einigen Fällen auch ihre Enkel getreten, für die es schon keinen Unterschied zwischen der alten und der neuen Heimat [domov] gibt.[20]

Für Vladimír Provazník, einen der Hauptarchitekten der Stadt Ústí, war die Stadt nach der Bombardierung in einem »traumatischen Zustand« und »ein angeschlagener Patient«, dessen Heilung vernachlässigt worden war.[21] Diese verlangte eine eingehende »Diagnose«, die unter anderem vom Architekten Provazník durchgeführt wurde:

Immer war ich überzeugt, dass damit etwas Neues entsteht, man das Alte kennenlernen muss. Mehr als irgendwo sonst gilt das für Stadtplaner-Architekten, die auf einer freien Fläche beginnen, aber ihr Werk in das Mosaik der jahrhundertelangen Entwicklung der Stadt einfügen. Ohne Kenntnisse der Kontinuität ihrer Entwicklung und des Geistes der Stadt kann nicht ein lebensfähiges Werk entstehen.[22]

Der Soziologe Václav Houžvička schrieb in seiner Rezension zu Provazníks Buch: Die Stadt habe gegenüber anderen Grenzstädten einen Nachteil, weil in ihr niemand »Tradition« leben könne. Provazník hätte als Architekt der Stadt das Bedürfnis, den Bewohnern ein historisches Bewusstsein zu vermitteln, um sie dadurch zu einem Verständnis für die neuen Bauten und Umgestaltungen von Ústí zu führen.[23]

Provazník hatte bereits 1973, also zehn Jahre vor Erscheinen seines Reiseführers und noch vor seiner Übersiedlung in die Stadt, in einem Architekturband einen Artikel über Ústí nad Labem verfasst. Darin beschrieb er die Geschichte des 19. Jahrhunderts als Erfolgsgeschichte der Industrie, obwohl fast alle Industriellen in Ústí bis 1945 deutschsprachig gewesen waren. Die eigentliche Katastrophe in der Stadtgeschichte sah Provazník in den Luftangriffen im April 1945. Nach einer »großen Bevölkerungsbewegung« nach Kriegsende und der Besiedlung der Grenzgebiete sei es dann 1947 zu einer Stabilisierung der Verhältnisse gekommen.[24] Provazník beschrieb die Erfolgsgeschichte des

---

[19] *Ebenda*, 16.
[20] *Ebenda*.
[21] *Ebenda*, 15.
[22] *Ebenda*, 14 f.
[23] *Houžvička*, Václav: Vladimír Provazník: Ústí město nad Labem. In: Ústecké přehledy 5 (1983), 17.
[24] *Provazník*, Vladimír: Ústí nad Labem. In: Architektura ČR 1973, 109–125, hier 110 f.

Wohnungsbaus in der Stadt, die er ab Mitte der 1980er Jahre selbst mitbestimmen sollte. Er stellte alte Aufnahmen, die das Stadtzentrum mit seinen großen Freiflächen und historisch bedeutsamen Gebäuden zeigten, neben die Bilder der neuentstandenen Plätze. Provazník sah die Linderung der Wohnungsnot als vorrangige Aufgabe, die auch die Sprengung von historischen Gebäuden im Zentrum legitimierte. Die neuen Einwohner, so seine Lesart, gestalteten durch diese Veränderungen den urbanen Raum mit und pflegten ihre emotionale Bindung an die Stadt.

Nur ein einziger tschechoslowakischer Reiseführer thematisierte die Grenzlage zu Deutschland beziehungsweise zur DDR:

> Der Kreis Nordböhmen ist ein Grenzlandkreis. Es muß jedoch bemerkt werden, daß das Wort »Grenzland« hier in den letzten Jahren seine Bedeutung gewandelt hat. Wenn es einst einen ethnischen und politischen Inhalt hatte oder später die Vorstellung von einer unwirtlichen Gegend erweckte, ist es heute ein wiedergewonnenes Land, reich an Natur, Geschichte und Gegenwart, veredelt durch die Arbeit und Pflege feinfühliger Hände. Es ist ein herrliches Stück Land, dem die Liebe seines Volkes gehört, das man kennenlernen sollte und das auch fremden Besuchern zahllose Schönheiten und Sehenswürdigkeiten zu bieten hat.[25]

Im Jahr 1977, dem Erscheinungsjahr des zitierten Reiseführers, war das Wort Grenzland (pohraničí) eher verpönt, da das Gebiet als Teil des gesamten Landes empfunden werden sollte. Diesen Begriffswandel sprachen die Autoren Zora und Marek explizit an: Der Verweis auf den einstigen »ethnischen und politischen Inhalt« entsprach dem Zeitgeist und der zeitgenössischen Sprache, die den Begriff »Sudetenland« beziehungsweise das tschechische *sudety* abzulösen versuchte. Die »unwirtliche Gegend« meinte die unmittelbare Nachkriegszeit, als die neuen Bewohner in ein menschenleeres, industriell und sozial brachliegendes Land kamen. In den 1970er Jahren beurteilten die Autoren diesen Prozess negativ und kritisierten damit die Ansiedlungspolitik. Die Formulierung »wiedergewonnenes Land« bezog sich auf den wirtschaftlichen Erfolg des Grenzlandes, dem zwar immer noch eine Sonderstellung zukam, aber auch »die Liebe seines Volkes gehört[e]«. In den 1970er Jahren galt das Grenzland, das *pohraničí*, für die hier heimisch gewordenen Bewohner als positiver Bezugspunkt. Doch vielleicht musste ein Reiseführer wie der von Marek und Zora dies den derzeitigen Bewohnern auch noch in der Edition »Má vlast« (Meine Heimat) verdeutlichen. Über 30 Jahre nach der Neubesiedlung war eine neue Generation in der Region aufgewachsen, die ein Recht auf eine Neubewertung und Neugestaltung ihrer Heimatverbundenheit hatte.[26]

---

[25] *Zora*, Petr/*Marek*, František: Severočeským krajem [Durch die nordböhmische Region]. Praha 1977, 22.

[26] Zur Grenzland-Diskussion von 1945 bis 1947 siehe *Brenner*: »Zwischen Ost und West«, Kapitel III »Das Grenzland«.

3. Industrie – Natur – Landschaft: Bezugspunkt
für neue und alte Bewohner

In den tschechoslowakischen Darstellungen nach dem Zweiten Weltkrieg
wurde das Grenzgebiet allgemein als idyllischer Ort geschildert, der unter der
langen ›Besiedlung‹ durch die Deutschen zwar gelitten habe, aber nun, vor allem nach der kommunistischen Machtübernahme 1948, erblühte und durch
das Schaffen der Arbeiterschaft wiederaufgebaut wurde. Die industrielle Arbeit
und die landschaftliche Schönheit der Natur waren die zwei prägenden Motive
der kommunistischen Darstellungen des ›neuen‹ Grenzlandes. Dies zeigt sich
auch in den Reiseführern über Ústí nad Labem und Umgebung.

In Ústí selbst standen bereits seit dem 19. Jahrhundert zahlreiche Fabrik-
schlote. Die Stadt ist daher bis heute manches Mal unter einer gelben Chlor-
wolke verdeckt. Im Sozialismus festigte sich der Ruf von Ústí als ›schwarzer
Stadt‹ noch weiter. Im Kontrast dazu stand die Landschaft rund um Ústí. Die
›Idylle der Natur‹ war nach der Aussiedlung der Deutschsprachigen ›wiederhergestellt‹ worden; angesichts der schweren Bedingungen (Abgelegenheit,
unfruchtbarer Boden) hatten auch die neuen Bewohner diese Orte bald wieder
verlassen. So wurde die Natur in der Umgebung von Ústí bis in die 1970er von
zahlreichen Dörfern ›bereinigt‹.

Das Stadtbild von Ústí nad Labem litt noch über Jahrzehnte unter den Zerstörungen der letzten Kriegstage und bot nicht viel, was Touristen hätte locken
können. Die erste Literatur, die sich tatsächlich an auswärtige Touristen richtete, entstand daher erst in den 1960er Jahren. Besonders viele Publikationen
erschienen im »Reisejahrzehnt« der 1970er Jahre, als Visafreiheit für DDR-
Bürger bestand, Ostpolitik und Fünftagewoche zu einem wahren Reiseboom
beitrugen – sowohl innerhalb der Tschechoslowakei wie auch bei Reisen von
West nach Ost. Zu diesem Zeitpunkt wurden in Ústí immer noch Aufräumarbeiten beziehungsweise Umgestaltungen des Stadtbildes vorgenommen. Die
tschechoslowakische Reiseliteratur war stets bestrebt, die Neubauten und ihre
moderne Architektur in den Vordergrund zu stellen. Die bildliche Gegenüber-
stellung der modernen Bauten mit den wenigen Denkmälern in Ústí nad Labem fand sich in fast allen tschechischen Bildbänden über die Stadt. Die neuen
Sehenswürdigkeiten von Ústí entstammten der ›Aufbauleistung‹ der Nachkriegszeit, wie es in zeitgenössischen Texten stilisiert hieß.[27]

Die stärkste Konnotation besaß Ústí nach wie vor als Industriestadt konno-
tiert, was auch die Reiseführer hervorhoben und als Beweis der Fortschrittlich-
keit darstellten.[28]

---

[27] Das alte Stadtzentrum wurde als kleinbürgerlich und geschmacklos beschrieben (*Schauf-
ler/Hejl*: Ústí nad Labem ve fotografii), man lobte die moderne Architektur, die die »nicht
mehr angemessenen« alten Bauten ersetzt habe (*Hájková/Holan/Houžvička*: Ústí nad Labem, 4). Detailliert dazu siehe Kapitel IV.3.

[28] Unter anderem *Týc*, Antonín: Turistické cíle Severočeského kraje [Touristische Ziele des
Nordböhmischen Kreises]. Ústí nad Labem 1965; *Provazník*: Ústí město nad Labem, 16;

Abb. 17: Aufnahme aus der Richtung Střekov, Mitte der 1970er Jahre (AMUL).

So charakterisierte der Regionalhistoriker Václav Houžvička die Stadt mit den Schlagworten »Chemiestadt, Metropole Nordböhmens«.[29] Unter der Überschrift »Das Industriegesicht« folgten Bilder von Industrieanlagen in Ústí, Trmice und Neštěmice. Der romantische Blick auf die verrauchte Stadt im Sonnenuntergang entspricht dem Blick von Anna Sedlmayerová.[30] Die Natur mit ihren Bodenschätzen, so Houžvička, habe die Entwicklung der Industrie an diesem Standort befördert.[31]

    Einhornovi, Milada a Erich: Severní Čechy [Nordböhmen]. Ústí nad Labem 1985, 215.
[29] *Hájková/Holan/Houžvička*: Ústí nad Labem, 4.
[30] *Ebenda*, 107–119.
[31] *Ebenda*, 4.

Landschaft und Natur waren aber nicht nur Rohstoffquelle der Industriestadt Ústí, sondern auch Reiseziel an sich. Bereits vor dem Krieg hatte es Stadtbewohner und Besucher gleichermaßen in die schönen Berge des Böhmischen Mittelgebirges gezogen. Der Drang hinaus in die Natur verband die alten und neuen Bewohner von Ústí, was sich auch in den Reiseführern spiegelte.[32] Im gleichen Maße wie sich Ústí zur ›modernen‹ Stadt veränderte, begannen die Autoren, die umliegende Landschaft zu betonen. Ein frühes Beispiel war der 1965 von Antonín Týc verfasste Reiseführer, der Ústí als »unser Bezirk der Naturschönheiten« beschrieb.[33] Auch der professionelle Reiseliterat Luděk Záhora pries 1966 die landschaftlichen Vorteile Nordböhmens mit geradezu enthusiastischen Worten:

> Die Landschaft wechselt sich ab mit Ebenen und Hügeln. Hier sind eine Menge kultureller und historischer Denkmäler. Neben den Bauten der Vergangenheit sind hier auch viele Bauten der zeitgenössischen technischen Geschicklichkeit. Die Entwicklung der Industrie brachte den schweren Kampf der Bergarbeiter und der Textilarbeiter im böhmischen Norden mit sich. Alle diese charakteristischen Zeichen, die zusammen das charakteristische, harmonische Ganze ergeben.[34]

Záhora schildert Ústí nad Labem als Hauptstadt des Bezirkes Nordböhmen, wo historische und moderne Bauten, Landschaft und Industrie im harmonischen Einklang stünden. Ganz ähnlich empfahl Josef Lochmann, der Vorsitzender der Kommission für Fremdenverkehr, die »sozialistische Industrie« neben den Denkmälern als wichtigste Reiseziele in der Region Nordböhmen.[35]

Auch der 1977 publizierte Fotoband »Durch den nordböhmischen Bezirk« von Petr Zora und František Marek, der in der Reihe »Má vlast« herausgegeben wurde, verwies auf die Verbindung von Natur und Industrie. Zoras Bilder zeigten vor allem die Landschaft und den modernen Wohnungsbau. Die dreisprachigen Texte betonten die Gegensätzlichkeit des Bezirkes Nordböhmen: Naturschönheit, seltene Flora und Fauna versus Leistungen der Technik, Industrie und Landwirtschaft, Betriebsamkeit versus Idyll, modern versus prähistorisch.[36]

---

32 *Sedlmayerová*, Anna/*Peterka*, Miroslav: České středohoří [Böhmisches Mittelgebirge]. Praha 1965; *Záhora*, Luděk: Severní Čechy. Průvodce ČSSR pro motoristy [Nordböhmen. ČSSR-Reiseführer für Motoristen]. Praha 1966, 4; *Zahálka*, Jaroslav/*Suchevič*, Sáva: Severočeský suvenýr 1945–1965 [Nordböhmisches Souvenir 1945–1965]. Ústí nad Labem 1965; *Zora*, Petr/*Marek*, František: Severočeským krajem [Durch den Nordböhmischen Bezirk]. Praha 1977, 17; Na cestách severočeským krajem [Auf Reisen im Bezirk Nordböhmen]. Hg. v. *Komise cestovního ruchu*. Praha 1988.
33 *Týc*, Antonín: Turistické cíle Severočeského kraje [Touristische Ziele im Nordböhmischen Kreis]. Ústí nad Labem 1965, 1.
34 *Záhora*: Severní Čechy, 4.
35 *Zahálka/Suchevič*: Severočeský suvenýr 1945–1965, Umschlag mit Zitat Lochmanns.
36 *Zora/Marek*: Severočeským krajem, 17.

Ab den 1980er Jahren ermöglichte die politische Situation jedoch auch den Abdruck kritischer Äußerungen – schließlich wussten alle Eltern Nordböhmens, dass ihre Kinder trotz der schönen Umgebung in Luftkurorte fahren mussten, in die sogenannten »Schulen in der Natur«, um frische Luft zu atmen, eine Landschaft zu erleben und die Industrieabgase auszugleichen, die sie tagtäglich in ihren Wohnorten einatmeten. So vermerkt auch der obig zitierte Bildband von Václav Houžvička im Jahr 1986, dass Ústí »nicht immer Naturschönheit« gewesen war.[37]

Der Stadtarchitekt Vladimír Provazník beschrieb diesen Widerspruch seiner Heimatstadt 1983 wie folgt: »Ist eine Frau unglaublich hässlich, kann man immer noch galant behaupten, dass sie schöne Augen habe und meistens haben auch die schlimmsten Städte gemäß der Behauptung ihrer Verehrer und Anhänger eine schöne Umgebung.«

Dennoch lehnte Provazník es ab, sich lobend über die Umgebung der Stadt auszulassen, denn: »Diese Stadt braucht bestimmt keine entschuldigenden Worte, auch nicht unaufrichtigen Enthusiasmus.«[38]

Recht anders liest sich der Begleittext einer zweisprachigen touristischen Karte, die 1988 von der Reiseverkehrskommission in Prag herausgegeben wurde und sich an ein (ost-)deutsches und tschechoslowakisches Publikum richtete. Sie trug den Titel »Na cestách severočeským krajem/Auf Reisen im Bezirk Nordböhmen« und präsentierte den Zielort als »Zentrum des Reiseverkehrs«. Über die Stadt selbst hieß es:

Ústí nad Labem – Die Metropole von Wohnsiedlungen und Industriewerken, ein wichtiger Eisenbahnknotenpunkt und Binnenhafen, ist heute eine moderne, zu einem Großteil umgebaute Großstadt mit einem reichen Kultur- und Gesellschaftsleben. Der neue Ausbau wird repräsentiert durch die großzügige Konzeption des Stadtzentrums und die komplexen Wohnsiedlungsgebiete an den Südhängen der Flusstäler.[39]

Die Autoren lobten neben dem industriellen Charakter der Stadt auch deren geistigen Bauten. Es gelang, die im Jahre 1318 erbaute Dekanatskirche zu retten. Ihr 65 Meter hoher Turm hatte sich mit seiner Spitze, infolge der Erschütterungen und des Absinkens seiner Fundamente, stark geneigt.[40] Und wie um die »moderne« Bausubstanz zu rechtfertigen, erklärten die Autoren: »Die Baudenkmäler wurden zu einem Großteil bei einem britisch-amerikanischen Bombenangriff in den letzten Kriegstagen vernichtet.«[41] Der Verweis auf die Bombenangriffe verschweigt zudem, dass in Ústí kurz vor Erscheinen der Reisekarte eine der größten Sprengungen in der Tschechoslowakei durchgeführt wurde, der die letzten historischen Gebäude der Stadt zum Opfer fielen.

---

[37] *Hájková/Holan/Houžvička*: Ústí nad Labem, 4.
[38] *Provazník*: Ústí město nad Labem, 16.
[39] Na cestách severočeským krajem, Kartenrückseite.
[40] *Ebenda*.
[41] *Ebenda*.

Exkurs: Anna Sedlmayerová

Die 1912 geborene Schriftstellerin Anna Sedlmayerová verwendete sehr viele Landschaftsbetrachtungen von Ústí nad Labem in ihren Romanen. Sie war in Südböhmen groß geworden und kam 1947 nach Ústí. Sedlmayerová begann ihre schriftstellerische Tätigkeit mit Kinderbüchern, die einen starken Bezug zur Heimat vermitteln sollten. Ihre Romane beschäftigten sich unter anderem mit der Zwangsaussiedlung der Deutschen und der Wiederbesiedlung.

Landschafts- und Naturbeschreibungen spielen in Sedlmayerovás Romanen eine große Rolle. Diese Naturverbundenheit zeigte sich auch in dem Bild- und Textband »Das böhmische Mittelgebirge« aus dem Jahr 1965.[42] Ústí nad Labem beschrieb sie als Stadt, »die mit einer nicht verheilten Wunde aus dem Krieg kam«, aber auch als eine Stadt, »die nie schön gewesen sei«.[43] Ústí fehle Altertümlichkeit, schrieb Sedlmayerová. Die hinterlassenen Villen der deutschsprachigen Fabrikanten schilderte sie so:

> Von allem blieben nur wunderschöne, alte, verwachsene Gärten, voller Äste, Jasmin und Quitten. Hänge von großem Rhododendron tragen schon Wachsblätter und Blüten von purpurner Blüte herrlichen Sims und naiver Zinne. In ihnen sind Kindergärten, Internate und Lehrzentren.[44]

Die Natur habe sich die »neureichen Villen« zurückerobert. Die von den Petscheks erbauten Villen seien nun Sitz verschiedener Ämter und politischer Schulen. Sedlmayerová wertete dies nicht, sie beschrieb lediglich den Wandel, ebenso für die Schicht-Villa in Střekov: »In dem Palast, den sich Präsident Schicht Tür an Tür mit der Schreckensteiner Burg über dem Fluss errichten ließ, leben die Hörer der pädagogischen Institute.«[45]

Sedlmayerová sah Ústí als attraktive Stadt, umgeben von Hügeln, von denen die Stadt sogar schön aussehe. Selbst die Chemiefabriken seien aus der Ferne in diese Landschaft integriert:

> Touristen, die in diese große nordböhmische Metropole von irgendeinem Hügel herabsehen, sei es aus Süden, Norden oder von wo auch immer, sie glauben nicht, dass es nicht schön ist. Am Tag gibt es hier fünfzehn Schattierungen von Grau und Blau, hier ist es voll von Hügeln und Gärten, die sich an die Elbe anlehnen und die auf den Hügel auf Větruše, den Marienfelsen oder den Hügel in Střížovičky heraufführen und das sieht zufrieden aus. Der gewaltige Qualm der Fabriken gehört aus der Ferne zu der Schönheit hinzu, denn sie sehen aus wie Gebirgsmassive zwischen der Stadt und dem Erzgebirge. Aus der Nähe sind sie massiv. Sie werfen Asche und Ruß aus. Sie atmen Chlor. Sie sind untrügliche Zeichen von schwerer Arbeit und Fleiß, überwältigende Produktion der fleißigsten Industrie, Zeugen des Reichtums und des Fortschritts, aber nicht die passende Pracht.[46]

---

[42] *Sedlmayerová/Peterka*: České středohoří.
[43] *Ebenda*, 112.
[44] *Ebenda*.
[45] *Ebenda*.
[46] *Ebenda*.

Christiane Brenner zeigt in ihrer Analyse der sogenannten Grenzland-Romane, zu denen sie auch einige Bücher von Sedlmayerová zählt, dass die Autoren gerade der Natur und vor allem dem Wald einen »tschechischen Charakter« zuschrieben. Zudem erklärten sie – wie oben am Beispiel von Ústí beschrieben – nach dem Weggang der Deutschen habe die »Idylle« in der Natur wieder um sich gegriffen.[47]

Anna Sedlmayerová war nicht immer eine systemkonforme Schriftstellerin, aber durchaus angetan von der ›Aufbauleistung‹ in den Grenzgebieten. Man merkt ihren Texten an, dass ihre Naturverbundenheit es ihr schwermachte, ihre neue Heimatstadt zu akzeptieren.

4. Sehenswürdigkeiten: Denkmäler mit touristischem Nutzen

Denkmäler besitzen neben der erzieherischen und geschichtspolitischen Dimension und Aufgabe auch einen touristischen Nutzen. Sie locken Besucher an, werden in Reiseführern besprochen, geben die Route einer Reise vor. Genau wie Denkmäler sind auch Sehenswürdigkeiten inszeniert und produziert. Sie entstehen nicht zufällig, wie der Schweizer Ethnologe Ueli Gyr hervorhebt: Sehenswürdigkeiten sind arrangiert in einem Kontext.[48]

Die Sehenswürdigkeiten, auf die der Besucher in Ústí nad Labem besonders hingewiesen wurde, betrafen das tschechische Erbe beziehungsweise dessen Dominanz im Grenzgebiet gegenüber den als deutsch verstandenen Denkmälern. Zu diesen tschechisch konnotierten Monumenten zählten das Denkmal der Hussiten-Schlacht bei Na Běhání, das Přemysliden-Denkmal in Stadice, Denkmäler kommunistischer Führer und Befreiungsdenkmäler.[49] Daneben galten auch die Neubauten in Ústí nad Labem als ›Denkmäler‹, das ›moderne Stadtbild‹ wurde als Sehenswürdigkeit hervorgehoben.

Zu den meistbesuchten Denkmälern der Stadt gehörte die Burg Schreckenstein (Střekov), die hoch über der Elbe liegt und den gleichnamigen Stadtteil von Ústí nad Labem dominiert. Sie war bereits im 19. Jahrhundert ein attraktives Ausflugsziel für in- und ausländische Besucher und wurde auch in der Nachkriegszeit gern besucht. Im Jahr 1966 zählte man 53.000 Besucher aus dem In- und Ausland auf der Burg, im darauffolgenden Jahr wurde diese Zahl bereits im August überschritten.[50] Die Burg war ein beliebtes Motiv zahlreicher

---

[47]   Brenner untersuchte unter anderem Sedlmayerovás Roman »Dům na zeleném svahu« [Das Haus auf dem grünen Hügel, erschienen 1947]; *Brenner*, Christiane: »Co není v knihách, není vůbec«. Pohraničí v české literatuře bezprostředně po válce. In: Dějiny a současnost 11 (2010), 14–17, hier 15.

[48]   *Gyr, Ueli*: Kultur für Touristen und Touristenkultur. In: *Kramer*, Dieter (Hg.): Reisen und Alltag. Beiträge zur kulturwissenschaftlichen Tourismusforschung. Frankfurt am Main 1992, 19–38, hier 26.

[49]   Zu den erinnerten Ereignissen wie auch der Geschichte der Denkmäler siehe Kapitel IV.2.

[50]   Za socialistické město. Rozvoj Ústí nad Labem za rok 1966 [Zur sozialistischen Stadt. Die Entwicklung von Ústí nad Labem im Jahr 1966]. Hg. v. *Městský národní výbor*. Ústí nad

romantischer Maler, Komponisten und Schriftsteller. Heute befinden sich auf dem Burggelände auch zwei Gedenktafeln für deutschsprachige Persönlichkeiten: für den romantischen Maler Ernst Gustav Doerell aus Ústí und für Richard Wagner, der sich auf der Burg für den Tannhäuser inspirieren ließ.[51]

Zu den Attraktionen von Ústí nad Labem gehörten auch die Kirchen. Diese sollten ausschließlich als Denkmäler besucht werden und nicht mehr als Gotteshäuser, wie der Bericht über die kirchliche Situation aus dem Jahr 1972 verriet.[52] Zum Teil wurden sie durch ihre Funktion als Sehenswürdigkeiten vor dem Abriss gerettet. Viele Kirchen wurden auch umgenutzt, das heißt, sie verloren ihre ursprüngliche gottesdienstliche Funktion und dienten fortan als Ausstellungs- und Konzertsäle. Die verbliebenen Kirchen waren in den 1980er Jahren zum Teil nicht mehr für Besucher zugänglich.

Abb. 18: Der schiefe Turm der Dekanatskirche auf dem Titelblatt einer touristischen Broschüre (AMUL, Soudobá dokumentace IV 1945–1989, Cestovní ruch KT 212).

Labem 1967, 30.
[51] *Klener*: Ústeckým okresem, 11.
[52] Ústí nad Labem. Průvodce městem a jeho okolím [Ústí nad Labem. Reiseführer der Stadt und ihrer Umgebung]. Hg. v. *Okresní národní výbor v Ústí nad Labem – odbor kultury*. Ústí nad Labem 1972, 2 f.; Stav a údržba památkových objektů na území města [Der Zustand und die Wartung der Denkmalobjekte auf dem Gebiet der Stadt]. AMUL, MěNV, KT 265, Inv. Nr. 1625, Ústí nad Labem 1966.

Zu den ältesten Kirchen der Stadt gehörte die Dekanatskirche Mariä Himmelfahrt (Kostel Nanebevzetí Panny Marie), die nach 1945 durch ihren schiefen Turm berühmt wurde.[53] So heißt es in einer zweisprachigen touristischen Karte von 1988:

Aus den Trümmern gelang es, die im Jahre 1318 erbaute Dekanatskirche [...] zu retten. Ihr 65 Meter hoher Turm hatte sich mit seiner Spitze, infolge der Erschütterungen und das Absinken seiner Fundamente, um 186 cm von der lotrechten Achse geneigt. Der Turm wurde fachgemäß vor dem Zusammensturz abgesichert und ist heute der schiefste Kirchturm der Welt.[54]

Die Dekanatskirche wurde zum Denkmal der Bombardierung und zum Symbol der Kriegsschäden, er bietet ein Beispiel dafür, wie die Propaganda in Ústí nach 1945 die Zerstörung zahlreicher Sehenswürdigkeiten im Stadtzentrum thematisierte. Der bis heute schiefe Kirchturm blieb eine der wichtigsten Sehenswürdigkeiten in Ústí – nun ergänzt durch eine neue Erinnerung.

Die Kunsthistoriker Alexandra Gromovská und Sáva Suchevič, beide im Denkmalpflegeamt Ústí angestellt, hoben in ihrem 1980 publizierten Band über die Kulturdenkmäler Nordböhmens auch die kirchlichen Sehenswürdigkeiten hervor. Dabei betonten sie die gelungene Umnutzung einiger Kirchen: Die Denkmalpflege habe die Aufgabe, »das barocke Areal der Kirche und des Klosters [...] nicht nur [aufgrund] seiner ausgezeichneten architektonischen Werte zu erhalten, sondern ihm auch eine zeitgenössische kulturelle Funktion zu geben«.[55] Das hier beschriebene Areal war die Kirche St. Adalbert (Kostel sv. Vojtěcha) mit dem dazugehörigen ehemaligen Kloster, welches als Sitz des Denkmalpflegeamtes diente. Die Kirche selbst war Anfang der 1970er Jahre zu einem Ausstellungs- und Konzertsaal umgewidmet worden, wobei der Altar durch ein Porträt von Klement Gottwald ersetzt wurde.

Ihre Funktion als touristische Attraktion rettete auch viele Kulturdenkmäler in der Umgebung von Ústí: Die Schlösser kamen bald an die Grenzen ihrer Kapazitäten, als der Massentourismus der 1960er und 1970er Jahre auch Nordböhmen erreichte. Auch an Waren mangelte es für die Besucher. So konzentrierten sich die Besuchermassen auf die wenigen offenen Sehenswürdigkeiten. Lediglich zehn der insgesamt 152 Schlösser und Burgen im Bezirk Ústí waren für die Besucher aus dem Ausland zugänglich – und diese zehn Reiseziele wurden von 660.000 Menschen jährlich besucht (Stand 1964). Viele bedeutende Schlossanlagen und Parks waren in einem schlechten Zustand. Zudem gab es oft nur wenig und schlecht ausgebildetes Personal zur Betreuung

---

53 *Rybár,* Ctibor: Tschechoslowakei. Reiseführer, Informationen, Fakten. Prag 1978, 373 sowie *Šafránek,* Vlastimil: Touristische Ziele im Nordböhmischen Bezirk. Ústí nad Labem 1986, 1.

54 Na cestách severočeským krajem, Kartenrückseite. Dieser Vergleich galt jedoch nur in der damaligen sozialistischen Welt: Der Turm von Pisa war und bleibt schiefer als das vermeintliche Wunderwerk von Ústí.

55 *Gromovská,* Alexandra: Kulturní památky severních Čech [Kulturdenkmäler Nordböhmens]. Unter Mitarbeit von Sáva Suchevič. Ústí nad Labem 1980, 24.

der Gäste – teilweise führten Reinigungskräfte durch die historischen Räume. Auch die Fremdnutzung von Kulturdenkmälern, beispielsweise die Nutzung von Schloss Ploskovice als Schule, wurde in einem Beitrag des Architekten Pavel Mošták im »Průboj« offen kritisiert.[56] Mošták plädierte für die verstärkte Nutzung des Fremdenverkehrs, um die Bedeutung der Denkmäler hervorzuheben, »nicht nur wegen ihrer kulturellen, tschechisch-nationalen Vergangenheit, sondern auch wegen ihrer kulturellen Gegenwart«.[57]

Die Kulturabteilung des Bezirkes Ústí nad Labem propagierte die Ausflugsziele nicht nur mit Blick auf auswärtige Touristen, sondern wollte vor allem für die Erholung der Bürger sorgen. »Kurze Erholungen« sollten ausgebaut werden, also Ausflüge in die nähere Umgebung, beispielsweise zu dem romantischen Ausflugsschloss Větruše oberhalb der Stadt, wohin eine Reihe von Freizeitaktivitäten verlegt werden sollten. Der Kulturplan sah außerdem eine Erweiterung der Burg Střekov vor, auf die man »mit heimatkundlichen Spaziergängen« locken wollte.[58]

Die Einwohner von Ústí erholten sich jedoch nicht nur beim Besuch von Kulturdenkmälern in der Umgebung der Stadt, sondern suchten auch den Rückzug ins Private: Besonders während der sogenannten Normalisierung nach Niederschlagung des Prager Frühlings 1968 zogen sich zahlreiche Tschechoslowaken in den Familienkreis und in den privaten Raum zurück. Die Freizeit- und Chata-Bewegung der 1970er und 1980er Jahre war eine der Grauzonen, in denen sich offizielle und inoffizielle Kultur überlappten. Neunzig Prozent der Einwohner von Ústí besaßen ein sogenanntes *rekreační objekt* (Ferienobjekt) in der näheren Umgebung der Stadt.[59] Ein Viertel der Einwohner von Ústí verbrachte die Freizeit regelmäßig in der sogenannten *chata*, dem Wochenendhäuschen.[60] Die *chata* war häufig *po Němcích*, also ein Haus »nach den Deutschen« in den meist verlassenen Dörfern des Grenzgebiets. Diese alten Häuser dienten als Freizeitwohnsitz der Familien. Der Rückzug auf die *chata* war auch eine Flucht aus den Plattenbauten und ein »Zeichen des Willens nach Selbstrealisierung in der Privatsphäre«.[61] Zudem sorgten die neuen

---

56 *Mošták*, Pavel: Kulturní památky a turistická sezóna [Kulturdenkmäler und die touristische Saison]. In: Průboj vom 11.10.1964, 5.

57 *Ebenda.*

58 *Dušek*: Ústí nad Labem – středisko průmyslu, 61 f. Mehr dazu *Punčochář/Novotný*: Historie organizované turistiky. In Větruše hatte bereits 1945 die Neugründung des Tschechischen Vereins für Tourismus stattgefunden – an derselben Stelle, an der das deutsche Pendant im Jahre 1878 gegründet worden war.

59 72,5 % dieser Wochenendhäuser befanden sich im Ústecký kraj. Siehe Sčítání lidu, domů a bytů 1970. Hg. v. *Okresní oddělení českého statistického úřadu v Ústí nad Labem*. České Budějovice 1973, 69.

60 *Provazník/Eminger*: Územní prognóza širšího území trojměstí, 74.

61 *Kalinová*, Lenka: Mythos und Realität des »Arbeiterstaates« in der Tschechoslowakei. In: *Hübner*, Peter u. a. (Hg.): Arbeiter im Staatssozialismus. Ideologischer Anspruch und soziale Wirklichkeit. Köln 2005, 105.

Eigentümer für den Erhalt der Gebäude: Vladimír Kaiser beurteilte die Chata-Bewegung in den 1970ern für die Region um Ústí als eine »Rettung fünf vor zwölf«, da hierdurch etliche Häuser im Bezirk gerettet werden konnten.[62]

5. Aussiger Ansichten: Heimwehreisen vs. Einkaufstourismus

Zum nostalgischen Ort wurde Ústí vor allem für die ehemaligen Einwohner, die Aussiger. Für sie blieb ihre Heimat in einer »restorative nostalgia« bestehen.

Das »mentale Gepäck«,[63] das Reisende an ihre Destination mitbringen, kann aus Informationen über den Reiseort bestehen, aus Vorstellungen, Ahnungen, Erwartungen und Wissen, gewonnen aus Bildern, Filmen, Gesprächen mit anderen, Reiseprospekten, Reiseführern oder auch Fernsehserien. Welches mentale Gepäck hatten nun die ehemaligen Bewohner von Ústí dabei, wenn sie zurückreisten?

Ústí nad Labem war nie das, was man als klassischen Sehnsuchtsort einer Urlaubsreise bezeichnen würde. Die Stadt wurde es jedoch für die ehemaligen Einwohner, die ihr ›mentales Gepäck‹ in Form von romantischen Bildern des Vorkriegs-Aussig mitbrachten und es in ›Gedankenspaziergängen‹ wiederaufleben ließen – einerseits also in Gedanken reisten, aber auch physisch den alten Bildern hinterherreisten. Die Aussiger erhielten dieses Bild meist aus der Ferne, es blieb ihre Wahrheit. Sie transferierten sich dabei in eine andere Zeit, meist in das Aussig vor 1938.[64]

Reiseliteratur aus der BRD

Die in der BRD lebenden Aussiger reisten bereits ab den 1950er Jahren in die Tschechoslowakei, um ihre dort verbliebenen Verwandten zu besuchen. Die Eindrücke dieser Reisen teilten sie in ihrer Heimatzeitung, dem Aussiger Boten, mit bis zu 5.000 Lesern. Diese Berichte dienten denjenigen, die nicht zurückfahren konnten oder wollten, als Gegenwartsberichte, Rückschau und Abgleich mit der eigenen Erinnerung, mit der sie die Stadt verlassen mussten. Die gruppenspezifische Sprache, die im Aussiger Boten transportiert wurde, suggerierte ein Verbot des Reisens in die Tschechoslowakei.[65] Die Praxis war aber eine andere: Viele der Zwangsausgesiedelten reisten viel und mehrfach in ihre ›alte Heimat‹ und begegneten – fernab der Rhetorik des Kalten Krieges – ihren

---

[62] *Kaiserová/Kaiser*: Dějiny města Ústí nad Labem, 253.
[63] *Gyr*: Kultur für Touristen und Touristenkultur, 25.
[64] *Boym*: The Future of Nostalgia, 7.
[65] Unter anderem: Der Besucher-Strom in die Tschechei. In: Aussiger Bote vom Januar 1964, 3 f.

ehemaligen Nachbarn und den Neusiedlern. Es war der schlichte und menschliche Wunsch, das eigene Elternhaus wiederzusehen oder die Stadt kennenzulernen, die man bislang nur aus den Erzählungen der Großeltern und Eltern kannte. So wünschte sich auch der 18-jährige Heinz, der selbst in Aussig geboren wurde, aber ohne eigene Erinnerung an die Stadt war, dorthin zu fahren, um das eigene Elternhaus zu sehen:

Ich möchte zu gern wissen, wie es heute dort aussieht, ob in unserer kleinen Stadt noch immer das gleiche geschäftige Treiben herrscht, von dem immer erzählt wird. Ich möchte wissen, was aus unserem Haus geworden ist, was für Leute darin wohnen und noch vieles andere mehr.[66]

So begann auch eine neue Generation, die Aussig nicht aus eigenem Erleben kannten, nach Ústí zu reisen und die vermeintlichen Wurzeln zu suchen beziehungsweise dem Bild der Eltern und Großeltern hinterherzufahren.[67]

Einer der ersten Autoren, der seiner Heimat ein literarisches Vermächtnis setzen wollte, war der Schriftsteller Wilhelm Pleyer, der im Jahr 1958 den Band »Schönes Nordböhmen. Ein Bilderbuch der unvergessenen Heimat mit 153 Aufnahmen« publizierte. Bilder aus Ústí nad Labem gab es in Pleyers Band nicht, lediglich einen kurzen Texteintrag:

Unter ihm [Schreckenstein] die größte deutsche Stadt des Landes Aussig, mit allem Segen der Natur, ganz Wirtschaft und weltoffener Betrieb: chemische Großindustrie, die berühmten Schichtwerke, Umschlagplatz, Ausgang unzähliger Elbefrachter mit Kohle aus dem nordwestböhmischen Becken und anderen Gütern. Anlegeplätze, Häfen, Werften, Masten, Masten und Krane, und Schlote, Schlote – eine machtvolle Parade des Fleißes.[68]

Der 1901 geborene Wilhelm Pleyer stammte aus Westböhmen, aus der Stadt Hluboká, und lebte lange Zeit in Nordböhmen, wo er als Redakteur tätig war. Pleyer verfasste seit der Zeit der Ersten Tschechoslowakischen Republik nationalistische Schriften über die von ihm stark empfundene Unterdrückung der Sudetendeutschen. Für seine Texte wurde er häufig wegen anti-tschechischer Propaganda verurteilt. Im Nationalsozialismus erlangte er Ruhm als sogenannter Sudetenschriftsteller und wurde für seinen ›Grenzlandkampf‹, den er mit seinen nationalistischen und antisemitischen Schriften führte, gefeiert. Nach Kriegsende musste Pleyer ein Jahr Zwangsarbeit in der Tschechoslowakei leisten, danach übersiedelte er nach Bayern, wo er seine schriftstellerische Tätigkeit ab 1946 fortführte, unter anderem beim Aussiger Boten. Er geriet zunehmend in die Kritik für seine ungebrochene nationalistische Haltung; seine Unterstützung der NPD im Jahr 1964 führte schließlich zum Zerwürfnis mit

---

66 Unsere Jugendseite. In: Aussiger Bote vom November 1964, 13–15.

67 Unter anderem: *Netuschil*, Peter J.: Was man uns schreibt. In: Aussiger Bote vom Januar 1966, 6.

68 *Kraft*, Adam/*Pleyer*, Wilhelm: Schönes Nordböhmen. Ein Bilderbuch der unvergessenen Heimat mit 154 Aufnahmen. Augsburg 1958, 10.

der Sudetendeutschen Landsmannschaft. Bei der Österreichischen Landsmannschaft dagegen publizierte er weiter und auch die Nähe zu nationalistischen
Parteien blieb bestehen. 1974 verstarb Pleyer in München.

Im Vergleich dazu erscheint der hier untersuchte Band als relativ gemäßig-
tes Heimatbuch, das Landschaftliches vor Politischem betonte. Das Bilderbuch
»Schönes Nordböhmen« zeigte überwiegend alte Landschaftsaufnahmen der
Region, wie sie sich die Zwangsausgesiedelten immer wieder gewünscht hatten. Es sollte außerdem auch denjenigen dienen, die »die Heimat nicht mehr
bewußt erleben konnten.«[69] Pleyer betonte jedoch an vielen Stellen die »deutsche Kulturleistung«, die das bergige und durch den Krieg zerstörte Grenzland
bei der ersten Ansiedlung in Böhmen aufgebaut hätte, »während die Slawen
sich auf das weit fruchtbarere und bequemere Innenböhmen beschränkten«.[70]
Pleyer sprach den Tschechen jegliches Heimatgefühl ab – dieses Sentiment
konnten in seinen Augen nur die »Deutschen« empfinden.[71] Im Vorwort äußerte Pleyer die Forderung nach der Rückgabe der Heimat: »Die Kräfte, die
diese Heimaten geschaffen und erhalten haben, werden sie auch wiedergewin-
nen und wiederaufbauen.«[72]

Einen ganz anderen Blick auf die Region bot der ebenfalls 1958 veröffentlichte Fotoband von Max Riedl. Es war der einzige deutsche Reisebericht, der
unter dem programmatischen Titel »Das heutige Nordböhmen« Aufnahmen
aus der Nachkriegszeit zeigte und im Untertitel einen »Tatsachenbericht in
Wort und Bild« versprach. Er konstruierte nicht den Sehnsuchtsort Aussig,
sondern zeigte das neue Ústí. Riedl war Anfang der 1950er Jahre zehn Tage
von München aus durch das Grenzland zwischen Kadaň (Kaaden) und Brou-
mov (Braunau) gefahren. Dabei hatte er 40 Filme belichtet, die er unentdeckt
in die Bundesrepublik zurückbrachte.[73] Das Vorwort von Rudolf Lodgman
von Auen, dem damaligen Sprecher der Sudetendeutschen Landsmannschaft,
zeigte deutlich, dass hauptsächlich die Zerstörung der »reiche[n] und blühen-
de[n] Industrieprovinz« dokumentiert werden sollte.[74] »Ausgetilgt wird alles,
was an die Vergangenheit erinnert. Dieses Land, in dem wahrhaftig die Steine
sprachen und von jahrhundertlanger deutscher Arbeit Zeugnis ablegten, soll
schweigen, es darf keine Geschichte mehr haben.«[75]

Für von Auen, einen ungebrochenen Verfechter des Münchener Abkommens, waren Riedls Bilder mit einem politischen Auftrag verbunden: »Sie wei-
sen in die Zukunft und zeigen uns eine Aufgabe.«[76]

---

69 Schönes Nordböhmen. In: Aussiger Bote vom Januar 1959, 34.
70 *Kraft/Pleyer*: Schönes Nordböhmen, 3.
71 *Ebenda*, 4.
72 *Ebenda*, 32.
73 *Riedl*, Max J.: Das heutige Nordböhmen. Ein Tatsachenbericht in Wort und Bild. Unter
    Mitarbeit von Rudolf von Lodgman Auen. München 1958, 5.
74 *Ebenda*, 3.
75 *Ebenda*, 4.
76 *Ebenda*.

VI. Wegweiser in die Heimat

Obwohl Riedl bereits zahlreiche Orte besucht hatte, bevor er nach Ústí fuhr, zeigte er sich hier besonders vom Grad der Zerstörung schockiert:

Aber in Aussig selbst. Hier sieht es, zumindest im Zentrum, erschütternd aus. Das Ausmaß der Veränderungen wurde mir zum erstenmal so richtig deutlich, als ich am anderen Morgen von der Ferdinandshöhe auf die Stadt hinuntersah: das Viertel auf der Oster ist praktisch verschwunden. Neue Bahnüberführungen sind entstanden und eine nächste Generation wird sich nur noch schwer vorstellen können, daß hier einmal Häuser standen. Auch die Gebäude längs der Schützen- und Türmitzer Straße sind großenteils zerstört und selbst die Häuser, die man auf dem Weg zur Ferdinandshöhe passiert, sind unbewohnt und verfallen.[77]

Um das Ausmaß der Veränderungen zu verdeutlichen, stellte Riedl mehrfach alte und neue Aufnahmen der Stadt nebeneinander. Noch erschütterter zeigte sich der ehemalige Aussiger beim Betrachten des Areals um den neugeschaffenen Busbahnhof:

Den stärksten Schock wird es auf einen alten Aussiger ausüben, wenn er sieht, wie man das Viertel um die Kleine Wallstraße, Nonnen- und Bielagasse umgestaltet hat. Hier ist ein großer freier Platz entstanden. Die Kleine Wallstraße blieb beibehalten, ebenso die Bielagasse, aber die Nonnengasse verschwand. Zwischen Bielagasse und der Kleinen Wallstraße wurde ein moderner Omnibusbahnhof mit einem halben Dutzend ›Bahnsteigen‹ und teilweise überdachten Wartegelegenheiten geschaffen.[78]

Was die ehemaligen Einwohner schockierte, empfanden viele neue Einwohner von Ústí als Modernität. Die neuen Bewohner hatten den erwähnten Busbahnhof im Rahmen der sogenannten freiwilligen Wochenendarbeit selbst errichtet.

Der Journalist Riedl besuchte auch die von Roma bewohnten Gegenden, wo er zunächst von einem Polizisten am Fotografieren gehindert wurde, dann aber doch festhalten konnte, wie heruntergekommen die Wohnungen waren. Riedl lastete dies den Roma an: »Einzelne Zigeuner, die blieben, haben freilich noch alle Eigenarten ihrer Rasse bewahrt, sich aber soweit an feste Arbeit gewöhnt, daß sie im Begriff sind, hier seßhaft zu werden.«[79]

Riedl betonte die Zerstörung der Stadt, erwähnte aber mit keinem Wort, dass diese größtenteils durch die Bombenangriffe während des vom Deutschen Reich begonnenen Krieges bedingt waren.

In den 1970er Jahren, auf dem Höhepunkt der Reisebewegung von West nach Ost, nahmen die Reiseberichte im Aussiger Boten massiv ab und die Rubrik »Berichte aus der Heimat« entfiel komplett. Es ist anzunehmen, dass die Vielzahl der Reisenden es nicht mehr nötig machte, deren Eindrücke schriftlich an Nicht-Reisende weiterzugeben. Ostpolitik, Wirtschaftsaufschwung und Generationenwechsel taten ihr Übriges, um das Thema der ›alten Heimat‹ durch das der neuen zu ersetzen.

---

77 *Ebenda*, 15.
78 *Ebenda*.
79 *Ebenda*, 16.

In den 1980er Jahren erschien jedoch eine große Zahl von Heimatbüchern.[80] Zum einen nutzten die ehemaligen Einwohner der Grenzregion ihre Reisen, um Materialien für eine eigene Publikation zu sammeln. Zum anderen bewegte der Protest gegen die Ostpolitik Willy Brandts viele der Autoren dazu, ihre Gebietsansprüche literarisch zu belegen.[81] Auch die zunehmende Zerstörung der Natur und der Verfall der verlassenen Dörfer im Grenzgebiet beschäftigte die Zwangsausgesiedelten. Die meisten dieser Bücher wurden im Eigenverlag herausgebracht, also nur von einer kleinen Gruppe rezipiert. Einer der größten Herausgeber von Heimatbüchern über Ústí war der Hilfsverein Aussig e. V., eine »auf die Pflege heimatlichen Gedankenguts bedachte und auf dem Grundsatz der wirtschaftlichen und sozialen Selbsthilfe aufgebauten Vereinigung der Sudetendeutschen aus dem Stadt- und Landkreis Aussig an der Elbe«.

In Ústí selbst fanden die Schriften einen größeren Widerhall als in der Bundesrepublik. Einige der verlassenen Dörfer in der Umgebung von Ústí wurden in den 1970er Jahren dem Erdboden gleichgemacht, nachdem ehemalige Bewohner Fotos von ihnen gemacht hatten; wie zum Beispiel Rychnov (Reichenau) im Jahr 1973, da die Behörden davon ausgingen, dass die Bilder zu Propagandazwecken dienten, um im westlichen Ausland den Verfall und die mangelnde Pflege durch die neuen Machthaber zu belegen.[82] Die sogenannte »akce Z« zerstörte im Bezirk Ústí zahlreiche Kulturdenkmäler, wie Kirchen, aber auch ganze Dörfer.[83]

Während sich das tschechoslowakische Ústí in Reiseführern und Broschüren bemühte, als Industriestandort mit neuen, modernen Siedlungen und in Verbindung mit der Natur interessant zu sein, teilten die ehemaligen Bewohner dieses Bild nicht. Sie verglichen die Gegenwart mit ihrer Erinnerung – und bei diesem Vergleich schnitt das moderne Ústí meist schlecht ab. Sie stellten

---

[80] Faehndrich definierte das »Heimatbuch« zunächst als »von Einheimischen für Einheimische« gemachte Werke mit dem Spezifikum der Laienautorenschaft. Das Heimatbuch als »zentrales Medium regionenbezogener Identifikation« bezieht sich in der Regel auf sehr kleine Räume, Städte, einzelne Ortschaften oder kleine Landstriche. Faehndrich konstatiert, dass die Heimatbücher zum Verständnis der Vertriebenen beitrugen und authentisch deren Inhalte wiedergäben, also fast einer Oral-History-Erzählung gleichkämen. Die Heimatbücher enthielten somit das kulturelle Gedächtnis der Gruppe der Vertriebenen. Siehe *Faehndrich*: Eine endliche Geschichte, 7 und 13.

[81] *Ebenda.*

[82] Aufgrund der Rezeption der in der Bundesrepublik verfassten Heimatbücher standen Reisende aus der Bundesrepublik generell unter der Beobachtung der Bevölkerung und noch viel mehr unter der des Staatsapparates. Siehe *Glassheim*, Eagle: Diagnosing Pathologies of Uprootedness: Integrating and Dis-Integrating Sudeten German Expellees from 1945 to 2010. Vortrag im Collegium Carolinum München, 8.3.2012, Mitschrift von Frauke Wetzel. Näher dazu *Glassheim*, Eagle: Cleansing the Czechoslovak Borderlands, 1938 to 1992. Migration, Environment, and Health in the Former Sudetenland. Pittsburgh 2016.

[83] Die »akce Z« (Aktion Z) stand für die *zvelebení* (Verbesserung) und umfasste vielfältige Aktionen, von Aufräumarbeiten der Betriebskollektive über die Steigerung der landwirtschaftlichen Erträge bis hin zur erwähnten Planierung ganzer Dörfer.

die Gegenwart des Grenzlandes melancholisch-traurig dar und verbanden dieses Bild mit politischen, zum Teil rassistischen Äußerungen, zum Beispiel indem sie abwertend über die Roma schrieben. Die Neubauten der Stadt wurden einhellig als kommunistische Schandtaten bewertet. Das »mentale Gepäck« der ehemaligen Bewohner waren deren Kindheits- und Jugenderinnerungen an eine unzerstörte Stadt und bis Ende der 1970er Jahre endeten ihre Erzählungen meist bereits vor Kriegsbeginn 1938. Dann aber erschienen Artikel einer neuen Generation von Aussigern, die meist nur noch die Erzählungen der Eltern kannten und auch die Kriegszeiten thematisierten. Die Heimatbücher der ehemaligen Bewohner von Ústí nad Labem hatten eine zweifache Funktion: Sie dienten der Erinnerung und auch der politischen Einforderung der Rückkehr oder Wiederherstellung der Herkunftsregionen. Die Darstellungen in Text und Bild betonten einerseits das Positive: die romantische, intakte Natur und Landschaft und die herausragende Industrie vor der Zwangsaussiedlung. Andererseits waren die Publikationen auch Anklagen gegen die gegenwärtigen Zustände, die Zerstörung der Natur, die Abnutzung und Leere des Raumes. Die Heimatreisenden bedauerten immer stärker die neuen Einwohner der Stadt und nahmen zunehmend davon Abstand, auf ein Rückkehrrecht zu pochen.

Während die neuen Einwohner von Ústí nad Labem in ihren Schriften und Bildbänden betonten, dass die Stadt ihnen nach 1945 zur Heimat geworden sei (domov) und sie sie selbst dazu gemacht hatten, betonten die Aussiger hingegen die Unumstößlichkeit von Heimat. Heimat wurde nicht hinterfragt und war ein kollektives Erlebnis, das auch nach dem Verlust, also quasi ohne materiellen Ort, die Gruppe der Aussiger einen sollte.

Reiseführer aus der DDR

Die Aussiger, die in der DDR lebten, konnten schon früher in ihre ehemalige Heimatstadt zurückreisen als ihre Landsleute in der BRD.[84] Sie reisten viel und oft, konnten ihre Eindrücke jedoch nicht in Heimatberichten veröffentlichen. In der DDR entstand auch keine Reiseliteratur unter Autorenschaft der sogenannten Umsiedler aus der Tschechoslowakei.[85] Das Risiko, den eigentlich

---

[84] Die ersten Reiseerleichterungen zwischen den Staaten des Warschauer Paktes entstanden 1955. Es kam 1955 zu einem ersten Abkommen zwischen dem tschechoslowakischen Innenministerium und dem Staatssekretariat der DDR. Dies betraf den so genannten kleinen Grenzverkehr. Es wurde erlaubt, auf einem Gebiet, das bis zu 15 Kilometer in das Landesinnere reichte, zu reisen. Dauerpassierscheine für die Höchstdauer von bis zu sechs Tagen wurden nur an Angestellte von Staats- und volkeigenen Betrieben aus der DDR ausgegeben.

[85] Zum Thema Zwangsausgesiedelte in der DDR siehe auch *Amos*: Die Vertriebenenpolitik der SED. Der Anthropologe Sönke Friedreich liefert einen guten Überblick über die Forschung zur DDR-Tourismusforschung: *Friedreich*, Sönke: Urlaub und Reisen während der DDR-Zeit. Zwischen staatlicher Begrenzung und individueller Selbstverwirklichung.

Ortskundigen das Wort zu geben und unliebsame Äußerungen über die Zwangsaussiedlung zu riskieren, wollte die Staatsmacht anscheinend nicht eingehen. Die Reiseautoren, die über das Grenzgebiet beziehungsweise die Stadt Ústí nad Labem publizierten, waren in der Mehrzahl Naturliebhaber und Wanderfreunde. In der Reiseliteratur der DDR wurden fast ausschließlich die tschechischen Ortsnamen verwendet, obwohl es von offizieller Seite keine Bestimmungen dazu gab.[86]

Die hier untersuchten Autoren von Reiseliteratur über Nordböhmen waren engagiert im Kulturbund und durchaus linientreu, weshalb sie die offizielle Deutung der historischen Ereignisse nicht in Frage stellten. Der 1923 geborene Autor Manfred Blechschmidt beispielsweise stammte aus dem Erzgebirge und war ein Vertreter der DDR-Heimatliteratur.[87] Er engagierte sich in der SED und außerhalb für einen neuen sozialistischen Heimatbegriff.

Blechschmidts 1978 erschienenes Buch »Böhmische Spaziergänge« blieb die einzige unter seinen über 60 Veröffentlichungen, die das Erzgebirge grenzüberschreitend beschrieb. Seine Sympathie für Ústí unterscheidet ihn von den meisten Autoren aus der BRD:

In älteren Reiseführer wird Ústí nad Labem gewöhnlich rasch abgetan als Industriestadt, Elbhafen und Umschlagplatz für die nordböhmische Kohle. Danach werden noch ein paar wichtige Straßen- und Bahnverbindungen aufgezählt, und schon hüpfen die Sätze keck hinüber zur Lobpreisung der nahegelegenen Burgruine Střekov.[88]

Dresden 2011, 23–33. Dominik Trutkowski hat in seiner 2011 veröffentlichten Promotion die Grenzregime von Polen, der Tschechoslowakei und der DDR untersucht. Dabei schrieb er auch über den Tourismus zwischen den drei Ländern und seine Funktion. Siehe *Trutkowski*, Dominik: Der geteilte Ostblock. Köln 2011, 54–59.

[86] In anderen sozialistischen Ländern wurden durchaus deutsche Ortsnamen verwendet – zum Beispiel in der Reiseführerreihe »Komme mit«, die 1970–1990 in Rumänien erschien und auch in die Tschechoslowakei versendet wurde. Dank an James Koranyi für diesen Hinweis. Für die Sprachregelung im 1959 erscheinenden Brockhaus-Heft über die Tschechoslowakei schrieb Ruth Wenk, eine Mitarbeiterin des Ministeriums für Auswärtige Angelegenheiten der DDR, an den Brockhaus-Verlag in Leipzig: »Um eine einheitliche Verwendung der Städtenamen vorzunehmen, schlagen wir vor, die tschechoslowakischen Bezeichnungen zu verwenden und gegebenenfalls die deutsche Bezeichnung in Klammer zu setzen.« Ministerium für Auswärtige Angelegenheiten der DDR: Einschätzung über kulturelle Entwicklung in der Tschechoslowakei und über die Entwicklung der kulturellen Beziehungen zwischen der DDR und der Tschechoslowakei. Politisches Archiv des Auswärtigen Amtes (PA AA), Ministerium für Auswärtige Angelegenheiten der DDR (MfAA), Hauptgruppe IV, A 2367/64, 9.7.1962.

[87] Zur Heimatkunde in der DDR siehe auch *Schaarschmidt*, Thomas: Regionalkultur und Diktatur. Sächsische Heimatbewegung und Heimat-Propaganda im Dritten Reich und in der SBZ/DDR. Köln 2004; *Oberkrome*, Willi: »Durchherrschte Heimat?« Zentralismus und Regionalismus im organisierten Heimatschutz der frühen DDR. Das Beispiel Thüringens. In: *Knoch*, Habbo (Hg.): Das Erbe der Provinz. Heimatkultur und Geschichtspolitik nach 1945. Göttingen 2001, 252–274.

[88] *Blechschmidt*, Manfred/*Walther*, Manfred: Böhmische Spaziergänge. Reisen zwischen Cheb und Ústí nad Labem. Leipzig 1978, 145.

Der studierte Förster und Naturliebhaber Blechschmidt begeisterte sich sogar für die moderne Architektur in Ústí:

Zu den neuen Großartigkeiten der Stadt wird auch das Kaufhaus »Labe« gezählt, das sich unweit des Flußufers erhebt. Es ist ein mächtiger Hallenbau, der erst vor wenigen Jahren vollendet wurde. Originell sind die Fensterverkleidungen. Sie ähneln dem Blasebalg einer Harmonika. Lediglich die Fahrstuhltürme, wuchtig, rechteckig, unterbrechen die Balgfassade.[89]

Für den aus einem Dorf stammenden Blechschmidt hatte Ústí »einen Anflug von Großstadt«.[90] Er leugnete nicht, dass Ústí als Industriestadt nicht gerade zu den Schönheiten des Landes gehörte, betonte jedoch, ebenso wie die tschechoslowakischen Publikationen, die moderne Architektur, umgeben von schöner Natur. Ústí sei »seit jeher eine der größten und bedeutsamsten Städte im nordböhmischen Land«. Eingebettet »in das Gewoge von Hügeln und bewaldeten Bergen, lieferte die Stadt elf bis zwölf Prozent der Industrieproduktion der ČSSR in diesem Gebiet«.[91] Zudem vermerkt er den lebhaften Reiseverkehr:

Nun mag wohl stimmen, daß Industriestädte wie Ústí nicht zu den landläufigen und auserwählten Touristenattraktionen gehören [...]. Am Ende hat aber jener beflissene Stadtführer recht, der uns sagte: Man schlage in Ústí n. L. nicht nur Waren um, Kohlen, Säuren und Düngemittel, sondern vor allem Touristen![92]

Dieses ›Umschlagen von Touristen‹ war das Ergebnis der DDR-Außenpolitik, die ab den 1960er Jahren einen ihrer Schwerpunkte auf den Tourismus legte.[93] Nach der Einführung der Visafreiheit zwischen der Tschechoslowakei und der DDR am 1. Januar 1972 setzte ein wahrer Reiseboom ein, der jedoch relativ einseitig in Richtung Tschechoslowakei verlief.[94] Die geografische Nähe brachte tausende Ausflügler aus der DDR nach Ústí nad Labem. Die Begegnungen und unterschiedlichen Lebensbedingungen blieben jedoch nicht ohne negative

---

89 *Ebenda*, 176.
90 *Ebenda*, 149.
91 *Ebenda*, 176.
92 *Ebenda*, 149.
93 *Zimmermann*, Volker: Eine sozialistische Freundschaft im Wandel. Die Beziehungen zwischen der SBZ/DDR und der Tschechoslowakei. Essen 2010.
94 Die ersten Reiseerleichterungen zwischen den Staaten des Warschauer Paktes gab es bereits 1955. Dieses erste Abkommen zwischen dem tschechoslowakischen Innenministerium und dem Staatssekretariat der DDR betraf den sogenannten kleinen Grenzverkehr und erlaubte Reisen auf einem Gebiet, das bis zu 15km in das Landesinnere reichte. Dauerpassierscheine für die Dauer von bis zu sechs Tagen wurden nur an Angestellte von Staats- und volkeigenen Betrieben aus der DDR ausgegeben. Die Tschechoslowakei war das Reiseziel Nummer eins unter den Staaten Ostmitteleuropas. Im Jahr 1970 reisten in Osteuropa insgesamt 22 Millionen Menschen, 1980 schon 83 Millionen und 1988 bereits 90 Millionen. Siehe *Habigtová*, Miroslava: Vývoj cestovního ruchu v evropských členských státech RVHP [Die Entwicklung des Fremdenverkehrs in den europäischen RGW-Staaten]. Praha 1990, 19.

Folgen für das Verhältnis der ›Bruderstaaten‹, trotz der propagierten Völkerfreundschaft zeigten selbst offizielle Akten negative Stereotypen.[95]

Einer der Hauptgründe für den Besuch der DDR-Bürger in der Tschechoslowakei, gerade in der Grenzregion, war der Einkaufstourismus. In Ústí nad
Labem sprach man von den »Bananenbooten«, wenn die Ausflugsboote aus
Dresden in der Stadt ankerten.[96] Umgekehrt erinnerten sich Reisende aus Ústí
auch selbst an Einkaufstouren in der DDR, wenn sie ihre Reisen in das Nachbarland beschrieben. Im Allgemeinen wurde der Tourismus aus der DDR in
den Bezirk Ústí nad Labem von den Geschäftsinhabern sehr positiv aufgenommen: 1975 verzeichneten sie insgesamt einen Einkommenszuwachs um zehn
Prozent, in Restaurants und Lebensmittelgeschäften um bis zu 100 Prozent.[97]
Die Kehrseite des DDR-Tourismus für die Einheimischen in Ústí waren die
langen Warteschlangen in den Restaurants und Geschäften im Stadtzentrum.
Die Lautstärke der DDR-Touristen und auch der Ausverkauf einzelner Waren
führten immer wieder zu Beschwerden. In einer Umfrage unter Geschäften
und Banken sowie Zöllnern über ihre Meinung zu ausländischen Touristen
und deren Einkäufen, die die Kommunistische Partei 1975 in Ústí nad Labem
durchführte, wurde der rasante Anstieg des Besucherstroms nach Einführung
des visafreien Reisens deutlich: Innerhalb eines Jahres kamen, organisiert
durch das staatliche tschechoslowakische Reisebüro Čedok, 666 Reisegruppen
mit insgesamt 25.000 Besucher in die Stadt.[98] Diese Menschen gaben ge-
schätzte vier Millionen Kronen aus. Für die Besucher aus der DDR wurde Ústí
nad Labem zum Reiseort der Freiheit und des Konsums.

Die DDR-Bürger, die sich für die landschaftlichen Schönheiten der Grenz-
region interessierten, fanden in den 1979 veröffentlichten »Wanderungen in
Nordböhmen« des Dresdner Autors Gottfried Jürgas passende Lektüre. Die
Stadt Ústí nad Labem kam in diesem Reiseführer jedoch nicht vor, der Burg
Schreckenstein dagegen widmete er mehrere Seiten. Die für Tschechen wich-
tigen historischen Orte beschrieb Jürgas so:

> Rings um die Talsenke dehnen sich die goldenen Weizenfelder der Genossenschaft von Sta-
> dice. Die Prophezeiung des Stammvaters Czech von dem »Gelobten Land« – heute erst wird
> sie verwirklicht. Andächtig und zudem ein wenig stolz lesen die Besucher auch die jüngste
> symbolhafte Inschrift, die in den Sockel des Denkmals gemeißelt ist: IN DEINE HÄNDE

---

95 *Borodziej*, Wlodzimierz/*Kochanowski*, Jerzy/*Puttkamer*, Joachim von (Hg.): »Schleich-
    wege«. Inoffizielle Begegnungen sozialistischer Staatsbürger zwischen 1956 und 1989.
    Köln 2010, 18 f.
96 *Kaiser*: Ústecké Retro, 157.
97 Nákupy turistů z NDR – situační zpráva OV KSČ [Einkaufstouristen aus der DDR – Si-
    tuationsbericht OV KSČ]. AMUL, ONV, KT 1159, Inv. Nr. 4640, Ústí nad Labem 1975.
98 Čedok übernahm ab 1955 die Organisation für »Ausländerreisen« in die Tschechoslowa-
    kei. Besonders aktiv Čedok in der Produktion von Reiseliteratur, Prospekten, Werbung,
    Informationen.

HEIMGEKEHRT IST DIE HERRSCHAFT, O TSCHECHENVOLK. 1945 [Großschreibung im Original].[99]

Jürgas unterstützte die Einstellung an mehreren Stellen und empfand sich selbst als Freund der Tschechen:

Überall, wo ich gewandert bin – auf einsamen Wegen, auf Landstraßen, in Tälern und auf Bergen; überall, wo ich rastete – auf Parkbänken, an Seeufern, in Bahnhofswirtschaften oder in Dorfgaststätten; überall, wo ich fragte – in Museen, in Lebensmittelgeschäften, an der Auskunft oder im Omnibus; überall habe ich die sprichwörtliche böhmische Gastfreundschaft gespürt. Ich bin heimisch geworden in diesem Land. Ich habe seine Feiertage miterlebt und den Alltag des sozialistischen Aufbaus. Ich war Gast und zugleich Freund aus dem benachbarten Bruderland.[100]

6. Zusammenfassung

Dieses Kapitel befasste sich mit populärwissenschaftlichen Schriften, vor allem Reiseführern, Reiseberichten und Bildbänden über die Stadt und Region Ústí, die von den neuen und ehemaligen Einwohnern in der Tschechoslowakei und in der BRD sowie von Autoren der DDR veröffentlicht wurden.

Ústí nad Labem war nach 1945 eine fremde Stadt – sowohl für die neuen wie auch für die alten Einwohner. Die ersten tschechischen Reiseführer dienten vor allem als Lockmittel für die neuen Bewohner des Grenzlandes. Prägend für die Publikationen der Jahre 1945–1950 war eine starke Abgrenzung gegenüber dem ›deutschen‹ Ústí und eine Legitimation der tschechischen Präsenz in diesem Gebiet. Die Reiseliteratur diente weniger der Darstellung für potentielle Besucher, sondern vielmehr der Selbstvergewisserung. Dafür sprach auch, dass die meisten Publikationen in der Region Ústí selbst herausgegeben wurden, wo sie auch die größte Verbreitung fanden. Gestützt wird diese These auch durch die Namen der Verlage und Reihentitel: »Meine Heimat«, »Unsere Heimat« und »Nordböhmen kennenlernen«. Die ersten Reiseführer waren demnach nicht wie üblich ›Wegweiser in die Fremde‹, sondern ›Wegweiser in die Heimat‹, die neue Heimat, die den neuen Einwohnern wie fremden Touristen nähergebracht werden musste.

Autoren wie František Pinc boten eine Einführung in das neue Ústí, schufen die Heimat im Buch. Pinc wie auch alle anderen tschechischen Autoren waren Neubürger in Ústí, eine Fortschreibung der Geschichte vor 1945 wurde dadurch verhindert. Es ging hier, genau wie bei den meisten Publikationen der 1950er Jahre, um eine Verdeutlichung der jahrhundertealten tschechischen Geschichte der Grenzregion, um die Legitimation der Tschechen auf diesem Gebiet beziehungsweise den Beleg der ›Fremdheit‹ der Deutschen. Gleichzeitig

---

[99] *Jürgas*, Gottfried: Wanderungen in Nordböhmen. Leipzig 1979, 13.
[100] *Ebenda*, 134.

sollte die emotionale Bindung an das Gebiet gestärkt und dadurch die Bereitschaft für den Verteidigungsfall erhöht werden.

Die Rückblicke der ehemaligen Einwohner, der Aussiger, erfüllten sowohl politische als auch emotionale Anforderungen: einerseits das Beharren auf dem ›Recht auf Heimat‹ und gleichzeitig die Revitalisierung einer nicht mehr existenten Vergangenheit. Die Aussiger reisten physisch in die ›alte Heimat‹ zurück, aber auch in Gedankenspaziergängen, gestützt auf eine Reiseliteratur, in der sie die alte Stadt und ihre Erinnerungen aufleben ließen.

Zusammenfassend lässt sich sagen, dass Ústí nad Labem in der Reiseliteratur nach 1945 gleich mehrfach neu konstruiert wurde: Zum einen von den neuen Einwohnern, die in der Stadt und Region heimisch werden mussten, und zum anderen von den ehemaligen Einwohnern, die das nicht mehr existierende Aussig in ihrer Erinnerung aufleben ließen. Nicht zuletzt schufen auch die Autoren der Heimatliteratur der DDR eine Neukonstruktion der Stadt und Region, die die ›Völkerfreundschaft‹ zwischen den Bürgern der DDR und der Tschechoslowakei anpries, die bei den alltäglichen Problemen des Einkaufstourismus jedoch an ihre Grenzen kam.

In den historischen Darstellungen der Reiseliteratur wurden Konfliktpunkte entweder ausgelassen oder gemäß dem jeweiligen politischen Anliegen der Autoren beschrieben. Der Reiseführer war insofern auch immer eine politische Bühne. Die Grundtendenz der tschechischen Reiseführer, in der historischen Abhandlung wie auch in der Überbetonung des tschechischen Charakters der Stadt, war anti-deutsch. Dennoch wurden viele deutschsprachige Künstler und allgemein Persönlichkeiten erwähnt. Die Reiseliteratur der Aussiger betonte entsprechend die deutsche ›Kulturleistung‹, zum Teil auch mit nationalistischen und rassistischen Untertönen.

Ein Bezugspunkt war jedoch stets gleich: Die Landschaft, die schöne Umgebung von Ústí nad Labem erscheint bei ehemaligen und neuen Bewohnern gleichermaßen als einer der Höhepunkte. Der Fluss und die Berge stehen im Mittelpunkt ihrer Schilderungen. Die neuen Einwohner genossen die Natur als solche, sie unternahmen Ausflüge und verbrachten ihre Freizeit in Wochenendhäusern in der Umgebung. Die Aussiger dagegen hielten sich an der Landschaft, an der unveränderten Natur und den unveränderten Sehenswürdigkeiten fest. Natur und Landschaft waren die unveränderten, ›unschuldigen‹ Orte, an denen die Sehnsucht hing. Die Autoren der Heimatbücher, oft ehemalige Bewohner des Grenzlandes, betonten, dass Nordböhmen ihre Heimat sei.

Das Aufrechterhalten von Aussig als Sehnsuchtsort hinderte die Zwangsausgesiedelten daran, von Aussig Abschied zu nehmen und am neuen Wohnort anzukommen. Die neuen Einwohner von Ústí nad Labem wiederum suchten in der Stadt die Erfüllung ihrer Sehnsucht nach wirtschaftlichem Aufstieg und Neubeginn nach dem Krieg. Bei vielen blieb es bei der Sehnsucht.

Untersucht man die Texte der zurückreisenden Aussiger, sind die Begriffe ›Heimat‹ und ›Sehnsuchtsort‹ für diese Gruppe sehr gängig. Gleichzeitig wird deutlich, dass es sich bei diesen Sehnsuchtsorten um virtuelle Orte handelt, also um Vorstellungen von, Erinnerungen an oder Wünsche zu realen Orten. Doch auch ein imaginierter Sehnsuchtsort ist auf ein historisches Fundament angewiesen.

Die in der DDR lebenden Aussiger reisten unkomplizierter, zeitweise ohne Visa und immer ohne lange Anreisewege, zurück nach Ústí und waren schneller konfrontiert mit der quasi neuen Stadt. Bei ihnen entstand kaum ein nostalgischer Blick auf das Ferne und sie durften diesen auch nicht veröffentlichen. Die Aussiger aus der DDR machten sich, genau wie tausende andere DDR-Bürger, ein eigenes Bild, ein nostalgisches wie die Aussiger in der BRD konnten sie jedoch nicht veröffentlichen.

VII. »SCHICHŤÁCI«: VON DEN SCHICHT-WERKEN ZU SETUZA

1. Betriebsgeschichte als Mikrostadtgeschichte

Ein Betrieb bildet exemplarisch die Stadtgeschichte im Kleinen ab. Daher gibt dieses Kapitel einen detaillierten Einblick in eine kleinere Einheit, eine Firma, die sehr prägend für die Stadt Ústí nad Labem war. Anhand der Geschichte des 1848 gegründeten Familienbetriebes Schicht, später Setuza, wird mikroperspektivisch die Entwicklung der tschechoslowakischen Geschichte ab 1945 betrachtet: die Nationalisierung der Wirtschaft 1945, der *Coup d'État* 1948, die Währungsreform 1953, die Entstalinisierung, der Prager Frühling 1968 und die Normalisierung, einschließlich Querschnittsthemen wie die Kultur- und Minderheitenpolitik sowie die Integration und Des-Integration.

Die Arbeiter waren bedeutende Machtfaktoren innerhalb der politischen Szene und in den sozialistischen Massenorganisationen der Nachkriegstschechoslowakei.[1] Die Industrie hatte einen hohen Symbolgehalt, der Arbeiter im Sozialismus eine wichtige politische und gesellschaftliche Rolle. Dies galt insbesondere für die Industriearbeiter in Ústí, als die ideologischen Rückeroberer des Grenzgebietes, als Helden dargestellt wurden. Das Aufbaupathos der *budovatelé* (Erbauer), das die Kommunistische Partei propagierte, wirkte bei den Arbeitern in der Grenzregion besonders stark.[2] Es waren mehrheitlich junge Menschen, die nach Kriegsende neu ins Grenzgebiet kamen, um hier bessere Arbeit zu finden und einen Neubeginn zu starten. Sie profitierten von dem neuen System und waren lange Zeit dessen Stütze.

Die Auswahl des Hauses Schicht/Setuza als Untersuchungsobjekt hat mehrere Gründe: Einmal, weil die Produkte im Alltag der meisten Tschechoslowaken präsent waren, Setuza also eine überregionale Bedeutung hatte. Zudem war der Betrieb das zweitgrößte Werk in der Stadt mit rund 2.200 Mitarbeitern, von denen die Mehrheit bis 1945 deutschsprachig war.[3] Tschechoslowakeiweit

---

1   Weiteres auch bei *Kaplan*: Der kurze Marsch, 41 und *ders.*: Proměny české společnosti. 1948–1960 [Die Veränderungen der tschechischen Gesellschaft. 1948–1960]. Praha 2007.
2   Christiane Brenner und Peter Heumos unterschieden drei Heldentypen in der Tschechoslowakei: 1. Helden des Widerstandes gegen die nationalsozialistische Okkupation, 2. Helden der Aufbaugesellschaft, die Wiederbesiedler des Grenzlandes und 3. Helden der Arbeitswelt. Vgl. *Brenner*, Christiane/*Heumos*, Peter: Eine Heldentypologie der Tschechoslowakei. Zur Einführung. In: *Satjukow*, Silke/*Gries*, Rainer (Hg.): Sozialistische Helden. Eine Kulturgeschichte von Propagandafiguren in Osteuropa und der DDR. Berlin 2002, 235–255, hier 236.
3   Dies stand im Gegensatz zu anderen Fabriken in Ústí, bei denen über die Hälfte der Mit-

war Setuza der größte Hersteller von Lebensmitteln und Kosmetika. So verantwortete Setuza mehr als 60 Prozent der landesweiten Fetterzeugung.[4] Die Zahnpastaproduktion deckte sogar 80 Prozent des Gesamtverbrauches der Tschechoslowakei; zudem stammten 42 Prozent der landesweiten Seifenproduktion von Setuza.[5] Dem Betrieb wurden viele hohe politische Auszeichnungen verliehen.[6] Zudem wurde Setuza als wichtiger Betrieb für die Lebensmittel- und Kosmetikproduktion in Nordböhmen regelmäßig von tschechoslowakischen und ausländischen Politikern wie auch Wissenschaftlern besucht.

Die erste tschechische Nachkriegspublikation über Ústí nad Labem, die 1947 erschien, betonte die Bedeutung der Fabrik für die Stadt:

> Und auch beim Nennen des Namens »Ústí nad Labem« kommt ihnen sofort die »Seife mit dem Hirschen« in den Sinn, Speiseöl oder Apfelsaft »Ceres«, »Omninol«, »Radion«, »Elida« und weitere Bezeichnungen von bekannten Erzeugnissen der Severočeské tukové závody, des nationalisierten Betriebs (früher Jiří Schicht Aktiengesellschaft).[7]

Das Zitat zeigt bereits die Kontinuität von Schicht zu Setuza, auch die Gleichzeitigkeit des alten und neuen Namens, die im Folgenden näher untersucht wird. Der Autor Ladislav Dušek ging sogar so weit, das Schicksal der Stadt mit dem der Fabrik gleichzusetzen: »Das Schicksal des heutigen Velké Ústí [Groß-Aussig] und besonders sein Teil Střekov, liegt auf dem rechten Ufer der Elbe, und ist in großen Teilen verbunden mit der Geschichte der ehemaligen Schicht-Fabrik [...].«[8]

Setuza verfügte über eigene Kultur- und Sozialeinrichtungen, führte ein eigenes Betriebsarchiv eine eigene Betriebszeitschrift und unterhielt auch eigene Fotografen, was zur überregionalen Präsenz in den Medien beitrug. Mit 40 Jahren Betriebszugehörigkeit war Adolf Čejchán der am längsten beschäftigte Fotograf der Firma. Die zahlreichen Bildbände, Prospekte, Kalender und zuletzt

---

arbeiter tschechischsprachig war. Im Jahr 1900 befanden sich in Ústí nad Labem insgesamt 39 Fabriken, darunter zum Beispiel die Zuckerraffinerie mit 550 Angestellten, davon die Hälfte Tschechen. Die zitierte Quelle ist jedoch mit Vorsicht zu behandeln, da sie im Rahmen der Minderheitenbibliothek erschien und vermitteln sollte, dass mehr Tschechen in Ústí lebten als die deutschen Behörden angaben. Siehe *Staněk*, L.: Národnostní poměry v okresu ústeckém [Nationalitätenverhältnisse im Kreis Ústí]. Ústí nad Labem 1908, 448.

4   Relace městského rozhlasu (rozhlas po drátě), texty vysílání [Die Sendung des städtischen Rundfunks (Drahtrundfunk), Texte der Sendungen]. Ústí nad Labem, 6.4.1960, 2.

5   140 let Setuza [140 Jahre Setuza]. Hg. v. *Severočeské tukové závody*. Ústí nad Labem 1988, 15.

6   Zu den staatlichen Auszeichnungen gehörten 1948: Čestný praporec úderníků práce [Stolze Fahne der Arbeitsaktivisten], für die »budovatelská práce«, Verleihung durch den Präsidenten; 1962: Řád práce [Orden der Arbeit], für die Arbeit beim »budování státu« [Aufbau des Staates]. Weitere Auszeichnungen gab es für einzelne Produkte. Siehe 140 let Setuza, 6.

7   *Dušek*: Ústí nad Labem, 64. Die genannten Produkte der Firma werden zum Teil bis heute hergestellt.

8   *Ebenda*.

auch eine Ausstellung mit seinen Aufnahmen machten Čejcháns Bilder zum fotografischen Gedächtnis Setuzas und größtenteils auch der Stadt.[9]

Die Analyse der Geschichte des Hauses Schicht/Setuza konzentriert sich auf folgende Fragen: Inwieweit entstand eine spezifische Gedenkkultur, die – fern der offiziellen Ideologie – an die Firmengeschichte erinnerte? Woran sollte erinnert werden? Was wurde ausgelassen? Welche Kontinuitäten gab es? Wie verliefen Jubiläen? War die Darstellung des *budovatel*, des tschechischen Arbeitenden, im Kontrast dazu immer eine fortschrittliche und moderne? Wie fanden Roma, die große sozial ausgegrenzte Minderheit in Ústí, und die Deutschsprachigen, die gerade in der Anfangszeit als Experten gebraucht wurden, in der Erinnerungsgemeinschaft ihren Platz? Und woran erinnerten sich die zwangsausgesiedelten Schicht-Arbeiter?

2. Die Schicht-Werke und die chemische Industrie in Ústí bis 1945

Im Jahr 1848 erhielt die Familie Schicht in Rynoltice (Ringelshain) bei Liberec die Lizenz zur Herstellung von Seife. Der Bauer und Handwerker Georg Schicht startete die Seifenproduktion als Familienbetrieb.[10] Der 1855 geborene Sohn des Gründers, Johann Schicht, verlegte das Unternehmen »Schicht-Werke« im Jahr 1882 nach Ústí nad Labem, da die Produktion sehr energieintensiv war und Ústí näher an den Kohlegruben lag beziehungsweise auch die Verkehrsverbindungen von und nach Ústí besser waren.

Im Jahr 1891 begann die Produktion des berühmtesten Artikels der Firma, der bis heute produziert wird und landesweit als sehr effektives Waschmittel beliebt ist. Dieser hieß im Volksmund »Seife mit dem Hirschen«, weil auf der Seife und deren Verpackung ein springender Hirsch abgebildet war. Seit 1903 produzierten die Schicht-Werke auch Pflanzenfett unter dem Namen Ceres, ein mittlerweile ebenfalls traditionsreiches Produkt.

1906 wurde das Unternehmen zu einer Aktiengesellschaft, deren Hauptanteilseigner die Familie Schicht blieb. Bis zum Ausbruch des Ersten Weltkrieges dehnte die Schicht-AG ihre Produktionsstätten auf ganz Europa aus. Sie nutzte als eines der ersten Unternehmen moderne Werbemaßnahmen für ihre Produkte, darunter auch Filme und Kochbücher. Visuell waren die Schicht-AG und ihre Produkte überregional präsent. In Ústí selbst beschäftigte die Firma damals 2.600 Mitarbeiter. Für diese wurden nicht nur Wohnungen errichtet, sondern auch das Schicht-Bad, ein Schwimmbad mit sehr guter Ausstattung, in dem internationale Sportwettkämpfe ausgetragen wurden.

---

9 Im Muzeum Ústí nad Labem war die Ausstellung »Fotograf Adolf Čejchan« vom 18. Juni
   bis 22. August 2015 zu sehen.
10 In den tschechischen Quellen meist in der tschechischsprachigen Namensform als Jiří
   Schicht betitelt.

Während des Zweiten Weltkrieges fertigte Schicht in einigen Fabrikberei-
chen Kriegsmaterial, vor allem Granaten. Neben den damals 2.300 Angestellten mussten Kriegsgefangene und Insassen des Konzentrationslagers Theresienstadt in der Fabrik in Ústí arbeiten.

Im September 1945 wurde die Fabrik nationalisiert, die Besitzerfamilie
zwangsausgesiedelt.[11] Im Januar 1946 wurde die ursprüngliche Firmenbezeichnung durch das Akronym Setuza (Severočeské tukové závody, Nordböhmische Fettwerke) ersetzt. Bis zur Jahresmitte 1946 waren nahezu alle deutschsprachigen Arbeiter durch tschechischsprachige ersetzt.

Die Schicht-Werke beziehungsweise Setuza waren auch nach dem Zweiten Weltkrieg das zweitgrößte Industriewerk in der Stadt.[12] Der größte
Betrieb in Ústí war der 1856 gegründete Chemische Verein für Chemische
und Metallurgische Produktion, später Spolchemie (Spolek pro chemickou a
hutní výrobu). Das Werk gehörte der deutsch-jüdischen Industriellenfamilie
Schaffner und wurde nach der Besetzung des Grenzgebietes 1938 unter Wert
an die IG Farben verkauft. Nach Kriegsende wurde der Betrieb unter nationale Verwaltung gestellt.[13] Obwohl die ehemaligen Besitzer als Juden verfolgt
wurden und Opfer des Naziregimes waren, wurden sie – ebenso wie die Familie Schicht, die während des Krieges Zwangsarbeiter beschäftigt hatte und
zu den Profiteuren des NS-Regimes zählte – als habgierige Kapitalisten und
Gegner der Tschechen dargestellt.

Die Industrie trug seit dem 19. Jahrhundert zur Prosperität und zum
Wachstum von Ústí nad Labem bei.[14] Ohne Fabriken wie Spolchemie und
Setuza hätte Ústí nie so große Bedeutung erlangt. Die zahlreichen Industriearbeitsplätze waren auch nach dem Zweiten Weltkrieg der Grund für die relativ rasche Wiederbesiedlung der Stadt.

---

[11] Weiteres zur Nationalisierung in der Tschechoslowakei: *Balcar*, Jaromír/*Kučera*, Jaroslav: Von der Rüstungskammer des Reiches zum Maschinenwerk des Sozialismus. Wirtschaftslenkung in Böhmen und Mähren 1938 bis 1953. Göttingen 2013, 173–206.

[12] Tschechoslowakische Chemische Werke (Československé chemické závody) bzw. Chemische Werke Ústí nad Labem (Ústecké chemické závody).

[13] Weiteres zur Arisierung der Industrie in den Grenzgebieten durch die Reichsdeutschen
Betriebe und Politiker bei *Osterloh*: Nationalsozialistische Judenverfolgung. Zur Situation der Betriebe in Ústí siehe ebenda, 344–351.

[14] Zur industriellen Entwicklung von Ústí siehe auch *Kaiser*: Die industrielle Entwicklung
der Stadt Aussig; *Kaiserová*, Kristina (Hg.): Duch zakladatelů. Průmyslová společnost a
společenská emancipace [Der Geist der Gründer. Industriegesellschaft und gesellschaftliche Emanzipation]. Ústí nad Labem 2006. Insbesondere *Hye*, Hans Peter: Aussig (Ústí
nad Labem) in der Gründerzeit. *Ebenda*, 35–46 und *Winter*, Dieter: Die Familie Maresch
aus der Stadt Aussig an der Elbe. *Ebenda*, 69–72.

3. Von Schicht zu Setuza: Nationalisierung und ›Tschechisierung‹

Am 13. Mai 1945, nur fünf Tage nach dem Einmarsch der Roten Armee in Ústí, wurde die Produktion der wichtigsten Lebensmittel in den Schicht-Werken wieder aufgenommen. Allerdings hatte ein Großteil der ursprünglichen, überwiegend deutschsprachigen Belegschaft die Stadt im Zuge von Flucht und wilden Vertreibungen verlassen. Die neue tschechische Betriebsleitung musste daher schnell neue Angestellte finden und in der Bedienung der komplexen Anlagen unterweisen, um den Bedarf der hungernden Bevölkerung mit Hilfe der Produktion decken zu können. Als die »Tschechisierung« der Belegschaft im Mai 1945 begann, waren noch 97 Prozent der Belegschaft deutschsprachig.[15] Im August 1945 war dann erstmals in der Firmengeschichte die Mehrheit der Arbeiter Tschechen. Ende August 1945 fragte die »Jiří Schicht Aktiengesellschaft« bei der Bezirksverwaltungskommission (Okresní správní komise, OSK) an, ob man die Aussiedlung von 22 deutschsprachigen Arbeitern der Firma vorerst aussetzen könnte, auch ihre Wohnungen sollten sie behalten dürfen. Diese Arbeiter seien »unersetzlich« und sollten möglichst viel Fachwissen in die Firma einbringen.[16] Diese Anfrage stützte sich auf einen Erlass des Innenministeriums, der den sogenannten Spezialisten unter den Deutschsprachigen ein Bleiberecht einräumte.[17]

Die Aussicht auf eine weitere Zusammenarbeit mit Deutschsprachigen löste bei einigen der tschechischsprachigen Arbeiter Bedenken aus. Dies zeigt ein Brief der Belegschaft an die Vorsitzende des Nationalausschusses, Marie Vobecká, in dem sie forderten, dass ihre »Sicherheit nicht weiter durch die Anwesenheit von Deutschen beeinträchtigt« werden sollte. Diese Angst war verbunden mit dem pragmatischen Argument, dass die Deutschen »die benötigten Wohnungen weiter« besetzen würden. Im Schlusssatz unterstrichen

---

15   Se stoletou tradicí. 100 cestou nové doby [Aus hundertjähriger Tradition. 100 Wege in die neue Zeit]. Hg. v. *Svaz zaměstnanců v průmyslu potravin a požívatin*. Ústí nad Labem, 1949, 2.

16   Im Archiv von Setuza liegt die Namensliste der sogenannten »unentbehrlichen Angestellten«: Böhm, Emil; Bürgermeister, August; Fiala, Richard; Förster, Jindřich; Gruber, Vilém; Hohler, Norbert; Hoffmann, Rudolf; Kretschner, Rudolf; Kunft, Alfred; Klassen, Ferdinand; Lang, Josef; Sofie, Oswald; Rossmeisel, Gustav; Richter, Anton; Seibt, Ferdinand; Scholz, Josef; Schmidt, Karel; Steiger, Oswald; Scholze, Josef; Zacharsch, Franz; Müller, Jan; Köhler, Adolf. Siehe Nepostradatelní zaměstnanci firmy Jiří Schicht [Unentbehrliche Angestellte der Firma Jiří Schicht]. AMUL, ONV, KT 75, Inv. Nr. 448, 30.8. 1945.

17   Dies betraf in der gesamten Tschechoslowakei zunächst 32.537 Spezialisten und Industriefacharbeiter mit Schutzausweis aus den Reihen der Deutschsprachigen. Vgl. *Kapeller*, Norbert/*Wassertheurer*, Peter: Die deutsche Minderheit in Tschechien. Freistadt 2008, 59. Weiteres dazu *Timmermann*, Heiner: Die Beneš-Dekrete. Nachkriegsordnung oder ethnische Säuberung. Münster 2005, 254.

die Verfasser, »dass Ústí immer tschechisch war und immer bleibt«.[18] Im Dezember 1945 gab es im Betrieb noch 16,5 Prozent Deutschsprachige und zum offiziellen Ende der Zwangsaussiedlungen im Juni 1946 nur noch 0,5 Prozent.[19]

Die unter den Altsiedlern in Ústí sehr bekannte und präsente Familie Schicht wurde zusammen mit den anderen deutschsprachigen Stadtbewohnern zwangsausgesiedelt. Auch die tschechischsprachige Lokalpresse erachtete die früheren Eigentümer der Schicht-Werke für so bedeutend, dass sie einen eigenen Artikel über die Vertreibung der »Kapitalistenfamilie Schicht« verfasste.[20] Der Familienbesitz wurde konfisziert, darunter auch circa 50 Gemälde, die in die Porträtsammlung des Stadtmuseums von Ústí integriert wurden. Die übrigen Werke der Schicht'schen Sammlung gingen mehrheitlich in die Nationalgalerie nach Prag.[21] Ein Teil blieb auch im Museumsdepot in Ústí und wurde erst zur großen Schicht-Ausstellung 1988 gezeigt.

Länger als die Familie Schicht selbst blieb ihr Name in Ústí und im Gedächtnis der Stadt präsent. Der Briefkopf der Firma, in internen Schriftsätzen, in Anzeigen und in der Presse blieb bis in die 1950er Jahre hinein eine Symbiose zwischen Schicht und Setuza: Bis zum 31. August 1945 lautete der offizielle Name »Jiří Schicht akciová společnost Ústí nad Labem, prozatímní česká správa« (Jiří-Schicht-Aktiengesellschaft Ústí nad Labem, vorläufige tschechische Verwaltung). Ab dem 1. September 1945 hieß das Unternehmen dann »Jiří Schicht akciová společnost v národní správě Ústí nad Labem« (Jiří-Schicht-Aktiengesellschaft in nationaler Verwaltung Ústí nad Labem). Ab dem 1. Januar 1946 erhielt es den Namen »Severočeské tukové závody, dříve Jiří Schicht, národní podnik Ústí nad Labem« (Nordböhmische Fettwerke, früher Jiří Schicht, nationaler Betrieb Ústí nad Labem). Danach verschwand der Name Schicht aus dem Gebrauch der Geschäftsleitung. Im Jahr 1951 rief die Firma unter den Angestellten einen Namenswettbewerb aus. Der angeblich anonym eingereichte Gewinner-Beitrag schlug den Namen »Severočeské tukové závody, národní podnik« (Nordböhmische Fettwerke, nationaler Betrieb) vor.

---

[18] Stížnosti Čechů na chování Němců, požadavky odsunu všech Němců [Beschwerden von Tschechen über das Verhalten von Deutschen, Forderungen nach Abschub aller Deutschen]. AMUL, ONV, KT 62, Inv. Nr. 208. Ústí nad Labem 2.8.1945.

[19] 140 let Setuza, 3.

[20] *Bohmann*, Alfred: Die Ausweisung der Sudetendeutschen dargestellt am Beispiel des Stadt- und Landkreises Aussig an der Elbe. Marburg 1955, 213.

[21] *Assmann*, Jan: Ústecká sbírka miniatur [Die Miniatursammlung von Ústí]. In: *Cvrková*, Marta u. a. (Hg.): Historický sborník 2: Z minulosti Ústecká [Historischer Sammelband 2: Aus der Vergangenheit von Ústí]. Praha 1988, 87–95.

Das Logo des Betriebes sollte ein Lindenblatt darstellen, verbunden mit dem Kürzel
STZ.[22] Ab dem 12. April 1951 hieß der Betrieb nun »Severočeské tukové závody, národní podnik Ústí nad Labem« (Nordböhmische Fettwerke, nationaler Betrieb Ústí
nad Labem).[23] Die als tschechisches Symbol
geltende Linde schmückte nun offiziell den
Briefkopf und hing über dem Betriebsein-
gang. Das Lindenblatt war allerdings auch
schon 1948, also vor dem Namenswettbewerb, auf der Titelseite der Firmenzeitschrift
verwendet worden. Kein anderer tschechoslowakischer Betrieb dieser Art, also der
Fettindustrie, führte ein Firmenlogo mit nationalen Symbolen.[24] Dieser Betrieb jedoch,

Abb. 19: Setuza – logo (AMUL).

der in der Grenzregion lag und vormals
deutschsprachige Besitzer hatte, sollte neben dem neuen Namen auch ein nationales Symbol als Zeichen seiner Zugehörigkeit erhalten. Was 1951 endgültig
verschwand, war der Name Schicht in der offiziellen Werkbezeichnung. Die
Schicht-Werke verschwanden auch aus dem Haltestellenverzeichnis, die Bus-
Endhaltestelle in Střekov hatte bis 1945 »Schicht-Werke« geheißen.[25] In der
Bevölkerung blieb die Firma jedoch die Schicht-Fabrik und ihre Mitarbeiter
die *schichťáci* (Schichtler), wie die ehemalige Angestellte Iva Opravilová im
Interview versicherte.[26] Die Bezeichnung hatte keine ›richtige‹ Schreibweise,
denn sie wurde überwiegend mündlich gebraucht. In der hier gewählten
deutsch-tschechischen Schreibweise wird der Name des Firmengründers voll
ausgeschrieben. Möglich wäre auch die Version *šichťáci*, gemäß der tschechischen Orthografie. Im Jahr 1990, kurz nach der Samtenen Revolution, kehrte

---

22 Návrh soutěže na slovní a grafickou značku závodu [Wettbewerbsvorschlag über schrift-
    liche oder grafische Firmenzeichen]. Hg. v. *Severočeské tukové závody.* (Flugblatt o. J.).
23 Diese Bezeichnung hielt sich bis 1980. Ab dem 1.1.1981 hieß der Betrieb »Tukový prů-
    mysl, koncernový podnik Severočeské tukové závody Ústí nad Labem«, ab dem 1.1.1989
    »Tukový průmysl, koncernový podnik, Severočeské tukové závody Ústí nad Labem« und
    ab dem 1.7.1990 »Severočeské tukové závody, státní podnik Ústí nad Labem«. Ab dem
    7.5.1992 hieß die Firma Setuza, Aktiengesellschaft.
24 Nevíte kam? Zveme vás do velké rodiny pracovníků tukového průmyslu [Wissen Sie
    nicht wohin? Wir laden Sie ein in die große Familie der Arbeiter in der Fettindustrie].
    Hg. v. *Tukový průmysl, koncern Praha.* Praha 1986.
25 *Grisa*, Ivan/*Grisa*, Miroslav: Sto let městské hromadné dopravy v Ústí nad Labem a okolí.
    1899–1999 [Hundert Jahre städtischer Verkehrsverbund in Ústí nad Labem und Umge-
    bung. 1899–1999]. Ústí nad Labem 1999, 136.
26 Opravilová, Jana, 30.5.2012 in Ústí nad Labem, Interview geführt von Frauke Wetzel.

der Name Schicht auch in Schriftform zurück: In der Betriebszeitung wurden die Arbeitenden als »unsere šichtovce/Schicht« bezeichnet.[27]

In der Hochzeit der ›Entgermanisierungs‹-Welle nach 1945, die besonders das Grenzland erfasste, war an eine Rückkehr des Namens Schicht nicht zu denken. Der riesige Betrieb sollte komplett von allem Deutschen ›befreit‹ werden. Praktisch war dies nicht umsetzbar – zumindest nicht sofort, wie sich das viele wünschten. Auf der Betriebsversammlung der Setuza-Mitarbeiter im Jahr 1946 gab es Beschwerden über die allgegenwärtigen deutschen Inschriften in der Fabrik.[28] In einem 1956 abgedruckten Kommentar in der Betriebszeitschrift »Budovatel«[29] beschwerte sich ein Mitarbeiter darüber, dass weiterhin deutsche Inschriften und Reklame im Betrieb zu sehen seien. Dazu war auch ein Beispiel abgedruckt: das Bild einer Frau im Dirndl, die über der Schicht-Fabrik schwebte und ein Schriftband mit der Inschrift »Georg Schicht A. G. Aussig« in den Händen hielt.[30] Das Deutsche blieb auch an eher ungewöhnlichen Stellen erhalten: Aufgrund von Papiermangel beschrieb vor allem die Konzernleitung die Rückseiten von Dokumenten der verhassten NS-

---

[27] *Eisner*, Bedřich: Jde o to... [Es geht darum...]. In: Zpravodaj 1990, 6.

[28] Výrobní výbor našeho závodu zasedal [Der Produktionsausschuss unseres Betriebes tagte]. In: Budovatel vom 17.4.1946, 2.

[29] Der »Budovatel« (Erbauer), herausgegeben von der Gewerkschaft ROH, erschien seit 1946 monatlich, später mit 46 bis 50 Ausgaben jährlich. Der Name der Zeitung änderte sich entsprechend des Betriebsnamens: 1946 »Budovatel. Českého Schichta« (Erbauer. Des tschechischen Schicht); 1947 »Budovatel. Národního podniku. Závodní časopis severočeských tukových závodů. Dříve Jiří Schicht, Ústí nad Labem« (Erbauer. Des Nationalen Betriebs. Betriebszeitschrift der nordböhmischen Fettwerke. Früher Jiří Schicht, Ústí nad Labem); 1947 »Budovatel. Českého Schichta« (Erbauer. Des tschechischen Schicht); 1948 »Budovatel. Národního podniku. Závodní časopis severočeských tukových závodů. Dříve Jiří Schicht, Ústí nad Labem«. Zusatz neben dem Titel: »Se stoletou tradicí. Cestou nové doby« (Mit 100jähriger Tradition. Auf dem Weg in die neue Zeit); 1949 »Budovatel. Národního podniku. Závodní časopis severočeských tukových závodů v Ústí nad Labem« (Erbauer. Des Nationalen Betriebs. Betriebszeitschrift der nordböhmischen Fettwerke in Ústí nad Labem). Im »Budovatel« schrieben Mitarbeiter, teilweise die Betriebsleitung, vor allem aber Funktionäre der Kommunistischen Partei. Es war das interne Mitteilungsblatt, teilweise ein Diskussionsforum und Ankündigungsblatt. Vor allem in den 1960er Jahren zeigte sich die Betriebszeitschrift durch Inhalt und Design progressiver. Die Artikelserie »co se nám (ne)líbí« (was uns (nicht)gefällt) diskutierte Beschwerden der Mitarbeiter oder nahm Kritik aus den Wandzeitungen auf. Die Serie wurde 1964 konsequenterweise in »was uns nicht gefällt« umbenannt. Im September 1968 erschien die letzte Ausgabe des Budovatel, in der zur Unterstützung des gewählten Präsidenten aufgerufen wurde und zur weiteren Produktion, da die Lebensmittelpreise stark gestiegen seien. Diese Unterstützung der Reformpolitiker wurde dem Budovatel zum Verhängnis und sein Erscheinen wurde eingestellt. Ab 1985 erschien dann die neue Betriebszeitschrift »Zpravodaj« (Bulletin).

[30] Že by reklama? [Wenn die Reklame?]. In: Budovatel vom 28.7.1956, 3.

Bürokratie. Bis in die 1950er Jahre hinein fanden sich auf diesen Papieren Dienstanweisungen und Protokolle aus der Okkupationszeit.[31] Im Jahr 1961 waren rund 47 Prozent der Einwohner von Ústí in der Industrie beschäftigt.[32] Der monatliche Verdienst lag im oberen Landesdurchschnitt, bei 1.500 Kronen.[33] Die Stadt selbst war das Zentrum der chemischen Industrie der Tschechoslowakei: Hier wurde rund ein Viertel der landesweit erzeugten Schwefelsäure hergestellt, außerdem Kunstdünger, Farben, Lacke, Soda. Ústí war auch der Schwerpunkt der tschechoslowakischen Lebensmittel- und Kosmetikindustrie, hier wurden beispielsweise 36,1 Prozent der tschechoslowakischen Seife erzeugt. Die Lebensmittel- und Kosmetikproduktion war besonders in der konsumorientierten ›Normalisierungszeit‹ der 1970er Jahre von großer Bedeutung. In der Ernüchterung nach der Niederschlagung des Prager Frühlings, in der politische Jahrestage und Arbeiterfeiern zur Farce wurden, blieb den Setuza-Mitarbeitern zumindest der Stolz, die wichtigsten Konsumgüter dieser Zeit herzustellen. In den 1980er Jahren trugen neue Computer der Firma Robotron (Dresden) zur Förderung des Selbstbewusstseins der Belegschaft bei; nur wenige Spezialisten konnten damals überblicken, wie veraltet die Technologie bereits war. Nach der Samtenen Revolution wurde Setuza zu einer Aktiengesellschaft. Die Produkte des alten Schicht-Werks werden bis heute weiter produziert.

4. Darstellungen der Betriebsgeschichte: der Blick zurück nach vorne

Der erste Versuch der Nachkriegszeit, die Firmengeschichte zu erhalten und neu zu präsentieren, wurde 1948 unternommen: Am 5. Februar 1948 beantragte die Betriebsleitung beim Städtischen Nationalausschuss, dass Gegenstände, die mit der Firmengeschichte zusammenhingen, vom Stadtmuseum Ústí an den Betrieb übergeben werden sollten. Ein Schreiben des Museumsverwalters Jirsík bestätigte, dass die angefragten Gegenstände »keine Bedeutung für die Stadtgeschichte« hätten. Daher wurden sie der Firma überlassen.[34] Hintergrund dieser Anfrage war der Plan, das 100-jährige Firmenjubiläum von

---

31 Gregor Thum fand ähnliches im Fall von Wrocław (Breslau) heraus. Er nannte dies »Collagen des Übergangs«. Vgl. *Thum*: Die fremde Stadt, 370.

32 *Srb*, Vladimír/*Andrle*, Alois: Populační, ekonomický a národnostní vývoj pohraničních okresů ČSR od roku 1930 do roku 2010 [Die bevölkerungsmäßige, ökonomische und nationale Entwicklung der Grenzgebietsbezirke der ČSR von 1930 bis 2010]. Praha 1989, 27.

33 Program městského výboru KSČ a MěNV k XIII. sjezdu KSČ »Občané svému městu – město občanům!« [Programm des städtischen Ausschusses der KSČ und des MěNV zum XIII. Treffen der KSČ »Die Bürger für ihre Stadt – die Stadt für ihre Bürger!«]. Hg. v. *MěNV Ústí nad Labem*. Ústí nad Labem 1965, 7.

34 Předání předmětů souvisejících s firmou Jiří Schicht do Severočeských tukových závodů [Übergabe von Gegenständen, die mit der Firma Georg Schicht zusammenhängen, an die Setuza]. AMUL, MěNV, KT 18, Inv. Nr. 405. Ústí nad Labem 1948.

Setuza zu feiern, was jedoch von den Februarereignissen 1948 durchkreuzt wurde. Die Arbeiter in Ústí nad Labem beteiligten sich an dem landesweiten Generalstreik, der schließlich zur Auflösung der Regierung und der Machtübernahme der Kommunistischen Partei führte. Vor dem Hintergrund dieser tiefgreifenden politischen Veränderungen hatten Ausstellungen und Kulturveranstaltungen das Nachsehen. So entschloss sich die Betriebsleitung von Setuza, die erste eigene Darstellung der Betriebsgeschichte nicht im Rahmen einer Ausstellung, sondern in Schriftform zu präsentieren. Diese erste, 1949 erschienene Publikation trug den Titel »Aus hundertjähriger Tradition. 100 Wege in die neue Zeit«.[35]

Zu allen weiteren runden Jubiläen gab es Rückblicke in Form von Broschüren, Artikeln in der Betriebszeitschrift oder Werbebroschüren. Die darin vorgenommenen historischen Verortungen der Betriebsgeschichte werden im Folgenden untersucht.

Um den Mitarbeitern von Setuza Geschichtsbewusstsein und die Bedeutung des Werkes zu vermitteln, wurden auch in der Betriebszeitschrift »Budovatel« Beiträge von Historikern veröffentlicht. So schrieb der Betriebsarchivar Karel Benedykt 1959 erstmals über die Geschichte der Schicht-Werke und ihre Bedeutung in den Zeiten Österreich-Ungarns. Die Redaktion des »Budovatel« betonte im Vorwort, dass Benedykts Artikel auf Archivdokumenten beruhte, was den Tatsachengehalt der Aussagen unterstreichen sollte. Benedykt selbst vermerkte, historische Rückbesinnung »hilft den meisten unserer Mitarbeiter den Charakter des Konzerns Schicht und seinen Einfluss auf das Leben in Mitteleuropa zu erklären«.[36] Auch hier zeigte sich, wie in den Betriebschroniken, das Bestreben, die lange Tradition der Produkte und deren europaweiten Vertrieb positiv zu bewerten. Die Betonung der Tradition sollte auch die eigenen Angestellten erreichen.

Die meisten Firmengeschichtsdarstellungen betonten aber gleichzeitig den radikalen Schnitt in der Firmengeschichte, den Neuanfang und die Aufbauleistung nach 1945. Diese Darstellung setzte das Alte klar gegen das Neue ab. Der Schnitt war ein gleich zweifacher, er markierte das Ende der ›deutschen Vorherrschaft‹ und das Ende des ›kapitalistischen Schaffens‹ im Betrieb. Das Neue war die Aufbauleistung, die Geschichte der ›Erbauer‹ (budovatelé), die die Erträge des Betriebes nun auf viele aufteilten, statt sie in den Händen einzelner ›Kapitalisten‹ zu belassen. Der Betrieb strebe »Aus hundertjähriger Tradition. 100 Wege in die neue Zeit« wie es der Titel der ersten Nachkriegs-Firmengeschichte, die 1949 erschien, formulierte.[37]

---

[35] Se stoletou tradicí. Hg. v. *Svaz zaměstnanců v průmyslu.*
[36] *Benedykt*, Karel: Archivy Setuzy hovoří [Die Archive von Setuza sprechen]. In: Budovatel vom 26.6.1959, 34.
[37] Se stoletou tradicí.

Im 1968 publizierten Jubiläumsband »120 let zkušeností v moderních výrobcích« (120 Jahre Erfahrung in der modernen Produktion) betonten die Verfasser die Modernität, die mit der Übernahme der Firma 1945 begonnen habe,
und die die Leistungsfähigkeit des Betriebs enorm gesteigert hätte: »Im Vergleich mit Schicht auf der Höhe seines größten Erfolges ist die heutige Produktion mehr als dreimal so hoch.«[38] Es war den Verfassern sehr wichtig, besser
zu sein als zu den Zeiten Schichts. Die Produktionssteigerung beruhte allerdings hauptsächlich auf der Einführung der automatisierten Arbeit am Fließ-
band und weniger auf einer etwaigen neuen ›sozialistischen Arbeitsweise‹.

Jede Geschichtsdarstellung begann mit der Gründung der Firma durch die
Familie Schicht, auch die Kontinuität der Produkte war Teil der Firmeniden-
tität nach 1945. Dabei wurden die Anfangsjahre in Rynaltice wurde überwiegend romantisch, ja märchenhaft dargestellt: Der Firmengründer Georg
Schicht erschien als Bauer und Handwerker, der sich hochgearbeitet hatte, die
Seifenfabrik als überschaubarer Familienbetrieb. Dieses Bild entsprach dem
des sozialistischen Arbeiters, wenngleich Georg Schicht auch als Deutscher gesehen wurde, der später zudem ›kapitalistische Machenschaften‹ an den Tag
legte. Soziale und nationale Herkunft wirkten gleichzeitig bei der Betrachtung
des Firmengründers, wobei das Nationale meist überwog, so dass der soziale
Aspekt diesem untergeordnet wurde. Die Firmengeschichtsschreibung sah in
der Verlagerung des Betriebes nach Ústí, seiner Vergrößerung und späteren
Umwandlung in eine Aktiengesellschaft eine Veränderung der Schicht-Werke
zu einem ›kapitalistischen‹ Unternehmen, das gegen Tschechen, für das
»Deutschtum« und für Henlein arbeitete.

Den sozialen Übergang vom ›kapitalistischen System‹ hin zum Sozialismus
hatten die tschechischen Angestellten nach 1945 realisiert:

In den Betrieb, der durch tschechisches Geld errichtet wurde, traten tschechische Angestellte
ein, damit an dem Betrieb nicht nur ein Einzelner verdiente, sondern eine ganze Nation. Die
tschechischen Angestellten übernahmen nicht nur innerhalb der kurzen Zeit von drei Jahren
die Erfahrungen der letzten 97 Jahre, sondern brachten auch ihre Liebe zur befreiten Arbeit
mit und mit dem freudigen Aufbau übertrafen sie sogar die Erwartungen.[39]

Ganz ähnlich formulierte das im November 1949 anlässlich der gesamtstaatlichen Konferenz der Föderation in der Lebensmittel- und Nahrungsmittelpro-
duzenten herausgegebene Heft »Von der Bastion des Kapitalismus – eine Festung des Sozialismus«:

---

38 120 let zkušeností v moderních výrobcích [120 Jahre Erfahrung in der modernen Pro-
duktion]. Hg. v. *Severočeské tukové závody*. Ústí nad Labem 1968, 21.
39 *Ebenda*, 5.

Die tschechischen Arbeiter veränderten die frühere Bastion des deutschen Kapitalismus in einen nationalen Betrieb, wo sie die Herren über die Festung wurden und diese in den Händen der Arbeiter zum Erfüllen des Fünfjahresplanes und für die Vollendung des Sozialismus brachten.[40]

Im Hinblick auf den Zweiten Weltkrieg betonten die Autoren jedoch einen anderen Aspekt. Die Produkte von Schicht seien zwar die bedeutendsten im Land, aber durch die kapitalistische Firmenführung sei der Zusammenbruch die logische Konsequenz gewesen: »Ihre Geschichte bis zum Jahr 1945, also die Geschichte der ehemaligen Schicht-Werke, ist ein typisches Beispiel für die Entstehung und das Wachstum kapitalistischer Betriebe und ihres unumkehrbaren Zusammensturzes.«[41]

Diese Darstellung entsprach der marxistischen Geschichtsdeutung, die die zwangsläufige Hinführung aller Vergangenheit zum Sozialismus als historische Gesetzmäßigkeit propagierte. Die Übernahme der Schicht-Werke durch tschechische Arbeitende und ihre anschließende Nationalisierung, das heißt Verstaatlichung, schilderte die Betriebsgeschichtsschreibung als Erfolg der Tschechen, als Sieg über das alte, »deutsche« System. Gern wurden Statistiken zitiert, um die Steigerung der Produktion zu belegen.[42] Die anfängliche »Beeinträchtigung« durch den Wegfall der deutschsprachigen Fachleute wurde nicht verschwiegen:

Die wichtigste nach-revolutionäre Aufgabe in den Nordböhmischen Fettwerken war vor allem, die mehr als 3.000 deutschen Angestellten, häufig ausgezeichnete Experten, durch tschechische Angestellte auszutauschen. Das war eine so schwere Aufgabe, da die ankommenden tschechischen Arbeitenden und Techniker keine Erfahrungen in einem tschechischen Betrieb hatten sammeln können, weil viele Produktionen spezialisiert waren und nur in diesem Betrieb durchgeführt wurden und durch Generationen der Schicht-Familie streng geheim gehalten wurden.[43]

Die Lösung dieser schweren Aufgabe wurde als Erfolg dargestellt und auch als Sieg über die Schicht-Familie:

Die Schichts haben sich verrechnet, wenn sie geglaubt haben, die tschechischen Arbeitenden könnten die Arbeit in dem Betrieb nicht übernehmen. Die gigantische Aufgabe, die deutschen Arbeitskräfte durch tschechische Leute zu ersetzen, ist in einer unglaublich kurzen Zeit geglückt.[44]

---

[40] Z bašty kapitalismu – pevnost socialismu [Von der Bastion des Kapitalismus – eine Festung des Sozialismus]. Hg. v. *Setuza – propagační oddělení*. Ústí nad Labem 1949, 3. Siehe auch 125 Jahre Setuza. Deutsch, Russisch, Englisch. Hg. v. *Setuza – propagační oddělení*. Ústí nad Labem 1973.

[41] Z bašty kapitalismu – pevnost socialismu, 1.

[42] *Ebenda*, 4 f. und 120 let tradice zavazuje [120 Jahre der Tradition verbindet]. Ústí nad Labem 1968, 2.

[43] Z bašty kapitalismu – pevnost socialismu, 2.

[44] *Ebenda*, 3.

Der Zeitzeuge Rudolf Páradys erinnerte sich 1974 in der Tageszeitung »Práce« (Arbeit)[45] daran, dass das Zusammentreffen mit den verbliebenen Deutschsprachigen für die Neuankömmlinge so kurz nach dem Krieg durchaus beängstigend war:

In Ústí wurde ich zwar nicht geboren, aber vermutlich sterbe ich hier. Und ich habe hier die besten Jahre meines Lebens verbracht. Nach Ústí kam ich aus dem Binnenland, aus der Elbeebene, aus Peček. [...] Aber damals war das, ich meine Ende August 45, da sah es ziemlich anders aus im Betrieb als heute. Ich kam in die Glycerin-Abteilung. Da war die Fabrik mehr oder weniger von Tschechen besetzt. Aber Deutsche mit feindlichen Gedanken waren darunter noch genug. Wir kamen hierher aus allen Enden der Republik, aus Dörfern, aus Städten, aber auch aus verschiedenen Arbeitsstellen und Berufen. Wer von uns wusste, wie man Seife macht? Und die Nazis wollten nichts von ihrem Wissen weitergeben.[46]

Der Zeitzeuge bestätigte damit die offizielle Lesart, die die Deutschen in ethnischer und sozialer Hinsicht generell als Nationalsozialisten und Kapitalisten betrachtete.

In dem 1973 herausgegebenen Bildband »125 Jahre Setuza«, der auf Deutsch, Russisch und Englisch erschien und vor allem als Geschenk für Geschäftspartner diente, wurde hauptsächlich die Modernität der Produktion betont. Der Blick zurück fiel kurz aus: Das von der Setuza-Werbeabteilung erstellte Heft erwähnte nur die Unternehmensgründung im Jahr 1848, betonte aber, dass erst ab »der Nationalisierung 1945« die »richtige Geschichte von Setuza« begonnen habe.[47]

Im selben Jahr erschien auch ein ganzseitiger Artikel in der Zeitung »Svět práce« (Welt der Arbeit), der betonte, dass das Jahr 1973 nicht nur das 125. Firmenjubiläum, sondern auch das 25. Jubiläum der Nationalisierung markierte.[48] Der Artikel glich eher einer Werbeanzeige, da er die Produkte und deren Vorteile betonte:

In unser Bewusstsein kommt der Betrieb eher durch die Namen seiner Erzeugnisse – ELIDA, RADION, VEGETOL, FLUORA und SOTE. Namen, die die Tradition, die hohe Qualität und die herausragende Verarbeitung symbolisieren. Die Namen sind untrennbar mit dem Namen des Betriebes NORDBÖHMISCHE FETTWERKE IN ÚSTÍ NAD LABEM verbunden [Hervorhebungen im Original].[49]

Das Heft »140 let Setuza« (140 Jahre Setuza) aus dem Jahr 1988 hatte den ausführlichsten Geschichtsteil der sechs Betriebsgeschichten, die seit 1949 erschienen waren. Es diente zugleich als Katalog für die im Stadtmuseum gezeigte

---

45   Die Tageszeitung »Práce« wurde von der Gewerkschaft ROH herausgegeben und erschien von 1945 bis 1997. Sie war eine wichtige tschechoslowakische Tageszeitung, die die Ereignisse in der Tschechoslowakei reflektierte.

46   *Mihalovičová*, Naďa: STZ – v roce znárodnění [STZ – im Jahr der Nationalisierung oder unser Betrieb an der Elbe]. Práce vom 28.10.1974.

47   125 Jahre Setuza. Deutsch, Russisch, Englisch, 3.

48   125 let tradice a kvality na severu Čech [125 Jahre Tradition und Qualität im Norden Böhmens]. In: Svět práce vom 28.5.1973.

49   *Ebenda*.

Ausstellung »140 let založení podniku SETUZA« (140 Jahre Gründung des Betriebes SETUZA), die in Zusammenarbeit mit dem Betriebsarchiv und der Archivarin Iva Králová erarbeitet wurde. Für die Darstellung der Nachkriegsgeschichte wurden Interviews mit Funktionären durchgeführt, die bereits seit 1945 bei Setuza beschäftigt waren. Letztendlich wurden diese Zeitzeugenaussagen aber weder für die Ausstellung noch für den Jubiläumsband verwendet.[50]

5. Tradition und Aufbau

Warum bezog sich Setuza überhaupt auf die lange Tradition der Schicht-Werke, anstatt einfach eine neue Firma ohne ›problematische‹ Vorgeschichte zu gründen? Warum war es wichtig, auf die Tradition zu verweisen und zugleich den Beginn einer neuen Ära des glanzvollen Aufbaus durch die Arbeiter zu betonen? Der Hauptgrund lag in der Präsenz der Produkte und dem hohen Bekanntheitsgrad der Marken: Zahnpasta, Kosmetika, Seife und Fette aus dem Hause Schicht/Setuza waren schon in der Vorkriegszeit in vielen Haushalten der böhmischen Länder und später der Ersten Republik zu finden, auch zur Zeit des Protektorats und nun in der sozialistischen Tschechoslowakei waren sie präsent und konnten nicht einfach aus dem kollektiven Gedächtnis gelöscht werden. Daher knüpften die Broschüren für tschechoslowakische und ausländische Firmenpartner wie auch Werbeartikel in Zeitungen an diese lange Tradition an, die für Qualität und Beständigkeit stehen sollte. Die Stadt Ústí begann quasi erst 1945 zu existieren, aber die guten Seifen und Öle hatte es schon immer gegeben – so der Grundtenor der Schriften, der bei den Kunden gut anzukommen schien, wie die Verkaufszahlen der Produkte belegten. Viele Anzeigen und Artikel von Setuza erschienen auch in den deutschsprachigen Zeitungen, die in der Tschechoslowakei herausgegeben wurden: im Aufbau und Frieden und in der Volkszeitung. Die ›verbliebenen‹ Deutschsprachigen hegten offenbar eine rege Erinnerung an die Produkte der Firma und waren somit eine lohnende Zielgruppe. Setuza investierte in diese Erinnerungsgemeinschaft, indem sie regelmäßig deutschsprachige Anzeigen schaltete.

Auch die Geschichtsdarstellungen in den Jubiläumsschriften von Setuza, die Beiträge im »Budovatel« und die Betriebschroniken zeigten das Bestreben, die lange Tradition der Produkte und deren europaweiten Vertrieb positiv zu bewerten. Die Betonung der Tradition sollte auch an die eigenen Angestellten weitergegeben werden.

Ein Beispiel für diese Bewahrung und Vermittlung der Firmentradition sind die Beiträge der Betriebsarchivarin von Setuza, Anna Veverková. Sie verfasste eine Geschichte der Schicht-Werke, die im »Budovatel« von 1962 bis 1968 in der Artikelserie »Z historie našeho závodu« (Aus der Geschichte unseres

---

50 Komise regionálních dějin Okresního vedení KSČ [Kommission für Regionalgeschichte der Kreisführung der Kommunistischen Partei der Tschechoslowakei]. AMUL 1980. Weiteres zu den Interviews im Kapitel VII.6.

Betriebes) veröffentlicht wurde.[51] Veverková beschrieb die Erfolge der Firma zu Beginn des 20. Jahrhunderts, zählte auf, wie viele Mitarbeiter es gab, welche Produkte neu eingeführt wurden und worin die Firma weltweit führend war.[52] Als erinnernswerte Leistung der Familie Schicht wurden auch die fortschrittlichen Werbemethoden dargestellt.[53] Ansonsten beschrieb Veverková die Geschichte der Schicht-Werke jedoch eher als Geschichte ausgebeuteter Arbeiter.

Bei der Propagierung des Neuanfangs der Firmengeschichte von Setuza als zweifacher Schnitt – als Ende der ›deutschen Vorherrschaft‹ und des ›kapitalistischen Schaffens‹ – war auch die Darstellung der Schichts als Gegner der Ersten Republik und Unterstützer der Nationalsozialisten ein verbreitetes Thema. Das lieferte in den Betriebsgeschichten nach 1945 die Legitimierung der Nationalisierung, fungierte also als Begründung für die Rechte der Tschechen an der Fabrik. So las man in einer 1949 veröffentlichten Broschüre über Georg Schicht:

> Einer seiner Söhne, Johann, teilte mit ihm das rücksichtslose Wesen und außerdem zeigte sich bei ihm ein halbherziges Deutschtum in Form eines brutalen Nationalismus. [...] die Firma Schicht verkaufte vor allem an tschechische Läden, also lässt sich sagen, dass vor allem tschechische Kunden den Reichtum der Fabrik und ihr Wachstum sicherten.[54]

Auch die geringe Zahl an Tschechen, die bei Schicht angestellt waren, wurde als Indiz für dessen nationalistische Haltung gedeutet: »Die Schichts waren Deutsche und ihr Betrieb war von Beginn an eine Bastion der Germanisierung der gesamten Region und nur einige Tschechen, Angestellte nur aus Reklame-Gründen, arbeiteten an untergebenen Stellen.«[55]

Der Betriebsarchivar Karel Benedykt stellte die Familie Schicht ebenso negativ dar: »In dieser Zeit [Erster und Zweiter Weltkrieg, Anm. d. A.] war überall bekannt, dass Schicht eine Festung im Kampf um die Erhaltung des Deutschtums bildete.«

Die Familie Schicht unterstützte, so der Archivar weiter, die separatistischen Bewegungen der Sudetendeutschen in der Ersten Republik, Heinrich Schicht habe deutschnationale Vereine gefördert und mit den nazistischen Organisationen kooperiert.[56] Die Lesart des Archivars war identisch mit den Betriebschroniken. Da die Firma und Familie Schicht während der gesamten

---

51 *Veverková*, Anna: Z historie našeho závodu [Aus der Geschichte unseres Betriebes]. In: Budovatel vom 13.4.1962.

52 *Dies.*: Z historie našeho závodu. In: Budovatel vom 20.10.1962.

53 *Dies.*: Z historie našeho závodu. In: Budovatel vom 3.8.1962.

54 Se stoletou tradicí. Hg. v. *Svaz zaměstnanců v průmyslu*. Das Argument, die Fabrik sei schließlich mit dem Geld der tschechischen Kunden großgeworden, fand sich auch in anderen Darstellungen: »Das Geld kam von tschechischen Kunden, die den Schichts sehr gelegen kamen.« Siehe Z bašty kapitalismu – pevnost socialismu.

55 *Ebenda.*

56 *Benedykt*: Archivy Setuzy hovoří, 3.

Dauer der Ersten Republik gegen diese gearbeitet hätten, sei es nur ausglei-
chende Gerechtigkeit gewesen, ihren Besitz 1945 zu konfiszieren und die Familie dorthin zu »evakuieren, wohin ihr Herz zog, nach Deutschland«.[57]

Die Nähe der Industriellenfamilie zum Nationalsozialismus wurde auch in
der Betriebsgeschichte von Setuza aus dem Jahr 1968 hervorgehoben: »Die Leitung und vor allem Schichts Familie meldeten sich natürlich zur nazistischen
Ideologie und begrüßten die Abtrennung des Sudetenlandes von der Republik.
Deshalb kam es nicht mal während des Zweiten Weltkrieges zu einer Produk-
tionseinschränkung.«[58]

Auffällig ist, dass die meisten Texte auf eine detaillierte Darstellung der Betriebsgeschichte während des Zweiten Weltkrieges verzichteten, obwohl dies
die Nähe der Schicht-Familie zum Nationalsozialismus zusätzlich belegt hätte.
Die Darstellung der Kriegsproduktion in den Jahren 1939 bis 1945, der Zwangsarbeiter und der zur Fabrikarbeit gezwungenen Kriegsgefangenen fehlte jedoch
oft ganz oder war nur sehr kurz.[59] Wahrscheinlich sollte die Erinnerung der
Opfergeschichte der Tschechen klein gehalten werden. Die auf dem Betriebs-
gelände der Schicht-Werke errichteten Baracken, in denen die Kriegsgefangenen interniert waren, blieben nach dem Krieg erhalten und wurden umgenutzt.
Ab 1950 lebten hier alleinstehende Männer, die bei Setuza angestellt waren.[60]
Wozu die Baracken früher dienten, daran wurde nicht erinnert.

Eine Ausnahme unter den Geschichtsdarstellungen war ein Artikel in der
»Lidová demokracie«, der 1977 zur Erinnerung an die »Große Oktoberrevolu-
tion und die Freundschaft zur Sowjetunion« erschien.[61] Der Artikel thematisierte die Kriegsgefangenen, die in den Schicht-Werken arbeiten mussten, und
die »guten Deutschen«, die diese insgeheim unterstützten. Grundlage des Artikels war ein Zeitzeugeninterview mit Jan Pečiva, der »zu den tapferen Tschechen gehört, die in Ústí nad Labem geboren wurden und dort auch während
des Zweiten Weltkrieges blieben. Es war nicht einfach, im ehemaligen Protektorat zu leben, und Tscheche im besetzten Land zu bleiben, war noch schwieriger«. Pečiva arbeitete bei Schicht, wo er mit Kriegsgefangenen aus Polen,
Frankreich, Belgien und Zypern zusammentraf. Nach Beginn des Krieges gegen die Sowjetunion kamen auch sowjetische Kriegsgefangene hinzu: »Es war
ihnen anzusehen, dass sie die schlimmste Folter hinter sich gebracht hatten.«
In den Schicht-Werken mussten die Kriegsgefangenen in den staubbildenden
Abteilungen oder in der Güterwagenverschiebung arbeiten. Jan Pečiva hatte
jedoch Glück, sein Meister eröffnete ihm am ersten Tag: »Ich bin Deutscher,
aber ich bin kein Hitlerovec [etwa: Hitleranhänger] und ich verhalte mich den

---

[57] *Ebenda*, 4.
[58] *Ebenda*.
[59] 140 let Setuza.
[60] *Kaiser*: Ústecké Retro, 123.
[61] Škola přátelství k sovětským lidem [Die Schule der Freundschaft zum sowjetischen Volk].
      In: Lidová demokracie vom 26.11.1977.

Russen gegenüber mit Bewunderung. Wir lassen sie hier nicht alle vor Hunger umkommen.« So schafften sie in den Schicht-Werken täglich einige Liter Öl für die Kriegsgefangenen zur Seite. Pečiva nannte in dem Artikel noch weitere deutsche Helfer in der Fabrik, die zum Teil immer noch in Ústí lebten.[62]

Die Betonung des Neubeginns in der offiziellen Firmen-Geschichtsschreibung nach 1945 bei gleichzeitiger Fortführung der traditionellen Produkte der Schicht-Werke und jahrelanger Parallelität des alten und neuen Firmennamens hatte unvorhergesehene und ungeplante Auswirkungen. Dazu gehörte vor allem die Identifikation der Arbeitenden mit den Schicht-Werken, vor allem mit der Produktion und den Produkten aus der Vergangenheit, die als Qualitätsprodukte galten und gelten. Die Arbeitenden pflegten weniger die marxistische Lesart der automatischen Hinführung zur sozialistischen Betriebsführung als die Identifikation mit einer langen Geschichte und Tradition, die nach der so genannten Samtenen Revolution 1989 schnell wiederbelebt werden konnte.

6. Setuza als Denkmal im Stadtbild von Ústí

Das großflächige Werksgelände von Setuza liegt auf der rechten Elbseite, im Stadtteil Střekov. Die markanten Silos der Fabrik sind weithin sichtbar, auch der durchreisende Auto- oder Zugfahrer blickt unwillkürlich auf die 42 Meter hohen Betonzylinder, die seit 2012 auch als Werbefläche genutzt werden.

Die Silos waren und sind das inoffizielle Wahrzeichen der Stadt, das jedem Besucher sofort ins Auge springt. Sie wurden in den Jahren 1974–1975 errichtet und in der sozialistischen Tschechoslowakei als »Denkmäler der brüderlichen Zusammenarbeit« beschrieben.[63] Aus dem Vorzeigebetrieb der Aussiger wurde so das Denkmal des neuen, sozialistischen Ústí. In einem Artikel im »Průboj« wurden die Denkmäler, die an die Befreiung durch die Rote Armee im Jahr 1945 erinnerten, mit den Denkmälern der Industrie gleichgesetzt:

---

62 *Ebenda.* In den 1970er Jahren erschienen in der Tschechoslowakei erste historische Arbeiten über die ›guten Deutschen‹, d. h. die deutschen Antifaschisten, wobei allerdings nur die Kommunisten erwähnt wurden. Siehe zum Beispiel den Sammelband Sborník materiálů ze sympozia o boji českých a německých antifašistů proti hitlerovskému fašismu 1933–1945 [Materialsammelband des Symposiums über den Kampf der tschechischen und deutschen Antifaschisten gegen den Hitler-Faschismus]. Hg. v. *Ústřední výbor Českého svazu protifašistických bojovníků.* Praha 1974. Zur späteren Forschung siehe Kapitel V.5.

63 Památníky bratrské spolupráce [Denkmäler der brüderlichen Zusammenarbeit]. In: Průboj vom 23.6.1979.

Es sind nicht nur die [Denkmäler], die wir für die Befreier aufgestellt haben, oder die, die wichtige Etappen unserer Geschichte erinnern [...]. In Nordböhmen stehen davon eine ganze Reihe. An der Elbe liegen moderne, großkapazitäre Behälter für Ölsamen in den Nordböhmischen Fettwerken in Ústí n. L., [...] und diese sind bedeutende Denkmäler für die chemische Industrie und Energie. Diese bauten in den vergangenen Jahren polnische Bauarbeiter [...] und sie dokumentieren, wie lebensgebend die Kraft ist, die brüderliche Zusammenarbeit zwischen sozialistischen Ländern im Rahmen des Rates für gegenseitige Wirtschaftshilfe.[64]

Abb. 20: Setuza – Sicht aus Střekov, Mitte der 1970er Jahre (AMUL).

7. Sammeln der Betriebsgeschichte, Akteure

Die Geschichtsschreibung der Setuza hatte die Nationalisierung des Betriebes und die ›Tschechisierung‹ der Belegschaft lange nur recht floskelhaft behandelt. In den 1980er Jahren jedoch entstand ein verstärktes Interesse an der Geschichte des tschechischen Betriebes und der kommunistischen Machtübernahme. Parallel zur verstärkten Regionalgeschichtsschreibung in Ústí wurde nun auch die Nachkriegsgeschichte von Setuza intensiver erforscht und dokumentiert.

[64] *Ebenda.*

Ein wichtiger Akteur hierbei war die Kommission für Regionalgeschichte der KSČ, die 1983 Interviews mit verschiedenen Funktionären der Nachkriegsjahre in Ústí durchführte, darunter auch mit zahlreichen Setuza-Mitarbeitern. Die Interviewer waren Museumsangestellte und im Grunde ebenfalls Zeitzeugen der Periode nach 1945. Die Befragten beschrieben den Wandel der ehemals deutschen Schicht-Werke zur tschechischen Setuza.[65] Sie berichteten zum Teil auch von ihren Erfahrungen während des Krieges und über die Begegnung mit den Zwangsarbeitern, sie beschrieben die Stimmung vor den Wahlen 1948 und ihr Engagement in der Gewerkschaft.

Ein wichtiges Thema bei diesen Interviews war, wie sie mit den deutschen Angestellten des Betriebs zusammengelebt und gearbeitet hatten. Keiner der tschechischsprachigen Befragten schien zu Beginn seiner Tätigkeit bei Schicht/Setuza das nötige Fachwissen gehabt zu haben – sie waren bei der Einarbeitung also auf die verbliebenen, überwiegend deutschsprachigen Angestellten der Spezialfirma angewiesen. Alle erinnerten sich sehr positiv an die gemeinsamen Anfänge in der Fabrik. Der Zeitzeuge Otokar Starý erklärte sogar, einer der deutschsprachigen Meister sei der »Beste gewesen, den es jemals in der Presserei gegeben habe«.[66] Dabei hatte die Museumsangestellte Ledvinka durchaus tendenziös gefragt, ob es unter den verbliebenen Deutschen bei Setuza auch solche gegeben habe, die sich als Antifaschisten gemeldet hätten, obwohl sie gar keine waren. Über tschechische Meister hingegen beschwerten sich mehrere der Befragten.

Josef Spurný dagegen erinnerte sich auch an beklemmende Momente: »Als ich gekommen bin, das war am 10. Juni, ging ich in die Nachtschicht, also da waren wir zwei Tschechen und alles Deutsche. 90 Deutsche in der Schicht und zwei Tschechen [...].«[67]

Das fand Herr Spurný durchaus beängstigend und er schien erleichtert, als »die Fabrik wirklich in tschechische Hände« kam: »Und das gelang am 1. Juli 1946 als der letzte Deutsche aus dieser Fabrik, Herr Lang, wegging und die Fabrik ganz in tschechischen Händen war.«

Der Zeitzeuge Jan Motka erinnerte sich, dass es in der Anfangszeit vor allem an Rohstoffen fehlte, und viele Abteilungen deshalb nicht regulär arbeiten konnten.[68]

---

65 Dabei handelte es sich um folgende ehemalige Setuza-Mitarbeiter und Funktionäre: Jan Motka, geb. am 25.1.1918, Mitglied der KSČ seit dem 30.1.1946; Otokar Starý, geb. am 18.8.1921, parteilos, Eintritt bei Setuza 1943, ROH-Vorsitzender; Josef Lhotky, KSČ-Mitglied seit dem 31.3.1953, bei Setuza beschäftigt seit dem 15.6.1946; Bohuslav Aron, geb. am 10.10.1918, seit 1945 Mitglied der KSČ und seit dem 17.12.45 bei Setuza; Josef Spurný, geb. am 2.7.1919, KSČ-Mitglied seit dem 7.6.1945, hier auch Vorsitzender und Vorsitzender beim ROH.

66 *Ledvinka*, František: Komise regionálních dějin okresního vedení KSČ Ústí nad Labem, Setuza. AMUL, Inv. Nr. 12, Komise IV, KSČ, 1985.

67 *Ebenda.*

68 *Ebenda*, 22.

Interessant waren die Interviews vor allem deshalb, weil die Befragten die
unmittelbare Umbruchzeit miterlebt hatten und zum Zeitpunkt der Befragung
bereits ein relativ hohes Alter erreicht hatten. Sie hatten sich in der Kommunistischen Partei oder der Gewerkschaft verdient gemacht und hatten bei ihren
zum Teil kritischen Aussagen über die Kommunistische Partei keine Konse-
quenzen zu befürchten. Für die Nutzung im Museum oder in historischen Veröffentlichungen waren ihre Aussagen Mitte der 1980er Jahre jedoch kaum zu
gebrauchen: Die geäußerte Kritik an den Verhältnissen passte ebenso wenig in
das offizielle Geschichtsbild wie die fehlende Verurteilung der deutschen Kollegen. Somit ist es nicht verwunderlich, dass die Interviews weder in die Ausstellung noch den Jubiläumsband zum 140. Firmenjubiläum von Setuza im
Jahr 1988 einflossen.

Der Auftrag zur Befragung von Setuza-Angestellten bewies jedoch die Relevanz, die die offizielle Geschichtsschreibung der Betriebsgeschichte und vor
allem der Nationalisierung und ›Entdeutschung‹ des Unternehmens beimaß.

8. Deutschsprachige und Roma bei Setuza

Ebenso wie die Betriebsgeschichte von Setuza die Geschichte der Stadt Ústí nad
Labem im Kleinen spiegelt, kann auch die Belegschaft von Setuza als Mikro-
kosmos der Stadtbevölkerung betrachtet werden. Das betrifft insbesondere die
Position der Minderheiten, die – nach sozialistischer Doktrin – durch die Arbeit integriert werden sollten. Bei zwei Gruppen war die Integration in der
Stadt und im Betrieb unumgänglich: bei den Deutschsprachigen, die als unentbehrliche Spezialisten in den von ›politisch unzuverlässigen Personen‹ konfiszierten Betrieben verblieben waren, und bei den Roma, die vor allem als Arbeitskräfte für die Produktion gebraucht wurden, um den Arbeitskräftemangel
infolge der Zwangsaussiedlungen auszugleichen. Weitere, hier nicht erwähnte
größere Minderheitengruppen bei Setuza waren polnische und vietnamesische
Arbeiter und Arbeiterinnen. Daneben fanden auch immer wieder Auszubil-
dende aus entfernteren Ländern für kürzere Zeit Arbeit bei Setuza, darunter
auch ein Afghane (1972) sowie Mongolen und Kubaner (in den 1960er Jahren).[69]

Im industriell geprägten nordböhmischen Grenzgebiet spielte die Revolutionäre Gewerkschaftsbewegung (Revoluční odborové hnutí, ROH) eine große
Rolle bei der Integration der Minderheiten.

---

[69] Dagmara Jajeśniak-Quast definierte die verschiedenen Arbeitsverhältnisse von ausländischen Mitarbeitern in sozialistischen Staaten bis 1990. Vietnamesen waren demnach als
sogenannte Vertragsarbeiter und Polen als sogenannte Kontraktarbeiter in Ústí. Die ausländischen Mitarbeiter wurden meist segregiert, die Betriebe selbst hatten kaum Einfluss
auf den Umgang mit ihnen. Siehe *Jajeśniak-Quast*, Dagmara: »Proletarische Internationalität« ohne Gleichheit. Ausländische Arbeitskräfte in ausgewählten sozialistischen Großbetrieben. In: *Müller/Poutrus* (Hg.): Ankunft – Alltag – Ausreise, 267–294.

Der ROH war offiziell für die Eingliederung der deutschsprachigen Arbeitenden zuständig, sollte diese schulen, in Kultur- und Verbandsaktivitäten einbinden, durch deutschsprachige Zeitungen informieren und letztlich auch beobachten.[70] Ab August 1950 durften die Deutschsprachigen selbst aktiv in der Gewerkschaft mitarbeiten und dabei sogar ihre Muttersprache verwenden. Im September 1951 wurde ein Referat für die Zusammenarbeit mit den deutschen Mitbürgern gegründet. Bis 1954 waren bereits 80 bis 85 Prozent der in der Tschechoslowakei verbliebenen Deutschsprachigen in der Gewerkschaft organisiert.[71] Durch die Einbeziehung der Minderheit in die ROH begann deren zunehmende Integration in die neue Gesellschaft: So konnten sie an den Kulturveranstaltungen teilnehmen beziehungsweise diese selbst gestalten, zudem konnten sie die Urlaubsangebote der ROH nutzen. Die deutschsprachigen Arbeiter bei Setuza blieben jedoch weitestgehend separiert: Kein Artikel der Betriebszeitschrift erwähnte die deutschsprachigen Kollegen, sie erhielten keine offiziellen Auszeichnungen und waren nicht an den Betriebsfeiern beteiligt. In anderen Betrieben dagegen trat diese Gruppe weitaus dominanter auf: So beschwerten sich beispielsweise die deutschsprachigen Bergarbeiter des Schachts Prokop Holý, der in Tuchomyšl (Schönfeld) in der Nähe von Ústí lag, über die Konfiszierungen direkt nach dem Krieg.[72]

Die Roma hingegen wurden nicht wie die Deutschsprachigen als eigene Gruppe betrachtet, sie fielen auch nicht explizit in die Zuständigkeit der ROH. Die Behörden, insbesondere die »Bezirkskommission für Zigeunerangelegenheiten« (Okresní komise pro cikánské záležitosti) führten Statistiken über die soziale Gruppe der Roma und suchten nach Integrations- oder Assimilationsansätzen. Im Auftrag des ONV sollte die Kommission die Situation der Roma evaluieren, um die Regierungsbeschlüsse zur Lösung der »Zigeunerfrage« zu klären. Mittels einer Umfrage sollten die »Arbeitsmoral«, die Wohnverhältnisse und weitere Daten der Roma in Ústí nad Labem erfasst werden.[73] Die Gewerkschaft ROH war zuständig für die sogenannten *nepřizpůsobení občané* (nicht angepasste Personen). Nach einem Erlass des Ministeriums für soziale Angelegenheiten (vyhláška Nr. 130/1975 zb. § 52) umfasste dies folgende

70 *Kácha*, F.: Zásady práce odborové organisace mezi pracujícími německé národnosti [Grundsätze der Arbeit der Gewerkschaften unter den Arbeitenden deutscher Nationalität]. ÚRO PŘED, KT 34, Inv. Nr. 262/2/5, 24.1.1957.

71 *Staněk*: Německá menšina, 114.

72 Národnostní menšiny (německá a cikánská) – situační zprávy, akce, vracení občanství, protokoly aktivů německých občanů (něm.) [Nationale Minderheiten (deutsche und zigeunerische) – Situationsberichte, Aktionen, Rückgabe der Staatsbürgerschaft, Protokolle der Aktivitäten der deutschen Bürger (dt.)]. AMUL, ONV, Inv. Nr. 519, KT 92, Ústí nad Labem 1948–1951.

73 Přehled o osobách cikánského původu zaměstnaných v závodech ústeckého okresu [Überblick über Personen zigeunerischer Herkunft, die in Betrieben des Bezirkes Ústí angestellt sind]. AMUL, ONV, KT 1265, Inv. Nr. 3684, Ústí nad Labem, 1966–1967.

Gruppen: »a) Bürger, die aus dem Strafvollzug in die Freiheit entlassen wurden, b) Bürger, die aus Alkohol- oder anderen Kuraufenthalten entlassen wurden, c) Bürger, die nicht würdige Bürger der sozialistischen Gesellschaft sind.« Roma wurden in diesem Erlass nicht explizit genannt, waren in der praktischen Umsetzung jedoch unter der dritten Kategorie gemeint.[74] Bei diesen sozial ausgegrenzten Gruppen strebten die Behörden nach einer Eingliederung in und durch den Arbeitsprozess:

Eine der wichtigsten Erziehungsvoraussetzungen der zigeunerischen Einwohner ist ihre dauerhafte Eingliederung in eine Anstellung. Allgemein gilt der Grundsatz, dass die Arbeit nicht nur ein Mittel zum Lebensunterhalt und zur Erhöhung des Lebensstandards sei, sondern heutzutage auch ein mächtiges Mittel zur Erziehung des Menschen, das gilt gleich doppelt für Zigeunereinwohner.[75]

Durch den Arbeitsprozess als »Grundpfeiler der Umerziehung des Menschen überhaupt« sollten die Roma assimiliert werden.[76] Der »passendste Arbeitsplatz für Zigeuner« war dabei, so die Ansicht der Behörden, ein Industriebetrieb:

Weniger geeignet ist es Zigeuner in staatlichen Höfen zu beschäftigen, vor allem im Grenzgebiet, wo bis jetzt ungeklärte Verhältnisse sind. Ebenfalls unpassend ist eine Beschäftigung in vorläufigen, kurzen Bauarbeiten und anderen Saisonarbeiten, die schon von sich aus eine Lebensform von Wanderarbeit sind.[77]

Der Staat wollte die Roma in Arbeit und vor allem die Betriebe selbst dazu bringen, ihnen Arbeit anzubieten. Dabei begegneten sie jedoch immer wieder Vorbehalten. So beschwerte sich der Kreisnationalausschuss, Abteilung Inneres, in Ústí nad Labem, in einem Bericht über den Zustand der »Ergebnisse der Umerziehung« der Roma seit 1952 ausdrücklich über zwei Betriebe: die Baufirma Chemostav und Setuza, die es »ablehnten, Bürger zigeunerischer Herkunft einzustellen«.[78] Der MěNV schloss sich dieser Kritik an:

Die meisten Betriebe, obwohl sie Zigeuner schlussendlich aufnehmen, kümmern sich nicht weiter um ihre Erziehung. Zigeuner sind in solchen Betrieben häufig in Bereiche mit schwerer manueller Arbeit eingeteilt, die niemand anderes machen will, und wo sie keine weitere

---

[74] Metodický návod pro práci aktivů pro nápravně výchovnou činnost v hospodářských organizacích [Methodische Anweisung für die Arbeit des Aktivs zur Besserungserziehungstätigkeit in Wirtschaftsorganisationen]. Hg. v. *Aktiv pro nápravně výchovnou činnost.* Praha 1981, 2.

[75] Referát na celostátním aktivu o práci mezi cikánským obyvatelstvem v Bratislavě »Hlavní úkoly pro práci mezi občany cikánského původu« [Referat über die gesamtstaatlichen Aktivitäten der Arbeit unter den zigeunerischen Bürgern in Bratislava »Hauptaufgaben für die Arbeit unter den Bürgern zigeunerischer Herkunft«]. AMUL, MNV, KT 257, Inv. Nr. 1411, 1960, 11.

[76] *Ebenda,* 14.

[77] *Ebenda,* 11.

[78] Úprava poměrů osob cikánského původu, převýchova [Verbesserung der Anzahl von Personen zigeunerischer Herkunft, Umerziehung]. AMUL, MNV, KT 257, Inv. Nr. 1403, Ústí nad Labem 1954.

Qualifizierung erhalten. Häufig sind sie in Arbeitsbereiche eingeteilt mit größeren, selbstständigen Gruppen. So verlieren die Zigeunerarbeiter die Möglichkeit, sich hochzuarbeiten und eine breitere Expertenkenntnis zu erlangen, die ihnen ein erfahrenes Kollektiv und andere Arbeitende und eine gute Umgebung mit Genossen bieten kann.[79]

Für die Setuza-Angestellten stimmte diese Beobachtung: So vermerkte ein Bericht des ONV, die Mehrheit der Roma im Betrieb sei nicht in qualifizierter Arbeit beschäftigt beziehungsweise sei es auch nicht möglich, sie zu solcher einzuteilen, da sie schlecht ausgebildet seien. Die Frauen arbeiteten hauptsächlich als Reinigungskräfte, die Männer in der manuellen Arbeit.[80]

Diese Einschätzung aus den 1950er Jahren galt auch für die folgenden Jahrzehnte, was nach 1989 dazu führte, dass die Roma als erste entlassen wurden, weil sie meist nur unqualifizierte, manuelle Arbeiten leisteten.

1977 arbeiteten 57 Roma bei Setuza, 1981 waren es bereits 77.[81] Im Jahr 1984 zählte man 61 Roma bei Setuza, davon 35 Frauen. Die meisten von ihnen waren ohne Schulabschluss, nur zwei hatten einen höheren Schulabschluss.[82] Die Einteilung zur Gruppe der Roma erfolgte dabei durch die Berichterstatter, es handelte sich demnach um Fremdbezeichnungen. Die Mehrzahl der Roma zählte sich nicht zur »Zigeuner-Nationalität«, sondern sah sich als Slowaken.[83] Die Beurteilungen der Mitarbeiter, die als Roma identifiziert wurden, mussten zwei Mal jährlich an den ONV weitergegeben werden. Die Arbeitsmoral stand dabei an vorderster Stelle und wurde in den Berichten häufig kritisiert.[84]

Diese internen Beurteilungen durch Vorgesetzte, Kommissionen und Kollektive gelangten nicht in die Öffentlichkeit. Die Roma waren kaum präsent – weder in den allgemeinen Medien noch in den Publikationen von Setuza. Die wenigen Ausnahmen präsentierten besondere Vorbilder, besonders gut integrierte und arbeitssame Roma, die sich in den kommunistischen Organisationen einbrachten. In der Betriebszeitschrift »Budovatel« wurde 1964 erstmals ein Rom abgebildet, in dem zugehörigen Artikel hieß es, der 28-jährige Jan Bánom sei ein Rom »slowakischer Nationalität«.[85]

---

79 *Ebenda.*
80 Přehled o osobách cikánského původu (s. Anm. 72).
81 Zápis ze zasedání aktivu pro nápravně výchovnou činnost [Protokoll der Sitzung des Aktivs zur Besserungserziehungstätigkeit]. SOAL, Severočeské tukové závody Ústí nad Labem. 13.12.1983, 1.
82 Zpráva o činnosti aktivu pro nápravně výchovnou činnost za rok 1984 v STZ k. p. [Tätigkeitsbericht des Aktivs für Besserungserziehungstätigkeit im Jahr 1984 in STZ k. p.] 1984.
83 Přehled o osobách cikánského původu (s. Anm. 72).
84 *Ebenda* sowie Zápis ze zasedání aktivu (s. Anm. 80).
85 Seznamujeme Vás s Janem Bánomem [Wir machen Sie bekannt mit Jan Bánom]. In: Budovatel vom 10.4.1964, 1.

9. Die Seife mit dem Hirschen: Erinnerungsort und Marketingobjekt

Das wohl bekannteste Produkt aus dem Hause Schicht/Setuza war und ist die »Seife mit dem Hirschen« (Mýdlo s jelenem). Dieses Waschmittel zählte zu den ersten Produkten der Schicht-Werke: Die Kernseife wurde seit Ende des 19. Jahrhunderts als eines der effektivsten Haushaltsmittel geschätzt und ist es bis heute. Zur Hochzeit verließen bis zu 300 Millionen Stück jährlich die Fabrik. Nach 1945 produzierte Setuza die »Seife mit dem Hirschen« weiterhin, sie stand jedoch nicht im Mittelpunkt der Werbemaßnahmen. Als 2005 die Produktion eines der am längsten verkauften Artikel der Tschechischen Republik beziehungsweise der Tschechoslowakei eingestellt wurde, war dies auch der tschechischen Bild-Zeitung »Blesk« (Blitz) eine Schlagzeile wert: »Die Seife mit dem Hirschen – die Legende endete.«[86]

In den Jahren 2005 bis 2016 löste die Haushaltsseife einen regelrechten Retro-Boom in der Stadt aus. Die Lokalzeitung von Ústí nad Labem, der »Ústecký deník«, startete 2007 eine Umfrage, wen ihre Leser für den größten und bedeutendsten Sohn der Stadt hielten. Der Sieger: Johann Schicht. Seine ökonomischen Erfolge überlagerten nun die nationale Zuschreibung.

Im Jahr 2009 organisierte das Museum Ústí nad Labem die Ausstellung »Slavné lokální značky z Ústí nad Labem« (Berühmte lokale Marken aus Ústí nad Labem), in der dem tschechischen und deutschen Publikum natürlich auch die legendäre Seife vorgestellt wurde. In der geplanten Ausstellung »Unsere Deutschen« des Collegium Bohemicum sowie im Sudetendeutschen Museum in München wird die Seife ebenfalls einen prominenten Platz erhalten.[87] Die Mitarbeiter der Forschungs- und Kultureinrichtung fanden 2010 auf dem Dachboden eines Hauses in Děčín eine Originalschachtel mit der Hirschseife, die künftig als Museumsexponat dienen wird.[88]

Seit 2010 hat die Seife auch eine eigene Facebook-Seite, auf der alte Reklame und neue Artikel über die Schicht-Werke oder die Seife selbst angeboten werden. Dazu zählte auch der Hinweis auf die sogenannten »Retro-Wochen« in den tschechischen Lidl-Märkten, bei denen die Seife ab Juni 2015 im Angebot war.[89] Auf Facebook verlief 2021 eine Diskussion über die Errichtung eines

---

[86] Mýdlo s jelenem – legenda skončila [Die Seife mit dem Hirschen – die Legende endete]. In: Blesk vom 11.3.2005.

[87] Zur Ausstellung »Unsere Deutschen« siehe auch Kapitel V.5, Das Collegium Bohemicum und die Ausstellung »Unsere Deutschen«.

[88] Collegium Bohemicum: Krabice Schichtova »mýdla s jelenem« nalezená na půdě [Die Schicht-Schachtel »Seife mit dem Hirschen« auf dem Dachboden gefunden], vom 22.7. 2013. In: Collegium Bohemicum, URL: http://www.collegiumbohemicum.cz/clanek/ 233-krabice-schichtova-mydla-s-jelenem-nalezena-na-pude-i-takovou-podobu-ma- skutecnost-ze-nemci-z-nasich-dejin-zmizeli-/... (am 16.8.2017).

[89] Die Facebook Seite war zuerst privat, dann durch die Firma betrieben, die mit dem alten Logo und der Tradition Marketing betreibt: Mýdlo s jelenem [Die Seife mit dem Hirschen]. In: Facebook, URL: https://www.facebook.com/jakseperesjelenem (am 31.1.2021).

Schicht-Museums in der ehemaligen Villa, die zum Verkauf angeboten wurde, denn »er habe viel für Ústí getan«.[90]

Ein Grund für den Erinnerungsboom an die »Seife mit dem Hirschen« und die Schicht-Werke allgemein waren die wirtschaftlichen Schwierigkeiten der 1992 privatisierten Setuza. Das Unternehmen kam bis 2011 nicht aus den Negativschlagzeilen heraus, der Glanz der Produkte sank und die Entlassungszahlen stiegen.[91] Der nostalgische Rückblick auf die Erfolgsgeschichte früherer Jahre machte die finanziell schwierige Gegenwart des Betriebes erträglicher. Im Juli 2013 verkündete Setuza, dass das älteste Produkt der Firma wieder zum Verkauf angeboten werde.[92] Heute wird die »Seife mit dem Hirschen« wieder regulär hergestellt.

10. Aussiger Ansichten: Präsenter Erinnerungsort Schicht

Für die Aussiger waren die Familie Schicht und die Schicht-Werke sehr präsente Erinnerungsorte nach der Zwangsaussiedlung. Sie versuchten mit Texten und gemeinsamen Veranstaltungen immer wieder, die Erinnerung an die Industriellenfamilie und deren Wirken in Aussig wachzuhalten.

Während die Familie Schicht in Ústí nad Labem als Kapitalisten galten, die gegen die Tschechen und die Tschechoslowakei gearbeitet hatten, waren die Schichts für die Aussiger wichtige Persönlichkeiten ihres alten Lebens, derer sie gedachten und deren weiteren Lebensweg sie verfolgten. »Die Größe Johann Schichts ist nicht bloß in seiner Schaffenskraft festgegründet; noch höher zu werten war sein Seelenadel und seine nie versagende Herzensgüte«, urteilte 1956 ein Aussiger über den Besitzer der Fabrik in Střekov.[93] In einem weiteren Artikel im Aussiger Boten beschrieb man Johann Schicht sogar als einen »Unsterblichen innerhalb der Volksgruppe«, der für das »ganze deutsche Volke zu den Unsterblichen gezählt« wurde.[94]

Dessen Sohn, Heinrich Schicht, der bis 1945 als Präsident der Schicht AG tätig war, wurde im Aussiger Boten mit einer Todesanzeige gewürdigt. In der anschließend abgedruckten Rede anlässlich seiner Beerdigung wurde an die

---

90 Muzeum města Ústí nad Labem: Kommentar unter Beitrag »Schichtova vila – další fotografie z interiéru« [Schicht Villa – weitere Fotos vom Interieur], URL: https://www.facebook.com/muzeumusti (am 31.1.2021).

91 Zur wirtschaftlichen Situation von Setuza nach 1989 siehe *Krsek*, Martin: Die Marke Odol oder zwei Nationen – eine Zahncreme. In: *Kaiserová/Schmitz* (Hg.): Sächsisch-Böhmische Beziehungen, 336.

92 *Vorliček*, Janni: Mýdlo s jelenem se vrací v původním schichtovském balení [Die Seife mit dem Hirschen kehrt in der ursprünglichen Schichtverpackung zurück]. In: Ústecký deník vom 3.7.2013, 5.

93 *HI* (Kürzel): 25 Jahre Johann-Schicht-Bad. In: Aussiger Bote vom September 1956, 18.

94 *fgh.* (Kürzel): Johann Schicht. Gedenken für einen der größten Sudetendeutschen. In: Aussiger Bote vom Juni 1957, 3.

Bedeutung und den Erfolg des Unternehmens erinnert.[95] Der Text bezog sich
auf Aufzeichnungen von Armin Schram, einem Enkel von Heinrich Schicht.
Die Zeit des Zweiten Weltkrieges wurde in dem Beitrag weitestgehend ausgelassen, lediglich der Tod des Sohnes an der Ostfront fand Erwähnung. Betont
wurde hingegen die stete »Pflichterfüllung« des Verstorbenen bei seiner Arbeit. Den Schichts als »einer der ältesten in Nordböhmen ansässigen Familien«
wurde im Nachruf eine »unendliche Liebe zur Heimat« zugeschrieben. Es waren also vor allem die einzelnen Vertreter der Familie Schicht, insbesondere
Johann und Heinrich Schicht, an die sich die Aussiger erinnerten.

Beim 14. Aussiger Heimattreffen 1963 in München, bei dem über 4.000
ehemalige Einwohner der Elbestadt anwesend waren, wurde ein Sondertreffen
unter dem Motto »Ein Schicht-Tag in München« für ehemalige Angestellte der
Schicht-Werke ausgerichtet.[96] Bei diesen Gelegenheiten konnte die Erinnerung an die frühere Wirkungsstätte wachgehalten werden. Im Jahr 1963 arbeiten die ehemaligen, nun in der BRD lebenden Schichtmitarbeiter zudem an
einem Schicht-Album, das an die Industriellenfamilie und ihre Verdienste erinnern sollte.

Neben den ehemaligen Mitarbeitern waren es vor allem die Angehörigen
der Familie Schicht selbst, die ihre Verankerung im kollektiven Gedächtnis zu
fördern versuchten. So gründeten sie im Jahr 1957 eine Stiftung, die den Namen der Familie trug. Zudem schufen sie ihren eigenen Gedenkort, indem sie
den Bau des Hauses Aussig in der Münchener Lindwurmstraße durch eine
großzügige Spende von 100.000 DM an den Hilfsverein Aussig unterstützen.
Das »Schicht-Haus Aussig« diente als Wohnraum für bedürftige Aussiger und
als Treffpunkt. Am Gebäude wurde eine Gedenktafel angebracht, die an die
Industriellenfamilie erinnerte. Auch die Geschichtsschreibung über die Schicht-
Werke und deren Gründer wurde von deren Nachfahren angeregt, finanziert
und von der eigenen Darstellung der Familiengeschichte geprägt. So erinnerte
Georg Schicht, der zweite Sohn des Johann Schicht, 1957 im Aussiger Boten an
seinen Vater, dessen Leistung er als Vorbild für alle später erbrachten Aufbauleistungen der Aussiger betrachtete. In seiner Darstellung hatte die Familie
Schicht den Aussigern ein Beispiel im Umgang mit dem Verlust geliefert –
auch wenn Johann Schicht, auf den sich Georg bezog, schon vierzig Jahre vor
der Zwangsaussiedlung verstorben war. Ein weiteres Beispiel für die eigene Geschichtsschreibung der Familie war das 2011 erschienene Buch »Der große
Aussiger. Eine Annäherung an Johann Schicht und sein Lebenswerk«.[97] Diese
Publikation hatte der Urenkel von Johann Schicht, Horst Hoeck, bei einem
professionellen Biografen in Auftrag gegeben.

---

[95] S. (Kürzel): Ansprache anläßlich der Bestattung am 18.6.59 in Chur. In: Aussiger Bote
vom Juni 1959, 20.
[96] Halten Sie Ihrer Heimat die Treue. In: Aussiger Bote vom August 1963, 5.
[97] Gerschwitz, Matthias: Der große Aussiger. Eine Annäherung an Johann Schicht und sein
Lebenswerk. Berlin 2011.

Die Produkte und technische Fertigung der Schicht-Werke, die bei den neuen Einwohnern von Ústí im Mittelpunkt des Interesses standen, fanden im Heimatbrief der Aussiger ebenfalls Erwähnung, aber nur in geringem Umfang. So berichtete der Aussiger Bote in der Rubrik Neues von Daheim« über die wiederaufgenommene Kosmetika-Produktion, insbesondere über die Herstellung der »Seife mit dem Hirschen« und der Toilettenseife Helada.[98] Die traditionellen Produkte blieben also gleichermaßen im Gedächtnis der alten und neuen Einwohner von Ústí präsent.

Sehr beliebt bei den Aussigern war auch die Reproduktion traditioneller Rezepte. Je länger die eigenen Erfahrungen an Aussig zurücklagen und je älter diejenigen wurden, die sich noch aktiv an die Stadt erinnern konnten, umso mehr füllte sich der Aussiger Bote mit Kochrezepten. Vor allem die Rezepte aus »Schicht's Kochbuch« fanden und finden reges Interesse in der Erinnerungsgemeinschaft: In den Jahren 1920 bis 1930 hatte die Firma Schicht zu Werbezwecken fünf Hefte mit Kochrezepten herausgegeben, die vor allem Zutaten aus der eigenen Produktion verwendeten. So empfahlen die Schicht-Werke ihre Produkte für Mehlspeisen, Fleischgerichte, Suppen, Soßen, Gemüse, Eierspeisen, Fisch, Pasteten, Salate, Kartoffelzubereitungen und Getränke. Im Aussiger Boten wurden diese Rezepte ab 1998 unter der Rubrik »Kochen wie daheim« abgedruckt.[99] Für den »guten Heringssalat« beispielsweise sollten die Nachkochenden »Visan« verwenden, die Milchmargarine aus dem Hause Schicht, die – so der erste Band der Schicht-Kochbücher – das »Sparen und Zusammenhalten« des Haushaltsgeldes erleichtere.[100] Selbst 60 Jahre nach Erscheinen der Kochbücher erinnerten sich die Aussiger noch an die alten Produkte, die ihren Alltag in der Stadt so stark geprägt hatten. Für Svetlana Boym ist Kulinarisches immanent für die Nostalgie.[101]

Der Rückblick war den Aussigern wichtiger als die Gegenwart der nun tschechisch geleiteten Firma. Dies bezeichnet Boym als ein typisches Vorgehen, der von ihr beschriebenen »restorative nostalgia«. Nur ein einziges Mal, im Jahr 1955, berichtete ein verbliebener Altsiedler anonym im Aussiger Boten: »In den Schicht-Werken jammern sie bereits, daß der Plan für Januar durch die massenhaften Krankmeldungen nicht erfüllt werden kann.«[102] Ungeachtet der Umbenennung des Betriebes nutzten die Aussiger weiterhin die gewohnte Firmenbezeichnung. Zudem dienten die alten Schicht-Werke als

---

98 Neues von Daheim. In: Aussiger Bote vom Oktober 1967, 8.

99 *Koska*, Rudolf: Kochen wie Daheim. Reibkäse. In: Aussiger Bote vom Februar 1998, 9.

100 Schicht's Kochbuch. Ausgewählte Rezepte. 1. Band: Mehlspeisen. Prag o. J. Diese Rezepthefte hatte die Firma Schicht auch auf Tschechisch und in anderen Sprachen herausgegeben, da sie ihre Margarinen und Speisefette zur Zeit der Ersten Republik in viele Länder verkaufte.

101 *Boym*: The Future of Nostalgia, 4.

102 »Bauen aber tut niemand«. Ein weiterer aufschlußreicher Brief eines zurückgehaltenen Landsmannes. In: Aussiger Bote vom März 1955, 4–6, hier 4.

eine Art Blaupause, an der die Aussiger die Gegenwart maßen; die Erinnerung an Kriegsproduktion und Zwangsarbeit wurde dabei jedoch ausgespart.

Im Verlauf der Jahre wurden die Schicht-Werke wie auch andere ehemalige Arbeitsstätten der Aussiger immer seltener erwähnt, die Rückblicke und »Berichte aus der Heimat« betrafen nun eher Gebäude, Denkmäler und Friedhöfe. Dies war eine natürliche Folge des Alters, denn die Erinnerungsgemeinschaft der Aussiger setzte sich zunehmend aus denjenigen zusammen, die ihre Kindheit in Ústí verbracht hatten und keine eigenen Erinnerungen an Berufliches haben konnten. Im Jahr 1981 veröffentlichte die damals 87-jährige Olga Howorka ihre eigenen Erinnerungen und die Erzählungen ihrer Mutter über die Anfänge der Schicht-Werke. Diese seien sehr frisch für sie geblieben, schrieb Howorka, die als eine der letzten Zeitzeuginnen im Aussiger Boten berichtete. Auch sie betonte wieder den Fleiß und die Ausdauer des Firmengründers, die schließlich zum großen Erfolg der Firma geführt hätten.

Sehr präsent in der Erinnerung der Aussiger waren die sozialen Einrichtungen der Familie Schicht. Dazu zählte auch das Schicht-Bad, das 1931, anlässlich des 80. Firmenjubiläums, in Střekov gegründet und nach Johann Schicht benannt worden war. Im Gedenken an den gesundheitsbewussten Vegetarier Johann Schicht stifteten die Nachfahren diese moderne Einrichtung zur Erholung und Gesundheitspflege für die Angestellten der Schicht-Werke und die Einwohner Aussigs. Das Schicht-Bad galt mit seinen Heilbädern und der Schwitzbadabteilung als eines der modernsten Heil- und Volksbäder in Europa. Nach dem Krieg war es Austragungsort von internationalen Sportwettbewerben. Im Juni 1946 wurde es in »Dr. B. Vrbenský-Bad« (Lázně dr. B. Vrbenského) umbenannt.[103]

Das Bad war und blieb auch nach 1945 eine zentrale Einrichtung für die Einwohner von Ústí. In der Alltagssprache wurde es nur das Střekovské lázně (Bad Střekov) genannt, oder man ging *do Vrbáku* (ins Vrba-Bad). In den 1990er Jahren verfiel das Bad zusehends, im Jahr 2012 schließlich stand das fast gänzlich zerstörte Bad zum Verkauf.[104] Im Jahr 2020 suchten die Besitzer erneut einen Käufer.[105]

---

[103] *Kreibig*: Záznam z porady dne 2. května 1946 v kanceláři p. Kreibiga [Mitschrift von der Sitzung am 2. Mai 1946 im Büro von Herrn Kreibig]. SOAL, Severočeské tukové závody Ústí nad Labem 2.5.1946. Der Arzt Bohuslav Vrbenský (1882–1944) engagierte sich in der antiklerikalen Bewegung, er war Anarchist und später, als Mitglied der Kommunistischen Partei, als Abgeordneter und Minister aktiv. Zudem war er in die nordböhmischen Bergarbeiterstreiks von XXXX/der XXXXer Jahre involviert, kann also als Persönlichkeit von regionaler Bedeutung gelten.

[104] Prodej, historický objekt [Verkauf, historisches Objekt]. In: Sreality, 13.2.2012, URL: http://www.sreality.cz/detail/prodej/ostatni/historicky-objekt/usti-nad-labem-strekov-truhlarova/1256227676 (am 14.12.2012, Link nicht mehr verfügbar).

[105] *Přibyl*, Pavel: Konec plánů. Vrbenského lázně na ústeckém Střekově jsou opět na prodej [Das Ende der Pläne. Vrba Bad in Ústí Střekov stehen wieder zum Verkauf]. In: iDNES

Die Aussiger erinnerten sich gern an das Schicht-Bad und die dort stattfindenden Wettkämpfe, die von vielen Stadtbewohnern besucht wurden. So las man im Aussiger Boten:

Ich könnte noch viel erzählen, aber ich wollte nur einmal daran erinnern, daß es eine Aussig-Schreckensteiner Schwimm-Mannschaft gab, die zur deutschen Sonderklasse zählte und für unsere Heimat viele schöne Erfolge errang. Der Krieg hat tiefe Wunden in unsere Mannschaft gerissen und nicht zuletzt durch die Vertreibung aus unserer Heimat zerfiel sie.[106]

Mit Selbstbewusstsein erinnerten sich die Aussiger an das moderne Bad in Střekov, unweit der Schicht-Werke:

Auch heute noch ist man als Aussiger stolz auf die gesundheitstechnischen Einrichtungen der Stadt Aussig; hatte sie doch durch die damalige Zusammenlegung zur kreisfreien Stadt zwei Hallenbäder! Unsere Patenstadt München hat im Jahr 1956 auch nur zwei Hallenbäder.[107]

Die Jugendbuchautorin Isolde Heyne, die 1931 in Ústí im Stadtteil Předlice geboren wurde, verarbeitete ihre Zeit als aktive Schwimmerin im Schicht-Bad auch literarisch. In dem Roman »Gewitterblumen« erzählte die Autorin ihre Geschichte für ihre Enkelin Kerstin. Die Romanfigur Tina Braun trug viele autobiografische Züge:

Sie ist in den vergangenen Jahren oft in die Tschechoslowakei gefahren. Nicht nur nach Aussig. Diese Stadt ist ihr fremd geworden, zu viel war zerstört und später neu aufgebaut worden. Nach ein paar Versuchen, Vertrautes zu finden, hat Tina Braun aufgegeben. Fotos bewahrt sie auf: vom Haus, in dem sie wohnten, und das jedes Jahr mehr verfällt, von der Schule, vom Schichtbad, vom Schreckenstein, vom Marienberg, der Ferdinandshöhe. Nur selten schaut sie diese Fotos an. Zuviel Zeit liegt zwischen damals und heute.[108]

Für die Romanfigur Tina war das Schicht-Bad einer der Orte, an den sie die stärksten Erinnerungen pflegte. Damit stand sie exemplarisch für viele der ehemaligen Bewohner Aussigs, für die der Name Schicht ein wichtiger, positiv besetzter Erinnerungsort ihrer alten Heimat war.

---

vom 19.2.2020, URL: https://www.idnes.cz/usti/zpravy/vrbenskeho-lazne-usti-nad-labem-strekov-johann-schicht-power-get-bazen-ameba.A200111_526018_usti-zpravy_pakr (am 21.2.2021).

[106] *Schine* (Kürzel): Das Schichtbad – unsere Kampfstätte. In: Aussiger Bote vom August 1954, 21.

[107] *HI* (Kürzel): 25 Jahre Johann-Schicht-Bad. Am 6. September wurde es feierlich eröffnet. In: Aussiger Bote vom September 1956, 16–18.

[108] *Heyne*, Isolde: Gewitterblumen. Bindlach 1989, 107. Heyne schrieb mit einem literarisch ausschmückenden Gedächtnis. Sie wurde am 11.6.1945 als »Reichsdeutsche« (ihr Großvater war als Kind aus Kassel eingewandert) ausgewiesen, weil sie nie »optiert« hatte. Heyne lebte bis 1979 in der DDR, dann in der BRD. Sie erhielt unter anderem den Sudetendeutschen Kulturpreis.

11. Zusammenfassung

Die Schicht-Werke beziehungsweise Setuza waren ein prägender Faktor für die Wirtschaft, Gesellschaft und Stadtlandschaft von Ústí nad Labem.

Die 1882 in Ústí gegründete Fabrik von Johann Schicht war einer der größten Arbeitgeber der Stadt, die dort produzierten Lebensmittel, Kosmetika und Reinigungsmittel waren im ganzen Land bekannt. Durch ihre fortschrittliche Werbung, auch visueller Art, war der Name Schicht in der ganzen Tschechoslowakei und auch im Ausland sehr präsent.

Im Jahr 1945 wurde die Industriellenfamilie enteignet und der Betrieb nationalisiert. Der Bezug auf die Familie Schicht blieb bei den mehrfachen Umbenennungen zunächst erhalten, die neue Bezeichnung »Severočeské tukové závody«, kurz Setuza, und der Name »Schicht« bildeten lange eine Einheit. Ab 1952 verschwand der Namenszusatz »Schicht« langsam aus dem Gebrauch der Geschäftsleitung, ohne dass es eine erneute offizielle Umbenennung gegeben hätte. In der Alltagssprache der Bevölkerung blieb die Firma jedoch die Schicht-Fabrik und ihre Mitarbeiter die *schichťáci*. Es ist zu vermuten, dass die Altsiedler (22 Prozent der Stadtbevölkerung) die althergebrachte Bezeichnung weiter verwendeten und an die neuen Einwohner weitergaben, aber auch das indifferente Vorgehen der Behörden und der neuen Firmenleitung dazu beitrug, dass sich der Bezug auf die alte Firma unter den alten und neuen Einwohnern hielt.

Die Erinnerungsstränge verliefen hierbei ethnisch/national, sozial und politisch. Die ›Deutschen‹ bestimmten den Erinnerungsdiskurs besonders stark: Gegen ›die Deutschen‹ musste man sich abgrenzen, um den Neustart nach 1945 zu legitimieren, sie wurden in sozialer Hinsicht als ›kapitalistische Unterdrücker‹ charakterisiert und politisch dem Nationalsozialismus zugeordnet – unabhängig davon, ob sie es tatsächlich waren oder nicht. Die Inschriften in der Fabrik, die Produkt- und Firmennamen sollten von allem ›Deutschen‹ befreit werden, was jedoch jahrelang nicht umgesetzt wurde. Zudem war es nötig, die ›deutschen‹ Schicht-Werke in die Neugeschichtsschreibung der Nachkriegszeit einzuordnen, um an ihre erfolgreiche Tradition anzuknüpfen und die Kontinuität zu bewahren. Anders als bei der Geschichtsschreibung des neuen Ústí schrieben die Funktionäre, Archivare, Historiker und Journalisten in Bezug auf die Setuza die Geschichte einer langen Tradition fort und auch die Betriebsleitung selbst ließ die Jubiläen, auch die der deutschen Zeit, offiziell feiern. Die privaten Erinnerungen waren dabei stärker als die staatliche Absicht, wobei vor allem die landesweit bekannten Produkte, die im Gedächtnis der Stadtbewohner präsent waren, für eine Kontinuität sorgten.

Für die Aussiger blieben die Familie Schicht, die Schicht-Werke und deren Produkte lebendige Teile des kollektiven Gedächtnisses. An kaum eine andere Arbeitsstätte erinnerten sich die Aussiger so häufig wie an die Schicht-Werke. Die Erinnerung an die Produkte der Fabrik war bei den Aussigern ebenso präsent wie bei den alten und neuen Einwohnern von Ústí, aber noch stärker war die Erinnerung an Persönlichkeiten, insbesondere den Werksgründer. Die schwierige Vergangenheit des Unternehmens – Kriegsproduktion, Zwangsar-beit und Verfolgung – wurde jedoch ausgeklammert.

Die Betriebsgeschichte von Setuza bietet auch interessante Einblicke in die Geschichte der Minderheiten in Ústí nad Labem. Im Staatssozialismus sollte die Integration der Minderheiten durch die Betriebe erfolgen. Exemplarisch wurden hier Deutschsprachige und Roma vorgestellt. Obwohl Setuza sich be-mühte, beide Gruppen sowohl in absoluten Zahlen wie auch in der medialen Präsenz kleinzuhalten, war der Betrieb einer der Orte, an denen Deutschspra-chige als ›unentbehrliche Experten‹ gebraucht wurden, angestellt blieben und schließlich über die Gewerkschaft mehr Mitsprache- und Teilhabemöglichkei-ten erhielten. Die Roma dagegen blieben bei Setuza marginalisiert, trotz des wiederholten Aufrufs der Behörden, die Angehörigen dieser Minderheit ver-mehrt einzustellen.

Nach 1989 knüpften die Erinnerungsgemeinschaften der Aussiger und der neuen Einwohner von Ústí an die erfolgreiche Firmen- und Produktgeschichte des Hauses Schicht/Setuza an. Traditionelle Schicht-Produkte wie die ›Seife mit dem Hirschen‹ sind bis heute Teil des Stadtmarketings und auch im regu-lären Verkauf erhältlich.

Die Geschichte der Schicht-Werke respektive Setuza kann als Mikroge-schichte der Stadt Ústí nad Labem gelten: An der Nationalisierung und Um-benennung des Betriebes nach 1945, an der Betriebsgeschichtsschreibung im Spannungsfeld von Tradition und Neustart und am Umgang mit Minderhei-ten lassen sich die staatlichen Vorgaben und deren Umsetzung im Lokalen ab-lesen.

ZUSAMMENFASSENDE SCHLUSSBETRACHTUNG: KONSTRUKTION VON HEIMAT/VLAST/DOMOV

Ziel der Arbeit war es, die Rolle von Heimat/*vlast*/*domov* als Prozess des Heimischwerdens in Ústí nad Labem nach dem Zweiten Weltkrieg zu untersuchen. Heimat/*vlast*/*domov* war der Fixpunkt der ehemaligen und der neuen Bewohner der Stadt. Heimat wurde hier als soziales Konzept, als Aneignung von und Identifikation mit einer Stadt oder der Vorstellung davon untersucht. Die Aneignungsprozesse der ehemaligen und der neuen beziehungsweise zurückgekehrten Einwohner von Aussig/Ústí wurden dabei parallel besprochen.

Die Untersuchung eines regional begrenzten Beispiels ermöglichte es, Zwischenräume darzustellen und Entwicklungen aufzuzeigen: Fernab vom Zentrum zeigen kleinere Ereignisse und einzelne Akteure, wie ihr Prozess des Heimischwerdens verlief.

Zu Beginn dieser Arbeit wurde die wechselhafte Geschichte der Stadt Ústí nad Labem dargestellt. Dabei wurde deutlich, dass eine national einseitige Geschichtserzählung dieser Region nicht möglich ist. Die Bombardierung von Ústí am Ende des Krieges wurde als Besonderheit identifiziert: Aufgrund der großflächigen Zerstörung der innerstädtischen Bausubstanz bestand hier nach 1945 mehr Gestaltungsraum als in den meisten anderen Städten der Tschechoslowakei.

Im Anschluss wurde die Zusammensetzung der Stadtbevölkerung von Ústí näher betrachtet. Der Bevölkerungswandel im Verlauf und nach Ende des Zweiten Weltkrieges erzeugte eine sehr heterogene Gesellschaft. Diese setzte sich aus Menschen zusammen, die aus der unmittelbaren Umgebung nach Ústí kamen, aber auch aus 26 Prozent Altsiedlern, was bedeutete, dass Menschen und mit ihnen ihre Erinnerungen an Aussig blieben. Als Neusiedler kamen vor allem junge Menschen nach Ústí. Minderheitengruppen wie die der Deutschsprachigen, der Juden und der Roma blieben marginalisiert oder wurden offen ausgegrenzt und fühlten sich heimatlos in ihrer Stadt. Der Prozess der Heimatfindung dieser sehr heterogenen Stadtbevölkerung braucht neue Begrifflichkeiten, vor allem wenn man die nationale Trennung in der Betrachtung der Gesellschaft übernational untersucht. Der Begriff der Akkulturation bezeichnet das Hineinwachsen einer Person in ihre kulturelle Umwelt durch Erziehung – wenn alle Einwohner von Ústí, die Verbliebenen, die Rückkehrer und die Neusiedler, diesen Prozess durchliefen, dann lässt sich für die Umgebung, die kulturelle Umwelt, die für alle neu ist, von einer neuen Gesellschaft sprechen, die ihre kulturelle Umwelt zwar von der Zentrale vorgegeben bekam, aber ihre eigentliche kollektive Identität durch das gemeinsame Hineinwachsen in die Umgebung, die neue soziale Schichtung und die politischen Gegebenheiten erlebte.

Der von Politikern der Kommunistischen Partei in der Zentrale und in den Vertretungen vor Ort, von den lokalen wie auch von den überregionalen Medien propagierte Neubeginn funktionierte in der Praxis jedoch kaum: Die Einwohner von Ústí nad Labem negierten den Diskurs des ›geschichtslosen Ústí‹, sie lebten in einem Ústí mit Geschichte – die vor 1945 eingeschlossen. Die Namen von Straßen und Plätzen, manch historisches Gebäude und auch die Bezeichnungen von Fabriken blieben im Sprachgebrauch und damit im Gedächtnis der Einwohnerschaft erhalten. Auch die Archivare und Historiker in Ústí führten die Regionalgeschichtsschreibung ihrer deutschsprachigen Vorgänger weiter. So gab es Akteure wie den Museumsverwalter und Stadtarchivar Alfréd Piffl, die den Anspruch hatten, sachlich gute Arbeit zu leisten, und dabei über Ideologiegrenzen hinweg mit ihren deutschsprachigen Vorgängern wie dem Archivar und Heimatforscher Franz Josef Umlauft kooperierten. Auch greifbare Gegenstände blieben in der Stadt zurück, so etwa Exponate und Ausstellungen im Museum und historische Akten im Archiv. Zudem trugen zurückreisende Aussiger bei ihren Kurzbesuchen persönliches Wissen sowie Erinnerungen über die Vorkriegsstadt zurück nach Ústí. Die dadurch gegebene faktische Kontinuität war nicht intendiert, aber ein Begleitumstand dessen, dass Menschen und Gegenstände Wissen bewahrten.

Geschichte war der Verortungspunkt, der sinnstiftend für die Einwohner von Ústí war. Sie diente dem Heimischwerden, der Selbstvergewisserung in der neuen Umgebung und der Einordnung der Grenzregionsgeschichte in die Gesamtgeschichte der Tschechoslowakei. Durch Geschichte sollte Zugehörigkeit geschaffen werden.

Der identitätsstiftenden Wirkung von Objekten, Symbolen und Erzählungen standen Verwirrung durch schnelle Namenswechsel und der Verbleib der alten Namen gegenüber, alt gegen neu und offizielle Vorgaben versus lokal gelebte Realität. Symbolische Einschreibungen von Personen, historischen Ereignissen im Straßenbild und in der Landschaft zeigten dies deutlich. Der Name der zweitgrößten Fabrik Schicht blieb auch nach zahlreichen Versuchen der Umbenennung im Sprachgebrauch und unter den Mitarbeitenden sehr präsent. Das kommunikative Gedächtnis blieb stärker als das verordnete. Auch die zahlreichen Änderungen der Straßennamen – bis zu vier in einem Leben – standen einer Verankerung der Namen im Sprachgebrauch entgegen.

Die Aneignung der Stadt verlief in mehreren Phasen, deren Übergänge jedoch nicht als Brüche zu sehen sind. Der radikalste Wandel erfolgte unmittelbar nach Kriegsende, zwischen 1945 und 1948 war die Ablehnung alles Deutschen Konsens in der Gesellschaft. Das extern konstruierte Geschichtsbild hatte die Verortung in der slawischen Geschichte zum Ziel, um die Eingliederung der Stadt und Region Ústí in den Gesamtstaat und dessen Geschichte zu erleichtern beziehungsweise erst zu ermöglichen. Die in diesem Zuge erfolgte

›Entgermanisierung‹ betraf nicht nur die Umsiedlung von Menschen, sondern auch die Entfernung von Straßennamen und Denkmälern.

In den 1950er Jahren versuchten die Akteure von Ústí, durch die Einordnung der lokalen Meistererzählungen in die Geschichte des Gesamtstaates nationale Zugehörigkeit zu schaffen. Dabei wurden auch Erinnerungsorte der Ersten Republik wie das Denkmal für die Schlacht bei Na Běhání reaktiviert. Die Grenzgebietsgeschichte musste in die gesamt-tschechoslowakische Geschichte eingeschrieben werden. Die fehlenden Vorgaben der zentralen Politik, wie sie beispielsweise in Polen für die ›wiedergewonnenen‹ Westgebiete vorlagen, ermöglichten den lokalen Akteuren eine gewisse Eigenständigkeit in der Umsetzung. Am Beispiel von Ústí nad Labem zeigte sich, dass die lokalen Akteure die Zugehörigkeit zur eigenen Stadt dadurch festigten, dass sie an die Geschichte der Stadt vor 1945 anknüpften. Von besonderer Bedeutung war dabei stets die Frage nach der Erstbesiedlung und dem damit verbundenen vermeintlichen Anspruch auf das Dasein in der Stadt.

Für die 1960er Jahre ist eine Stabilisierung der Bevölkerung zu beobachten, die sich durch weniger Zu- und Wegzug sowie die Verringerung des Gefühls der Vorläufigkeit ausdrückte. Die Bewohner von Ústí engagierten sich vermehrt in Vereinen, was darauf schließen lässt, dass sie davon ausgingen, vor Ort bleiben zu können. Die Niederschlagung des Prager Frühlings durch die Truppen der Warschauer-Pakt-Staaten bewirkte eine verstärkte Besinnung auf das Tschechisch-Sein. Die Nation wurde symbolisch gestärkt, obgleich sie sich nicht verteidigen konnte. In Ústí wurde in dieser Zeit immer häufiger auf den böhmischen Reformator Jan Hus Bezug genommen. Ab 1969 war der 21. August, der Tag der Invasion, ein inoffizieller Gedenktag, der das Gedenken am Tage der Befreiung delegitimierte und somit anachronistisch erscheinen ließ.

Nachdem die staatlicherseits angestrebte Homogenität zumindest im Hinblick auf die nationalen Kategorien in den 1970er Jahren hergestellt war, setzte sich die Identitätssuche in der Grenzregion weiter fort. Getragen wurde sie nun von einer neuen, in der sozialistischen Tschechoslowakei geborenen Generation, die nach der Niederschlagung des Prager Frühlings zum Großteil desillusioniert war. All dies verlangte nach neuen Angeboten im Bereich der Kultur, die zur Verwurzelung der Menschen in ihrer Stadt und zur Schaffung einer gemeinsamen Identität in der Grenzregion beitragen sollten. Zu diesen Angeboten zählte unter anderem die Pflege der sogenannten Volkskultur – die in Ústí anzutreffende ›Volkskultur‹ bestand aus verschiedenen Versatzstücken, die die neuen Einwohner nach 1945 mitgebracht hatten.

In den 1970er und 1980er Jahren starb die Generation derer, die sich an ein deutsch-tschechisches Ústí/Aussig erinnern konnte, zunehmend aus. Die neue Generation in Ústí verfügte nicht mehr über direkte, eigene Erfahrungen des Zusammenlebens und der Konflikte mit den Deutschen. Dennoch blieb das Thema der deutsch-tschechischen Konflikte weiterhin spürbar und ließ sich nicht ›vergessen‹, obwohl es auf staatlicher Ebene allmählich aus dem Fokus rückte. Die Angehörigen dieser neuen Generation schrieben an einer positiven

Besetzung von Ústí und gegen das Image des ›schwarzen Ústí‹ an. Sie betrieben Lokalgeschichtsschreibung, gründeten Geschichtsvereine und veröffentlichten Artikelserien zur lokalen Geschichte. Sie sahen sich selbst als neue Generation, die sich neu in Ústí verortete. Autoren von Reiseführern suchten nach historischen Sehenswürdigkeiten, Denkmälern, historischen Bezügen und feierten Ústí aus Ermangelung von touristischen Attraktionen als Stadt der Moderne. Städtebauliche Aspekte wurden im Jahrzehnt des Tourismus identitätsstiftend: Die Medien gestanden Ústí einen Opferstatus zu, da die Stadt ›wie Warschau‹ bombardiert worden war, doch sie zeigten auch den Stolz auf den sozialistischen Wiederaufbau nach Kriegsende.

In den 1980er Jahre kam es zu einer letzten ›Entgermanisierungs‹-Welle durch die Sprengung von Altbauten in der Innenstadt von Ústí. Anders als bei früheren Sprengungen nahm die Bevölkerung nun regen Anteil, weil sie sich mit der historischen Bebauung verbunden fühlte. Die neue Generation der in Ústí Geborenen setzte auch aktiv Zeichen im Raum, wie etwa der Stadtarchivar Vladimír Kaiser, der für einige Straßen der neugebauten Stadtvierteln Benennung nach deutschen Persönlichkeiten durchsetzte.

Nach der sogenannten Samtenen Revolution der Jahre 1989/1990 durchlief die Symbolik von Ústí nad Labem eine ›Entsowjetisierung‹. Die Entfernung von Denkmälern und Straßennamen, die Abschaffung von Feiertagen und ähnliches verlief hier jedoch nicht sehr radikal – viele Symbole, Denkmäler wurden nicht *ad hoc* gestürzt oder ersetzt, sondern blieben mit leichten Modifizierungen erhalten.

Nach 1990 verlagerte sich die Beschäftigung mit der Geschichte der Stadt zunehmend ins Internet. So sammelten die Aussiger die Namen ihrer Toten auf der Website der Heimatfreunde Aussig und schufen so einen virtuellen Friedhof – anstelle des realen, der zerstört worden war. Junge Einwohner von Ústí, Geschichtsaufdecker und *zanikláři* schufen Websites, die Gebäude und Orte ihrer Heimatstadt mittels Bildern und Texten in einen historischen Gesamtkontext einordneten, und organisierten eine neue Ausflugskultur, die zu verfallenen oder vergessenen Orten führte und sie so wieder ins Bewusstsein einer jüngeren Generation brachte.

Ehemalige und neue Bewohner von Ústí verorteten sich nach 1990 häufig gemeinsam in der Geschichte. Das beidseitige, wenn auch nicht immer gemeinsame Erinnern betraf den sozialdemokratischen Bürgermeister Leopold Pölzl und auch das konfliktreichste Gedenken an das Aussiger Massaker.

Ústí nad Labem wurde spätestens ab 2005 zur Hauptstadt der deutsch-tschechischen Beziehungen. Die Darstellung von Ústí als Stadt zweier Sprachgruppen erzeugten zum einen die Einwohner selbst, zum anderen erfolgte sie aber auch von außen. In Ústí waren nach 1989 sogenannte Identitätsunternehmer aktiv, wie sie Peter Oliver Loew für Gdańsk/Danzig dargestellt hat.[1] Anders jedoch als

---

1   *Loew*, Peter Oliver: Danzig und seine Vergangenheit 1793–1997. Die Geschichtskultur einer Stadt zwischen Deutschland und Polen. Osnabrück 2003, 509.

beim Danziger Beispiel stilisierten die Einwohner von Ústí selbst das Zusammenleben von Tschechen und Deutschen sowie die wirtschaftliche Leistung der ehemaligen deutschsprachigen Bewohner als Erfolgsgeschichte der eigenen Heimatstadt. Sie verorteten sich selbst und eine Stadt mit industrieller Prägung in einer Erfolgsgeschichte. Die neue Generation der bereits in Ústí Geborenen und in zweiter Generation dort Lebenden suchte nach einer Geschichte ihrer Stadt, der Übergang vom kommunikativen Gedächtnis zum kulturellen Gedächtnis setzte ein. Das kommunikative Gedächtnis, verstanden als ein Sammelwissen, das sich ein Kollektiv für die Schaffung seines Selbstbildes schafft, wandelte sich. Die Erzählenden, die sich an das Vorkriegs-Aussig erinnern konnten, verschwanden langsam. Das Gedächtnis wurde für die Erinnerungsgemeinschaft der Einwohner von Ústí ›frei‹ für die eigene Geschichtsschreibung – und auch die politische Situation ermöglichte es nun, das Regionale in den Vordergrund zu rücken. Aus der gegenwärtigen Vergangenheit wurde eine reine Vergangenheit. Die Existenz von zahlreichen lokalgeschichtlichen Veröffentlichungen ist ein greifbarer Beweis hierfür.

Der immer wiederkehrende Verweis auf Ústí als Beispiel des Zusammenlebens mündete in der Schaffung von Institutionen wie des Collegium Bohemicum. Dies führte zur ›Dauer-Auseinandersetzung‹ mit der Stadtgeschichte, wobei der Schwerpunkt auf der Geschichte der Stadt bis 1945 oder auch nur bis 1938 lag. Die Erinnerung an die jüdischen Einwohner von Ústí kehrte gemeinsam mit der Erinnerung an die Deutschsprachigen zurück. Sowohl die Erfolgsgeschichte der Industriellen, als auch die Verfolgungsgeschichte fanden zunehmend ihren Platz im Gedächtnis der Stadt. Gleichzeitig brachen nach 1989 aber auch die nicht öffentlichen Erinnerungen zu Tage und boten eine Projektionsfläche für rechtsradikale Erinnerungsdiskurse. Ein Beispiel hierfür war der 2009 unternommene Versuch der neonazistischen Bewegungen aus Nordböhmen und Sachsen, die Bombardierung von Ústí durch die Alliierten für ihre Zwecke zu deuten und zu nutzen.

Es scheint, dass gerade Künstler und Kulturschaffende Ústí nad Labem als Inspiration erleben und sie diejenigen sind, die die spannenden Seiten der Stadt zum Vorschein bringen. Dabei betrachteten sie die Vergangenheit und verorten sich neu in dem zusammengewürfelten Stadtbild. Es ist genau das Entwurzelte, das Zusammengewürfelte, das sie als Inspirationsquelle wahrnehmen. Vor allem durch Kunst und Künstler kommen schwierige Themen und Wunden der Stadtgeschichte wieder auf die Tagesordnung. Im Fall der Beneš-Brücke, dem wichtigsten Schauplatz des Aussiger Massakers, waren es neben den Historikern ebenfalls junge Künstler, die an die offene Wunde erinnern wollten. Die im Denkmalboom des Jahres 2005 angebrachte Gedenkplatte zur Erinnerung an das Massaker machte den Raum frei für neue Symbolik, nach den politischen Auseinandersetzungen übernahmen Kunst und Künstler die Debatte und eroberten sich diesen Ort wieder zurück.

Für sie und viele andere ist Ústí zur Heimat geworden beziehungsweise gestalten sie Ústí so, dass die Stadt zur Heimat wurde. Die Aussiger, die ehemaligen

Einwohner, betonten lange die Unumstößlichkeit der Heimat, finden in den letzten Jahren aber zunehmend zu einem Heimatgefühl, das sich an dem der neuen Einwohner orientiert. Die Zeit des gegenseitigen Zuhörens ist gekommen.

Der Bezug zu einer Heimat/*vlast*/*domov* ist ein kollektives Empfinden, das eint und verbindet, aber auch spaltet. Diese Verortung an einem physischen und mentalen Ort, an der Heimat, *domov* oder *vlast*, spielte besonders in Krisenzeiten eine wichtige Rolle, wandelte sich zwar, aber blieb immer ein wichtiger Bezugspunkt der Aussiger und der neuen Einwohner von Ústí nad Labem. Der Heimatbegriff, das Heimischwerden, *zdomácnění* ist ein Prozess und vollzieht sich immer individuell.

DANKSAGUNG

Besonderer Dank gilt meinen beiden Betreuerinnen Prof. Dr. Claudia Kraft und Doc. PhDr. Kristina Kaiserová, CSc., die mit ihrem Vertrauen in mich, ihren zahlreichen Hinweisen und Anregungen diese Arbeit erst möglich gemacht haben.

Dem Evangelischen Studienwerk Villigst e. V. danke ich für die finanzielle und ideelle Unterstützung während meines Studiums und der Promotion, ebenso dem Collegium Carolinum für eine Forschungsbeihilfe im September 2012 und die Einbeziehung in das BKM-geförderte Forschungsprojekt »Die Transformation der Erinnerung an die Zwangsmigrationen des Zweiten Weltkriegs im Lokalen. Orte, Themen und Akteure in postsozialistischen Industriestädten« und schlussendlich auch für die Veröffentlichung dieser Arbeit sowie die redaktionellen und inhaltlichen Hinweise.

Ich danke allen Mitarbeitenden des Archivs Ústí nad Labem für ihren Humor und Geduld. Dasselbe gilt für Mitarbeitende des Archivs in Děčín und Litoměřice, hier besonders Mgr. Markéta Vladíková, Ph.D., sowie der Leiterin der Bibliothek des Muzeum Ústí nad Labem, Helena Houfková und Jiří Preclík, Kurator und Fotograf.

Besonderer Dank gilt den beiden Direktoren des Archivs von Ústí nad Labem, PhDr. Vladimír Kaiser und seinem Nachfolger Mgr. Petr Karlíček, Ph.D., dafür, dass sie kritische Freunde mit viel Sinn für versteckte Wanderwege und kulinarische Genüsse sind.

Sehr dankbar bin ich für die zahlreichen Kommentierenden, die sich Zeit genommen haben und wichtige Hinweise gaben: Dr. Christiane Brenner, Dr. Juliane Toman, Theresa Langer, Dr. Eva Sturm, Ralf Pasch, allen Kolloquiumskolleginnen, vor allem Dr. Kerstin Henrichs, der ich viele Vergleiche zum polnischen Grenzgebiet verdanke und Dr. Sarah Scholl-Schneider, Dr. Ira Spieker und Dr. Elisabeth Fendl, denen ich sehr für den Zuspruch für meinen Forschungsansatz danke.

Vielen Dank meinen Gesprächspartnern und Interviewpartnern, die mir Zeit und Vertrauen schenkten: Antonia Hájková, Martin Cichý, Hans Adamec, Ivana Opravilová, Karl-Heinz Kralowetz, Karel Punčochář, Horst Prowinsky.

Einigen gebührt Dank dafür, dass meine Promotionszeit keine weltferne, sondern eine intensive und bereichernde Zeit war, in der ich öffentlich über meine Forschungen und Erkenntnisse sprechen und diskutieren durfte, gilt insbesondere: Susanne Gärtner, mit der ich wunderbare Bildungsreisen nach Nordböhmen organisieren und durchführen durfte, dem Heiligenhof, wo ich mit ehemaligen Bewohnern Nordböhmens diskutieren durfte, den Austausch mit der Projektgruppe »Sozialistische Diktatur als Sinnwelt« des ZZF Potsdam, Dr. Bianca Hoenig und Dr. Hannah Wadle für die anregende Tagung an der Universität Basel und den dazugehörigen Band »Eden für Jeden. Touristische Sehnsuchtsorte in Mittel- und Osteuropa von 1945 bis zur Gegenwart«, sowie Mgr. Doubravka Olšáková, Ph.D.

Meiner Familie und meinen Freunden danke ich von Herzen für ihre Geduld, Ermutigungen und Zuspruch.

ANHANG

Kurzbiogramme der Akteure

Bauer, Grete: Angehörige der deutschen Minderheit, in Ústí lebend.

Bohmann, Alfred: 1906 in Krajková (Gossengrün) geboren. Experte für bevölkerungswissenschaftliche und siedlungsgeschichtliche Forschung beim Statistischen Bundesamt, später beim Auswärtigen Amt. 1983 verstorben.

Borská, Helena: 1928 als H. Krejčová in Mnichovo Hradiště geboren. Während des Krieges Zwangsarbeit. Gelernte Chronikschreiberin, Sekretärin und Dozentin für Sekretariatsaufgaben, aktiv in vielen Vereinen, unter anderem im Klub der Historiker und bei den Pionieren (anfangs noch Junák genannt), umweltschutzinteressiert. 2004 in Ústí verstorben.

Bouček, Jan: 1923 in der Nordwestslowakei geboren. Von 1950–1951 Leiter des Museums von Ústí nad Labem, danach Leiter des Archivs, unter anderem Herausgeber des »Ústecký sborník historický« (1966–68), Vorsitzender der Denkmalpflegekommission und der Terminologiekommission. 1983 verstorben.

Bschoch, Elisabeth: 1927 als E. Sterlike in Türmitz geboren, Tochter eines Bäckers. Heiratete in Niederbayern ihren Mitschüler aus Türmitz, studierte später Lehramt, Gründungsmitglied des Nordböhmen-Heimatwerkes, Trachtenengagierte, brachte das Mohnmuschelrezept wieder an die Öffentlichkeit. 2010 verstorben.

Cihlář, Ladislav: erster Vorsitzender des Bezirksamts (Okresní úřad) nach 1989.

Cvrk, František: 1938 in Teplice geboren. Historiker und Archivar, beschäftigte sich mit Wirtschafts- und politischer Geschichte des 19. und 20. Jahrhunderts sowie mit der Regionalgeschichte von Ústí und Děčín. Ab 1964 Leiter des Stadtmuseums von Ústí. 2005 verstorben.

Cvrková, Marta: 1947 in Jihlava geboren. Archäologin, beschäftigte sich mit mittelalterlicher Archäologie, 1965–2011 Angestellte des Stadtmuseums von Ústí.

Čejchán, Adolf: 1930 in Turnov (Turnau) geboren. Kam im Alter von drei Jahren nach Ústí nad Labem, musste die Stadt 1938 zusammen mit seinen Eltern verlassen und kehrte 1945 zurück. Gelernter Fotograf und Grafiker, 1950–1990 Betriebsfotograf bei Setuza, wo er auch in seiner Freizeit den Fotoklub leitete.

Demetz, Hanna: 1928 als H. Müller in Ústí nad Labem geboren. Schriftstellerin und Übersetzerin, die u. a. Werke von Božena Němcová übersetzte. Ihre Mutter war Jüdin, diese verstarb während des Zweiten Weltkrieges. Hanna Demetz ging von 1938–1941 auf die Bürgerschule in Prag, legte hier das Abitur ab und studierte Englisch. 1948 verließ sie die Tschechoslowakei zusammen mit ihrem zukünftigen Ehemann, einem Prager Arzt, und arbeitete als Redakteurin bei Radio Free Europe in München. Nach der Emigration in die USA war sie als Dozentin für Slawistik an der Yale University tätig. 1993 verstorben.

Doerell, Ernst Gustav: 1832 in Freiberg geboren. Landschaftsmaler, der in seinen Bildern die Stadt Ústí, die Burg Schreckenstein und das Böhmische Mittelgebirge darstellte. 1877 in Ústí verstorben.

Dušek, Ladislav: 1906 geboren. Ab 1946 Sekretär des MNV in Ústí nad Labem, 1946–1949 dessen Vorsitzender, später Beamter des KNV in Ústí nad Labem. 1983 in Ústí verstorben.

Dvořák, Čestmír: Leiter der Hilfskommission für Nationalitätenfragen beim MNV, Leiter für »Zigeunerfragen«.

Eckelt, Gerda: 1919 in Ústí nad Labem geboren, wo sie im Stadtzentrum (Lange Gasse) aufwuchs. Eckelt lebte 1935 in einer tschechischen Gastfamilie, um die Sprache zu lernen (damaliges staatliches Programm) und ging später auf die Handelsakademie, wo sie 1938 Abitur machte. Ab dem 1. Dezember 1938 kommissarische Untergauführerin im Bezirk Aussig und Reichenberg. Eckelt erlebte die direkte Zwangsaussiedlung nicht, da sie im Juli 1944 von ihrer Arbeitsstelle in Aussig auf eine Dienstreise geschickt wurde, von der sie nicht mehr nach Aussig zurückkehrte. Sie war erst in der SBZ und siedelte dann später in die Westzone über.

Eisenmann, Walter: 1897 in Aussig geboren. Da er fünf Geschwister hatte, konnte er nicht studieren und absolvierte eine Handelslehre. 1933 zog er mit seiner Familie nach Dresden, wo er 1939 aufgrund seiner jüdischen Abstammung interniert wurde; drei seiner Geschwister kamen in Konzentrationslagern in Polen ums Leben. 1945 kehrte Eisenmann nach Ústí zurück, wo er als Autor für die Prager Volkszeitung und weitere Kreiszeitungen bekannt wurde; auch als Ansprechpartner für Reisende aus der DDR war er beliebt und geschätzt. 1985 verstorben.

Fendl, Elisabeth: Ethnologin, leitete in den 1990er Jahren die Neukonzeption des Egerland-Museums Marktredwitz, seit 2000 wissenschaftliche Mitarbeiterin des Johannes-Künzig-Instituts Freiburg. Dort 2013–2016 beurlaubt, währenddessen Mitarbeiterin der Sudetendeutschen Stiftung als Gründungsbeauftragte für das Sudetendeutsche Museum in München. Seit Februar 2016 wieder am Institut in Freiburg.

Filip, Ota: 1930 in Ostrava geboren. Schriftsteller und Journalist. 1960 Ausschluss aus der Kommunistischen Partei und Schreibverbot, unterbrochen von kurzer Verlagstätigkeit während des Prager Frühlings. 1974 Ausbürgerung und Umsiedlung in die Bundesrepublik, wo er unter anderem für den »S. Fischer Verlag« tätig war. Nach 1990 beschäftigte er sich vor allem mit deutsch-tschechischen Themen.

Gandalovič, Petr: 1964 in Prag geboren. Studium der Mathematik und Physik, anschließend Lehrer am Gymnasium in Ústí. 1989 Mitbegründer des Bürgerforums (OF), später der ODS. 1992–1994 Umweltminister, 1997–2002 Generalkonsul in den USA, 2002–2006 Oberbürgermeister von Ústí nad Labem, seit 2011 Botschafter der Tschechischen Republik in den USA.

Gruša, Jiří: 1938 in Pardubice geboren. Schriftsteller und Diplomat. Zuzeiten der ›Normalisierung‹ mit Berufsverbot belegt, Unterzeichner der Charta 77, 1978 verhaftet, anschließend Emigration. Ab 1990 Botschafter in Bonn, ab 1997 Kulturminister in Prag, ab 1999 Botschafter in Wien. 2011 verstorben.

Hejl, František: 1902 geboren. Bibliothekar und Literaturwissenschaftler. Zunächst in Hrádec Králové in der Städtischen Bibliothek tätig. Im Mai 1945 kam er nach Ústí nad Labem, wo er Direktor der Bibliothek wurde. 1961 baute er hier die wissenschaftlich-technische Abteilung auf. Hejl schrieb auch Kulturkritiken und arbeitete nach seiner Pensionierung weiter in kleineren Bibliotheken der Stadt. 1982 verstorben.

Heyne, Isolde: 1931 in Předlice bei Ústí geborene. Jugendbuchautorin. Als Jugendliche schwamm sie Wettkämpfe im Schicht-Bad und sprach etwas Tschechisch, weil sie den tschechischen Kindergarten besucht hatte. Ihr Vater war Mitglied der SA, sie selbst bezeichnete ihn als »Mitläufer«. Die Familie wurde am 11. Juni 1945 als »Reichsdeutsche« (Großvater als Kind aus Kassel eingewandert) ausgewiesen, weil sie nie »optiert« hatten. Erste Station nach Flucht Wurzen, dann Leipzig, 1979 dann Übersiedlung in die BRD. In ihrem Buch »Gewitterblumen« beschrieb Heyne die Zwangsaussiedlung aus Ústí, u. a. gewürdigt mit dem Sudetendeutschen Kulturpreis. 2009 verstorben.

Hibsch, Josef Emanuel: 1852 in Homole (Hummeln) geboren. Geologe, 1880–1914 Professor an der Königlich Böhmischen Landwirtschaftlichen Akademie in Děčín. Sein Forschungsschwerpunkt war das Böhmische Mittelgebirge, er schuf die ersten detaillierten Karten der Region. 1940 verstorben.

Houfek, Václav: Studium der Geschichte an der Karlsuniversität. Seit 1996 im Stadtmuseum Ústí beschäftigt, seit 2015 als dessen Direktor. Dozent an der Universität in Ústí, mit Schwerpunkt auf der Regionalgeschichte, u. a. 2006–

2008 Mitarbeit im Projekt über die sudetendeutschen Antifaschisten »Vergessene Helden«. Aktiv in der Sozialdemokratischen Partei. Mitglied im Aufsichtsrat des Collegium Bohemicum.

Houra, Miroslav: 1933 in Krhanice geboren. Maler und Grafiker. Ab 1955 Dozent an der Pädagogische Hochschule in Ústí. 2006 verstorben.

Houžvička, Václav: Soziologe, langjähriges Mitglied des Deutsch-Tschechischen Koordinierungsrates. 2003 Promotion über die Sudetendeutsche Frage als Faktor in den deutsch-tschechischen Beziehungen, Habilitation im Bereich der Politologie. 1993–2008 Vorsitzender der Forschungseinrichtung »České pohraničí« (Tschechisches Grenzgebiet), seit 2008 Dozent an der Fakultät für Politologie und Jura an der Universität Ústí.

Hüttl, Franz G.: 1892 geboren. Journalist. In Ústí Schriftleiter des »Aussiger Tagblattes«, später in Regensburg ansässig, 1955–1962 Schriftleiter des »Aussiger Boten«. 1970 verstorben.

Jílek, Josef: 1940 in Prag geboren, 1946 nach Ústí gekommen. Tätigkeit als Zahnarzt, 1994 als Vertreter der ODS zum Oberbürgermeister von Ústí gewählt. 1997 gestorben.

Jirásek, Ondřej: Grafiker und Künstler, aktiv in Ústí nad Labem und Prag.

Kaiser, Vladimír: 1954 in Ústí geboren. Archivar, Historiker und Autor mit den Themenschwerpunkten Regionalgeschichte und Musikgeschichte. Im August 2017 in Rente gegangen.

Kaiser, Vladimír, der Ältere: 1922 in Předlice geboren, aufgewachsen in Tuchomyšl. Maurerlehre, da seine Familie ihm keine weitere Ausbildung bezahlen konnte. Kurz vor Kriegsende zur Zwangsarbeit nach Chabařovice eingezogen. Nach Kriegsende arbeitete er in der Maresch-Fabrik für Keramik, wo er Rudolf Popper kennenlernte, der sein künstlerischer Lehrer wurde. Nach der Schließung der Fabrik 1947 wurde Kaiser Bergarbeiter in Tuchomyšl. 1972 Mitbegründer des »Klub výtvarníků«, regelmäßige Ausstellungen. Motive seiner Gemälde waren oft die Landschaft und Umgebung um Ústí nad Labem. 1984 verstorben.

Kaiserová, Kristina: 1956 als K. Bouchnerová in Varnsdorf geboren. Historikerin und Herausgeberin, unterrichtet an der Universität Ústí. 1999 Gründung der Gesellschaft für die Geschichte der Deutschen in Böhmen. Bis 2011 Mitglied im wissenschaftlichen Beirat der Stiftung Flucht, Vertreibung, Versöhnung. Mitglied im Aufsichtsrat des Collegium Bohemicum.

Klener, Jaromír: 1927 in Chomutov geboren. Absolvent der politischen Schule in Prag, in Ústí wohnhaft. Klener war acht Jahre Redakteur von »Rudé právo«

und ab 1964 Redakteur von »Průboj«, wo er unter dem Kürzel »ker« publizierte.

Kollar, Rüdiger: 1925 in Aussig geboren. 1945 musste er mit seiner Familie die Stadt verlassen und lebte anschließend in Dresden und Radebeul. Kollar arbeitete als sogenannter Neulehrer für Geschichte, Mathematik und Geografie, 1976 wurde er Oberlehrer, später Studienrat. Kreistagskandidat des Deutschen Kulturbundes, Mitglied der Ständigen Kommission Kultur und Initiator der Sternwarte in Radebeul. 2005 verstorben.

Konlobov, A. L.: Führer der 389. Schützendivision, die Ústí im Mai 1945 befreite, Ehrenbürger der Stadt Ústí nad Labem.

Konupka, Jakub: stammt aus Ústí nad Labem. Künstler und Grafikdesigner, Dozent an der Fakultät für Kunst und Design in Ústí nad Labem.

Körner, Jaroslav: 1945 geboren, Hobbyhistoriker, aktiv im Klub der Historiker und Autor zahlreicher Artikel zur Regionalgeschichte von Ústí und Umgebung, Initiator der Renovierung des Erben-Aussichtsturms.

Kotek, Ferdinand: 1891 geboren. Redakteur, unter anderem Autor für Reiseführer. 1977 in Prag verstorben.

Král, Ota: Sokol-Aktivist aus Ústí, während der Okkupationszeit im Widerstand in der Gruppe »Úvod-Krušnohoří«, zudem Bindeglied zwischen dem Widerstand in Ústí und den Prager Gruppen. Král engagierte sich für die beiden Heydrich-Attentäter und wurde dafür am 8. September 1943 in Berlin-Plötzensee hingerichtet. An seinem Wohnhaus in der Straße Králova výšina Nr. 12/1220 wurde eine Bronzeerinnerungsplatte angebracht.

Krebs, Hans: 1888 in Jihlava geboren. Nationalsozialistischer Politiker, der ab 1920 in Ústí aktiv war und in der Nationalversammlung saß. Ab 1938 Regierungspräsident des Regierungsbezirkes Aussig, verantwortlich für die Verfolgung von NS-Gegnern. 1947 in Prag zum Tode verurteilt und hingerichtet.

Kreysa, Miroslav: Leiter der Kommission zur Besiedlung der Grenzgebiete, ab Sommer 1945 Vorsitzender des Besiedlungsamtes in Prag.

Kučera, František: 1923 nach Ústí gekommen, engagiert in der Minderheitenpolitik und Jugendarbeit, u. a. bei den Pfadfindern und dem Sokol. Mitinitiator mehrerer Denkmäler für Jan Hus und die Hussitenkriege.

Ledvinovský, František: 1940 in Bratislava geboren. Studium der Ethnologie und Geschichte an der Karlsuniversität in Prag. 1972–1993 Tätigkeit in Ústí,

u. a. als Direktor des Stadtmuseums in Ústí. Durch den Aufbau des Freilicht-museums in Zubrnice, das 1988 eröffnet wurde, konnte er viele Kulturdenk-mäler in Nordböhmen retten.

Lencová, Růžena: 1925 geboren. Ab 1951 Hilfsarbeiterin im Museum in Ústí, wo bereits ihr damaliger Mann, Jaromír Strejček, arbeitete. Da dieser sich vor allem dem Aufbau der naturwissenschaftlichen Sammlung widmete, über-nahm Lencová die Verwaltung des Museums, daneben das Fotoarchiv, die Bib-liothek (Hauptaufgabenfeld), die Archäologie und teilweise die Abteilung Ge-schichte. Lencová konnte 1959, nach Strejčeks Verrentung, nicht Direktorin werden, weil sie in einem christlichen Chor sang. Obwohl der Direktor um ihre Abberufung bat, blieb sie bis 1992 im Museum.

Martinovský, Ivan: 1937 geboren. Archivar und ab 1979 herausgebender Re-dakteur des »Ústecký sborník historický«.

Mašín, Lukáš: 1962 in Ústí geboren. 1990–1994 Oberbürgermeister (primátor) von Ústí nad Labem, der jüngste der Republik. Gewählt als Kandidat der ODS, zuvor war er beim Bürgerforum OF aktiv, u. a. bei den Demonstrationen am 17. November 1989 in Prag.

Nejedlý, Zdeněk: 1878 in Litomyšl geboren. Studium der Geschichte, Philo-sophie und Musikwissenschaften, u. a. beim späteren Präsidenten Tomáš G. Masaryk. Seit den 1920er Jahren Mitglied der Kommunistischen Partei, 1939 Emigration in die Sowjetunion, 1941 Vorsitzender der Allslawischen Aus-schüsse. Nejedlýs forschte schwerpunktmäßig zu nationalen Künstlern und his-torischen Persönlichkeiten, allen voran Jan Hus, Bedřich Smetana und Božena Němcová. 1945 Minister für Kultur und Volksbildung, später Minister für Schulwesen und Sozialfürsorge. 1952–1962 erster Präsident der neu gegründe-ten Tschechoslowakischen Akademie der Wissenschaften. Nejedlýs zahlreiche Schriften und Reden wurden zur Leitlinie der offiziellen Historiografie. Die Ära Nejedlý umfasste bedeutende und für die tschechische Bevölkerung bis 1989 prägende Reformen, wie die Schulreform von 1948, die zur Einheitsschule führte, und die sog. Säuberungen an den Hochschulen. 1962 verstorben.

Nosek, Václav: 1892 geboren. 1945–1953 Innenminister der Tschechoslowakei.

Páral, Matěj: 1976 in Ústí geboren und fortan dort lebend. Architekt, theolo-gisch sehr interessiert, Mitbegründer der Website »usti-aussig.net«.

Páral, Václav: 1932 geboren. Ingenieur und Schriftsteller, der meistgelesene Autor der Tschechoslowakei. Nach dem Chemiestudium unter anderen in Ústí nad Labem tätig. Inoffizieller Mitarbeiter des Geheimdienstes und Unterzeich-ner der Anti-Charta 1977.

Petschek, Ignaz: 1857 in Kolín geboren, Unternehmer von Kohlegruben. Er wurde in eine jüdische Familie geboren. Er fing 1876 an bei Eduard Weinmann in Ústí nad Labem zu arbeiten. 1880 gründete er seine eigene Firma. 1934 in Ústí verstorben.

Piffl, Alfréd: 1907 in Kerhartice geboren. Seit 1945 Leiter des Stadtarchivs von Ústí, ab 1948 unterrichtete er an der Hochschule in Prag. 1972 in Bratislava verstorben.

Pinc, František: 1901 geboren, kam 1945 nach Ústí. Lehrer und Direktor der städtischen Schule im Smetana-Park. Pinc hatte als Pädagoge in zahlreichen Gremien einen Sitz und bestimmte grundlegende, geschichtspolitische Entscheidungen mit, unter anderem in der fünfköpfigen Kommission des Stadtmuseums. Mitarbeiter des Stadtmuseums. Funktionär beim Verband der Antifaschistischen Kämpfer, Mitglied der »Umbenennungskommission zur Tschechisierung von Landkarten« (Názvoslovná komise pro počeštění map). 1982 verstorben.

Pištěk, Milan: Punkrocker aus Teplice, später in Ústí nad Labem lebend. Gründete nach 1989 das Monatsprogrammheft »Ústecké přehledy« und veranstaltet zahlreiche Kulturveranstaltungen. Forscht zu verlassenen Dörfern und macht seine Ergebnisse zugänglich und publik.

Pölzl, Leopold: 1879 in St. Egyd geboren, 1913 nach Aussig gekommen. Sozialdemokrat, 1920–1923 und 1931–1938 Bürgermeister, 1923–1931 stellvertretender Bürgermeister. In der Okkupationszeit durch die Gestapo verfolgt, seine Tochter war im KZ. 1944 verstorben – sein Begräbnis wurde eine große Demonstration der antifaschistischen Öffentlichkeit. 1997 wurde ihm am heutigen Rathaus eine Gedenktafel eingeweiht.

Popper, Rudolf: 1873 in Wien geboren. 1891 Aufnahme in die Malerklasse an der Wiener Akademie, anschließend arbeitete er in München, Sarajevo, Mostar und Paris. Nach Ausbruch des Ersten Weltkrieges als österreichischer Staatsbürger auf Korsika interniert, 1919 Rückkehr nach Wien, erneute Internierung und Ausweisung in die Tschechoslowakei. Seit 1924 in Střekov ansässig, wo er in Kontakt mit Sozialdemokraten und Kommunisten kam, für die er Plakate und Flugblätter zeichnete. Popper war ein tiefreligiöser Mensch, der sich der Neu-Salem-Gesellschaft verbunden fühlte. In der Okkupationszeit wurde er als sogenannter Halbjude von der Gestapo verfolgt, die meisten seiner Bilder zerstört. Nach 1945 wurde er als Antifaschist und Tschechoslowake anerkannt, konnte also in der Republik bleiben. 1967 verstorben.

Prošková, Věra: in Ústí geboren. Sie musste die Stadt 1938 verlassen und kehrte am 20. Mai 1945 zurück. Ab 1947 Sängerin im Chor der Setuza. Ab 1951 Kulturreferentin beim JNV, wo die »Säuberung« des Bibliotheksbestandes zu ihren ersten Aufgaben gehörte.

Provazník, Vladimír: 1937 in Mähren geboren, ging später in Děčín zur Schule und studierte in Prag Bauwesen/Architektur. 1960 zog er nach Ústí nad Labem. 1965 bis 1991 Hauptarchitekt von Ústí nad Labem, ab 1971 deren verantwortlicher Leiter. Am 24.1.2021 in Ústí verstorben.

Řepka, Vincenc: Bürgermeister von Střekov in der Ersten Republik.

Rohan, Bedřich/Fritz: 1920 als Fritz Rothbaum in Ústí geboren. Musste aufgrund seiner jüdischen Herkunft während des Zweiten Weltkrieges emigrieren, seine Eltern wurden im Konzentrationslager Auschwitz ermordet. Nach Rückkehr in die Tschechoslowakei arbeitete er bei der Nachrichtenagentur ČTK, den Zeitungen »Mladá fronta« und »Rudé právo« sowie beim Fernsehen. 1948 erneute Emigration nach England. 2006 in London verstorben.

Schaffner, Max: 1830 geboren, seit 1859 in Ústí. Chemieexperte und in seiner 40-jährigen Tätigkeit einer der prägendsten Direktoren der 1856 gegründeten Aussiger Chemiefabrik, damals unter dem Namen Österreichischer Verein für chemische und metallurgische Produktion, einem der erfolgreichsten Unternehmen in Europa. Schaffner engagierte sich für seine Angestellten, hinterließ einige soziale Einrichtungen in Ústí und unterstützte auch viele wohltätige Vereine. 1907 verstorben.

Schaffner, Max: 1859 geboren, Neffe des Direktors der Chemiefabrik. 1939 musste er als deutschsprachiger Jude sein Wohnhaus wie auch seine Fabrik unter Wert an die nationalsozialistische Verwaltung verkaufen; die IG Farben erhielt schließlich den Chemischen Verein für ein Viertel des geschätzten Wertes. Schaffner emigrierte, kehrte nach Kriegsende zurück und verließ 1946 erneut die Tschechoslowakei. 1951 verstorben.

Schicht, Johann: 1855 in Rynoltice u Jablonce n. N. als Sohn des Seifenproduzenten Georg Schicht geboren. Seit 1882 in Ústí, Gründer der Schicht-Werke, die Palmöl, Seifen und vieles mehr herstellten.

Schretzenmayr, Lore: 1925 als L. Schiepeck in Aussig als Tochter einer Industriellenfamilie geboren. In Aussig besuchte sie Volksschule und Gymnasium und wurde nach Aufenthalt im Lager Schöbritz/Aussig am 26. Juni 1945 zwangsausgesiedelt. Die Flucht führte sie mit Mutter und Schwestern über die nahe Grenze nach Sachsen in den Bayerischen Wald und schließlich nach Regensburg. Sie arbeitete jahrelang im Hotelgewerbe, bis sie den Architekten Helmut Schretzenmayr heiratete. Bereits 1965 kam sie das erste Mal wieder in ihre Heimatstadt zurück, die sie seit den 1970er Jahren regelmäßig besuchte. Sie engagierte sich ab 1969 der sudetendeutschen Familienforschung und war im »Hilfsverein Aussig« aktiv. Sie widmete sich auch der Heimatkunde, sammelte Dokumente und Erzählungen über die Geschichte ihrer Geburtsstadt, die sie nach ihrem Tod dem Archiv von Ústí widmete. 2014 in Regensburg verstorben.

Sedlmayerová, Anna: 1912 als A. Jungwirthová in Vranín u Štěpánovic in Südböhmen geboren und aufgewachsen, ab 1946 lebte sie mit ihrem aus Ústí stammenden Ehemann in Střekov. Schriftstellerin. Sie veröffentlichte Beiträge für verschiedene Zeitschriften, darunter »Práce«, »Květy«, »Tvorba«, »Vlasta« und »Literární noviny«. Es folgten Kinderbücher, später Bücher, die dem Aufbaumythos huldigten, dann auch Detektivgeschichten, Hörspiele und Kritiken. In dem Buch »Překročený práh« (Die überschrittene Schwelle) von 1949 erzählte sie auch von der Zwangsaussiedlung der Deutschsprachigen. 1969 wurde sie für die Veröffentlichung »Na cestách« (Auf dem Weg) aus dem tschechoslowakischen Schriftstellerverband und 1970 aus der Kommunistischen Partei ausgeschlossen. Trotz Publikationsverbot widmete sie sich weiter der Literatur und veröffentlichte diese Romane nach 1989. In Ústí arbeitete sie auch mit dem tschechischen Rundfunk zusammen. 1995 verstorben.

Semanišin, Josef: 1951 geboren. Seit 1988 Mitglied der »Sdružení T. G. Masaryka«, seit Oktober 1988 im illegalen Widerstand. Während der Gründung des Bürgerforums (OF) in Ústí wurde er von der Staatssicherheit (StB) festgehalten. Mitglied der Liberaldemokratischen unabhängigen Partei der Tschechischen Demokratischen Initiative (Liberální demokratická nezávislá strana Čs. demokratická iniciativa).

Skopový, Otakar: 1921 in Teplice geboren und weiterhin dort ansässig. Bildhauer. 1955 gewann er den Preis für das Denkmal zur Schlacht bei Na Běhání.

Strejček, Jan: Ab 1951 Leiter des Stadtmuseums von Ústí.

Suchevič, Sáva: 1920 in Třebovle geboren. Kunsthistoriker. Mitarbeiter des Denkmalamts von Ústí tätig an der Geografischen Fakultät der Universität Ústí und Autor zahlreicher Bücher über die Stadt und Region. 2007 verstorben.

Šícha, Jan: 1967 in Ústí geboren, hatte einen deutschböhmischen Großvater. Studium der Geschichte, danach Lehrer. 1999–2004 Direktor des Tschechischen Zentrums in München. Kurator beim Collegium Bohemicum. Tätig beim Tschechischen Außenministerium.

Tauche, Richard: Nach dem Schulbesuch in Ústí als promovierter Chemiker in der Brauerei in Velké Březno angestellt. Ab 1933 Mitglied der Sudetendeutschen Heimatfront, ab 1935 Vorsitzender der Sudetendeutschen Partei im Bezirk Aussig. 1938–1940 Bürgermeister von Ústí, Abberufung 1940 angeblich aufgrund homosexueller Neigungen. Nach dem Krieg Verurteilung zu 10 Jahren Strafarbeit in Litoměřice, anschließend Übersiedlung nach Deutschland. 1981 verstorben.

Toman, František: 1902 in Ústí geboren. Uhrmacher. Seit 1943 als einziger Tscheche in der deutschen Widerstandsgruppe um Leopold Pölzl aktiv. Ebenfalls ab 1943 als Zwangsarbeiter in der Firma Schäffer und Budenberg, wo er den sowjetischen Kriegsgefangenen half. Zeitzeuge der Luftangriffe auf Ústí. Später u. a. Mitglied im »Klub der Historiker«. 1986 verstorben.

Týc, Antonín: 1914 geboren. Autor und Verfasser von zahlreichen Ausstellungstexten des Museums, Texten zu Bildbänden und auch von Zeitungsartikeln über die Geschichte von Ústí. 1945 verantwortlicher Redakteur des »Předvoj«. Später Mitarbeiter des Kreisinformationsministeriums (Oblastní ústředí Ministerstva informací). In den 1950er Jahren Redakteur im neugeschaffenen Verlag »Krajské nakladatelství Ústí nad Labem«, wo er bis 1958 tätig war.

Umlauft, Franz: 1883 in der Nähe von Ústí geboren. 1920–1945 Stadtarchivar von Aussig. 1960 gab er in Bayreuth »Die Geschichte der deutschen Stadt Aussig« heraus.

Vobecká, Marie: 1889 in Ústí geboren. Politische Aktivistin. In der Ersten Republik Engagement für die tschechische Minderheit der Stadt, nach Machtantritt der Nationalsozialisten Unterstützung des antifaschistischen Widerstands. 1941 wurde sie verhaftet, nach einer TBC-Erkrankung dann vorzeitig entlassen. Ab Mai 1945 OSK-Vorsitzende. 1947 infolge der schweren Krankheit aus Haftzeiten verstorben.

Wolfrum, Georg Carl: 1813 geboren. Seit 1843 in Ústí. Gründer eines Textilunternehmens, das einige Sozial- und Gesundheitseinrichtungen in der Stadt, den Bau der evangelischen Kirche und den Brunnen auf dem heutigen Lidické náměstí finanzierte. Wolfrum engagierte sich auch im politischen Leben und gründete das Wochenblatt »Aussiger Anzeiger«. Der Betrieb wurde 1945 nationalisiert und später dem Textilkombinat Vlnola/Liberec angegliedert, die Familienvilla wurde Sitz des Rundfunks.

Wünsch, Franz Josef: 1892 in Krásné Březno geboren. Studium der Geschichte, dann 1928–1934 gemeinsam mit Umlauft im Archiv von Ústí tätig. Ab 1935 im Museum und Tätigkeit als Stadtchronist. Nach dem Krieg, während dem er in der Wehrmacht diente, lebte er in Westfalen. 1967 verstorben.

Ždych, Karel: Direktor der Stadtwerke von Ústí.

Kurzbiogramme der Interviewpartner

Adamec, Hans, 3.10.2011 in Ústí nad Labem, Interview geführt von Frauke Wetzel.

1929 in Trmice/Türmitz als Kind einer deutschen Mutter und eines tschechischen Vaters geboren. Er ist einer der letzten noch verbliebenen Altsiedler.

Cichý, Martin, 24.5.2013 in Trmice, Interview geführt von Frauke Wetzel.

1977 in Trmice geboren. Cichý hat einen Abschluss in Geschichte der Universität Ústí nad Labem. Er arbeitet im Zentrum für Roma in Trmice, einem Freizeitklub und Beratungszentrum, und vertritt seine Region in der gesamtstaatlichen Assoziation für Roma in der Tschechischen Republik.

Hájková, Antonia, 28.6.2012 in Ústí n. L., Interview geführt von Frauke Wetzel.

Die Familie von Frau Hájková gehörte zu den Altsiedlern in Ústí, die bereits vor 1938 in der Stadt gelebt hatten. Antonia Hájková lebte mit ihrem Mann, einem Binnenschiffer, und ihrem Sohn in Ústí. Sie war regimekritisch eingestellt, arbeitete im Forschungslabor der Chemischen Fabrik von Ústí und spielte in ihrer Freizeit leidenschaftlich Theater im »Malé divadlo« (Kleines Theater). Heute ist sie Rentnerin. Die beiden Interviews fanden am 28. Juni und 12. September 2012 in Ústí nad Labem statt: das erste in einer Kneipe, das zweite in der Wohnung von Frau Hájková.

Karlíček, Petr, 5.5.2017 in Děčín, Interview geführt von Frauke Wetzel.

1982 in Aš geboren und aufgewachsen. Bis August 2017 war er Archivar in Děčín, seit September 2017 ist er Leiter des Stadtarchivs von Ústí nad Labem. Petr Karlíček war einer der Studierenden, die das Projekt »Verschwundene Dörfer« in Ústí nad Labem vorantrieben. Seitdem bietet er regelmäßig Wanderungen an, bei denen er historische Hintergründe erklärt. Er ist Buchautor zahlreicher Stadt- und Ortsgeschichten Nordböhmens und hat über deutschtschechische Karikaturen promoviert.

Kralowetz, Karl Heinz, 7.8.2013 in München, Interview geführt von Frauke Wetzel.

1930 in Předlice geboren, in Ústí im Stadtteil Klíše aufgewachsen. Er wurde am 20. Februar 1945 eingezogen und war zuvor in der Hitlerjugend. 1945 wurde er zur Zwangsarbeit verpflichtet. Nach einer Woche im Lager in Všebořice gelangte Karl Heinz Kralowetz nach Bayern. Ein Onkel von ihm blieb in Ústí, weil er eine tschechische Frau hatte, diesen besuchte er ab 1953 jedes Jahr. Er war lange Zeit im Vorstand des Aussiger Hilfsvereins aktiv. Nach Streitigkeiten, unter anderem über dessen Auflösung und Kralowetz' Wunsch, Materialien online zu stellen, gründet er selbstständig eine Website, die er bis Ende 2013 betrieb.

Krsek, Martin, 17.10.2016 in Ústí n. L., Interview geführt von Frauke Wetzel.
1974 in Ústí nad Labem geboren. Martin Krsek war zunächst Journalist für mehrere Zeitungen darunter die »MF Dnes« in Ústí, danach studierte er Geschichte und verband seine beiden Interessen. Er wurde Leiter der Geschichtsabteilung des Stadtmuseums Ústí nad Labem, Abteilung Sammlung und Kuratierung der technischen Sammlungen. Krsek ist einer der Gründer des Projektes »usti-aussig.net« und zudem Buchautor, er sitzt im Stadtmagistrat für den Zusammenschluss Pro!Ústí.

Opravilová, Jana, 30.5.2012 in Ústí n. L., Interview geführt von Frauke Wetzel.
Jana Opravilová studierte Lebensmittelchemie in Ústí nad Labem und war ab 1965 als Chemikerin bei Setuza angestellt. Obwohl bereits im Rentenalter organisierte sie noch bis in die 2010er Jahre Kulturveranstaltungen in der Stadtbibliothek von Ústí.

Pištěk, Milan Fred, 3.7.2013 in Třebušín, Interview geführt von Frauke Wetzel.
1956 in Rumburk geboren. Wegen der Aktivitäten seines Vaters für den Prager Frühling konnte er nicht studieren, besuchte daher eine Baugewerbeschule in Děčín und arbeitete als Wasserwirtschaftler in Teplice. Milan Fred Pištěk gründete zahlreiche Punk- und Hardrock-Bands wie die Band Šanov und organisierte in den 1990er Jahren Konzerttourneen für internationale Bands in der Tschechoslowakei bzw. in Tschechien. Er widmete sich der Geschichte seines Wohnortes als Hobbyhistoriker, übersetzt alte deutsche Bücher, Landkarten und macht alte Wege wieder zugänglich. Außerdem schreibt er für das Monatsprogrammheft »Ústecké přehledy«.

Plecitý, Jindřich, 25.1.2010 in Povrly, Interview geführt von Frauke Wetzel.
1922 geboren, in Ústí nad Labem aufgewachsen. Er wurde während der Okkupationszeit zur Zwangsarbeit ins Deutsche Reich eingezogen. Nach der Rückkehr lebte er wieder in Ústí, unter anderem im Viertel Severní Terasa und war als Gastronom tätig.

Rauerová, Anna, 10.7.2013 in Řehlovice, Interview geführt von Frauke Wetzel.
Geboren und wohnhaft in Řehlovice. Anna Rauerová ist die Chronikschreiberin des Ortes. Sie wuchs als Altsiedlerin auf, war Tochter einer deutschsprachigen Mutter und eines tschechischsprachigen Vaters, der Landwirt war. Sie ging in Trmice auf die Mittelschule und studierte später, als die Hochschule in Ústí eröffnete, bis 1963. Sie arbeitete als Mathematik- und Kunsterziehungslehrerin, später als Methodikerin für den Unterricht. Seit 1976 war sie Mitglied in der Staatlichen Denkmalpflegekommission. Sie hat zwei Kinder, viele Enkelkinder und engagiert sich seit der Wende für die Begegnung mit den ehemaligen Einwohnern von Řehlovice, was sie, nach eigenen Angaben, die Wahl zur Bürgermeisterin gekostet habe.

QUELLEN- UND LITERATURVERZEICHNIS

Ungedruckte Quellen

Archiv města Ústí nad Labem (AMUL)
    Městský národní výbor Ústí nad Labem (MěNV Ústí nad Labem)
        Komise pro oslavy 1. máje a 9. května
        Komise pro oslavy 15. výročí osvobození
        Komise pro postavení pomníku B. Smetany
        Komise pro řešení otázek cikánského obyvatelstva
        Komise pro školství a kulturu
        Komise pro zajištění oslav 15. výročí osvobození ČSR
        Zemědělská komise
        Odbor pro vnitřní věci
        Odbor pro školství, osvětu a kulturu
        Památková péče a pomníky
        Muzeum
        Odbor pro místní hospodářství
        Vyhlášky MNV Ústí nad Labem 1945–1949
    Kronika města Ústí nad Labem
    Osobní fond Josef Semanišin
    Komise regionálních dějin Okresního vedení KSČ 1980
    Místní národní výbor v Ústí nad Labem (MNV)
        Osidlovací komise
        Městský archiv, museum a kronika
        Památková péče
        Dětské domovy
        Správa národního majetku
    Okresní národní výbor v Ústí nad Labem (ONV)
        Okresní osvětová rada
        Osídlovací komise
        Politické záležitosti
        Organizace a řízení ONV
        Územní změny a změny názvů obcí
        Záležitosti německého obyvatelstva
        Židé
        Záležitosti cikánského obyvatelstva
        Povolování zábav a kulturních akcí
        Shromažďovací a spolková agenda
        Referát pro konfiskace, byty, válečné škody a odsun Němců

Kulturní a školský referát
Správa nemovitostí
Bytová komise
Vnitřní věci JNV
Referát školství, osvěty a tělesné výchovy
Orgány ONV
Odbor kultury (Kulturní správa ONV)
Odbor obchodu a cestovního ruchu
1954–1985
Okresní národní výbor v Ústí nad Labem (květen – červen 1945)
Zemský národní výbor v Praze
Jednotný národní výbor v Ústí nad Labem (1949–1954)
Obrazová kronika 1975

Muzeum města Ústí nad Labem (MMUL)

Státní oblastní archiv v Litoměřicích (SOAL Děčín)

Státní okresní archiv Teplice (SOkA Teplice)

Všeodborový archiv (VOA)
Ústřední rada odborů (ÚRO PŘED)

Bayerisches Hauptstaatsarchiv (BayHStA)
SdA Erlebnis- und Vertreibungsberichte 601, 1956

Periodika
Acta Poloniae Historica
Aussiger Bote. Heimatbrief der Ausgewiesenen aus Stadt und Kreis Aussig an
    der Elbe
Blesk
Bohemia. Zeitschrift für Geschichte und Kultur der böhmischen Länder
Budovatel
Český deník
Český lid
Československý svět
Dějiny a součastnost
Deník Referendum
Der Spiegel
Der Sudetendeutsche
Die Zeit
Frankfurter Allgemeine Zeitung
Historický sborník

Jihočeský sborník historický
Kulturní politika
Lidová demokracie
Literární noviny
Mladá fronta
Občasník Klubu historiků při Odborovém domě kultury pracujících v Ústí nad Labem
Prager Zeitung
Prager Volkszeitung
Předvoj. List Národní fronty
Příspěvky k ústecké vlastivědě
Průboj. Časopis krajského výboru KSČ Ústí nad Labem
Respekt
Rudé právo
Sever
Soudobé dějiny
Sudetendeutsche Zeitung
Svět práce
Ústecký deník
Ústecké přehledy
Ústecký věstník
Zpravodaj

Gedruckte Quellen

100. ústava Československé socialistické republiky [100. Verfassung der Tschechoslowakischen Sozialistischen Republik]. In: Sbírka zákonů. Hg. v. *Národní shromáždění Republiky československé*. Praha 11.7.1960.

Návrh soutěže na slovní a grafickou značku závodu [Wettbewerbsvorschlag über schriftliche oder grafische Firmenzeichen] (Flugblatt o. J.). Hg. v. *Severočeské tukové závody*.

Nevíte kam? Zveme vás do velké rodiny pracovníků tukového průmyslu [Wissen Sie nicht wohin? Wir laden Sie ein in die große Familie der Arbeiter in der Fettindustrie]. Hg. v. *Tukový průmysl, koncern Praha*. Praha 1986.

Sčítání lidu, domů a bytů 1970. Hg. v. *Okresní oddělení Českého statistického úřadu v Ústí nad Labem*. České Budějovice 1973.

Soupisy obyvatelstva v Československu 1946–1947 [Einwohnerverzeichnis in der Tschechoslowakei 1946–1947]. Sčítání lidu, sešit 15. Česká statistika 6. Hg. v. *Československá statistika*. Praha 1951.

Vzpomínky soudružky Vlasty Ulrichové na politické situace ve školství od roku 1945 [Die Erinnerungen der Genossin Vlasta Ulrichová an die politische Situation im Schulwesen ab dem Jahr 1945]. Hg. v. *Komise regionálních dějin okresního vedení KSČ*. Ústí nad Labem 1982.

Zákon o trvalém osídlení kočujících osob [Gesetz über die dauerhafte Ansiedlung von herumziehenden Personen]. Sb. č. 74/1958. In: Sbírka zákonů. Hg. v. *Národní shromáždění Republiky československé.*

Literatur

Pět let klubu historiků při ODKP v Ústí n. L. [Fünf Jahre des Klubs der Historiker im ODKP in Ústí nad Labem]. Hg. v. *Klub historiků.* Ústí nad Labem 1977.

10. výročí Klubu historiků při ODKP Ústí n. L. [10. Jubiläum des Klubs der Historiker im ODKP Ústí nad Labem]. Hg. v. *Klub historiků.* Ústí nad Labem 1980.

25 Jahre der tschechischen Kultur in den Bezirken Nordböhmen. Hg. v. *Krajské národní výbory Ústí nad Labem.* Ústí nad Labem 1975.

120 let zkušeností v moderních výrobcích [120 Jahre Erfahrung in der modernen Produktion]. Hg. v. *Severočeské tukové závody.* Ústí nad Labem 1968.

125 Jahre Setuza. Deutsch, Russisch, Englisch. Hg. v. *Setuza – propagační oddělení.* Ústí nad Labem 1973.

140 let Setuza [140 Jahre Setuza]. Hg. v. *Severočeské tukové závody.* Ústí nad Labem 1988.

Abrams, Bradley F.: The Struggle for the Soul of the Nation. Lanham 2004.

Amos, Heike: Die Vertriebenenpolitik der SED 1949 bis 1990. München 2009.

Arburg, Adrian von: Breiter Diskurs auf dünnem Eis. Tschechische Historiker und die Vertreibung der Deutschen seit 1990. In: *Haslinger*, Peter/*Franzen*, K. Erik/*Schulze Wessel*, Martin (Hg.): Diskurse über Zwangsmigration in Zentraleuropa. Geschichtspolitik, Fachdebatten, literarisches und lokales Erinnern seit 1989. München 2008, 195–216.

— Peripherie oder Pionierland? Konzeptionen zur neuen Funktion des tschechischen Grenzgebietes 1945–1951. In: *Lozoviuk,* Petr (Hg.): Grenzgebiet als Forschungsfeld. Aspekte der ethnologischen und kulturhistorischen Erforschung des Grenzlandes. Leipzig 2009, 85–112.

— Zwangsumsiedlung und neue Gesellschaft in Ostmitteleuropa nach 1945. München 2008.

Arburg, Adrian von/*Staněk*, Tomáš: Organizované divoké odsuny? Úloha ústředních orgánů provádění »evakuace« německého obyvatelstva (květen až září 1945) [Die organisierten Wilden Vertreibungen? Die Aufgabe der zentralen Organe der Durchführung der »Evakuierung« der deutschen Bewohner (Mai bis September 1945)]. In: Soudobé dějiny 3–4 (2005), 465–533.

— Vysídlení Němců a proměny českého pohraničí 1945–1951. I. díl [Die Aussiedlung der Deutschen und die Veränderungen im tschechischen Grenzgebiet 1945–1951. I. Teil]. Středokluky 2010.

— (Hg.): Vysídlení Němců a proměny českého pohraničí 1945–1951. 3. svazek II. dílu. [Die Aussiedlung der Deutschen und die Veränderungen im tschechischen Grenzgebiet 1945–1951. 3. Band des II. Teils]. Středokluky 2010.

Assmann, Aleida: Jahrestage – Denkmäler in der Zeit. In: *Münch*, Paul (Hg.): Jubiläum, Jubiläum… Zur Geschichte öffentlicher und privater Erinnerung. Essen 2005, 305–314.

— Geschichte findet Stadt. In: *Csáky*, Martin/*Leitgeb*, Christoph (Hg.): Kommunikation – Gedächtnis – Raum. Kulturwissenschaften nach dem »Spatial Turn«. Bielefeld 2009, 13–27.

— Auf dem Weg zu einer europäischen Gedächtniskultur? Wien 2012.

Assmann, Jan: Ústecká sbírka miniatur [Die Miniatursammlung von Ústí]. In: *Cvrková*, Marta u. a. (Hg.): Historické sborník II: Z minulosti Ústecka [Historischer Sammelband II: Aus der Vergangenheit von Ústí]. Praha 1988, 87–95.

— Das kulturelle Gedächtnis. München 1999.

Augé, Marc: Orte und Nicht-Orte. Vorüberlegungen zu einer Ethnologie der Einsamkeit. Frankfurt am Main 1994.

Bachmann-Medick, Doris: Cultural Turns. Neuorientierungen in den Kulturwissenschaften. Hamburg 2006.

Balcar, Jaromír/*Kučera*, Jaroslav: Von der Rüstungskammer des Reiches zum Maschinenwerk des Sozialismus. Wirtschaftslenkung in Böhmen und Mähren 1938 bis 1953. Göttingen 2013.

Bauerkämper, Arnd: Das umstrittene Gedächtnis. Die Erinnerung an Nationalsozialismus, Faschismus und Krieg in Europa seit 1945. Paderborn 2012.

Beer, Mathias: Im Spannungsfeld von Politik und Zeitgeschichte. Das Großforschungsprojekt »Dokumentation der Vertreibung der Deutschen aus Ost-Mitteleuropa«. In: Vierteljahreshefte für Zeitgeschichte 46/2 (1998), 345–389.

— »Flucht und Vertreibung«. Eine deutsche Streitgeschichte. In: *Haslinger*, Peter/*Franzen*, K. Erik/*Schulze Wessel*, Martin (Hg.): Diskurse über Zwangsmigration in Zentraleuropa. Geschichtspolitik, Fachdebatten, literarisches und lokales Erinnern seit 1989. München 2008, 261–277.

— (Hg.): Das Heimatbuch. Geschichte, Methodik, Wirkung. Göttingen 2010.

— Flucht und Vertreibung der Deutschen. Voraussetzungen, Verlauf, Folgen. München 2011.

Bethke, Susann: Der Weg der Deutschen aus der Tschechoslowakei in die Sowjetische Besatzungszone Deutschlands (1945/46). In: *Wille*, Manfred u. a. (Hg.): Die Sudetendeutschen in der Sowjetischen Besatzungszone Deutschlands. Dokumente. Magdeburg 1993, 5–27.

Blechschmidt, Manfred/*Walther*, Manfred: Böhmische Spaziergänge. Reisen zwischen Cheb und Ústí nad Labem. Leipzig 1978.

Bobková, Lenka: Počátky města Ústí nad Labem. In: *Kaiserová*, Kristina/*Kaiser*, Vladimír (Hg.): Dějiny města Ústí nad Labem [Die Geschichte der Stadt Ústí nad Labem]. Ústí nad Labem 1995, 16 f.

Baham, K.: Beyond the Bourgeoisie. Rethinking Nation, Culture, and Modernity in Nineteenth-Century Central Europe. In: Austrian History Yearbook 29/1 (1998), 19–35.

Bohmann, Alfred: Die Ausweisung der Sudetendeutschen dargestellt am Beispiel des Stadt- und Landkreises Aussig an der Elbe. Marburg 1955.

— Aussig. Stadt und Land. Eine Sammlung von Bildern aus der Geschichte und der Landschaft der alten Heimat. Erstauflage 1953. München 1988.

Borodziej, Wlodzimierz/*Kochanowski*, Jerzy/*Puttkamer*, Joachim von (Hg.): »Schleichwege«. Inoffizielle Begegnungen sozialistischer Staatsbürger zwischen 1956 und 1989. Köln 2010.

Borská, Helena: Válečný letec Otto Hanzlíček z Ústí nad Labem [Der Kriegsflieger Otto Hanzlíček aus Ústí nad Labem]. In: Příspěvky k ústecké vlastivědě 1 (2000), 19–25.

Botu, Antula/*Konecný*, Milan (Hg.): Řečtí uprchlíci. Kronika řeckého lidu v Čechách, na Moravě a ve Slezsku 1948–1989 [Griechische Flüchtlinge. Chronik der Griechen in Böhmen, Mähren und Schlesien 1948–1989]. Praha 2005.

Bouček, Jan: Vznik samostatného Československa a severní Čechy [Die Entstehung der unabhängigen Tschechoslowakei und Nordböhmen]. Ústí nad Labem 1968.

Bouček, Jan/*Cvrk*, František: Komunistická strana Československa na Ústecku 1921–1938. Regesty z archívních dokumentů a článků regionálního tisku KSČ [Die Kommunistische Partei der Tschechoslowakei in der Region Ústí nad Labem 1921–1938. Regesten aus den Archivdokumenten und Artikeln aus der Regionalpresse der Kommunistischen Partei der Tschechoslowakei]. Ústí nad Labem 1982.

Boyer, Christoph: Der Beitrag der Sozialgeschichte zur Erforschung kommunistischer Systeme. In: *Brenner*, Christiane (Hg.): Sozialgeschichtliche Kommunismusforschung. Tschechoslowakei, Polen, Ungarn und DDR. 1948–1968. München 2005, 13–34.

Boym, Svetlana: The Future of Nostalgia. New York 2001.

Brandes, Detlef: Die Tschechen unter deutschem Protektorat. Besatzungspolitik, Kollaboration und Widerstand im Protektorat Böhmen und Mähren bis Heydrichs Tod (1939–1942). München 1969.

— Die Tschechen unter deutschem Protektorat. Besatzungspolitik, Kollaboration und Widerstand im Protektorat Böhmen und Mähren von Heydrichs Tod bis zum Prager Aufstand (1942–1945). München 1975.

— Der Weg zur Vertreibung 1938–1945. Pläne und Entscheidungen zum »Transfer« der Deutschen aus der Tschechoslowakei und aus Polen. München 2005.

— »Umvolkung, Umsiedlung, rassische Bestandsaufnahme«. NS-»Volkstumspolitik« in den böhmischen Ländern. München 2012.

Brandes, Detlef u. a. (Hg.): Lexikon der Vertreibungen. Deportation, Zwangsaussiedlung und ethnische Säuberung im Europa des 20. Jahrhunderts. Wien 2010.

Braun, Karl: »Liberec ist noch immer auf der Suche nach seinem Gesicht und seiner Seele«. Ein kritischer Blick auf mehrsprachige Foto- und Heimatbücher der Stadt Liberec 2001–2007. In: *Fendl*, Elisabeth (Hg.): Zur Ästhetik des Verlusts. Bilder von Heimat, Flucht und Vertreibung. Münster 2010, 239–252.

Bren, Paulina: Weekend Getaways. In: *Crowley*, David/*Reid*, Susan Emily (Hg.): Socialist Spaces. Sites of Everyday Life in the Eastern Bloc. Oxford, New York 2002, 123–140.

— The Greengrocer and His TV. The Culture of Communism after the 1968 Prague Spring. Ithaca 2010.

Brenner, Christiane (Hg.): Geschichtsschreibung zu den böhmischen Ländern im 20. Jahrhundert. Wissenschaftstraditionen, Institutionen, Diskurse. München 2006.

— »Zwischen Ost und West«. Tschechische politische Diskurse 1945–1948. München 2009.

— »Co není v knihách, není vůbec«. Pohraničí v české literatuře bezprostředně po válce. In: Dějiny a současnost 11 (2010), 14–17.

Brenner, Christiane/*Heumos*, Peter: Eine Heldentypologie der Tschechoslowakei. Zur Einführung. In: *Satjukow*, Silke/*Gries*, Rainer (Hg.): Sozialistische Helden. Eine Kulturgeschichte von Propagandafiguren in Osteuropa und der DDR. Berlin 2002, 235–255.

Bretschneider, Uta: »Vom Ich zum Wir?«. Flüchtlinge und Vertriebene als Neubauern in der LPG. Leipzig 2016.

Brouček, Stanislav: Aktuální problémy adaptace vietnamského etnika v ČR [Aktuelle Probleme mit der Adaptierung der vietnamesischen Ethnie in der Tschechischen Republik]. Praha 2003.

Brožek, Aleš: Osudy domů a obyvatel Churchillovy ulice v Ústí nad Labem [Das Schicksal von Häusern und Bewohnern der Churchill-Straße in Ústí nad Labem]. Ústí nad Labem 2008.

Bubeníčková, Ružena/*Kubátová*, Ludmila/*Malá*, Irena: Tábory utrpení a smrti [Lager des Leidens und des Todes]. Praha 1969.

Buchheim, Christoph u. a. (Hg.): Die Tschechoslowakei und die beiden deutschen Staaten. Essen 2010 (tschechische Ausgabe: Československo a dva německé státy. Ústí nad Labem 2011).

Burachovič, Stanislav: Gedanken zum sudetendeutschen Heimwehtourismus aus tschechischer Sicht. In: *Fendl*, Elisabeth (Hg.): Zur Ikonographie des Heimwehs. Erinnerungskultur von Heimatvertriebenen. Freiburg 2002, 223–244.

Burke, Peter: Geschichte als soziales Gedächtnis. In: *Assmann*, Aleida/*Harth*, Dietrich (Hg.): Mnemosyne. Formen und Funktionen der kulturellen Erinnerung. Frankfurt am Main 1991, 289–304.

Čapka, František/*Slezák*, Lubomír/*Vaculík*, Jaroslav: Nové osídlení pohraničí českých zemí po druhé světové válce [Die neue Besiedlung des Grenzlandes in den böhmischen Ländern nach dem Zweiten Weltkrieg]. Brno 2005.

Čapková, Kateřina: Češi, Němci, Židé? Národní identita Židů v Čechách. 1918–1938 [Tschechen, Deutsche, Juden? Nationale Identität der Juden in Böhmen. 1918–1938]. Praha 2005.

Carstens, Frank: Wenn aus Feinden Freunde werden. Konfliktlinien bei den grenzüberschreitenden Kontakten deutscher und tschechischer Neonazis. In: Gefährliche Liebschaften.»Rechtsextremismus« im kleinen Grenzverkehr (D–CZ). Hg. v. *Kulturbüro Sachsen* und *Heinrich-Böll-Stiftung*. Dresden 2011, 61–67.

Chrz, Martin: Leopold Pölzl. Osobnost ústeckého starosty [Leopold Pölzl. Die Persönlichkeit des Aussiger Bürgermeisters]. Ústí nad Labem 2002.

Čejchán, Adolf: Ústí nad Labem mladýma očima [Ústí nad Labem durch die Augen der Jugend]. Liberec 1960.

Černý, Bohumil u. a. (Hg.): Češi – Němci – odsun. Diskuse nezávislých historiků [Tschechen – Deutsche – Abschiebung. Eine Diskussion unabhängiger Historiker]. Praha 1990.

Cichý, Martin: Cikánský internační tábor v Ústí nad Labem [Das Zigeunerinternierungslager in Ústí nad Labem]. In: Ústecký sborník historický 2000, 182–195.

Cihlář, Ladislav: Sedm let jsem u vás sloužil a... [Sieben Jahre diente ich bei euch und...]. Ústí nad Labem 2011.

Cironis, Petros: Akce »Řecké děti 1948«. Dokumenty, vzpomínky a komentáře na emigraci helénských dětí v roce 1948 do Československa [Aktion »Griechische Kinder 1948«. Dokumente, Erinnerungen und Kommentare zur Emigration griechischer Kinder im Jahr 1948 in die Tschechoslowakei]. Rokycany 2001.

Cornelißen, Christoph: »Vergangenheitsbewältigung« – ein deutscher Sonderweg? In: *Hammerstein*, Katrin u. a. (Hg.): Aufarbeitung der Diktatur – Diktat der Aufarbeitung? Normierungsprozesse beim Umgang mit diktatorischer Vergangenheit. Göttingen 2009, 21–36.

Cornelißen, Christoph/*Holec*, Roman/*Pešek*, Jiří (Hg.): Diktatur – Krieg – Vertreibung. Erinnerungskulturen in Tschechien, der Slowakei und Deutschland seit 1945. Essen 2005.

— Politisch-historische Erinnerungen in Mittel- und Ostmitteleuropa seit 1945. In: *Dies.* (Hg.): Diktatur – Krieg – Vertreibung. Erinnerungskulturen in Tschechien, der Slowakei und Deutschland seit 1945. Essen 2005, 9–24.

Cornelißen, Christoph/*Vašíček*, Zdeněk/*Mayer*, Françoise (Hg.): Minulost a současnost, paměť a dějiny [Die Vergangenheit und Gegenwart, Gedächtnis und Geschichte]. Brno 2008.

Cousin, Saskia: L'identité au miroir du tourisme. Usages et enjeux des politiques de tourisme culturel. Paris 2003.

Cuhra, Jaroslav: Staat und Kirchen in der Tschechoslowakei. In: *Schulze Wessel*, Martin/*Zückert*, Martin (Hg.): Handbuch der Religions- und Kirchengeschichte der böhmischen Länder und Tschechiens im 20. Jahrhundert. München 2009, 555–616.

Cvrková, Marta: Archeologická sbírka Okresního vlastivědného muzea v Ústí nad Labem [Die archäologische Sammlung des Kreismuseums in Ústí nad Labem]. Teplice 1984.

Cvrková, Marta/*Koutecký*, Drahomír: Pravěké osídlení u Stadic [Die mittelalterliche Besiedlung bei Stadice]. In: Příspěvky k ústecké vlastivědě 2 (2001), 26–31.

Cwiek-Rogalska, Karolina: Debts without Debtors. The Phantom Presence of German-Speaking Inhabitants of Czechoslovakia after 1945. In: Bohemia 55 (2015), 18–39.

Das Aussiger Stadtmuseum im neuen Schloss zu Türmitz. Ein geschichtlicher Rückblick und ein kurzer Führer durch die Sammlungen. Hg. v. *Museum Aussig*. Aussig 1936.

David, Jaroslav: Smrdov, Brežněves a Rychlonožkova ulice. Kapitoly z moderní české toponymie. Místní jména, uliční názvy, literární toponyma [Smrdov, Brežněves und Rychlonožkova-Straße. Kapitel der modernen tschechischen Toponymie]. Praha 2011.

Davies, Norman/*Moorhouse*, Roger: Die Blume Europas. München 2002.

Dehnert, Walter: Volkskunde an der deutschen Universität Prag 1918–1945. In: *Dröge*, Kurt (Hg.): Alltagskulturen zwischen Erinnerung und Geschichte. Beiträge zur Volkskunde der Deutschen im und aus dem östlichen Europa. München 1995, 197–212.

Dějiny Ústecka. Metodický průvodce stálou expozicí Okresního vlastivědného muzea v Ústí nad Labem [Die Geschichte von Ústí. Methodischer Führer durch die Dauerausstellung des Kreismuseums in Ústí nad Labem]. Hg. v. *Okresní vlastivědné muzeum v Ústí nad Labem*. Ústí nad Labem 1979.

Demetz, Hanna: Ein Haus in Böhmen. Frankfurt am Main 1978 (tschechische Ausgabe: *Demetzová,* Hanna: Dům v Čechách. Praha 2011).

Demshuk, Andrew: The Lost German East. New York 2012.

Die Vertreibung der deutschen Bevölkerung aus der Tschechoslowakei. Eine Dokumentation. Bd. 2. Hg. v. *Bundesminister für Vertriebene, Flüchtlinge und Kriegsgeschädigte.* Erstausgabe 1954. Unveränderter Nachdruck Augsburg 1994.

Dokumente zur Austreibung der Sudetendeutschen. 3. Auflage. Hg. v. *Arbeitsgemeinschaft zur Wahrung sudetendeutscher Interessen.* München 1952,

Donert, Celia: The Rights of the Roma. The Struggle for Citizenship in Postwar Czechoslovakia. Cambridge 2017.

— Creating »Citizens of Gypsy Origin«. Ethnicity, Planning and Population Control in Socialist Czechoslovakia. In: *Schulze Wessel,* Martin/*Brenner,* Christiane (Hg.): Zukunftsvorstellungen und staatliche Planung im Sozialismus. Die Tschechoslowakei im ostmitteleuropäischen Kontext 1945–1989. München 2010, 89–114.

Donig, Natalia u. a.: Heimat als Erfahrung und Entwurf. Berlin, Münster 2009.

Dorn, Lena/*Nekula*, Marek/*Smyčka*, Václav (Hg.): Zwischen nationalen und transnationalen Erinnerungsnarrativen in Zentraleuropa. Berlin 2020.

Drahoš, Ivo: Mytizace bílých míst německo-českých vztahů končí. Vladimír Kaiser, ředitel Archivu města Ústí nad Labem [Die Mystifizierung der weißen Flecken in den deutsch-tschechischen Beziehungen endet. Vladimír Kaiser, Stadtarchivdirektor von Ústí nad Labem]. In: Telegraf vom 31.7.1995.

Dušek, Ladislav: Ústí nad Labem – středisko průmyslu, tepna dopravy a brána do ráje přírodních krás [Ústí nad Labem – ein Zentrum der Industrie, Hauptschlagader des Verkehrs und Tor ins Paradies der Naturschönheiten]. Praha 1947.

Eckelt, Gerda: Wo ist mein Heim, mein Vaterland. Ústí nad Labem 1997.

Einhornovi, Milada a Erich: Severní Čechy [Nordböhmen]. Ústí nad Labem 1985.

Eisenmann, Walter: Historie židovské náboženské obce v Ústí n. L. [Die Geschichte der jüdischen Gemeinde in Ústí nad Labem]. In: *Klub historiků* 1981, 20–25.

Engemann, Iris: Die Slowakisierung Bratislavas. Universität, Theater und Kultusgemeinden 1918–1948. Wiesbaden 2012.

Erinnerungsorte des deutsch-tschechischen Zusammenlebens/Místa paměti česko-německého soužití. Hg. v. *Antikomplex pro Collegium Bohemicum.* Praha 2011.

Faehndrich, Jutta: Eine endliche Geschichte. Die Heimatbücher der deutschen Vertriebenen. Köln 2010.

Fedorovič, Tomáš/*Kaiser*, Vladimír: Historie židovské komunity v Ústí nad Labem [Die Geschichte der jüdischen Gemeinde in Ústí nad Labem]. Ústí nad Labem 2005.

Fendl, Elisabeth (Hg.): Zur Ikonographie des Heimwehs. Erinnerungskultur von Heimatvertriebenen. Freiburg 2002.

— Zwischen »daheim« und »zuhause«. Zum Heimatbegriff von Flüchtlingen und Vertriebenen. In: *Röder,* Annemarie (Hg.): Heimat – Annäherungsversuche. Stuttgart 2007, 21–30.

— Das neue Heimatbuch. Neue Medien, neue Perspektiven. In: *Beer*, Mathias (Hg.): Das Heimatbuch. Geschichte, Methodik, Wirkung. Göttingen 2010, 257–278.

— (Hg.): Zur Ästhetik des Verlusts. Bilder von Heimat, Flucht und Vertreibung. Münster 2010.

Franc, Martin/*Knapík*, Jiří: Průvodce kulturním děním a životním stylem v českých zemích 1948–1967 [Leitfaden durch kulturelle Veranstaltungen und Lebensstil in den böhmischen Ländern 1948–1967]. Praha 2011.

François, Etienne/*Puschner*, Uwe (Hg.): Erinnerungstage. Wendepunkte der Geschichte von der Antike bis zur Gegenwart. München 2010.

Friedreich, Sönke: Urlaub und Reisen während der DDR-Zeit. Zwischen staatlicher Begrenzung und individueller Selbstverwirklichung. Dresden 2011.

— Die Grenzen der neuen Heimat. Deutsche Flüchtlinge und Vertriebene im Dreiländereck Deutschland – Polen – Tschechien, 1945–52. In: *Bretschneider*, Uta/*Friedreich*, Sönke/*Spieker*, Ira (Hg.): Verordnete Nachbarschaften. Transformationsprozesse im deutsch-polnisch-tschechischen Grenzraum seit dem Zweiten Weltkrieg. Leipzig 2016, 113–133.

Gabal, Ivan: Ústí nad Labem. Dlouhodobý monitoring situace romských lokalit – české lokality [Langzeitmonitoring der Situation von Romalokalitäten – tschechischen Lokalitäten]. Praha 2009.

Galmiche, Xavier: Modelle und Modalitäten der Geschichte. Toužim – eine doppelte Stadtgeschichte in Böhmen. In: Osteuropa 58/6 (2008), 307–317.

Gerlach, David: Juden in den Grenzgebieten. Minderheitenpolitik in den Böhmischen Ländern nach dem Zweiten Weltkrieg. In: Theresienstädter Studien und Dokumente 15 (2008), 12–47.

Gerschwitz, Matthias: Der große Aussiger. Eine Annäherung an Johann Schicht und sein Lebenswerk. Berlin 2011.

Glassheim, Eagle: Ethnic Cleansing, Communism, and Environmental Devastation in Czechoslovakia's Borderlands. 1945–1989. Translation of Journal of Modern History Article-Appeared in June, 2006. In: Soudobé dějiny 3–4 (2005), 432–464.

— »Heimat« a jeho dlouhý stín. Lidská a přírodní ekologie československého pohraničí [»Heimat« und ihr langer Schatten. Menschliche und natürliche

Ökologie im tschechoslowakischen Grenzland]. In: Dějiny a součastnost 10 (2010), 16–19.

— Diagnosing Pathologies of Uprootedness. Integrating and Dis-Integrating Sudeten German Expellees from 1945 to 2010. Vortrag im Collegium Carolinum München, 8.3.2012, Mitschrift von Frauke Wetzel.

— Cleansing the Czechoslovak Borderlands, 1938 to 1992. Migration, Environment, and Health in the Former Sudetenland. Pittsburgh 2016.

Glettler, Monika/*Lipták,* Lubomír/*Míšková*, Alena (Hg.): Geteilt, besetzt, beherrscht. Die Tschechoslowakei 1938–1945. Reichsgau Sudetenland, Protektorat Böhmen und Mähren, Slowakei. Essen 2004.

Górny, Maciej: Französische Revolution und napoleonische Kriege. Herausforderungen an die marxistische Nationalgeschichtsschreibung in der Tschechoslowakei, Polen und der DDR. In: *Brenner*, Christiane (Hg.): Geschichtsschreibung zu den böhmischen Ländern im 20. Jahrhundert. Wissenschaftstraditionen, Institutionen, Diskurse. München 2006, 279–295.

— Die Wahrheit ist auf unserer Seite. Nation, Marxismus und Geschichte im Ostblock. Köln 2011.

Grisa, Ivan: Ústecká uličnice. Vývoj názvů ulic, náměstí a ostatních veřejných prostranství v Ústí nad Labem [Aussiger Straßen. Entwicklung von Namen von Straßen, Plätzen und anderen öffentlichen Einrichtungen in Ústí nad Labem]. Ústí nad Labem 1998.

Grisa, Ivan/*Grisa,* Miroslav: Sto let městské hromadné dopravy v Ústí nad Labem a okolí. 1899–1999 [Hundert Jahre städtischer Verkehrsverbund in Ústí nad Labem und Umgebung. 1899–1999]. Ústí nad Labem 1999.

Gromovská, Alexandra (unter Mitarbeit von Sáva Suchevič): Kulturní památky severních Čech [Kulturdenkmäler Nordböhmens]. Ústí nad Labem 1980.

Gyr, Ueli: Kultur für Touristen und Touristenkultur. In: *Kramer*, Dieter (Hg.): Reisen und Alltag. Beiträge zur kulturwissenschaftlichen Tourismusforschung. Frankfurt 1992, 19–38.

Habigtová, Miroslava: Vývoj cestovního ruchu v evropských členských státech RVHP [Die Entwicklung des Fremdenverkehrs in den europäischen RGW-Staaten]. Praha 1990.

Hahn, Eva/*Hahn*, Hans Henning: Flucht und Vertreibung. In: *François*, Étienne/ *Schulze*, Hagen (Hg.): Deutsche Erinnerungsorte. Eine Auswahl. Bonn 2005, 332–350.

— Mythos »Vertreibung«. In: *Hein-Kircher*, Heidi/*Hahn*, Hans Henning (Hg.): Politische Mythen im 19. und 20. Jahrhundert in Mittel- und Osteuropa. Marburg 2006, 167–188.

— Die Vertreibung im deutschen Erinnern. Paderborn 2010.

Halicka, Beata: Polens Wilder Westen. Erzwungene Migration und die kulturelle Aneignung des Oderraums 1945–1948. Paderborn 2013.

Hájková, Ludmila/*Holan*, Oldřich/*Houžvička*, Václav: Ústí nad Labem. Vychází k 65. výročí založení KSČ [Ústí nad Labem. Erschienen zum 65. Jahrestag der Gründung der KSČ]. Ústí nad Labem 1986.

Hájková, Anna: To Terezín and Back Again. Czech Jews and their Bonds of Belonging from Deportations to the Postwar. In: Dapim. Studies on the Holocaust 28 (2014), 38–55.

Hallama, Peter: Geschichtswissenschaften, Memory studies und der passive turn. Zur Frage der Opferperspektive in der erinnerungskulturellen Forschung. In: *Franzen, K.* Erik/*Schulze Wessel*, Martin (Hg.): Konkurrenzen und Deutungskämpfe in Deutschland und im östlichen Europa nach dem Zweiten Weltkrieg. München 2012, 9–27.

Halbwachs, Maurice: Das Gedächtnis und seine sozialen Bedingungen. Französische Erstausgabe 1925. Frankfurt am Main 2006 (tschechische Ausgabe: Kolektivní paměť. Praha 2009).

Hartwich, Mateusz J.: Das schlesische Riesengebirge. Die Polonisierung einer Landschaft nach 1945. Wien 2012.

Havel, Jan/*Kaiser*, Vladimír/*Pustejovský*, Otfried: Ein Nachkriegs-Verbrechen. Aussig 31. Juli 1945. Ústí nad Labem 2005.

Havel, Václav/*Hejdánek*, Ladislav: O postavení cikánů-romů v Československu [Über die Stellung der Zigeuner-Roma in der Tschechoslowakei]. 13.12. 1978, Nr. 23. In: *Prečan*, Vilém (Hg): Charta 77. 1977–1989. Od morální k demokratické revoluci. Dokumentace [Von der moralischen zur demokratischen Revolution. Dokumentation]. Bratislava 1990, 217–224.

Havelka, Miloš: Die Debatten über den Sinn der tschechischen Geschichte 1895–1989. In: *Brenner*, Christiane (Hg.): Geschichtsschreibung zu den böhmischen Ländern im 20. Jahrhundert. Wissenschaftstraditionen, Institutionen, Diskurse. München 2006, 45–60.

Heermann, Christian: Old Shatterhand ritt nicht im Auftrag der Arbeiterklasse. Warum war Karl May in SBZ und DDR »verboten«? Dessau 1995.

Hemmerle, Rudolf: Heimat Nordböhmen. Regierungsbezirk Aussig. Mannheim 1980.

Heyne, Isolde: Gewitterblumen. Bindlach 1989.

Hinrichsen, Kerstin: Die Erfindung der Ziemia Lubuska. Konstruktion und Aneignung einer polnischen Region 1945–1975. Göttingen 2017.

Hlavačka, Milan: Ztráta historické paměti v důsledku umělého přejmenování krajiny [Der Verlust des historischen Gedächtnisses durch die künstliche Umbenennung der Landschaft]. In: *Ders.* u. a.: Paměť míst, událostí a osobností. Historie jako identita a manipulace [Das Gedächtnis von Orten, Ereignissen und Personen. Geschichte als Identität und Manipulation]. Praha 2011, 535–538.

— »Die Namen mit den Erfordernissen der Zeit in Einklang bringen«. Der Wandel der Toponyme in den böhmischen Ländern nach 1945. In: Bohemia 52/2 (2012), 303–338.

Hlavačka, Milan u. a.: Paměť míst, událostí a osobností. Historie jako identita a manipulace [Das Gedächtnis von Orten, Ereignissen und Personen: Geschichte als Identität und Manipulation]. Praha 2011.

Hobsbawm, Eric/*Ranger*, Terence: The Invention of Tradition. Cambridge 1992.

Hockerts, Hans Günter: Zugänge zur Zeitgeschichte. Primärerfahrung, Erinnerungskultur, Geschichtswissenschaft. In: *Jarausch*, Konrad H./*Sabrow*, Martin (Hg.): Verletztes Gedächtnis. Erinnerungskultur und Zeitgeschichte im Konflikt. Frankfurt am Main 2002, 39–73.

Hoenig, Bianca/*Wadle*, Hannah (Hg.): Eden für Jeden? Touristische Sehnsuchtsorte in Mittel- und Osteuropa von 1945 bis zur Gegenwart. Göttingen 2019.

Hojda, Zdeněk: Denkmäler des Krieges als Orte der Erinnerung in Tschechien nach der Wende. Bühne moderner tschechischer Geschichte. Lieux de mémoire oder Kampfplätze der Erinnerungen? In: *Cornelißen*, Christoph/*Holec*, Roman/*Pešek*, Jiří (Hg.): Diktatur – Krieg – Vertreibung. Erinnerungskulturen in Tschechien, der Slowakei und Deutschland seit 1945. Essen 2005, 229–236.

— Der Wenzelsplatz in Prag. In: *Jaworski*, Rudolf/*Stachel*, Peter (Hg.): Die Besetzung des öffentlichen Raumes. Politische Plätze, Denkmäler und Straßennamen im europäischen Vergleich. Berlin 2007, 101–114.

Hojda, Zdeněk/*Pokorný*, Jiří: Pomníky a zapomínky [Denkmäler und Vergessensmale]. Praha 1996.

Hoffmann, Roland J./*Harasko*, Alois (Hg.): Odsun – die Vertreibung der Sudetendeutschen. Dokumentation zu Ursachen, Planung und Realisierung einer »ethnischen Säuberung« in der Mitte Europas, 1848/49–1945/46. München 2000.

Holý, Ladislav: The Little Czech and the Great Czech Nation. National Identity and the Post-Communist Transformation of Society. Cambridge 1996.

Hoppe, Jiří: Opozice '89. Sociální demokracie, KAN a K 231 v období pražského jara [Opposition '89. Sozialdemokratie, KAN und K 231 in der Zeit des Prager Frühlings]. Praha 2009.

Houfek, Václav: 120 let Muzea Ústí nad Labem [120 Jahre Museum Ústí nad Labem]. Ústí nad Labem 1996.

— Regionální dějiny a veřejnost na příkladu Ústí nad Labem [Regionalgeschichte und Öffentlichkeit am Beispiel von Ústí nad Labem]. In: *Veselý*, Martin (Hg.): Regionální dějiny v dějepisném vyučování na českých a slovenských školách [Regionalgeschichte im Geschichtsunterricht an tschechischen und slowakischen Schulen]. Ústí nad Labem 2006, 87–98.

— Němečtí antifašisté na Ústecku [Deutsche Antifaschisten in Ústí]. In: ...i oni byli proti [...auch sie waren dagegen]. Hg. v. *Muzeum Ústí nad Labem*. Ústí nad Labem 2007, 321–327.

— Ústecké pomníky a zapomníky [Denkmäler und Vergessensmäler in Ústí]. Vortrag im Muzeum Ústí nad Labem 24.10.2012, Mitschrift von Frauke Wetzel.

Houžvička, Václav: Návraty sudetské otázky [Wiederkehr der Sudetenfrage]. Praha 2005.

— Böhmen. Heimat- und Regionalbewusstsein. In: *Weigl*, Michael/*Weidenfeld*, Werner/*Houžvička*, Václav/*Novotný*, Lukaš (Hg.): Tschechen und Deutsche als Nachbarn. Baden-Baden 2008, 207–212.

Houžvička, Václav/*Zich*, František/*Jeřábek*, Milan: Reflexe sudetoněmecké otázky a postoje obyvatelstva českého pohraničí k Německu [Die sudetendeutsche Frage in Ansichten und Haltungen der Bewohner des tschechischen Grenzgebietes]. Praha 1997.

Hradečný, Pavel: Řecká komunita v Československu. Její vznik a počáteční vývoj. 1948–1954 [Die griechische Kommunität in der Tschechoslowakei. Ihre Entstehung und anfängliche Entwicklung. 1948–1954]. Praha 2000.

Hrazdíra, Jiří/*Kaiser*, Vladimír: Internační tábory v Ústí nad Labem 1945–1947 [Internierungslager in Ústí nad Labem 1945–1947]. In: *Malířová*, Eva: Češi a Němci – ztracené dějiny?/Tschechen und Deutsche – verlorene Geschichte? Praha 1995, 223–236.

Hruška, Blahoslav: Okkupation und Krieg im tschechischen Film nach 1945 als Thema der Erinnerungskultur. In: *Cornelißen*, Christoph/*Holec*, Roman/ *Pešek*, Jiří (Hg.): Diktatur – Krieg – Vertreibung. Erinnerungskulturen in Tschechien, der Slowakei und Deutschland seit 1945. Essen 2005, 271–294.

Hye, Hans Peter: Aussig (Ústí nad Labem) in der Gründerzeit. In: *Kaiserová*, Kristina (Hg.): Duch zakladatelů. Průmyslová společnost a společenská emancipace [Der Geist der Gründer. Industriegesellschaft und gesellschaftliche Emanzipation]. Ústí nad Labem 2006, 35–46.

...i oni byli proti [...auch sie waren dagegen]. Hg. v. *Muzeum Ústí nad Labem*. Ústí nad Labem 2007.

Ihme-Tuchel, Beate: Die tschechoslowakische Politik gegenüber der deutschen Minderheit und das Verhältnis zur DDR zwischen 1949 und 1960. In: Zeitschrift für Geschichtswissenschaft 1996/44, 965–978.

Jajeśniak-Quast, Dagmara: »Proletarische Internationalität« ohne Gleichheit. Ausländische Arbeitskräfte in ausgewählten sozialistischen Großbetrieben. In: *Müller*, Christian Th./*Poutrus*, Patrice G. (Hg.): Ankunft – Alltag – Ausreise. Migration und interkulturelle Begegnung in der DDR-Gesellschaft. Köln 2005, 267–294.

Jančík, Drahomír u. a. (Hg.): Arisierungsgewinnler. Die Rolle der deutschen Banken bei der »Arisierung« und Konfiskation jüdischer Vermögen im Protektorat Böhmen und Mähren. 1939–1945. Wiesbaden 2011.

Jarausch, Konrad H: Zeitgeschichte und Erinnerung. Deutungskonkurrenz oder Interdependenz? In: *Jarausch*, Konrad H./*Sabrow*, Martin (Hg.): Verletztes Gedächtnis. Erinnerungskultur und Zeitgeschichte im Konflikt. Frankfurt am Main 2002, 9–38.

Jarausch, Konrad H./*Sabrow*, Martin: »Meisterzählung«. Zur Karriere eines Begriffs. In: *Jarausch*, Konrad H./*Sabrow*, Martin (Hg.): Die historische Meistererzählung. Deutungslinien der deutschen Nationalgeschichte nach 1945. Göttingen 2002, 9–32.

Jaworski, Rudolf: Jubiläen und Gedenktage im östlichen Europa. Versuch einer einordnenden Betrachtung. In: *Ders./Kusber*, Jan (Hg.): Erinnern mit Hindernissen. Osteuropäische Gedenktage und Jubiläen im 20. und zu Beginn des 21. Jahrhunderts. Berlin, Münster 2011, 11–29.

Jaworski, Rudolf/*Stachel*, Peter (Hg.): Die Besetzung des öffentlichen Raumes. Politische Plätze, Denkmäler und Straßennamen im europäischen Vergleich. Berlin 2007.

Jech, Karel u. a. (Hg.): Němci a Maďaři v dekretech prezidenta republiky. Studie a dokumenty 1940–1945 [Deutsche und Magyaren in den Dekreten des Präsidenten der Republik. Studien und Dokumente 1940–1945]. Brno 2003.

Jeřábek, Milan/*Dokupil*, Jaroslav/*Havlíček*, Tomáš u. a.: České pohraničí [Tschechisches Grenzland]. Praha 2004.

Jirásek, Alois: Staré pověsti české [Böhmens alte Sagen]. Praha 1894.

Jirásek, Zdeněk: Museen und historische Erinnerungen in der Tschechischen Republik und ihren Regionen. In: *Kuropka*, Joachim (Hg.): Regionale Geschichtskultur. Phänomene – Projekte – Probleme aus Niedersachsen, Westfalen, Tschechien, Lettland, Ungarn, Rumänien und Polen. Münster 2010, 153–160.

Jirsík, Josef (Unter Mitarbeit von Sáva Suchevič): Ústecké kapitoly vlastivědné [Aussiger Kapitel der Heimatkunde]. Ústí nad Labem 1955.

Jürgas, Gottfried: Wanderungen in Nordböhmen. Leipzig 1979.

Jureit, Ulrike: Generationen. Zur Relevanz eines wissenschaftlichen Grundbegriffs. Hamburg 2005.

Just, Vladimír: Divadlo v totalitním systému. Příběh českého divadla (1945–1989) nejen v datech a souvislostech [Theater im totalitären System. Die Geschichte des tschechischen Theaters (1945–1989) nicht nur in Daten und Zusammenhängen]. Praha 2010.

Jůzová, Eva/*Ságl*, Jan: Severozápadní Čechy [Nordwestböhmen]. Praha 1984.

Kailer, Thomas: »Gewählte Erinnerung«. Die Vertreibung der Sudetendeutschen und die mediale Inszenierung des Massakers von Aussig am 31. Juli

1945. In: *Vogel*, Christine (Hg.): Bilder des Schreckens. Die mediale Inszenierung von Massakern seit dem 16. Jahrhundert. Frankfurt am Main 2006, 188–220.

Kaiser, Vladimír: Die industrielle Entwicklung der Stadt Aussig. In: Jahrbuch für sudetendeutsche Museen 1993–1994, 185–192.

— Most Dr. Edvarda Beneše 1936–1994. Pamětní spis k ukončení rekonstrukce. Pamětní spis k ukončení rekonstrukce [Die Brücke Dr. Edvard Beneš 1936–1994. Gedenkschrift zur Beendigung der Rekonstruktion]. Ústí nad Labem 1994.

— (Hg.): Intolerance, Češi, Němci a židé na Ústecku 1938–1948 [Intoleranz, Tschechen, Deutsche und Juden im Aussiger Gebiet 1938–1948]. Ústí nad Labem 1998, 99–106.

— Das Ende des Krieges und die Vertreibung der Deutschen aus dem Aussiger Gebiet. In: *Brandes*, Detlef/*Ivaničková*, Edita/*Pešek,* Jiří (Hg.): Erzwungene Trennung. Vertreibungen und Aussiedlungen in und aus der Tschechoslowakei 1938–1947 im Vergleich mit Polen, Ungarn und Jugoslawien. Essen 1999, 197–213.

— Die jüdische Gemeinde in Aussig/Ústí nad Labem. In: *Otte*, Anton/*Křížek*, Petr (Hg.): Židé v Sudetech/Juden im Sudetenland. München, Praha 2000, 235–254.

— Ústecké Retro. Album fotografií města a jeho obyvatel z let 1947–1989 [Aussiger Retro. Fotografienalbum der Stadt und ihrer Einwohner aus den Jahren 1947–1989]. Ústí nad Labem 2011.

Kaiser, Vladimír/*Šroněk*, Michal: Ernst Gustav Doerell. Ústí nad Labem 1986.

Kaiserová, Kristina (Hg.): Duch zakladatelů. Průmyslová společnost a společenská emancipace [Der Geist der Gründer. Industriegesellschaft und gesellschaftliche Emanzipation]. Ústí nad Labem 2006.

— Tschechische Erinnerungskultur in den ehemaligen deutsch-böhmischen Gebieten. In: *Schmitz*, Walter (Hg.): Ein anderes Europa. Innovation – Anstöße – Tradition in Mittel- und Osteuropa. Dresden 2007, 315–320.

— Vzpomínková kultura [Erinnerungskultur]. In: *Kaiserová*, Kristina/*Rak*, Jiří (Hg.): Nacionalizace společnosti v Čechách 1848–1914 [Die Nationalisierung der Gesellschaft in Böhmen 1848–1914]. Ústí nad Labem 2008.

— Vzpomínkový příběh mostu v Ústí nad Labem [Erinnerungsgeschichte an die Brücke in Ústí nad Labem]. In: *Olšáková*, Doubravka/*Kaiserová*, Kristina (Hg.): Višegradská paměť či Višegradské paměti? Paměť většiny a paměti menšin [Visegrader Gedächtnis oder Visegrader Gedächtnisse? Das Gedächtnis der Mehrheit und das Minderheitengedächtnis]. Ústí nad Labem 2014, 140–143.

Kaiserová, Kristina/*Kaiser*, Vladimír (Hg.): Dějiny města Ústí nad Labem [Die Geschichte der Stadt Ústí nad Labem]. Ústí nad Labem. Ústí nad Labem 1995.

Kaiserová, Kristina/*Rak*, Jiří (Hg.): Nacionalizace společnosti v Čechách [Die Nationalisierung der Gesellschaft in Böhmen]. Ústí nad Labem 2008.

Kaiserová, Kristina/*Schmitz*, Walter (Hg.): Sächsisch-Böhmische Beziehungen im Wandel der Zeit/Česko-saské vztahy v proměnách času. Dresden 2013.

Kapeller, Norbert/*Wassertheurer*, Peter: Die deutsche Minderheit in Tschechien. Freistadt 2008.

Kaplan, Karel: Der kurze Marsch. München 1981.

— Pravda o Československu. 1945–1948 [Die Wahrheit über die Tschechoslowakei. 1945–1948]. Praha 1990.

— Proměny české společnosti. 1948–1960 [Die Veränderungen der tschechischen Gesellschaft. 1948–1960]. Praha 2007.

Kalckhoff, Andreas/*Löbl*, Otokar (Hg.): Versöhnung durch Wahrheit. Der »Fall Postelberg« und seine Bewältigung 1945–2010. Stuttgart 2013.

Kalinová, Lenka: Mythos und Realität des »Arbeiterstaates« in der Tschechoslowakei. In: *Hübner*, Peter u. a. (Hg.): Arbeiter im Staatssozialismus. Ideologischer Anspruch und soziale Wirklichkeit. Köln 2005, 87–107.

Kastner, Quido: Osídlování českého pohraničí od května 1945 [Die Besiedlung des tschechischen Grenzgebietes sei Mai 1945]. Praha 1999.

Kessler, Vojtěch: »Bez Chlumce by nebylo Lipska...«. Jubilejní slavnosti na Ústecku v roce 1913 [»Ohne Kulm kein Leipzig...«. Die Jubiläumsfeierlichkeiten im Gebiet Ústí nad Labem im Jahre 1913]. In: Ústecký sborník historický 1 (2011), 45–62

— Chlumecké bojiště z roku 1813 – pomníky, na které se nezapomíná [Das Schlachtfeld von Chlumec aus dem Jahr 1813 – Denkmäler, die man nicht vergisst]. In: *Hlavačka*, Milan u. a.: Paměť míst, událostí a osobností. Historie jako identita a manipulace [Das Gedächtnis von Orten, Ereignissen und Personen: Geschichte als Identität und Manipulation]. Praha 2011, 323–331.

Kittel, Manfred: Vertreibung der Vertriebenen? Der historische deutsche Osten in der Erinnerungskultur der Bundesrepublik (1961–1982). München 2007.

Klener, Jaromír: Ústeckým okresem [Dem Bezirk Ústí nad Labem]. Ústí nad Labem 1969.

Knapová, Rosemarie: Multikulturní Praha. Výtahy z kronik Kulturního sdružení občanů německé národnosti ČR [Multikulturelles Prag. Auszüge aus der Chronik des Kulturverbandes der Bürger deutscher Nationalität der ČR]. Praha 2001.

Knechtel, Anna: Grenze zwischen Zeit und Ewigkeit. Historische Friedhöfe als Orte der Erinnerung am Beispiel der deutschen Friedhöfe in Tschechien. In: *Fendl*, Elisabeth (Hg.): Das Gedächtnis der Orte. Sinnstiftung und Erinnerung. Freiburg 2006, 117–153.

Kocian, Jiří: Slovníková příručka k československým dějinám 1948–1989 [Lexikalisches Handbuch zur tschechoslowakischen Geschichte 1948–1989]. Praha 2006.

Kocourek, Ludomír: Nacistické organizace v Říšské župě Sudety [Die nazistischen Organisationen im Reichsgau Sudetenland]. In: *Radvanovský*, Zdeněk: Historie okupovaného pohraničí 1938–1945 [Die Geschichte des okkupierten Grenzlandes 1938–1945]. Bd. 12. Ústí nad Labem 2006, 9–72.

Kolář, Pavel: Die nationalgeschichtlichen master narratives in der tschechoslowakischen Geschichtsschreibung der zweiten Hälfte des 20. Jahrhunderts. Entstehungskontexte, Kontinuitäten und Wandel. In: *Brenner*, Christiane (Hg.): Geschichtsschreibung zu den böhmischen Ländern im 20. Jahrhundert. Wissenschaftstraditionen, Institutionen, Diskurse. München 2006, 209–241.

Kopecký, Václav: Zápas o nové vlastenectví. Referát na Konferenci ideových pracovníků KSČ v Praze dne 9. ledna 1948 [Der Kampf um die neue Heimatkunde. Referat auf der ideologischen Konferenz der Arbeitenden der KSČ in Prag am 9. Januar 1948]. Praha 1948.

Korff, Gottfried: Bildwelt Ausstellung. Die Darstellung von Geschichte im Museum. In: *Borsdorf*, Ulrich/*Grütter*, Heinrich Theodor (Hg.): Orte der Erinnerung. Denkmal, Gedenkstätte, Museum. Frankfurt am Main 1999, 319–335.

Kossert, Andreas: Kalte Heimat. Die Geschichte der deutschen Vertriebenen nach 1945. Berlin 2008.

Köstlin, Konrad: Eine Ästhetik des Verlustes. In: *Fendl*, Elisabeth (Hg.): Zur Ästhetik des Verlusts. Bilder von Heimat, Flucht und Vertreibung. Münster 2010, 7–24.

Koucký, Roman: Architektonická kancelář – kniha 1 [Architekturbüro – Buch 1]. Praha 2000.

Koura, Petr: Der historische Film als Konstruktionsmittel des historischen Gedächtnisses. In: *Meyer*, Katharina (Hg.): Erinnerungsorte des deutsch-tschechischen Zusammenlebens/Místa paměti česko-německého soužití. Praha 2011, 135–152.

Kraft, Adam/*Pleyer*, Wilhelm: Schönes Nordböhmen. Ein Bilderbuch der unvergessenen Heimat mit 154 Aufnahmen. Augsburg 1958.

Kraft, Claudia: Geschichte im langen Transformationsprozeß in Polen. In: *Altrichter*, Helmut (Hg.): GegenErinnerung. Geschichte als politisches Argument Ost-, Ostmittel- und Südosteuropas. München 2006, 129–151.

— Erinnerung im Zentrum und an der Peripherie. Zwangsmigrationen als Gegenstand von zentraler Geschichtspolitik und regionalen Initiativen in Polen. In: *Haslinger*, Peter/*Franzen*, K. Erik/*Schulze Wessel*, Martin (Hg.): Diskurse über Zwangsmigrationen in Zentraleuropa. Geschichtspolitik, Fachdebatten, literarisches und lokales Erinnern seit 1989. München 2008, 59–76.

Kramer, Jiří: Památná místa a památníky protifašistického odboje v Severočeském kraji [Erinnerungsorte und Gedenkstätten des antifaschistischen Widerstandes im Nordböhmischen Kreis]. Ústí nad Labem 1987.

Krauss, Marita: Grenze, Migration, Heimat. Erinnerungskultur und Lebensläufe – ein landesgeschichtliches Experiment. In: *Krauss*, Martina/*Scholl-Schneider*, Sarah/*Fassl*, Peter (Hg.): Erinnerungskultur und Lebensläufe. Vertriebene zwischen Bayern und Böhmen im 20. Jahrhundert – grenzüberschreitende Perspektive. München 2013, 9–28.

Křen, Jan: Tschechen, Deutsche, Vertreibung – Übereinstimmung und Streitigkeiten. In: *Maier*, Robert (Hg.): Tschechen, Deutsche und der Zweite Weltkrieg. Von der Schwierigkeit geschichtlicher Erfahrung und der Schwierigkeit ihrer Aufarbeitung. Hannover 1997, 9–22.

Krsek, Martin: Ústí nad Labem. Zmizelé Čechy [Ústí nad Labem. Verschwundenes Böhmen]. Praha 2011.

— Die Marke Odol oder zwei Nationen – eine Zahncreme. In: *Kaiserová*, Kristina/*Schmitz*, Walter (Hg.): Sächsisch-Böhmische Beziehungen im Wandel der Zeit/Česko-saské vztahy v proměnách času. Dresden 2013, 330–336.

Kučera, František: Bitva u Ústí »Na Běhání«. Předlice u Ústí nad Labem. Sdružení pro postavení památníku vítězství Prokopa Holého na Běhání [Kampf bei Ústí Na Běhání. Předlice bei Ústí nad Labem. Verein für die Aufstellung eines Denkmals an den Sieg Prokop Holýs auf der Bihana]. Ústí nad Labem 1954.

Kulturně politický kalendář. Ústí nad Labem 1957.

Kunštát, Miroslav/*Kopeček*, Michal: Die Zwangsumsiedlung der Sudetendeutschen als Thema der tschechischen akademischen Debatte. In: *Faulenbach*, Bernd/*Jelich*, Franz-Josef (Hg.): »Transformationen« der Erinnerungskulturen in Europa nach 1989. Essen 2006, 139–164.

Kuttner Bubnová, Václava: Die Sinti und Roma-Opfer des Nationalsozialismus als neuer Faktor tschechischer Erinnerungskultur. In: *Franzen*, K. Erik/*Schulze Wessel*, Martin (Hg.): Opfernarrative. Konkurrenzen und Deutungskämpfe in Deutschland und im östlichen Europa nach dem Zweiten Weltkrieg. München 2012, 151–172.

Lehmann, Friedrich: Der Wandel der Ortsnamen in den ehemals deutsch besiedelten Gebieten der Tschechoslowakei. Gezeigt an über 300 Beispielen ausgewählter ehemaliger Landkreise. Marburg 1999.

Lemberg, Hans: Die Rolle von Geschichte und von Historikern im Zusammenhang mit der »Samtenen Revolution« in der Tschechoslowakei. In: *Altrichter*, Helmut (Hg.): GegenErinnerung. Geschichte als politisches Argument im Transformationsprozeß Ost-, Ostmittel- und Südosteuropas. München 2006, 151–171.

Leopold Pölzl: Žijí ve tmě [Leopold Pölzl: Die die im Dunkeln leben]. Hg. v. *Muzeum města Ústí nad Labem* und *Seliger-Gemeinde e. V.* Ústí nad Labem 2019.

Loew, Peter Oliver: Danzig und seine Vergangenheit 1793–1997. Die Geschichtskultur einer Stadt zwischen Deutschland und Polen. Osnabrück 2003.

— Danzig im 19. und 20. Jahrhundert. In: *Krzoska*, Markus/*Röskau-Rydel*, Isabel (Hg.): Stadtleben und Nationalität. Ausgewählte Beiträge zur Stadtgeschichtsforschung in Ostmitteleuropa im 19. und 20. Jahrhundert. München 2006, 47–66.

— Danzig. Biografie einer Stadt. München 2011.

Lübbe, Hermann: Der Fortschritt und das Museum. Über den Grund unseres Vergnügens an historischen Gegenständen. London 1982.

— Im Zug der Zeit – Verkürzter Aufenthalt in der Gegenwart. Berlin 2003.

Luh, Andreas: Der Deutsche Turnverband in der Ersten Tschechoslowakischen Republik. Vom völkischen Vereinsbetrieb zur volkspolitischen Bewegung. München 1988.

Lutterer, Ivan/*Šrámek*, Rudolf: Zeměpisná jména v Čechách, na Moravě a ve Slezsku. Slovník vybraných zeměpisných jmen s výkladem jejich původu a historického vývoje [Landesnamen in Böhmen, Mähren und in Schlesien]. Erstauflage 1982. Havlíčkův Brod 1997.

Macura, Vladimír: Štastný věk. Symboly, emblémy a mýty 1948–1989 [Glückliche Jahre. Symbole, Embleme und Mythen 1948–1989]. Praha 1992.

Malý, Karel: Presserecht und Zensur in der Tschechoslowakei in den Jahren 1945–1990. In: *Anděl*, Michal u. a. (Hg.): Propaganda, (Selbst-)Zensur, Sensation. Grenzen von Presse- und Wissenschaftsfreiheit in Deutschland und Tschechien seit 1871. Essen 2005, 223–233.

Marek, Michaela: Baudenkmäler im Grenzland nach dem Zweiten Weltkrieg. Strategien der (Wieder-)Aneignung. In: *Höhne*, Steffen/*Udolph*, Ludger (Hg.): Deutsche – Tschechen – Böhmen. Kulturelle Integration und Desintegration im 20. Jahrhundert. Weimar 2010, 193–230.

Markvart, Jaroslav: Cestou bojů a vítěství. Květoslav Innemann 1910–1971 [Der Weg des Kampfes und des Sieges. Květoslav Innemann 1910–1971]. In: *Cvrková*, Marta (Hg.): Historické sborník II: Z minulosti Ústecka. Praha 1988, 109–119.

Meindl, Ralf: Heilsamer Schock? Die Konfrontation der »Heimwehtouristen« mit ihren Sehnsuchtsorten. In: *Hoenig*, Bianca/*Wadle*, Hannah: Eden für jeden? Touristische Sehnsuchtsorte in Mittel- und Osteuropa nach dem Zweiten Weltkrieg bis zur Gegenwart. Göttingen 2019, 63–84.

Michal, Bernhard/*Kubik*, Jan: Twenty Years After Communism. The Politics of Memory and Commemoration. New York 2014.

Middell, Matthias/*Gibas*, Monika/*Hadler*, Frank: Sinnstiftung und Systemlegitimation durch historisches Erzählen. Überlegungen zu Funktionsmechanismen von Repräsentationen des Vergangenen. In: Comparativ 2/2000, 7–35.

Mikula, Joža: Kronika 20 let práce Divadla Zd. Nejedlého v Ústí nad Labem. 1945–1965 [Chronik 20 Jahre Arbeit des Theaters Zd. Nejedlýs in Ústí nad Labem. 1945–1965]. Ústí nad Labem 1965.

Mikulová, Soňa: Jubilejní výstava Metznerbundu 1914–1944 [Jubiläumsausstellung des Metznerbundes 1914–1944]. In: Documenta Pragensia XX (2002), 191–257.

Milotová, Jaroslava: Die NS-Pläne zur Lösung der »tschechischen Frage«. In: *Brandes*, Detlef/*Ivaničková*, Edita/*Pešek*, Jiří (Hg.): Erzwungene Trennung. Vertreibungen und Aussiedlungen in und aus der Tschechoslowakei 1938–1947 im Vergleich mit Polen, Ungarn und Jugoslawien. Essen 1999, 23–35.

Mohn, Volker: NS-Kulturpolitik im Protektorat Böhmen und Mähren. Konzepte – Praktiken – Reaktionen. Essen 2014.

Moulis, Miloslav: Henleinovci a obecní volby v roce 1938 [Die Henlein-Anhänger und die Gemeindewahlen im Jahr 1938]. In: *Radvanovský*, Zdeněk (Hg.): Historie okupovaného pohraničí 1938–1945 [Die Geschichte des okkupierten Grenzlandes 1938–1945]. Bd. 7. Ústí nad Labem 2003, 153–172.

Musekamp, Jan: Zwischen Stettin und Szczecin. Metamorphosen einer Stadt von 1945 bis 2005. Wiesbaden 2010.

Na cestách severočeským krajem/Auf Reisen im Bezirk Nordböhmen. Hg. v. *Komise cestovního ruchu*. Praha 1988.

Na prahu nového života [An der Schwelle zum neuen Leben]. Hg. v. *Ústav dějin KSČ v Ústí nad Labem*. Ústí nad Labem 1965.

Nečas, Ctibor: Cikánský tábor v Letech u Písku 1942–1943 [Das Zigeunerlager in Lety bei Písek 1942–1943]. In: Jihočeský sborník historický 1 (1973), 42–47.

— Českoslovenští Romové v letech 1938–1945 [Tschechoslowakische Roma in den Jahren 1938–1945]. Brno 1994.

Nedbálek, František: Železniční transporty a pochody smrti vězňů konzentračních táborů a válečných zajatců přes české země. Zima a jaro 1945 [Eisenbahntransporte und Todesmärsche von Häftlingen der Konzentrationslager und Kriegsgefangenen über das tschechische Gebiet. Winter und Frühling 1945]. Ústí nad Labem 2005.

Němec, Mirek: »Sudeten/Sudety« als deutsch-tschechisches Palimpsest. In: Bohemia 53/1 (2013), 94–111.

Nesvadbíková, Jiřina: K vývoji památkové péče na území Československa [Zur Entwicklung der Denkmalpflege auf dem Gebiet der Tschechoslowakei]. Praha 1983.

Neustupný, Jiří: Otázky dnešního musejnictví [Fragen des heutigen Museums-wesens]. Praha 1950.

Nora, Pierre (Hg.): Les lieux de mémoire. Paris 1984–1992.

Nosková, Helena: Národnostní menšiny a politika komunistické moci v letech 1948–1989 [Nationale Minderheiten und die Politik der kommunistischen Macht in den Jahren 1948–1989]. In: *Dies.* (Hg.): K problémům menšin v Československu v letech 1945–1989 [Zum Problem der Minderheiten in den Jahren 1945–1989 in der Tschechoslowakei]. Praha 2005, 76–86.

Nosková, Jana/*Ferencová*, Michaela: Paměť města. Obraz města, veřejné kome-morace a historické zlomy v 19.–21. století [Das Gedächtnis der Stadt die öf-fentliche Erinnerung und historische Brüche im 19.–21. Jahrhundert]. Brno 2009.

Nováková, Adéla: Klub českého pohraničí [Der Klub der tschechischen Grenz-ler]. Bachelorarbeit. Masarykuniversität. Brno 2008.

Novotný, Lukáš: Die Vergangenheitspolitik in Tschechien 1945–2004. In: *Tim-mermann*, Heiner (Hg.): Vergangenheitsbewältigung in Europa im 20. Jahr-hundert. Münster 2010, 257–284.

Novotný, Lukáš/*Weigl*, Michael: Historische Prägestempel als Strukturprinzi-pien gegenseitiger Wahrnehmung von Deutschen und Tschechen. In: *Tim-mermann*, Heiner (Hg.): Vergangenheitsbewältigung in Europa im 20. Jahr-hundert. Münster 2010, 285–304.

Oberkrome, Willi: »Durchherrschte Heimat?« Zentralismus und Regionalismus im organisierten Heimatschutz der frühen DDR. Das Beispiel Thüringens. In: *Knoch*, Habbo (Hg.): Das Erbe der Provinz. Heimatkultur und Ge-schichtspolitik nach 1945. Göttingen 2001, 252–274.

Okurka, Tomáš (Hg.): Zapomenutí hrdinové. Němečtí odpůrci nacismu v čes-kých zemích/Vergessene Helden. Deutsche NS-Gegner in den böhmischen Ländern. Ústí nad Labem 2010.

Olšáková, Doubravka: From Legacy and Tradition to lieux de mémoire. In: Acta Poloniae Historica 106 (2012), 61–78.

Osterloh, Jörg: Nationalsozialistische Judenverfolgung im Reichsgau Sudeten-land 1938–1945. München 2006.

Ostkolonisation. Archäologische Sondierung einer deutschen »Kulturleistung«. Eine Text- und Bildcollage, gewidmet Hans Henning Hahn von der Olden-burger HistoArt Gruppe als HistoArt Beitrag zur Erforschung von Deutsch-lands östlichen Nachbarschaften. In: *Dmitrów*, Edmund/*Weger*, Tobias/ *Hahn*, Hans Henning (Hg.): Deutschlands östliche Nachbarschaften. Eine Sammlung von historischen Essays für Hans Henning Hahn. Frankfurt am Main 2009, 325–362.

Otáhal, Milan: Opoziční proudy v české společnosti 1969–1989 [Oppositions-bewegungen in der tschechischen Gesellschaft 1969–1989]. Praha 2011.

Paces, Cynthia Jean: Religious Images and National Symbols in the Creation of Czech Identity 1890–1938. New York 1998.

Pape, Markus: A nikdo vám nebude věřit. Dokument o koncentračním táboře Lety u Písku [Und keiner wird euch glauben. Ein Dokument über das Konzentrationslager in Lety bei Písek]. Praha 1997.

Pavelčíková, Nina: Některé obecné problémy koncepce vztahu komunistického režimu k minoritám v letech 1948–1989 na příkladu romského obyvatelstva ČSR [Einige allgemeine Probleme in der Beziehung des kommunistischen Regimes gegenüber den Minderheiten in den Jahren 1948–1989 am Beispiel der Roma-Minderheit in der Tschechoslowakei]. In: *Nosková*, Helena (Hg.): K problémům menšin v Československu v letech 1945–1989. Praha 2005, 139–214.

Pešek, Jiří: Die 30er und 40er Jahre in der tschechischen Erinnerung seit den 70er Jahren. In: *Faulenbach*, Bernd/*Jelich*, Franz-Josef (Hg.): »Transformationen« der Erinnerungskulturen in Europa nach 1989. Essen 2006, 125–137.

— Historiographie an den Universitäten in Ostmitteleuropa 1945–1970. In: *Brenner*, Christiane (Hg.): Geschichtsschreibung zu den böhmischen Ländern im 20. Jahrhundert. Wissenschaftstraditionen, Institutionen, Diskurse. München 2006b, 297–315.

Peterson, Thomas: Flucht und Vertreibung aus Sicht der deutschen, polnischen und tschechischen Bevölkerung. Bonn 2005.

Piffl, Alfréd: Podobizny, miniatury a prostředí [Porträts, Miniaturen und Umgebung]. Ústí nad Labem 1947.

— Kronika města Ústí nad Labem za valečná léta 1938–1945 [Die Chronik der Stadt Ústí nad Labem in den Kriegsjahren 1938–1945]. Ústí nad Labem 1953.

Pinc, František: Ústí nad Labem. Od pravěkého sídliště k metropoli českého severu [Ústí nad Labem. Von der vorgeschichtlichen Siedlung zur Metropole des tschechischen Nordens]. Ústí nad Labem 1947.

Pinc, František/*Kolář*, Antonín: Vlastivědné výlety z Ústí nad Labem [Heimatkundliche Ausflüge von Ústí nad Labem]. Ústí nad Labem 1957.

Polansky, Paul: The Storm. Nish 2011.

— Black Silence. Praha 2011.

— Tábor smrti Lety – vyšetřování začíná. 1992–1995 [Das Vernichtungslager Lety – die Untersuchung beginnt. 1992–1959]. Praha 2014.

Poutrus, Patrice G.: »Teure Genossen«. Die »politischen Emigranten« als »Fremde« im Alltag der DDR-Gesellschaft. In: *Müller*, Christian Th./*Poutrus*, Patrice G. (Hg.): Ankunft – Alltag – Ausreise. Migration und interkulturelle Begegnung in der DDR-Gesellschaft. Köln 2005, 221–266.

Přehled pomníků a pamětních desek II. světové války v okrese Ústí nad Labem [Überblick über die Denkmäler und Gedenkplatten des II. Weltkrieges im Bezirk Ústí nad Labem]. Hg. v. *Okresní výbor českého svazu protifašistických bojovníků/Odbor školství Okresního národního výboru v Ústí nad Labem.* Ústí nad Labem 1984.

Provazník, Vladimír: Ústí nad Labem. In: Architektura ČR 1973, 109–125.

— Ústí město nad Labem [Ústí Stadt an der Elbe]. Ústí nad Labem 1983.

Provazník, Vladimír/*Eminger*, Vladimír: Územní prognóza širšího území trojměstí [Gebietsplanungsprognose des weiteren Gebietes der Dreistadt]. Ústí nad Labem 1971.

Pullmann, Michal: Konec experimentu. Přestavba a pád komunismu v Československu [Das Ende des Experiments: Perestroika und der Fall des Kommunismus in der Tschechoslowakei]. Praha 2011.

Punčochář, Karel/*Novotný*, Václav: Historie organizované turistiky v Ústeckém kraji aneb od Eichlera k Eichlerovi [Die Geschichte des organisierten Tourismus im Kreis Ústí oder von Eichler zu Eichler]. Teplice 2011.

Pustejovsky, Otfrid: Die Konferenz von Potsdam und das Massaker von Aussig am 31. Juli 1945. Untersuchung und Dokumentation. München 2001.

Pýcha, Čeněk: Duchcovský viadukt. Socialistická politika paměti na regionální úrovni [Das Duchcov-Viadukt, sozialistische Politik auf regionaler Ebene]. In: *Šustrová*, Radka/*Hédlová*, Lubomíra (Hg.): Česká paměť. Národ, dějiny a místa paměti [Tschechisches Gedächtnis. Nation, Geschichte und Erinnerungsorte]. Praha 2014, 255–278.

Radvanovský, Zdeněk: Ústí nad Laben na konci druhé světové války a vznik nových orgánů lidové moci [Ústí nad Labem am Ende des Zweiten Weltkriegs und die Entstehung neuer Organe der Volksmacht]. In: Sborník PF v Ústí nad Labem 1984, 73–96.

— Zur Vertreibung und Aussiedlung der Sudetendeutschen aus dem Grenzgebiet Nordwestböhmens in die Sowjetische Besatzungszone Deutschlands in den Jahren 1945–1946. Ústí nad Labem 1993.

— Internierungslager im nordböhmischen Grenzgebiet 1945–1947. In: Dresdner Hefte 48/4 (1996), 75–81.

— Konec česko-německého soužití v ústecké oblasti 1945–1948 [Das Ende des tschechisch-deutschen Zusammenlebens im Gebiet von Aussig 1945–1948]. Ústí nad Labem 1997.

— Die Vertreibung der Deutschen 1945–1948. Praha 1997.

— K otázce uprchlíků z pohraničí českých zemí po Mnichovu 1938 [Zur Frage der Flüchtlinge aus dem tschechischen Grenzgebiet nach München 1938]. In: *Ders.*: Historie okupovaného pohraničí 1938–1945 [Die Geschichte des okkupierten Grenzlandes 1938–1945]. Ústí nad Labem 1998, 5–52.

— Integrationsprobleme bei der Wiederbesiedlung der deutschen Siedlungsgebiete in den böhmischen Ländern nach 1945. In: *Heumos*, Peter (Hg.): Heimat und Exil. Emigration und Rückwanderung, Vertreibung und Integration in der Geschichte der Tschechoslowakei. München 2001, 143–161.

Radvanovský, Zdeněk/*Kural*, Václav (Hg.): »Sudety« pod hákovým křížem [Das »Sudetenland« unter dem Hakenkreuz]. Ústí nad Labem 2002.

Rak, Jiří: Bývali Čechové. Historické mýty a stereotypy [Ehemalige Böhmen. Historische Mythen und Stereotype]. Jinočany 1994.

Randák, Jan: Československý tramping. Romantika, útěk, vzdor? [Tschechoslowakisches Tramping. Romantik, Flucht oder Trotz?]. In: Dějiny a součastnost 4 (2013), 8–26.

Riedl, Max J.: Das heutige Nordböhmen. Ein Tatsachenbericht in Wort und Bild. Unter Mitarbeit von Rudolf von Lodgman Auen. München 1958.

Rohan, Bedřich: Aussiger Schoulet. Geschichten und Erinnerungen eines alten Aussigers. Ústí nad Labem 2001 (tschechische Ausgabe: Ústecký šoulet. Ústí nad Labem 2001).

Rohlíková, Slavěna: Vysídlení Němců z Československa. Výběrová bibliografie literatury z let 1945–2001 [Die Aussiedlung der Deutschen aus der Tschechoslowakei. Auswahlbibliografie von Literatur aus den Jahren 1945–2001]. In: Soudobé dějiny 9 (2002).

Rybár, Ctibor: Tschechoslowakei. Reiseführer, Informationen, Fakten. Prag 1978.

Šafránek, Vlastimil: Touristische Ziele im Nordböhmischen Bezirk. Ústí nad Labem 1986.

Saldern, Adelheid von: Inszenierte Einigkeit. Herrschaftsrepräsentationen in DDR-Städten. Stuttgart 2003.

Šámal, Petr: Část sedmá. 1949–1989. V zájmu pracujícího lidu. Literární cenzura v době centrálního plánování a paralelních oběhů [Abteilung Sieben. 1949–1989. Im Interesse der Arbeiter. Literaturzensur in der Zeit der Zentralplanung und in der Parallelwelt]. In: *Wögerbauer*, Michael u. a. (Hg.): V obecném zájmu. Cenzura a sociální regulace literatury v moderní české kultuře 1749–2014 [Im allgemeinen Interesse. Zensur und soziale Regulierung der Literatur in der modernen tschechischen Kultur 1749–2014]. Bd. 2. Praha 2015, 1097–1226.

Samerski, Stefan: Wenzel – altes und neues Staatssymbol der Böhmischen Länder. In: *Samerski*, Stefan/*Zach*, Krista (Hg.): Die Renaissance der Nationalpatrone. Erinnerungskulturen in Ostmitteleuropa im 20./21. Jahrhundert. Köln 2007, 99–115.

Sänger, Johanna: Heldenkult und Heimatliebe. Straßen- und Ehrennamen im offiziellen Gedächtnis der DDR. Berlin 2006.

Sborník materiálů ze sympozia o boji českých a německých antifašistů proti hitlerovskému fašismu 1933–1945 [Materialsammelband vom Symposium über den Kampf der tschechischen und deutschen Antifaschisten gegen den Hitler-Faschismus]. Hg. v. *Ústřední výbor Českého svazu protifašistických bojovníků*. Praha 1974.

Schaarschmidt, Thomas: Regionalkultur und Diktatur. Sächsische Heimatbewegung und Heimat-Propaganda im Dritten Reich und in der SBZ/DDR. Köln 2004.

Schaufler, Jaroslav (Foto)/*Hejl*, František (Text): Ústí nad Labem ve fotografii [Ústí nad Labem in der Fotografie]. Liberec 1961.

Scherle, Nicolai: Nichts Fremdes ist mir fremd. Reiseführer im Kontext von Raum und der systemimmanenten Dialektik des Verständnisses von Eigenem und Fremdem. In: *Jaworski*, Rudolf/*Loew*, Peter Oliver/*Pletzing*, Christian (Hg.): Der genormte Blick aufs Fremde. Reiseführer in und über Ostmitteleuropa. Wiesbaden 2011, 53–70.

Schicht's Kochbuch. Ausgewählte Rezepte. Bd. 1: Mehlspeisen. Prag o. J.

Scholl-Schneider, Sarah: Mehr als Fragen und Antworten. Interkulturelle Oral History in Theorie und Praxis. In: *Krauss,* Marita/*Scholl-Schneider*, Sarah/*Fassl*, Peter (Hg.): Erinnerungskultur und Lebensläufe. Vertriebene zwischen Bayern und Böhmen im 20. Jahrhundert – grenzüberschreitende Perspektiven. München 2013, 59–81.

Scholz, Stephan: Vertriebenendenkmäler. Topographie einer deutschen Erinnerungslandschaft. Paderborn 2015.

Schwartz, Michael/*Hoffmann*, Dierk: Geglückte Integration? Spezifika und Vergleichbarkeiten der Vertriebenen-Eingliederung in der SBZ/DDR. Sondernummer Schriftenreihe der Vierteljahreshefte für Zeitgeschichte. München 1999.

Schwarz, Wolfgang: Brüderlich entzweit. Die Beziehung zwischen der DDR und der ČSSR 1961–1968. München 2004.

Se stoletou tradicí. 100 cestou nové doby [Aus hundertjähriger Tradition. 100 Wege in die neue Zeit]. Hg. v. *Svaz zaměstnanců v průmyslu potravin a poživatin*. Ústí nad Labem 1949.

Sedlmayerová, Anna/*Peterka*, Miroslav: České středohoří [Böhmisches Mittelgebirge]. Praha 1965.

Seibt, Ferdinand: Die Deutschen in der tschechischen Historiographie 1945–1990. In: *Lemberg*, Hans/*Křen*, Jan/*Kováč*, Dušan (Hg.): Im geteilten Europa. Tschechen, Slowaken und Deutsche und ihre Staaten 1948–1989. Essen 1998, 243–264.

— Deutsche, Tschechen, Sudetendeutsche. Analysen und Stellungnahmen zu Geschichte und Gegenwart aus fünf Jahrzehnten. Hg. von Robert Luft in Verbindung mit dem Vorstand des Collegium Carolinum. München 2002.

Sezneva, Olga: Living in the Russion Present with a German Past. The Problem of Identity in the City of Kaliningrad. In: *Crowley*, David/*Reid*, Susan Emily (Hg.): Socialist Spaces. Sites of Everyday Life in the Eastern Bloc. Oxford, New York 2002, 47–64.

Sidiropulu Janků, Kateřina (Hg.): Khatar San. Jak slovenští Romové přišli do českých zemí za prací a co se dělo potom/How Slovak Roma Came to the Czech Lands for Work and what Happened Next (Ausstellungskatalog). Brno 2015.

Sladková, Staňa: Postoje severočeské veřejnosti ke kultuře. K některým kulturním hodnotám a kulturním institucím [Die Einstellung der nordböhmischen Öffentlichkeit zur Kultur. Zu einigen kulturellen Werten und Kulturinstitutionen]. Ústí nad Labem 1972.

Šmahel, František: Die hussitische Revolution. Hannover 2002.

Šmilauer, Vladimír: Osídlení Čech ve světle místních jmen [Die Besiedlung Böhmens im Licht der Ortsnamen]. Praha 1960.

Sokolová, Gabriela: Soudobé tendence vývoje národností v ČSSR [Die gegenwärtige Entwicklungstendenz der Nationalitäten in der ČSSR]. Praha 1987.

Sommer, Vítězslav: Kronikář komunistického Československa. Karel Kaplan a studium soudobých dějin [Der Chronist der kommunistischen Tschechoslowakei. Karel Kaplan und das Studium der Zeitgeschichte]. In: Soudobé dějiny 2 (2008), 341–356.

— Angažované dějepisectví. Stranická historiografie mezi stalinismem a reformním komunismem. 1950–1970 [Engagierte Geschichtsschreibung. Parteihistoriografie zwischen Stalinismus und Reformkommunismus. 1950–1970]. Praha 2011.

Špaček, Petr: Tak to bylo v Ústí. Ústí nad Labem–město, Krásné Březno a Klíše na starých pohlednicích a fotografiích [So war es in Ústí. Ústí nad Labem–Stadt, Krásné Březno und Klíše auf alten Postkarten und Fotografien]. Ústí nad Labem 2008.

Spurný, Matěj: Die ethnischen Minderheiten in den tschechischen Grenzgebieten. In: *Schulze Wessel*, Martin/*Brenner*, Christiane (Hg.): Zukunftsvorstellungen und staatliche Planung im Sozialismus. Die Tschechoslowakei im ostmitteleuropäischen Kontext 1945–1989. München 2010, 79–87.

— Nejsou jako my. Česká společnost a menšiny v pohraničí 1945–1960 [Sie sind nicht wie wir. Die tschechische Gesellschaft und ihre Minderheiten im Grenzgebiet 1945–1960]. Praha 2012.

— Der lange Schatten der Vertreibung. Ethnizität und Aufbau des Sozialismus in tschechischen Grenzgebieten 1945–1960. Wiesbaden 2019.

Srb, Vladimír/*Andrle*, Alois: Populační, ekonomický a národnostní vývoj pohraničních okresů ČSR od roku 1930 do roku 2010 [Die bevölkerungsmäßige, ökonomische und nationale Entwicklung der Grenzgebietsbezirke der CSR von 1930 bis 2010]. Praha 1989.

Stachel, Peter: Stadtpläne als politische Zeichensysteme. Symbolische Einschreibungen in den öffentlichen Raum. In: *Jaworski*, Rudolf/*Stachel*, Peter (Hg.): Die Besetzung des öffentlichen Raumes. Politische Plätze, Denkmäler und Straßennamen im europäischen Vergleich. Berlin 2007, 13–60.

Staněk, L.: Národnostní poměry v okresu ústeckém [Nationalitätenverhältnisse im Kreis Ústí]. Ústí nad Labem 1908.

Staněk, Tomáš: Německá menšina v českých zemích 1948–1989 [Die deutsche Minderheit in den böhmischen Ländern 1948–1989]. Praha 1993.

— Tábory v českých zemích 1945–1948 [Lager in den böhmischen Ländern 1945–1948]. Prag 1996.

— Verfolgung 1945. Die Stellung der Deutschen in Böhmen, Mähren und Schlesien (außerhalb der Lager und Gefängnisse). Wien 2002.

Stark, Joachim: Einige grundsätzliche Überlegungen zum Heimatbegriff. In: *Heumos*, Peter (Hg.): Heimat und Exil. Emigration und Rückwanderung, Vertreibung und Integration in der Geschichte der Tschechoslowakei. München 2001, 1–13.

Stein, Karel: Flurdenkmäler unserer Heimat. Děčín 2004.

Steinbach, Erika: Die Macht der Erinnerung. München 2010.

Stennert, Doris: »Reisen zum Wiedersehen und Neuerleben«. Aspekte des »Heimwehtourismus« dargestellt am Beispiel der Grafschaft Glatzer. In: *Dröge*, Kurt (Hg.): Alltagskulturen zwischen Erinnerung und Geschichte. München 1995, 83–93.

Steinecke, Albrecht: Die Urlaubswelt im Buch. Eine Übersicht über den Reiseführer-Markt. In: Wegweiser in die Fremde. Reiseführer, Reiseratgeber, Reisezeitschriften. Hg. v. *Thomas-Morus-Akademie Bensberg*. Bergisch Gladbach 1990, 33–80.

Strejček, Jan: 80 let muzea v Ústí nad Labem [80 Jahre Museum in Ústí nad Labem]. Ústí nad Labem 1956.

Sudetské příběhy/Sudetengeschichten. Vyhnanci, starousedlíci, osídlenci/Vertriebene, Alteingesessene, Neusiedler. Bearbeitet von Sarah Scholl-Schneider, Miroslav Schneider und Matěj Spurný. Hg. v. *Antikomplex/Lehrstuhl für Bayerische und Schwäbische Landesgeschichte*. Praha 2010.

Švihla, Jaroslav: Severočeští výtvarníci [Nordböhmische Künstler]. Ústí nad Labem 1986.

Táborský, Ondřej: Dějiny podle plánu. Politika dějin a pamětí v normalizačním muzejnictví [Geschichte nach Plan. Geschichtspolitik und Erinnerung im Museumswesen der Normalisierungszeit]. In: *Šustrová*, Radka/*Hédlová*, Lubomíra (Hg.): Česká paměť. Národ, dějiny a místa paměti [Tschechisches Gedächtnis. Nation, Geschichte und Erinnerungsorte]. Praha 2014, 279–328.

Talabér, Andrea: Medieval Saints and Martyrs as Communist Villains and Heroes. National Days in Czechoslovakia and Hungary during Communism. In: History of Communism in Europe 5 (2014), 168–192.

Ther, Philipp: In der Mitte der Gesellschaft. Operntheater in Zentraleuropa 1815–1914. Die Gesellschaft der Oper. Wien, München 2006.

Thum, Gregor: Die fremde Stadt. München 2006.

Timmermann, Heiner: Die Beneš-Dekrete – Nachkriegsordnung oder ethnische Säuberung. Münster 2005.

Tomas, Jindřich (unter Mitarbeit von Jaromíra Kuncová und Sáva Suchevič): České středohoří [Das Böhmische Mittelgebirge]. Ústí nad Labem 1976.

Topinka, Jiří: Zapomenutý kraj. České pohraničí 1948–1960 a takzvaná akce dosídlení [Der vergessene Kreis: das tschechische Grenzland 1948–1960 und die so genannte Wiederbesiedlungsaktion]. In: Soudobé dějiny 3–4 (2005), 534–585.

Troebst, Stefan: Vertreibungsdiskurs und europäische Erinnerungskultur. Deutsch-polnische Initiativen zur Institutionalisierung. Eine Dokumentation. Osnabrück 2006.

Trutkowski, Dominik: Der geteilte Ostblock. Köln 2011.

Týc, Antonín: Turistické cíle Severočeského kraje [Touristische Ziele des Nordböhmischen Kreises]. Ústí nad Labem 1965.

Týc, Antonín/*Suchevič*, Sáva: Ústeckem včerejška a dneška [Die Region Ústí gestern und heute]. Ústí nad Labem 1957.

Uhlíková, Kristina: Národní kulturní komise [Nationale Kulturkommission]. Praha 2004.

Umlauft, Franz Josef: Die Elbestadt Aussig in der Erinnerung ihrer vertriebenen Bewohner. Troisdorf 1950.

— Geschichte der deutschen Stadt Aussig. Eine zusammenfassende Darstellung von der Stadtgründung bis zur Vertreibung der Deutschen. Erstauflage Bayreuth 1960, Unveränderter Nachdruck München 1994.

Urban, Rudolf: Die sudetendeutschen Gebiete nach 1945. Frankfurt am Main 1964.

Usler, Alexander: Das Geschichtsbild in sudetendeutschen Heimatbüchern nach 1948. In: *Heumos*, Peter (Hg.): Heimat und Exil. Emigration und Rückwanderung, Vertreibung und Integration in der Geschichte der Tschechoslowakei. München 2001, 23–34.

Ústí nad Labem (Aussig) und Umgebung. Basisinformationen. Hg. v. *Informationszentrum der Stadt Ústí nad Labem*. Ústí nad Labem 2015.

Vaculík, Jaroslav: Reemigrace zahraničních Čechů a Slováků v letech 1945–1950 [Die Reemigration der Auslandstschechen und -slowaken in den Jahren 1945–1950]. Brno 1993.

Valeš, Lukáš: Der Verlauf der Samtenen Revolution in den Regionen. In: *Perzi*, Niklas/*Blehova*, Beata/*Bachmaier*, Peter (Hg.): Die Samtene Revolution. Frankfurt am Main 2009, 178–192.

Vaverka, Marcel Bohdanovič: O divadle Zdenka Nejedlého a jeho poslání [Über das Theater Zdeněk Nejedlý und seine Berufung]. In: Almanach sezona 1948–1949 [Almanach der Saison 1948–1949]. Hg. v. *Městské oblastní divadlo v Ústí nad Labem*. Ústí nad Labem 1948, 3–5.

Veel, Kristin: CyberCitizen. Urban Identity in Net Art. In: *Emden,* Christian/ *Keen,* Cathrine/*Midgley,* David (Hg.): Imagining the City, Volume 1: The Art of Urban Living. Bern 2006, 229–248.

Velímský, Tomáš u. a.: Historie a památky města Ústí nad Labem [Geschichte und Denkmäler der Stadt Ústí nad Labem]. Ústí nad Labem 2007.

Veselý, Martin: Letecká válka nad severozápadní částí odtrženého pohraničí. Květen 1944 – květen 1945 [Luftkrieg im nordwestlichen Teil des besetzten Grenzgebietes. Mai 1944 – Mai 1945]. In: Sborník z II. ročníku soutěže o Cenu ministra obrany za nejlepší studentskou práci s tematikou II. světové války. Opava 2001, 52–103.

— Nálety na Ústí nad Labem. Seznam dosud známých obětí náletů na Ústí nad Labem/Air Raids on Ústí nad Labem. List of Casualties/Luftangriffe auf Ústí nad Labem/Aussig an der Elbe – Totenverzeichnis/Nalety na Ústí nad Labem – spisok žertv. Ústí nad Labem 2005.

Völkering, Tim: Von der privaten Stiftung »Zentrum gegen Vertreibungen« zur Bundesstiftung »Flucht, Vertreibung, Versöhnung«. In: *Łuczewski*, Michał/ *Wiedmann*, Jutta (Hg.): Erinnerungskultur des 20. Jahrhunderts. Analysen deutscher und polnischer Erinnerungsorte. Frankfurt am Main 2011, 129–138.

Votruba, Jan: Otevřený dům. 15 let ODKP Ústí nad Labem [Offenes Haus. 15 Jahre Kulturhaus ODKP in Ústí nad Labem]. Ústí nad Labem 1979.

Wegweiser in die Fremde. Reiseführer, Reiseratgeber, Reisezeitschriften. Hg. v. *Thomas-Morus-Akademie Bensberg*. Bergisch Gladbach 1990.

Weiss, Yfaat: Verdrängte Nachbarn. Wadi Salib – Haifas enteignete Erinnerung. Hamburg 2012.

Welzer, Harald: Das kommunikative Gedächtnis. Eine Theorie der Erinnerung. München 2002.

Wetzel, Frauke: »Entdeutschung« und »Tschechisierung« von Urbanonymen am Beispiel Ústí nad Labems 1945–1990. In: *Niedhammer*, Martina u. a. (Hg.): Sprache, Gesellschaft und Nation in Ostmitteleuropa. Institutionalisierung und Alltagspraxis. Göttingen 2014, 247–268.

— Kaiserlich essen. Erinnerungen an das kulinarische Aussig. In: *Karlíček*, Petr (Hg.): Knut – ústecký labužník [Knut – Aussiger Feinschmecker]. Ústí nad Labem 2014, 203–212.

— Napoleonische Schlachten bei Ústí nad Labem. Vom Denkmal zum Theaterspektakel 2013. In: *Řezník*, Miloš/*Rosenbaum*, Katja (Hg.): Touristische Vermarktung und Geschichte. Leipzig, Berlin 2014, 79–92.

— Kultur der »Zugewanderten« und Kultur der »Ausgewanderten«. Trachten und Volkskultur bei den neuen und den ehemaligen Einwohnern von Ústí nad Labem (Aussig an der Elbe). In: Volkskunde in Sachsen 27 (2015), 187–204.

— Kein Raum für Menschen zweier Kulturen. Das Beispiel Ústí nad Labem nach 1945. In: *Schoor*, Kerstin/*Schüler-Springorum*, Stefanie (Hg.): Gedächtnis und Gewalt. Nationale und transnationale Erinnerungsräume im östlichen Europa. Göttingen 2016, 245–258.

Wiedemann, Andreas: Pohraničí [Grenzgebiet]. In: *Brandes*, Detlef u. a. (Hg.): Lexikon der Vertreibungen. Deportation, Zwangsaussiedlung und ethnische Säuberung im Europa des 20. Jahrhunderts. Wien 2010, 503 f.

Winter, Dieter: Die Familie Maresch aus der Stadt Aussig an der Elbe. In: *Kaiserová*, Kristina (Hg.): Duch zakladatelů. Průmyslová společnost a společenská emancipace [Der Geist der Gründer. Industriegesellschaft und gesellschaftliche Emanzipation]. Ústí nad Labem 2006, 69–72.

Witte, Michaela: Entfremdung – Sprachlosigkeit – Aussöhnung? Deutsch-tschechische Verständigungsprobleme in der Vertreibungsfrage (vyhnání a odsun) der Sudetendeutschen im Spiegel ausgewählter deutscher und tschechischer Presseorgane. 1984–1997. Norderstedt 2002.

Woniak, Katarzyna: Von Verdrängen bis Wiederentdecken. Die Erinnerungskulturen in den west- und nordpolnischen Kleinstädten Labes und Flatow seit 1945. Eine vergleichende Studie. Marburg 2016.

Wünsch, Thomas: Der Hussitismus als Deutungsparadigma der tschechischen Geschichte. Palacký, Pekař und der »Sinn der tschechischen Geschichte«. In: *Machilek*, Franz (Hg.): Die hussitische Revolution. Religiöse, politische und regionale Aspekte. Köln 2012, 265–277.

Z bašty kapitalismu – pevnost socialismu [Von der Bastion des Kapitalismus – eine Festung des Sozialismus]. Hg. v. *Setuza – propagační oddělení*. Ústí nad Labem 1949.

Zahálka, Jaroslav/*Suchevič*, Sáva: Severočeský suvenýr 1945–1965 [Nordböhmisches Souvenir 1945–1965]. Ústí nad Labem 1965.

Záhora, Luděk: Severní Čechy. Průvodce ČSSR pro motoristy [Nordböhmen. ČSSR-Reiseführer für Motoristen]. Praha 1966.

Zimmermann, Volker: Die Sudetendeutschen im NS-Staat. Politik und Stimmung der Bevölkerung im Reichsgau Sudetenland (1938–1945). Essen 1999.

— »Die Wahlen müssen schon vorher entschieden werden!«. Das erste Nachkriegsjahr im Bezirk Ústí nad Labem und der Wahlsieg der Kommunistischen Partei der Tschechoslowakei (1945/46). In: Bohemia 43/1 (2002), 1–32.

— Eine sozialistische Freundschaft im Wandel. Die Beziehungen zwischen der SBZ/DDR und der Tschechoslowakei. Essen 2010.

Zora, Petr/*Marek*, František: Severočeským krajem [Durch den Nordböhmischen Kreis]. Praha 1977.

Zpravodaj komise pro dějiny Československa po roce 1945 [Kommission für Geschichte der Tschechoslowakei nach 1945]. II. Hg. v. *Komise pro dějiny Československa po roce 1945*. Praha 1968.

Zwicker, Stefan: Der antifaschistische Märtyrer der Tschechoslowakei – Julius Fučík. In: *Satjukow*, Silke/*Gries*, Rainer (Hg.): Sozialistische Helden. Eine Kulturgeschichte von Propagandafiguren in Osteuropa und der DDR. Berlin 2002, 244–255.

Internetseiten

Aussiger Bote – Heimatpresse. In: Heimatpresse Mittel- und Osteuropa, URL: http://www.heimatpresse-moe.de/das-archiv/aussiger-bote/ (am 11.8.2014).

Beran, Pavel: Zaniklé obce po roce 1945 [Verlassene Orte nach dem Jahr 1945]. In: Zaniklé obce, URL: http://www.zanikleobce.cz/index.php?menu=11&okr =3510 (am 3.1.2015).

Bican, Jaroslav: Collegium Bohemicum – případ jedné neurózy [Collegium Bohemicum – der Fall einer Neurose], vom 9.11.2016. In: Deník Referendum, URL: http://denikreferendum.cz/clanek/24074-collegium-bohemicum-pripad-jedne-neurozy (am 23.11.2016).

Boym, Svetlana: Nostalgia and Its Discontents. In: Institute for Advanced Studies in Culture 10/2007, URL: http://www.iasc-culture.org/eNews/2007_10/ 9.2CBoym.pdf (am 22.9.2015, Link nicht mehr aktiv).

Černý, Ondřej: Místa v Ústí nad Labem – dříve a dnes ve fotografii [Orte in Ústí nad Labem – früher und heute in der Fotografie], Mai 2011, URL: http://retrofoto.gym-ul.net/podrobnosti.html (am 14.5.2013).

Český statistický úřad: Vývoj nezaměstnanosti v České republice od roku 1990 [Die Enwicklung der Arbeitslosigkeit in der Tschechischen Republik seit dem Jahr 1990], URL: https://www.czso.cz/documents/10180/20537254/ 42080402t.pdf/b71f3d6f-43c1-4079-adf4-2989293b24ba?version=1.0 (am 21.11.2020).

Collegium Bohemicum: Statut obecně prospěšné společnosti Collegium Bohemicum, o.p.s. [Statut der gemeinnützigen Gesellschaft Collegium Bohemicum], vom 17.8.2007, URL: http://www.collegiumbohemicum.cz/clanky_ soubory/soubory/cz_statut.pdf (am 5.1.2015).

Collegium Bohemicum: Krabice Schichtova »mýdla s jelenem« nalezená na půdě [Die Schicht-Schachtel »Seife mit dem Hirschen« auf dem Dachboden gefunden], vom 22.7.2013, URL: http://www.collegiumbohemicum.cz/clanek/ 233-krabice-schichtova-mydla-s-jelenem-nalezena-na-pude-i-takovou-podobu-ma-skutecnost-ze-nemci-z-nasich-dejin-zmizeli-/... (am 16.8.2017).

Collegium Carolinum: Bibliografie zu Jan Hus, URL: http://www.collegium-carolinum.de/bibliothek/arbeitsbibliographien/hussitismus.html (am 24.4. 2013).

Collegium Carolinum: Podiumsdiskussion »Flucht und Vertreibung in europäischen Museen«, München und digital, 5.10.2020, URL: https://www.youtube.com/watch?fbclid=IwAR1Sb6mhRHkZ6HP-OZt7I2Txkbu_n6k9FU2ncbgkZR_mfllmJGVENN71dS4&v=KpdXd61oiRg&feature=youtu.be (am 26.12.2020).

Deutsche Botschaft Prag: Vertrag über gute Nachbarschaft, URL: http://www.prag.diplo.de/Vertretung/prag/de/03/Deutsch__tscheschiche__Beziehungen/seite__vetrag__gute__nachbarschaft.html (am 22.7.2016).

Deutsch-Tschechischer Zukunftsfonds: Über uns, URL: http://www.fb.cz/de/uber-uns/uber-uns/ (am 27.2.2021).

Deutsches Architekturmuseum, URL: http://www.makingheimat.de/ (am 19.11.2016).

Deutsch-tschechisches Jugendforum: »Wer sind wir und was machen wir«, URL: http://www.cnfm.cz/websitesde/uber-uns/wer-sind-wir/ (am 18.7.2016).

Facebook: Mýdlo s jelenem [Die Seife mit dem Hirschen], URL: https://www.facebook.com/pages/M%C3%BDdlo-s-jelenem/130775123624387?fref=ts (am 15.08.2017).

Facebook: Historie Ústí nad Labem v obrazech [Die Geschichte von Ústí nad Labem in Bildern], seit 1.8.2012, URL: https://www.facebook.com/historieustivobrazech/ (am 26.12.2020).

Frank, Chaim: Juden in der ehemaligen Tschechoslowakei, vom 13.2.2013. In: haGalil. Jüdisches Leben online, URL: http://www.hagalil.com/czech/juedische-geschichte/cssr-11.htm (am 10.6.2013).

Grünter, Marie: Welche Geschichte von Flucht, Vertreibung und Versöhnung?, vom 24.5.2015. In: Erinnerungskulturen. Erinnerungen und Geschichtspolitik im östlichen und südöstlichen Europa, URL: https://erinnerung.hypotheses.org/467#more-467 (am 16.8.2017).

Harderthauer, Christine: Pressemitteilung 828.12, vom 21.12.2012. In: Bayerisches Staatsministerium für Arbeit und Soziales, Familie und Integration, URL: http://www.stmas.bayern.de/presse/pm1212-828.php (am 25.6.2014, Link nicht mehr aktiv).

Horák, Jan: V Ústí vzniká výstava o vztahu Čechů a Němců, žádá o padesát milionů [In Ústí entsteht eine Ausstellung über die Beziehungen der Tschechen und Deutschen, sie beantragen 50 Millionen], vom 2.12.2013. In: iDnes, URL: http://usti.idnes.cz/vystava-o-vztahu-cechu-nemcu-v-muzeu-usti-nad-labem-f8b-/usti-zpravy.aspx?c=A131202_2007049_usti-zpravy_alh (am 27.8.2014).

Horáček, Aleš: Ústecké muzeum vystavuje originální předlohu nejvyšší evropské mozaiky [Das Museum Ústí stellt die Originalvorlagen des größten europäischen Mosaiks aus], vom 21.9.2013. In: iDnes, URL: http://usti.idnes.cz/

hourova-vystava-v-usti-0v0-/usti-zpravy.aspx?c=A130918_1978705_usti-zpravy_alh (am 23.9.2013).

Hraničář: Sudetská výprava na česko-saské pomezí [Sudetenerzählung im tsche-chisch-sächsischen Grenzgebiet], URL: http://hranicar-usti.cz/predprodej/sudetska-vyprava-na-cesko-saske-pomezi/ (am 26.11.2016).

Hraničář: Příběh a vize [Geschichte und Vision], URL: http://hranicar-usti.cz/pribeh-a-vize/ (am 22.11.2016).

Hubková, Jana: Světlo zbořeného města [Das Licht der zerstörten Stadt], Aus-stellung im Stadtmuseum Ústí nad Labem, 24.2.–28.4.2013. In: Muzeum města Ústí nad Labem, URL: http://www.muzeumusti.cz/v710/Svetlo-zbo-reneho-mesta (am 24.1.2021).

Hujer, Oldřich u. a.: Příruční slovník jazyka českého 1935–1957 [Handwörter-buch der tschechischen Sprache 1935–1957], Stichwort „domov". In: Ústav pro jazyk český, URL: http://bara.ujc.cas.cz/psjc/search.php?hledej=Hledej&heslo=domov&where=hesla&zobraz_ps=ps&zobraz_cards=cards&pocet_k aret=3&ps_heslo=vlast&ps_star-from=0&ps_numcards=430&numcchange =no&not_initial=1 (am 16.8.2015).

iDNES: Poválečný ústecký masakr Němců připomene deska [Erinnern an das Nachkriegsmassaker von Ústí an den Deutschen wird], vom 29.7.2005, URL: http://zpravy.idnes.cz/domaci.aspx?r=domaci&c=A050729_144634_do-maci_mad (am 10.10.2013).

Inkubátor Předlice: Sedmidenní mezinárodní workshop – panelová diskuze: Co je doma? [Siebentägiger internationaler Workshop – Podiumsdiskussion: Was ist Heimat?]. In: Facebook, URL: https://www.facebook.com/media/set/?set=a.647560595285546.1073741830.439628046078803&type=1 (am 17.1.2014, Link nicht mehr aktiv).

Institut für Demoskopie: Flucht, Vertreibung, Versöhnung. Zusammenfassung der wichtigsten Ergebnisse einer repräsentativen Bevölkerungsumfrage in Deutschland, Polen und Tschechien, Juni 2015, URL: http://www.sfvv.de/sites/default/files/downloads/zusammenfassung_allensbach_studie_sfvv.pdf (am 12.9.2016).

Kaiserová, Kristina/*Rak*, Jiří/*Houfek*, Václav (Hg.): Kolokvium 1813. Napoleon-ské války v české historické paměti a v paměti regionu [Kolloquium 1813. Die Napoleonischen Kriege in der böhmischen Erinnerung und im Gedächt-nis der Region], vom 23.6.2006. In: FF UJEP Ústí nad Labem, URL: http://ff.ujep.cz/index.php/2011-06-23-15-03-48/menu-usgs/konference/1904-kolokvium-1813-napoleonske-valky-v-ceske-historicke-pameti-a-v-pameti-regionu (am 15.3.2014, Link nicht mehr aktiv).

Kaiserová, Kristina/*Kaiser*, Vladimír (Hg.): Dějiny města Ústí nad Labem [Die Geschichte der Stadt Ústí nad Labem]. In: Ústí nad Labem, URL: http://www.usti-nl.cz/dejiny/ (am 8.1.2015).

Kaiserová, Kristina: Aussig/Ústí nad Labem, von 2015. In: Online-Lexikon zur Kultur und Geschichte der Deutschen im östlichen Europa, URL: http://ome-lexikon.uni-oldenburg.de/p32343 (am 27.7.2016).

Kleßmann, Christoph: 1945 – welthistorische Zäsur und »Stunde Null«, Version 1.0 vom 15.10.2010. In: Docupedia-Zeitgeschichte, URL: http://docupedia.de/zg/1945?oldid=84581 (am 24.2.2014).

Kralowetz, Karl Heinz: Gedenktafeln und Gedenksteine in unserem Heimatbezirk Aussig a. E. – Ústí n. L., vom 7.3.2011. In: Heimatfreunde Aussig, URL: http://www.heimatfreunde-aussig.de/gedenktafeln_%20der_%20Heimat-2.htm (am 7.3.2011).

Kralowetz, Karl Heinz: Gedenkstätte für die Vertriebenen aus dem Bezirk Aussig an der Elbe – Ústí nad Labem. In: Heimatfreunde Aussig, URL: http://www.heimatfreunde-aussig.de/verstorb.htm (am 8.9.2014).

Lauda, Felix: Zaniklé obce pod Bukovou horu [Verschwundene Dörfer unter dem Buková hora]. In: Filozofická fakulta UJEP Ústí nad Labem, URL: http://ff.ujep.cz/zanikleobce/index.php (am 27.7.2017).

Lipsius, Radovan: Šumné Ústí nad Labem [Schönes Ústí nad Labem]. In: Česká televize, URL: http://www.ceskatelevize.cz/porady/1008546862-sumne-usti-nad-labem/20236816084/video/ (am 25.8.2014).

Lüftner, Petr: Ty si to Ústí [Das bist du Ústí], vom 17.8.2013. In: Youtube, URL: https://www.youtube.com/watch?v=MhDjNvmPIbE (am 24.1.2021).

Mareš, Jan: »Ústecký masakr« v sudetoněmecké kultuře vzpomínání [»Das Aussiger Massaker« im sudetendeutschen kulturellen Erinnern]. Bachelorarbeit, FF UK 2015. In: Charles University. Digital repository, URL: https://is.cuni.cz/webapps/zzp/detail/167565/ (am 27.8.2016).

Mayr, Stefan: Sudetendeutsches Museum – Multimedia-Schau statt Puppen, vom 10.6.2014. In: Süddeutsche Zeitung, URL: http://www.sueddeutsche.de/muenchen/sudetendeutsches-museum-multimedia-schau-statt-puppen-stuben-romantik-1.1992238 (am 25.6.2014).

McEnchroe, Thomas/*Kukal*, Libor: Nejen Henlein a K. H. Frank, »naši Němci« jsou i Mahler a Edelmann [Nicht nur Henlein und K. H. Frank, »unsere Deutschen« sind auch Mahler und Edelmann], vom 4.11.2020. In: Radio Prag International, URL: https://cesky.radio.cz/nejen-henlein-a-khfrank-nasi-nemci-jsou-i-mahler-a-edelmann-8699131?fbclid=IwAR2Z98G0pKW udVQ5lHN_uYoi27e9SdO58no4F-GXwQx0yLXbiZPTTyBsqvY (am 26.12.2020).

Mostýn, Alexandra: 75 Jahre Münchener Abkommen – Becherbitter und Becherovka, vom 30.9.2013. In: TAZ, URL: http://taz.de/75-Jahre-Muenchner-Abkommen/!124513/ (am 30.9.2013).

Muzeum města Ústí nad Labem: Rekordní návštěvnost ústeckého muzea [Rekordbesucher im Museum von Ústí], URL: http://www.muzeumusti.cz/c696/Rekordni-navstevnost-usteckeho-muzea/ (am 17.3.2014).

Ministerstvo vnitra České republiky: Statistika provedených lustrací [Statistik der durchgeführten Lustrationen], vom 4.8.2014, URL: http://www.mvcr.cz/clanek/lustrace-29644.aspx?q=Y2hudW09MTI%3d (am 21.7.2016).

Ministerstvo vnitra České republiky: Zpráva o extremismu na území České republiky v roce 2015 [Bericht über Extremismus auf dem Gebiet der Tschechischen Republik im Jahr 2015], URL: http://www.mvcr.cz/clanek/vyrocni-zprava-o-extremismu-na-uzemi-ceske-republiky-v-roce-2015.aspx (am 4.7. 2016).

Národní informační a poradenské středisko pro kulturu (nipos.cz): Návštěvnost muzeí a galerií v roce 2019 [Besuchszahlen in Museen und Galerien im Jahr 2019], URL: https://www.statistikakultury.cz/wp-content/uploads/2020/09/Muzea_navstevnost_2019.pdf, Seite 37 (am 24.1.2021).

Neumann, Steffen: Tschechiens Museum der Deutschen rückt näher. In: Sächsische Zeitung vom 4.2.2020, URL: https://www.saechsische.de/plus/tschechiens-museum-der-deutschen-rueckt-naeher-5168811.html?fbclid=IwAR2xYEeL4F_gRwPhQ7LQcI7qhaoQ63SRzvG4u9ktdfZjltyc6hF5ul53o6U (am 8.2.2020).

Páral, Matěj/*Vanca*, Jan/*Krsek*, Martin: Ústí-Aussig. Architektura na Severu Čech [Ústí-Aussig. Architektur in Nordböhmen]. In: Aussigmysteria, URL: http://usti-aussig.net/ (am 20.2.2015).

Pecko, Štefan/*Kropáčková*, Barbora: Podcast Hraničář, Rozhovor: Petr Karlíček, výstava »Komu patří město« [Podcast Hraničář, Interview: Petr Karlíček, Ausstellung »Wem gehört die Stadt«], vom 24.12.2020, URL: https://soundcloud.com/hranicar/rozhovor-petr-karlicek?fbclid=IwAR07CysaIT5Bno-HNmP8_K_r3DABpaW-oVi9GlaaBRI6ah0kX7j-LmrWjS78 (am 2.1.2021).

Posch, Eva: Kontextualisierung als ein Problembereich der touristischen Historiographie Kontextualisierung als ein Problembereich der touristischen Historiographie. Eine Analyse aktueller touristischer Medien aus Sibiu/Hermannstadt. In: Academia, URL: https://www.academia.edu/5853695/Kontextualisierung_als_ein_Problembereich_der_touristischen_Historiographie (am 10.8.2016).

Roček, František: Destrukce historického centra města i blízkého okolí skončila [Die Dekonstruktion des historischen Zentrums endete], vom 12.3.2012. In: Ústecký deník, URL: http://ustecky.denik.cz/zpravy_region/20120312-ro-destrukce-historickeho-centra-mesta-i-blizkeho-okoli-skoncila.html (am 28.8.2014).

Rühmkorf, Christian: Historikerin Kaiserová steigt bei der Stiftung »Flucht, Vertreibung, Versöhnung« aus, vom 10.3.2010. In: Radio Prag, URL: http://www.radio.cz/de/rubrik/tagesecho/historikerin-kaiserova-steigt-bei-der-stiftung-flucht-vertreibung-versoehnung-aus (am 16.8.2017).

Sigmund, Jan: Rehabilitace československých letců, kteří v době 2. světové války, v letech 1940–1945, sloužili v československém letectvu v rámci RAF [Die

Rehabilitation der tschechoslowakischen Piloten, die während des Zweiten Weltkrieges, in den Jahren 1940–1945, in der tschechoslowakischen Fliegereinheit in der RAF dienten], vom 4.6.2008. In: Armáda České republiky, URL: http://www.acr.army.cz/acr/raf/cast/029.htm (am 20.9.2013).

Stiftung Flucht, Vertreibung Versöhnung: Konzeption für die Arbeit der Stiftung Flucht, Vertreibung, Versöhnung und Leitlinien für die geplante Dauerausstellung von 2012. In: Deutsches Historisches Museum, URL: http://www.dhm.de/sfvv/docs/Konzeption%20SFVV.pdf (am 2.9.2012, Link nicht mehr aktiv).

Stiftung Flucht, Vertreibung, Versöhnung: Startseite, URL: https://www.flucht-vertreibung-versoehnung.de/ (am 26.12.2020).

Sreality.cz: Prodej, historický objekt 7 425 m² [Verkauf, historisches Objekt 7 425 m²], URL: http://www.sreality.cz/detail/prodej/ostatni/historicky-objekt/usti-nad-labem-strekov-truhlarova/1256227676 (am 14.12.2012, Link nicht mehr aktiv).

Sudetendeutscher Bundesvorstand: Neuer Bundesvorstand gewählt/Satzungsänderung bestätigt, 27.02.2016. In: Sudetendeutsche Landsmannschaft – Pressemitteilung, URL: http://www.sudeten.de/sudpresse/up/Sprecherwahl_Zusfassung.pdf (am 21.7.2016).

the guts company: Das Eigene/Heimat, URL: https://thegutscompany.net/de/projects/19 (am 22.10.2016).

Völkering, Tim: Forum – Vertreibungen ausstellen. Aber wie? Debatte über die konzeptionellen Grundzüge der Ausstellungen der Stiftung Flucht, Vertreibung, Versöhnung. In: H-Soz-u-Kult, vom 9.9.2010, URL: http://hsozkult.geschichte.hu-berlin.de/index.asp?pn=texte&id=1350 (am 9.1.2014) (veröffentlicht unter: *Kovác*, Dušan/*Řezník*, Miloš/*Schulze Wessel*, Martin (Hg.): Erinnern – Ausstellen – Speichern: Deutsch-tschechische und deutsch-slowakische Beziehungsgeschichte im Museum. Essen 2017).

Zimmermann, Marco: »Schwerpunkt liegt auf dem Zusammenleben«. Das geplante Sudetendeutsche Museum in München, vom 15.9.2011. In: Radio Prag, URL: http://www.radio.cz/de/rubrik/tagesecho/schwerpunkt-liegt-auf-dem-zusammenleben-das-geplante-sudetendeutsche-museum-in-muenchen (am 25.6.2014)

PERSONENREGISTER

GENESE UND FOLGEN DER SUDETENDEUTSCHEN WIEDERGUTMACHUNGSFORDERUNGEN

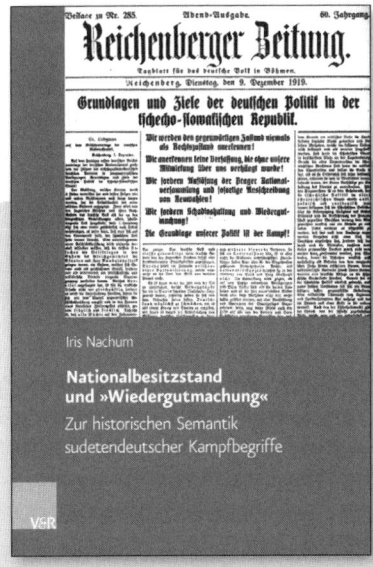

Iris Nachum

Nationalbesitzstand und »Wiedergutmachung«
Zur historischen Semantik sudetendeutscher Kampfbegriffe

Veröffentlichungen des Collegium Carolinum, Band 142

2021. 400 Seiten, gebunden
€ 70,00 D
ISBN 978-3-525-35215-1

Die Studie behandelt erstmals den Ursprung der sudetendeutschen Wiedergutmachungsforderungen gegenüber Prag. Sie zeigt, dass diese Forderungen keine Erfindung der Post-1989-Ära sind, sondern ihren Anfang im Nationalitätenkonflikt der Tschechoslowakei der Zwischenkriegszeit nahmen. Iris Nachum analysiert die Entwicklung der »Wiedergutmachung« zu einem zentralen sudetendeutschen Schlagwort nach 1919 und fragt nach der Rolle, die der Wiedergutmachungsbegriff bei der Zerschlagung der Tschechoslowakei 1938/39 spielte.

Vandenhoeck & Ruprecht Verlage

www.vandenhoeck-ruprecht-verlage.com

GRUNDLAGENWERK ZUR HABSBURGERMONARCHIE FÜR FORSCHUNG UND LEHRE

Jana Osterkamp

Vielfalt ordnen
Das föderale Europa der Habsburgermonarchie (Vormärz bis 1918)

*Veröffentlichungen des Collegium Carolinum,
Band 141*

2020. 544 Seiten, mit 12 Abb., gebunden
€ 70,00 D
ISBN 978-3-525-37093-3

Die Habsburgermonarchie mit der Vielfalt ihrer Völker, Sprachen und historischen Räume war ein faszinierendes „Europa im Kleinen". Föderalismus wurde im 19. Jahrhundert zur umkämpften Leitidee. Das föderale Laboratorium reichte von Metternichs »Föderativstaat« über die Personalautonomie der Austromarxisten bis zu Verfassungsentwürfen unter Franz Ferdinand und Kaiser Karls Nationalitätenbundesstaat von 1918.
Neben föderalen Reformentwürfen beschreibt das Buch das Habsburgerreich als gelebte Föderation. Diese umfasste eine gemeinsame Außen- und Sicherheitspolitik, die dualistische Konkurrenz von Österreich und Ungarn und eine zunehmende Eigenständigkeit und Zusammenarbeit der österreichischen Kronländer gerade in modernen Politikbereichen wie Bildung, Gesundheit, Fürsorge und Infrastruktur. Diese föderale Geschichte im europäischen 19. Jahrhundert führt weit über die Geschichte des habsburgischen Reichs hinaus bis in die europäische Gegenwart.

Vandenhoeck & Ruprecht Verlage

www.vandenhoeck-ruprecht-verlage.com

NEUES STANDARDWERK ZUR JÜDISCHEN GESCHICHTE DER BÖHMISCHEN LÄNDER

Kateřina Čapková |
Hillel J. Kieval (Hg.)
Zwischen Prag und Nikolsburg
Jüdisches Leben in den
böhmischen Ländern

Veröffentlichungen des Collegium Carolinum,
Band 140

2020. 428 Seiten, mit 76 Abb., 23 Tab. und
14 Karten, gebunden
€ 70,00 D
ISBN 978-3-525-36427-7

Seit rund zwei Jahrzehnten erfreuen sich die jüdische Geschichte und Kultur der böhmischen Länder eines wachsenden Interesses. Damit rückt der historisch multiethnische Charakter der Region verstärkt ins Zentrum der Aufmerksamkeit. Vor diesem Hintergrund ist es umso erstaunlicher, dass bislang noch keine innovative Synthese dieser Forschung vorlag. Vorliegendes Buch aus der Feder eines internationalen Autorenteams nimmt sich daher erstmals der Herausforderung an, die jüdische Erfahrung in den böhmischen Ländern als integralen und untrennbaren Bestandteil der Entwicklung Mitteleuropas vom 16. Jahrhundert bis heute zu erzählen und zu analysieren. Dabei geht es ebenso um Kontakte der jüdischen Bevölkerung mit ihren nichtjüdischen Nachbarn wie um den Blick in die Provinz, das heißt in die ländlichen Regionen und Gemeinden abseits der großen städtischen Zentren Prag, Brno und Ostrava.

Vandenhoeck & Ruprecht Verlage

www.vandenhoeck-ruprecht-verlage.com